Lexikon der tauchspezifischen Begriffe

Auflistung der Fragen zu den Brevetierungsstufen

Tauchphysik — py

Tauchmedizin — me

Nitrox — ni

Tauchphysiologie — ps

Tauchausrüstung — au

Tauchfertigkeit / Umgebung — fu

Tauchgangsplanung — pl

Handzeichen

Arbeitsblätter zu Lösungen

Lösungsansätze

Lösungen

Anhänge

Kompendium für die Tauchausbildung

Kompendium für die Tauchausbildung aller Brevetierungsstufen im Sporttauchen

1800 Fragen und Antworten mit Lösungsansätzen zum Selbststudium zur Prüfungsvorbereitung und zur Repetition

Bearbeitet und zusammengestellt von
Franz Betschart

ATEC MI 60115
CMAS M3 D 7761
DAN I 15753 AED/O_2/Neuro
HSA I 2240
PADI MI 918691

Kompendium für die Tauchausbildung

Kompendium für die Tauchausbildung

Auch der schwierigste Sachverhalt ist dem Dümmsten zu vermitteln,
wenn er noch keine Vorstellung davon hat.
Dagegen lässt sich selbst dem Klügsten nicht das Allereinfachste erklären,
wenn er sich fest einbildet, genau zu wissen worum es geht.

Leo Tolstoi
1828 - 1910

Kompendium für die Tauchausbildung

Dieses Produkt wurde auf säure- und chlorfreiem Papier gedruckt.

© 2013 Franz Betschart

Herstellung und Verlag
Edition à la Carte, Zürich

ISBN: 978-3-905708-97-4

Kompendium für die Tauchausbildung

Prolog zur ersten Auflage

„Never, never, never, never give up"

Winston Churchill

1874 - 1965

Der Auslöser, ein Buch in der vorliegenden Form und mit vorliegendem Inhalt zu veröffentlichen, entstand während zahllosen Tauchtheoriestunden, vieler durchgeführten Tests und Prüfungen in Tauchtheorie mit sehr unterschiedlich begabten Kandidaten und vielen durch nicht bestehen der Prüfung enttäuschten Anwärter auf ein Brevet. Sehr oft wurde nach weiterem Übungsstoff (Übungsaufgaben) gefragt welcher bis heute nur sehr marginal vorlag und abgegeben werden konnte. Mit dem nun vorliegenden Buch „Kompendium für die Tauchausbildung" soll dieser „Mangel" endgültig behoben werden und allen an weitergehender Tauchtheorie Interessierten genügend Material zur Verfügung stehen um auch schwierige Prüfungen erfolgreich zu bestehen.

Der gewählte Aufbau des Buches gestattet es dem Kandidaten sich schnell in die Materie einzulesen und rasch Nutzen für seine Tauchausbildung zu erlangen.

Wie man dieses Buch verwenden kann, was steht wo?

Das Buch ist in drei Teile unterteilt:

Teil 1:   **Inhalt, Inhaltsverzeichnis Seite 11**

Lexikon der tauchspezifischen Begriffe Seite 27

Die tauchspezifischen Begriffe sind alphabetisch aufgeführt, mit einem Verweis auf das jeweilige Kapitel (im Teil 2) versehen und ergänzt mit der Fragenummer in welcher das Schlagwort verwendet wird. Diese Zusammenstellung dient dem Leser, Fachbegriffe aus der Tauchtheorie im Frageteil leichter zu finden, den Aufgaben zuzuordnen und sich entsprechend praxisnah zu orientieren.

Zuordnung der Fragen auf die Brevetierungsstufen Seite 99

Die Tauchausbildung ist in der Regel in einzelne Schwierigkeitsstufen (Brevets) unterteilt. Jede Stufe wird (zusätzlich zu der Praxisausbildung) mit einer theoretischen Prüfung abgeschlossen, ein Nachweis über die erreichte Stufe wird dem Schüler ausgeteilt (Brevet). Diese Tabellen führen den Kandidaten leicht zu den Aufgaben die seiner Ausbildungsstufe entsprechen, er kann sich rasch, zielorientiert zurechtfinden. Die einzelnen Aufgaben sind zusätzlich (im Teil 2) mit der Zuordnungskennung (Brevet-Stufenbezeichnung: O,A,R.D,N,E und Spec$_{xxx}$) zur besseren Orientierung versehen. Dabei stehen die Buchstaben für:

    O = Open Water Diver, T* und äquivalent
    A = Advanced Open Water Diver, T** und äquivalent
    R = Rescue Diver und äquivalent

Kompendium für die Tauchausbildung

D = Divemaster, T*** und äquivalent
N = Nitrox, Enriched Air Diver und äquivalent
E = Emercency First Response Ausbildung
$Spec_{xx}$ = Speciality-Ausbildung und äquivalent

Weitere Kapitel folgen mit dem Inhalt:

Verwendete Konstanten	Seite 121
Offizielle internationale Einheiten	Seite 124
Gebräuchliche Abkürzungen	Seite 135
Formeln und Regeln	Seite 136

Diese Ausführungen zeigen eine kurze Zusammenfassung der notwendigen Theorie als Hilfe zur Lösung der im Teil 2 aufgeführten Aufgaben. Das vorliegende Buch „Kompendium für die Tauchausbildung" will kein Theorielehrbuch für die theoretische Tauchausbildung sein, sondern lediglich den Tauchkandidaten helfen, den Prüfungsstoff (die Tauchtheorie) zu üben, zu repetieren um genügend Sicherheit bei der Lösung theoretischer Aufgaben zu erreichen. Zusammen mit dem Teil: Lexikon der tauchspezifischen Begriffe kann der Kandidat gezielt auf noch offene Fragen eintreten. Es soll ihn auch anregen, seine Tauchausbildung aus theoretischer Sicht weiter zu entwickeln und befähigen allfällige theoretische Fragestellungen umfassend zu beantworten. Die ab Seite 15 publizierte Aufstellung „Äquivalenzliste" lässt einen Vergleich der Brevets verschiedener Tauchorganisationen zu.

Teil 2: Im Teil 2 sind die Fragen der Kapitel:

Tauchphysik	Seite 149
Tauchmedizin	Seite 199
Nitrox	Seite 255
Tauchphysiologie	Seite 275
Tauchausrüstung	Seite 309
Tauchfertigkeit / Umgebung	Seite 355
Tauchgangsplanung	Seite 417
Handzeichen	Seite 461

aufgeführt.

Anschliessend an die Aufgabennummer ist der Index der zugehörenden Brevetierungsstufen (O,A,R,D,N,E und $Spec_{xxx}$) zur eindeutigen Zuordnung der Aufgabe zur Ausbildungsstufe während dem Lern- und Lösungsprozess aufgeführt. Der Kandidat kann aufgrund dieser Information die für ihn richtigen Übungen gezielt suchen und bearbeiten.
Ein * (anschliessend an die Aufgabennummer) zeigt an, dass für diese Frage (Tauchphysik, Nitroxaufgaben und Tauchgangsplanung) am Ende der Aufgabensammlung ein Lösungsansatz angeboten wird (Seite 523).

Kompendium für die Tauchausbildung

Die erwähnten Kapitel der Tauchfragen weisen im Teil 9 ein Antwortraster für die Beantwortung der Übungen auf (Seite 471) anschliessend sind die Lösungen aller Aufgaben aufgeführt (Seite 547).

Teil 3: Der Teil 3 zeigt folgende Anhänge:

Tauchreisen (Checklisten)	Seite 605
Reiseapotheke (Checkliste)	Seite 609
Liste der bekanntesten Tauchverbände	Seite 617
Dekokammern weltweit	Seite 627
Tauchspezifische Abkürzungen & Fachausdrücke	Seite 665
Tauchrelevante Begriffe in diversen Sprachen	Seite 677
Fischlexikon in diversen Sprachen	Seite 751
Kennzeichnung von Gasflaschen	Seite 925

Das vorliegende Buch wurde sorgfältig erarbeitet. Dennoch erfolgen alle Angaben ohne Gewähr. Der Autor kann für eventuelle Schäden oder Nachteile die aus dem Buch vorgestellten Übungen, Aufgaben und Informationen resultieren, keine Haftung übernehmen.

Wir sind uns bewusst, dass trotz mehrfacher Überarbeitung des Manuskripts sich Fehler einschleichen können. Darum würden wir uns sehr freuen, wenn allfällige Vorschläge für Korrekturen an folgende Mailadresse weitergereicht würden: (fmbe@bluewin.ch).

Besten Dank
der Autor
CH-Zürich Februar 2013

Kompendium für die Tauchausbildung

Kompendium für die Tauchausbildung

Teil 1
I Inhaltsverzeichnis

> Wer alles mit einem Lächeln beginnt,
> dem wird das meiste gelingen
>
> Dalai Lama

Prolog	07
I Inhaltsverzeichnis	11
Äquivalenzliste Tauchorganisationen	15
Lösungsablauf nach Brevetierungsstufen	17
II Protagonisten Tauchszene	21
III Lexikon der tauchspezifischen Begriffe (Glossar)	27
IV Index; Zuordnung der Fragen zu den Brevetierungsstufen	99
V Auflistung der Fragen zu den Brevetierungsstufen	100
VI Verwendete Konstanten	121
Druckänderung	121
Druck (Definitionen)	121
Druckberechnung	122
Druckmasseinheiten	122
Luftdruck auf Meereshöhe	123
Internationale Normierung	123
VII Offizielle, internationale Einheiten	124
Länge	124
Volumen	124
Kraft / Masse / Gewichte	124
Spezifisches Gewicht	125
Geschwindigkeit	125
Dichte	125

Kompendium für die Tauchausbildung

Druck	125
Temperatur	126
Temperatur für Schichtung	127
Wärmetransport	127
Wärmemenge	128
Akustik	128
Optik	129
Farben / Licht	131
Dunkelheit	131
Gesetze	132
VIII Gebräuchliche Abkürzungen	**135**
IX Formeln und Regeln	**136**
Allgemeine Gasgleichung	136
Dichte	136
Dichte von gasförmigen, flüssigen, festen Stoffen	136
Druck	137
Atmosphärischen Druck	138
Barometergleichung grosse Höhen	138
Hydrostatischer Druck	138
Gesamtdruck	139
Luftmenge	139
Atemgase	139
Nitrox	140
CNS-Uhr (Sauerstoffexposition)	140
Sauerstoffpartialdruck	141
MOD (Maximale Einsatztiefe)	141
Umrechnungen Grössen und Einheiten	142
Längen und Flächen	142
Masse	142
Druck	142
Rauminhalt und Volumen	142

Kompendium für die Tauchausbildung

Temperatur	144
Umrechnungstabellen	144
Gas Mischformeln	145
Gesetze Zusammenfassung	147

Teil 2

1 Tauchphysik	149
2 Tauchmedizin	199
3 Nitrox	255
4 Tauchphysiologie	275
5 Tauchausrüstung	309
6 Tauchfertigkeit / Umgebung	355
7 Tauchgangsplanung	417
8 Handzeichen	461
9 Arbeitsblätter zu Lösungen	471
Tauchphysik	472
Tauchmedizin	479
Nitrox	485
Tauchphysiologie	492
Tauchausrüstung	499
Tauchfertigkeit und Umgebung	505
Tauchgangsplanung	512
Handzeichen	516

Kompendium für die Tauchausbildung

10 Lösungsansätze	523
Tauchphysik	524
Nitrox	538
Tauchgangsplanung	541
11 Lösungen	547
Tauchphysik	548
Tauchmedizin	553
Nitrox	558
Tauchphysiologie	564
Tauchausrüstung	572
Tauchfertigkeit und Umgebung	579
Tauchgangsplanung	585
Handzeichen	589

Teil 3

12 Anhänge	599
13 Checklisten für Tauchreisen	605
14 Checklisten für Reiseapotheke	609
Notfallplan für Tauchplätze und Tauchgewässer	614
Unfallprotokoll	615
15 Tauchverbände international	617
16 Dekokammern weltweit	627
17 Tauchspezifische Abkürzungen	665
18 Tauchrelevante Begriffe	677
19 Fischlexikon	751
20 Kennzeichnung von Gasflaschen	925
21 Dank	931
22 Epilog	933

Kompendium für die Tauchausbildung

Äquivalenzliste: ATEC/CMAS/PADI/SSI/NAUI

(Die Liste gestattet einen Vergleich der Brevets zwischen den aufgeführten Tauchorganisationen. Ohne Gewähr)

ATEC	CMAS	PADI	SSI	NAUI	Tauchtiefe/ Begleitung
Juniorstufe					
Junior Diver (ab 10 Jahre)		Junior Scuba Diver			12m /DM, Instr. Erziehungsber.
Junior OWD ab 10 Jahren		Junior OWD	Junior OWD		12m /DM, Instr. Erziehungsber.
Junior OWD ab 12 Jahre		Junior OWD	Junior OWD		18m /DM, Instr. Erwachsenem
Beginnerstufe					
Scuba Diver (ab 15 Jahre)	Basic Diver	Scuba Diver	Scuba Diver	Skin Diver	12m / DM, Instructor
Taucherstufe					
OWD (15 Jahre)	CMAS *	OWD	OWD	Scuba Diver	18 m
Nitrox 32 % O$_2$ (ab 15 Jahre)		OWD Nx Level 1 (Anm.1)			18m Nitrox bis 32% O$_2$
Nitrox 32% Diver	Nitrox user	Nitrox Diver Level 1 Anm.1			Nitrox bis 32% O$_2$ Lufttabelle
Junior AOWD		Junior AOWD			
Fortgeschrittene stufe					
AOWD	Diver **	AOWD	AOWD	Advance Scuba Diver	40 m
Nitrox 32% AOWD					40m bis 32% O$_2$
Rescue Diver	CMAS ** (Anm.2)	Rescue Diver	AOWD + Stress + Rescue	Scuba Rescue Diver	40m
Divemasterstufe					
Divemaster (ab 18 Jahre)	CMAS *** (Anm.2)	Divemaster	Divemaster	Divemaster Scuba Rescue	40m

15

Kompendium für die Tauchausbildung

ATEC	CMAS	PADI	SSI	NAUI	Tauchtiefe/ Begleitung
Instructorstufe					
Instructor **	Moniteur */**	OWSI	Open water Instructor	Intructor	Trainer für OWD, AOWD, Rescue Diver Divemaster 40m
	CMAS Moniteur ** Instructor **	Master Scuba Dive Trainer	Advanced Open Water Instructor	NAUI Staff Instrucor	
		IDC Staff Instructor	Dive Control Spezialist Instructor	NAUI Staff Instructor	
		Master Instructor	Master Instructor		
	CMAS Moniteur *** Instructor ***	Course Director	Instructor Trainer	Instructor Trainer	
		PADI Examiner	Instructor Certifier	NAUI Course Director/Examiner	
Apnoe-Brevets					
	CMAS Level 1	PADI Free Diver Level 1	Freediver Basic		
	CMAS Level 2	PADI Advanced Free Diver Level 2	Freediving Level 1 Level 2		
	CMAS Level 3		Freediving Level 3		
			Freediving Instructor Level 1 Level 2 Level 3		

Anm 1: Der Taucher darf nur in Begleitung eines Divemasters / Instructors mit Nx bis zu 32% tauchen
Anm2: mit Zusatztraining

Die Äquivalenzliste soll Voraussetzungen festlegen, die ein Taucher eines Verbandes benötigt, um bei einem anderen Verband eine nächsthöhere Ausbildung zu beginnen.

Kompendium für die Tauchausbildung

Ablauf beim Lösen der Aufgaben auf die Brevetierungsstufen bezogen (Musterbeispiele)

Tabelle 1 (Seite 99)

IV Index; für die Zuordnung der Fragen zu den Brevetierungsstufen

O	OWD (Open Water Diver), C.M.A.S*-Taucher, Beginner, Tiefenlimit 18m
A	Adventures in Diving, C.M.A.S** Diver, fortgeschrittener Taucher, Tiefenlimit 30m
R	Rescue Diver, Rettungstaucher
D	Divemaster, C.M.A.S *** Diver, alle weitergehenden Ausbildungen zum Beispiel: Assistent Instruktor, Instruktor
S	Specialty-Diver. Die Aufgaben werden zusätzlich beschrieben wie folgt:

S_{Tief}	Speciality-Tieftauchen
S_{Boot}	Speciality-Bootstauchen
$S_{suchen\ und\ bergen}$	Specialty- Suchen und Bergen
S_{Drift}	Specialty- Strömung
S_{Dry}	Specialty- Trockenanzug
S_{Navi}	Specialty- Navigation
S_{Night}	Specialty- Nachttauchen
S_{Natur}	Specialty- U/W-Naturalist
S_{Alt}	Specialty- Altitude (Höhe, Bergsee)
S_{Equip}	Specialty- Equipment (Ausrüstung)
S_{Tar}	Specialty- Tarierung
S_{Foto}	Specialty-Foto

N	Nitroxausbildung
E	Emergency First Response (EFR) Ausbildung (Medic First Aid (MFA))

MUSTERBEISPIELE

Der Index wird bei den Fragen unmittelbar nach der Fragenummer aufgeführt. Beispiele:
230) (A) AOWD, C.M.A.S.**
231) ($S_{suchen\ und\ bergen}$) Specialty Suchen und Bergen
232)(O,$S_{suchen\ und\ bergern}$) OWD, C.M.A.S.* und Specialty Suchen und Bergen

Aus Tabelle 1 wird die gewünschte Tauchausbildung ermittelt, anschliessend die gewünschte Ausbildungsstufe (OWD, AOWD, DM, AI, Instruktor) in der Tabelle 2 aufgesucht:

Kompendium für die Tauchausbildung

Tabelle 2 (Seite100)
V Auflistung der Fragen zu den Brevetierungsstufen
(Nur Mustertabellen, nicht vollständig)

Brevet: OWD, C.M.A.S.*

1 Physik

001	002	003	004	005	006	007	011
022	031	032	033	041	042	043	065

2 Tauchmedizin

004	005	006	009	011	012	015	016
055	074	099	105	107	123	124	125

3 Nitrox:

008	009	010	011	015	016	018	034

4 Tauchphysiologie

001	002	003	004	005	006	007	008
009	010	011	012	013	015	016	017

5 Tauchausrüstung

001	002	003	004	005	006	007	008
009	010	012	013	014	015	016	017

6 Tauchfertigkeit und Umgebung

001	002	003	004	005	006	007	008
009	010	011	012	013	014	015	016

7 Tauchgangsplanung

001	002	003	004	005	006	007	008
009	010	011	012	013	014	015	016

Brevet: AOWD, C.M.A.S.**

1 Physik

009	010	012	013	014	016	017	024
025	034	039	040	044	046		

2 Tauchmedizin

003	007	008	010	013	014	022	023
025	026	027	038	081	085	086	099

18

Kompendium für die Tauchausbildung

| 3 Nitrox | 008 | 009 | 010 | 011 | 015 | 016 | 018 | 034 |

4 Tauchphysiologie

| 001 | 002 | 003 | 004 | 005 | 006 | 007 | 008 |
| 009 | 011 | 013 | 015 | 016 | 017 | 018 | 019 |

5 Tauchausrüstung

| 001 | 002 | 003 | 004 | 005 | 006 | 007 | 008 |
| 009 | 010 | 012 | 013 | 014 | 015 | 016 | 017 |

6 Tauchfertigkeit und Umgebung

| 001 | 002 | 003 | 004 | 005 | 006 | 007 | 008 |
| 009 | 010 | 011 | 012 | 013 | 014 | 015 | 016 |

7 Tauchgangsplanung

| 001 | 002 | 003 | 004 | 005 | 006 | 007 | 008 |
| 009 | 010 | 011 | 012 | 013 | 014 | 015 | 016 |

Brevet: Rescue

1 Physik

| 020 | 021 | 028 | 035 | 036 | 038 | 058 | 059 |
| 061 | 068 | 126 | 139 | 140 | 169 | 170 | 186 |

2 Tauchmedizin

| 017 | 018 | 019 | 021 | 033 | 036 | 037 | 050 |
| 053 | 060 | 061 | 065 | 066 | 067 | 068 | 069 |

3 Nitrox

| 008 | 009 | 010 | 011 | 015 | 016 | 018 | 034 |

4 Tauchphysiologie

| 001 | 002 | 003 | 004 | 005 | 006 | 007 | 008 |
| 009 | 010 | 011 | 012 | 013 | 014 | 015 | 016 |

5 Tauchausrüstung

| 011 | 149 |

7 Tauchgangsplanung

008

Kompendium für die Tauchausbildung

Brevet: Divemaster und höhere Ausbildung, C.M.A.S.***, AI, Instruktoren

1 Physik

015	018	019	026	027	029	030	031
032	033	037	045	048	050	051	052

Specialty U/W Naturalist

4 Physiologie

047	138	139	141	142	143

Specialty Navigation

5 Tauchausrüstung

029

Musterbeispiele

Nach erfolgreicher Ermittlung der zu lösenden Fragen bezogen auf die gewünschten Brevetierungsstufen, wir die Tabelle 3 konsultiert.

Tabelle 3 (Seite 149 [Physik] - Seite 417 [Tauchgangsplanung])

1 Tauchphysik

(Arbeitsblätter zu Lösungen   Seite 472)
(* mit Lösungsansatz   Seite 524)
(Lösungen   Seite 548)

1) (O)*Welche Zusammensetzung hat die atmosphärische Luft in %?...
   a) 78 Stickstoff   21 Sauerstoff   1 Rest
   b) 80   20   0
   c) 82   17   1
   d) 78   17   5

2) (O) *Wie gross ist die Druckzunahme je 10 Meter Wassertiefe? (Salzwasser)...
   a) 2 bar
   b) 0,1 bar
   c) 1 bar
   d) 0,98 bar

7 Tauchgangsplanung

(Arbeitsblätter zu Lösungen   Seite 512)
(* mit Lösungsansatz   Seite 541)
(Lösungen   Seite 585)

1) (O,A,D,) Die Nullzeittabelle stellt einen direkten Bezug zum Sauerstoff im Körper dar, gleich der Informationen des Tauchcomputers:...
   a) richtig
   b) falsch

Kompendium für die Tauchausbildung

II Protagonisten der Tauchszene

Schon sehr früh im Mittelalter gab es Menschen, welche die Natur studierten und immer wieder versuchten Gesetzmässigkeiten zu erkennen. Einige verstanden es mit einfachen Mittel zum Beispiel einem Schnorchel aus Bambusrohr unter Wasser zu schwimmen. Um jedoch längere Aufenthalte zu erreichen, musste ein Luftvorrat mitgeführt werden. Fässer, Amphoren oder Säcke aus Leder gefertigt waren mögliche erste Hilfsmittel.

Aristoteles (384 – 322 v. Chr.)

Griechischer Philosoph und Naturforscher.
Die Physik ist neben der Metaphysik und der Nikomachischen Ethik (bedeutenste unter Aristoteles überlieferten ethischen Schriften, Namen bezieht sich auf Aristoteles' Sohn Nokomachos, oder seines Vaters) eines der Hauptwerke des Aristoteles. Sie befasst sich mit der Erklärung und Erläuterung (Definition) einiger grundlegender Begriffe, die bei der Beschreibung von Naturvorgängen im täglichen Leben gebraucht werden. Die wichtigsten davon sind: Raum, Zeit, Bewegung und Ursache. Es handelt sich nicht um eine mathematische Darlegung der Grundzüge der Natur in heutigem Sinne.

Archimedes (285 – 212 v. Chr.)

Griechischer Mathematiker und Physiker. Begründer des Archimedischen Prinzips: Der Auftrieb eines sich in Flüssigkeit befindlichen Körpers ist gleich dem Gewicht der von ihm verdrängten Flüssigkeit.

Leonardo da Vinci (1452 – 1519)

Ein italienisches Universalgenie entwickelte die ersten Tauchhilfen, die heutiger Technik vom Grundprinzip kaum nachstehen. Entwürfe von Flossen, Schnorcheln, Auftriebshilfen zählen zu seinen Arbeiten.

Torricelli Evangelista (1608 – 1647)

Italienischer Physiker und Mathematiker der 1643 beobachtete, dass der Druck der atmosphärischen Luft am Erdboden so gross ist wie der Druck am Grunde eines 76 cm tiefen Quecksilbersees und dadurch den Luftdruck und seine Schwankungen beweisen konnte.

Robert Boyle (1627 – 1691)

Der englische Physiker formulierte ein wesentliches Grundgesetz der Physik und des Tauchens. Er zeigte den Zusammenhang zwischen Druck und Volumen. Zusammen mit Edmé Mariotte begründete er das Druck-Volumengesetz in der zweiten Hälfte des 17. Jahrhunderts.
Das Gesetz erklärt, warum ein Gas beim Abstieg komprimiert wird und sich beim Aufstieg ausdehnt.

Kompendium für die Tauchausbildung

Edmund Halley (1656 – 1742)

Astronom und Mathematiker liess 1691 erstmals eine Tauchglocke patentieren und stieg selber mit weiteren Forschern auf 15 m zum Grund der Themse ab, später auf 18 m im offenen Meer. Weiter entwickelte er einen offenen Bleihelm um die Tauchglocke verlassen zu können, wobei er die Luft aus der Tauchglocke bezog.

Guillaume Amontonos (1663 – 1705)

Französischer Naturwissenschaftler
Unter der Bedingung, dass das Volumen eines Gases konstant ist und sich das Gas wie das ideale Gas verhält, gilt: „Je höher die Temperatur eines Gases ist, desto grösser ist der Druck in ihm, bei Abkühlung wird der Druck geringer. Dieser Zusammenhang wurde von Amontonos entdeckt. Dieses Gesetz wird auch als 2. Gesetz von Gay-Lussac benannt

Fahrenheit Daniel (1686 – 1736)

Deutscher Physiker. Ihm gelang 1714 erstmals die Herstellung übereinstimmender Thermometer.

Pierre Bouguer (1698 - 1758)

Französischer Astronom, Geodät und Physiker. International bekannt wurde er vor allem als Teilnehmer der Peru-Expedition, welche die Pariser Akademie zur genauen Bestimmung der Erdfigur durchführte.

Nach Bouguer wurden – aufgrund seiner Untersuchungen zum Erdschwerefeld – im 19. Jahrhundert die geophysikalisch wichtigen Bouguer-Schwereanomalien benannt. Er war auch Professor für Schifffahrtskunde in Le Havre.

Das Bouguer-Lambertsche Gesetz wurde von Pierre Bouguer vor dem Jahre 1729 formuliert und beschreibt die Schwächung der Strahlungsintensität mit der Weglänge beim Durchgang durch eine absorbierende Substanz. Es wird auch Johann Heinrich Lambert zugeschrieben, teils sogar kurz als Lambertsches Gesetz bezeichnet, obwohl Lambert selbst Bouguers Werk „Essai d'optique sur la gradation de la lumière"[1] in seiner „Photometria" (1760)[2] anführt und sogar daraus zitiert.

Als Lambertsches Gesetz wird auch das Lambertsche Kosinusgesetz bezeichnet.

Im Jahre 1852 erweiterte August Beer das Bouguer-Lambertsche Gesetz, indem er die Konzentration des Absorbanten in Abhängigkeit zum transmittierten Licht stellte.[3] Dieser Zusammenhang wird als Lambert-Beersches Gesetz oder seltener als Bouguer-Lambert-Beersches Gesetz bezeichnet.

Kompendium für die Tauchausbildung

Jaques Charles (1746 – 1823)

Französischer Physiker der die Temperatur auf das Verhalten von Gasen untersuchte. Bei einer abgeschlossenen Gasmenge (konstantes Volumen) bleibt der Quotient aus Druck P und absoluter Temperatur T konstant.

John Dalton (1766 – 1844)

Englischer Physiker und Chemiker formulierte 1801 gleichzeitig mit Henry das Dalt'sche Gesetz. Am Gesamtdruck einer Gasmischung sind alle Einzelgase entsprechend beteiligt. Die Summe der Partialdrücke ergibt den Gesamtdruck.

William Henry (1774 – 1836)

Englischer Arzt welcher das Henry'sche Gesetz formulierte: Die in einer Flüssigkeit gelöste Menge eines Gases ist (im Gleichgewicht) seinem Partialdruck an der Flüssigkeitsoberfläche proportional. Henry war ein enger Mitarbeiter von John Dalton.
Wenn die Temperatur konstant ist, dann ist die Löslichkeit von Gas in einer Flüssigkeit direkt proportional zum Druck, den das Gas auf die Flüssigkeit ausübt.

Gay-Lussac (1778 – 1850)

Französischer Chemiker und Physiker wies 1808 das Gasvolumengesetz nach. Dies sagt aus, dass der Druck eines Gases bei konstantem Volumen direkt proportional zur absoluten Temperatur ist (Gay-Lussacschen Gesetz).

William Thomson Kelvin (später Lord Kelvin 1824 – 1907)

War von 1846 – 1899 Professor für theoretische Physik in Glasgow und forschte dort hauptsächlich auf den Gebieten der Elektrizitätslehre und der Thermodynamik. Ein erstes Ergebnis war schon 1848 eine Arbeit zur Thermodynamik, in der er unter anderem die nach ihm benannte absolute Kelvin-Skala einführte. Deren Einheit Kelvin ist in der heutigen Form die seit 1968 gesetzlich festgelegte Einheit der Temperatur. Einheitszeichen: K.
K = °C + 273,15
°C = K - 273,15
F = °C x 1,8 * 32

Paul Bert (1833 – 1886) Paul-Bert-Effekt

Französischer Arzt. Er erkannte als Erster die bedeutende Rolle des Stickstoffs bei der Dekompressions-Krankheit und wies nach, dass man das Auftreten von Problemen durch Dekompression vermindern kann, wenn der Druck nur allmählich abgesenkt wird. Nach ihm wurde der „Paul-Bert-Effekt" benannt.

Kompendium für die Tauchausbildung

John Scott Haldane (1860 – 1936)

Britischer Physiologe schuf zusammen mit A.E. Boycott und G.C. Damant die Grundlagen der ersten Dekompressionstabellen. Diese wurden von der Royal Navy und der US Navy verwendet.

Lorrain Smith (1862 – 1931) Lorraine-Smith-Effekt

James Lorraine Smith studierte Kunst und Medizin. Wird Sauerstoff mit einem erhöhten Partialdruck (1,4 – 1,6 bar) über eine lange Zeit 24 – 48 Stunden eingeatmet, tritt eine Ganzkörper Sauertoffvergiftung ein, der Lorraine-Smith-Effekt. Durch diese langen Einwirkungszeiten spielt diese Art der Sauerstoffvergiftung für das Sporttauchen eine untergeordnete Rolle.

Auguste Piccard (1884 – 1962)

Schweizer Physiker unternahm mit seinem Tiefsee U-Boot ausserordentliche Tieftauchversuche bis auf eine Tiefe von 4050 Meter. Sein Sohn Jaques Piccard setzte diese Experimente fort. Er erreichte mit dem Bathyscaph „Trieste" und dem Amerikaner Don Wash 1960 im Marianengraben eine Tiefe von 10918 Meter.

Jaques Yves Cousteau (1910 – 1997)

Französischer Meeresforscher, Dokumentarfilmer, Autor und Leiter des ozeanischen Museums in Monaco. Begründer des modernen Tauchsports, entwickelte das erste autonome Tauchgerät und betrieb das Forschungsschiff Calypso.

Dr. Hans Hass (1919 – 2013)

Österreichischer Biologe, Zoologe und Tauchpionier. Bilder, Filme und Bücher machten ihn weltweit zum Vorbild der Unterwasserfotographie und Sporttauchergeneration.

Prof. Dr. Albert A. Bühlmann (1923 – 1994)

war ein Schweizer Mediziner und Professor für Medizin. Bekannt wurde er vor allem durch seine Forschungen auf dem Gebiet der Tauchmedizin, speziell der Dekompressionstheorie. Er arbeitete an der Universität Zürich und gründete dort 1960 das Druckkammerlabor.

Ende der 1950er Jahre begann Bühlmann mit der Erforschung der Tieftaucherei. Er entwickelte Dekompressionstabellen und Modelle zur Berechnung von Sättigungsvorgängen im menschlichen Körper. Diese Modelle sind Grundlage für einige Tauchcomputer. Heute bekannt sind seine Dekompressionstabellen, die in Zusammenarbeit mit Max Hahn entstanden sind, die so genannten Bühlmann-Hahn-Tabellen.

Bühlmann entwickelte auch Gasgemische, mit denen der Taucher Hannes Keller im Zürichsee, im November 1959, eine Tauchtiefe von 131 Metern erreichte. Im Jahr 1962 schaffte er mit 313 Metern vor der kalifornischen Insel Santa Catalina einen Rekord, der erst 13 Jahre später eingestellt wurde. Er wurde hierbei von der US-Navy unterstützt.

Kompendium für die Tauchausbildung

Dr. Max Hahn (1929)

Fast ein halbes Jahrhundert, sein ganzes erwachsenes Leben ist Dr. Max Hahn dem Tauchsport verbunden gewesen. Als Physiker und Mathematiker brachte er zur Begeisterung für die Welt unter Wasser jene mathematisch-naturwissenschaftlichen Vorbedingungen mit, die das Verständnis komplexer Algorithmen wie die der Dekompression erforderten. Nicht lineares Aneinanderreihen von Ergebnissen war für Ihn Dekompressions-Forschung, sondern Vernetzung von Erkenntnissen aus den verschiedensten Wissenschaftsgebieten. Die Sicherheit der TaucherInnen war dabei sein oberstes Ziel. Schon immer begeisterter Schwimmer und Wassersportler, wandte sich Dr. Max Hahn bereits 1952/53 dem Tauchsport zu und absolvierte zur damaligen Zeit als einer der wenigen in Deutschland Tauchgänge mit dem Pressluft-Gerät. Sein schnell erwachtes Interesse an allen Forschungsbereichen, die das Tauchen betrafen und sein eigenes aktives Taucherleben ließen ihn zu einem unserer Tauchpioniere werden, der in seinem Leben gut 5.000 Tauchgänge in den unter schiedlichsten Gewässern vom Nordatlantik bis in die Tropen, aber auch in den heimischen Binnengewässern absolviert hat.

Hannes Keller (1934)

Schweizer Computerpionier, Unternehmer, Tauchpionier und Amateur-Pianist.

Nach dem Studium der Philosophie, Mathematik und theoretischen Physik an der Universität Zürich wandte er sich der Tauchforschung zu. Unterstützt durch Albert Bühlmann arbeitete er an Tauchtabellen für spezielle Atemgasmischungen, die aus 95 % Stickstoff und 5 % Sauerstoff bestanden. 1961 gelang es ihm dank seiner erarbeiteten Tauchtabellen, mit seinem Partner McLeish im Lago Maggiore auf eine Tiefe von 230 m zu tauchen. Im Folgejahr erreichte er in einem spektakulären und zugleich tragischen Tauchgang mit einer Tauchglocke vor Kalifornien (Santa Catalina Island) über 300 m Tauchtiefe. Zwei weitere Taucher, Peter Small und Chris Whittacker, starben. Die erreichte Tiefe wurde erst 1975 überboten.

Kompendium für die Tauchausbildung

III Lexikon der verwendeten tauchspezifischen Fachbegriffe und die Zuordnung zu den Fragen (Glossar)

Index	Titel	Seite
ve	Verwendete Konstanten	121
ge	Gesetze	132
fo	Formeln	136
py	Tauchphysik	149
me	Tauchmedizin	199
ni	Nitrox (Enriched air)	255
ps	Tauchphysiologie	275
au	Tauchausrüstung	309
fu	Tauchfertigkeit und Umgebung	355
pl	Tauchgangsplanung	417
hz	Handzeichen	461

Der Index weist auf das Kapitel hin (zum Beispiel py = Tauchphysik ab Seite 149, die Nummer auf die entsprechende Aufgabe in diesem Kapitel, in welcher der gesuchte Begriff auftritt.

> Es macht in der Gesellschaft nichts lächerlicher,
> als wenn man ein fremdes Kunstwort falsch anwendet.
>
> Johann Wolfgang von Goethe

A

ABC – Ausrüstung	Ausrüstung für Schnorchler: Maske, Schnorchel, Flossen
Absoluter Druck	py049 py065 py088 py090 py118 py119 py173 py174 ve Seite121
Abstieg	fu027 fu141 fu142 fu143
Abstand z. Grund	py137 py138
Abblasen (Regler)	au115 au189 fu126 fu161
Ablaufendes Wasser	fu245

Kompendium für die Tauchausbildung

Ablenkung	wird auch Deviation genannt. Abweichung der magnetischen N-Richtung von der geographischen N-Richtung. Ursachen dafür sind: die generelle Abweichung zwischen Erdmagnetfeld und geographischen Nordpol (Missweisung) lokale Störungen verursacht durch Metalle oder Wracks elektrische Geräte Lampen
Abstiegszeit	pl045
Abwesenheits-Kontrolle	fu066 fu067 fu079
Abströmen	au089
Abtrieb	py022 py202
Absoluter Nullpunkt	Beginn der wissenschaftlichen Temperaturskala (siehe Kervin) bei -273,15°C
Absorption	In der Physik die Aufnahme von Gasen durch Flüssigkeiten oder Feststoffen, die zu einer Lösung führt. In der Physiologie die Aufnahme der von aussen zugeführten Gase durch Haut oder Schleimhäute, oft auch im gleichen Sinne wie Resorption verwendet py041
Achtern	hinterer Teil eines Schiffes, hinter der halben Schiffslänge
ADV-Jacket	Advanced Design Vest wird auch als Adjustable Jacket bezeichnet. Jacket's bei denen der Auftriebskörper ganz von den Schultern entfernt und auf die Seiten und den Rücken verlagert wurde. Sie lassen sich optimal dem Träger anpassen durch die verstellbare Träger. py15 py135 py136 au19 au22 au24 au90 au92 au97 au169 au181 au213 au216 au222
Adrenalin	Hormon des Nebennierenmarks; erregt den Sympatikus
AED	Automatischer Externer Defibrillator zur Behandlung des Kreislauf-Stillstandes me165 me166 me167 me169 me170 me172 me173 me174 me175 me176 me177 me178 me233 me234 me235 ni021 ni027 ni028 ni031 ni032 ni036 ni037 ni038 ni039 ni040 ni041 ni042
Air depth	ni049
Akklimatiisation	Anpassung an Höhe und Klimabedingungen
Alternativer Automat	au149 au151 fu113 fu176

Kompendium für die Tauchausbildung

Alternative Luft.	fu113 fu176 au149 au151
Alkohol	me074
Alphaflagge	„A" des internationalen Flaggenalphabetes. Dient zur Absicherung der im Wasser befindlicher Taucher
Aluminium TG	au034 au058 au074 au130 au196
Alveole	Lungenbläschen ps034
AMV	Atemminutenvolumen
Anaerob	ohne Verbrauch oder ohne Vorhandensein von Sauerstoff ablaufend
Anamnese	Vorgeschichte einer Krankheit
Anämie	Blutarmut
Angst	me024
Anoxie	s. Hypoxie (niedrige Sauerstoffkonzentration), unzureichende Sauerstoffkonzentration im Gewebe, kann zum Tod führen me243
Anstrengung-TG	me055 ps025 ps106 fu137
Alveolen	Lungenbläschen, zuständig für den Gasaustausch in den Lungen ps111
Apnoetauchen	Tauchen ohne Atemgerät Apnoe (griech-: Nichtatmung, Atemstillstand) Apnoetauchen, auch Freitauchen genannt, ist das Tauchen mit der Atemluft aus der eigenen Lunge. Der Taucher atmet vor dem Abtauchen ein und benutzt nur diesen eigenen Luftvorrat. Da der Atemreflex massgeblich vom Kohlendioxingehalt im Blut beeinflusst wird, werden hier oft auch Techniken wie die Hyperventilation angewandt. Eine Gefahr durch Barotraumen der Lunge entstehen. Ab einem bestimmten Punkt ist der Lungenraum nicht mehr kompressibel (Residualvolumen) und es tritt Blut aus dem Blutkreislauf zur Kompensierung in den Brustraum über.

Kompendium für die Tauchausbildung

Geübte Apnoe-Taucher sind in der Lage, das Residualvolumen, z.B. des Magenraumes über das Zwerchfell in den Lungenraum zur Vermeidung eines Barotraumas zu verlagern.
ps001

Aquakultur	fu297
Äquivalente Luft-Tiefe	ni021 ni027 ni028 ni027 pl006
Aquatisches Leben	me125 me126 me143 ps047
Arbeiten U/W	fu137
Archimedes	ge Seite132 py083 py083 py198 py206 fu009
Argon	Farb- und geruchloses Edelgas (Ar) aus der Gruppe der Edelgase. Geringe Wärmeleitfähigkeit 16,0 mW/(m°K) bei 1 bar und 0°C. Argon ist ein Gas, das keine chemische Reaktion eingeht. Einatmen von Argon kann zum Erstickungstod führen, in Atemgemischen je nach Anteil zu erhöhten Narkosewirkungen. Argon wird aufgrund der der geringen Wärmeleitfähigkeit als Anzuggas für Trockenanzüge verwendet.
Aristoteles	Griechischer Philosoph und Naturforscher (384 – 322 v. Chr.) ge Seite132
Arterie	Blutgefäss vom Herzen wegleitend Schlagader
Arterielle Gasembolie	AGE: Blockierung der Blutversorgung durch Gasblasen me171
Arthralgie	Gelenkschmerzen
Arthrose	Degenerative Gelenkserkrankung
Aspiration	Einatmen oder Ausatmenvon Fremdstoffen in die Lunge
Atmosphäre (Luft)	py001
Atemarbeit u/W	ps107 ps152
Atelektase	luftarmes oder luftleeres Lungenbläschen
Atemgas	py055 py069 py104 py105 me218 ps109

Kompendium für die Tauchausbildung

Atemgasmischung	py055 py69

Atemluft   fu169 fu170

	Einatmung Vol%	Ausatmung Vol%
O_2	21 %	17 %
N_2	78 %	78 %
CO_2	0,003 %	4 %
Diverse Gase	1 %	1 %

Atemregler	au008 au015 au028
Atemrhytmus	fu007 fu146
Atemspende	me170
Atemminuten-volumen	Das vom Taucher benötigte Luftvolumen in l/min, nicht die Luftmenge. Das AMV ist abhängig von der Atemtechnik, der Arbeit und der physischen Belastung. Beispiel: 10 m, 10 l Tauchgerät, 200 bar, Tauchzeit 20 min, 100 bar Restluft 10l x 200 bar = 2000 barl 2000 barl − 1000 barl = 1000 barl 1000 barl / 20 min = 50 barl / min. 50 barl / 2 bar (10 m) = 25 barl / min py133 py142 py144 py145 py148 py150 py210 py163 pl099 pl105 pl110
Atmungssystem	me076
Atmungsorgane	ps110
Atemwege	me012 me113 ttzme200
Atemwiderstand	ps002 au004 au091
Atemzentrum	me027
Atemzwang	py021
Atemzugvolumen	ps097 py133 py132
Atmung	fu145 fu146 fu149 me003 me027 me221 ps030 ps031 ps046 ps054 ps057 ps059 au153

Kompendium für die Tauchausbildung

Atmosphäre atm	ve Seite 121
Atmosphärischer P	ve Seite 121
Atem anhalten	me078 fu149
Atemwiderstand	ps009 au004
Atemwege	me113 me116 me200
Atemarbeit U/W	ps107
Atmungsorgane	ps110
Atmungssystem	me076
Atemgeräusch	me003
Atemrhytmus	fu007 fu146
Atemwiderstand	ps002 ps009
Atemvolumen	ps097
Aufmerksamkeit Unter Wasser	hz002
Atemzwang Aufsicht	ps021 fu065
Auftauchen	fu009 fu018 fu138 fu140 fu182
Auftrieb	py022 py083 py117 py197 py199 py202 py203 ps056 fu055
Auftrieb (Gewicht)	py045 py048 py050 py063 py064 py085 py086 py087 py123 py124 py155 py168 py169 py203 py204 ps056 ps058
Aufstiegszeit	die Zeit vom verlassen der der maximalen Tiefe bis zum Erreichen der Oberfläche pl046 fu230

Kompendium für die Tauchausbildung

Aufstiegs-Geschwindigkeit	py004 py016 pl046 ps016 fu009 fu050 fu138 fu230
Augenverletzung	me020
Ausatemluft	ps122 fu009
Ausbildungsorg.	pl095 pl09
Ausbreitungs-Geschwindigkeit	ps116
Ausgelassene Dekompresion	pl008
Äussere Vereisung	au243 au244 In der ersten Stufe soll der Mitteldruck konstant über den jeweiligen Umgebungsdruck gehalten werden. Um dies zu erreichen, drückt der Hochdruck gegen ein Ventil mit Feder gegen den Umgebungsdruck. Damit der Umgebungsdruck auf das Ventil mittels Kolben oder Membrane wirken kann, wirkt das Wasser direkt in der Federkammer. Kühlt die erste Stufe zu weit ab, gefriert das Wasser, der Kolben / Membran können sich nicht mehr bewegen und der Automat bläst ab. s. Vereisung
Auftauchen	ps005
Auskühlung	me060
Ausrüstung allg.	au098 au154 pl086
Ausrüstung für Ni	ni007 ni008 ni053
Automat 1.Stufe	au065 au068 au081 au122
Ausgelassene Deko.	pl008
Automat 2.Stufe	au028 au066 au067 au072 au79 au84 au129
Autonomes NS	ps102
Augen	me020
AWARE	ps147 fu047

Kompendium für die Tauchausbildung

Azimut	in der Navigation ein im Uhrzeigersinn gemessener Winkel zwischen der Richtung zu einem Objekt und der Nordrichtung

B

Backbord	in Fahrtrichtung gesehen die linke Seite eines Wasserfahrzeuges Bb oder BB als Abkürzung fu116
Backplate	Rückenplatte
Balanciert	au49 au082 au132 au061 au082 au132 au140 au157 au187 au194 au195
Bar	von griechischem barys = schwer nichtgesetzliche Einheit des hydrostatischen Drucks, die dem Luftdruck entsbricht ve Seite121
Barliter	Masseinheit für die Gasmenge als Produkt aus Druck (p) und Volumen (V) py208
Barometer	Gerät zur Messung des Luftdrucks, das auf eine Beobachtung von Torricelli zurückgeht, wonach der Luftdruck auf eine Flüssigkeitsoberfläche dem Gewicht einer Flüssigkeitssäule die Waage halten kann. Die Höhe der Flüssigkeitssäule ist das Mass für den Luftdruck
Barometrischer Druck	nach den atmosphärischen Bedingungen (Hoch- und Tiefdruckgebiet) variierender atmosphärischer Druck
Barotrauma	baros: Schwere, Gewicht / trauma: Wunde, Verletzung py028 py126 fu009 me019 me037 me057 me069 me105 me189 me248 me262 ps079
Beatmung	me116 me155 me156 me197 me203
Beatmungsbeutel	Gerät, Beutel, mit dem bei der Beatmung einem Verunfallten angereicherte Luft oder 100% Sauerstoff zugefügt werden kann
Behinderten-Tauchen	Tauchen ist sehr gut geeignet als Sport für behinderte Menschen. Der psychologische und therapeutische Wert des Tauchens ist bei Behinderten durch die Entlastung des Körpersn infolge des Auftriebs durch die fast hilfsmittelfreie Fortbewegung durch die Anregung aller vegetativen Funktionen sehr hoch. Die Beweglichkeit der Gelenke wird gefördert und der Kreislauf und die Atmung werden angeregt.

Kompendium für die Tauchausbildung

Beaufort	s. Windskala Windstärke, eine Luftbewegung relativ zur Erdoberfläche, die durch Druck- und Dichteunterschiede in der Atmosphäre entsteht. Abkürzung Bft. Bft 0 = Windstille bis Bft 12 = Orkan
Beeinträchtigung im Salzwasser	fu040
Belastung pPO$_2$	ni023
Bedarfsabhängig	au043 au064 au072 au121
Bedingungen u/W	fu094
Befestigung Gerät	fu119
Begleitung (Buddy)	fu072
Beinahe Ertrinken	me128 me129 me179 me190
Bends	Schmerzhafte Gasblaseneinschlüsse in den Gelenken als Folge eines Dekompressionsunfalls. Bends gehören zu den DCS-Symptomen Typ I (Schmerzen ohne weitere Symptome). me19 me 33 me41 me45 me47 me51 me52 me53 me54 me58 me62 me63 me64 me72 me74 me75 me88 me90 und ff
Bergen	fu110 fu201
Bergsee	Gewässer in grösserer Höhe ab 300m über NN (Normalnull) py009 py021 py118 py119 py146 py162 py173 py174 py179 py180 py187 fu57 fu195 pl003 pl006 pl036 pl055 pl75 pl114 ps068 au053 au125
Bert Paul	Französischer Physiologe, der mit seiner Arbeit „La Pression Barometric" die Dekompressionskrankheit (DCS) untersuchte siehe auch Paul-Bert-Effekt
Berstdruck	Flaschen-Berstdruck: Druck bei dem eine Flasche explodiert. Der Mindest-Berstdruck einer Tauchflasche ist in den technischen Vorschriften festgelegt. Zum Beispiel das 1,6 fache des Prüfdruckes. Z.B. Druckluftflasche für 200 bar, Prüfdruck ist dann 300 bar und der Mindest-Berstdruck = 480 bar py256
Berstscheibe	au037 au123 au197

Kompendium für die Tauchausbildung

Bewustseinsgrad	me025
Bewusstlosigkeit	me138 me134 me138 me180 ps063 fu025 fu058
Bewegen (u/W)	fu174
Beurteilung von Tauchern	fu086
Binnensee	ps140
Blackout	s. Schwimmbad Blackout me015 me029 ps013 ps085 fu025 py013
Blasen	me140 ps119 fu139
Bleigurt	au017 au024 au094 au110 fu051 fu147 fu165 fu197 pl062 pl117
Blenden	Mischen von Gasen ni068 ni069 ni077 ni098
Blut	me025 me096 me098 me100 me118 me140 ps003 ps083
Blutung	me96 me098 me100 me118 me206
Blutzirkulation	me025
Boden/Grund	fu092
Bogengänge (Ohr)	me042
Boje	Schwimmkörper der die Lage eines Gegenstandes (oder auch Tauchers) auf dem Grund (oder im Wasser) kennzeichnet und als Endpunkt einer Leine dient. fu231 au178
Bottom Mix	Atemgas, das in der Tiefe verwendet wird
Bottom Time	Grundzeit englisch

Kompendium für die Tauchausbildung

Bourdon Röhre — druckempfindlicher Mechanismus; gebogene Röhre meist aus Kupfer, die bestrebt ist sich zu strecken, wenn der Druck in der Röhre über den Umgebungsdruck ansteigt. Die Spitze, Endpunkt, der Röhre kann über einen Mechanismus mit einer Anzeigenadel verbunden werden, dadurch bewegt die Röhre zu- oder abnehmend eine Nadel auf einer Anzeigeplatte.

Boyle-Mariotte — Französischer Physiker stellte ein für Taucher wichtige Gesetz auf:
Das Produkt aus dem Volumen und Druck einer Gasmenge ist bei gleichbleibender Temperatur konstant:
V x P = konstant
Beispiel:
V = 10 l
P = 1 bar entspricht als Produkt 10 barl (barliter)
V = 5 l
P = 2 bar = 10 barl
In der Praxis:
In einer Tiefe von 10 Meter (2 bar)
Einatmung 5 Liter x 2 bar = 10 barl (konstant)
An der Oberfläche wäre das zuviel für die Lunge, sie würde reissen.
10 l x 1 bar = 10 barl
ge Seite132
py025 py051 py066 py091 py092 py093 py094 py127 py128 py149 py156 py160 py166 py167 py175 py176 py204 py206 py209 py2120
pl005 pl133
au023

Bradykardie — Verlangsamung des Herzschlages (pathologisch). Vergiftung, Unterkühlung
Auch Tauchreflex: Durch das Eintauchen des Gesichts ins Wasser kommt es zu einer Verlangsamung des Herzschlags (Bradykardie). Dieser Effekt tritt auch beim Atemanhalten auf, wird aber durch das Wasser verstärkt und zwar umso mehr, je niedriger die Wassertemperatur ist. Die Rezeptoren für diesen Reflex liegen vorwiegend um den Mund und die Nase.
Bradykadie ist ein Fachausdruck der Medizin für einen ungewöhnlich langsamen Puls (Herzfrequenz). Beim erwachsenen Menschen gelten: 60 Schläge / Minute als Grenzwert. Mittlerweilen wird der untere Grenzwert mit 50 Schlägen / Minute angesehen. Bei Ausdauer-/ Leistungssportlern oder Freitauchern (die ohne Atemgerät tauchen) gilt eine weitere Unterschreitung dieser Werte als nicht pathologisch. Es können Werte von 30 – 40 Schläge / Minute noch als normal angesehen werden.
me252

Brandung — das Überstürzen (brechen oder branden) der Meereswellen beim Auflaufen auf Untiefen oder auf die Küste wo die Wassertiefe geringer ist als die Höhe der Wellen.
fu083 fu115

Kompendium für die Tauchausbildung

Brechung UW	py005 py042 py045 py075 py076 py154
Brevetierung	pl095 pl096
Briefing	fu021 fu026 fu080 fu082 fu128 fu168 ps060 pl053 pl056
Brustschmerzen	me057
Buddy	fu178 fu180 fu191 pl053
Buddycheck	fu144
Buddy-Line	Leinenverbindung zweier Taucher (1m) bei schlechter Sicht
Burst-disk	au197
Bühlmann	pl72

C

C	chemisches Zeichen für Kohlenstoff
°C	Abkürzung für Grad - Celsius
Caisson	Dekokrankheit Diese Bezeichnung stammt von den (französischen) Caissonarbeitern. Bei langem Aufenthalt in der Tiefe unter Tauchglocken waren für damalige Verhältnisse unerklärliche Ausfälle, Krankheiten zu beobachten. Hierbei handelte es sich um nichts anderes als die Dekompressionskrankheit, auch DCS (De Compression Sicknes) genannt.
Carotis	Kopfschlagader Arteria Carotis. Rechte und linke Carotis, auch Halsschlagader
Charles Jaques	ge Seite132 py206
Checkdive	fu228 pl145
Carotis Arterien	ps007 ps012 me030

Kompendium für die Tauchausbildung

Carotis-Sinus-Reflex	Schutzmechanismus des Körpers zur Stabilisierung des zentralen Blutdrucks und Sicherung der Durchblutung von Herz und Gehirn. Reflektorisches Absinken von Herzfrequenz und Blutdruck durch Erregung der Pressorezeptoren des Sinus Caroticus me030 me031 me032 me186 ps012 ps077 py012
Carotis Puls	me115
Check Dive	pl145
Chokes	Brennender Schmerz hinter dem Brustbein beim Atmen (to choke = ersticken)
CNS-Uhr	fo Seite136
Computer	au005 au025 au050 au051 au069 au114 au127 au133 au135 fu041 pl030
Cortison	Hormon der Nebennierenrinde
CO_2-Vergiftung	Kohlendioxyd ist ein geruch- und geschmackloses Gas, das bei Verbrennung anfällt. Die Luft enthält ungefähr 0,03% Kohlendioxyd. Nur bei unsachgemässer Füllen der Geräte kann unter erhöhtem Fülldruck die Grenze zur Toxität überschritten werden. CO_2 ist verantwortlich für den Atemreiz und die Hirndurchblutung. Ein Anstieg von CO_2 führt daher zu einer Steigerung des Atemvolumens mit „Lufthunger", Schweissausbrüchen, Kopfschmerzen, Schwindelgefühl sowie Übelkeit und Bewusstseinstrübung. Ursachen: CO_2 in Flaschenluft, Pendelatmung aus der Tauchveste, Totraumatmung aus überlangem Schnorchel, Sparatmung, verbrauchte oder defekte Atemkalkpatronen bei Kreislaufgeräten, Essoufflement. Therapie: Frischluftzufuhr reicht in den meisten Fällen aus. Bei Bewusstlosigkeit Sauerstoffbeatmung.
Cubic feet	pl065 (1Liter = 1000cm^3 = 61 cu inch = 0,035 cu feet)

Kompendium für die Tauchausbildung

D

Dalton

Dalton John* 6.9.1766 in Cockermouth (Cumberland) - + 27.7.1844 Erforschte die physikalischen Eigenschaften von Flüssigkeiten und Gasen. Er entdeckte 1803 das nach ihm benannte Gesetz über den Partialdruck.
Gesamtdruck eines Gases = $\sum$ aller Teildrücke
Die Wirkung der Gase hängt auch von den Teildrücken ab, z.B. der Tiefenrausch oder die Sauerstoffvergiftung. Jeder Teildruck bestimmt, wie viel Gas in unserem Körper gelöst wird.
ge Seite132
py025 py206
pl005

Dehydration

Verlust von Wasser im Körper, Flüssigkeitsmangel im Körper aufgrund von Entwässerung

Dekompression

py020 py021 py038 py139 py188 py189 py194 py195
fu194
pl008 pl003 pl028 pl029 pl036 pl044 pl088
me022 me033 me045 me046 me047 me054 me074 me182 me191 me195
ps040 ps042 ps065 ps076 ps086 ps088

Deko. Stopp

ps022

Dekotabelle

py140 py195
fu017 fu117
me055

DCS

DCS steht für De Compression Sickness auch Dekompressionskrankheit genannt.
Die Bildung von Gasbläschen in Blut und Geweben während der Auftauchphase. Während des Abtauchens werden zunehmend Gase in den Geweben gelöst.
Das Problem liegt in der Auftauchphase, wo der Taucher den Druck (Umgebungsdruck) auf seinen Körper verringert. In dieser Phase wird der Prozess umgekehrt und die Gase wollen wieder aus der Lösung ausperlen. Wenn nun die Druckabnahme zu schnell erfolgt, (zu schnelles Auftauchen) können durch Blasenbildung Embolien und Schlimmeres hervorgerufen werden.
Früher wurden drei Stufen beschrieben. Es kommen aber auch Mischformen vor, so spricht man heute nur von einer DCS.
Symptome können noch nach Stunden nach dem Tauchgang auftreten
Besondere Vorsicht ist beim Fliegen nach dem Tauchen angesagt, da in den Kabinen moderner Flugzeugen ein bedeutend niedriger Luftdruck herrscht.(0,7 bar = 3'000 m)

Kompendium für die Tauchausbildung

Symptome:
Hautrötung, Jucken, Taucherflöhe
Gelenk und Muskelschmerzen Bends
Atemnot
Kreislaufstörung (Herzbefall)
Atemnot
Lähmung und Bewusstseinstörung,
Kopfschmerzen
Sprechstörung
Gangunsicherheit
Rückenschmerzen
Schwindel, Höhrverlust
Übermässige Müdigkeit
me073 me074 me240
ps157
fu251

Defibrillation	s. AED me167 me172 me173 me174 me175 me176
DCI	me051 me051 me058 me062 me063 me064 me065 me075 me087 me088 me098 me103 me133 me136 me142 me146 me147 me152 me215 pl003
DCI Typ 1	me054 me058 me063 me146 me147
DCI Typ 2	me058 me146 me147 ps157
Dekompression	py021 py038 py061 pl044 ps151
Dekotabelle	py140
Dekompressions- Unfall	py139 pl003 pl036 me022 me051 me088 me135 me136 me153 me182 me191 ps006 ps040 ps041 ps042 ps065 ps076
Dekokrankheit I + II	me058 me062 me063 me064 me065 me075 me088 me135 me136 me142 me153 me182 me251 ps065 ps086 ps088
Dekostufen	py195
Demand Ventil Maske	me148

Kompendium für die Tauchausbildung

Diastole	Zeit des Herzzyklus, in der sich die Herzkammern mit Blut füllen
Dichte	in der Physik das Verhältnis (Quotient) einer physikalischen Grösse zu Raum, Fläche oder Länge. Man versteht unter der Dichte eines Stoffes den Quotienten aus Masse und Volumen. Wasser bei 4 °C hat eien Dichte von $1 \text{ kg/dm}^3 = 1 \text{g/cm}^3$: fo Seite 136 py051 py066 py084 py091 py092 py093 py095 py161 py200 fu171 ps109
Dichte Atemgase	Atemgase werden mit zunehmender Tauchtiefe dichter und deswegen erhöht sich die Atemarbeit.
Dichte Salzwasser	1,0 – 1,3 kg/l, je nach Salzgehalt und Meer
Dichte Süsswasser	1,00 kg / l
Diffusion	Gasaustausch
DIN	ve Seite121 au078 au112 au131
DIN Ventil	au078 au112 au131
Distanz	fu201
Deko Pause	ps023 pl110
Dioptrien (Maske)	py134
Doppler-Effekt	Frequenzverschiebung durch bewegte Schallquellen (z.B. Gasblasen im Blut)
Doppler Detektor	me090 ps044
Downstream	au048 au059 au060 au093
Dichte (Luft)	fu171 py095 py216 ps109
Dichte (Wasser)	py084 py156 py161 py200 py216 ve Seite121 fo Seite136 ps109
Dichte Material	py200 py201

Kompendium für die Tauchausbildung

Distanzen	py157 fu007 fu201 fu205 fu206
Drehschwindel	me059 me40 me41 me50 me101 me254
Dreimeter Check	fu005
Drifttauchgang	fu246 ps177
Drittelregel	fu250
Drop-off	Steilabfall oder Steilwand unter Wasser z.B. ein Riff
Druck	foSeite 136 py007 py011 py037 py049 py171 py172 fu205 pl112
Druckausgleich	fu141 fu142 fu172 me002 me011 me021 me038 ps018 ps091
Druckänderung	me044 ps078 ps104 py002 py007 py008 py172 py185
Druckluft	s. Kompressoranlage
Druckluftgerät	au016 au030 au031 au033 au034 au036 au037 au038 au040 au041 au062 au073 au074 au076 au077 au089 au090 au107 au117 au118 au120 au124 au134
Druckluftgerät Verordnung	au027 au030 au031 au032
Druckmasseinheit Druckmessung	ve Seite121 au003 au057 au075
Druckprüfung	au040 au57 au075 au124
Druckzunahme	py002 py171 py011 py037 ps104
Druckzunahme in Flüssigkeit	py056
Durchflussmenge	me157

Kompendium für die Tauchausbildung

E

EAD	Äquivalente Lufttiefe ni021 ni027 ni028 ni029 ni030 ni031 ni032 ni036 ni037 ni038 ni039 ni040 ni041 ni042 ni049 ni051
EAD-Tabelle	ni036 ni038 ni039 ni040 ni041
EANxxx	ni002
EAN Analyse	ni014 ni046
EAN Ausbildung	ni035
EAN Ausrüstung	ni007 ni015 ni053
EAN Erkennung	ni011
EAN Flaschen	ni009
EAN Füllrisiko	ni012 ni016 ni017 ni018 ni019
EAN Gefahren	ni006 ni013
EAN Kennzeichnung	ni019
EAN Kontrolle	ni014
EAN Mischung	ni002 ni012 ni020
EAN Nullzeit	ni005
EAN Nachteile	ni006
EAN Reinigung	ni015
EAN RDP	ni043 ni044 ni047
EAN Standard	ni020
EAN Tauchcomp.	ni045
EAN-Tabellen	ni047 ni048
EAN Tauchausrüstung	ni007 ni018 ni0089 ni009

Kompendium für die Tauchausbildung

Ebbe	eine auf das offene Meer hinausgehende Strömung, die den Wasserspiegel verringert. fu88 fu89
Einstieg	fu016 fu028
Einatmen	au153
Emphysem	Luftansammlung das übermässige oder ungewöhnliche Vorkommen von Luft (Gas) in Körpergeweben, -organen oder –höhlen, auch der vermehrte Luftgehalt der Lungen (Lungenemphysem). me130
Embolie	Verstopfung von Blutgefässen durch Gerinnsel, Luftblasen oder Fremdstoffen
EN (14467)	Die EN 14467 (EU-Norm) beschreibt die Dienstleistung des Freizeittauchens – Anforderungen an Dienstleister des Freizeit-Gerätetauchens. Beschrieben werden die Anforderungen an das Tauchpersonal, Tauchausbildner und die Informationspflichten der Dienstleister. Mit einer Zertifizierung nach EN 14467 oder ISO 24803 ist die Tauchindustrie bemüht, zertifizierte Tauchbasen als sicher zu bezeichnen oder das hier hohe Sicherheitsstandard erfüllt werden.
Enriched air	me51 me103 me104 ni001 ni003
Entfernung U/W	fu108 fu205 fu206 py075 py076 py157
EAN-Verwendung	ni003 ni004 ni008 ni020
Entsättigungszeit	py196 pl047
Enzyme beschleunigen	Fermente, die als Katalysatoren chemische Reaktionen om Organismus
Epilepsie	Fallsucht, Oberbegriff für Anfallsleiden verschiedener Ursachen. Epilepsien stellen i.d.R. eine Kontraindikation zum Tauchen dar me117
Erbrechen	ps129 me150
Erfrierung	Nasserfrierung ist schon bei einer Wassertemperatur von 10 – 15°C möglich **-Erfrierung 1. Grades:** Die Durchblutung der Haut und der Extremitäten wird gedrosselt, Blässe der Extremitäten, Schmerzen, später Gefühllosigkeit. **-Erfrierung 2. Grades:** blau-violette Ödemisierung, Blasenbildung der Haut (Erhalt der Glieder durch Wiedererwärmung noch möglich)

Kompendium für die Tauchausbildung

-**Erfrierung 3. Grades:** Absterben der Zellen aller Schichten durch Sauerstoffmangel
Behandlung: gut gepolsterte locker sitzende trockene Verbände, kein Massieren der Glieder, ärztliche Behandlung.

Ergometer	Gerät zur Messung der Leistung bzw. Arbeit
Erkältung	ps070
Erste Hilfe	me008 me062 me065 me098 me133 me135 me151 me198 me199 me208 me201 me202 ps024 au096
Erste Stufe Regler	au049 au061 au065 au068 au081 au122 au132 au157 au159 au168
Ertrinken	Ertrinken ist im Sprachgebrauch der Tod im Wasser. Es handelt sich um einen Erstickungsvorgang bei dem durch das Eindringen von Wasser ein mechanischer Verschluss der Atemweg erfolgt und damit der Austausch von Sauerstoff und Kohlendioxid in der Lunge verhindert wird. Meist kommt es vorher zu einer Bewusstlosigkeit, bei der das Ertrinken sekundär erfolgt. Es sind drei Phasen des Ertrinkens bekannt: **Die Erregungs- oder Abwehrphase:** Versuch den Atem anzuhalten. Gelingt dies nicht, dringt Wasser in die Lunge ein. Der Kontakt mit der Kehlkopfschleimhaut führt zu Hustenanfällen und Luftnot, eventuell zu sofortigem Reflextod oder Stimmritzenkrampf **Die Krampfphase:** Kampf gegen das Wasser, heftige Ein- und Ausatembewegungen, maximale Muskelanstrengung verbrauchen den Sauerstoffvorrat CO_2 – Partialdruck steigt an, Bewusstlosigkeit ist die Folge. **Die Lähmungsphase:** Alle Nervenreaktionen schwinden, Pupillen erweitern sich, Atemreflex fällt aus, Herzrhythmus wird unregelmässig. **Ertrinken im Süsswasser:** Süsswasser hat einen geringeren osmotischen Druck (osmose griech: Stoss, Schub, Diffusion einer Lösung durch ein Medium) als die Blutflüssigkeit, es kommt zu einem Übertritt von Wasser in den Lungenkreislauf und in die roten Blutkörperchen. Das Blutvolumen nimmt zu, der Kaliumgehalt (aus den roten Blutkörperchen stammend) steigt an und führt zum Tod durch Herzkammerflimmern. **Ertrinken im Salzwasser:** Salzwasser hat einen höheren osmotischen Druck als Blutflüssigkeit, es kommt zu einem Übertritt von Wasser aus dem Lungenkreislauf in die Lungenalveolen. Das Blutvolumen wird vermindert, in der Lunge entsteht ein Lungenödem, das durch Verlegung der Atemfläche zum Tod durch Ersticken führt. me091 me095 me128 me129 me179 me190 ps158

Kompendium für die Tauchausbildung

Erschöpfung	me144
Erstuntersuchung	me112 me114 me120 me198 me201 me202
Erkältung	me012 me224 ps070
Erkrankung obere Atemwege	me012
Erythozyten	Rote Blutkörperchen, transportieren O_2 durch den Körper
Essoufflement	Ausseratem geraten, Kohlendioxydvergiftung Das Essoufflement ist einer der wichtigsten Ursachen der Kohlendioxidvergiftung. Sie entsteht durch eine Verlagerung der Atmung in den Bereich der inspiratorischen Reserve, es entsteht eine Tot-Raum-Atmung. Entstehung: Mit zunehmender Tiefe steigt die Dichte der Atemluft. Durch die Erhöhung des Atemvolumens (Arbeit unter Wasser) erhöht sich die Atemarbeit, die Atemmuskulatur ermüdet. Dies führt zu einer flacheren Atmung, es wird „gehechelt" und nicht ausreichend ausgeatmet. Die Kohlendioxidkonzentration steigt, es kommt zum „Lufthunger" und zu einem Atemreflex. Begünstigt wird das Essoufflement noch durch vermehrte Anstrengung unter Wasser, einem zu engen Anzug, einem hohen Atemwiderstand der Automaten und nicht genügende Kondition. me007 ps046 py046
Eustachische-Röhre	Tubenraum zwischen Mittelohr und Rachen zum Druckausgleich me005 me011 me038 me086 me258
Euphorie	Hochgefühl; Zustand einer-objektiv als unangemessen zu bewertenden-gehobenen Stimmung und eines gesteigerten Antriebs, bei dem das Urteilvermögen und die Selbstkritik herabgesetzt sind. Ein mögliches Symptom der Inertgasnarkose
Explosionsgefahr	ni074

F

°F	Fahrenheit ge Seite132 fo Seite136 pl066

Kompendium für die Tauchausbildung

Faden	nautisches Längenmass (früher weit verbreitet) 1 Faden = 6 Fuss = ca. 1,8 m
Fail save	au045 au046 au119 au141 au142
Fahrzeuge und Transport	fu032 fu035
Farben u/W	Wasser hat die Fähigkeit, Licht in vorhersagbarer Art und Weise zu absorbieren. Wenn Licht in Wasser eindringt wird es mit zunehmender Tiefe je nach Wellenlänge (Farbe des Lichts) absorbiert. Rot verschwindet in klarem Wasser etwa bei 5 – 10 m, Orange bei etwa 15 m, Gelb und Violett etwa bei 30 m sowie Blau und Grün bei etwa 70 m. Die Wahrnehmung von Farbe beruht auf der spektralen Energieverteilung des Lichts, dass aufs Auge trifft py211 py225
Faust	fu198
Foot (Feet)	fo Seite136 pl061 pl065
Fotografieren unter Wasser	py147
Fenster ovales	kleine Öffnung am Innenohr, mit einer elastischen Membran bedeckt, an der der Steigbügel befestigt ist. me038
Fenster rundes	kleine Öffnung am Innenohr, an der die Schnecke aufliegt me038
Fettleibigkeit	me144
Feuchtgebiete (küstennah)	fu294
Finimeter	Messinstrument zeigt den Gerätedruck an. au086 au091 au148 au150 au156 au150 au156 pl063 pl064
Flachwasser Bewusstlosigkeit	Als Flachwasserbewusstlosigkeit bezeichnet man Fälle, bei denen ein Taucher beim Apnoetieftauchen erst beim Wiederauftauchen in flacherem Gewässer bewusstlos wird. Der Atemreflex wird in der Hauptsache durch einen bestimmten CO_2 Partialdruck ausgelöst. Durch Hyperventilation vor dem Abtauchen wird CO_2 abgeatmet, der Atemreflex setzt später (zu spät) ein. Beim Abtauchen erhöht sich der Sauerstoffpartialdruck durch den steigenden Lungeninnendruck, so dass der Sauerstoffvorrat auch in Hinblick des verspäteten Atemreizes besser vom Körper ausgenutzt werden kann. Wird wieder aufgetaucht, so entspannt sich die Atemluft in

Kompendium für die Tauchausbildung

den Lungen, der Sauerstoffpartialdruck in den Lungen sinkt und unterschreitet den für einen Gasaustausch notwendigen Grenzwert von etwa 130 mb.

Flaschendruck	fu205
Flaute	Windstille: Wind von weniger als einem Knoten (1.852 km/h)
Flexibler Behälter	py066 py067 py167 py209 py220 py223
Flossen	au167
Flossenbänder	au087 au095
Flossenschlag	fu204
Fliegen	pl007 pl028 pl070 pl083 pl084 pl085 me216 py172
Flüssigkeitsverlust	me225 me226
Flut	Gegenteil von Ebbe, eine auflandige Strömung, verbunden mit einem Anstieg des Wasserspiegels. fu88 fu89
Foramen ovale	Öffnung zwischen primären und sekundären Vorhofscheidewand Auch PFO (Persistierendes Foramen ovale) genannt. Hierbei handelt es sich um eine Art Kurzschluss im Herzen des Embryos um dessen Kreislauf im Mutterleib zu entlasten. Nach der Geburt steigt der Blutdruck in der linken Herzkammer und drück diesen „Lappen auf das Loch". Zumeist verwächst dieser „Lappen" und das „Loch" ist auf immer dicht. Doch bei nahezu 1/3 aller Menschen, also Taucher auch eingeschlossen, geschieht dies nicht und der Lappen wirkt wie ein Ventil. Steigt nun der Druck in der rechten Herzkammer, durch angenommen Pressatmung, Husten, Niesen, kann venöses Blut wieder in den arteriellen Kreislauf gelangen, ohne die Lunge zu durchlaufen. Dies kann für Taucher weit reichende Auswirkungen haben. Mit Stickstoff angereichertes Blut durchläuft wieder den Körper, da sich Mikroblasen kaum vermeiden lassen, auch diese. Ein derart angereichertes Blut ist weniger in der Lage, Stickstoff vom angrenzenden Gewebe aufzunehmen. Dadurch steigt die Gefahr einer DCS sehr stark an. Die meisten, auch bei ganz konservativen und seichten Tauchgängen, DCS Erkrankungen ereilen Taucher mit einem PFO. Vorsorge: Bei Niesen, Husten, Anstrengungen (kann man gar nicht langsam genug austauchen), sollte man entsprechende Zuschläge einrechnen. Der oft praktizierten Nullzeittauchgang soll so durchgeführt werden, als wäre er ein „Dekotauchgang". Im flachen Bereich beim Auftauchen immer flach atmen, sonst könnte der Druck in der rechten Herzkammer steigen.

Kompendium für die Tauchausbildung

Fotos UW	py147 py154 py157
Freitauchen	me016 ps001
Frieren U/W	au145 fu150
Fsw	ve Seite121 (feet of sea water)
Fülldruck	au137
Füllvorgang (Ni)	ni073 ni074 ni077
Fütterung	fu023

G

Gasanalyse	ni014
Gasaustausch	me077 ps010 py010
Gasblasen	py020 py061
Gasdruck	py056 py058 py068 py106 py107 py108 py110 py111
Gasgemisch	py068 py069 py164 py71 py105 py164 ps120 ps121 ni014 ni016 ni017 ni026 ni019 ni020 ni054 ni055 ni056 ni068 ni069 fu169
Gasgleichung	py262 py263 py264 py265
Gaslösung in Flüssigkeit	py188
Gasgleichung	fo Seite136
Gay-Lussac	Bei konstantem Volumen wächst der Druck einer Gasmenge im gleichen Verhältnis wie die absolute Temperatur. Physiker 1778 – 1850 (s. auch Kelvin) Er entwickelte den Lehrsatz: Der Druck (P) einer abgeschlossenen Gasmenge bei konstantem Volumen (V) steht proportional zu der Temperatur (T) des Gases. P = Konstante x T Danach vergrössert sich der Druck einer beliebigen Gasmenge bei kon-

Kompendium für die Tauchausbildung

stantem Volumen für jedes Grad Temperaturerhöhung um 1/273,15 des Volumens.
Der Wert 273,15 (konstant) entspricht dem absoluten Nullpunkt in Grad Kelvin.
Auf diese Weise können wir zwei unterschiedliche Drücke und Temperaturen miteinander vergleichen.
P1 / T1 = P2 / T2 daraus
P2 = P1 / T1 x T2
Die Luft einer Tauchflasche weist bei 0 °C einen Druck von 200 bar auf. Wieweit erhöht sich der Druck, bei Erwärmung der Flasche auf 20°C?
P1 = 200 bar
T1 = 273,15 ° Kelvin = 0°C
T2 = 293,15 Kelvin = 20°C
P2 = (200/273,15) x 293,15 = 214,64 bar
ge Seite132
py099 py100 py101 py102 py115 py120 py130 py183 py184
py185 py205
pl018 pl028
ps069

Gefahren von Ni	ni006
Gefrierpunkt	pl018 ps069
Gefrierkappe Regler	Bauteil der ersten Stufe, das verhindern soll, dass das umgebende Wasser direkten Kontakt zum Kolben oder der Membrane hat. Dadurch wird einerseits das Einfrieren wie auch das Eindringen von Fremdkörper verhindert. au080
Gefrierschutz	au047 au080
Gegenstände u/W	pyoo5
Geräte	au016 au027 au036 au037 au038 au039 au040 au041 au57 au058 au062 au073 au074 au075 au076 au077 au089 au090 au107 au117 au118 au120 au134 au136 au138 au139 au241 fu119
Geräte Alu.	au034 au058 au073 au074 au075 au076 au077 au089 au090 au117 au118 au120 au134 au136 au138 au139 fu119
Geräte für Ni	ni009 ni057
Gerätetauchen	ps055 fu175

Kompendium für die Tauchausbildung

Gesamte Tauchzeit	pl040
Gesundheit	me161
Geschlossener Kreis	au048
Geschwindigkeit	py152 ve Seite121
gestörte Atmung	me003
Gewässerreinigung	ps147
Gewebe	pl129 py193
Gewicht u/W	py201 py013 fu055 fu104 fu110 fu197 au017 au024 au110
Gewichtssystem	au110
Gewinde	au77 au120 au191 au241 Gewindegrössen an Taucherflaschen und Ventilen und Pflege. Taucherflaschen werden entweder mit Halsgewinde M25 x 2 oder R 3/4" ausgerüstet. Leider kommt es aufgrund dieser beiden beinahe gleichen Gewindearten immer wieder zu Verwechslungen, welche zu Unfällen mit zum Teil fatalen Folgen führen. Viele Hersteller prägen bereits heute die Bezeichnung des Gewindes in die Flaschen ein, um dem Betreiber die Überprüfung zu ermöglichen. Bei fehlender Bezeichnung wird die Gewindegrösse anlässlich der nächsten Prüfung eingeprägt. Diese Prägung, mit mindestens 4 mm Buchstabenhöhe, findet man, gut sichtbar, im Schulterbereich der Flasche.
Gewitter	pl202 pl203 Entstehung von Gewittern / Entstehung von Blitzen Das Gefährliche an den Gewittern, beim Tauchen, sind die Blitze. In der aufsteigenden warmen Luft kondensiert, bei zunehmend kälterer Umgebungsluft, die Luftfeuchtigkeit zu Wassertropfen bzw. Eiskristallen. In der turbulenten Luftströmung kollidieren diese miteinander und es kommt dadurch zur elektrostatischen Ladungstrennung. Der schmale Blitzkanal, durch den der Blitz folgt, wird durch Vorentladungen geöffnet. Die gesamte Spannung von bis zu 500 mio. V entlädt sich innerhalb von 1/100 bis 1/50 s spontan. Es fließt dabei ein Strom von bis zu 100'000 A. Im Blitz entstehen Temperaturen von bis zu 30'000°C. Es wird dabei durchschnittlich eine Energiemenge von 40 kWh (etwa 25 -

Kompendium für die Tauchausbildung

30 kg TNT) frei.
Blitzschlag ins Wasser
Beim Blitzschlag in einen See (ins Wasser) wurde beobachtet, dass nach dem Einschlag etliche tote Fische an der Oberfläche trieben. Beim Blitzeinschlag ins Wasser ergibt sich auf Grund der guten Leitfähigkeit des Wassers ein sehr flacher Spannungsverlauf mit sehr geringen Spannungsdifferenzen. Schwimmer und Taucher an der Wasseroberfläche erfahren eine hohe Spannungsdifferenz zwischen Wasser und der Luft und es fließen dabei hohe Körperströme, bis in über 100 m Entfernung um den Einschlagsort; mit den selben Folgen wie bei einem Blitzschlag an Land. Eine schnelle Rettung und wenn möglich sofortige Erste Hilfe sind umgehend einzuleiten, sobald das Gewitter abzieht.
Beim Einschlag des Blitzes in das Wasser verdampft auf Grund der enormen Hitze des Blitzes das Wasser im Bereich des Blitzkanals explosionsartig. Dadurch wird eine Druckwelle erzeugt. Die durchschnittliche Energiemenge von 25 - 30 kg TNT wird freigesetzt, vergleichbar mit dem Dynamitfischen. Diese sich nahezu ungebremst ausbreitende Druckwelle verursacht beim Taucher Barotraumen. Eher harmlos ist ein Trommelfellriss. Im schlimmsten denkbaren Fall kann es zum Lungenriss mit einhergehender Gasembolie und Bewusstlosigkeit unter Wasser kommen.
Verzichte lieber bei bekannter Gewittergefahr auf einen Tauchgang oder warte wenigstens, bis dass Gewitter 1 Stunde durchgezogen ist.

Gezeiten	eine Gezeit besteht aus einer periodischen Wasserstandsschwankung, verbunden mit einer periodisch umlaufenden horizontalen Strömung, Gezeitenstrom. fu088 fu089 fu090 fu102 fu196 fu242 py224
Giftige Tiere	me213
Glaukom	grüner Star
Glottis	Stimmritze
Gravitation	Schwerkraft
Grosse Höhe	py009 py021 py118 py119 py162 py173 py174 py179 py180 fu57 fu195 pl003 pl006 pl036 pl75 ps068 au053 au125
Grössen- verhältnisse u/W	ps071

Kompendium für die Tauchausbildung

Grundzeit	GZ Zeitraum vom Verlassen der Oberfläche –Abtauchen- bis zum Beginn des Aufstiegs - Austauchen py020 py141 pl014 pl016 pl019 pl021 pl024 pl033 pl041 pl74 pl077 pl078
Grundzeit max.	pl014 pl019 pl021 pl024 pl031
Grundzeit überschritten	pl016 pl077 pl078
Grundabstand	py138 py137 fu014
Gruppenführung	pl092 pl100 pl101
Gewebe (Verhalten)	py193 py194 py195 pl025 pl029 pl069 pl76 ps039 ps153
Grundströmung	fu238 fu239
Grenzwerte O_2	ni022
Guide	fu095 fu096 fu107 fu243 pl092 pl0100 pl101 pl102

H

H	chemisches Zeichen für Wasserstoff
Halbwertszeit	auch Halbsättigungszeit; Zeitspanne bis die Sättigung eines Gewebes mit einem Gas auf die Hälfte absinkt oder ansteigt. Die Halbsättigungszeiten ermöglichen, die Zeiten, die zur Aufnahme und Abgabe der Inertgase benötigt werden, rechnerisch zu verwerten und somit Dekompressionstabellen zu berechnen py191 pl025 pl029 ps042
Haldane	ge Seite132 pl026 pl72 py218
Hallenbad	fu008

Kompendium für die Tauchausbildung

Hämoglobin	Roter Blutfarbstoff ps001 ps003 ps029 ps036 me025 me80
Handschuhe	au002 au012
Hängen bleiben U/W	fu029
Harpunieren	fu015
Hautflecken rote	me082
Harpunieren	fu015
Hauptströmung	fu059 fu60 fu103 pl131
HBO	Hyperbare Oxydation, medizinische Sauerstoffbehandlung unter Überdruck
HPNS	High pressure nervous syndrom, Nervensyndrom bei hohem Überdruck Unkontrolliertes Muskelzittern, Übelkeit, Krämpfe Es beschreibt eine Reihe von neurologischen Auffälligkeiten, die bei mit Helium-Sauerstoffgemischen (Heliox) in Tiefen von über 100 m auftreten können. Abschliessend geklärt sind die Ursachen nicht vollständig. Einige Erklärungen gehen einerseits in der Richtung, dass der hydrostatische Wasserdruck in grossen Tiefen für die neurologischen Auffälligkeiten verantwortlich ist, anderseits aber auch die spezifische Wirkung des Inertgases Helium. Interessant dürfte sein, dass eine verringerte Abstiegsgeschwindigkeit und/oder eine Zumischung von Stickstoff die Symptome verringern kann. ni071 me218
He	chemische Zeichen für Helium farb- und geruchloses Edelgas (He) keine narkotischen Eigenschaften me218
Hebesack	py085 py086 py087 py123 py124 py155 py156 py168 py203 py207 fu055 fu104
Heimlich	me200
Heisskompressen	me053
Herzdruckmassage	me093 me171 me199 me204 me205
Herzfrequenz	ps032

Kompendium für die Tauchausbildung

Herzflimmern   me163

Herzkreislauf   me161 me221 me228

Herstellerangabe   au245
Technische Kennzeichnung der Tauchgeräte, auf der Flachenschulter eingeschlagen, den Hersteller betreffend

Henry   Das Gesetz von Henry beschreibt den Sättigungszustand einer Flüssigkeit mit einem darin gelösten Gas.
Bei konstanter Temperatur steht die Menge des in der Flüssigkeit gelösten Gases im Sättigungszustand in direktem Verhältnis zum Druck des über der Flüssigkeit stehenden Gases.
Gase haben die Eigenschaft, sich in einer Flüssigkeit zu lösen. Gasmoleküle stossen gegen die Oberfläche der Flüssigkeit und dringen zum Teil in sie ein. Dies geschieht mit einer Verzögerung. Ist der Teildruck eines Gases über der Flüssigkeit höher, so gehen mehr Moleküle in die Flüssigkeit über. Umgekehrt, bei höherem Teildruck in der Flüssigkeit treten mehr Gasteilchen aus der Flüssigkeit.
Irgendeinmal ist die Bilanz ausgeglichen und es gehen genau so viel Teilchen in die Flüssigkeit ein wie aus dieser austreten. Kann kein weiteres Gas mehr gelöst werden, spricht man vom Sättigungszustand.
Die Menge die gelöst werden kann, steigt mit
-dem Teildruck
-abnehmender Temperatur
-Flüssigkeitsmenge
-Löslichkeit des Gases
Die Geschwindigkeit, mit der dieser Vorgang von statten geht, ist abhängig von:
-der Oberfläche
-dem Druckgradienten.
Nimmt der über der Flüssigkeit stehende Druck ab, löst sich das Gas und tritt wieder aus. Dabei spielen wieder die gleichen Faktoren ein Rolle.
Wir kennen den Effekt beim Öffnen einer Mineralwasserflasche mit Kohlensäure. Ist das Druckgefälle gross, bilden sich Blasen.
Der gleiche Vorgang passiert beim Auftauchen in unserem Körper. Darum ist es so wichtig, langsam aufzutauchen um eine Dekompressionskrankheit zu verhindern. Auch Nullzeittauchgänge befreien uns nicht vom Einhalten vorgeschriebenen Regeln bei der Dekompression. Weitere Problematiken des Tauchens sind im Winter Unterkühlungen gerade der Extremitäten und anschliessendem heissen Duschen.
ge Seite132
py012 py017

Heliox   Heli = Helium, Ox = Sauerstoff
Technisches Tauchen erfordert speziell Gasgemische, da dadurch die negativen Effekte von Sauerstoff und Stickstoff (Stickstoffnarkose, Sauerstoffvergiftung des ZNS und Dekompressionskrankheiten) minimiert werden können.
Bedingt, dass auf Stickstoff verzichtet wird, ist die Gefahr eines Tiefen-

Kompendium für die Tauchausbildung

rausches nicht mehr gegeben. Helium hat grundsätzlich keine Auswirkungen auf unseren Organismus. Wird der Partialdruck des Heliums jedoch zu hoch, kann dies zum HPNS-Syndrom führen. Heliox besteht zumeist aus 79% Helium und 21% Sauerstoff. Der Sauerstoffanteil kann weiter herabgesetzt werden um grössere Tiefen zu erreichen. Der Anteil O_2 kann bis auf 8% herab gesetzt werden. Damit sind Tiefen bis zu 180 m möglich. Solche Gasgemische haben an der Oberfläche einen Partialdruck von 0.16 bar und können dort nicht mehr geatmet werden. Es sind also zusätzliche Gase mitzuführen
ni070 ni104

Hindernis u/W	fu029 fu129 fu159
Hitzschlag	me066 me067 me210 me211 me253
Hitzeerschöpfung	me083 me122
HLW	Herz-Lungen-Wiederbelebung. Erste Hilfe Massnahme, die durch die Kombination von externer Herzmassage und Beatmung versucht, den Herzschlag und die Atmung des Opfers künstlich aufrechtzuerhalten. me093 me164 me165 me170 me171 me199
Hohlräume	ps103
Hubschrauber	fu217
Husten	ps072 me200
Hydrostatisch	au039 au137 au139
Hydrostatischer Druck	veSeite121
Hydrostatischer Test	Druckprüfung von Tauchgeräten au190
Hyperbare Medizin	Überdrucjmedizin zur Behandlung von Gehörsturz, Gasbrand, schwer heilenden Wunden, DCS und Lungenriss
Hypercapnie	Erhöhung des CO_2 – Gehaltes (Kohlenstoffdioxyd) im arteriellen Blut. ps002 me080 me181 me192 me263 me264
Hyperventilation	Überatmung, s. Schwimmbad Blackout, Erniedrigung des CO_2 – Druckes im arteriellen Blut Bei einer Hyperventilation handelt es sich um eine über den Bedarf gesteigerte Lungenbelüftung. Hierbei wird nicht mehr Sauerstoff aufgenommen (oft eine falsche Annahmen), sonder vermehrt Kohlendioxid (CO_2) abgeatmet. Der Partialdruck von Kohlendioxid (CO_2) im Blut spielt eine entscheidende Rolle

Kompendium für die Tauchausbildung

für den Atemreflex.
Durch das Abatmen von Kohlendioxid setzt der Atemreiz verspätet ein und dadurch sind beim Apnoetaucher längere Tauchzeiten zu erreichen. Die Hyperventilation birgt aber auch Gefahren, siehe Schwimmbad Blackout.
fu008
me015 me016 me079 me187 me192 me222
ps013 ps073

Hyperoxie	hypobare: Erhöhung des Sauerstoffteildrucks in Atemluft und Blut. Erhöhte Sauerstoffkonzentration bei erniedrigtem Umgebungsdruck, bei Raumfahrtunternehmungen normobare: erhöhte Sauerstoffkonzentration bei normalen Umgebungsdruck von einem bar
Hypertonie	Bluthochdruck
Hyperthermie	Überwärmung py040
Hypothermie	Unterkühlung (Wärmeproduktion, Wärmeabgabe) me068 me137 me212 fu210
Hyperventilation	über den Bedarf hinaus gesteigerte Lungenbelüftung, charakterisiert durch Senkung des Kohlendioxidpartialdrucks in den Alveolen und im arteriellen Blut
Hypoxie	Sauerstoffmangel im Gewebe durch flache Atmung me028
Hypokapnie	Erniedrigung des Kohlendioxydgehaltes im arteriellen Blut
HZV	Herz-Zeit-Volumen (Herz-Minuten Volumen) Blutmenge, welche beim ruhenden Menschen ausgestossen wird. 4,5 – 5 l/min
Hämatom	Bluterguss

I

Impfungen	me217
Inch	in Abkürzung für Inch. Anglo-amerikanisches Längenmass 1 in = 2,54 cm = 1 Zoll fo Seite136

Kompendium für die Tauchausbildung

Inertgas	Biologisches Gas, welches beim Atmen nicht ge- oder verbraucht wird. Chemisch nicht aktiv: Gase, die aus medizinischer Sicht keine Verbindung im menschlichen Körper eingehen. Dazu zählt Stickstoff, Helium. Dies ändert sich allerdings unter hohem Druck. Der Stickstoff ist für den Tiefenrausch verantwortlich, das Helium für das HPNS-Syndrom. py190
Inertgasnarkose	s. Tiefenrausch
Inflator	au085 au087 au092
Insiratorisches Reservevolumen	ps098
Instrumente	au083
INT-Automat	au116
Inspektion TG	au077 au120 au134 au139
Intervallzeit	s. OFP Oberflächenpause pl048
ISO Isopression	ve Seite121 pl088
Isobare Zustandsänderung	py264
Isochore Zustandsänderung	py265
Isotherme Zustandsänderung	py263

J

J	Einheitszeichen für Joule der Arbeit und der Energie $1 J = 1 N \times m = 1 kg \times m^2 \times s^{-2}$ Ersatz der Kalorie als Einheit der Wärmemenge 1 Kalorie = 4,1868 Joule
Jackett	Tarierveste au019 au022 au169 fu055 fu119 fu138 fu143 fu229

Kompendium für die Tauchausbildung

Joule-Thomas Effekt	Eiskristallbildung bei feuchter Atemluft in kalten Gewässer und grosser Tiefe, Vereisungsgefahr der I-Stufe. Durch die Entspannung der Luft und der damit verbundenen Abkühlung (Joule-Thomas Effekt), bilden sich am Kolben und am Dichtsitz Eiskristalle. Das Ventil kann nun nicht mehr richtig schliessen. Es strömt fortlaufend Luft ab. Atmet man nun weiter, öffnet sich das Ventil ganz und durch vermehrten Luftdurchsatz kühlt sich die I-Stufe mit der Bildung von weiteren Eiskristalle zunehmend ab. Die Ventilöffnung ist nun so gross, dass der Automat abbläst. In diesem Falle spricht man von einer Automatenvereisung.

K

Kalte Gewässer	fu012 fu017 fu137 me078 me144 au145 au175 pl018 pl125
Kammerflimmern	me162 me163
Kapillare	Kapillare Haargefäss, feinste Verzweigung der Blutgefässe
Kapillar TM	Kapillar Tiefenmesser pl005 au052 au053 au070 au071 au135 py206
Karbonisierung	ni096
Kardio-respiratorisch	ps157
Kegelschnecken	ps143
Keine Luft mehr	fu054
Kelvin	Benannt nach Lord William Kelvin geb. 26.06.1824 in Belfast, gestorben 17.12.1907 in Nethergall, britischer Physiker. Er entwickelte nahezu zeitgleich den zweiten Hauptsatz der Thermodynamik und erstellt die nach ihm benannte Temperaturskala. 0° K (Kelvin) bezeichnet den absoluten Nullpunkt, der bei -273,15°C liegt. Wir benötigen diese Masseinheit um die Druckerhöhung in Tauchgeräten zu berechnen. s. Gay-Lussac, Temperatur ge Seite132 fo Seite136

Kompendium für die Tauchausbildung

Kennzeichnung	au027 au030 au031 au032 ni011 ni057
Kennzeichen der EG Bauartenzulassung	au245
Kieferhöhle	me005
Kimm	Kimmlinie, Horizont in der Nautik. Die Kimm ist auf offenem Meer sichtbare Grenze zwischen Wasser und Himmel. Auf sie beziehen sich Messungen von Höhenwinkel z.B. mit einem Sextanten.
Klaustrophobie	Krankhafte Angst vor Aufenthalt in geschlossenen Räumen
Knoten	fu125
Kollaps	Zusammenbruch, z.B. durch Versagen des Kreislaufs
Kohlendioxyd	Kohlendioxid ist ein geruch- und geschmackloses Gas, das bei Verbrennung anfällt. Die Luft enthält ca. 0,03% Kohlemonoxid, nur bei unsachgemässer Füllung der Geräte wie auch bei Kohlenmonoxid kann unter erhöhtem Druck die Grenze zur Toxizität überschritten werden. CO_2 ist verantwortlich für den Atemreiz oder Atemreflex und die Hirndurchblutung. Durch Hyperventilation versuchen Apnoetaucher möglichst viel CO_2 abzuatmen. Hier besteht allerdings die Gefahr einer Flachwasser-Bewusstlosigkeit. Symptome: Ein Anstieg von CO_2 führt daher zu einer Steigerung des Atemvolumens mit Lufthunger, Schweissausbrüchen, Kopfschmerzen, Schwindelgefühl sowie Übelkeit und Bewusstlosigkeit. Ursachen: CO_2 in Flaschenluft, Pendelatmung aus der Tauchveste, Totraumatmung aus überlangem Schnorchel, Sparatmung, verbrauchte oder defekte Atemkalkpatronen bei Kreislaufgeräten, Essoufflement. Therapie: Meist reicht Frischluftzufuhr, nur bei Bewusstlosigkeit Sauerstoffabgabe. py038 py071 py105 py164 ps034 ps035 ps038 ps087 ps122 ps159 ni067
Kohlenmonoxyd	Normalerweise kann die Atemluft kein Kohlenmonoxid enthalten, es sei denn, dass durch den Kompressor Luft angezogen wurde, die Kohlenmonoxid enthält. Schlechte Verlegung der Frischluftleitung zum Kompressor. Kohlenmonoxid ist geruch-, farb-, und geschmacklos, es entsteht bei Verbrennung kohlenstoffhaltiger Verbindungen ohne ausreichende Sauerstoffzufuhr. Kohlenstoff hat eine etwa 300 mal stärkere Bindungsfähigkeit an Hämoglobin als Sauerstoff, es wirkt nicht allein durch den Partialdruck giftig sondern ist abhängig vom Sauerstoffpartialdruck. Bei doppeltem pO_2

Kompendium für die Tauchausbildung

wird auch der doppelte pCO vertragen.
Folge:
Schon ab einer Konzentration von ungefähr 0,1% lagert sich Kohlenmonoxid an das Hämoglobin und blockiert so den Gasaustausch.
Symptome:
Kopfschmerzen, Herzklopfen, Kurzatmigkeit, Übelkeit, Schwindel, Ohrensausen, Flimmern vor den Augen, Rausch und Erregungszustände, nachfolgend das Lähmungsstadium mit Blutdruckabfall, Pulsbeschleunigung, Bewusstlosigkeit, Lungenödem, Atemlähmung mit hellroter Hautfarbe (inneres Ersticken).
Therapie:
Sauerstoffzufuhr, möglichst 100% bzw. hyperbarer Sauerstoff da die Entfernung des Kohlenmonoxides vom Partialdruck des Sauerstoffs abhängig ist.
py026 py035 py35 py036 py037
ps117 ps120 ps123
me026 me080 me084 me188 me245 me250 me255
ni067
ps001 ps002 ps014 ps092 ps117 ps123 ps164

Kohlenmonoxyd Anteil	py035 py036 ps117 ps120

Kohlenmonoxyd-Vergiftung	Gasvergiftung durch Einatmen von Kohlenmonoxid.
	Symptome: rosige Haut
	                  Atemnot
	                  Schwindel
	                  Kopfschmerzen
	                  Leichte Ermüdbarkeit
	                  Ev. Bewustlosigkeit
	me188 me084
	ps014 ps037 ps092

Kolbengesteuert	au082 au158
Kompass	s. Navigation au29 au172 au173 au174 fu037 fu118 fu124 fu210 fu211 fu212 fu213 fu223 fu224 fu226
Kompartiment	Modellgewebe Körpergewebe als hypothetischer, stoffunabhängig differenzierter Volumenbereich, in dem sich eine zugefügte Substanz homogen verteilt und gleichen Gesetzen unterliegt. pl025 pl035 pl068 pl71 pl111 pl113 ps153 ps167
Kompression	pl088
Kompressoranlage	fu131 au026

Kompendium für die Tauchausbildung

Kompressionen bei HLW	me205
Kompensiert 1. Stufe	au157
Kompensiert 2. Stufe	au160
Konduktion	Wärmeleitung
Konvektion	Wärmeströmung
Konvulsion	Schüttelkrampf, Muskelkrämpfe me184 me246
Kopfschmerzen	py014
Korallen	ps141
Körpertemperatur	ps124 py046
Kontraste U/W	ps125 ps163
Kontrollgewebe	pl68
Körpergewebe	py020 ps039
Körperhohlräume	Es gibt starre und flexible Hohlräume im Körper. **Starre Körperhöhlen:** Schädel bestehend aus 22 Knochen, die bis auf den Unterkiefer fest miteinander verbunden sind Schläfenbeine mit Paukenhöhlen Stirnbein mit Stirnhöhle Oberkieferknochen mit Kieferhöhlen Siebbein mit Siebbeinzellen Keilbein mit Keilbeinhöhle Alle Hohlräume stehen mit Mund- und Nasenraum miteinander über ein Kanalsystem in Verbindung **Flexible Körperhöhlen:** Brustraum: Lungenflügel und Mittelfellraum mit Herz, Gefässband und Lungenwurzel Magen: Magenblase Darm: Gasblasen me105

Kompendium für die Tauchausbildung

Kopfschmerzen	ps014
Krampfanfall	Unwillkürliche, lang dauernde oder aus aufeinanderfolgende Einzelzukungen bestehende Zusammenziehungen von Muskeln. Man unterscheidet zwischen Muskel- und Schüttelkrämpfen. Muskelkrämpfe können auftreten als Folge von Dehydration und abnormalen Blutwerten. Ursachen können sein: Überanstrengung, Überbeanspruchung eines Muskels, Kälte, Müdigkeit und schlechte Ernährung. Schüttelkrämpfe können auftreten: bei einer Sauerstoffvergiftung, bei einer arteriellen Gasembolie und bei DCS me102 me139
Kreislaufgerät	Moderne Geräte, hauptsächlich als Rebreather bekannt, können fast in jeder Tiefe verwendet werden. Die Funktion ist simpel. Kreislaufgeräte entfernen über spezielle Filtereinrichtungen das Abfallprodukt unserer Ausatemluft, das CO_2, aus dem Atemgas und ersetzen dieses durch frischen Sauerstoff. Durch diese Funktion wird das Atemgas vollständig genutzt, es ergeben sich längere Tauchzeiten und ein fast geräuschloses Tauchen, das die Fluchtdistanz von Lebewesen verringert und bei speziellen Einsätzen wie z.B. Höhlentauchen die Gefahr einer Sedimentaufwirbelung reduziert.
Kreislaufsystem	Der Blutkreislauf besteht aus dem Herzen und den Blutgefässen. Blutgefässe, die zum Herzen führen werden als Venen bezeichnet, diejenigen vom Herzen wegführend als Arterien. **Arterielles System:** linke Herzkammer in der Systole (Kontraktionsphase), Arterien des Körperkreislaufes **Niederdrucksystem:** Kapillare, Venen, rechter Vorhof und Kammer, Lungenarterien- Kapillaren und –Venen, linker Vorhof und linke Kammer in der Diastole (Erschlaffungsphase) Die Herzleistung wird beeinflusst von: **Herzfrequenz:** Anzahl der rhythmischen Kontraktionen des Herzens, in Ruhe etwa 60 – 90 Schläge / min, ist jedoch abhängig von der Belastung **Schlagvolumen:** Menge des Blutes in ml, die während der Systole ausgeworfen wird, in Ruhe 70 – 100 ml ist aber abhängig von der Körpergrösse und Körperlage. **Herzzeitvolumen:** Blutmenge die pro Zeiteinheit gefördert wird **Blutdruck:** Arterieller Blutdruck, schwankt zwischen einem Maximalwert (systolisch) und einem Minimalwert (diastolisch). Der Blutdruck des Herzens steigt bei der Kontraktion des Herzens. Wenn sich die Herzklappen geschlossen haben, um ein Zurückfliessen des Blutes zu verhinder, fällt der Blutdruck wieder ab. Der systolische Blutdruck steigt bei Belastung an. me026 me076 me232 (s. auch Rebreather)
Kryptozoologie	ps142
Kreuzpeilung	fu209

Kompendium für die Tauchausbildung

Krypton   Geruchloses Edelgas (Kr)

Küstenregion   fu087

L

Lagerung   me150

Lagune   durch ein Riff vom offenen Meer abgetrennter Brackwasserbereich, meist langgestreckt

Lähmungen   me013 me141me141

Lampen   fu056
                     py041
                     au170

Lärmbelästigung   ps149

Laryngospasmus   Stimmritzenkrampf

Lebewesen u/W   fu095 fu096

LED   Light Emitting Diode, Leuchtdiode

Lee   die Richtung, in die der Wind weht, die Seite eines Schiffes, eines Bootes, einer Insel die dem Wind abgekehrt ist. Gegenteil von Luv

Leihausrüstung   fu074

Licht (Brechung)   Licht ist die Summe elektromagnetischer Wellen verschiedener Wellenlängen. Einzelne Wellenlängen erzeugen den Eindruck einer Farbe.
Die Bedeutung für Taucher: Absorption, Streuung und Brechung.
Absorption: Wellenlängen werden vom Wasser unterschiedlich absorbiert. Zuerst das langwellige (rot), dann kurzwelliges (blau)
Rot ab 5m Tiefe, gelb ab 30m Tiefe, grün ab 50m Tiefe blau ab 60m Tiefe.
Reflexion und Refraktion: Licht wird beim Auftreffen auf das Wasser gebrochen und teilweise zurückreflektiert. Je grösser der Einfallswinkel ist, desto grösser der Anteil des reflektierten Lichts. Totalreflexion ist vom optisch dichteren zum dünneren Medium (Wasser zu Luft) möglich. Die Stärke der Brechung hängt von der Differenz der Lichtgeschwindigkeit der beiden Medien Luft/Wasser ab. Lichtgeschwindigkeit Wasser zu Lichtgeschwindigkeit Luft = Brechungsindex (1.33). Der Brechungsindex ist abhängig von der Temperatur des Wassers und Salzgehalt, da sich die Dichte ändert. Diffusion (Streuung): Licht wird durch Wassermoleküle (Wasser ist 770 mal dichter als Luft) und Schwebeteilchen gestreut.

Kompendium für die Tauchausbildung

Sehen unter Wasser: Durch die Brechungsdifferenz Wasser – Auge ist uns ein scharfes Sehen unter Wasser nicht möglich. Wir brauchen eine plane Maske um das ausgleichen zu können. Das Licht bricht sich am Maskenglas und bewirkt so den Eindruck, dass uns alles 1/3 grösser und näher erscheint. Das Gehirn ist jedoch in der Lage, diese Differenz aus Erfahrung zu korrigieren.
py016 py041 py074 py079 py151 py152 py154
au020
fu093

Lichtstreuung	py212
Lichtwellen	py079
Log	Logge, Instrument zur Messung der Fahrt eines Schiffes
Logbuch	au111
Lorrain-Smith	Pulmonale Schädigung durch Sauerstoff (Langfristige Einwirkung kann zu bleibenden Lungenschäden führen).

Zu Lungenschädigungen bei Dauerbeatmung mit Sauerstoff kann es schon ab einem Sauerstoffpartialdruck von 1,6 bar bei entsprechender Sauerstoffvergiftung kommen. Insbesondere sind hier viele Nitrox-Tauchgänge insbesondere bei Ausnutzung der maximalen Tiefen und erlaubten Nullzeiten fraglich und nicht ungefährlich. Deshalb darf auf Dauer kein Sauerstoff mit 100% gegeben werde, sondern sollte auf 40 – 60% reduziert werden.
Folge daraus:
Zerstörung der oberflächenaktiven Substanz auf den Alveolen.   Verdickung der Membran, Anschwellen und Ödembildung der Alveolen.
Symptome:
Engegefühl unter dem Brustbein, Schmerzen in den Bronchien, quälende Atemnot, unbeherrschbarer Hustenreiz, Abnahme der Vitalkapazität.
Therapie:
Normale Luftatmung s. Seite ge 132

Löslichkeit v. Gas	py188
Lot	Messgerät zur Bestimmung der Wassertiefe, auch Echolot

Luft   s. Atemluft

Stickstoff	N_2	78.08%
Sauerstoff	O_2	20,95%
Argon	Ar	00,93%
Kohlendioxyd CO_2		0,002%
Helium	He	5×10^{-4}%
Wasserstoff	H_2	5×10^{-5}%

pyoo1
fu131

Kompendium für die Tauchausbildung

Luftdichte	py161
Luftdruck Meer	ve Seite121
Luftdusche	fu176
Luftgrenzen	ni034 ps028
Luftgewicht	bei 1bar und 18°C 1,2 g/l py113 py129
Luftembolie	Luftbläschenübertritt ins Blut können im Organismus ein Luftembolie auslösen me045 me046 me047 me071 me131 me132 me133 me215 ps090
Luftverbrauch	py033 py053 py096 py097 py098 py112 py132 py133 py142 py143 py144 py145 py148 py150 py163 py208 fu148 pl052 pl059 pl060 pl090 pl105 pl106 pl115 pl116
Luftvolumen	py029 py030 py031 py032
Luftvorrat	au003 au033 fu054 pl10
Lungen	Aufbau der Lungen Die Lunge teilt sich in zwei Lungenflügel, die sich in Lungenlappen (rechter Flügel drei Lungenlappen, linker Flügel zwei Lungenlappen) unterteilen. Die beiden Lungenflügel sind durch den Mittelfellraum (Mediastinum) unterteilt. Die Lunge ist eingebettet in den aus 12 Rippenpaaren, dem Brustbein und der Brustwirbelsäule bestehenden Brustkorb (Thorax). Die Verbindungen der Rippen zwischen Brustbein und Bruswirbelsäule sind gelenkig, so dass eine Volumenänderung der Lunge möglich ist. Umschlossen wird die Lunge vom Lungenfell, das an den Stammbronchien umschlägt und das Rippenfell bildet. Lungen und Rippenfell zusammen bilden den geschlossenen Pleuraspalt, der durch Unterdruck und Adhäsionskräfte die elastische Lunge auseinandergefaltet hält.

Volumen:	Totraumvolumen:	Luftmenge in Atemwege
	Residualvolumen:	Grösse der Lunge nach vollständigem Ausatmen
	Restkapazität:	Summe Totraum- und Residualvolumen
	Vitalkapazität:	Luftmenge die bei max. Ein- und Ausatmung bewegt werden kann
	py003	py028 py126

Kompendium für die Tauchausbildung

Lungenautomat	fu126 fu139 fu161 au021 au063 au072 au082 au106 au108 au115 au140 au141 au142 au144 au149 au151 au154 au155 au156 au168
Lungenembolie	me215
Lungenüberdruck	me006 me026 me048 me049 me070 me071 me072 me087 me130 me131 me256 ps004 os007 ps017 ps084 ps089 ps090 py017 py028 py126
Lungenüberdehnung	ps004 ps007
Lungen-Squeeze	me039
Luv	die Richtung, aus der der Wind weht, die Seite eines Schiffes, eines Bootes, einer Insel die dem Wind zugekehrt ist. Gegenteil von Lee.
Lungenvolumen	py259 py260

M

m	Einheitszeichen für Meter
Mammalian Diving Reflex	Tauchreflex, Schutzmechanismus bei Immersion (Eintauchen) ins Wasser wird Atmung sistiert, Herzschlag verlangsamt, Blutkreislauf zentralisiert. Auch Tauchreflex: Durch das Eintauchen des Gesichts in das Wasser kommt es zu einer Verlangsamung des Herzschlags (Bradykardie) und einer Verminderung der Durchblutung in beiden Unterarmen. Dieser Effekt tritt auch beim Atemanhalten auf, wird aber durch das Wasser verstärkt und zwar um so mehr, je niedriger die Wassertemperatur ist. Die Rezeptoren für diesen Reflex liegen vorwiegend um Mund und Nase. Hierbei handelt es sich noch um einen Reflex aus unserer Vorzeit zur Einsparung von Sauerstoff. me252
Masse	py052 py125 py204
Masseinheiten international	pl061 pl062 pl063 pl064 pl065

Kompendium für die Tauchausbildung

Materialstruktur Tauchgerät	au038
Materie	py170
Membrangesteuert	au082 au159
Manometer	Druckmesser für Gase und Flüssigkeiten, bei dem der Druck im Gegensatz zum Barometer als Über- oder Unterdruck gegenüber dem atmosphärischen Luftdruck in bar angebgeben wird py132 au003 fu019
Markierung TG	au030 au031 au032 au073 au117 au136 au138
Maske	fu011 fu152 fu172 au099 au103 au109 au163 au164 au165
Max. Tiefe	ni031 ni032 ni038 ni058
Maskengläser	au099
Mediastinales Emphisem Messer	Chronische obstruktive Bronchitis me130 me256 au105
Meereshöhlen	fu043
Meerestiere	fu127 fu167 fu193 me092 me143
Meeresströmungen	fu103
Meertauchen	fu040
Membrangesteuert	au159
Mentale Funktion	me025
Messgenauigkeit Tauchcomputer	au135
Metapolismus	ni003
MEZ	Miteleuropäische Zeit
Mikrogasblasen	Entstehen bei jedem Tauchgang, verursachen keine Beschwerden
Mischen (Gas)	ni068 ni069

Kompendium für die Tauchausbildung

Mischverfahren	ni100
Mitteldruck	Ausgangsdruck der ersten Stufe fu413
Mindest- oberflächen Pause (Luft)	pl022 pl023
Mindest OFP EAN MOFP	ni024
Mittelohr	me002 me005 me011 me021
MOD	Maximum operation depth = maximale Einsatztiefe, die grösste Tiefe in der ein bestimmtes Atemgas zum Einsatz kommen sollte ni050
Molekül	aus zwei oder mehreren Atomen bestehender kleinster selbständiger Teil einer chemisch einheitlicher Substanz
Myoglobin	dem Hämoglobin ähnlicher roter Farbstoff im Muskel
Müdigkeit	me082
Mundbeatmung	me156 me203

N

n	Vorsatzzeichen für Nano
Na	chemisches Zeichen für Natrium
N_2-Narkose	s. Tiefenrausch
Nasenbeinhöhlen	fu141
Nase-Wasser- Reflex	me010
Nassanzug	au113
Nachttauchen	fu056 fu111 fu232 fu233 fu234 fu235 fu236 fu237 au143 au177 ps144 ps145 ps175 pl103
Naturschutz	fu033 fu034

Kompendium für die Tauchausbildung

Nautische Dämmerung	Horizont (Kimmlinie) noch sichtbar, erste Sterne (bis 12 Grad)
Navigation	fu106 fu112 fu114 fu118 fu124 fu189 fu202 fu203 fu204 fu205 fu206 fu207 fu208 fu209 fu210 au026 au029
Narkotische Wirkung	ni004 me218
Neon	(Ne) Element aus der Gruppe der Edelgase. Neon ist ein farb- und geruchloses Gas das in der Luft zu 0,0018 Vol-% vorhanden ist. Ne ist ein Inertgas das als Füllgas im Tieftauchen als alternatives Gas zu Helium verwendet wird. me218
Neopren	py025 fu012 fu151 au100 au101 au113
Neuro-Check	me241
neurotisch	nervenschädigend
Neurologische Störung	me117
Nervensystem	ps099 ps100 ps101 ps102
Nesselkapseln	me127
Neurologisch	ps157
Newton	Newton ist jene Kraft, die erforderlich ist, einen Körper der Masse 1 kg die Beschleunigung von $1 m/s^{-2}$ zu erteilen py202
Nitrox	Stickstoff-Sauerstoffgemisch Stickstoff (NITRogen, N_2), Sauerstoff (OXygen,O_2). Daraus folgt, dass das normales Luftgemisch auch als „NITROX" bezeichnet werden kann. Im Tauchsport bezeichnet man damit Gasgemische mit einem höheren Sauerstoffanteil als 20.9% bei gleichzeitigem Absenken des Stickstoffgehaltes. Durch den geringeren Stickstoffanteil < 79% sättigen sich die Gewebe weniger mit N_2, der in der Dekompressionsphase wieder abgeatmet werden muss. Vorteile: -verlängerte Nullzeiten -verringerte Gefahr einer Stickstoffnarkose -Sicherheitsgewinn bei Normal-Luft Tauchprofilen Der erhöhte Sauerstoffanteil hat aber folgende Nachteile:

Kompendium für die Tauchausbildung

	-Sauerstoff wirkt ab einem Partialdruck von 1,4 – 1,6 bar giftig und es kann zu Schädigungen des ZNS oder der Lunge kommen. Liegt dieser Druck unter Verwendung von normaler Luft in Tiefen bei ungefähr 65 m vor, wird dieser bei höherem Sauerstoffanteil > 21% deutlich früher erreicht. Die maximale Tiefe (MOD) vor jedem Nitroxtauchgang muss errechnet und unbedingt eingehalten werden. fo Seite136 me51 ni035
Nitroxgerät	me103
Notaufstieg	fu048 fu049 fu050 fu053 fu054 fu261 fu265 ps015 pl118
Notfall	fu036 fu101 fu177 fu181 fu182 fu184 fu192 fu214 fu215 fu216 me108 me153 me195 me229 ps015 ps048 ps049 ps051 ps053 ps054 ps062 ps130
Notfallde- kompression	fu262
Notfall management	fu101 fu184 fu192 fu214 fu215 fu216 fu217 ps052 ps127 ps048 ps049 ps050 ps051 ps053 ps062
Notfallplan	ps048 ps049 ps051 ps053 ps130 me227 fu184 fu214 fu215 fu216
Nullzeittauchgang	fu006 fu132 fu135 fu136 pl001 pl011 pl029 pl031 pl032 pl033 pl034 pl042 ps022 ps026 au128 ni001 ni005 ni037
Nullzeittabellen	pl001
Nullzeit max.	Nullzeit ist diejenige Grundzeit die (theoretisch) noch keine Dekopausen erforderlich macht pl011 py026

O

O	Zeichen für Sauerstoff Oxygenium
Oberflächenpause	Oberflächenintervall, die zwischen zwei Tauchgängen an der Oberfläche verbrachte Zeit

Kompendium für die Tauchausbildung

pl004 pl007 pl012 pl013 pl014 pl015 pl016 pl017 pl022 pl023 pl032
pl033 pl034 pl037 pl038 pl039 pl048 pl060 pl069 pl079 pl080 pl081
pl082 pl132
ni024 ni044
ps062
fu177

Oberflächen-Strömung	fu238
Oberflächen-kommunikatio	hz004
Objekte u/W	ps071 py042
Obstruktion	ps004
Octobus	s. alternative Luftversorgung, zusätzliche zweite Stufe des Atemreglers
Ödem	krankhafte Ansammlung von Flüssigkeit im Gewebe
Offener Kreislauf	au042 au048 au063 au121 au141
Ohnmacht	pso14
Ohnmacht u/W	me015
Ohr	Das Ohr unterteilt sich in: **Aussenohr:** Ohrmuschel und äusseren Ohrgang bis zum Trommelfell **Mittelohr:** Hohlraum im Schläfenbein, die Paukenhöhlen, ist begrenz durch ovales und rundes Fenster. Verbindung zum Nasen-Rachen-Raum durch Eustachische Röhre, zu den Warzenfortsatzzellen durch kleine Verbindungskanäle. Gehörknöchelchen bestehen aus „Hammer, Amboss und Steigbügel", übertragen den Schall auf das ovale Fenster zur Schnecke. Diese ist mit einer Flüssigkeit gefüllt und beinhaltet feine Härchen, welche die Schwingungen übertragen. **Innenohr:** Eingebettet ins Felsenbein. Besteht aus Schnecke (Gehörsinn) und dem Labyrinth, den Bogengängen (Drehsinn) und Utriculus und Sacculuc (Lagesinn). Über das runde Fenster kann die Druckwelle wieder entlastet werden. **Gleichgewichtsorgane:** Bogenapparat bestehend aus Bogengangorganen ps78 me004 me044

Kompendium für die Tauchausbildung

Ohraufbau	ps113 me004
Ohr (Mittel)	ps114
Ohr (Innen)	ps115
Ohrenschmerzen	fu142 me018 me059
Ökologische Folgen	fu043
Osmose	Stoffübergang zwischen zwei durch eine semipermeablen Scheidewand getrennte Flüssigkeit z.b. Gasaustausch in den Alveolen
Ödem	Wasseransammlung z.b. in der Lunge. Barotrauma der Lunge und auch krankhafte Ansammlung von Flüssigkeit im Gewebe
Orientierung	py039 me059 fu107 fu189 fu225 pl087 pl103
O-Ring	au152
Ozeane	ps139 ps140
Ozon	O_3

P

Partialdruck	Teildruck (pP) siehe auch Dalton Der Gesamtdruck eines Gases ist die Summe der Teildrücke (Partialdrücke) seiner Einzelbestandteile. Dabei hängt die (Diffusion)-Wirkung jedes Einzelgases nur von seinem Druck ab. Jedes Gas muss also „einzeln" betrachtet werden. py008 py018 py020 py034 py034py054 py068 py070 py104 py109 py110 py103 py104 py114 py121 py122 py131 py146 py162 py186 py187 ni010 ni58
Parazentese	Stichincision des Trommelfells zur Eröffnung der Paukenhöhle
Parästhesie	Krankhaft abnorme Empfindung z.B. Kribbeln, Taubsein
Panik	fu105

Kompendium für die Tauchausbildung

Partnercheck	fu004 fu005 fu045
Partnersystem	fu178 fu191
Palstek	pl141
Paraplegie	Beidseitige Lähmung der Arme oder der Beine
Pascal	ge Seite 132 ve Seite 121
Patiententransport	fu194
Paul Bert Effekt	Ab einem pO_2 (Partialdruck) von 1,4 – 1,6 bar kann es zu neurotoxischen Effekten kommen. Bei Sauerstoffteildrücken > 1,6 bar kann es innerhalb relativ kurzer Zeit zu einer Vergiftung des zentralen Nervensystems kommen (ZNS-Vergiftung), welche zu Krampfanfällen führt, ähnlich einer Epilepsie. Man verliert jegliche Steuerungsfähigkeit und ist ohne fremde Hilfe rettungslos verloren. Je höher der Sauerstoffpartialdruck, desto kürzer die Zeitspanne bis dieser Effekt eintreten kann. Um diese Gefahr zu minimieren, werden die Grenzen (zulässige Tauchtiefen bei entsprechendem Gemisch MOD) laufend herabgesetzt. Diese sind zu beachten. ge Seite 132
Pendelatmung	Gefahr einer Kohlendioxyd-Vergiftung ps019
Peillinie	dauerhaft angebrachte Linie (Markierung) auf der Oberfläche des Kompassgehäuses fu210 fu211
Peripheres NS	ps101
Pflanzen	fu013 fu167
Phasen des Tauchganges	me270
Physikalische Eigenschaften Ni	ni059
Physischer Stress	ps131 ps132 ps133 ps134 ps135 ps136 ps137
Physiologischer Effekt	py069 py057
Pilotventil	au044

Kompendium für die Tauchausbildung

Plankton	fu091
Planung	fu084 fu085 fu128 fu168 pl093 pl100
Plasma	ps029 ps083
Pleura	der kapillare Spalt zwischen den beiden zusammenhängenden Blätter der Pleura, dem Rippenfell und dem Lungenfell, kann durch Flüssigkeitsammlungen oder durch Eindringen von Luft erweitert werden (Pneumothorax)
Pleuraspalt	ps007
Pneumothorax	Lungenüberdruck Unfall, Luftansammlung im Pleuraraum me070 me249 ps090
Pounds (lb)	fo Seite136 pl062 pl063
Positiven Auftrieb	py123 py124
Pressluftflaschen	ps081 au041 au118
Prickeln	me082
Problemlösung u/W	ps127 fu070 fu158
Prüfdruck	py255
Prüfung Geräte	au039 au041
psi (Druck)	ve Seite121 pl063 pl064 pl066
Puls	fu058 me122

Q

Quallen	Quallen gehören zum Plankton, dazu gehören auch Seenelken (in der Ostsee). Biologisch gehören die Gorgonien und Steinkorallen auch zu dieser Familie.

Kompendium für die Tauchausbildung

Der Grundaufbau dieser Tiere besteht aus einem dünnwandigen Schlauch, dessen dünnwandigen Zellen sich stark zusammenziehen oder beim Entspannen weit ausdehnen können. An der Basis, der „Fussscheibe" ist das Schlauchförmige Tier festgewachsen und am anderen Ende befinden sich ein Kranz von Tentakeln.
Die frei beweglichen Quallen zeigen das gleiche Prinzip, nur besitzen sie statt der Fussscheibe eine gallertartige Schwimmglocke.
Für Taucher interessante Vorkommen:
In der Ostsee die Feuerquallen. Quallen mit 1 cm Durchmesser haben schon 15 cm lange Tentakel
In Australien (Great Barrier) sind die absolut tödlichen Würfelquallen anzutreffen.
Der Vollständigkeit halber ist zu erwähnen, die in jedem warmen Wasser anzutreffende „Spanische Galeere". Sie schwimmt an der Oberfläche, ist bis zu 30 cm gross, hat aber bis zu 50 cm lange Fangarme.
me097 me127 me214

Querschnittlähmung	bei DCS II entstehenden Gasblasen im Rückenmark, kann die Nervenleitung unterbrochen werden

R

Raumtemperatur	py099
Rauchen	Mit dem Tabakrauch wird die Einatemluft neben dem Zellgift Nikotin auch mit Kohlenmonoxid angereichert, so dass in Abhängigkeit von Menge und Rauchgewohnheit ein nicht unwesentlicher Anteil des Hämoglobins für den Sauerstofftransport blockiert ist. Ferner dringen mit dem Rauch Mikropartikel tief in den Bronchialraum – letztlich in die Alveolen – ein und führen dort zu lokalen Reizerscheinungen (Bronchitis) und zur Verengung der Bronchien (Erhöhung des Atemwiderstandes). Patologisch-anatomisch bedeutet dies eine Anschwellung der Schleimhaut mit vermehrter Sekretbildung, wodurch der Querschnitt des Bronchialröhrchens verkleinert wird. Die Ausdehnung der Luft in den dahinterliegenden Abschnitten entsprechend dem Riss des Lungengewebes in diesem Abschnitt (Air Trapping) und zu lebensbedrohlichen Folgen (Embolien). Die Zigarette nach dem Tauchgang bewirkt eine Verengung der Gefässe. Dadurch wird die Durchblutung vermindert und damit auch der Abtransport von N_2 aus den Geweben verzögert. ps038 ps074 me255
RBT	Remaining Bottom Time = verbleibende Grundzeit
RDP Ni	ni043 ni044 pl028 pl072 pl127

Kompendium für die Tauchausbildung

RDP-Pressluft	ni048 pl009 pl028 pl029 pl068 pl069 pl072 pl073 pl074 pl075 pl076
Reaktionsfähigkeit	ps133
Reanimation	me231
Rebreather	Kreislaufgerät Moderne Geräte, hauptsächlich als Rebreather bekannt, können fast in jeder Tiefe verwendet werden. Die Funktion ist simpel. Kreislaufgeräte entfernen über spezielle Filtereinrichtungen das Abfallprodukt unserer Ausatemluft, das CO_2, aus dem Atemgas und ersetzen dieses durch frischen Sauerstoff. Durch diese Funktion wird das Atemgas vollständig genutzt, es ergeben sich längere Tauchzeiten und ein fast geräuschloses Tauchen, das die Fluchtdistanz von Lebewesen verringert und bei speziellen Einsätzen wie z.B. Höhlentauchen die Gefahr einer Sedimentaufwirbelung reduziert. au102 au104 au242
Refraktion	Brechung von Lichtwellen py047 py074
Rehydration	me160
Relativer Druck	py044 py089 py090
Reinigungs- aktionen	fu047
Rekompression u/W	Erneut unter Druck setzen (bei Dekompressionserkrankzung) me094
Regeln div. Tauchregeln	fu149 fu250 pl094
Regel 40%	ni063
Regenfälle	fu120
Relativer Druck	py044 py089 py090 ve Seite121
Repetivgruppe	pl051
Rescue-Diver	fu222
Reservelampe	fu056
Reserveschaltung	fu045 au035 au036 au126

Kompendium für die Tauchausbildung

Reserveventil	au126
Reservevolumen	ps098
Residualvolumen	py177 ps095
Restdruck	py120 py185
Restnullzeit	ni043
Retina	Netzhaut des Auges
Rettungstauchen	ps059 ps052 ps050 ps137
Rettungsveste	py169 py175 py176 fu222
Rhythmus	me203
Rissströmung	fu121
RMV	Respiratory Minute Volume = Atemminutenvolumen

S

S	chemisches Zeichen für Schwefel
Sättigung	py020 py059 py060 py111 py192 py196 ps040 ps041
Salzwasser	py007
Salzwasser inhalieren	Durch das Inhalieren von Salzwasser, z.B. bei Wechselatmung oder fehlerhaftem Lungenautomaten, kann es innerhalb der ersten zwei Stunden, aber auch noch bis zu 15 Stunden nach einem Tauchgang zu den folgenden Symptomen kommen: Muskelstarre, Frösteln, Appetitlosigkeit, Übelkeit oder Erbrechen, Atemnot, Husten mit oder ohne Auswurf, allgemeine Krankheitsgefühle, Schmerzen in den Extremitäten. Fieber, teilweise bis zu 40°C Behandlung: Gabe von Sauerstoff, Beobachtung über 24 Stunden fu365 ve Seite121 py043 py65 au144 ps138

Kompendium für die Tauchausbildung

Sauerstoff	Geruch- und Geschmackloses Gas (O). Kommt normalerweise als O_2 vor. py001 py018 py034 py038 py057 py219 pl001 ni010 ni080 me025 me033 me072 me111 me109 me134 me147 me152 me155 me148 me158 me157 me158 me193 ni026 ni060 ni061 ni062 ni064 ps003 ps033 ps076 ps106 ps121 ps160 ps161
Sauerstoffarten	ni060
Sauerstoffhilfe	me151 me155 me158 me236
Sauerstoffbedarf	ps033 ps076 ps106 me111
Sauerstoff- belastung	me052 ni024 ni025 ni029 ni030 ni040 ni041 ni042 ni045 ni052
Sauerstoffgerät	me149
Sauerstoff- kompatibel	ni065 ni053
Sauerstoff- Konzentration	me148
Sauerstoff- mischung	ni046 ni047 ni054
Sauerstoffsysteme	me284
Sauerstoff- Transport	ps003 ps083 me193
Sauerstoff- Vergiftung	Abhängig von der Höhe des Partialdruckes und der Einwirkzeit. Grenzwerte sind: 1,4 -1,6 bar $pP\,O_2$ und 1 Stunde Einwirkzeit. Durch Sauerstoff kann es einerseits zu Lungenschädigung (Lorrain-Smith-Effekt) und andererseits zu Krampfanfällen kommen. Welche Erscheinung auftritt, richtet sich nach dem Partialdruck des Sauerstoffs und der Dauer der Einwirkung. Bei der Sauerstoffatmung unterscheidet man zwischen: **Normobaren Hyperoxie:** Erhöhte Sauerstoffkonzentration bei normalem Umgebungsdruck. **Hyperbare Hyperoxie:** Normale oder erhöhte Sauerstoffkonzentration bei erhöhten Umgebungsdruck **Hyperbare Hyperoxie:** Erhöhte Sauerstoffkonzentration bei niedrigem Umgebungsdruch (Raumfahrt). Krampfanfälle: Ab einem Sauerstoffpartialdruck von >/=1,7 bar kann es zu Krampfan-

Kompendium für die Tauchausbildung

fällen kommen, abhängig von der Einwirkzeit, aber auch von der Empfindlichkeit und der Tagesform des „Patienten".
Folge:
Entladung unkoordinierten Nervenimpulse an die Muskeln
Symptome:
Zuckungen um den Mund und Augenlieder, akustische Hallutinationen, Röhren sehen, Übelkeit, Schwindel, Atemnot, Beklemmung und Erstikkungsgefühl. Später starke Zuckungen bis zu kontinuierlichen Muskelkontraktionen des ganzen Körpers, Bewusstseinverlust-
Therapie:
normale Luftatmung
me050 me081 me089 me101
ni03 ni033
ps154

Sauerstoff-Partialdruck	ni013 ni022 ni023 ni029 ni030 ni034 ni039
Sauerstoff-Partialdruck Grenze	ni022 ni023
Sauerstoffreinheit	ni062 ni064 ni078 ps081
Sauerstoff System	me109 me197 me237
Sauerstofftransport im Körper	ps029
Schall-Geschwindigkeit	Schall ist eine mechanische, sich wellenförmig fortbewegende Schwingung in einem elastischen Medium. Schallgeschwindigkeit in der Luft: 340 m/s Schallgeschwindigkeit im Wasser: 1464 m/s (15°C, Dichte 1) Richtungshören: Zeitdifferenz des Auftreffens auf die Ohren, durch die Schallgeschwindigkeit unter Wasser so gering, dass das Richtungshören nicht mehr möglich ist. Schall wird genauso reflektiert, absorbiert und gebrochen wie Licht. py010 py023 py039 py062 py079 py080 py081 py082 py152 fu153 fu172 fu173 ps116
Schallwellen (Ohr)	me043 py023 py039
Schallübertragung	py080 py081 pyo82
Schilfbereich	fu022
Schlagvolumen Herz	me287

Kompendium für die Tauchausbildung

Schmerzen Brust	me057 me141
Schmerzen Stirne	me056
Schmerzen Ohr	me059
Schmierstoffe für Nitroxausrüstung	ni066
Schnellabwurf	au094
Schnorchel	ps057 au001 au013 au097 au166 fu024 py024 py003
Schnorcheln	py024 au001 au013 au97
Schock	Definition Schock: Schock ist eine Kreislaufregulationsstörung bei der lebenswichtige Organe (Gehirn, Herz) aufgrund eines verringerten Herzminutenvolumens minder durchblutet und dadurch nicht bedarfsgerecht mit Sauerstoff versorgt werden. Der Sauerstoffmangel im Gewebe (Gewebehypoxie) führt zu entsprechenden funktionellen und strukturellen Veränderungen der Organe. Reaktionen des Körpers auf das verminderte Herzminutenvolumen: Blutdruckabfall, Herzfrequenzabfall, Gefässverengung in den nicht lebenswichtigen Organen zur Kreislaufzentralisation (nur zentrale, lebenswichtige Organe durchblutet, Herzfrequenz gestiegen, Schlagvolumen und Herzzeitvolumen erniedrigt, Gefässwiderstand erhöht, Blutdruck bei kleiner Amplitude im Mittelwert), dann durch Sauerstoffmangel verursacht Übersäuerung, die zu einem Zusammenbruch der Kreislaufzentralisation führt. örtlicher Sauerstoffmangel in der Lunge, Lungenödem Nierenfunktionsstörung Steigende Pulsfrequenz Haut ist blass und kalt systolischer Blutdruck liegt noch im Normalbereich rasche Atmung infolge Sauerstoffmangels motorische Unruhe stark erweiterte Pupillen später absinkender systolischen Blutdruck weiterer Anstieg der Pulsfrequenz getrübtes Bewusstsein durch Sauerstoffmangel im Gehirn Bewusstlosigkeit, Atemstillstand, Tod **Verschiedene Schockarten:** **Volumenmangelschock:** Verminderung des Blutvolumens durch Blutungen, starken Flüssigkeitsverlust durch Schwitzen, Durchfall, Erbrechen, nach Verbrennungen oder eine Ödemsentwicklung bei der

Kompendium für die Tauchausbildung

Dekompressionskrankheit
Septischer Schock: durch bakterielle Infektion
Allergischer Schock: durch allergische Reaktionen
Kardiogener Schock: durch Herzleistungsschwäche, durch Herzinfarkt, Gas oder Fettembolie nach Lungenüberdruckunfall oder Dekompressionskrankheit
Neurogener Schock: Zusammenbrechen des Kreislaufs als Folge einer Schädelverletzung oder Gifteinwirkung
Endokriner Schock: durch Stoffwechselentgleisung, durch Zuckerkrankheit oder externe psychischer Belastung
Therapie:
Ursachenbekämpfung
Schocklagerung
Sauerstoffabgabe
Schutz vor Überwärme und Unterkühlung
Flüssigkeitszufuhr
Arzt, Krankenhaus
Blutgerinnungsstörung vorbeugen
me017 me061 me119 me120 me145 me208 me230

Schrittmacher	me166
Schutzkappe Regler	au080 au186
Seekrankheit	me099
Seeigel	me009 me125
Sediment	Ablagerungsschicht auf dem Gewässergrund py137 fu039
Sehfehler	py134
Selbstrettung	ps126
Sicherheitsstopp	fu006 fu117 fu123 fu133 fu134 fu162 fu163 fu166 fu183 pl010 pl043 pl093 pl104 me194
Sicherheitsventil	au197
Sicht	fu001 fu089 fu092 fu162 fu163 fu166 fu183 py233
Sicherheitsventil	au197
Sicherheits-Vorkehrungen	fu235 fu236

Kompendium für die Tauchausbildung

Sicherheitscheck	fu003 fu045
Siebbeinzellen	me005
Signalflagge	au014
Silikonfett	ni079
Sinnesorgane	ps112
Sinusitis	Entzündung der Nasennebenhöhle
Sinushöhlen	ps006
Solokompetenz	Die Solokompetenz beim Tauchen beschreibt die Fähigkeit alleine und auf sich gestellt zu Tauchen und eventuell anfallende Probleme auch alleine bewältigen zu können. Solokompetenz beinhaltet: Redundanz der Technik, Fähigkeit bei Ausfall der Technik oder Problemen Notfallpläne im Kopf zu haben und diese umsetzen können. Solokompetenz sollte das Ziel eines jeden Tauchers sein (Instruktoren beim ersten Tauchgang mit einem OWD-Schüler), das Buddy-System stellt einen Sicherheitsgewinn dar, sofern der Buddy die Aufgabe auch wahrnehmen kann. Solokompetenz ist unabdingbar im Bereich Technische Tauchen, Höhlentauchen, Wracktauchen und jegliche Art des Tauchens abseits des geführten heute modernen „Basis- Ferien-Tauchens".
Soforthilfe	me154 me169
Sprung ins Wasser	fu002 fu003
Sprungschicht	fu122
Squeeze	pressen, zwingen, drücken me085
Stage	Zusatzflasche wird meist von Tec. Tauchern benötigt
Starrer Behälter	py107 py108
Stahl/Alu Gerät	au058 au074 au107 au130 au196
Steuerbord	in Fahrtrichtung voraus gesehen die rechte Seite eines Wasserfahrzeuges (Gegensatz Backbord) fu116

Kompendium für die Tauchausbildung

Stickstoff	Geruchloses Gas (N, N_2) py001 py020 py034 py038 py008 py038 py039 py166 py189 pl004 ps005 ps065 ps066 ps067 ps082 ps156 me185 me218 me261 ni003 ni004 ni049 fu170
Stickstoffpartial (p)	ps005
Stickstoffnarkose	me034 me035 me036 me107 me242 ps005 ps014 ps156 ps165
Stille Blasen	me073 me090 me257 ps043 ps044 ps045 ps082 ps119
Stimmritzen-krampf	(lat. Laryngospasmus) entsteht durch Aspiration von Wasser. me006
Stirnhöhlen	fu141
Stirnschmerzen	me021 me056
Stoffwechsel	ni003
Stress	fu062 fu068 fu069 fu086 ps131 ps132 ps133 ps134 ps135 ps136 ps137
Streckentauchen	me015
Strömung (Küste)	fu020 fu038 fu046 fu059 fu060 fu088 fu090 fu097 fu103 fu121 fu155 fu164 fu188 fu190 fu238 fu239 fu240 fu241 fu242 fu243 fu244 fu245 fu247 fu248 pl054 ps108
Strömungen	ps176 ps178 ps179
Strömungsboje	au178
Strömungs-geschwindigkeit	pl54
Strömungs-widerstand	ps108
Suchen	fu110 fu200 fu201 fu200 fu201
Supervision	fu065 fu071 fu072 fu073 fu077 fu078 fu079 fu090 fu099 fu100 fu101

Kompendium für die Tauchausbildung

Süsswasser	ve Seite121 py043 fu165
Schwäche	me141
Schwimmbad Blackout	Bewusstlosigkeit tritt ein, ohne Vorwarnung und Anzeichen; siehe auch Hyperventilation
Schwimmbrillen	au109
Schwimmen	fu154 fu155 fu175
Symbiose	Zusammenleben zum beidseitigen Vorteil ps150
Synkope	Anfallsartige, kurz dauernde Bewusstlosigkeit (Ohnmacht)
Systole	Zeit des Herzzyklus mit Kontraktion und Blutauswurf

T

Tachycardie	Pathologische Beschleunigung des Herzschlages (Schock, Aufregung)
Tabellen	fu057 fu195 pl009 pl028 pl071 pl072 pl073 pl075
Tarierung	py013 py043 py052 py125 py128 py135 py136 py138 py159 fu109 fu138 fu143 fu147 fu156 fu157 fu179 fu186 fu187 ps056 ps058 au018 ps058 ps118
Tarierveste	py135 au019 au022
Taschenmaske	me110
Taschenmesser	au011
Taubheitsgefühl	me082 me141
Tauchanzug	au007
Tauchausrüstung	au010 au088 au162 au172
Tauch- bedingungen	fu075

Kompendium für die Tauchausbildung

Tauchbetrieb	fu044
Tauchboot/ Schiff	me150 me152 ni046 au009 fu002 fu038 fu116
Tauchcomputer	fu041 pl018 pl030 au005 au025 au50 au051 au069 au114 au127 au133 au135 au133 au135 au179
Taucherflöhe	Hauterscheinungen bei der Dekokrankheit Typ I, Juckreiz
Tauchflagge	Dient zur Absicherung der Taucher im Wasser fu130 au014
Tauchgangplanung	fu035 fu062 fu084 fu085 fu089 fu168 fu128 fu168
Tauchgerät -Lagerung	au009 au076 au077
Tauchlampen	au161
Tauchflaschen Kennzeichnung	au027 ni057
Tauchmaske	py134 au163 au164 au165 fu011
Tauchmesser	au011 au161
Tauchpartner	fu010 fu030 fu031 fu035 pl092 pl098
Tauchplatz	pl097
Tauchphasen	pl088 pl089
Tauchgruppen	pl056 pl092 pl094 pl098 pl100 pl101 pl102
Tauchplätze	pl057 pl058 pl097 pl101 fu032
Tauchtiefe (Nitrox)	ni054 ni055 ni056 ni058 ps023 pl050

Kompendium für die Tauchausbildung

Tauchunfall	fu218 fu219 fu220 fu221 fu222 me161 me238
Tauchverhalten	fu061
Tauchtabelle	au054
Tauchtiefe	ps023
Tauchprofil	pl018 pl081 pl082 pl099
Tauchweste	au019 au022
Tauchzeit	pl74 pl082 fu148
Technical Diving	fu073
Temperatur	Der menschliche Körper versucht im Körperkern (im Innern des Rumpfes, Kopf) eine konstante Temperatur von 36,5 – 37°C aufrecht zu erhalten, das Verhältnis von Wärmeproduktion und Wärmeabgabe muss konstant gehalten werden. Der Körper produziert durch Stoffwechselprozesse in Organen und Muskeln als Abfallprodukt Wärme, welche er als Mittel zur Temperaturregulation einsetzen kann. Je nach Aussentemperatur wird der Körperkern ausgedehnt (warme Situation) oder verkleinert (kalte Situation). Es gibt einerseits Rezeptoren für die Temperatur des Blutes (im Zwischenhirn) sowie Wärme- und Kälterezeptoren in der Haut. Der Wärmetransport im Körper erfolgt über das Blut. Durch Querschnittsveränderung der Adern wird die Fliessgeschwindigkeit und damit die Zeit für den Wärmeaustausch beeinflusst, aber auch bei körperlicher Arbeit und bei steigender/sinkender Aussentemperatur infolge zunehmender/abnehmender Atem und Kreislaufarbeit. Thermische Neutralzone: Die Wärmebildung liegt bei einem Minimum beim ruhenden Menschen bei ungefähr 28 – 30°C Aussentemperatur. Beeinflusst werden kann die Körpertemperatur auch durch andere Faktoren wie der Umgebungstemperatur, Luftbewegung, Luftfeuchtigkeit, Wärmeleitfähigkeit des Umgebungsmediums (Luft, Wasser), chemische Einflüsse im Körper. Drogen, Alkohol oder Nikotin können die Hautgefässe verengen oder erweitern sowie die Erregbarkeit der Kälterezeptoren lähmen (Alkohol zum Erwärmen). Mechanismen der Wärmeabgabe zwischen Körper und Umgebung: -Strahlung: Übertragung von Wärme durch elektromagnetische Wellen -Konduktion (Wärmeleitung) Wärmeübertragung durch Kontakt, abhängig von der Temperaturdifferenz, der Kontaktfläche und der Wärmeleitfähigkeit des Mediums -Konvektion: Transport der Wärmeenergie durch strömende Flüssigkeiten oder Gase -Verdunstung: Wärmeabgabe durch Verdampfen von Wasser an der Hautoberfläche und den Schleimhäuten der Atemwege, abhängig vom

Kompendium für die Tauchausbildung

Wasserdampfdruckgefälle zur Umgebung
-Wärmeverlust durch Urin und Durchfall
Kälteeinflüsse, Kälteeinwirkungen- und Reaktionen:
-Versuch des Körpers, die Wärmeproduktion zu erhöhen durch Zunahme des Stoffwechsels, durch Kältezittern, zentrale Erregung
-Versuch des Körpers die Wärmeabgabe zu verringern:
Drosselung der Hautdurchblutung durch Gefässverengung (Vasokonstriktion), blasse, kalte Haut.
Wenn die Massnahmen des Körpers das Absinken der Körpertemperatur nicht verhindern können, kommt es zu einer Unterkühlung und zu einer Erfrierung.
Psychische Kälteeinflüsse:
-Herabgesetzte Aufmerksamkeit, Zerstreutheitseffekt, Engegefühl, Angst, Adrenalinausschüttung
s. Gay-Lussac geSeite132
ve Seite121
fo Seite136
ps069
py026 py027 py099

ΔTemperatur	py026 py027 py099 py100 py101 py102 py115 py120 py130 py166 py183 py184 py185 py205 fu150
Tetanie	Zustand neuromuskulärer Überregbarkeit
Tentakel (Qualle)	me097
Tetraplegie	Gleichzeitige Lähmung aller vier Gliedmassen
Theoretisches Gewebe	pl025
Thorax	Brustkorb
Thrombose	Blutgefässvertopfung durch Bildung fester Pfropfen geronnenen Blutes (Thromben) die eine örtliche Kreislaufstörung bewirken
Thrombozyten	Blutblättchen steuern die Blutgerinnung
Tiefe	pl050 pl005 ps061 ps064 au023 au055 au135 fu145 fu148 fu160 fu227 ni054 ni055 ni081
Tiefenbereiche	fu295
Tiefe max.	pl012 pl079
Tierschutz	fu023 fu034

Kompendium für die Tauchausbildung

TG-Führung	fu031 fu243 fu247
TG-Vorbereitung	fu062
Tiefenformel	ni031 ni032
Tiere (u/W)	fu013 fu015 fu023 fu167 fu193 fu207 fu237
Tiefenkontrolle	ps061 fu145 fu148 fu160 fu227
Tiefenmesser	au023 au052 au070 au135 au193 py206
Tiefenrausch	Stickstoffnarkose, N_2-Narkose, Inertgasnarkose py020 py121 py123 py186 me001 me023 me218 me239 me260 ps020 ps064 ps066 ps067 ps075 ni055
Tinnitus	Ohrgeräusch
Tonus	Spannungszustand der Gewebe besonders der Muskeln
Totalkapazität	py126 ps096
Thorax Squeeze	me085
Torricelli	ge Seite132 ve Seite121
Totalkapazität	py126 ps096
Tot-Raum	ps011 ps030
Trachea	Luftröhre
Transport TG	au009
Transport (Patient)	fu194 fu219 fu220 fu221
Trimix	Gasgemisch aus drei Gasen: Helium, Stickstoff, Sauerstoff ni070 ni104 ni105
Trockenanzug	au056 au145 au146 au147 au176 fu143

Kompendium für die Tauchausbildung

Trommelfell	die den äusseren Gehörgang gegen die Paukenhöhle abschliessend dünne Membrane ps008 ps018 ps018 ps080
Trommelfellriss	ps008 ps018 ps080 ps008 ps018
Tympanoplastik	Operative Wiederherstellung des Trommelfells

U

Überanstrengung	me106 ps087 ps089 ps090 fu188
Überdruck	au027
Übersättigung	py059 py60 ps041
Überschreiten O_2	ni025
Überströmen	py116 py120 py178 py181 py182 py185
Überlebenskette	me168
Überlebenschancen	me167
Übelkeit	me059
Überdruckbaro-Trauma	me223
Überdruckventil	au148 py126
Umgebung	fu063 fu199 fu063 fu107 fu199
Umgebungstemperatur	py026 py027
Umgebungsdruck	auf Taucher einwirkender Druck = 1 + (Tauchtiefe/10) gemessen in bar py090 py091 py162 py165 ni075 ni076 ve Seite121
Umkehrkurs	fu118 fu212

Kompendium für die Tauchausbildung

Umkehr-blockierung	fu140
Umweltschutz	fu096 fu098 fu109 au006 pl091
Unbalanciert	au082
Unfallrapport	fu218 fu219
Unsicherheit	me024
Unterkühlung	Hypothermie

Drei Phasen der Unterkühlung (Hypothermie) werden beschrieben:
Beginn wenn die Kerntemperatur unter 36,5 °C fällt
Erregungsstadium (37 – 34 °C): Physische Erregung (Stress-Situation, Angstgefühle), unwillkürliches Muskelzittern, vertiefte Atmung, blasse Haut, Engstellung der Blutgefässe, beschleunigter Stoffwechsel, Blutdruckerhöhung, Steigerung der Pulsfrequenz
Erschöpfungsstadium: (34 – 27 °C): Bewusstseinstrübung bis zur Bewusstlosigkeit, Nachlassen von Schmerzempfindung und Wahrnehmungsfähigkeit, langsamer Pulsschlag, Muskelstarre, flache Atmung, unregelmässige Atmung, Herzrhythmusstörungen
Lähmungsstadium: (unter 27 °C): Bewusstlosigkeit, Muskelstarre, Atemstillstand, Tod durch Herzkreislaufversagen.
Behandlung:
In der ersten Phase genügt meist Wiedererwärmung durch wärmende Decken, trockene Kleidung, Wärmepacks auf Brust und Rücken (Vorsicht Verbrennungsgefahr), heisse, gezuckerte Getränke. Bei beginnender Unterkühlung kann auch noch ein heisses Bad empfohlen werden, hier aber Tauchgangsprofil beachten – Gefahr eines Dekounfalls.
In der zweiten und dritten Phase ist die Wiedererwärmung nur über Decken und Plastikfolien zu empfehlen, der Verunfallte sollte so wenig wie möglich bewegt werden, damit das kalte Blut nicht in den Körperkern gelangt.
Rettungsdienst benachrichtigen, Verunfallten, die voll bei Bewusstsein sind, heisse Getränke zuführen, wenn notwendig Herz-Lungen-Wiederbelebung (HLW) einleiten.
Auf keinen Fall darf ein Unterkühlter heiss gebadet werden, zuviel bewegt oder falsch gelagert werden, da es dann zu einem weiteren Abfall der Kerntemperatur durch Zustrom kalten Blutes aus der Peripherie und zu einem Kreislaufkollaps durch Blutdruckabfall kommen kann (After-drop, after-fall)
Vorbeugung:
Gute Wahl des Kälteschutzes, Tauchgangsabbruch bei Kältegefühl und Frieren.
me014 me123 me124 me183 me212
fu042

Kompendium für die Tauchausbildung

Unterdruckbaro-trauma	me220
Unterwasserwelt	fu095 fu096 fu098 ps146
Unwohlsein	ps027 me122
Unfalltransport	fu220 fu221
Upstream	Ventile öffnen sich entweder mit dem Druck (Downstream) oder gegen den Druck (Upstream). Beispiel für ein Upstream-Ventil ist die zweite Stufe eines Atemreglers. Mitteldruck des Atemreglers schliesst das Ventil. Ein Hebel drückt das Ventil gegen diesen Mitteldruck und das Ventil öffnet au048
Urteilsvermögen	fu081
U/W Muster	fu208
US-Navy Tabelle	pl009 pl027 pl029 pl071
U/W-Zeichen	fu018 fu027 fu052 fu053

V

Vakuum	py106 py108
Valsalva	Druckausgleich im Mittelohr Unter Tauchern die häufigste Art des Druckausgleichs des Mittelohrs, Pressen von Luft in die geschlossene Nase. Diese Art des Druckausgleichs ist aber auch relativ gefährlich. Wird der Druckausgleich zu spät vorgenommen, kann dies zu schweren Verletzungen des Innenohrs führen. Weitere Gefahren können auch bei einem vorhandenen PFO (Offenes Foramen Ovale) bestehen. me038
Vegetatives NS	ps102
Vasodilatation	Gefässerweiterung
Vasokonstriktion	Gefässverengung
Ventil	au035 au036 au043 au048 au060 au078 au079 au085 au121 au126 au131 au148

Kompendium für die Tauchausbildung

Ventilation	ps105
Verantwortung	fu061 fu064
Vereisung Automat	au243 au244
Vestenvolumen	py015 py175 py176
Verband	me196
Verbraucher-Angaben	au245 Informationen auf Tauchgeräte den Verbraucher betreffend
Verdrängung	py045 py048 py50 py63 py64 py085 py086 py087 py155 py158 py159 py160 py168 py174 py176 py207
Verhalten u/W (seltsames)	ps075 fu013 fu014
Verheddern	fu129 fu159
Verletzungen	me213 fu193
Verlust Partner	fu178 fu191
Vernesselung	me214
Verständigung Unter Wasser	hz001
Vertigo	Schwindel, Drehschwindel (lat. „Umdrehung" von vertere „wenden") me040 me041 me050 me101 me254 ps080 ps128
Ventrikel	Herzkammer
Verunreinigte Luft	me084 ps028 fu131
Visuelle Prüfung	au041 au120 au191
Visuelle Umkehr	unter Wasser werden meistens Distanzen unterschätzt. Bei grösseren Entfernungen kann dies genau umgekehrt wirken. Unter gewissen Umständen ist es möglich, dass Objekte weiter weg erscheinen als sie es tatsächlich sind py077 py078 py105

Kompendium für die Tauchausbildung

Virtuelle Decke	ps155
Vitalfunktionen	Sammelbegriff für Atmung und Kreislauf me169 me175
Vitalkapazität	py177 ps093 ps094 me219
Volumen	V oder auch Vol. py025 py029 py30 py031 py032 py091 py092 py093 py094 py127 py149 py158 py166 py167 py175 py176 py179 py180 py184 py209 py015 py051 fo Seite136 au019
Volumenänderung	py015 py029 py030 py031 py032 py066 py067 py160 py003 py127 au019
Vorbereitung TG	fu062
Vorsättigung	pl098

W

Wasser-Nase-Reflex	ps067
Wasserwiderstand	fu174
Wasserstoff	Geruch-, farb- und Geschmackloses Gas (H) Brennbar und explosiv gemeinsam mit Sauerstoff me218
Wasserdruck sw	py007
Wasserdichte	reines Wasser (1,0 kg/dm^3) ist der Masstab der Dichte. Stoffe mit einem kleineren Wert als 1,0 sind weniger dicht als reines Wasser und schwimmen, während Stoffe mit einem grösseren Wert als 1,0 dichter sind und sinken ps162
Wasserverdrängung	py022

Kompendium für die Tauchausbildung

Wärmebehandlung	me053
Wärmeaustausch	py006 py014 py019 py027 py040 py046 py072 py073 py153
Wärmekapazität	py040
Wärmeleitung	Wärmeleitung von Gasen wird durch deren Viskosität bestimmt py014 py019 py073 py153
Wärmeverlust	py006 py153 py006 py014 py152
Wärmeschutz	fu012
Warnsignale	me159
Wartung der Ausrüstung	au087 au088 au089
Wartungs-Bestimmungen	ni015 ni018
Weisslichtprüfung	ni089
Wellenbrechung Wechselatmung	fu115 fu123
Weste	au169 fu119 fu143
Westenvolumen	py015
Widerholungs-Gruppe	pl020 pl139
Wiederholung TG	fu041 pl004 pl009 pl010 pl015 pl017 pl020 pl023 pl032 pl037 pl134 pl038 pl039 pl67 pl074
Wiederbelebung	me091 me093 me095
Wind	fu076 fu240
Windskala	1806 von dem britischen Admiral Sir Francis Beaufort aufgestellte Tabelle, die die Windgeschwindigkeit in 12 geschätzte Stärkegrade einteilt: Bft Erklärung 0 Windstille, spiegelglatte See 1 leichter Zug, Kräuselwellen 2 leichte Brise, kurze kleine Wellen, Kämme brechen sich nicht

Kompendium für die Tauchausbildung

	3	schwache Brise, schwacher Wind, Kämme beginnen sich zu brechen, glasiger Schaum
	4	mässige Brise, keine Wellen, weisse Schaumköpfe
	5	frische Brise, lange Wellen mit Schaumkämmen
	6	steife Brise, grosse Wellen (2,5-4 m) grössere Schaumflächen
	7	steifer Wind, See türmt sich, Schaumstreifen in Windrichtung
	8	stürmischer Wind, hohe Wellenberge > 7m Gipfel beginnen sich zu verwehen
	9	Sturm, dichte Schaumstreifen, „Rollen" der See, Gischt verweht
	10	schwerer oder starker Sturm, sehr hohe Wellenberge, See weiss durch Schaum
	11	orkanartiger Sturm, aussergewöhnlich hohe Wellenberge, Wellenkämme zu Gischt verweht
	12	Orkan, Luft mit Schaum und Gischt angefüllt, keine Fernsicht mehr
Winken	fu177	
Wracktauchen	fu249 fu250 pl140 pl141 pl132 pl143	
Wundbehandlung	me196 me206 me207	

X

Xenon	chemisches Zeichen Xe Geruch- und farbloses Gas (Xe) mit narkotischer Wirkung, nicht als Tauchgas zu verwenden

Y

Yd	Einheitszeichen für Yard Längeneinheit in GB und den USA 1 yd = 3 feet = 36 inch = 0,914 m
Y-Ventil	Doppelventil an einer Tauchflasche engl. Y-Valve

Kompendium für die Tauchausbildung

Z

Zahnschmerzen	me105
Zeichen	fu018 fu027 fu052 fu053 fu177 fu181 fu198
Zeitmess-instrument	au179
Zeitzuschlag ZZ	die Zeit die zur effektiven Zeit eines Tauchganges addiert wird, um den Reststickstoff eines vorangegangenen Tauchgangs zu berücksichtigen pl002 pl033 pl049
ZNS	Zentrales Nervensystem me081 ps100
Zoologie	ps142
zerebral	zum Gehirn gehörend
ZNS	Zentralnervensystem
Zweituntersuchung	me012 me121 me209
Zweite Stufe	au044 au045 au066 au067 au129
Zweistufiger Regler	au028 au066 au067 au079 au084 au129 au160
Zyklus (Flossen)	fu204
Zyste	mit Flüssigkeit gefüllter Hohlraum im Gewebe
Zyanose	Hypoxie unzureichende Sauerstoffversorgung, Sauerstoffsättigung des Blutes. Blaurotfärbung der Lippen und der Nagelbetten

Kompendium für die Tauchausbildung

IV Index; für die Zuordnung der Fragen zu den Brevetierungsstufen

Tabelle 1
Legende / Index

O	**OWD** (Open Water Diver), C.M.A.S. *-Taucher, Beginner, Tiefenlimit 18m
A	AOWD, Adventures in Diving, C.M.A.S. ** Diver, fortgeschrittener Taucher, Tiefenlimit 30m
R	Rescue Diver, Rettungstaucher
D	Divemaster, C.M.A.S. *** Diver, alle weitergehenden Ausbildungen zum Beispiel: Assistent Instruktor, Instruktor
S	Specialty-Diver. Die Aufgaben werden zusätzlich beschrieben wie folgt:

S_{Tief}	Speciality-Tieftauchen
S_{Boot}	Speciality-Bootstauchen
$S_{suchen\ und\ bergen}$	Specialty- Suchen und Bergen
S_{Drift}	Specialty- Strömung
S_{Dry}	Specialty- Trockenanzug
S_{Navi}	Specialty- Navigation
S_{Night}	Specialty- Nachttauchen
S_{Natur}	Specialty- U/W-Naturalist
S_{Alt}	Specialty- Altitude (Höhe, Bergsee)
S_{Equip}	Specialty- Equipment (Ausrüstung)
S_{Tar}	Specialty- Tarierung
S_{Foto}	Specialty-Foto (Unterwasserfoto)

N	Nitroxausbildung
E	Emergency First Response (EFR) Ausbildung (Medic First Aid (MFA))

Beispiele:

Der Index ist bei den Fragen unmittelbar nach der Fragenummer aufgeführt:
230) (A) .... AOWD, C.M.A.S.**
231) ($S_{suchen\ und\ bergen}$) *... Speciality Suchen und Bergen
232)(O,$S_{suchen\ und\ bergern}$)... OWD, C.M.A.S.* und Speciality Suchen und Bergen

Kompendium für die Tauchausbildung

V Auflistung der Fragen zu den Brevetierungsstufe

Tabelle 2
Brevet: OWD, C.M.A.S.*

1 Physik

001	002	003	004	005	006	007	011
022	031	032	033	041	042	043	065
073	083	084	091	092	100	113	129
130	148	149	150	172	198	199	211
212	213	218	219	221	222	224	225
226	229	231	232	233	234	235	236
238	239	240	241	242			

2 Tauchmedizin

004	005	006	009	011	012	015	016
055	074	099	105	107	123	124	125
126	127	139	142	143	178	179	186
188	189	212	213	215	216	218	220
221	222	223	224	225	226	229	238
239	240	241	273	274	275	276	277
278	279	280	281	282	283	284	285
286	287	288	289	290	291	294	295
305	306	307					

3 Nitrox

008	009	010	011	015	016	018	034

4 Tauchphysiologie

001	002	003	004	005	006	007	008
009	010	011	012	013	015	016	017
018	019	020	021	022	023	024	025
026	027	028	030	031	032	033	034
035	036	037	038	040	041	042	043
046	047	050	051	054	055	056	057
058	059	060	061	062	063	064	065
066	067	068	069	070	071	072	073
074	075	076	077	078	079	080	081
082	083	084	085	086	087	088	089

Kompendium für die Tauchausbildung

090	091	092	093	094	095	096	097
098	099	100	101	102	103	104	105
106	107	108	109	110	111	112	113
114	115	116	117	118	119	120	121
122	123	124	125	126	127	128	129
213	219	221	222	224			
130	131	132	133	134	135	136	137
138	139	140	141	142	143	144	145
146	147	148	149	150	158	159	160
161	165	185	186	187	188	189	190
191	192	193	194	195	196	197	198
199	200	201	202	203	204	205	

5 Tauchausrüstung

001	002	003	004	005	006	007	008
009	010	012	013	014	015	016	017
018	019	020	021	022	023	024	025
026	027	028	029	030	031	032	033
034	036	037	038	039	040	041	042
043	044	045	046	047	048	049	050
051	052	053	054	055	057	058	059
060	061	062	063	064	065	066	067
068	069	072	073	074	075	076	077
078	079	080	081	082	083	084	085
086	087	088	089	090	091	092	093
094	095	096	097	098	099	100	101
102	103	104	105	106	107	108	109
110	111	112	113	114	115	116	117
118	119	120	121	122	123	124	125
126	127	128	129	130	131	132	133
134	135	136	137	138	139	140	141
142	143	144	145	146	147	148	149
150	151	152	153	154	155	156	157
158	159	160	161	162	163	164	165
166	167	168	169	170	171	172	177
178	179	186	187	188	189	191	192
193	194	196	200	201	202	203	207
208	209	210	211	212	213	214	215
216	217	218	219	220	221	225	241

Kompendium für die Tauchausbildung

6 Tauchfertigkeit und Umgebung

001	002	003	004	005	006	007	008
009	010	011	012	013	014	015	016
017	018	019	020	021	022	023	024
025	026	027	028	029	030	031	032
033	034	035	036	037	038	037	040
041	042	043	044	045	046	047	048
049	050	051	052	053	054	055	056
057	058	059	060	061	062	063	064
065	066	067	068	069	070	071	072
073	074	075	076	077	078	079	080
081	082	083	084	085	086	087	088
089	090	091	092	093	094	095	096
097	098	099	100	101	102	103	104
105	106	107	108	109	110	111	112
113	114	115	116	117	118	119	120
121	122	123	124	125	126	127	128
129	130	131	132	133	134	135	136
137	138	139	140	141	142	143	144
145	146	147	148	149	150	151	152
153	154	155	156	157	158	159	160
161	162	163	164	165	166	167	168
169	170	171	172	173	174	175	176
177	178	179	180	181	182	183	184
185	186	187	188	189	890	191	192
193	194	195	196	197	198	199	200
201	202	203	204	205	206	207	208
209	210	211	212	213	214	215	216
217	218	219	220	221	222	228	229
230	231	232	233	234	235	236	237
238	239	240	241	242	243	244	245
246	247	248	249	250	251	292	

7 Tauchgangsplanung

001	002	003	004	005	006	007	008
009	010	011	012	013	014	015	016
017	018	019	020	021	022	023	024
025	026	027	028	029	030	031	032
033	034	035	036	037	038	039	040
041	042	043	044	045	046	047	048

Kompendium für die Tauchausbildung

049	050	051	052	053	054	055	056
057	058	059	060	061	062	063	064
065	066	067	068	069	070	071	072
073	074	075	076	077	078	079	080
081	082	083	084	086	087	088	089
090	091	092	095	106	109	112	114
115	117	118	130	134	168	169	170
171	172	173					

Brevet: AOWD, C.M.A.S.**

1 Physik

009	010	012	013	014	016	017	024
025	034	039	040	044	046	049	054
062	071	072	082	089	099	102	103
104	112	114	115	117	120	121	122
131	134	137					
143	144	145	146	152	156	163	167
171	184	208	209	210	211	212	227
228	230	237	262	263	264	265	

2 Tauchmedizin

003	007	008	010	013	014	022	023
025	026	027	038	081	085	086	099
104	105	108	110	118	119	139	142
143	149	160	178	179	180	186	188
189	193	212	213	215	216	218	220
221	222	223	224	225	226	227	228
229	230	231	232	233	234	235	236
237	238	239	242	243	244	245	246
247	248	249	250	251	252	253	254
255	256	257	258	259	260	261	262
263	264	265	266	267	268	269	270
271	272						

3 Nitrox

008	009	010	011	015	016	018	034
111	112	113	114	115	116		

Kompendium für die Tauchausbildung

4 Tauchphysiologie

001	002	003	004	005	006	007	008
009	011	013	015	016	017	018	019
020	021	022	023	025	026	027	028
030	031	032	033	034	035	036	037
038	040	041	042	043	046	047	050
051	054	055	056	057	058	059	060
061	062	063	064	065	066	067	068
069	070	071	072	073	074	075	076
077	078	079	080	081	082	083	084
085	086	087	088	089	090	091	092
093	094	095	096	097	098	099	100
101	102	103	104	105	106	107	108
109	110	111	112	113	114	115	116
117	118	119	120	121	122	123	124
125	126	127	128	129	130	131	132
133	134	135	136	137	138	139	140
141	142	143	151	152	153	154	156
157	162	163	164	166	167	172	173
174	175	176	177	178	179	206	207
208	209	210	211	212	113	214	215

5 Tauchausrüstung

001	002	003	004	005	006	007	008
009	010	012	013	014	015	016	017
018	019	020	021	022	023	024	025
026	027	028	029	030	031	032	033
034	036	037	038	039	040	041	042
043	044	045	046	047	048	049	050
051	052	053	054	055	057	058	059
060	061	062	063	064	065	066	067
068	069	072	073	074	075	076	077
078	079	080	081	082	083	084	085
086	087	088	089	090	091	092	093
094	095	096	097	098	099	100	101
102	103	104	105	106	107	108	109
110	111	112	113	114	115	116	117
118	119	120	121	122	123	124	125
242	243	244	245	246	247	248	249
250	251	252	253				

Kompendium für die Tauchausbildung

126	127	128	129	130	131	132	133
134	135	136	137	138	139	140	141
142	143	144	145	146	147	148	149
150	151	152	153	154	155	156	157
158	159	160	161	171	172	173	174
175	176	177	180	181	182	183	184
185	190	195	197	199	204	205	206
222	226	227	228	229	230	231	232
233	234	235	236	237	238	239	240

6 Tauchfertigkeit und Umgebung

001	002	003	004	005	006	007	008
009	010	011	012	013	014	015	016
017	018	019	020	021	022	023	024
025	026	027	028	029	030	031	032
033	034	035	036	037	038	037	040
041	042	043	044	045	046	047	048
049	050	051	052	053	054	055	056
057	058	059	060	061	062	063	064
065	066	067	068	069	070	071	072
073	074	075	076	077	078	079	080
081	082	083	084	085	086	087	088
089	090	091	092	093	094	095	096
097	098	099	100	101	102	103	104
105	106	107	108	109	110	111	112
113	114	115	116	117	118	119	120
121	122	123	124	125	126	127	128
129	130	131	132	133	134	135	136
137	138	139	140	141	142	143	144
145	146	147	148	149	150	151	152
153	154	155	156	157	158	159	160
161	162	163	164	165	166	167	168
169	170	171	172	173	174	175	176
177	178	179	180	181	182	183	184
185	186	187	188	189	890	191	192
193	194	195	196	197	198	199	200
201	202	203	204	205	206	207	208
209	210	211	212	213	214	215	216
217	218	219	220	221	222	223	224
225	226	227	228	229	230	231	232
233	234	235	236	237	238	239	240

Kompendium für die Tauchausbildung

241	242	243	244	245	246	247	248
249	250	260	261	262	263	264	265
266	267	268	269	270	271	272	273
274	275	276	277	278	279	280	281
282	283	284	285	286	287	288	289
290	291	307	308	309	310	311	312

7 Tauchgangsplanung

001	002	003	004	005	006	007	008
009	010	011	012	013	014	015	016
017	018	019	020	021	022	023	024
025	026	027	028	029	030	031	032
033	034	035	036	037	038	039	040
041	042	043	044	045	046	047	048
049	050	051	052	053	054	055	056
057	058	059	060	061	062	063	064
065	066	067	068	069	070	071	072
073	074	075	076	077	078	079	080
081	082	083	084	093	094	095	096
097	098	099	100	101	102	103	104
105	106	107	108	110	111	119	120
121	122	123	124	125	126	128	129
131	132	133	135	136	137	138	139
140	141	142	143	144	145	146	147
148	149	150	151	152	153	154	155
156	157	158	159	160	161	162	163
164	165	166	167	174	175	176	177
178	179	180	181	182	183	184	185
186	187	188	189	190	191	192	193
194	195	196	197	198	199	200	201
202	203	204	205	206	207	208	209

Brevet: Rescue

1 Physik

020	021	028	035	036	038	058	059
061	068	126	139	140	169	170	186
188	189	190	191	192	193	194	195
196							

Kompendium für die Tauchausbildung

2 Tauchmedizin

017	018	019	021	033	036	037	050
053	060	061	065	066	067	068	069
070	071	072	073	077	078	079	082
083	084	085	091	092	093	094	095
098	102	105	106	107	109	110	111
115	116	117	118	119	122	132	135
137	138	140	141	143	144	146	147
148	149	150	151	153	154	155	156
157	158	159	160	178	179	180	181
182	183	184	185	186	187	188	189
190	193	207	209	210	212	213	215
216	218						

3 Nitrox

008	009	010	011	015	016	018	034

4 Tauchphysiologie

001	002	003	004	005	006	007	008
009	010	011	012	013	014	015	016
017	018	019	020	021	022	023	024
025	026	027	028	029	0030	031	032
033	034	035	036	037	038	039	040
041	042	043	044	045	046	047	048
049	050	0512	052	053	054	055	056
062	063	064	065	066	067	068	069
070	072	073	074	075	076	077	078
079	080	081	082	083	084	085	086
087	088	089	090	091	092	093	094
095	096	0'97	0'98	0'99	100	101	102
103	104	105	106	107	108	109	110
111	112	113	114	115	116	117	118
119	120	121	122	123	124	125	126
127	128	129	130	131	132	133	134
135	136	137	138	139	140	141	142
143	168	169	170	171			

Kompendium für die Tauchausbildung

5 Tauchausrüstung

011   149

6 Tauchfertigkeit und Umgebung

010	025	036	048	058	068	069	070
081	101	105	117	128	140	177	181
184	192	194	214	215	216	217	218
219	220	221	222	252	253	254	255
256	257	258	259				

7 Tauchgangsplanung

008

Brevet: Divemaster und höhere Ausbildung, C.M.A.S.***, AI, Instruktoren

1 Physik

015	018	019	026	027	029	030	031
032	033	037	045	048	050	051	052
053	055	056	057	063	064	065	066
067	069	074	075	076	077	078	079
080	081	088	105	106	107	108	109
110	111	127	132	133	153	160	161
164	165	178	181	182	183	185	200
201	204	205	206				

2 Tauchmedizin

028	029	030	031	032	034	035	039
040	041	042	043	044	045	046	047
048	051	054	056	057	058	063	064
065	076	080	087	088	129	130	138
139	179	191	192	193	194	215	216
218	219	304					

3 Nitrox

001	002	003	004	005	006	007	008
009	010	011	015	016	018	022	034
108							

Kompendium für die Tauchausbildung

071	072	073					
082	083	084	085	086	087	088	089
090	091	092	093	094	095	096	097
098	099	100	101	102	103	104	105
106	107	108	109	110			

4 Tauchphysiologe

001	002	003	004	005	006	007	008
009	010	011	012	013	014	015	016
017	018	019	020	021	022	023	024
025	026	027	028	030	031	032	033
034	035	036	037	038	039	040	041
042	043	046	050	051	052	053	054
055	056	062	064	065	066	067	068
069	070	075	076	077	078	079	080
081	082	083	084	085	086	087	088
089	090	091	092	093	094	095	096
097	098	099	100	101	102	103	104
105	106	107	108	109	110	111	112
113	114	115	116	117	118	119	120
121	122	123	124	125	126	127	128
129	130	131	132	133	134	135	136
137	138	139	141	142	143	153	154
155							

5 Tauchausrüstung

026	027	028	029	030	031	032	033
034	036	037	038	039	040	041	042
043	044	045	046	047	048	049	050
051	052	053	054	055	057	058	059
060	061	062	063	064	065	066	067
068	069	072	073	074	075	076	077
078	079	080	081	082	083	084	085
086	087	088	089	090	091	092	093
094	095	096	097	098	099	100	101
102	103	104	105	106	107	108	109
110	111	112	113	114	115	116	117
118	119	120	121	122	123	124	125
126	127	128	129	130	131	132	133
134	135	136	137	138	139	140	141
142	143	144	145	146	147	148	149

Kompendium für die Tauchausbildung

150	151	152	153	154	155	156	157
158	159	160	161	175	176	177	

6 Tauchfertigkeit und Umgebung

001	002	003	004	005	006	007	008
009	010	011	012	013	014	015	016
017	018	019	020	021	022	023	024
025	026	027	028	029	030	031	032
033	034	035	036	037	038	037	040

041	042	043	044	045	046	047	048
049	050	051	052	053	054	055	056
057	058	059	060	061	062	063	064
065	066	067	068	069	070	071	072
073	074	075	076	077	078	079	080

081	0082	083	084	085	086	087	088
089	090	091	092	093	094	095	096
097	098	099	100	101	102	103	104
105	106	107	108	109	110	111	112
113	114	115	116	117	118	119	120

121	122	123	124	125	126	127	128
129	130	131	132	133	134	135	136
137	138	139	140	141	142	143	144
145	146	147	148	149	150	151	152
153	154	155	156	157	158	159	160

161	162	163	164	165	166	167	168
169	170	171	172	173	174	175	176
177	178	179	180	181	182	183	184
185	186	187	188	189	890	191	192
193	194	195	196	197	198	199	200

201	202	203	204	205	206	207	208
209	210	211	212	213	214	215	216
217	218	219	220	221	222	228	229
230	231	232	233	234	235	236	237
238	239	240	241	242	243	244	245

246	247	248	249	250	252	253	254
255	256	257	258	259	293	294	295
296	297	298	299	300	301	302	303
304	305						

Kompendium für die Tauchausbildung

7 Tauchgangsplanung

001	002	003	004	005	006	007	008
009	010	011	012	013	014	015	016
017	018	019	020	021	022	023	024
025	026	027	028	029	030	031	032
033	034	035	036	037	038	039	040
041	042	043	044	045	046	047	048
049	050	051	052	053	054	055	056
057	058	059	060	061	062	063	064
065	066	067	068	069	070	071	072
073	074	075	076	077	078	079	080
081	082	083	084	106	113		

Brevet: Nitroxtaucher (Enriched air)

1 Physik

018

2 Tauchmedizin

051	081	101	103	104	140

3 Nitrox

001	002	003	004	005	006	007	008
009	010	011	012	013	014	015	016
017	018	019	020	021	022	023	024
025	026	027	028	029	030	031	032
033	034	035	036	037	038	039	040
041	042	043	044	045	046	047	048
049	050	051	052	053	054	055	056
057	058	059	060	061	062	063	064
065	066	067	068	069	070	071	073
074	075	076	077	078	079	080	081
082	083	084	085	086	087	088	089
090	091	092	093	094	095	096	097
098	099	100	101	102	103	104	105
106	107	108	109	110			

4 Tauchphysiologie

006	027	030	031

Kompendium für die Tauchausbildung

6 Tauchfertigkeit und Umgebung

073

Brevet: Tauchmedizin, Medic First Aid (MFA)

2 Tauchmedizin

001	002	003	004	005	006	007	008
009	010	012	013	014	015	016	017
018	019	020	022	026	027	032	033
034	035	036	037	038	040	041	042
043	045	046	047	048	049	050	051
052	053	054	056	057	058	059	061
062	063	064	065	066	067	068	069
070	071	072	073	074	075	076	077
078	079	080	081	082	083	084	086
087	088	090	091	092	093	094	095
096	097	098	099	100	101	102	103
108	109	110	111	112	113	114	115
116	117	119	120	121	122	123	124
125	126	127	128	129	130	131	132
133	134	135	136	137	139	140	141
142	144	145	146	147	148	149	150
151	152	153	154	155	156	157	158
159	160	161	162	163	164	165	166
167	168	169	170	171	172	173	174
175	176	177	178	179	180	181	182
183	184	185	186	187	188	189	190
191	192	195	196	197	198	199	200
201	202	203	204	205	206	207	208
209	210	211	212	213	214	215	216
217	219	292	293	296	297	298	299
300	301	302	303				

4 Tauchphysiologie

007	008	010	011	013	018	021	024
029	036	037	039	044	045	048	049
050	051	052	053	078	079	080	082
083	084	085	086	087	088	089	090

112

Kompendium für die Tauchausbildung

092	093	094	095	096	097	098	099
100	101	102	103	110	111	112	113
114	115	119	120				

Speciality Diver

Speciality Tieftauchen

1 Physik

045	053	060	063	064	066	067	069
070	090	093	094	095	096	097	098
101	105	127	132	133			

2 Tauchmedizin

023	035	059	069	089	194

3 Nitrox

038	054	055	056	072	073	074	075
076	077	078	079	080	081		
082	083	084	085	086	087	088	089
090	091	092	093	094	095	096	097
098	099	100	101	102	103	104	105
106	107	108	109	110			

4 Tauchphysiologie

020	023	025	026	040	041	043	046
054	056	061	062	065	066	067	069
070	075	091	109	118	125	127	138

5 Tauchausrüstung

019	023	068	071	080	102	104	134

Kompendium für die Tauchausbildung

6 Tauchfertigkeit und Umgebung

134	135	136	137	138	141	142	143
148	160						

7 Tauchgangsplanung

005	023	024	028	031	032	033	034
058	060	077	081	084			

Speciality Tarierung

1 Physik

015	064	125	128	135	136	138	158
159	175	176	199	202	222	231	

5 Tauchausrüstung

024   110

6 Tauchfertigkeit und Umgebung

014	051	055	098	109	138	143	145
146	147	148	156	157	158	165	179
186	187	189	197	199			

7 Tauchgangsplanung

061

Speciality Suchen und Berge

1 Physik

085	086	087	118	119	123	124	155
168	203	207					

6 Tauchfertigkeit und Umgebung

110   200   201

Kompendium für die Tauchausbildung

Speciality Drift (Strömungstauchen)

1 Physik

224

4 Tauchphysiologie

025	046	062	065	066	067	176	177
178	179						

5 Tauchausrüstung

012   178

6 Tauchfertigkeit und Umgebung

020	038	046	059	060	076	088	089
090	097	102	103	115	121	122	155
164	188	190	196				

7 Tauchgangsplanung

056   120   121

Speciality Altitude (Höhe, Bergsee)

1 Physik

118	119	162	173	174	179	180	187

5 Tauchausrüstung

053   125

6 Tauchfertigkeit und Umgebung

057   195

Kompendium für die Tauchausbildung

7 Tauchgangsplanung

003   005   006   017   036   054   074

Speciality Bootstauchgang

4 Tauchphysiologie

062

5 Tauchausrüstung

009

6 Tauchfertigkeit und Umgebung

002   116

7 Tauchgangsplanung

120   147

Specialty Trockenanzug

4 Tauchphysiologie

069   070

5 Tauchausrüstung

056   146   147   176

6 Tauchfertigkeit und Umgebung

017

7 Tauchgangsplanung

018

Kompendium für die Tauchausbildung

Speciality Nachttauchgang

4 Tauchphysiologie

085   175

5 Tauchausrüstung

143   161   177

6 Tauchfertigkeit und Umgebung

056   111

7 Tauchgangsplanung

124

Speciality Equipement (Ausrüstung)

4 Tauchphysiologie

081   087

5 Tauchausrüstung

001	002	003	004	005	006	007	008
009	010	012	013	014	015	016	017
018	019	020	021	022	023	024	025
026	027	028	029	030	031	032	033
034	036	037	038	039	040	041	042

043	044	045	046	047	048	049	050
051	052	053	054	055	057	058	059
060	061	062	063	064	065	066	067
068	069	072	073	074	075	076	077
078	079	080	081	082	083	084	085

086	087	088	089	090	091	092	093
094	095	096	097	098	099	100	101
102	103	104	105	106	107	108	109
110	111	112	113	114	115	116	117

Kompendium für die Tauchausbildung

| 118 | 119 | 120 | 121 | 122 | 123 | 124 | 125 |

126	127	128	129	130	131	132	133
134	135	136	137	138	139	140	141
142	143	144	145	146	147	148	149
150	151	152	153	154	155	156	157
158	159	160	161	179	180	181	186

187	188	189	190	191	192	193	194
195	196	197	198	199	200	201	202
203	204	205	206				

6 Tauchfertigkeit und Umgebung

011	024	041	042	049	054	074	113
119	126	130	131	151	152	161	169
170	172	176					

Speciality U/W Naturalist

4 Tauchphysiologie

| 047 | 138 | 139 | 141 | 142 | 143 |

6 Tauchfertigkeit und Umgebung

013	015	023	033	034	040	043	047
087	091	092	096	098	127	167	193
199	207						

Speciality Navigation

5 Tauchausrüstung

029

6 Tauchfertigkeit und Umgebung

028	037	106	107	108	112	114	118
124	173	189	202	203	204	205	206
207	208	209	210	211	212	213	

Kompendium für die Tauchausbildung

Speciality Fotografie

1 Physik

074	075	076	147	151	154	157	212
225	236						

4 Physiologie

071   125   146

5 Tauchausrüstung

020

6 Tauchfertigkeit und Umgebung

023

Kompendium für die Tauchausbildung

VI Verwendete Konstanten

1 Liter Salzwasser	1.03 kg
1 Liter Süsswasser	1.00 kg
Dichte Salzwasser	1,0 – 1,3 kg/l je nach Meer (Salzgehalt)
Dichte Süsswasser	1,00 kg/l
Dichte Atemgas	Atemgase werden mit zunehmender Tauchtiefe dichter und deswegen erhöht sich die Atemarbeit

Druckänderung je 1 m Tiefe

im Salzwasser	0.100 bar / m
im Süsswasser	0.098 bar / m
Druck 10 m Tiefe (Salzwasser)	1.00 bar (Wasserdruck)
Druck 10 m Tiefe (Süsswasser)	0.98 bar (Wasserdruck)
Luftgewicht	
1 Liter	1,293 gr. (bezogen auf trockene Luft auf Meereshöhe)
1m^3	1000 Liter = 1,3 kg

Druck (Definitionen)

In der Physik wird der Druck (P) als eine auf eine Fläche (F) wirkende Kraft (K) bezeichnet.

$$P = K / F$$

Absoluter Druck	Masseinheit für den auf ein Objekt von allen Seiten ausgeübte Druck. Beim Tauchen Wasserdruck (hydrostatischer Druck) und Luftdruck (atmosphärischer Druck) auch als Umgebungsdruck bezeichnet.
Atmosphärischer Druck	Druck der von der irdischen Gashülle /Atmosphäre erzeugt wird.
Hydrostatischer Druck	Druck in einer ruhenden Flüssigkeit oder Gas, der sich nach allen Seiten gleichmässig ausbreite, ist beim Tauchen von besonderer Bedeutung. Es ist der durch die Wassersäule unter Wasser ausgeübt und mit der wachsender Tiefe beim Abtauchen linear wachsende Druck. Gemessen wird der Druck mit Manometer oder auch Finimeter (Luftdruck mit Barometer)

Kompendium für die Tauchausbildung

Umgebungsdruck
Beim Tauchen die Summe des Luft- und des Wasserdrucks in der Tiefe, wird auch als absoluter Druck bezeichnet.

$$P_{Umgebung} = \sum(P_{Luftdruck} + P_{Wasserdruck})$$

PGesamt = (Tiefe[m]/ 10 m)[bar]   +1[bar]

Druckberechnung (vereinfachte für Taucher)

Die Abweichung vom Idealwert beträgt bei der vereinfachten Berechnung maximal 6,3 %, in 20 m Tiefe nur 3,3 %. Der Fehler ergibt sich aus den wetterbedingten Schwankungen des Luftdruckes, der Variationsbreite der Wasserdichte (Süsswasser: $\approx$ 0,996, Salzwasser $\approx$ 1,03 [kg l^{-1}]) und der unterschiedlichen Erdbeschleunigung.

Für Taucher von Bedeutung ist die Tatsache, dass beim Abtauchen in die Tiefe die relative Änderung des Umgebungsdruckes in der Nähe der Wasseroberfläche am grössten ist.

Druckmasseinheiten

Pa
Pascal (Blaise Pascal französischer Philosoph 1650)
$1 Pa = 1 N/m^2 = 1 J/m^3$
$100'000 Pa = 10 N/cm^2 = 1 bar$

atm
physikalische Atmosphäre
Der atmosphärische Druck entspricht dem Gewicht, das die Atmosphäre auf Meereshöhe ausübt. Er beträgt ungefähr 760 mmHg bzw. 1kg/cm² bzw. 1 bar.

at
technische Atmosphäre

mWs
Meter Wassersäule

mmHg
mm Quecksilbersäule: 760 mmHg = 1kg/cm²

Torr
Torricelli italienischer Physiker und Mathematiker nicht gesetzliche Masseinheit: (760 mmHg = 760 Torr)
1 Torr = 1mmHg = 1,33224 x 10² Pa

bar
barys = schwer (griechisch)

1 bar = 10 N/cm² (Newton = 1 kg/s² = 10⁵ Pa
entspricht ungefähr dem Luftdruck auf Meereshöhe

psi
engl. „pound per square inch"
1 psi = 0,703 bar
1 bar = 1,4283 psi

Kompendium für die Tauchausbildung

N	Newton (Kraft um einem Körper von 1 kg die Beschleunigung von 1 m/s^2 zu erteilen.
1 Pa	1 N/m^2
p in der Tiefe	P(T) = (T/10 +1) bar T = Tiefe
Relativer-P	Druck zwischen dem atmosphärischen Druck und dem „gemessenen Druck"
Absoluter-P	Summe des atmosphärischen Drucks und des relativen P Drucks.
Umgebungs-P	entspricht dem absoluten P (Druck in der Tiefe) $\sum$ **Atmosphärischer Druck + Druck der Wassersäule.**

Luftdruck auf Meereshöhe:

Nach Torricelli presst der Druck der Atmosphäre Salzwasser bei einer Dichte von 1.03kg/ dm^3 10 Meter hoch, dies entspricht ungefähr 1 bar d.h. entspricht des uns umgebenden Luftdrucks.
Umgebungsdruck (absoluter Druck) = (Wassertiefe (m) /10 m) + 1 bar
für Salzwasser gilt:
- 0 m = 1 bar
- 10m = 2 bar
- 20m = 3 bar

für Süsswasser ist mit 0.98 bar / 10 m zu rechnen (geringere Dichte des Süsswassers).

Internationale Normierung

ISO:	engl. für International Organization for Standardization; Organisation für Normierung, Sitz in Genf (www.iso.ch)
DIN:	Deutsches Institut für Normierung (Tauchgeräte DIN EN 250 (www.din.de)

Kompendium für die Tauchausbildung

VII Offizielle, internationale Einheiten

(siehe auch Umrechnungen Grössen und Einheiten, Seite 142)

Masse:	Kilogramm Kg
Länge:	Meter m
Volumen:	Kubikmeter m^3
Geschwindigkeit:	m/s
Dichte:	kg/m^3
Druck:	Pascal Pa
Temperatur:	Kelvin

Länge:

12 inch = 1 foot
3 foot = 1 yard

2 yard = 1 fathom
1760 yard = 1 mile

1 inch 0,0254 m = 2,54 cm = 1 Zoll
1 foot = 0,3048 m = 30,48 cm
1 yard = 0,91439 m = 91,439 cm
1 fathom = 1,8288 m
1 mile = 1609,344 m
1 mile (nautisch, int.) = 1,852 km
1 mile naut., br) = 1,853148 km

Volumen:

16 fl.oz = 1 pint
2 pints = 1 Quart
4 Quarts = 1 gallon
1 Register ton = 1 cubic foot

1 Liter = 0,001 m^3
1 cubic inch (cinch) = 0,000016386 m^3 = 16,387 cm^3 = 0,0164 Liter
1 cubic foot (cft) = 0,0283168 m^3 = 28316,8 cm^3 = 28,317 Liter
1 Register ton = 2,8317 m^3
1 pint (br) = 0,000568 m^3 = 0,568 Liter
1 pint (am) 0,000473 m^3 = 0,473 Liter
1 Quart (br) = 0,001136 m^3 = 1,136 Liter
1 Quart (am) = 0,000946 m^3 = 0,946 Liter
1 gallon (br) = 0,004546 m^3 = 4,56046 Liter
1 gallon (am) = 0,003785 m^3 = 3,785 Liter

Kraft/Masse / Gewichte

16 ounces = 1 pound
14 pounds = 1 Stone
1 ounce (oz) = 0,02835 kg = 28,35 gr
1 pound (lb) = 0,453592 kg = 453,6 gr

Kompendium für die Tauchausbildung

Kraft = Masse × Beschleunigung
$F = m \times b$

F = Kraft [N = Newton]
m = Masse [kg]

Ein Newton = Kraft die einem Körper der Masse 1 kg die Beschleunigung $1 ms^{-2}$ erteilt.
[$1 N = 1$ kg m s^{-2}]
Diese Definition gilt immer, sie ist nicht auf die Erde bezogen. Dagegen ist die Fallbeschleunigung b von der geographischen Breite abhängig. Der mittlere Wert ist mit 9,81 m s^{-2} festgelegt.

Die Masse (Menge) eines Körpers wird in kg angegeben und ist vom Ort unabhängig. So ist die Masse eines Körpers auf der Erde gleich seiner Masse auf dem Mond, während seine Gewichte deutlich verschieden sind.
Auf der Erde gilt:
1 kg Masse "wiegt" (in Luft): $1 \times 9,81 N = 9,81 N \approx 10 N$ oder
9,81 N (10 N) ist die Kraft, um die eine Masse von 1 kg im freien Fall beschleunigt wird.

Spezifisches Gewicht

Das spezifische Gewicht eines Körpers ist das Verhältnis seiner Gewichtskraft zu seinem Volumen. Die Dichte und das spezifische Gewicht unterscheiden sich um den Faktor der Fallbeschleunigung G.
Dichte (r) x Fallbeschleunigung (G) = Spezifisches Gewicht (g)
Das spezifische Gewicht ist im Gegensatz zur Dichte ortsabhängig, da die Fallbeschleunigung nicht überall gleich ist.
Einheiten für spez. Gewicht (g): [N / m^3] oder [(kg m) / ($m^3 s^2$)]

Geschwindigkeit	1 knot (Knoten) = 0,5144 m/s = 1,852 km/h = 1 naut. mile / h 1 mile / h 0 0,447 m/s = 1,609 km/h 1 m/s = 3,6 km/h
Dichte	Süsswasser = 1000kg/m^3 = 1 gr / cm^3 = 61,37 lb/cft = 0,5785 oz/cinch Salzwasser = 1030kg/m^3 = 1,03 gr/cm^3 = 63,5 lb/cft =05959 oz/cinch Luft = 1,293 kg/m^3 = 1,293 gr/Liter = 0,0807 lb/cft = 1,264 oz/cinch (bei 0°C und 1 bar Druck)
Druck	1 bar = 0,1 Mpa = 100000Pa 1atm = 1,01325 bar (atm = normierter Luftdruck ata=Atmosphären absolut) 1psi = 0,07 bar 1fsw (feet of sea water) = 0,0308 bar

Kompendium für die Tauchausbildung

1ffw (feet of fresh water) = 0,03 bar
1 bar = 32,5 fsw = 33,5 fft = 14,5 psi
Tiefe alle 33 feet nimmt der Druck um ca.1bar (1atm) zu
1 bar = 29,53 inch of Hg = 770 mm Hg

Temperatur Celsius = Kelvin − 273.15
Nullpunkt der Kelvinskala ist der absolute Nullpunkt und ist festgelegt mit 273,1 K
273,15 K = 0°C

Celsius = 5/9 x (Fahrenheit − 32)
Fahrenheit = (9/5 x Celsius) + 32
Fahrenheit, nach Daniel Fahrenheit benannt. 0°C entspricht 32°F Gefrierpunkt von Wasser. Der Siedepunkt von Wasser von 100°C entspricht 212°F
°C = 5/9 (°F-32)

Alle Stoffe kommen in drei Zustandsformen (Aggregatzustände) vor:
➤ fest
➤ flüssig
➤ gasförmig

fest: Bewegung um die Ruhelage
Da die gegenseitige Bindung der Teilchen an ihren Nachbarteilchen verhältnismässig stark ist, bleiben feste Strukturen erhalten.

flüssig: Freie Bewegung, aber im gegenseitigen Kontakt.
Die durchschnittlich gleiche Entfernung der Nachbarmoleküle bleibt erhalten konstantes Volumen, aber die Gestalt kann sich ändern.

gasförmig: Isolierte Teilchen führen eine freie Bewegung durch, es kommt zu Zusammenstössen.
Geringe gegenseitige Bindungskräfte, durchschnittliche gegenseitige Entfernung wird nur durch den verfügbaren Raum bestimmt.

Temperatur ist ein Mass für die mittlere kinetische Energie (Bewegungsenergie) eines Körpers (Wärme). Sie wird mit einem Thermometer gemessen.

Grundlage für die gebräuchliche Temperatur-Skala (Grad Celsius) sind bestimmte Eigenschaften von Wasser (bei 1 bar Umgebungsdruck) und zwar sind Fixpunkte:

Schmelzpunkt von Eis = 0 °C
Siedepunkt von Wasser = 100 °C

In den Naturwissenschaften (Anwendung der Gasgesetze) benutzt man meist die thermodynamische Temperatur-Skala (absolute oder Kelvin Skala) mit gleicher Einheit, d.h. 1 °C Temperatur-Differenz entsprechen 1 Kelvin-Temperatur-Differenz, aber der Nullpunkt ist verschoben.

0 Kelvin = − 273,15 °C = absoluter Nullpunkt

Kompendium für die Tauchausbildung

In den USA werden die Temperaturen noch überwiegend in Fahrenheit angegeben, wobei °F = ((9/5)×°C)+32 = (1.8×°C)+32 und °C = (°F-32) × (5/9) = (°F-32) × 0,56. Der Schmelzpunkt von Eis liegt bei 0° C bzw. bei 32° F. Der absolute Nullpunkt liegt bei -460 °F, bei -273,15 °C und bei 0 Kelvin

Temperatur-Schichtung in Funktion der Jahreszeiten

Winter: Stagnation: Bei Ausbildung einer Eisdecke hat der Wind keine Bedeutung mehr für die Zirkulation im Gewässer.
Die Wassertemperatur nahe der Oberfläche liegt bei 0 °C (Eisbildung) und nimmt mit der Tiefe bis auf 4 °C (grösste Dichte des Wassers) zu. Aufgrund der geringen Sonnenstrahlung ist die biologische Produktion unwesentlich.

Frühjahr: Vollzirkulation Durch die verstärkte Sonnenstrahlung erwärmt sich das Wasser auf 4 °C, Sprungschichten werden aufgelöst. Der Wind kann das Wasser leicht durchmischen.
Nach einer starken Frühjahrsblüte (geringe Sichtweiten) kommt es nach Aufzehrung der Nährstoffe zu einer deutlichen Abnahme der biologischen Produktion. Die Sichtweiten bessern sich drastisch.

Sommer: Stagnation. Die Sonne erwärmt das Wasser weiter (d.h. es wird spezifisch leichter). Es kommt zur Ausbildung kräftiger Sprungschichten. Die schwachen Winde tragen kaum zu einer Vermischung bei.

Herbst: Vollzirkulation. Herbststürme und Abkühlung (Abbau der Sprungschichten) resultieren in einer Durchmischung bis in grössere Tiefen. Die biologische Produktion ist aufgrund der Nährstoffeinträge erhöht (Herbstblüte)

In eutrophen* Seen ist die Produktion ganzjährig nahe der Oberfläche sehr stark. Darunter sind die Sichtweiten meist gut.
* Der ideale Ernährungszustand der Wasserpflanzen wird als Eutrophie (von *griech. εύτροφος, gut nährend*) bezeichnet.

Wärmetransport

Wärmetransport erfolgt durch:
a. Wärmeleitung (Konduktion) Übertragung in einem Material, wobei Wasser besser leitet als Luft. (Ungeschützter Taucher verliert einen grossen Teil seiner Wärme durch direkte Wärmeleitung.)
b. Wärmeströmung (Konvektion) Übertragung durch bewegte Flüssigkeiten oder Gase (In einem Nasstauchanzug steigt warmes Wasser nach oben und kaltes Wasser strömt nach = Wärmeverlust.)
c. Wärmestrahlung erfolgt durch elektromagnetische Wellen (Beispiel: Sonnenstrah-

Kompendium für die Tauchausbildung

lung).(Spielt für Taucher unter Wasser keine Rolle.)
Bei langdauernden Einsätzen von Tauchern (Berufstaucher) ist die Verwendung von Trockentauchanzügen ausser in den Sommermonaten (in geringen Tauchtiefen) in der Regel notwendig.
Stoffe, die Luft oder Gase enthalten (Kautschuk [Neopren®]), wirken als Wärmeisolatoren.(Bei Gasen ist He (Helium) bester Wärmeleiter.)
Nasstauchanzüge werden in der Tiefe zusammengedrückt und verlieren einen Teil ihrer Wärmedämmungsqualität.
Kautschuk-Anzug, 7 mm dick
Auf die eingeschlossenen Gasblasen wirkt der Wasserdruck. Die Grösse der Gasblasen ändert sich entsprechend dem Gesetz von Boyle-Mariotte. Damit ändert sich die Wärmequalität, wie folgt:

in 10 m Tiefe auf 1/2,
in 20 m Tiefe auf 1/3
in 50 m Tiefe auf 1/6.

Ein nylongefütterter Neoprenanzug von 6,3 mm Stärke verliert

in 10 m Tiefe 35 % seines Volumens
in 30 m Tiefe 50 % seines Volumens.
Dabei verringert sich seine Isolationswirkung
in 20 m Tiefe um 50 % und
in 30 m Tiefe um 63 %.

Wärmemenge
J = Joule Einheitszeichen für Joule
$1 J = 1 N \times m = 1 kg \times m^2 \times s^2$
Seit 1978 auch Ersatz der Kalorie als Einheit der Wärmemenge
1 Kalorie = 4,1868 Joule

Wärmemenge ist die Energie, die einem Körper bei Temperaturänderung zu- oder abgeführt wird. Die Masseinheit für die Energie ist Joule [J].($1 J = 1 N m = 1 W s$) Auch der Energiegehalt (Brennwert) von Nahrungsmitteln wird in dieser Einheit angegeben, dabei entsprechen 4,184 Joule der veralteten Einheit von einer Kalorie.
4,84 J = 1 Kalorie
4,1865 Joule sind die Energiemenge, die ausreicht, um
1 Gramm Wasser von 14,5 °C auf 15,5 °C zu erwärmen.

Akustik (Hören unter Wasser)

Die Schallgeschwindigkeit c in Flüssigkeiten beträgt:

$c \approx \sqrt[2]{1/K}$

wobei: $\sqrt[2]{}$ = 2. Wurzel,
K = adiabatische Kompressibilität.
K ist eine Funktion von Temperatur, Salzgehalt und Druck.

Kompendium für die Tauchausbildung

Wasser ist ein besserer Schallleiter als Luft, daher kann sich der Schall im Wasser weiter und schneller als in Luft ausbreiten, wobei niedrigfrequente Schallwellen eine höhere Reichweite als hochfrequente Wellen haben.

Die Schallgeschwindigkeit ist im Wasser ungefähr 4,5 mal grösser als in Luft.

Schallgeschwindigkeit in Funktion vom Medium
Luft	333 ms^{-1}
reines Wasser	1440 ms^{-1}
Salzwasser (35 PSU, 14°C)	1500 ms^{-1}
Salzwasser (35 PSU, 0°C 0bar Wasserdruck)	1449,3 ms^{-1}
Salzwasser (35 PSU, 30°C 0bar Wasserdruck)	1545,8 ms^{-1}
Salzwasser (35 PSU,0°C 1000bar Wasserdruck)	1465,8 ms^{-1}
Salzwasser (35 PSU, 30°C 10 00bar Wasserdruck)	1562,5 ms^{-1}

PSU = Salinität (Salzmenge / Volumeneinheit)

Der Schall einer entfernten Schallquelle benötigt unterschiedliche Zeiten bis er beide Ohren erreicht hat (unterschiedliche Strecken). Die Zeitdifferenz Δt wird im Gehirn verarbeitet und als Information über die Richtung der Schallquelle ausgewertet. Im Wasser ist $\Delta t \approx$ 4,5fach kleiner als in der Luft. Die Zeitdifferenz kann kaum noch zur Richtungsortung verarbeitet werden.
Gefahr: Sich nähernde Motorboote oder ander Schallquellen können aufgrund der fehlender Richtungszuordnung den Tauchern gefährlich werden.

Neopren (Kopfhauben) filtern Schall > 1000 Hz.

Militärische Schiffe haben Sonargeräte (Ultraschall hoher Intensität), Tauchen in der Nähe solcher Schiffe ist lebensgefährlich.

Optik (Sehen unter Wasser)

Die Geschwindigkeit von Licht unter Wasser ist geringer als im Medium Luft. Diese Tatsache kann in Kombination mit einer unpräzisen (gewohnheitsbedingten) Umsetzung (Wahrnehmung) dieser Lichtinformationen im Gehirn dazu führen, dass ein Taucher Grösse und Entfernung von Gegenständen bzw. von Lebewesen unter Wasser falsch wahrnimmt. Schwächung und Streuung des Lichtes unter Wasser, insbesondere durch Wasserinhaltsstoffe, verändern die Wahrnehmung weiter und bedingen zusätzlich ein falsches Farbensehen.
Lichtbrechung (Refraktion)
Beim Übergang eines Lichtstrahles aus einem Medium in ein anderes ist der Quotient aus dem Sinus des Einfalls- und des Brechungswinkels eine von der Natur der beiden Medien abhängige Konstante.

Der absolute Brechungsindex n_i ist gleich dem Verhältnis der Lichtgeschwindigkeit c_0 im Vakuum zur Lichtgeschwindigkeit im Medium i.

Absoluter Brechungsindex:
$n_i = c_0/c_i$ = Lichtgeschwindigkeit im Vakuum /Lichtgeschwindigkeit im Medium i

Der relative Brechungsindex n_{21} ist gleich dem Verhältnis der Lichtgeschwindigkeit c_1 im Medium 1 zur Lichtgeschwindigkeit c_2 im Medium 2.

Kompendium für die Tauchausbildung

Relativer Brechungsindex :
$n_{21} = n_2/c_2 = \sin\alpha = c_1/\sin\beta = n_1/c_2$

Die Konstante n_{21} heisst relativer Brechungsindex des Mediums2 in bezug auf das Medium 1. Er ist ein Mass für die Änderung der Ausbreitungsrichtung von Lichtwellen beim Übergang vom Medium 1 zum Medium 2.

Beim Tauchen erfolgt die Lichtbrechung an der Grenzfläche zwischen der Luft in der Tauchermaske und dem umgebenden Wasserkörper. Diese Lichtbrechung bewirkt eine Vergrösserung der Abbildung auf der Netzhaut. Unter bestimmten Voraussetzungen erscheinen dem Taucher Gegenstände ein Viertel näher platziert als ihr tatsächlicher Abstand ist.

Unter Wasser erscheinen uns alle Gegenstände 1/3 grösser und 1/4 näher.

Diese Verzerrung kann die Hand-Augen-Koordination, insbesondere bei Tauchanfängern, beeinflussen, wenn sie versuchen einen Gegenstand unter Wasser zu greifen. Bei grossen Entfernungen erscheinen Gegenstände dagegen weiter entfernt als sie tatsächlich sind. Die Ursache dieser falschen Entfernungsschätzungen beruht darauf, dass die vom Gehirn berechnete Entfernung auf den Winkeldifferenzen (*) zwischen den auf den beiden Augen auftreffen- den Lichtstrahlen (Signalen) beruht. Das Gehirn legt dabei seine lebenslangen Erfahrungen mit den Lichtstrahlen über Wasser zugrunde.
Die Abstandswahrnehmung wird zusätzlich noch stark von der Trübung (Schwebstoffgehalt und gelöste Stoffe) des Wassers beeinflusst: je trüber das Wasser, um so näher rückt der Umkehrpunkt, an dem der Wechsel von Überschätzung zu Unterschätzung des Abstandes erfolgt.

* Lichtstrahlen, von einem definierten Punkt im Wasser ausgehend, treffen auf ihren Wegen zu den beiden Augen mit etwas unterschiedlichen Winkeln auf dem Maskenglas auf und werden dort entsprechend unterschiedlich gebrochen.

Sehr trübes Wasser: Abstand von Objekten in 0,9 bis 1,2 m Abstand wird überschätzt.

Mässig trübes Wasser: Der Umkehrpunkt liegt zwischen 6,1 und 7,6 m Abstand.

Sehr klares Wasser: Die Entfernung von Gegenständen in 15,2 bis 22,9 m Abstand wird unterschätzt

Regel: Je näher ein Objekt ist, desto wahrscheinlicher ist es, dass es zu nahe erscheint, und je trüber das Wasser ist, umso grösser ist die Wahrscheinlichkeit, dass der Abstand als zu gross angenommen wird.

Durch Erfahrung und Übung kann die Fähigkeit zur Abstands- und Grösseneinschätzung deutlich verbessert werden. Dies ist sowohl für die Sicherheit als auch für Arbeiten unter Wasser wichtig.
Als Folge der falschen Grössen-/Abstandseinschätzungen wird auch die Geschwindigkeit von Objekten, die das Blickfeld kreuzen, überschätzt.

Kompendium für die Tauchausbildung

Farben / Licht unter Wasser

In das Wasser einfallendes Licht (Sonnenlicht, diffuses Himmelslicht) wird
a. gestreut und
b. absorbiert (in andere Energieform überführt), wobei beide Vorgänge von der Wellenlänge abhängig sind.
Die Lichtintensität nimmt dabei exponentiell (Lambert-Beersches Gesetz) mit der Tiefe ab. Gleichzeitig verengt sich das Spektrum des Lichts.

Wellenlänge in nm (in Luft)	400	450	500	550	600	650	700
entsprechend Farbe	violett	blau	blau	grün	gelb	orang	rot
Vertikale Abschwächung auf die Hälfte nach Metern bei klarem Wasser	8,66	17,33	18,23	14,7	3,53	2.22	1,18
davon verursacht durch Streuung %	45	56	39	21,3	3,6	1,6	0,7
durch Absorption %	55	44	61	78,7	96,4	98,3	99,3

Rotes langwelliges Licht wird am meisten absorbiert
Blaues Licht wird am wenigsten absorbiert
Rote Gegenstände (z.B. Blut) erscheinen in ca. 15 m Wassertiefe braun, schwarzgrau, falls kein Kunstlicht benutzt wird. (Rot wird von einigen Fischen deshalb als Tarnfarbe genutzt).
Schwebeteilchen (z.B. Plankton) und gelöste Stoffe (z.B. Humussäure, „Gelbstoffe") verkürzen die genannten Wegstrecken noch weiter (abhängig von der Wellenlänge).
Die Menge an Schwebeteilchen und gelösten Stoffen ist abhängig von der Jahreszeit und dem Gewässer.

Die Energie, die ein Lichtstrahl an der Oberfläche hatte, wird in folgenden Tiefen auf 1/16 vermindert:

Licht	Tiefe
blau	87 m
Gesamtlicht	46 m
gelb	31 m
rot	9 m

Von wesentlicher Bedeutung für die Lichtstärke unter Wasser sind auch der Einfallswinkel des Lichtes an der Oberfläche und die Oberflächenbeschaffenheit des Wassers (glatte Fläche, wellige Fläche, Schaumbildung) (Reflexionsverlust in unseren Breiten 3% bis 40%)
und die Beschaffenheit des Grundes (desto heller, umso mehr Licht wird reflektiert). Bei grösseren Wassertiefen erscheint reines Wassers blau und chlorophyllreiches Wasser grün.

Dunkelheit

Das Auge benötigt einige Zeit (ca. 8-12 Minuten) zur Anpassung an grosse Helligkeitsschwankungen. Vollständige Anpassung nach 30 Minuten. Massnahme: 30 Minuten vor dem Tauchen eine rote Scheibe vor den Augen anbringen.
Adaption erklärt das Gefühl, es werde nach längerer Tauchzeit heller. Bei grösserer Dunkelheit Umschaltung auf Schwarzweiss = Hell-Dunkel-Sehen.

Kompendium für die Tauchausbildung

Gesetze

Archimedes: Griechischer Mathematiker und Physiker 285 – 212 v. Ch. Der Auftrieb eines sich in einer Flüssigkeit befindlichen Körpers ist gleich dem Gewicht der von ihm verdrängten Flüssigkeit.

Archimedes im Salzwasser
Aus realitätsbezogenen Gründen wie:
-Luftdruckschwankungen
-Annahmen des Salzgehaltes
-Genauigkeit der Tiefenmesser:
vernachlässigen wir die Dichte des Wassers beim Bestimmen des Wasserdruckes und beim Berechnen der Volumengrösse des Auftriebskörpers.
Jedoch ist die höhere Dichte des Wassers beim Bestimmen des Gewichtsverlustes (Auftrieb) zu berücksichtigen.

Archimedisches Prinzip
Der "statische Auftrieb" ist die Kraft auf einen in einer Flüssigkeit (oder in einem Gas) ruhenden oder sich bewegenden Körper, die durch die Verdrängung von Flüssigkeit (oder Gas) durch diesen Körper hervorgerufen wird (Archimedes). Der statische Druck wirkt entgegen der Schwerkraft und lässt sich aus der Druckabnahme mit der Höhe erklären.
Ein Körper, der ganz oder teilweise in einer ruhenden Flüssigkeit eingetaucht ist, unterliegt zwei Kräften: der Gewichtskraft in Richtung der Erdbeschleunigung und der lotrecht nach oben gerichteten Auftriebskraft. Das Verhältnis der beiden Kräfte bestimmt, ob der Körper sinkt, schwebt oder auftreibt.
Der Betrag der Auftriebskraft ist gleich der Gewichtskraft der von dem Körper verdrängten Flüssigkeitsmenge. Diese Gewichtskraft errechnet sich aus dem Produkt von Volumen und Dichte der verdrängten Flüssigkeit.

$F_A = F_F - F_L$

F_L = Gewichtskraft eines Körpers in Luft
F_F = Gewichtskraft der von ihm verdrängten Flüssigkeitsmenge
F_A = Restkraft

Auftrieb
$F_F > F_L$ (d.h. $F_A > 0$) Der Körper steigt (bzw. schwimmt). Eine Restkraft grösser Null wird im Sprachgebrauch als Auftrieb bezeichnet.
Abtrieb
$F_L > F_F$ (d.h. $F_A < 0$) Der Körper sinkt. Eine Restkraft kleiner Null wird im Sprachgebrauch als "Abtrieb" bezeichnet.
Austariert
$F_L = F_F$ (d.h. $F_A = 0$) Der Körper schwebt (ist austariert).
Er befindet sich im hydrostatischen Gleichgewicht.

Kompendium für die Tauchausbildung

Aristoteles	Griechischer Philosoph und Naturforscher (384 – 322 v. Chr). Die Physik ist neben der Metaphysik und der Nikomachischen Ethik (bedeutenste unter Aristoteles überlieferten ethischen Schriften, Namen bezieht sich auf Aristoteles' Sohn Nokomachos, oder seines Vaters) eines der Hauptwerke des Aristoteles. Sie befasst sich mit der Erklärung und Erläuterung (Definition) einiger grundlegender Begriffe, die bei der Beschreibung von Naturvorgängen im täglichen Leben gebraucht werden. Die wichtigsten davon sind: Raum, Zeit, Bewegung und Ursache. Es handelt sich nicht um eine mathematische Darlegung der Grundzüge der Natur in heutigem Sinne.
Boyle-Mariotte:	Das Volumen einer gegebenen Gasmenge verändert sich umgekehrt proportional zum absoluten Druck. Vorausgesetzt die Temperatur bleibt konstant. P x V = konstant oder $p_1 \times v_1 = p_2 \times v_2$. Das Gesetz erklärt, warum ein Gas beim Abstieg komprimiert wird und sich beim Aufstieg ausdehnt. Boyle Robert, britischer Physiker und Chemiker (1627 – 1691) Begründer des Drucks-Volumengesetzes zusammen mit Edmé Mariotte in der zweiten Hälfte des 17. Jahrhunderts formuliert.
Charles:	Charles Jaques französischer Physiker, der die Wirkung von Temperatur auf das Verhalten von Gasen untersuchte. Charle's Gesetz: bei einer abgeschlossener Gasmenge (konstantes Volumen) bleibt der Quotient aus Druck p und absoluter Temperatur T konstant. P / T = konstant In Tauchflaschen steigt der Druck bei Erwärmung, bzw. fällt bei Abkühlung.
°F	Fahrenheit = (9/5 C) + 32
Dalton:	Dalton John englischer Physiker und Chemiker (1766 – 1844) formulierte gleichzeitig mit Henry 1801 das Daltonsche Gesetz. Am Gesamtdruck einer Gasmischung sind alle Einzelgase entsprechend ihrem Volumenanteil beteiligt
Gay-Lussac:	Gay-Lussac, Joseph Louis, französischer Chemiker und Physiker (1778 – allgemeinen „Volumen–Temperaturgesetz der Gase" erweiterte. Die Gay-Lussacschen Gesetze sagen aus, dass der Druck eines Gases bei konstantem Volumen direkt proportional zur absoluter Temperatur ist (273K).
Haldane	John Scott Britischer Physiologe (1860 – 1936) und einer der ersten Theoretiker von Dekompressionsmodellen, welche die Basis der meisten Tauchtabellen sind
Henry:	Henry William, englischer Arzt formulierte das Henrys Gesetz als enger Mitarbeiter von John Dalton. Die in einer Flüssigkeit gelöste Menge ei-

Kompendium für die Tauchausbildung

nes Gases ist (im Gleichgewicht) mit seinem Partialdruck an der Flüssigkeitsoberfläche proportional.
Wenn die Temperatur konstant ist, dann ist die Löslichkeit von Gas in einer Flüssigkeit direkt proportional zum Druck der das Gas auf die Flüssigkeit ausübt.

Lorrain-Smith-Effekt:	James Lorrain Smith, 1862 – 1931 studierte Kunst und Medizin. Wird Sauerstoff mit einem erhöhten Partialdruck (0,4 – 0,6 bar) über eine lange Zeit 24 – 48 Stunden) eingeatmet tritt eine Ganzkörpersauerstoffvergiftung ein, der Lorrain-Smith-Effekt. Durch diese langen Einwirkungszeiten spielt diese Art der Sauerstoffvergiftung für das Sporttauchen eine untergeordnete Rolle.
Pascal	Blaise Pascal (französischer Philosoph) 1650
Paul-Bert-Effekt:	Französischer Arzt (17. Oktober 1833 – 11. November 1886). Er erkannte als Erster die bedeutende Rolle des Stickstoffs bei der Dekompressions-Krankheit und wies nach, dass man das Auftreten von Problemen durch Dekompression vermindern kann, wenn der Druck nur allmählich abgesenkt wird. Nach ihm wurde der Paul-Bert-Effekt benannt.
Torricelli Evangelista:	Italienischer Mathematiker und Physiker (1608-1647) der 1643 feststellte, dass der Druck der atmosphärischen Luft am Erdboden so gross ist wie der Druck am Grunde eines 76 cm tiefen Quecksilbersees und dadurch den Luftdruck und seine Schwankungen bewiesen.
Fahrenheit Daniel	Deutscher Physiker (1686 – 1736). Ihm gelang 1714 erstmals die Herstellung übereinstimmender Thermometer.
Kelvin	Nullpunkt der Kelvinskala ist der absolute Nullpunkt und ist festgelegt mit 273,16K 273,16K = 0°C
Bouguer-Lambert	Das Bouguer-Lambertsche Gesetz wurde von Pierre Bouguer vor dem Jahre 1729 formuliert und beschreibt die Schwächung der Strahlungsintensität mit der Weglänge beim Durchgang durch eine absorbierende Substanz. Es wird auch Johann Heinrich Lambert zugeschrieben, teils sogar kurz als Lambertsches Gesetz bezeichnet, obwohl Lambert selbst Bouguers Werk „Essai d'optique sur la gradation de la lumière" in seiner „Photometria" (1760) anführt und sogar daraus zitiert.
	Das Bouguer-Lambertsche Gesetz wurde von Pierre Bouguer vor dem Jahre 1729 formuliert und beschreibt die Schwächung der Strahlungsintensität mit der Weglänge beim Durchgang durch eine absorbierende Substanz. Es wird auch Johann Heinrich Lambert zugeschrieben, teils sogar kurz als Lambertsches Gesetz bezeichnet, obwohl Lambert selbst Bouguers Werk „Essai d'optique sur la gradation de la lumière" in seiner „Photometria" (1760) an führt und sogar daraus zitiert

Kompendium für die Tauchausbildung

VIII Gebräuchliche Abkürzungen

ADV	Advanced Design Vest
AMS	Acute montain sickness (Höhenkrankheit)
AMV	Atemminutenvolumen
ANDI	American Nitrox Divers Inc.
ata	atmospheres absolute
ATEC	Association of Technical and Recreational Diving Inst.
CMAS	Confédération Mondiale des Activités Subaquatiques
BCD	Buoyoncy Control Device
CNS	Central nervous Syndrome
CPR	Cardiopulmonary Resuscitation
DAN	Divers Alert Network
DCS	Decompression sickness
DSAT	Diving Science and Technology Corp.
EAD	Equivalent Air Depth
EANx	Enriched air Nitrox (x = O_2%)
END	Equivalent Narcosis Depth
ffw	feet of fresh water
fsw	feet of sea water
FTU	Schweizerische Fachstelle für Tauchunfallverhütung
Heliox	Helium/Sauerstoff Gemisch
HPNS	High Pressure Nervous Syndrome
HSA	Handicgapped scuba Association
IANTD	Intern. Association of Nitrox and Technical Divers
IDEA	International Diving Educators Association
MOD	Maximum Operating Depth
NACD	National Association of Cave Diving
NASDS	National Assotiation of Scuba Diving Schools
NAUI	National Association of Unterwater Instructors
NDL	No Decompressing Unit
NIADD	Nat. Instructors Assotiation of Divers with Disabilities
Nitrox	Stickstoff/Sauerstoff Gemisch
OTU	Oxigen Toxity / Tolerance Unit
PADI	Professional Association of Diving Instructors
psi	pounds per square inch
psia	pounds per square inch absolute
RDP	Recreational Dive Planer
Rega	Schweiz. Rettungsflugwacht
SAC	Surface Air Consumption
scuba	self containing underwater breathing apparatus
SSI	Scuba Schools International
TG	Tauchgerät
TG	Tauchgang
Trimix	Helium/Stickstoff/Sauerstoff Gemisch

Kompendium für die Tauchausbildung

IX Formeln und Regeln

Allgemeine Gasgleichung

$P_1 \times V_1 / T_1 = P_2 \times V_2 / T_2$

Bei der Betrachtung idealer Gase werden die Gasteilchen als verschwindend klein angenommen. Für einen bestimmten Druck- und Temperaturbereich ist eine Vereinfachung in der Tauchphysik zulässig, die Fehlerbereiche sind geringer als die Messfehler der eingesetzten Manometer, Thermometer und Tiefenmesser. Zu Auswirkungen kommt es erst bei den selten verwendeten 300 bar Tauchgeräten. Auch die Vereisung (Joule-Thompson-Effekt) von Tauchgeräten kann nur durch Betrachtung realer Gase erklärt werden.

Dichte

Einheit = 1 kg/dm^3 = 1'000 kg / m^3

Dichte = Masse / Volumen

ρ (rho) = m/V ρ = Dichte (kgdm^{-3} = kgm^{-1})
                    m = Masse (kg)
                    V = Volumen (l)

1 kg chemisch reines Wasser nimmt bei seiner grössten Dichte (3,98 °C) einen Raum von 1 dm^3 (=1 l) ein.
Reines Wasser (Süsswasser) hat bei 4 °C seine maximale Dichte. Diese und weitere ungewöhnliche Eigenschaften des Wassers werden allgemein als „Anomalie des Wassers" bezeichnet. Eis ist leichter als Wasser und schwimmt deshalb an der Oberfläche.
In tieferen Süsswasserseen unserer geographischen Breiten hat das Wasser am Boden immer eine Temperatur von etwa 4 °C.
Bei Salzwasser hängt die Dichte auch vom Salzgehalt ab. Der Gefrierpunkt liegt niedriger als beim Süsswasser. Bei einem Salzgehalt von 24,7 liegt er bei -1,33 °C; bei einem Salzgehalt von 35,0 bei -1,91 °C.

Dichte von gasförmigen, flüssigen, festen Stoffen (1 l = 1 dm^3)
(Dichte bei 0 °C und 1013 mbar Luftdruck, falls nichts anderes angegeben.)

In britischen und amerikanischen Einheiten wird die Dichte in 'pounds per cubic foot [lb ft^3]' angegeben. Die Umrechnung von der metrischen Einheit in die brit./amerik. Einheit erfolgt durch Multiplikation mit 0,06245.

Kompendium für die Tauchausbildung

Stoff	Dichte (kg l^{-1})	Dichte (g l^{-1})	
Luft	1,29 * 10^{-3}	1,29	
Stickstoff (N$_2$)	1,25 * 10^{-3}	1,25	
Sauerstoff (O$_2$)	1,42 * 10^{-3}	1,42	
Kohlendioxid (CO$_2$)	1,98 * 10^{-3}	1,98	= p_{Luft} * 1,5
Helium	0,17 * 10^{-3}	0,17	
Süsswasser 4°C	1,00000		
Süsswasser 15°C	0,99910		1g leichter als bei 4°C
Süsswasser 20°C	0,99823		2g leichter als bei 4°C
Süsswasser 25°C	0,99705		3g leichter als bei 4°C
Salzwasser	1,03		
Blut	1,055		
Kork	0,2 – 0,3		
Holz	0,4 – 1,0		
Eis von 0°C	0,917		
Aluminium	2,7		
Beton	2,2 – 2,4		
Stahl	7,8		
Blei	11,34		

Druck

Druck = Kraft (Gewichtskraft) / Fläche cm^2
Druck = Kraft, die senkrecht auf eine Flächeneinheit wirkt. (Kraft pro Flächeneinheit).

P = F / A   P = Druck   (Pascal) = (Nm^{-2})
                      F = senkrecht wirkende Kraftn(N)
                      A = Fläche (m^2)

In den USA: pounds per square inch [psi]
              1 bar ~ 14,7 psi
              1 hPa = 1 mba

Obwohl die korrekte Einheit für den Druck das Pascal [Pa] ist, messen Taucher den Druck weiterhin in [bar], wobei 1bar=105 Pascal=100000Pa (=10N/cm2).
100 000 Pa = 1 000 Hektopascal [hPa] = 1 bar

Auf der Erdoberfläche übt eine Masse von einem Kilogramm auf die Fläche von einem Quadratzentimeter annähernd die Gewichtskraft aus, die einem bar entspricht.

Beachte: Geringe Gewichtskraft kann bei grosser Fläche kleinen Druck und bei kleiner Fläche grossen Druck erzeugen.

F = 10 N,   A = 100 cm^2 P = 0,01 bar
F = 10 N,   A = 1 cm^2 P = 1,0 bar

Kompendium für die Tauchausbildung

Atmosphärendruck (Luftdruck)

Die Lufthülle der Erde (80-100 km hoch) übt auf jeden Quadratzentimeter der Erdoberfläche auf Meereshöhe eine Gewichtskraft von 10 N aus. Entsprechend lastet auf dem menschlichen Körper eine Luftmasse von 15-18 t. Da der Mensch vorwiegend aus Wasser (fast inkompressibel) besteht, könnte er auch Drucksteigerungen auf das Tausendfache (bezogen auf die rein mechanische Druckwirkung) vertragen.

Atmosphärendruck = Gewicht der atmosphärischen Gase (Luft)

Der Atmosphärendruck wirkt auf alle Körper und Strukturen in der Atmosphäre und darunter. Er wirkt in jedem Punkt in alle Richtungen, daher neutralisieren sich seine Wirkungen im Allgemeinen.
In Meereshöhe herrscht ein Normaldruck von 1,01325 bar. (Dies gilt bei 15 °C und Vernachlässigung von meteorologisch bedingten Druckschwankungen (Durchzug von Hoch- oder Tiefdruckgebieten)). Für tauchphysikalische Berechnungen kann im Allgemeinen der Wert abgerundet werden. (Ausnahme: Tauchen in Bergseen oder auf anderen Planeten).

Luftdruck (in Meereshöhe) ≈ 1 bar (± 3%) (Atmosphärendruck)

Der Gesamtluftdruck (Atmosphärendruck) p nimmt mit der Höhe h exponentiell ab.
(Grund: Luft (Gas) ist kompressibel und die Dichte nimmt mit der Höhe ab.)
Dieser Effekt muss bei Taucheinsätzen in Höhenlagen (Gebirge) beachtet und bei tauchphysikalischen Berechnungen besonders berücksichtigt werden (Stichwort: Bergseetauchen).

Formelmässig gilt die „**Barometergleichung**"

$P(h) = P_0 * e^{-(g*\rho 0)/P0 \, * \, h}$

wobei P0 = Luftdruck auf Meereshöhe,
ρ0 = Dichte der Luft auf Meereshöhe und
g = Erdbeschleunigung (im Mittel etwa 9,81 m s^{-2}).

Hydrostatischer Druck (Wasserdruck)

Im Verhältnis zu Luft ist Wasser etwa 800mal schwerer und fast inkompressibel.
Der hydrostatische Druck (Wasserdruck) entsteht durch das Eigengewicht des Wassers über der jeweiligen Wassertiefe. Er nimmt mit der Tiefe linear mit etwa 10 [N cm^{-2}] (entspricht 1 [bar]) pro 10 m Wassersäule zu. Der Wasserdruck ist in gleicher Tiefe in alle Richtungen gleich gross.

$P_{hydrost} = F/A = m \times g/A = \rho \times g \times V/A = \rho \times g \times D \times A/A = \rho \times g \times D$

F = Kraft (*engl. 'force'*), m = Masse, ρ = Dichte, V = Volumen, A = Fläche der Flüssigkeit bzw. der Flüssigkeitssäule, D = Tiefe und g = Erdbeschleunigung (etwa 9,81 m s^{-2}).

Wasserdruck pro 10 m Wassersäule ≈ 1 bar   (± 2%)

Kompendium für die Tauchausbildung

Gesamtdruck (absoluter Druck)

Der Gesamtdruck (Umgebungsdruck, absoluter Druck) ist die Summe von atmosphärischen Druck und hydrostatischen Druck, die auf einen Körper ausgeübt wird.

$$P_{Gesamt} = \text{Tiefe [m]}/10\text{ m [bar]} + 1 \text{ [bar]}$$

Luftmenge

Zur Vereinfachung von Berechnungen als Masseinheit für Luftmengen wird der im Sporttauchen geprägte Begriff verwendet.

1 Barliter Luft [bar l] = Luftmenge, die einem Liter Luft bei 1 bar entspricht. (= 1,29 g Luft)

Atemgase

Als Atemluft werden verschiedene Gasgemische benutzt, normale atmosphärische Luft ist das gebräuchlichste (für Tiefen bis 50 – 60 m). Bei Einsätzen in sehr geringen Tiefen und in grossen Tiefen werden andere Gasgemische geatmet.

Wichtige Gase		
Alle 5 aufgeführten Gase sind farblos, geschmacklos und geruchlos		
O_2	Sauerstoff	lebenswichtiges Gas für den menschlichen Körper, wirkt unter hohem Druck, ab 1,6 bar pO_2, toxisch
N_2	Stickstoff	wirkt ab einem bestimmten Partialdruck toxisch (betäubende Wirkung) Inertgas
CO_2	Kohlendioxid	entsteht bei natürlichen Prozessen (bei Verbrennung, Gärung, Stoffwechsel), steuert den Atemreiz sehr toxisch bei Konzentrationen > 0,03%
CO	Kohlenmonoxid	Sehr toxisch entsteht bei unzureichender Verbrennung (Abgase). Starke toxische Wirkung als Atemgas, Bewustlosigkeit, Tod. Gas ist geruchlos, reizlos führt nicht zu Atemnot.
He	Helium	bei Tieftauchaktivitäten wird ein Helium-Sauerstoff-Gemisch als Atemgas verwendet. Inertgas

Als "inert" werden Gase bezeichnet, die keine biochemischen Reaktionen eingehen ("neutrale" Gase). Sie haben alle mehr oder weniger narkoseartige Wirkung, die von ihrem Partialdruck und der Einwirkzeit abhängen (Inertgasnarkose).

Inertgase sind: Helium, Neon, Wasserstoff, Stickstoff, Argon, Krypton, Xenon.

Kompendium für die Tauchausbildung

Wichtige Gasgemische für die Durchführung von Taucherarbeiten in grösseren Tiefen sind:
Heliox = He + O2   (O2 < 21%, He > 79%)
Trimix = He + N2 + O2   (O2 < 21%, (He + N2) > 79%, He ≥ 79%)
Beim Militär wird bei Kampfeinsätzen in geringen Tiefen mit Sauerstoff =O_2
(O_2 = 100%, reiner Sauerstoff mit Kreislaufgeräte) getaucht (keine Blasen).

Im Bereich des Sporttauchens wird seit einigen Jahren auch mit dem Atemgasgemisch NITROX getaucht.
Nitrox = N_2 +O_2 (O_2 >21%, N_2 <78%) Durch die Reduzierung des N_2-Anteiles kann die Gefahr eines Dekompressionsunfalls verringert werden, wenn nach den gleichen Austauchregeln wie beim Tauchen mit normaler Luft getaucht wird.

Nitrox („enriched air")

Äquivalente Lufttiefe: EAD = $((1 - O_2) \times (T + 10) / 0.79) - 10$

Sauerstoff-Partialdruck: $pO_2 = ((T + 10) / 10) \times O_2\%$

Tiefenformel: $T_{max} = (pPO_2 / O_2) - 10$

Tiefenformel: $T_{max} = (1{,}4 / O_2\%) - 10$ (bei pPO_2 = 1,4 bar)

Tiefenformel : $T_{max\ bei\ einem\ Versehen} = ((1{,}6 / O_2\%) - 10$ (bei pPO_2 = 1,6 bar

CNS – Uhr

Einem Taucher wird maximal 100% an CNS-Sauerstoffexposition zugestanden. (CNS-clock, central nervous system/syndrom). Berechnet wird dies, indem man die echte Tauchzeit, die man bei einem pPO_2 verbringt durch die maximale Zeit, die man bei diesem Partialdruck maximal verbringen darf, teilt und diesen Wert für jedes Level des Tauchgangs addiert. Die so errechnete CNS% sollten den Wert 100% nicht überschreiten:

CNS = $\sum$ echte Tauchzeit/max. Tauchzeit = echte Tauchzeit $_1$/max. Tauchzeit$_1$ + echte Tauchzeit$_2$/max. Tauchzeit$_2$ + ... echte Tauchzeit$_n$/max. Tauchzeit$_n$
(CNS% = Resultat mit 100 multipliziert)

Kompendium für die Tauchausbildung

Folgende Richtlinien für den Einfluss des Sauerstoffpartialdruckes gelten:

pPO_2 (bar)	Maximalzeit pro Tauchgang (Minuten)	Maximalzeit pro Tag (Minuten)
1,6	45	150
1,5	120	180
1,4	150	180
1,3	180	210
1,2	210	240
1,1	240	270
1,0	300	300
0,9	360	360
0,8	450	450
0,7	570	570
0,6	720	720

Tiefe (m)	Zeit (Min)	Gasgemisch	pPO_2	Max.Zeit für pPO_2 Min	CNS%
36	45	32/68	1,47	120	37,5
6	5	100/0	1,6	45	11,1
3	12	100/0	1,3	180	6,6

$$\sum CNS\% \approx 55$$

Liegt der CNS%-Wert eines Tauchgangs > 50% gilt eine minimale Oberflächenpause von > 45 Minuten, bevor beim nächsten Tauchgang wieder bei CNS% = 0 weitergetaucht werden kann.
Beträgt der Wert jedoch > 90% müssen zwei Stunden an der Oberfläche verbracht werden.
Man kann den CNS%-Wert mit einer Halbwertszeit von 90 Minuten zurückrechnen. Nach 90 Minuten beträgt der Wert noch die Hälfte, nach 180 Minuten einen Viertel.

$CNS\%_{(t)} = CNS\% \, (1/2)^{t/90}$ (t = Zeit an der Oberfläche)

Reduktionsfaktoren:

15 Min	0,89	30 Min	0,80	45 Min	0,71	60 Min	0,63
75 Min	0,56	90 Min	0,50	105 Min	0,45	120 Min	0,40
150 Min	0,32	180 Min	0,25	210 Min	0,20	240 Min	0,16
270 Min	0,13	300 Min	0,10	360 Min	0,07	420 Min	0,04

MOD (Maximale Einsatztiefe)

Mit MOD (maximum operation depth) wird die maximale Einsatztiefe für ein Gasgemisch gesucht.

$MOD = ((pPO_{2\,max} / f_{o2}) - 1) \, 10 = ((1{,}6 / 0{,}32_{Nitrox\,32}) - 1) \, 10 = 40$

Kompendium für die Tauchausbildung

Umrechnungen Grössen und Einheiten

Längen und Flächen:

1 foot (ft) = 12 inches
1 inch (in) = 2,5399978 cm
1 foot = 12 x 2,54 cm = 30,48 cm
1 Yard (yd) = 3 ft = 36 inches = 0,9144 m
Fläche: 1 inch^2 = (square inches) = (2,54 cm)^2 = 6,452 cm^2

1 in = 2,54 cm	1 cm = 0,39 in
1 in = 0,025 m	1 m = 39,37 in
1 ft = 30,48 cm	1 cm = 0,03 ft
1 yd = 91,44 cm	1m = 1,094 yd
1 in^2 = 6,45 cm^2	1 cm^2 = 0,15 in^2

Regel: 1 foot ist ein Drittel Meter, 1 Meter sind 3 feet

Masse:

1 pound (lb) = 453,592 Gramm
1 Gramm = 1 / 453,59 = 0,0022046 pound
1 pound = 16 ounces
1 ounce = 28,35 g

1 lb = 453,59 g
1 lb = 0,453 kg
1 kg = 2,20 lb

Regel: 1 pound ist etwas weniger als ein halbes Kilo

Druck:

1 pound (lb) = 453,59 g = 0,454 kg
Kraft: pound force (lbf) = 0.454kg x 9,81 N/kg = 4,45 N
Druck: 1 psi = Kraft / Fläche = pound force / square inches
1 psi = 4,45 N / 6,45 cm^2 = 68,97 m bar = 0,069 bar

1 psi = 0,069 bar
1 psi = 68,97 mbar
1 bar = 14,5 psi

Regel: 15 psi entspricht 1 bar; 100 psi sind ungefähr 7 bar
Flaschendruck: 200 bar sind knapp 3000 psi. Die Reserve (20%) beginnt bei 600 psi

Rauminhalt und Volumen:

1 cubic foot (ft^3) = (30,48 cm)^3 = 28316,8 cm^3 = 0,02832 m^3
1 ft^3 = 28,32 Liter

1 m^3 = 35,31 ft^3	1 ft^3 = 0,028 m^3
1 Liter = 0,035 ft^3	1 ft^3 = 28,32 Liter

Regel: ca. 30 Liter sind 1 cubic foot

Kompendium für die Tauchausbildung

Temperatur: Celsius = 5/9(Fahrenheit − 32)
Fahrenheit = (9/5 Celsius) + 32

<u>Regel:</u> Halbiere die Fahrenheits-Temperatur und ziehe 13 ab

Kelvin (K) die Teilung der Kelvin-Skala ist der Celsius-Skala gleich, doch ist ihr Nullpunkt der absolute Nullpunkt.
273,15 K = 0°C
K = °C + 273
°C = K − 273

Zusammenfassung der Umrechnungen

Umrechnungen von metrischen zu US-Werten:

Celsius zu Fahrenheit	(C x 1,8) + 32
Fahrenheit zu Celsius	(F − 32) x 0,56
Kilogramm zu Pfund (lbs)	kg x 2,205
Pfund (lbs) zu Kilogramm	lbs x 0,4536
Bar zu PSI	Bar x 14,49
PSI zu Bar	psi x 0,07
Meter zu Fuss (ft)	m x 3,28
Fuss (ft) zu Meter	ft x 0,3048

Umrechnungstabellen

Meter	foot	foot	Meter	cm	inch	inch	cm
1	3,3	1	0,3	1	0,4	1	2,5
2	6,6	5	1,5	2	0,8	2	5,1
3	9,8	10	3,0	3	1,2	3	7,6
4	13,1	20	6,1	4	1,6	4	10,2
5	16,4	30	9,1	5	2,0	5	12,7
10	32,8	40	12,2	10	3,9	10	25,4
20	65,6	50	15,2	20	7,9	20	50,8
25	82,0	75	22,9	50	19,7	50	127,0
50	164,0	100	30,5	100	39,4	100	254,0
100	328,1	200	61,0	500	196,9	500	1270,0

Regel: 1 foot ist ein Drittel Meter, 1 Meter sind 3 feet.

Kompendium für die Tauchausbildung

kg	lb	kg	lb	lb	kg	lb	kg
0,5	1,1	10	22,0	0,5	0,2	12	5,4
1	2,2	15	33,1	1	0,5	13	5,9
1,5	3,3	20	44,1	2	0,9	14	6,4
2	4,4	30	66,1	3	1,4	15	6,8
2,5	5,5	40	88,2	4	1,8	16	7,3
3	6,6	50	110,2	5	2,3	17	7,7
4	8,8	100	220,5	6	2,7	18	8,2
5	11,0	150	330,7	7	3,2	19	8,6
6	13,2	200	440,9	8	3,6	20	9,1
7	15,4	300	661,4	9	4,1	30	13,6
8	17,6	500	1102,3	10	4,5	50	22,7
9	19,8	1000	2204,6	11	5,0	100	45,4

Regel: 1 „pound" wiegt etwas weniger als ein halbes Kilogramm

Regel: 1 cubic feet = ca. 28 Liter

bar	psi	psi	bar	Liter	cubic feet	cubic feet	Liter
0,1	1,4	1	0,1	0,5	0,02	0,1	2,8
0,2	2,9	5	0,3	1	0,04	0,5	14,2
0,5	7,2	10	0,7	2	0,07	1	28,3
1	14,5	15	1,0	3	0,1	2	56,6
2	29,0	20	1,4	5	0,2	5	141,6
3	43,5	30	2,1	10	0,4	10	283,2
4	58,0	40	2,8	50	1,8	25	708,0
5	72,5	50	3,4	100	3,5	50	1416,0
6	87,0	60	4,1	500	17,7	80	2265,6
7	101,5	75	5,2	800	28,2	100	2832,0
8	116,0	100	6,9	1000	35,3	120	3398,4
9	130,5	200	13,8	1500	53,0	200	5664,0
10	145,0	300	20,7	2000	70,6	300	8496,0
20	362,5	400	27,6	2500	88,3	400	11328
30	435,0	500	34,5	3000	105,9	500	14160
40	580,0	600	41,4				
50	725,0	700	48,3	F	°C	°C	F
75	1087,5	800	55,2	0	-17,8	0	32,0
100	1450,0	900	62,1	20	-6,7	10	50,0
110	1595,0	1000	69,0	30	-1,1	15	59,0
120	1740,0	1250	86,2	40	4,4	20	68,0
130	1885,0	1500	103,4	50	10,0	22	71,6
140	2030,0	1750	120,7	60	15,6	24	75,2

Kompendium für die Tauchausbildung

bar	psi	psi	bar	F	°C	°C	F
150	2175,0	2000	137,9	70	21,1	30	86,0
160	2320,0	2500	172,4	80	26,7	35	95,0
170	2465,0	3000	206,9	85	29,4	40	104,0
180	2610,0	3500	241,4	90	32,2	45	113,0
190	2755,0	4000	275,9	100	37,8	50	122,0
200	2900,0	4500	310,3	110	43,3	60	140
250	3624,0	5000	344,8				
300	4349,9	5500	378,4				

Regel: 200 bar sind knapp 3000 psi.   Regel: °C = 5/9(F) -32
                                        F = 9/5 (°C) + 32

Gas – Mischformeln

(Aufgeführt sind grundlegende Formel, die verwendet werden können, wenn kein Mischprogramm zur Verfügung steht oder wenn die Mischtabelle deine Mischsituation nicht wiedergibt).

1) Füllen, beginnend mit einem leeren Gerät, mit dem Partialdruckverfahren
   - Sauerstoff, aufgefüllt mit sauerstoffkompatiblen Luft
   - Sauerstoff, aufgefüllt mit sauerstoffkompatibler EANx Mischung

2) Gerät füllen durch kontinuierliches Mischen, eines teilweise gefüllten Gerätes

3) Gerät teilweise gefüllt, füllen mit dem Partialdruckverfahren

4) Ein gespeichertes Gemisch einem teilweise gefüllten Gerät hinzufügen und Auffüllen mit Luft

Gerät füllen mit Partialdruckverfahren (Ausgang: leeres Gerät)

(reiner Sauerstoff und nachfüllen mit sauerstoffkompatibler Luft)

$$[(EANx - \Delta O_2) / \Delta N_2] \times P = O_2$$

EANx	gewünschte fertige Mischung (%)
ΔO_2	Anteil Sauerstoff in der Luft (%) (in der Regel 0,21)
ΔN_2	Anteil Stickstoff in der Luft (in der Regel 0,79)
P	Druck im Gerät nach dem Füllvorgang (bar)
O_2	Benötigter Sauerstoff (bar)

Kompendium für die Tauchausbildung

Gerät füllen mit Partialdruckverfahren (Ausgang: leeres Gerät)

(reiner Sauerstoff und nachfüllen mit sauerstoffkompatiblen EANx- Gemisch))

$$[(EANx_1 - \Delta O_2) / \Delta N_{2(2)}] \times P = O_2$$

$EANx_1$	gewünschte fertige Mischung (%)
ΔO_2	Anteil Sauerstoff des Auffüllgases (%)
$\Delta N_{2(2)}$	Anteil Stickstoff des Auffüllgases (%)
P	Druck im Gerät nach dem Füllvorgang (bar)
O_2	Benötigter Sauerstoff (bar)

Gerät füllen mit dem kontinuierlichen Mischverfahren (Ausgang: teilweise gefülltes Gerät)

(Beim kontinuierlichen Mischen wird die Summe des Sauerstoffs in der endgültigen Mischung aufgrund des Prozentanteils des zugeführten Sauerstoffs während des Füllens bestimmt).

$$P \times EANx_1 = O_{2(1)}$$
$$P_v \times EANx_2 = O_{2(2)}$$

$$\overline{\Delta P \qquad \qquad O_{2(3)}}$$

$$O_{2(3)} / \Delta P = EANx_3$$

$EANx_1$	gewünschte fertige Mischung (%)
$EANx_2$	Anteil Sauerstoff in der vorhandenen Mischung
$EANx_3$	Anteil Sauerstoff des Auffüllgases (%)
P	Druck im Gerät nach dem Füllvorgang (bar)
ΔP	Druckdifferenz, die notwendig ist, um das Gerät zu füllen bis zum Druck P
P_v	Vorhandene Flaschendruck vor dem Füllvorgang (Restdruck in bar)
O_2	Benötigter Sauerstoff (bar)
$O_{2(1)}$	Menge des benötigten Sauerstoffs in der endgültigen Mischung
$O_{2(2)}$	Menge des Sauerstoffs (bar) in der vorhandenen Mischung
$O_{2(3)}$	Menge des Sauerstoffs, welcher hinzugefügt werden muss (bar)

Wenn $EANx_3$ % der ΔP (bar), die hinzuzufügen sind, Sauerstoff sein müssen, dann muss das Gerät mit ΔP (bar) einer $EANx_3$ Mischung gefüllt werden.

Kompendium für die Tauchausbildung

Gesetze Zusammenfassung

Dichte von Luft	$1,29 * 10^{-3}$ (kg l^{-1})	1,29 (g l^{-1})
Dichte von Süsswasser von 4 °C	1,00000 (kg l^{-1})	1000 (g l^{-1})
Dichte von Salzwasser	$1,03 * 10^{-3}$ (kg l^{-1}) $1,01 - 1,08 * 10^{-3}$ (kg l^{-1})	1,03 (g l^{-1})

Zusammensetzung der atmosphärischen Luft	78 % Stickstoff (N_2) 21 % Sauerstoff (O_2) 0,03 % Kohlendioxyd (CO_2) 1 % Edelgase und andere Gase

Archimedisches Prinzip	„Ein Körper verliert in einer Flüssigkeit (scheinbar) soviel an Gewicht, (bezw. erhält soviel Auftrieb), wie die von ihm verdrängte Flüssigkeitsmenge wiegt.

Gesetze gelten für ideale Gase (Vernachlässigung der Bindungskräfte zwischen Molekülen)			
Allgemeine Gasgleichung	Für eine beliebige abgeschlossene Gasmenge ist bei Zustandsänderungen der Quotient pV/T = konstant	$(p * V) / T$ = konstant	
Gesetz von Boyle und Mariotte	Bei gleichbleibender Temperatur ist das Produkt aus Druck und Volumen für eine abgeschlossene Gasmenge konstant.	$P * V$ = konstant (T konstant)	Isotherme Zustandsänderung (Temperatur bleibt konstant)
Gesetz von Charles	Bei konstantem Druck wächst das Volumen einer abgeschlossenen Gasmenge im direkten Verhältnis zur Zunahme der absoluten Temperatur. Bei Abkühlung erfolgt der umgekehrte Vorgang.	V / T = konstant (P = konstant)	Isobare Zustandsänderung (Druck bleibt konstant)
Gesetz von Gay-Lussac	Bei konstantem Volumen wächst der Druck einer abgeschlossenen Gasmenge im direkten Verhältnis zur Zunahme der absoluten Temperatur. Bei Abkühlung erfolgt der umgekehrte Vorgang.	P / T = konstant V = konstant	Isochore Zustandsänderung (Volumen bleibt konstant)
Gesetz von Dalton	In einem Gasgemisch übt ein jedes Gas den Druck aus, den es haben würde, wenn es für sich alleine den ganzen Raum erfüllte, dieser Druck heisst Partialdruck. (pP) Der Gesamtdruck des ganzen Gasgemisches ist gleich der Summe der einzelner Partialdrücke.	$P_i = (q_i / 100) * P$	P_1 = Partialdruck des Gases q_i = Volumenanteil des Gases
Gesetz von Henry	Die in einer Flüssigkeit gelöste Menge eines Gases ist (im Gleichgewicht) seinem Partialdruck an der Flüssigkeitsoberrfläche proportional.	$Q_i = P_i * a_{ij} * V_j$	Q_i = gelöste Menge des Gases a_{ij} = Löslichkeitskoeffizient des Gases i in der Flüssigkeot j V_j = Volumen der Flüssigkeit j

Kompendium für die Tauchausbildung

1 Tauchphysik

Eine gute Kenntnis der Gesetzmässigkeiten unter Wasser ist die Voraussetzung für gefahrloses Tauchen, weswegen die Tauchphysik zur Grundausbildung gehört. Werden die daraus abgeleiteten Verhaltensregeln missachtet, so steigt das Unfallrisiko deutlich, was bis zu lebensbedrohlichen Situationen führen kann. Beziehungen zwischen Druck, Volumen, Dichte, Verhältnis Tauchtiefe zu Luftverbrauch, Salzwasser vs. Süsswasser, Kälte, Wärme, Wasser- und Lufttemperatur. Tarierung: positive, neutrale und negative.

Die aufgeführten Physikaufgaben führen dich in die Gesetze des Tauchens ein.

Tauchphysik

1 Tauchphysik

(Arbeitsblätter Lösungen   Seite 472)
(* mit Lösungsansatz   Seite 524)
(Lösungen   Seite 548)

Es gibt keine grosse, und schwierige Aufgabe,
die sich nicht in kleine, leichte Aufgaben aufteilen liesse.

Buddhistisches Sprichwort

1) (0)*Welche Zusammensetzung hat die atmosphärische Luft in % ...
   a) 78% Stickstoff   21% Sauerstoff   1% Rest
   b) 80%   20%   0%
   c) 82%   17%   1%
   d) 78%   17%   5%

2) (0) *Wie gross ist die Druckzunahme je 10 Meter Wassertiefe? (Salzwasser) ...
   a) 2 bar
   b) 0,1 bar
   c) 1 bar
   d) 0,98 bar

3) (0) *Die Lunge eines Schnorcheltauchers hat an der Oberfläche ein Volumen von 6 Liter. Welches Volumen hat sie in einer Tiefe von 10 m ...
   a) 1,5 Liter
   b) 3 Liter
   c) 2,5 Liter
   d) 3,5 Liter
   e) 4,5 Liter

4) (0) Warum muss die Aufstiegsgeschwindigkeit von 10 Meter / Minute eingehalten werden? (die Aufstiegsgeschwindigkeit kann je nach Tauchorganisation variieren um max. 1 – 2 %) ...
   a) damit der Taucher nicht von den kleinen Blasen überholt wird
   b) damit sich im Gewebe keine Gasblasen durch zu schnelle Druckentlastung bilden
   c) für ausreichende Beobachtungszeit, um Hindernisse z.B. das Tauchboot zu erkennen
   d) damit auch der langsame Taucher mithalten kann

Tauchphysik

5) (0) *Wie sieht ein Taucher Gegenstände unter Wasser ...
   a) 1/3 näher und 1/4 kleiner
   b) 1.33 x weiter weg und 3,3 x grösser
   c) 25% grösser und 25% näher
   d) 1/4 näher und 1/3 grösser

6) (0) Im Wasser verliert der Körper schneller Wärme als an der Luft, weil ...
   a) die Wärmemoleküle dichter zusammen sind und dadurch besser Wärme ableiten
   b) der Wasserdruck die Bewegung der Moleküle verhindert, wodurch das Wasser kälter bleibt als die Luft
   c) Wasser eine niedrige Wärmekapazität hat als Luft
   d) alle obgenannten Antworten sind richtig.

7) (0) In welcher Wassertiefe im Meer (im Salzwasser) besteht ein Druck von 3,2 bar ...
   a) 32 Meter
   b) 3,2 Meter
   c) 16 Meter
   d) 12 Meter
   e) 22 Meter

8) (A) Wie gross ist der Partialdruck (Teildruck) des Stickstoffs in Meereshöhe ...
   a) 1 bar
   b) 0,78 bar
   c) 0,21 bar
   d) 0,63 bar
   e) 2 bar

9) (A) Was muss beim Tauchen in einem See (Bergsee) über 700 Meter Höhe berücksichtigt werden ...
   a) die Auskühlung im kalten Bergsee
   b) die Benutzung einer anderen Dekotabelle / Tauchcomputer für Bergsee
   c) eine ausreichende Adaptionszeit an die Höhe
   d) der Einsatz eines bergseegeeigneten Tiefenmessers oder Tauchcomputers
   e) alle obgenannten Gründe müssen berücksichtigt werden

Tauchphysik

10) (A) Wie wird der Schall unter Wasser im Vergleich zu Landverhältnissen wahrgenommen ...
   a) der Schall wird langsamer als an Land wahrgenommen
   b) der Schall wird leiser als an Land wahrgenommen
   c) der Schall wird intensiver wahrgenommen, die Richtung kann praktisch nicht bestimmt werden
   d) es gibt praktisch keine Schallausbreitung unter Wasser

11) (O) Wie viel mal grösser als an der Oberfläche ist der Druck in 30 Meter Wassertiefe ...
   a) einmal
   b) zweimal
   c) dreimal
   d) viermal
   e) fünfmal

12) (A) Welche praktischen Tauchregeln müssen Taucher aufgrund des Gesetzes von Henry einhalten ...
   a) einhalten der Dekompressionsvorschriften
   b) einhalten der Aufstiegsgeschwindigkeit
   c) nie schneller als die kleinsten Blasen auftauchen
   d) kein No-Limit-Tauchen
   e) alle obigen Antworten sind richtig.

13) (A) Was geschieht, wenn ein im Wasser schwebender Taucher sein Gewicht vergrössert indem er einen Stein aufliest und mitnimmt ...
   a) er schwebt nach oben
   b) er sinkt ab
   c) seine Tarierung ändert sich nicht
   d) die Gasmenge verkleinert sich
   e) die Gasmenge vergrössert sich.

14) (A) Warum wird in grosser Tiefe mehr Wärme vom Körper abgegeben ...
   a) der Tauchanzug wird zusammengedrückt, dadurch erfolgt eine grössere Wärmeabgabe
   b) in grosser Tiefe herrscht eine niedrigere Temperatur
   c) in grosser Tiefe wird aufgrund des höheren Drucks mehr Luft verbraucht
   d) die Luft im Drucklufttauchgerät kühlt auf die Umgebungstemperatur ab und muss vom Körper beim Atmen aufgewärmt werden
   e) alle obengenannten Gründe sind richtig.

Tauchphysik

15) (D,S_{Tar}) Eine Taucherweste / Jackett ist in 25 m Wassertiefe zur Hälfte mit Luft gefüllt. Der Taucher steigt auf 10 m Tiefe auf, ohne die Weste / das Jackett zu entlüften. Wie verändert sich das Westenvolumen und welche möglichen Folgen ergeben sich ...
   a) die Druckentlastung beträgt 20%, das Westenvolumen wird ohne Gefahr für den Taucher zunehmen
   b) die Druckentlastung beträgt 200% die Taucherweste wird platzen und der Taucher absinken
   c) das Luftvolumen wird zunehmen. Für den Taucher besteht die Gefahr, dass er die vorgeschriebene Aufstiegsgeschwindigkeit nicht einhalten kann und deshalb bis zur Wasseroberfläche durchschiesst.
   d) die Zunahme des Westen- /Jackettvolumens ist minimal, da die sich ausdehnende Luft durch das Überdruckventil abströmt.

16) (A) Welchen Einflüssen unterliegt das Licht beim Übergang ins Wasser und im Wasser direkt ...
   a) es wird gebrochen, gestreut, absorbiert und reflektiert
   b) es wird gebrochen, verstärkt und gebündelt
   c) es wird verstärkt, gestreut und gebrochen
   d) es gelangt nicht ins Wasser, da es an der Oberfläche völlig reflektiert wird
   e) es erfährt beim Eintritt ins Wasser keine Veränderung

17) (A) Was sagt das Gesetz von Henry aus? Wo findet das Gesetz eine praktische Anwendung? ...
   a) nur der Druck hat einen Einfluss auf die Menge des gelösten Gases in einer Flüssigkeit
   b) bei konstanter Temperatur und im Sättigungszustand steht die Menge des in einer Flüssigkeit gelösten Gases in direktem Verhältnis zum Partialdruck des Gases über der Flüssigkeit
   c) die Menge eines gelösten Gases ist in allen Flüssigkeiten beim selben Druck gleich
   d) die Menge eines in Flüssigkeit gelösten Gases ist von der Gasart unabhängig
   e) je höher die Temperatur einer Flüssigkeit, desto mehr Gas ist in ihr gelöst

18) (D,N) *In welcher Wassertiefe (bezogen auf Meereshöhe 1 bar) hat der Sauerstoff unserer Einatemluft einen (Teildruck) Partialdruck von 1,7 bar ...
   a) 17 m
   b) 07 m
   c) 81 m
   d) 71 m
   e) 42 m

Tauchphysik

19) (D) Welche Erklärung der Wärmeleitung (Wärmeaustausch) ist richtig ...
   a) schnell schwingende Moleküle stossen an langsam schwingende und übertragen so ihre Bewegungsenergie (Wärme)
   b) Wärmeleitung ist der Energietransport durch elektromagnetische Wellen wie zum Beispiel Sonnenstrahlen
   c) die Wärme wird durch bewegte Gase (Wind) wegtransportiert
   d) das Ausatmen der erwärmten Atemluft wird Wärmeleitung genannt
   e) die Wärme wird durch das vorbeiströmende Wasser abgeleitet.

20) (R) Wann können im Körpergewebe gefährliche Gasblasen entstehen? (Dekompressions-Situation) ...
   a) beim Auftauchen, wenn der Stickstoffpartialdruck im Gewebe den kritische Wert unterschreitet
   b) beim Abtauchen, wenn der Stickstoffpartialdruck im Gewebe den kritischen Werte unterschreitet
   c) beim Auftauchen, wenn der Stickstoffpartialdruck im Gewebe die kritischen Werte überschreitet oder bei zu schnellen Druckentlastung
   d) beim Abtauchen, wenn der Stickstoffpartialdruck im Gewebe den kritischen Wert überschreitet
   e) bei zu langem Aufenthalt in der Tiefe, wenn das Gewebe mehr als zur Hälfte gesättigt ist

21) (R) Was ist bei der Dekompression in Bergseen zu beachten? Tauchen in grosser Höhe. . .
   a) die Dekompression wird wie bei einem Tauchgang in Meereshöhe durchgeführt
   b) man verwendet die Dekompressionstabelle oder Berechnung für die entsprechende Höhenlage
   c) man verlängert die Austauchpausen um 10%
   d) man reduziert die Austauchstufen um 10%
   e) man reduziert die Austauchpausen um 10%

22) (O) Das Gewicht eines Tauchers ist grösser als das Gewicht des verdrängten Wassers. Dadurch . . .
   a) hat der Taucher Auftrieb
   b) sinkt der Taucher
   c) befindet sich der Taucher in einem hydrostatischen Gleichgewicht
   d) kann der Taucher nicht abtauchen.

Tauchphysik

23) **(A) Welche der folgenden Aussagen über den Schall, im Wasser, ist richtig?**
 . . .
 a) im Wasser ist die Schalleitung besser als in der Luft. Die wahre Entfernung einer Geräuschquelle lässt sich daher nicht durch ihre Intensität abschätzen
 b) aufgrund der unterschiedlichen Dichte von Luft und Wasser läuft der Schall im Wasser langsamer. Die Richtung einer Schallquelle ist daher schlecht zu lokalisieren
 c) ein Knallsignal über Wasser kann als Notsignal Taucher benachrichtigen, da sich unter Wasser der Schall weiter ausbreitet als in der Luft
 d) Richtungshören hängt an dem zeitlichen Unterschied, mit dem der Schall an beiden Ohren ankommt. Da der Taucher eine Neoprenhaube am Kopf trägt, kann diesen Unterschied nicht mehr festgestellt werden
 e) da der Wasserdruck auf beide Ohren schalldämpfend wirkt, ist ein Richtungshören nicht möglich.

24) **(A) Beim Schnorcheln mit dem Druckluftgerät . . .**
 a) wird die Tarierweste prall aufgeblasen
 b) wird die gesamte Luft aus der Tarierweste gelassen
 c) wird die Tarierweste nur so weit wie möglich und notwendig aufgeblasen
 d) wird keine Tarierweste getragen
 e) wird die Tarierweste nur bei Seegang getragen.

25) **(A) Das Volumen eines Neopren – Nasstauchanzuges . . .**
 a) ändert sich nicht mit wachsender Tiefe
 b) besteht aus einem gummierten Textilmaterial
 c) verringert sich bei grösserer Tiefe. Die Änderung lässt sich annähernd mit dem Gesetz von Boyle-Mariotte beschreiben
 d) nimmt mit wachsender Tiefe zu
 e) ändert sich mit wachsender Tiefe. Die Änderung lässt sich annähernd mit dem Gesetz von Dalton beschreiben

26) **(D) Ein Ballon ist bei ungefähr 15°C Umgebungstemperatur mit Luft gefüllt. Was wird passieren, wenn der Ballon dann in eine Umgebung mit einer Temperatur von etwa 40°C gebracht wird . . .**
 a) das Volumen des Ballons wird zunehmen
 b) das Volumen des Ballons bleibt unverändert
 c) das Volumen des Ballons wird abnehmen
 d) mit den gegebenen Daten lässt sich die Frage nicht beantworten

27) **(D)Eine Pressluftflasche wird bei einer Umgebungstemperatur von 10°C gefüllt. Was passiert, wenn die Flasche dann in eine Umgebung mit einer Temperatur von 45°C z.B. in ein Auto an der Sonne gebracht wird . . .**
 a) das Volumen der Flasche wird abnehmen
 b) der Druck in der Flasche wird sinken
 c) das Volumen der Flasche wird zunehmen
 d) der Druck in der Flasche wird steigen

Tauchphysik

28) (R) In welchem der nachstehenden Tiefenbereiche sind Taucher am stärksten durch eine Lungenüberdruckverletzung gefährdet...
    a) 00 – 10 m
    b) 10 – 20 m
    c) 20 – 30 m
    d) 30 – 40 m

29) (D) *Eine Pressluftflasche, die 3000 Liter Luft (15 lt. Gerät mit 200 bar gefüllt) enthält, wird auf 40 Meter Tiefe (Salzwasser) gebracht. Wie wäre das Volumen der Luft in der Flasche bei erreichen dieser Tiefe, wenn aus der Flasche nicht geatmet wird...
    a) 1250 Liter
    b) 625 Liter
    c) 600 Liter
    d) 400 Liter

30) (D) *Ein mit 15 Liter gefüllter, flexibler Behälter wird auf 90 Meter Tiefe (Salzwasser) losgelassen. Vorausgesetzt der Behälter platzt nicht, wieviel Liter Luft wird der Behälter bei Erreichen der Oberfläche enthalten...
    a) 1350 Liter
    b) 135 Liter
    c) 150 Liter
    d) 120 Liter

31) (D) * Ein nach unten offener Behälter, der in 15 Meter Tiefe (Salzwasser) 2.0 Liter Luft enthält, wird auf 40 Meter Wassertiefe gebracht. Welches Volumen hat dort die Luft im Behälter...
    a) 0,3 Liter
    b) 0,2 Liter
    c) 0,1 Liter
    d) 1.0 Liter

32) (D) *Wieviel Liter Luft müssen von der Oberfläche in einen 20-Liter Behälter, der sich in einer Tiefe von 30 Meter (Salzwasser) befindet, gepumpt werden, um diesen zu füllen? (Schlauchvolumen vernachlässigen) ...
    a) etwa 10 Liter
    b) etwa 80 Liter
    c) etwa 50 Liter
    d) etwa 40 Liter

Tauchphysik

33) (D) *Ein Taucher verbraucht in 10 Meter Wassertiefe (Salzwasser) 4 bar/Minute Luft. Vorausgesetzt alle anderen Faktoren bleiben unverändert, wie wäre sein Luftverbrauch in 40 Meter Tiefe (Salzwasser) ...
   a) 20 bar/Minute
   b) 10 bar/Minute
   c) 05 bar/Minute
   d) 09 bar/Minute

34) (A) *Wie hoch ist der Partialdruck von Sauerstoff im Atemgemisch eines Tauchers in einer Tiefe von 40 Meter (Salzwasser)? Annahme, das Gemisch bestünde aus 80% N_2 und 20% O_2). ...
   a) 0,2 bar
   b) 0,8 bar
   c) 1,0 bar
   d) 1,2 bar

35) (R) Eine Pressluftflasche enthält 1,5% Kohlenmonoxyd (CO). Wie hoch wäre der Prozentanteil des Kohlenmonoxyds in der Luft, wenn der Taucher auf einer Tiefe von 40m (Salzwasser) aus der Flasche atmet ...
   a) 8%
   b) 10%
   c) 12%
   d) unverändert

36) (R) Das Atmen in der Frage 35 beschriebener Luft auf einer Tiefe von 40m (Salzwasser) hätte den gleichen Effekt, wie das Atmen von _____ Kohlenmonoxyd an der Oberfläche.
   a) 2,0% unverändert
   b) 7.5%
   c) 10%
   d) 12%

37) (D) Beschreibe den Effekt, wenn der Druck auf eine gegebene Menge Mineralwasser um das 5-fache erhöht würde ...
   a) es würden sich Gasblasen bilden
   b) es würde sich im Mineralwasser mehr Gas lösen
   c) das Mineralwasser würde zu kochen beginnen
   d) die Dichte des Mineralwassers würde zunehmen

Tauchphysik

38) (R) Welche der nachstehenden Aussagen beschreibt am besten, weshalb die Dekompressions-Krankheit durch Stickstoff und nicht durch Sauerstoff im Zusammenhang steht ...
   a) Sauerstoff wird beim Stoffwechselprozess des Körpers verbraucht
   b) der Körper verarbeitet beim Stoffwechsel Stickstoff schneller als Sauerstoff
   c) der Partialdruck des Sauerstoffs in der Luft (20%) ist zu gering, um bei einer Dekompressions-Krankheit eine Rolle zu spielen
   d) alles Obgenannte ist richtig.

39) (A) Es ist unter Wasser (Salzwasser) ausserordentlich schwierig, die Richtung zu bestimmen, aus der ein Geräusch kommt, weil ...
   a) der Schall sich im Wasser viermal schneller fortpflanzt als in der Luft
   b) der Schall sich in der Luft viermal schneller fortpflanzt als im Wasser
   c) das Innenohr unter Wasser weniger empfindlich ist
   d) die Schallwelle stärker durch die Schädeldecke übertragen werden, als über die Trommelfelle.

40) (A) Welcher der nachstehenden Gründe ist ein Ergebnis der weitaus höheren Wärmekapazität des Wassers gegenüber der Luft ...
   a) unter Wasser erscheinen Objekte um 25% vergrössert
   b) ein Taucher wird unter Wasser schneller von den Auswirkungen der Kälte betroffen als an Land
   c) ein Taucher wird unter Wasser langsamer von den Auswirkungen der Kälte betroffen als an Land
   d) die Anzeichen / Symptome einer Hypertermie sind unter Wasser weniger offensichtlich

41) (O) Eine U/W-Lampe ist beim Tauchen selbst um die Mittagszeit und tagsüber von Nutzen da Wasser die Fähigkeit besitzt Licht zu .....
   a) absorbieren
   b) brechen
   c) beschleunigen
   d) beugen

42) (O) Unter Wasser beobachtet, können Objekte manchmal weiter entfernt sein als sie wirklich sind. Diesen Effekt nennt man ...
   a) Optische Täuschung
   b) Vermindertes Wahrnehmungsvermögen
   c) Visuelle Umkehr
   d) Astigmatismus (griech. Punktlosigkeit)

Tauchphysik

43) (O) Ein Objekt, das in Süsswasser neutral austariert ist, wird im Salzwasser...
   a) sinken
   b) schwimmen
   c) neutral tariert sein
   d) je nach Gewicht, schwimmen, sinken oder neutral tariert sein.

44) (A) Der relative Druck in 60 Meter Salzwasser beträgt...
   a) 6,18 bar
   b) 7 bar
   c) 6 bar
   d) 7,18 bar

45) (D,S$_{Tief}$) *Ein 680 kg schweres Objekt, verdrängt 280 Liter Salzwasser und liegt auf 30 Meter Tiefe. Wieviel Wasser muss von einem Hebesack mindestens verdrängt werden, um das Objekt an die Oberfläche zu bringen... (Dichte Salzwasser = 1.03 kg/dm^3)
   a) 380,2 Liter
   b) 365 Liter
   c) 288 Liter
   d) 385,7 Liter

46) (A) Um wieviel mal schneller als in der Luft verliert der ungeschützte menschliche Körper im Wasser seine Körperwärme...
   a) 8-mal
   b) 10-mal
   c) 16-mal
   d) 20-mal

47) (A) „Refraktion" bewirkt, dass Objekte unter Wasser um folgenden Faktor vergrössert erscheinen...
   a) 16%
   b) 25%
   c) 33%
   d) 50%

48) (D) *Ein Objekt wiegt 237 kg und verdrängt 123 Liter Wasser. Wieviel Liter Salzwasser müssen verdrängt werden um dem Objekt 40 kg positiven Auftrieb zu verschaffen? (Runde auf die nächste volle Literzahl auf)...
   a) 110
   b) 150
   c) 146
   d) 130

Tauchphysik

49) (A) Welcher absolute Druck herrscht in 26 m Süsswasser? Runde auf eine Dezimalstelle auf...
   a) 2,6 bar
   b) 3,0 bar
   c) 3,6 bar
   d) 4,2 bar

50) (D) *Ein Objekt wiegt 100 kg und verdrängt 100 Liter Wasser. Lässt man die minimale Verdrängung des Bleis ausser acht, wieviel Blei benötigst du dann, um dem Objekt 20 kg negativen Auftrieb im Salzwasser zu verschaffen? (Runde auf ganze kg auf)...
   a) 20 kg
   b) 22 kg
   c) 24 kg
   d) 26 kg

51) (D) *Du bringst ein Gasvolumen von 2 Liter in einem flexiblen Behälter von der Oberfläche in eine Tiefe von 17 Meter Salzwasser. Welches neue Volumen wird der Behälter in dieser Tiefe haben und wie gross wird die Dichte im Vergleich zur Oberfläche sein? (Runde auf eine Dezimalstelle). Volumen = ... / Dichte = ...
   a) 0,6 / 1,5
   b) 0,74 / 2,0
   c) 0,74 / 2,7
   d) 0,86 / 3,7

52) (D) *Berechne, wieviel Blei ein im Süsswasser austarierter Taucher, der mit der gesamten Ausrüstung 100 kg Masse hat, im Meer (Salzgehalt 3,5%) mehr braucht...
   a) 2,5 kg
   b) 3,8 kg
   c) 4,2 kg
   d) 3,5 kg

53) (D,S_{Tief})*Ein Taucher hat im Meer in 30 Meter Tiefe einen Luftverbrauch von 100 Liter / Minute. Welchen Luftverbrauch hätte er unter der Verwendung der gleichen Pressluftflasche und Ausrüstung in 25 Meter Tiefe (Salzwasser)? Alle anderen Faktoren werden als konstant angenommen. (Runde auf eine Dezimalstelle)...
   a) 87,5 Liter / Minute
   b) 90,0 Liter / Minute
   c) 91.5 Liter / Minute
   d) 93,0 Liter / Minute

Tauchphysik

54) **(A)** Wie wird in einem Gasgemische denjenigen Druck bezeichnet, der von den einzelnen Gasen in der Mischung ausgeübt wird ...
   a) Finimeterdruck
   b) Partialdruck
   c) Umgebungsdruck
   d) Atmosphärischen Druck

55) **(D)** Der physiologische Effekt eines Gases mit einem bestimmten Anteil in einer Atemgasmischung wird in zunehmenden Tiefe ...
   a) ebenfalls zunehmen
   b) abnehmen
   c) sich nicht ändern
   d) zunehmen oder abnehmen, abhängig vom Gas

56) **(D)** Was passiert, wenn du den Druck eines Gases erhöhst, das Kontakt mit einer Flüssigkeit hat ...
   a) Flüssigkeit verdunstet
   b) Gas bildet Blasen in der Flüssigkeit
   c) Flüssigkeit löst sich im Gas
   d) Gas löst sich in der Flüssigkeit

57) **(D)** *Beim Atmen von Luft (Pressluft) in einer Tiefe von 37,5 Meter in Salzwasser ist der physiologische Effekt des Sauerstoffs der gleiche wie beim Atmen von wieviel % Sauerstoff an der Oberfläche?(Runde auf volle % auf) ...
   a) 21 %
   b) 42 %
   c) 80 %
   d) 100%

58) **(R)** Wenn in der Tiefe geatmet wird, erhöht sich der Gasdruck in den Geweben eines Tauchers. Wenn der Taucher lange genug in der Tiefe verweilt, wird der Druck in seinen Geweben ein Gleichgewicht mit dem Umgebungsdruck erreichen ...
   a) richtig
   b) falsch

59) **(R)** Was versteht man unter Übersättigung ...
   a) der Druck des in einer Flüssigkeit gelösten Gases ist gleich dem Druck des Gases, das Kontakt mit der Flüssigkeit hat
   b) der Druck des in der Flüssigkeit gelösten Gases ist höher als der Druck des Gases, das Kontakt mit der Flüssigkeit hat
   c) Aufgrund einer Druckerhöhung bilden sich Blasen in der Flüssigkeit
   d) nichts von oben genanntem ist richtig

Tauchphysik

60) (S_{Tief}) Was passiert, wenn der Druck derart verringert wird (beim Aufstieg), dass eine übermässige Sättigung eintritt...
   a) die Flüssigkeit kann das Gas nicht mehr in der Lösung halten
   b) es können sich Blasen bilden
   c) das gelöste Gas wird letztlich einen Gleichgewichtszustand mit dem neuen Druck erreichen
   d) alles obengenannte ist richtig

61) (R) Das Phänomen, dass sich Gase in Flüssigkeit lösen und wieder aus dieser Lösung gehen, erklärt den physiologische Vorgang mit...
   a) arterielle Gasembolie
   b) Dekompressions-Krankheit (DCS)
   c) Stickstoffnarkose
   d) Sauerstoffvergiftung

62) (A) Der Schall bewegt sich im Wasser (Salzwasser) um etwa wie viele Male schneller als in der Luft an der Oberfläche...
   a) 2 mal
   b) 3 mal
   c) 4 mal
   d) 6 mal

63) (D,S_{Tief}) *Du planst einen Anker mit 200 kg aus Salzwasser zu bergen. Er verdrängt 90 Liter Wasser. Wieviel Luft musst du in einen Hebesack füllen um dem Anker neutralen Auftrieb zu verschaffen? (Runde auf die nächste volle Literzahl auf/ab)...
   a) 102 Liter
   b) 104 Liter
   c) 107 Liter
   d) 110 Liter

64) (D,S_{Tief},S_{Tar}) *Ein Objekt hat 230 kg positiven Auftrieb in Süsswasser. Wieviel Blei benötigst du um ihm in Salzwasser neutralen Auftrieb zu verschaffen? (Lasse die geringfügige Verdrängung des Bleis unberücksichtigt und runde auf das nächste ganze kg auf/ab)...
   a) 0 kg
   b) 4 kg
   c) 7 kg
   d) 9 kg

Tauchphysik

65) (D) Welche absolute Druck in bar herrscht in 36 Meter Tiefe Salzwasser. (Runde auf eine Dezimalstelle)...
   a) 2,6 bar
   b) 3,6 bar
   c) 4,6 bar
   d) 5,6 bar

66) (D,S$_{Tief}$) *Du bringst ein Gasvolumen von 7 Liter in einem flexiblen Behälter von der Oberfläche in eine Tiefe von 25 Meter Süsswasser. Welches neue Volumen wird der Behälter in dieser Tiefe haben und wie gross wird die Dichte im Vergleich zur Oberfläche sein (Runde auf eine Dezimalstelle)? (Volumen = ... / Dichte = ...)
   a) 7,0 Liter / 1,5
   b) 3,5 Liter / 2,0
   c) 2,0 Liter / 3,5
   d) 1,5 Liter / 4,0

67) (D,S$_{Tief}$) *Du bringst 4,7 Liter eines Gases in einem flexiblen Behälter aus 5m auf eine Tiefe von 26m (Salzwasser). Wie gross ist das neue Volumen? (Runde auf eine Dezimalstelle)...
   a) 1,5 Liter
   b) 1,7 Liter
   c) 1,9 Liter
   d) 2,2 Liter

68) (R)Der Körper reagiert auf _____ eines Gases, das du atmest, nicht auf ...
   a) den prozentualen Anteil / den Partialdruck des Gases in der Gesamtmischung
   b) die Dichte / die Viskosität des Gases
   c) den Partialdruck / den prozentualen Anteil des Gases in der Gesamtmischung
   d) die Viskosität / die Dichte des Gases

69) (D,S$_{Tief}$)Der physiologische Effekt eines Gases mit einem bestimmten Anteil in einer Atemgasmischung wird bei abnehmender (beim Aufstieg) Tiefe...
   a) zunehmen
   b) abnehmen
   c) sich nicht ändern
   d) zunehmen oder abnehmen abhängig vom Gas

Tauchphysik

70) (S_Tief)*Wieviel bar beträgt der Partialdruck des Sauerstoffs in der Luft (Pressluft) in einer Tiefe von 30m in Salzwasser? (Runde auf zwei Dezimalstellen) ...
   a) 0,21 bar
   b) 0,42 bar
   c) 0,84 bar
   d) 1,22 bar

71) (A) Eine Gasmischung enthält 2% Kohlendioxyd. Das Atmen dieses Gases in 28 Meter Tiefe in Salzwasser würde dem Atmen von wieviel % Kohlendioxyd an der Oberfläche entsprechen? (Runde auf eine Dezimalstelle) ...
   a) 2%
   b) 3,8%
   c) 7,6%
   d) 8,4%

72) (A) Von welcher Form der Wärmeübertragung (Wärmeleitung) wird der Taucher am meisten beeinflusst ...
   a) Leitung
   b) Konvektion
   c) Strahlung
   d) alles Obgenannte ist richtig

73) (O) Wasser kann Wärme etwa _____ besser leiten als Luft.
   a) 3200
   b) 775
   c) 100
   d) 20

74) (D,S_Foto) Refraktion (Brechung) ist bedingt durch den folgenden Vorgang ...
   a) Licht bewegt sich mit unterschiedlicher Geschwindigkeit, wenn es verschiedene Substanzen durchläuft
   b) Wasser absorbiert verschiedene Wellenlängen des Lichts, beginnend am „roten" Ende des Spektrums (entsprechend des Regenbogens)
   c) die Lichtgeschwindigkeit ändert sich, bedingt durch die Aktivität der Sonnenflecken
   d) Licht bewegt sich mit der gleichen Geschwindigkeit wie der Schall, wenn es ins Wasser eingedrungen und auf Widerstand gestossen ist

Tauchphysik

75) (D,S$_{Foto}$) Unter Wasser (Salzwasser) betrachtet erscheint ein Objekt in der Regel _____ , in einem Verhältnis von (tatsächlich zur scheinbarer Entfernung)...
   a) näher / 2:1
   b) weiter entfernt / 4:3
   c) näher / 4:3
   d) weiter entfern / 2:1

76) (D,S$_{Foto}$) Unter Wasser betrachtet erscheint ein Objekt vergrössert...
   a) 10%
   b) 1/3
   c) 50%
   d) 4/3

77) (D) „Visuelle Umkehr" bezeichnet die Tendenz eines Objekts, wie folgt zu erscheinen...
   a) als Spiegelbild von sich selbst
   b) auf dem Kopf stehend wie durch ein Vergrösserungsglas betrachtet
   c) wie ein Filmnegativ
   d) weiter entfernt als es tatsächlich ist
   e) es verschwindet und kann nicht mehr erkannt werden

78) (D) Der wichtigste Einzelfaktor, der das Phänomen der „visuellen Umkehr" hervorruft ist...
   a) die Tiefe
   b) die Trübung
   c) die Tageszeit
   d) alles Obgenannte ist richtig

79) (D) Lichtwellen enthalten _____ , während Schallwellen aus _____ bestehen.
   a) Hitzeenergie / Luft
   b) Elektromagnetische Energie / akustischer Energie
   c) Infrarote Energie / ultravioletter Energie
   d) Kinetische Energie / potentieller Energie

80) (D) Welcher Energiefluss hat die Dichte eines Mediums auf die Schallübertragung...
   a) je dichter das Medium, desto besser wird der Schall übertragen
   b) je dichter das Medium, desto schlechter wird der Schall übertragen
   c) je dichter das Medium, desto weniger Schall kann übertragen werden
   d) die Dichte des Mediums hat keinen Einfluss auf die Schallübertragung
   e) die akustische Höhe des Schalls spielt eine wesentliche Rolle bei der Schallübertragung

Tauchphysik

81) (D) Schall bewegt sich in Wasser (Süsswasser) ungefähr wieviel Mal schneller als in der Luft ...
   a) 2
   b) 4
   c) 10
   d) 20

82) (A) Taucher sind nicht in der Lage, unter Wasser die Richtung eines Geräusches zu bestimmen, weil ...
   a) die Zeitverzögerung zwischen dem Eintreffen des Schalls bei dem einen Ohr und dem anderen zu gering ist
   b) das Wasser im Gehörgang die Empfindlichkeit des Ohres gegenüber Schall mindert
   c) die Kopfhaube des Nasstauchanzuges es schwierig macht, den Schall so genau wahrzunehmen wie an Land
   d) sich der Schall unter Wasser weniger wirkungsvoll bewegt
   e) der Abstand der Ohren (Breite des Kopfes) wirkt sich auf die Richtungsbestimmung aus

83) (O) Nach dem archimedischen Prinzip (Gesetz) „erfährt jeder Körper, der ganz oder teilweise in eine Flüssigkeit eingetaucht ist, einen Auftrieb durch eine Kraft ...
   a) die dem Gewicht des Körpers entspricht
   b) die dem Gewicht der durch den Körper verdrängte Flüssigkeit entspricht
   c) die sowohl dem Gewicht des Körpers wie dem Gewicht der verdrängten Flüssigkeit entspricht
   d) die etwas geringer ist als das Gewicht des Körpers

84) (O) Die Dichte von reinem Wasser ist ...
   a) 0,0
   b) 1,0
   c) unterschiedlich, je nachdem, wo auf der Erde gemessen wird
   d) sie kann nicht bestimmt werden ausser im Vakuum

85) ($S_{\text{suchen und bergen}}$) *Wieviel Luft muss man ungefähr in einen Hebesack lassen, um ein 600 kg schweres Objekt an die Oberfläche zu bringen? Das Objekt liegt in Süsswasser auf 30 m Tiefe ...
   a) 620 Liter
   b) 600 Liter
   c) 580 Liter
   d) die Lösung kann mit den gegebenen Daten nicht ermittelt werden.

Tauchphysik

86) (S_{suchen und bergen})*Wieviel Wasser muss ungefähr verdrängt werden, um ein 500 kg schweres Objekt an die Oberfläche zu bringen, wenn das Objekt 300 Liter Wasser verdrängt? Das Objekt liegt in Salzwasser auf 40 Meter Tiefe ...
   a) etwas mehr als 300 Liter
   b) etwas mehr als 185 Liter
   c) etwas mehr als 29 Liter
   d) die Lösung kann mit den gegebenen Daten nicht gelöst werden

87) (S_{suchen und bergen})* Ein Objekt, das 350 kg wiegt und 300 Liter verdrängt, liegt in Süsswasser auf 15 Meter Tiefe. Wieviel Wasser muss von einer Tonne verdrängt werden, um das Objekt an die Oberfläche zu bringen ...
   a) etwas mehr als 41 Liter
   b) ungefähr 50 Liter
   c) wenn ein starrer Behälter benutzt wird, muss dieser immer komplett gefüllt werden
   d) die Lösung kann mit den gegebenen Daten nicht ermittelt werden

88) (D) Der absolute Druck in einer Tiefe von 90 Meter in Salzwasser ist ...
   a) 8 bar
   b) 9 bar
   c) 10 bar
   d) die Lösung kann mit den gegebenen Daten nicht ermittelt werden

89) (A) Der relative Druck in einer Tiefe von 23 Meter in Süsswasser ist ...
   a) 2,25 bar
   b) 3,25 bar
   c) 4,25 bar
   d) die Lösung kann mit den gegebenen Daten nicht ermittelt werden

90) (S_{Tief}) In einer Tiefe von 34 Meter in Süsswasser ist der absolute Druck _____ der relative Druck _____ und der Umgebungsdruck _____ bar?
   a) 4,5 bar / 3,5 bar / 4,5 bar
   b) 3,33 bar / 2,33 bar / 3,33 bar
   c) 4,33 bar / 3,33 bar / 4,33 bar
   d) 4,33 bar / 3,33 bar / 3,33 bar

91) (O) * Ein Ballon, der 30 Liter Luft enthält wird in einer Tiefe in der 10 bar Umgebungsdruck herrscht, losgelassen. Berechne das Luftvolumen im Ballon das er nach Erreichen der Oberfläche hat wenn er nicht geplatzt ist ...
   a) 900 Liter
   b) 600 Liter
   c) 300 Liter
   d) die Lösung kann mit den gegebenen Daten nicht ermittelt werden

Tauchphysik

92) (O)* Wie gross würde das Volumen des Ballons aus der Aufgabe 91 sein, wenn er in eine Tiefe von 50 Meter Salzwasser gebracht wird ...
   a) 60 Liter
   b) 50 Liter
   c) 285 Liter
   d) unverändert

93) (S_{Tief})* Ein Ballon ist mit 60 Liter Luft gefüllt und befindet sich in einer Tiefe von 30 Meter Salzwasser. Wie gross wird sein Volumen sein, wenn er in eine Tiefe von 90 Meter gebracht wird ...
   a) 24 Liter
   b) 90 Liter
   c) 20 Liter
   d) die Lösung kann mit den gegebenen Daten nicht ermittelt werden

94) (S_{Tief})* Ein Ballon der in einer Tiefe von 7 Meter 300 Liter Luft enthält, wird in eine grössere Tiefe gebracht. Wie gross ist das genaue Volumen beim Erreichen von 26m ...
   a) 141,67 Liter
   b) 88,20 Liter
   c) 58,20 Liter
   d) die Lösung kann mit den gegebenen Daten nicht ermittelt werden

95) (S_{Tief}) Die Luft, die ein Taucher aus einer Pressluftflasche in einer Tiefe von 50 Meter in Salzwasser atmet, ist _____ dichter als die Luft, die aus der gleichen Flasche an der Oberfläche geatmet wird.
   a) 10 mal
   b) 6 mal
   c) 5 mal
   d) genau gleich dicht

96) (S_{Tief}) *Ein Taucher hat an der Oberfläche einen Luftverbrauch von 2 bar / Minute. Wie gross wird sein Luftverbrauch auf 30 Meter in Salzwasser sein, wenn alle anderen Faktore ausser der Tiefe unverändert bleiben ...
   a) 3 bar/Minute
   b) 5 bar/Minute
   c) 7 bar/Minute
   d) 8 bar/Minute

Tauchphysik

97) (S_{Tief})Ein Taucher hat in 20 Meter Tiefe in Salzwasser einen Luftverbrauch von 60 Liter/Minute. Wenn alle Faktoren ausser der Tiefe unverändert bleiben, wie hoch wird dann in 60 Meter Tiefe sein Luftverbrauch sein ... (Der Taucher unterliegt keiner zusätzlicher Anstrengung oder zusätzlichem Stress)
   a) 180 Liter/Minute
   b) 140 Liter/Minute
   c) 240 Liter/Minute
   d) die Lösung kann mit den gegebenen Daten nicht ermittelt werden

98) (S_{Tief})* Eine Taucherin hat in 10 Meter Tiefe einen Luftverbrauch von 60 Liter/Minute. Wenn alle Faktore ausser der Tiefe unverändert bleiben, wie hoch ist ihr Luftverbrauch (in bar/Minute) in 30 Meter Salzwasser ...
   a) 3 bar/Minute
   b) 7 bar/Minute
   c) 10 bar/Minute
   d) die Lösung kann mit den gegebenen Daten nicht ermittelt werden

99) (A) * Ein Ballon (flexibler Körper) ist bei Raumtemperatur mit 30 Liter Luft gefüllt. Beschreibe was passieren würde, wenn der Ballon in einen Gefrierschrank (Temperatur < 0°C) käme ...
   a) das Volumen würde zunehmen
   b) das Volumen würde abnehmen
   c) das Volumen bleibt unverändert, aber der Druck würde sinken
   d) Volumen und Druck bleiben unverändert

100) (D) * Eine Pressluftflasche wird bei Raumtemperatur (25°C) vollständig gefüllt. Beschreibe, was mit dieser Flasche passieren würde, wenn sie mit zu einem Eistauchgang genommen wird (Wassertemperatur nahe des Gefrierpunktes) ...
   a) das Volumen würde zunehmen
   b) das Volumen würde abnehmen
   c) das Volumen bleibt unverändert, aber der Druck würde sinken
   d) Volumen und Druck bleiben unverändert

101) (S_{Tief})* Eine 12 Liter Pressluftflasche wird bei einer Umgebungstemperatur von 27°C mit 200 bar gefüllt. Wenn diese Flasche danach bei einer Wassertemperatur von 4°C benutzt wird, wie hoch wird ungefähr der Flaschendruck sein ...
   a) 185 bar
   b) 214 bar
   c) 116 bar
   d) unverändert

Tauchphysik

102) (A)* Eine 12 Liter Pressluftflasche wird bei einer Umgebungstemperatur von 26°C mit 200 bar gefüllt. Im Wasser an der Oberfläche sinkt der Flaschendruck auf 188 bar (sobald die Flasche die Umgebungstemperatur angenommen hat). Wie hoch wird die Wassertemperatur an der Oberfläche sein...
a) 0°C
b) 4°C
c) 8°C
d) 12°C
e) die Lösung kann mit den gegebenen Daten nicht ermittelt werden.

103) A * Wie gross ist der Partialdruck von Sauerstoff bei einem Luftgemisch von 20% O_2 und 80% N_2 bei einem Umgebungsdruck von 1 bar...
a) 0,2 bar
b) 0,4 bar
c) 0,9 bar
d) 1,0 bar

104) (A) * Ein Gasgemisch besteht aus 21% Sauerstoff und 78% Stickstoff und 1% Kohlendioxyd Wie gross ist der Partialdruck von Sauerstoff in einer Tiefe von 24 Meter Salzwasser...
a) 3,6 bar
b) 0,7 bar
c) 0,5 bar
d) die Lösung kann mit den gespeicherten Daten nicht ermittelt werden

105) (D,S_{Tief}) Eine Pressluftflasche wurde gefüllt. Das Gasgemisch besteht aus: 21% Sauerstoff, 78% Stickstoff und 1% Kohlendioxyd. Welchen Prozentsatz Kohlendioxyd wird der Taucher ungefähr einatmen, wenn er in einer Tiefe von 30m (Salzwasser) die Luft aus der Flasche atmet...
a) 1%
b) 2%
c) 3%
d) 4%

106) (D) * Ein Glas voll Wasser war für einige Tage einem Vakuum ausgesetzt. Es ist kein Gas mehr darin gelöst. Wie gross wird der Gasdruck in der Flüssigkeit sein, wenn sie danach einige Tage in einem Druckbehälter mit 2 bar aufbewahrt wird...
a) 1 bar
b) 2 bar
c) 4 bar
d) die Angaben reichen für eine Beantwortung der Frage nicht aus

Tauchphysik

107) (D) Wenn der Druck in dem Behälter (starrer Behälter) aus der Frage 106 erhöht wird, so wird der Gasdruck in der Flüssigkeit ...
a) steigen
b) sinken
c) unverändert bleiben
d) die Angaben reichen für eine Beantwortung der Frage nicht aus

108) (D) Wenn in dem Druckbehälter aus Frage 106 ein Vakuum erzeugt wird, dann wir der Gasdruck in der Flüssigkeit ...
a) steigen
b) sinken
c) unverändert bleiben
d) die Angaben reichen für eine Beantwortung der Frage nicht aus

109) (D) Angenommen, die Atmosphäre enthält 80% Stickstoff. Auf Meereshöhe wäre der Stickstoff-Partialdruck ...
a) 1.0 bar
b) 0,8 bar
c) 0,2 bar
d) die Angaben reichen für eine Beantwortung der Frage nicht aus.

110) (D) Auf Frage 109 bezogen, ist der gesamte Gasdruck in unserem Gewebe ...
a) 1,0 bar
b) 0,8 bar
c) 0,2 bar
d) die Angaben reichen für eine Beantwortung der Frage nicht aus

111) (D) Der in der Frage 110 beschriebene Zustand unseres Körpers wird als _____ bezeichnet, weil unsere Gewebe auf Meereshöhe keinen grösseren Gasdruck aufnehmen können.
a) gesättigt
b) übersättigt
c) ungesättigt
d) unter Druck stehend

112) (A)* Wie lange kann sich ein Taucher mit einem 10 Liter Gerät und 198 bar Fülldruck bei einem Luftverbrauch von 25 Liter/Minute im Wasser (Salzwasser), in einer Tiefe von 20 Meter aufhalten ...
a) 18 Minuten
b) 19,7 Minuten
c) 20,1 Minuten
d) 22 Minuten

Tauchphysik

113) (O) *Wieviel wiegt eine Luftfüllung bei einem 10 Liter Gerät und einem Fülldruck von 210 bar ...
   a) 3,5 kg
   b) 4.05 kg
   c) 2,73 kg
   d) 4,55 kg

114) (A) * Wie gross ist der N_2 – Partialdruck (Stickstoffpartialdruck) der Pressluft in einer Tiefe von 27 m ...
   a) 2,1 bar
   b) 2,5 bar
   c) 2,9 bar
   d) 3,1 bar

115) (A) * Beim Füllen eines Gerätes auf 200 bar erwärmt sich dieses auf 50°C. Nach einiger Zeit beträgt die Temperatur noch 20°C. Berechne die Druckveränderung Δp ...
   a) 120 bar
   b) 181,4 bar
   c) 20 bar
   d) 18,6 bar

116) (A)* Es stehen zwei Geräte mit folgendem Inhalt: 15 Liter 200 bar und 10 Liter 50 bar zur Verfügung. Welcher Druck ist in beiden Flaschen vorhanden, wenn man die Luft von einer Flasche in die andere überströmen lässt ...
   a) 180 bar
   b) 181,4 bar
   c) 140 bar
   d) 18,6 bar

117) (A) * Ein gefülltes 10 Liter Gerät wiegt mit 200 bar gefüllt =15 kg. Wieviel Auftrieb hat das leere Gerät im Wasser? (Dichte Stahl = 7,8 kg/dm³) ...
   a) 1,6 kg
   b) 0,91 kg
   c) 1,85 kg
   d) 0,81 kg

118) (A,S_{Alt})* Welcher absoluter Druck herrscht in 44 Meter Tiefe in einem Bergsee, der auf 1700 Meter über Meer liegt ...
   a) 4,45 bar
   b) 5,45 bar
   c) 5,23 bar
   d) 6,25 bar

Tauchphysik

119) (S_Alt)* In einem Bergsee herrscht in 13 Meter Tiefe einen Absolutdruck von 2,0 bar. Wie hoch liegt dieser Bergsee ...
a) 1500 m ü M
b) 2600 m ü M
c) 2900 m ü M
d) 3000 m ü M

120) (A) * Ein 10 Liter Gerät mit einem Restdruck von 50 bar wird an einer 50 Liter Standflasche (220 bar) gefüllt. Welcher Druck zeigt das Finimeter an, nachdem sich das Gerät von ursprünglich 50°C auf 10°C abgekühlt hat ...
a) 167,9 bar
b) 183,5 bar
c) 163,5 bar
d) 168,5 bar

121) (A) * In welcher Tiefe erreicht der Partialdruck von Stickstoff (pPn$_2$) 4 bar bei einem normalen Luftgemisch? (Theoretische Tiefenrauschgrenze) ...
a) 38,5 m
b) 41,3 m
c) 42,1 m
d) 44,5 m

122) (A) * In welcher Tiefe erreicht der Partialdruck von Sauerstoff O$_2$ (bei einem normalen Luftgemisch) 1,7 bar (Grenze zur toxischen Wirkung von O$_2$) ...
a) 65 m
b) 68 m
c) 70 m
d) 71 m

123) (S$_{suchen und bergen}$)* Ein Anker soll vom Seegrund (Süsswasser) gehoben werden. Seine Masse an Land beträgt 200 kg, sein Volumen 0,025 m^3, Tiefe 30 Meter.
a) welcher positive Auftrieb muss erzeugt werden ...
b) welches Volumen muss der Hebesack mindestens aufweisen ...
c) der Hebesack hat ein Volumen von 250 Liter. Ab welcher Tiefe entweicht Luft ...
d) wieviel Luft entweicht bis zur Oberfläche ...

124) (S$_{suchen und bergen}$)* Aufgabe 123 / a – d im Salzwasser
a) welcher positive Auftrieb muss erzeugt werden ...
b) welches Volumen muss der Hebesack mindestens aufweisen ...
c) der Hebesack hat ein Volumen von 250 Liter. Ab welcher Tiefe entweicht Luft ...
d) wieviel Luft entweicht bis zur Oberfläche ...

Tauchphysik

125) (S$_{Tar}$) * Wieviel Blei braucht ein im Süsswasser austarierter Taucher, der mit der gesamter Ausrüstung 100 kg Masse hat, mehr im Meer (Totes Meer: Salzgehalt 35%) ...
   a) 2,5 kg
   b) 3,5 kg
   c) 4,5 kg
   d) Tauchen im Toten Meer macht für Sporttaucher keinen Sinn, zu grosse Bleimenge

126) (R)* Die Lunge hat kein Überdruckventil. Wenn man davon ausgeht, dass eine Durchschnittslunge eine Totalkapazität von ungefähr 6 Liter hat, kann man sich vorstellen was passiert, wenn man auf 10 Meter Wassertiefe mit 4 Liter Luft in der Lunge zur Oberfläche steigen und dabei die Luft anhalten würde. Wann wird die Totalkapazität erreicht? (Wassertiefe, bis zu einem Barotrauma) ...
   a) 5 m
   b) 4,3 m
   c) 3,8 m
   d) 3,3 m

127) (D,S$_{Tief}$) * Ein Taucher füllt in einer Tiefe von 40 Meter ein Gefäss von 10 Liter Volumen vollständig mit Luft und bringt das Gefäss langsam an die Oberfläche. Wieviel Liter Luft entweicht unterwegs ...
   a) 20 Liter
   b) 25 Liter
   c) 40 Liter
   d) 50 Liter

128) (S$_{Tar}$)* Ein Taucher taucht mit einem Nassanzug und ist so tariert, dass er an der Oberfläche gerade schwebt. Wieviel Liter Luft muss er auf 20 Meter Tiefe in die Weste blasen, um den verloren gegangenen Auftrieb zu kompensieren? Sein Bleigurt wiegt 8 kg, er taucht im Süsswasser das Gewicht der Luft wird nicht eingerechnet ...
   a) 10 Liter
   b) 12 Liter
   c) 14 Liter
   d) 16 Liter

129) (O)* Berechne das Gewicht der Luft in einem 20 Liter Gerät, das auf 220 bar gefüllt ist ...
   a) 5,45 kg
   b) 5,72 kg
   c) 6,32 kg
   d) 7,72 kg

Tauchphysik

130) (O) * Um wieviel steigt der Druck in einem Tauchgerät gefüllt mit 200 bar bei einer Erwärmung um 50°C _____ . Besteht die Gefahr einer Explosion...
   a) 236,6 bar
   b) 40,6 bar
   c) 36,6 bar
   d) 20,6 bar

131) (A) * Ein Gasgemisch besteht aus 21% Sauerstoff, 78% Stickstoff und 1% Kohlendioxyd. Wie gross ist der Partialdruck des Stickstoffs in einer Tiefe von 20 Meter Salzwasser...
   a) 1,67 bar
   b) 2,34 bar
   c) 5,69 bar
   d) die Lösung kann mit den gegebenen Daten nicht ermittelt werden.

132) (D,S_{Tief}) * Ein Hochdruckmanometer zeigt 170 bar an. Das Flaschenvolumen beträgt 10 Liter und du hast ein Atemvolumen von 20 Liter/Minute. Wie lange kannst du im Meer auf einer Wassertiefe von 20 Meter verweilen ohne die Reserve von 50 bar anzugreifen und ohne die Aufstiegszeit zu berücksichtigen...
   a) 10 min.
   b) 11 min
   c) 20 min
   d) 15 min

133) (D,S_{Tief}) * Ein Taucher mit einem Atemminutenvolumen von 20 Liter/Minute atmet in 15 m Tiefe 10 min lang aus einem 10 Liter Druckluft-tauchgerät. Was für einen Flaschendruck liest er danach ab, wenn er zu Beginn sein Gerät mit 200 bar gefüllt hat...
   a) 150 bar
   b) 40 bar
   c) 200 bar
   d) 160 bar
   e) 170 bar

134) (A) Ein Taucher hat einen Sehfehler von -2,3 Dioptrien. Was muss er beim Kauf einer Tauchmaske berücksichtigen...
   a) nichts, da der Brechungsindex vom Wasser diesen Sehfehler ausgleicht
   b) er verlässt sich ganz auf die Empfehlung des Verkäufers
   c) er wählt eine Maske mit entsprechend korrigierten Gläsern aus
   d) er trägt Kontaktlinsen und kann problemlos ohne Maske tauchen

Tauchphysik

135) (S_{Tar}) Welche Aufgabe hat eine Tarierweste / Jackett ...
   a) sie dient zur Tarierung unter Wasser
   b) sie dient im Notfall dem raschen Erreichen der Oberfläche
   c) sie dient als Schwimmhilfe
   d) sie dient als Bergungshilfe
   e) alle obgenannten Aufgaben sind richtig

136) (S_{Tar}) Wie muss ein Taucher tariert sein ...
   a) er muss so tariert sein, dass bei einem Abwurf des Bleigürtels die vorgeschriebene Auftauchgeschwindigkeit nicht überschritten wird.
   b) er muss sicheren Stand an Grund haben
   c) er muss soviel Blei mit führen, um den Auftrieb der Taucherweste / Jackett auszugleichen
   d) er muss beim Einatmen steigen und beim Ausatmen sinken
   e) eine Tarierung ist mit der heute üblichen Ausrüstung nicht erforderlich

137) (A) Das Aufwirbeln von Sediment vom Gewässergrund ist soweit möglich zu unterlassen, weil ...
   a) sich die Möglichkeit der optischen Orientierung bei Fischen erheblich verschlechtert
   b) dem Gewässersediment (Gewässergrund) übermäßig viel Nährstoffe entzogen werden und Wasserpflanzen daher nicht mehr ausreichend mit Nährstoffen aus dem Sediment versorgt werden können
   c) sich filtrierende Organismen wie z. B. Muscheln aufgrund der vielen aufgewirbelten Schwebstoffteilchen zu stark vermehren würden
   d) im Sediment festgelegte Nährstoffe auf diese Weise verstärkt wieder in das Wasser zurück gelöst werden. Dies kann zu einem verstärkten Wachstum von pflanzlichen Organismen führen, welche dann nach dem Absterben auf den Boden sinken und dort unter Sauerstoffzehrung abgebaut werden.
   e) sich feste Partikel im Atemregler festsetzen können und dadurch eine mögliche Störung der Luftversorgung besteht.

138) (0,S_{Tar}) Wie ist der richtige Abstand zum Grund ...
   a) ein Meter über Grund
   b) über Sandgrund mindestens 0,2 m
   c) bei starker Strömung ganz gering
   d) über steinigem Grund ist kein Abstand nötig
   e) jederzeit so, dass die durch dich entstehende Beeinträchtigung der Pflanzen und Tierwelt so gering wie möglich gehalten wird und ein sicherer Tauchgang durchgeführt werden kann.

Tauchphysik

139) **(R) Unter einem Dekompressionsunfall versteht man ...**
   a) das Überdehnen der Lunge beim Auftauchen bei angehaltenem Atem
   b) einen Lungenriss beim Auftauchen bei angehaltenem Atem
   c) das Zerreissen des Trommelfells bei zu schnellem Auftauchen
   d) Krankheits- Erscheinungen, die durch Druckunterschiede in lufthaltigen, starren Hohlräumen im Körper entstehen
   e) Krankheits- Erscheinungen, nach einem Tauchgang, die auftreten können, wenn die Austauchstufen nicht eingehalten werden

140) **(R) Welche Faktoren sind beim Ablesen der Dekotabelle zu berücksichtigen ...**
   a) Zeit, Tiefe und Aufstieg Geschwindigkeit
   b) Grundzeit und Maximaltiefe
   c) Grundzeit, Maximaltiefe und Restsättigung
   d) Nullzeit und Durchschnittstiefe
   e) Restsättigung und Zeit bis zum Flug

141) **(A) Was ist unter der Grundzeit zu verstehen ...**
   a) die Zeit vom Verlassen der Wasseroberfläche bis zum Beginn des Auftauchens
   b) die Zeit vom Verlassen der Wasseroberfläche bis zum Beginn der ersten Dekompressionsstufe
   c) die Zeit vom Verlassen der Wasseroberfläche bis zum Erreichen der Wasseroberfläche
   d) die gesamte Tauchzeit, die unter Wasser verbracht wird
   e) die Zeit, welche mit einem Gerät bis zu einem Restdruck von 50 bar auf der durchschnittlichen Tiefe getaucht werden kann
   f) die auf Grund verbrachte Zeit

142) **(O) * Berechne den Luftverbrauch über eine Dauer von 30 Minuten bei einem Tauchgang auf 15 Meter Tiefe bei einem Atemminutenvolumen von 20 Liter/Minute an der Oberfläche ...**
   a) 1200 barl
   b) 800 barl
   c) 1500 barl
   d) 1700 barl
   e) keiner der angegebenen Werte ist korrekt

143) **(A) * Wie lange reicht in 10 m Tiefe die Luft eines 15 Liter Drucklufttauchgerätes, 200 bar Fülldruck, wenn man 50 bar Sicherheitsreserve einkalkuliert (AMV 20 Liter/Minute, an der Oberfläche) ...**
   a) 35 Minuten
   b) 40 Minuten
   c) 56 Minuten
   d) 59 Minuten
   e) 65 Minuten

Tauchphysik

144) (A) * Berechne den Luftverbrauch für folgenden Tauchgang bei einem Atemminutenvolumen (AMV) von 15 l/min. Tiefe= 18 m Grundzeit = 35 min ...
   a) 1300 barl
   b) 1350 barl
   c) 1400 barl
   d) 1470 barl
   e) kein der angegebenen Werte ist korrekt

145) (A) * Wie gross ist die verbrauchte Luftmenge bei einem Tauchgang in 10 m Tiefe, einer Tauchzeit von 20 min und einem Atemminutenvolumen von 20 l/min ...
   a) 250 Liter
   b) 400 Liter
   c) 800 Liter
   d) 1000 Liter
   e) 1250 Liter

146) (A) Obwohl der prozentuale Anteil der Gase in der Atmosphäre gleich bleibt, wird _____ der Gase in grösserer Höhe ...
   a) der Partialdruck / steigen
   b) der Partialdruck / sinken
   c) die Dicht zunehmen
   d) die Kompressibilität / sich verringern

147) (S_{Foto})* Du willst mit deiner Kamera einen Fisch fotografieren und schätzest die Entfernung mit 1 m. Wie weit bist du wirklich entfernt _____ m und welche Entfernung stellst du ein ...
   a) 1 m / 1 m
   b) 1,33 m / 1 m
   c) 1,5 m / 1,5 m
   d) 1,25 m / 1 m

148) (O) * Wenn dir der Inhalt einer Tauchflasche an der Oberfläche 90 Minuten zum atmen ausreicht wie viele Minuten hält sie dann auf 20 m Wassertiefe ...
   a) 40 Minuten
   b) 60 Minuten
   c) 20 Minuten
   d) 30 Minuten

Tauchphysik

149) (O) Welches Volumen hat ein verschlossener Ballon mit 6 Liter Volumen an der Oberfläche wenn du ihn auf 20 m Wassertiefe bringst ...
a) 3 Liter
b) 6 Liter
c) 9 Liter
d) 2 Liter

150) (O) * Wie lange kannst du bei einem AMV (Atem-Minuten-Volumen OF) von 20 Liter mit einer 10 Liter Atemgasflasche auf 20 m tauchen bis der Druck von 200 bar auf 50 bar gesunken ist ...
a) 75 Minuten
b) 25 Minuten
c) 50 Minuten
d) keine der möglichen Antworten ist richtig

151) (S_{Foto}) Unter Wasser lässt die Lichtbrechung ein Objekt etwa ...
a) 55% grösser erscheinen
b) 25% grösser erscheinen
c) 55% kleiner erscheinen
d) 25% kleiner erscheinen

152) (A) _____ hat eine so hohe Geschwindigkeit unter Wasser, dass der Taucher kaum seine Richtung bestimmen kann.
a) Licht
b) Strömung
c) Unterwasserleben
d) Schall

153) (D) Die Form der Wärmeübertragung, die den grössten Einfluss auf den Wärmeverlust eines Tauchers hat, ist _____ während _____ die Form ist, die den geringsten Effekt hat.
a) Konvektion / Strahlung
b) Strahlung / Leitung
c) Leitung / Strahlung
d) Leitung / Konvektion

154) (S_{Foto})* Unter Wasser begegnet dir ein Zackenbarsch. Geschätzte Distanz 3m, Länge 1,2m. Der Brechungsindex Luft : Wasser beträgt 1 : 1,33. Wie gross ist er wirklich _____ und wie weit entfernt ist er ...
a) 0,8m / 3,5m
b) 0,9m / 4,2m
c) 0,9m / 4,0m
d) 1,0m / 4,0m

Tauchphysik

155) (S_{suchen und bergen})* Ein 545 kg schwerer Zementblock liegt in 12 Meter in Süsswasser. Der Block verdrängt 255 Liter Wasser. Was ist die minimale Wassermenge, die von einem Hebesack verdrängt werden muss, um den Block zu heben...
   a) 255 Liter
   b) 290 Liter
   c) 262,6 Liter
   d) 561,3 Liter

156) (A) * Wieviel Luft muss ungefähr von der Oberfläche in einen 50-Liter Behälter gepumpt werden, um diesen zu füllen, wenn er auf 30 Meter Tiefe in Salzwasser (Dichte 1,03) befestigt ist...
   a) 150 Liter
   b) 206 Liter
   c) 50 Liter
   d) 200 Liter

157) (S_{Foto}) Manchmal erscheinen unter Wasser gesehene Objekte weiter entfernt, als sie tatsächlich sind. Dieses Phänomen wird „_____" genannt, und der Faktor der das Auftreten hauptsächlich beeinflusst, ist...
   a) Entfernungswahrnehmung / die Tiefe
   b) Diffusion / das Sonnenlicht
   c) Visuelle Umkehr / die Trübung
   d) Visuelle Umkehr / die Tiefe

158) (S_{Tar})* Wie gross ist das Volumen des verdrängten Wassers, wenn ein Objekt das 75 kg wiegt mitten im Salzwasser schwebt...
   a) 72,8 Liter
   b) 75 Liter
   c) 77,3 Liter
   d) 150 Liter

159) (S_{Tar}) Würde das Objekt aus Frage 158 in Süsswasser gebracht, würde es:
   a) an der Oberfläche bleiben
   b) schwebend bleiben
   c) sinken
   d) die Antwort kann mit den gegebenen Informationen nicht gegeben werden

Tauchphysik

160) **(D)** In 40 Meter in Salzwasser wird ein flexibler Behälter zu 1/5 seiner Kapazität gefüllt. Was wird mit dem Luftvolumen im Innern geschehen wenn dieser Behälter auf 20 Meter gebracht wird ...
   a) das Volumen wird auf beiden Tiefen das gleiche sein
   b) das Volumen wird sich verdoppeln
   c) das Luftvolumen wird sich um den Faktor 5/3 erhöhen
   d) das Luftvolumen wird sich um den Faktor 5/3 verringern
   e) der Behälter wird zerstört

161) **(D)** Wieviel mal dichter ist ungefähr die Luft auf 30 m Tiefe, die ein Taucher, atmet verglichen mit der Oberfläche ...
   a) dreimal so dicht
   b) zweimal so dicht
   c) genauso dicht wie an der Oberfläche
   d) viermal so dicht

162) (S_{Alt})* Auf einer Höhe von 3'000 Meter beträgt der Umgebungsdruck ungefähr 0,7 bar. Wie hoch ist der Partialdruck des Stickstoffs auf dieser Höhe bei einem Stickstoffanteil von 80% in der Luft ...
   a) 0,56 bar
   b) 0,21 bar
   c) 0,14 bar
   d) die Antwort kann mit den gegebenen Informationen nicht gegeben werden

163) **(A)** * Wenn ein Taucher an der Oberfläche eine Stunde benötigt, um seine Pressluftflasche komplett leer zu atmen, wie lange wird dann ungefähr die Luft dieser Flasche in 20 Meter reichen ...
   a) 15 Minuten
   b) 20 Minuten
   c) 30 Minuten
   d) 8 Minuten

164) **(D)** Das Atemgas einer Pressluftflasche enthält 1% Kohlendioxyd an der Oberfläche und wird auf 30 Meter gebracht. Wie hoch ist der Prozentsatz des Kohlendioxyds in dem Atemgas auf dieser Tiefe ...
   a) 4%
   b) 2%
   c) 1%
   d) 3%

Tauchphysik

165) (D) Wenn der Umgebungsdruck um einen mit Flüssigkeit gefüllten offenen Behälter erhöht wird, wird die Gasmenge, die in der Flüssigkeit gelöst ist ...
   a) abnehmen und Gasblasen werden sich bilden
   b) unverändert bleiben
   c) zunehmen, bis ein Gleichgewichtszustand erreicht ist
   d) zunehmen, aber nur wenn das Gas Stickstoff ist

166) (A) Wenn ein Ballon und eine Tauchflasche beide mit Stickstoff gefüllt sind und im Freien nahe am Gefrierpunkt liegender Temperatur ausgesetzt werden was wird dann mit beiden geschehen ...
   a) das Volumen des Ballons und das der Flasche werden beide abnehmen
   b) das Volumen des Ballons wird sich erhöhen und der Druck in der Flasche steigen
   c) das Volumen des Ballons wird abnehmen und der Druck in der Flasche sinken
   d) der Druck wird sowohl im Ballon wie auch in der Flasche steigen

167) (A) * Ein verschlossener, flexibler, mit Luft gefüllter Behälter mit einem Volumen von 2,5 Liter wird auf 40 Meter Tiefe losgelassen. Wie gross ist sein Volumen, wenn er die Oberfläche erreicht (vorausgesetzt, er platzt nicht) ...
   a) 10 Liter
   b) 12,5 Liter
   c) 2,5 Liter
   d) 7,5 Liter

168) ($S_{suchen\ und\ bergen}$)* Ein 200 kg schwerer Anker, der 127 kg verdrängt, liegt am Grund in 17 Meter tiefe im Salzwasser (Dichte 1,03). Wie hoch ist die minimale Wassermenge die von einem Hebesack verdrängt werden muss, um den Anker zu heben ...
   a) 67,2 Liter
   b) 73 Liter
   c) 127 Liter
   d) 69,2 Liter

169) (R) * Eine Rettungsweste mit 16 Liter ist auf 40 m zu drei Viertel gefüllt. Du tauchst mit ihr auf, beantworte folgende Fragen:
   a) ab welcher Tiefe entweicht Luft aus dem Überdruckventil ...
   b) wieviel Luft entweicht total bis zum Erreichen der Oberfläche ...
   c) Gleiche Aufgabe, aber mit der Annahme, dass das Überdruckventil einem Überdruck von 0,2 bar standhält ...

Tauchphysik

170) (R) Nenne drei Grundformen der Materie und vergleiche ihre Eigenschaften...

171) (A) Warum ist im Meer die Druckzunahme mit der Wassertiefe grösser als im See? Weshalb dürfen wir trotzdem mit 1 bar Druckzunahme pro 10 m Wassertiefe rechnen...

172) (O) * Du tauchst aus 2 m Tiefe an die Oberfläche auf. Wie hoch musst du fliegen, um die gleiche Druckänderung zu erhalten...
a) 1000 m
b) 2000 m
c) 2500 m
d) 3000 m

173) (S_{Alt})*Welcher Absolutdruck herrscht in 44 m Tiefe in einem Bergsee, der auf 1700m ü. M. liegt...
a) 5,4 bar
b) 4,4 bar
c) 5,23 bar
d) 4,85 bar

174) (S_{Alt})* In einem Bergsee herrsch in 13 m Tiefe ein Absolutdruck von 2,0 bar. Wie hoch liegt der Bergsee...
a) 1000 m
b) 2000 m
c) 2500 m
d) 3000 m

175) (S_{Tar}) * Wieviel Liter Luft sind nötig, um eine Weste mit 18 Liter Inhalt auf 34 m zu füllen...
a) 65,4 Liter
b) 68,8 Liter
c) 79,2 Liter
d) 85,5 Liter

176) (S_{Tar})* Inhalt der Weste 18 Liter. Westenflasche 0,5 (200 bar Fülldruck) Liter. In welcher Tiefe kann die anfänglich leere Weste gerade noch gefüllt werden...
a) 44,1 m
b) 46,3 m
c) 48,7 m
d) 44,6 m

Tauchphysik

177) (R) * Ein Taucher mit 4 lt. Vitalkapazität und 1,2 lt. Residualvolumen atmet auf 40 m Tiefe vollständig aus und macht einen Notaufstieg ohne weiter auszuatmen.
a) ab welcher Tiefe ist seine Lunge gefährdet...
b) wieviel Liter muss er abatmen, bis er die Oberfläche erreicht...

178) (D) * Die leere Tauchflasche mit 8 Liter Inhalt wird an einem 2x12 Liter-Gerät (210 bar) gefüllt. Wieviel Luft enthält die Flasche nach dem Überströmen...
a) 1230 Liter
b) 1262 Liter
c) 1278 Liter
d) 1315 Liter

179) (S_{Alt}) * In einem Bergsee 2'000 m ü M liegt ein Ballon in 24 m Tiefe. Volumen des Ballons=2,5 Liter. Auf welcher Tiefe besitzt er ein Volumen von 1,5 lt...
a) 39,8 m
b) 44,3 m
c) 45,3 m
d) 48,9 m

180) (S_{Alt}) * In einem Bergsee 2'000 m ü M liegt ein Ballon in 24 m Tiefe. Volumen des Ballons=2,5 Liter. Welches Volumen nimmt er an der Oberfläche an...
a) 8 Liter
b) 9 Liter
c) 10 Liter
d) 11 Liter

181) (D) * Ein 10 Liter Gerät mit 50 bar, soll durch Überströmen von zwei 50 Liter Standflaschen gefüllt werden. Standflasche A enthält 170 bar, Standflasche B 220 bar. Wie erhältst du in deinem Gerät den grössten Enddruck ...
a) zuerst ab Flasche A, dann ab Flasche B überströmen?
b) umgekehrt?
c) zuerst die beiden Standflaschen gegenseitig überströmen und erst dann dein Gerät anschliessen?

Tauchphysik

182) (D) Ein 10 Liter Tauchgerät mit einem Restdruck von 40 bar soll durch Überströmen aus 3 verschiedenen Flaschen maximal gefüllt werden. Zur Verfügung stehen: a)15 Liter Flasche mit 80 bar gefüllt, b)50 Liter Flasche mit 100 bar gefüllt, c)12 Liter Flasche mit 200 bar gefüllt. In welcher Reihenfolge füllst du und welches ist der maximale Enddruck ...
   a) 151,8 bar a,b,c
   b) 52,1 bar c,b,a
   c) 108 bar b,c,a
   d) 106,4 bar a,c,b

183) (D) * Ein Tauchgerät weist bei 20°C den zulässigen Fülldruck von 200 bar auf. Auf welche Temperatur muss die Flasche erwärmt werden, damit der Prüfdruck (300 bar) und der Berstdruck von 500 bar erreicht wird?
   a) °C Prüfdruck   ...
   b) °C Berstdruck   ...

184) (A) * Ein Ballon (5 Liter Inhalt) befindet sich in 23 m Tiefe bei 8°C. Welches Volumen besitzt der Ballon auf 3m Tiefe bei 21°C ...
   a) 10,5 Liter
   b) 11,3 Liter
   c) 13,3 Liter
   d) 15,9 Liter

185) (D) * Ein 10-Liter Gerät, das einen Restdruck von 50 bar aufweist, wird an einer 50 Liter Standflasche (220 bar) gefüllt. Nach dem Überströmen beträgt die Temperatur des Gerätes 50°C. Welchen Druck liest du am Finimeter ab nachdem sich die Flasche auf 10°C abgekühlt hat ...
   a) 158 bar
   b) 160 bar
   c) 165 bar
   d) 168 bar

186) (R)* In welcher Tiefe erreicht der pN_2 4 bar bei einem normalen Luftgemisch? (Theoretische Tiefenrauschgrenze) ...
   a) 33,2 m
   b) 38,5 m
   c) 41,3 m
   d) 44,6 m

187) (S_{Alt})* Wie hoch ist der pO_2 in 2500m Höhe ...
   a) 0,1 bar
   b) 0,16 bar
   c) 0,5 bar
   d) 0,75 bar

Tauchphysik

188) (R) Nenne die Faktoren (3), welche die Lösung eines Gases in einer Flüssigkeit beeinflussen ...

189) (R) Nenne die Faktoren (6), welche speziell die gelöste Stickstoffmenge in einem Körpergewebe beim Tauchen beeinflussen ...

190) (R) Was ist ein Inertgas? Nenne Beispiele ...
 a) wie lässt sich die Aufnahme, bzw. Abgabe der Inertgase erklären ...
 b) auf welchem physikalischen Prinzip beruhen diese Vorgänge ...
 c) welche beiden Gesetze spielen eine wichtige Rolle ...

191) (R) Was wird unter einer Halbwertszeit verstanden ...

192) (R) Welche Auswirkungen haben körperliche Anstrengungen und die Temperatur unter Wasser auf den Sättigungsverlauf ...

193) (R) Erstelle eine Übersicht über die schnellen-, mittleren-, und langsamen Gewebe ...

194) (R) Welche Gewebe sind für die tiefen Dekostufen verantwortlich ...

195) (R) Weshalb sind die flacheren Dekostufen länger als die Tiefen ...

196) (R) Erläutere kurz den Sättigungs- und Entsättigung Verlauf ...

197) (A) Was versteht man unter dem Begriff „Auftrieb" ...

198) (O) Wie lautet die exakte Formulierung des archimedischen Gesetzes ...

199) (O, S_{Tar}) Wie verändert sich mit zunehmender Tiefe der Auftrieb
 a) eines Freitauchers ...
 b) eines Gerätetauchers ohne Anzug ...
 c) eines Gerätetauchers mit Anzug ...

Tauchphysik

200) (D) * Ein Betonklotz von 30 x 40 x 50 cm wiegt über Wasser 1500 N. Welche Dichte hat er ...
   a) 1,7 kg/dm^3
   b) 2,1 kg/dm^3
   c) 2,5 kg/dm^3
   d) 2,7 kg/dm^3

201) (D) * Wieviel wiegt er unter Wasser ...
   a) 60 kg
   b) 90 kg
   c) 95 kg
   d) 110 kg

202) (S_{Tar}) * Ein Taucher hat auf 30 m Tiefe einen Abtrieb von 70 N (Vor der Tarierung auf 30 Meter ist die Weste leer). Er tariert sich so aus. Ohne Luft abzulassen taucht er auf 20 m auf. Wieviel Auftrieb erzeugt seine Weste in dieser Tiefe ...
   a) 8,2 kg
   b) 9,0 kg
   c) 9,3 kg
   d) 10,2 kg

203) ($S_{suchen\ und\ bergen}$) Ein Anker soll vom Seegrund gehoben werden. Seine Masse an Land beträgt 200 kg, sein Volumen 0.025 m^3, Tiefe 30 m. õsüss = 1 kg/cm^3, õsalz = 1,03 kg/cm^3
   a) welchen positiven Auftrieb musst du erzeugen ...
   b) welches Volumen muss der Hebesack mindestens besitzen ...
   c) der Hebesack hat ein Volumen von 250 Liter. Ab welcher Tiefe entweicht Luft ...
   d) wieviel Luft entweicht bis zum Erreichen der Oberfläche ...
   e) gleiche Aufgabe (a – d) im Salzwasser (as – ds) ...

204) (D) * Ein 10 Liter Tauchgerät hat an Land mit 200 bar gefüllt und ohne Vergurtung eine Masse von 16 kg. Die Dichte des Stahls beträgt 7,8kg/dm^3.
   a) wieviel wiegt das Gerät leere an Land ...
   b) wieviel wiegen das volle Gerät und das leere Gerät an der Wasseroberfläche ...

205) (D) * Eine Tauchflasche weist eine Temperatur von 71°C nach dem Füllen auf 205 bar auf. In einer Umgebung von 4°C verändert sich der Druck. Wie hoch ist der Druck nach der Abkühlung ...
   a) 245 bar
   b) 175 bar
   c) 255 bar
   d) 165 bar

Tauchphysik

206) (D) Nach welchem Prinzip arbeitet der kapillare Tiefenmesser ...
    a) Archimedes
    b) Boyle
    c) Charles
    d) Dalton
    e) Bühlmann

207) (S_suchen und bergen) * Ein Objekt mit 473 kg liegt auf 22 Meter im Salzwasser. Der Gegenstand verdrängt 311,5 Liter Wasser. Wieviel Luft muss in einen Hebesack gefüllt werden, damit das Objekt neutral tariert ist (Runde auf eine Stelle nach dem Komma) ...
    a) 147,7 Liter
    b) 472,7 Barliter
    c) 152,2 Liter
    d) Antworten a und b sind richtig

208) (A) Ein Taucher atmet an der Oberfläche 2 bar/Minute aus einem 10 Liter Gerät. Wenn alle anderen Faktoren gleich bleiben, ist der Luftverbrauch des Tauchers auf 20 Meter _____ bar/Minute.
    a) 2 bar/Minute
    b) 6 bar/Minute
    c) 12 bar/Minute
    d) 4 bar/Minute

209) (A) * Ein flexibler Behälter (Ballon) mit 2,4 Liter Luft befindet sich in 7 Meter Tiefe. Wie gross ist sein Volumen in 24 Meter Tiefe ...
    a) 4,8 Liter
    b) 1,2 Liter
    c) 1,4 Liter
    d) 0,5 Liter

210) (A) * Ein Taucher taucht mit einem 10lt Gerät, Fülldruck 200 bar auf 20 m während 15 Minuten. Nach dem Aufstieg verzeichnet er noch einen Restdruck von 110 bar. Welches AMV hat er ...
    a) 15 lt / Minute
    b) 20 lt / Minute
    c) 22 lt / Minute
    d) 23 lt / Minute

Tauchphysik

211) (O,A) Mit zunehmender Wassertiefe verschwinden die Farben immer mehr, warum...
   a) in zunehmender Tiefe wird das Wasser dunkler und das Licht immer mehr abgeschwächt. Dadurch verschwinden auch die Farben.
   b) je mehr Schwebeteilchen im Wasser sind, desto eher sind die Farben nicht mehr zu sehen.
   c) mit der Zunahme des Drucks verändert sich unser Sehnerv und dadurch verschwinden die Farben immer mehr.
   d) durch die Lichtbrechung der Tauchmaske verschwinden die Farben mit zunehmender Tiefe.

212) (O,A,SFoto) Was bedeutet die Lichtstreuung bezüglich Sicht unter Wasser für den Taucher...
   a) wenn die Sonne verschwindet, wird die Streuung weniger und wir können weiter sehen.
   b) die Lichtstreuung hat nur Einfluss auf unsere Sicht, wenn wir über hellem Grund tauchen.
   c) das einfallende Licht wird durch feinste im Wasser befindliche Teile gestreut.
   d) da Wasser viel dichter ist als Luft hat die Lichtstreuung keine Bedeutung beim Tauchen.

213) (O) *Eine 10 Liter Tauchflasche ist mit 205 bar bei einer Temperatur von 14°C gefüllt worden. Die Flasche befindet sich an der Sonne und die Temperatur steigt auf 82°C. Wie hoch steigt der Druck in der Tauchflasche...
   a) 240,8 bar
   b) 253,6 bar
   c) 159,2 bar
   d) 165,7 bar

214) (A) Eine Flüssigkeit ist unter Druck mit Luft gesättigt. Diese kann beginnen Stickstoff / Sauerstoff Bläschen zu bilden, wenn...
   a) die Flüssigkeit erhitzt wird
   b) die Flüssigkeit geschüttelt wird
   c) der Umgebungsdruck plötzlich stark vermindert wird
   d) kein der aufgeführten Antworten ist richtig

215) (A)*Ein Objekt liegt auf 5Meter Tiefe. Und hat ein Volumen von 344 Liter. Das Gewicht des Objektes ist 740 kg. Wieviel Luft musst du in einen Hebesack füllen, damit das Objekt im Süsswasser neutral tariert ist...
   a) die Angaben reichen für die Berechnung nicht aus
   b) 375 Liter
   c) 594 Liter
   d) 396 Liter

Tauchphysik

216) (A) Wasser ist _____ dichter als Luft.
   a) 2000 Mal
   b) 800 Mal
   c) 20 Mal
   d) 80 Mal

217) (A)*Wenn ein Ballon mit einem Volumen von 8 Liter von 10 Meter Wassertiefe auf eine Tiefe gebracht wird in welcher das Volumen 10 Liter hat, auf welcher Tiefe befindest du dich ...
   a) 8 Meter
   b) 6 Meter
   c) 15 Meter
   d) 12 Meter

218) (O)Die Person, welche als erste die Tautabelle entwickelt hat und ein mathematische Modell aufgestellte, welches bis heute (mit Änderungen) für Tabellen und Tauchcomputer benutzt wird, ist ...
   a) Haldane
   b) Boyle
   c) Henry
   d) Bühlmann

219) (O) Wie hoch ist der Prozentsatz von Sauerstoff in der Luft in 20 Meter Tiefe ...
   a) 79 %
   b) 42 %
   c) 40 %
   d) 21 %

220) (A)*Ein flexibler Behälter ist auf 14 Meter Tiefe mit Luft gefüllt und hat ein Volumen von 8 Liter. Was ist das Volumen des Behälters wenn er auf eine Tiefe von 2 Meter gebracht wird ...
   a) 8 Liter
   b) 5,6 Liter
   c) 4 Liter
   d) 16 Liter

221) (O)* Bei welcher Tiefe wird der Partialdruck in der Luft 1,6 bar erreichen und muss als Konsequenz mit dem Risiko von Konvulsionen ohne Vorwarnung gerechnet werden ...
   a) 100 Meter
   b) 40 Meter
   c) 70 Meter
   d) 66 Meter

Tauchphysik

222) (O,S_Tar)*Ein Taucher komplett ausgerüstet hat ein Gewicht von 110 kg und ist im Süsswasser neutral tariert. Wie muss er sein Bleigewicht verändern, um im Salzwasser neutral tariert zu sein ...
   a) + 3,3 kg
   b) +2,75 kg
   c) + 5,5 kg
   d) − 3,3 kg

223) (A)*Ein flexibler Behälter mit 2,4 Liter Luft befindet sich auf einer Tiefe von 7 Meter im Süsswasser. Was ist sein Volumen, wenn der Behälter auf eine Tiefe von 24 Meter gebracht wird ...
   a)   4,8 Liter
   b) 1,203 Liter
   c) 1,195 Liter
   d)   0,5 Liter

224) (O,S_Strömung) Den grössten Einfluss auf die Gezeiten und deren Wechsel haben ...
   a) Gravitation von Sonne und Mond
   b) Umwelteinflüsse wie Stürme und Hurrikane
   c) Gravitation der Sonne
   d) Strömungen und Topographie der Meere

225) (O,S_Foto) In welcher Reihenfolge (von oben nach untern) verblassen die Farben im Wasser ...
   a) rot – orange – gelb – grün – blau
   b) gelb – orange – rot – grün – blau
   c) rot – gelb – orange – blau – grün
   d) orange – rot – gelb – grün – blau

226) (O) Was für einen Umgebungsdruck herrscht auf einer Tauchtiefe von 32,5m ...
   a) 3,325 bar
   b) 4,25 bar
   c) 2,25 bar
   d) 1,325 bar

Tauchphysik

227) (A) Wir hören unter Wasser beim Auftauchen ein Motorengeräusch. Was bedeutet das und was ist zu beachten ...
 a) wir müssen vorsichtig sein, denn unter Wasser werden Geräusche verstärkt, so dass ein Trommelfellschaden entstehen könnte
 b) wir müssen gar nichts machen, da wegen der schlechteren Schallgeschwindigkeit das Boot schon lange weg ist, bis wir es hören können
 c) wir müssen vorsichtig sein, denn unter Wasser können wir nicht feststellen aus welcher Richtung der Schall kommt und wie weit das Boot entfernt ist
 d) wir müssen einen zusätzlichen Stopp von 3 Minuten auf 6 Meter einlegen, weil die Schallwellen einen negativen Einfluss auf die Dekompression hat.

228) (A) Deine Flasche ist auf 200bar gefüllt. Was wirst du unter Wasser feststellen ...
 a) der Druck ist nur von der Flaschengrösse und der Gasmenge abhängig
 b) der Druck ist durch das Schütteln beim Transport leicht gefallen
 c) der Druck ist durch das kalte Wasser gesunken
 d) das kann man nicht beantworten, da auch der Zeitabstand seit der Füllung ein Rolle spielen

229) (O) *Du willst in 12 Meter Tiefe eine Boje mit einem Volumen von 9 Liter an die Oberfläche schiessen. Wieviel Luft musst du in die Boje pumpen, damit sie an der Oberfläche genau voll ist ...
 a) 3,5 Liter
 b) 4,0 Liter
 c) 3,0 Liter
 d) 4,5 Liter

230) (A) Warum ist das Gesetz von Boyle und Mariotte für Taucher so wichtig ...
 a) es bestimmt die Volumenänderung der Tariermittel bei Ab- und Aufstieg
 b) es ist bestimmend für die Dekompression
 c) es ist bestimmend für die Zusammensetzung der Atemgase
 d) es ist bestimmend für den Tiefenrausch

231) (O,S_{Tar}) Anlässlich deiner Ausbildung musst du unter Wasser deinen Bleigurt ausziehen. Was passiert ...
 a) an der Tarierung ändert sich nichts
 b) du steigst nach oben
 c) du sinkst ab
 d) die Luftmenge in deiner Tarierweste verringert sich

Tauchphysik

232) (O) Henry William, ein enger Mitarbeiter von Dalton John hat ein Gesetz „Henry's Gesetz" formuliert. Was beschreibt dieses Gesetz ...
a) Löslichkeit von Alkohol im Blut unter grossem Druck
b) Löslichkeit von Gasen in Flüssigkeit
c) Dichte von Gasen bei erhöhtem Druck
d) Druck unter Temperatureinfluss.

233) (O) Unter Wasser ist die Sicht eingeschränkt. Durch was wird das Sehen beeinträchtigt ...
a) Brechung, Versatz, Streuung des einfallenden Lichts
b) Abweichung, Streuung und Abschwächung des Lichts
c) Brechung, Streuung und Absorption des einfallenden Lichts
d) Antworten a) und c) sind richtig.

234) (O) Auch in wärmeren Tauchplätzen ist der Taucher gut beraten, wenn er sich gegen den Wärmeverlust schützt. Der Verlust der Wärme kann den Tauchgang stark beeinflussen. Der grösste Einfluss auf den Wärmeverlust eines Tauchers hat ...
a) die Konduktion
b) die Wärmestrahlung
c) die Konvektion
d) die Wärmeströmung

235) (O) Eine Pressluftflasche und ein Ballon beide mit Luft gefüllt, liegen an der Sonne. Welches sind die Folgen ...
a) Das Volumen der Flasche und des Ballons nimmt zu
b) Das Volumen der Flasche nimmt zu, der Ballondruck steigt
c) Der Druck in der Flasche steigt, das Volumen des Ballons nimmt ab
d) Keine der Antworten ist richtig.

236) (O,S_{Foto})* Du willst mit der Nikon, einer Suchkamera, einen Fisch fotografieren und schätzt die Entfernung mit 1 m. Wie weit bist du wirklich vom Fisch entfernt und welche Entfernung stellst du ein ...
a) 1,25 m Einstellung 1,25 m
b) 1,33 m Einstellung 1,33 m
c) 1,33 m Einstellung 1,0 m

237) (A) Wie gross ist der Sauerstoffpartialdruck von Pressluft und sein prozentualer Anteil in einer Tiefe von 75 m. Was kannst du daraus ableiten ...

238) (O)* Welche Bedingungen muss die zum Tauchen verwendete Atemluft aufweisen? Nenne vier Eigenschaften ...

Tauchphysik

239) (O) Weshalb beginnen wir schon nach wenigen Meter rasch abzusinken, obwohl wir an der Oberfläche gut austariert waren ...

240) (O) Wieviel kleiner ist der Blickwinkel mit einer Taucherbrille unter Wasser als an der Oberfläche ...

241) (O) Können wir Kohlenmonoxyd und -dioxyd unter Wasser feststellen ...

242) (O) Auf einer Höhe von 3000m beträgt der Umbebungsdruck ungefähr 0,7 bar. Wie hoch ist der Partialdruck des Stickstoffs dieser Höhe ...
  a) 0,56 bar
  b) 0,21 bar
  c) 0,14 bar
  d) die Antwort kann mit den gegebenen Informationen nicht bestimmt werden

243) (O) Wieviel wiegt eine Masse von 290 N an Land in kg ...
  a) 19 kg
  b) 29 kg
  c) 32 kg
  d) 40 kg

244) (O)* Welcher Kelvintemperatur entsprechen 37 °C ...
  a) 236 Kelvin
  b) 266 Kelvin
  c) 310 Kelvin
  d) 316 Kelvin

245) (O)* Welcher °C Temperatur entsprechen 250 Kelvin ...
  a) 13 °C
  b) 18 °C
  c) 21 °C
  d) 23 °C

246) (O)* Über welche Luftmenge verfügst du, wenn dein Tauchgerät 15 l mit 200 bar gefüllt ist ...
  a) 1333 barl
  b) 2500 barl
  c) 3000 barl
  d) 3500 barl

Tauchphysik

247) (O)*Das leere Gerät aus der Aufgabe 246 wiegt 10 kg. Wieviel wiegt das Gerät gefüllt (15 l, 200 bar) ...
   a) 13,9 kg
   b) 14,2 kg
   c) 12,9 kg
   d) 11,0 kg

248) (O)* Wie verhalten sich 8 kg Blei (ρPb = 11 kg/l) unter Wasser...

249) (O) Wie verhalten sich 9 kg Holz (ρ = 0,6 kg/l) unter Wasser ...

250) (O) Wie verändert sich der Auftrieb eines Tauchers, der unter Wasser 2 Liter Luft einatmet ...

251) (O)* Ein Schnorcheltaucher (Apnoetaucher) mit einem Lungenvolumen von 6 Litern taucht in einer Schwimmhalle mit einer Wassertiefe von 3,8 m. Wie groß ist sein Lungenvolumen, nachdem er von der Oberfläche zum Beckenboden abgetaucht ist ...
   a) 2,85 l
   b) 3,25 l
   c) 4,35 l
   d) 5,25 l

252) (O)* Ein Gerätetaucher mit einem Lungenvolumen von 6 Litern taucht in einer Schwimmhalle mit 3,8 m Tiefe. Wie ändert sich sein Lungenvolumen, wenn er am Beckenboden aus dem Gerät geatmet hat und ohne Luftabgabe zur Oberfläche zurückkehrt ...
   a) 2,82 l Volumenzunahme
   b) 2,82 l Volumenabnahme
   c) 1,92 l Volumenzunahme
   d) 3,92 l Volumenabnahme

253) (O)* Eine unten offene Taucherkammer mit einem Volumen von 5 m³ befindet sich auf 30 m Tiefe. Die Temperatur in der Kammer kühlt von 27 °C auf 10 °C ab. Wie ändert sich das Volumen in der Kammer ...
   a) 4,3 m³
   b) 0,28 m³
   c) 4,7 m³

Tauchphysik

254) (O)* Eine Druckluftflasche (20 °C, 220 bar) wird in der heißen Mittagssonne am Strand liegen gelassen. Die Sonnenstrahlung erhitzt die Flasche auf 70 °C. Wie ändert sich der Druck in der Flasche ...
a) 245 bar
b) 250 bar
c) 255 bar
d) 258 bar

255) (O)* Bei welcher Temperatur hätte die gleiche Flasche (Aufgabe 254) einen Druck von 300 bar (Prüfdruck) ...
a) 127 °C
b) 115 °C
c) 120 °C
d) 130 °C

256) (O)* Bei welcher Temperatur ist ein Platzen der Flasche aus Frage 254 wahrscheinlich bzw. wann hätte die gleiche Flasche einen Druck von 450 bar (Berstdruck) ...
a) 250 °C
b) 310 °C
c) 326 °C
d) 335 °C

257) (O)* Ein Taucher springt mit seiner Druckluftflasche in 5 °C warmes Wasser. Vor dem Sprung hatte die frisch gefüllte Flasche an Bord einen Druck von 225 bar und eine Temperatur von 40 °C. Wie ändert sich im Wasser der Druck in der Flasche ...
a) 150 bar
b) 180 bar
c) 200 bar
d) 220 bar

258) (O)* Eine unten offene Taucherkammer wird von der Oberfläche auf 30 m Wassertiefe abgesenkt. Das Volumen der Kammer beträgt 10 m³. Die Temperatur an der Oberfläche beträgt 27 °C, in 30 m Tiefe 7 °C. Wie groß ist das luftgefüllte Volumen der Kammer in 30 m Wassertiefe ...
a) 1,55 m^3
b) 1,80 m^3
c) 2,15 m^3
d) 2,33 m^3

Tauchphysik

259) (O)* Ein Freitaucher (Schnorchler) besitzt ein Lungenvolumen von 6 Litern. Wie groß ist sein Lungenvolumen in
10 m / 30 m / 17m Tiefe ..
a) 6 / 3 / 2,7l
b) 3 / 2 / 2,2 l
c) 2,2 / 2 / 3 l
d) das Lungenvolumen ändert sich nicht

260) (O)* Ein Gerätetaucher mit einem Lungenvolumen von 8 Litern atmet in 10 m Wassertiefe aus seinem Gerät (Scuba) und steigt anschließend ohne Luft abzuatmen an die Oberfläche auf. Auf welches Volumen dehnt sich seine Lunge aus ...
a)   4 l
b)   8 l
c) 12 l
d) 16 l

261) (O)* Ein Gerätetaucher verbraucht an der Oberfläche 25 Liter Luft pro Minute (AMV, Atemminutenvolumen). Wie viel Luft verbraucht er in 40 m Tiefe ...
a) 25 l
b) 50 l
c)125 l
d) die Tauchtiefe ist > als für einen Gerätetaucher erlaubt, die Frage kann so nicht beantwortet werden

262) (A) Der thermische Zustand eines Gases wird durch die Grössen: Volumen V, Druck p und Temperatur T beschrieben. Daraus wird die allgemeine Gasgleichung abgeleitet. Wie lautet sie ...

263) (A) Wie verhalten sich die Faktoren der Gasgleichung zueinander wenn wir eine „Isotherme Zustandsänderung" beschreiben ...

264) (A) Wie verhalten sich die Faktoren der Gasgleichung zueinander wenn wir eine „Isobare Zustandsänderung" beschreiben ...

265) (A) Wie verhalten sich die Faktoren der Gasgleichung zueinander wenn wir eine „Isochore Zustandsänderung" beschreiben ...

Tauchphysik

2 Tauchmedizin

Die Tauchmedizin ist zentraler Teil der Tauchausbildung. Sie befasst sich mit der medizinischen Forschung zu Fragen des Tauchens, der Vorbeugung und Behandlung von Tauchunfällen sowie der Tauchtauglichkeit. Dies beinhaltet die Wirkung von Gasen unter erhöhtem Druck auf den menschlichen Körper, die Erkennung und Behandlung von Verletzungen oder Vergiftungen die sich im Wasser ereignen, sowie die Zusammenhänge zwischen der gesundheitlichen Verfassung eines Tauchers und seiner Sicherheit. Daneben gibt es eine relevante psychologische Seite der Tauchmedizin. Bei Tauchunfällen können häufig mehrere Traumata gleichzeitig auftreten und sich gegenseitig beeinflussen.

Dieses Kapitel befasst sich vorwiegend mit dem Thema der ersten Hilfe bei Tauchunfällen (gilt sinngemäss natürlich auch bei jedem anderen Notfall/Unfall). Die „Erste Hilfe Massnahmen" sollen regelmässig geübt und Fragen dazu stets beantwortet werden können. Dazu sind die folgenden Seiten gedacht, um im Notfall, am Unfallort keine Panik entstehen zu lassen

2 Tauchmedizin

(Arbeitsblätter Lösungen Seite 479)
(Lösungen Seite 553)

..... denn das Geheimnis bei der Versorgung des Patienten ist die Sorge um den Patienten

Francis W. Peabody 1925

1) **(E,O) Wodurch ist ein Tiefenrausch gekennzeichnet...**
   a) Tiefenrausch tritt immer in 40 m Tiefe auf
   b) Tiefenrausch erzeugt immer eine euphorische (gehobene) Stimmung
   c) Tiefenrausch ist ein Zustand eingeschränkter Wahrnehmungsfähigkeit, gestörten Urteilsvermögens und unlogischen Reaktionsverhaltens
   d) Tiefenrausch erkennt man immer am metallischen Geschmack im Mund
   e) Tiefenrausch tritt nur bei untrainierten Tauchern auf

2) **(E,O) Was machst Du, wenn der Druckausgleich (im Mittelohr) nicht gelingt...**
   a) fest durch die Nase ausatmen und der Tauchgang fortsetzen.
   b) maximal 7 m tiefer tauchen
   c) die Maske fluten, dann ausblasen und den Tauchgang fortsetzen
   d) kräftig pressen und schneuzen
   e) etwas höher tauchen und den Druckausgleich nochmals versuchen. Gelingt der Druckausgleich nicht, austauchen und den Tauchgang abbrechen

3) **(E,A) Eine gestörte Atmung erkennt man am Röcheln, am fehlenden Atemgeräusch und an folgendem...**
   a) an der stark blassen Haut
   b) an der Blauverfärbung von Haut und Lippen
   c) am schwachen Puls
   d) an der Bewusstlosigkeit
   e) keine der obigen Antworten ist richtig

4) **(E,O) In welche Abschnitte wird das Ohr unterteilt...**
   a) Ohrmuschel, Trommelfell und Paukenhöhlen
   b) Ohrmuschel, äusserer Gehörgang und Trommelfell
   c) Innen- und Aussenohr
   d) Innen-, Mittel- und Aussenohr
   e) Äusserer Gehörgang und Mittelohr

Tauchmedizin

5) **(E,O) Wie heisst die Verbindung zwischen Mittelohr und Nasen-Rachen-Raum...**
   a) Eustachische Röhre
   b) Kieferhöhle
   c) Siebbeinzellen
   d) Trommelfell

6) **(E,O) Wann kann es zu einem Lungenüberdruckunfall kommen...**
   a) beim Überschreiten der Abstiegsgeschwindigkeit
   b) beim Aufstieg ohne Einhalten der Austauchstufen
   c) bei zu häufigem Ein- und Ausatmen während des Notaufstieges.
   d) beim Abtauchen ohne vollständiges Ausatmen
   e) beim Auftauchen mit einem durch Panik ausgelösten Stimmritzenkrampf

7) **(E;A) Welche Punkte können unter anderem beim Tauchen ein „Ausser Atem geraten" (Essoufflement) auslösen...**
   a) Atemregler mit hohem Atemwiderstand
   b) nicht ausreichend aufgedrehte Tauchflasche
   c) Tauchen in Strömung
   d) alle obgenannten Umstände können ein Essoufflement erzeugen

8) **(E,A) Um herauszufinden, welche Hilfe ein Verunfallter benötigt, (Vorgehen bei Erster Hilfe) muss man in der angegebenen Reihenfolge darauf achten...**
   a) ob er atmet – er blutet – er Puls hat – er sich warm anfühlt
   b) ob er blutet – er starke Schmerzen hat – er sich warm anfühlt – er erbrochen hat
   c) ob er antwortet – er atmet – er Puls hat – er blutet
   d) ob er atmet – er starke Schmerzen hat – er Puls hat – er blutet
   e) keine der obgenannten Antworten ist richtig

9) **(E,O) Du hast dich an einem ungiftigen Seeigel verletzt, was kannst Du tun...**
   a) den Stachel ruckartig herausziehen
   b) mit einem Messer nach dem Stachel suchen
   c) nichts, auch grosse Stachelresten kapseln sich ab und lösen sich dann mit der Zeit auf
   d) mechanisch den Stachel in der Haut zertrümmern
   e) mit einem Essig- oder Zitronensaftumschlag die Stachelreste in der Haut über Nacht auflösen

Tauchmedizin

10) **(E,A) Was ist der Nase-Wasser-Reflex ...**
    a) beim Eintauchen des Körpers ins Wasser verringert sich der Puls
    b) eine schnelle Technik zum Ausblasen der Maske
    c) Nerven in der Nasenschleimhaut können Atemstörungen bis hin zum Stimmritzenkrampf auslösen
    d) Verringerung des Strömungswiderstandes bei Schiffen durch eine Bugausbeulung (Wulstbug)
    e) Sogenanntes Salzwasserschnupfen, als Vorbeugung gegen Erkältungskrankheiten

11) **(E,O) Bei einem nicht korrekt ausgeführten Druckausgleich (des Mittelohres) kann es zu ...**
    a) einer Gehörgangentzündung kommen
    b) einem Masken Barotrauma kommen
    c) einen Trommelfellriss kommen
    d) einer Verlegung der Eustachischen Röhre (Ohrtube) kommen
    e) keine der obgenannten Angaben ist korrekt

12) **(E,O) Wenn Du erkältest bist oder eine sonstige Erkrankungen der oberen Atemwege hast, ist es ratsam ...**
    a) ein Schleimhaut abschwellendes Mittel zu verwenden
    b) beim Tauchen darauf zu achten, dass es nicht zu kalt wird
    c) nicht zu Tauchen
    d) nur zu Schnorcheln
    e) beim Tauchen nicht zu tief zu gehen

13) **(E,A) Dein Tauchpartner hat eine Stunde nach einem Tauchgang Lähmungen einer Körperhälfte. Welche Massnahmen ergreifst Du ...**
    a) die betroffen Körperteile ruhig stellen
    b) stabile Seitenlage herstellen und warten bis ein Arzt kommt
    c) sofort mit Herz- Lungenwiederbelebung beginnen
    d) Notruf, Sauerstoff anwenden. Transport in die nächste, einsatzbereite Druckkammer
    e) den ganzen Körper gut kühlen

14) **(E) Wie hilfst Du einem Partner, der nach einem Tauchgang kalt hat ...**
    a) sofortige Verabreichung alkoholischer Getränke (Grog, Glühwein etc), um die Wärmebildung zu verbessern
    b) reiben und frottieren der Gliedermassen, denn Reibung erzeugt Wärme
    c) mit heissem Wasser aus einer vorsorglich mitgebrachten Thermoskanne die äusseren Gliedmassen gleichmässig begiessen
    d) mit Verlassen des Wassers ist eine weitere Unterkühlung nicht möglich
    e) nasse Kleidung entfernen, umziehen und für Wärmezufuhr sorgen

Tauchmedizin

15) **(E,O) Wodurch kann es beim Streckentauchen zu einer Ohnmacht unter Wasser kommen (Blackout) ...**
a) durch Erkältung
b) durch zu schnelles Schwimmen
c) durch versäumten Druckausgleich
d) durch einen zu langen Schnorchel
e) durch Hyperventilation (Überatmen) vor dem Abtauchen

16) **(E,O) Bewusstes Hyperventilieren (Überatmen) beim Freitauchen ...**
a) kann zu Bewusstlosigkeit unter Wasser führen
b) führt zu keiner merklichen Sauerstoffanreicherung im Blut
c) verzögert den Atemreiz
d) senk den Kohlendioxidspiegel im Blut
e) alle oben genannten Antworten sind richtig

17) **(E,R) Welche Massnahmen ergreifst Du bei Verdacht auf Schock? Schockbehandlung ...**
a) Verunfallter beruhigen, nicht einschlafen lassen, Kopf überstrecken
b) Beine hochlagern, Schutz vor Unterkühlung. Ist der Verunfallte bei Bewusstsein dann Flüssigkeitszufuhr, ärztliche Hilfe herbeiholen
c) sofort zwei Aspirin verabreichen, etwas Kaffee oder Alkohol trinken lassen, den Arzt verständigen
d) Lage des Verunfallten nicht verändern, Arzt verständigen
e) stabile Seitenlage herstellen, nicht einschlafen lassen, Arzt verständigen

18) **(E,R) Wie kannst Du Dich vor Ohrenschmerzen beim Tauchen schützen ...**
a) vorsorglich schon mal kräftige Ohrentropfen einträufeln
b) den Gehörgang mit Wattestäbchen gründlich reinigen
c) den Gehörgang mit Wattepfropfen gegen eindringendes Wasser schützen
d) nach dem Tauchen mit sauberen Süsswasser spülen oder desinfizieren und vor Auskühlung durch Mütze schützen
e) sofort nach dem Tauchgang antibiotikahaltige Ohrentropfen einträufeln

19) **(E,R) Unter welchen Bedingungen kann es zu Barotrauma kommen ...**
a) bei der Druckzunahme während des Abtauchens
b) bei zu langem Verweilen in der Tiefe
c) nach Überschreiten der Nullzeit
d) bei Nichteinhaltung von Dekompressionsstufen
e) keine der obigen Angaben ist korrekt

Tauchmedizin

20) **(E) Nach dem Tauchen sind die Augen eines Tauchers blutunterlaufen. Was könnte die Ursache sein...**
   a) beim Abtauchen keine Luft in die Maske geblasen
   b) beim Auftauchen Luft in die Maske geblasen
   c) der Druckausgleich wurde mit Gewalt durchgeführt
   d) beim Auftauchen nicht ausgeatmet
   e) am Vorabend wurde zuviel Alkohol getrunken

21) **(R) Du spürst beim Abtauchen trotz erfolgreich durchgeführten Druckausgleichs einen stechenden Schmerz in der Stirngegend. Was unternimmst Du...**
   a) Maske absetzen und ausblasen
   b) maximal 8 m tiefer tauchen
   c) keine Panik aufkommen lassen und bei flacher Atmung etwa 5 Minuten bewegungslos verhalten, dann der Tauchgang fortsetzen
   d) versuche, den Taugang mit halbgefüllter Maske fortzusetzen (Stirnkühlung)
   e) Tauchgang abbrechen

22) **(E,A) Welcher der folgenden Punkte begünstigt eine Deko-Krankheit...**
   a) zu tiefes Tauchen
   b) zu schnelles Auftauchen
   c) Tauchtabelle und Informationen des Tauchcomputers nicht eingehalten/beachtet
   d) den Flüssigkeitsverlust bei Darmerkrankung nicht ersetzt
   e) alle oben stehenden Antworten sind richtig

23) **(A,S_{Tiefe}) Ab welcher Tiefe ist mit dem Auftreten des Tiefenrausches zu rechnen...**
   a) immer
   b) in geringen bis mittleren Tiefen (10 – 30 m)
   c) ab 60 m
   d) ab 40 m
   e) in Tiefen ab 30 m

24) **(R) Vor dem Tauchgang verspürst Du Angst, Bedenken den Tauchgang zu bestehen, Unsicherheit. Wie verhaltest Du Dich...**
   a) ich unterdrücke die Angst und erwarte, dass es schon gut geht
   b) ich beobachte die anderen Taucher, ob diese allenfalls auch Angst haben und ob ihre Angst übertrieben ist
   c) ich spreche über meine Gefühle und Bedenken aus und führe den Tauchgang ggf. nicht aus
   d) ich überrede die anderen Gruppenmitglieder, den Tauchgang nicht durchzuführen
   e) ich beruhige die Gruppenmitglieder durch gutes Zureden

Tauchmedizin

25) (A) Im Rahmen der Tests zur mentalen Funktion wirst Du den Bewusstseinsgrad des Tauchers bewerten...
   a) richtig
   b) falsch

26) (E,A) Anzeichen eines Lungenüberdruckunfalles können sein...
   a) Kaltwassertauchen oder Flüssigkeitsmangel
   b) Körperliche Anstrengung oder Pressatmung während des Aufstiegs
   c) Dehydration oder schneller Aufstieg
   d) hohe Nitroxgemische
   e) Antwort a und c sind richtig

27) (E,A) Das Atemzentrum steuert die Atmung in erster Linie auf Grund des _____-Pegels im Blut.
   a) Sauerstoff
   b) Stickstoff
   c) Kohlendioxyd
   d) alles obengenannte, abhängig von den Umständen

28) (D) Hypoxie tritt auf, wenn der Kohlendioxyd-Pegel des Tauchers nicht bis zu einem Wert ansteigen kann, der hoch genug ist, um einen Atemzwang auszulösen, bevor der verfügbare Sauerstoff verbraucht ist...
   a) richtig
   b) falsch

29) (D) Der „Blackout" tritt normalerweise beim Aufstieg auf, weil hierbei...
   a) der Energieverbrauch des Tauchers zunimmt
   b) der Partialdruck des Sauerstoffs in den Alveolen schnell sinkt
   c) der Partialdruck des Kohlendioxyds in den Alveolen schnell sinkt
   d) der abnehmende Druck einen „Carotis-Sinus-Reflex" bewirkt

30) (D) Die in den Carotis-Arterien gelegenen Carotis-Sinus-Rezeptoren stimulieren...
   a) die Schilddrüsen, die sich im Rachen befinden
   b) die Barorezeptoren, die sich im Gehirn befinden
   c) den Sinusknoten, der sich im Herz befindet
   d) die Nebennierendrüsen, die sich in den Nieren befinden

31) (D) Der Carotis-Sinus-Reflex wird durch ein(en) übermässig _____ verursacht.
   a) enganliegenden Anzug oder Füsslinge, welche die Füsse einengen
   b) enganliegenden Anzug, der den Brustkorb einengt
   c) enganliegenden Anzug oder eine Kopfhaube, die den Hals einengt
   d) straff sitzendes Maskenband, das den Kopf einengt
   e) falscher Gebrauch des Schnorchels in grösserer Tiefe

Tauchmedizin

32) **(E,D)** Wenn die Carotis-Sinus-Rezeptoren einen hohen Druck feststellen, veranlassen sie das Herz...
   a) den Herzschlag zu verlangsamen
   b) den Herzschlag zu erhöhen
   c) augenblicklich stehen zu bleiben
   d) den Druck zu erhöhen
   e) mit Herzflimmern zu beginnen

33) **(E,R)** Reinen Sauerstoff (100%) zu atmen hilft einer Person mit Dekompressionskrankheit, weil...
   a) es dem Körper ermöglicht, den Stickstoff im Stoffwechsel schneller umzuwandeln
   b) den Druckgradienten zwischen dem Druck des Stickstoffs in den Geweben und dem Druck des Sauerstoffs in den Alveolen vergrössert
   c) den Druckgradienten zwischen dem Druck des Stickstoffs in den Geweben und dem Druck des Stickstoffs in den Alveolen verkleinert
   d) dazu beiträgt, die grossen Blasen zu reduzieren

34) **(E,D)** Es wird vermutet, dass die Stickstoffnarkose durch _____ entsteht.
   a) Unterbrechung in der Übertragung zwischen den Nervenzellen
   b) extravasculare Blasenbildung im Gehirn
   c) eine stark verminderte Schmerzempfindlichkeit, verursacht von stillen Blasen
   d) Vorgänge die in der Wissenschaft völlig unbekannt sind

35) **(D,S$_{Tief}$)** In welcher ungefähren Tiefe beginnen die Anzeichen und Symptome der Stickstoffnarkose aufzutreten / treten die Anzeichen ohne Ausnahme unvermittelt auf...
   a) 15 m / nein
   b) 30 m / nein
   c) 45 m / ja
   d) 60 m / nein

36) **(E,R)** Zähle die drei hauptsächlichen Anzeichen / Symptome der Stickstoffnarkose auf...

37) **(E,R)** Der Begriff „Barotrauma" bedeutet wörtlich...

Tauchmedizin

38) **(E,A)** Ein übermässig kräftiger Druckausgleich mittels der Valsalva-Methode kann, ausser zu einer möglichen Beschädigung des Trommelfells, auch zum Zerreissen _____ führen.
   a) des ovalen Fensters
   b) des runden Fensters
   c) der eustachischen Röhre
   d) alles oben genannte ist richtig

39) **(D)** Unter welchen Umständen kann ein ernsthafter „Lungen-Squeeze" (Barotrauma) auch in flachem Wasser auftreten...
   a) ein Schnorcheltaucher hyperventiliert vor dem Abtauchen
   b) ein Gerätetaucher macht übermässig grosse Atemzüge beim Abstieg
   c) ein Schnorcheltaucher taucht mit einem normalen Lungenvolumen ab
   d) ein Schnorcheltaucher taucht mit fast leerer Lunge ab

40) **(E,D)** „Vertigo" ist ein medizinischer Begriff, der folgendes bezeichnet...
   a) Schwindelanfall
   b) Innenohrinfektion
   c) Gehörlosigkeit
   d) Trommelfellriss

41) **(E,D)** „Vertigo" kann durch _____ verursacht werden.
   a) ein Ohren-Squeeze
   b) ein Innenohr-Barotrauma
   c) die Dekompressionskrankheit
   d) alles oben genannte ist richtig

42) **(E,D)** Die Bogengänge befinden sich im _____ und sind für _____ verantwortlich.
   a) Innenohr / das Gleichgewicht
   b) Mittelohr / die Schallübertragung
   c) Aussenohr / die Leitung der Schallwelle zum Trommelfell
   d) Gehirn / die Übertragung von Nervenimpulsen (Schall)

43) **(E,D)** Schallwellen werden über _____ vom Aussenohr zum Innenohr übertragen.
   a) das ovale Fenster
   b) das runde Fenster
   c) die Schnecke
   d) die Gehörknöchelchen
   e) den Gehörgang

Tauchmedizin

44) (R,D) Welcher Teil vom Ohr wird von Druckänderungen am meisten betroffen...
   a) das Aussenohr
   b) das Mittelohr
   c) das Innenohr
   d) alle Bereiche werden gleichmässig betroffen

45) (E,D) Ein Symptom der Luftembolie _____ sein, während Symptome der Dekompressionskrankheit _____ sein können.
   a) können Schmerzen in den Gelenken / Ermüdung und plötzliche Bewusstlosigkeit
   b) kann plötzliche Bewusstlosigkeit / Schmerzen in den Gelenken und Ermüdung
   c) kann das Husten von blutigem Schaum / Schwindelanfälle und Verwirrung
   d) können kirschrote Nagelbetten / diverse Lähmungserscheinungen

46) (E,D) Bei der Angabe der Stelle, an der das Symptom auftritt, wird die Luftembolie durch das Betroffensein _____ charakterisiert, wohingegen die Dekompressionskrankheit durch das Betroffensein _____ charakterisiert wird.
   a) von Kopf und Hals / der Arme und der Beine
   b) des Atemzentrums / des zentralen Nervensystems
   c) beide Körperseiten, entweder Ober- oder Unterkörper / von nur einer Körperseite
   d) von nur einer Körperseite / beider Körperseiten, entweder Ober- oder Unterkörper

47) (E,D) Bei der Beschreibung der Veränderung der Symptome wird die Luftembolie dadurch charakterisiert, dass _____ , wohingegen die Dekompressions-Krankheit dadurch charakterisiert wird, dass ...
   a) die Symptome dazu neigen, sich als Folge der Ersten Hilfe zu verbessern / normalerweise keine Veränderung oder Verschlechterung des Zustandes erfolgt
   b) normalerweise keine Veränderung oder Verschlechterung des Zustandes erfolgt / die Symptome dazu neigen, sich als Folge der Ersten Hilfe zu verbessern
   c) mit der Zeit eine allmähliche Verschlechterung eintritt / mit der Zeit eine allmähliche Verschlechterung eintritt
   d) mit der Zeit eine allmähliche Verbesserung eintritt / mit der Zeit eine allmähliche Verschlechterung eintritt

48) (E,D) Die schwerste Form einer Lungenüberdehnungsverletzung ist ein(e) _____ , weil Luftblasen in _____ eindringen.
   a) Pneumothorax / den Brustkorb
   b) Pneumothorax / das Lungengewebe
   c) Luftembolie / den arteriellen Blutkreislauf
   d) Luftembolie / den venösen Blutkreislauf

Tauchmedizin

49) (R) Erkläre, wie eine Lungenüberdehnungsverletzung selbst bei einem Taucher auftreten kann, der normal atmet ...

50) (E,R) Die Anzeichen / Symptome einer Sauerstoffvergiftung beinhalten ...
   a) Körper- und Gelenkschmerzen, Drehschwindel („Vertigo"), verringertes Urteilsvermögen und Lachen
   b) Sehstörungen, Ohrenklingeln, Übelkeit, Muskelzucken, Reizbarkeit, Schwindelgefühl
   c) trockener Mund, unregelmässige Atmung, unkontrolliertes Zittern, Jucken der Haut
   d) bleiche Haut, rote Lippen und Nagelbetten, Kribbeln in den Fingerspitzen, Dehydrierung

51) (E,N,D) Was solltest du tun, wenn ein Taucher im Verdacht steht dass er nach einem Tauchgang mit „Enriched air" an einer Dekompressionskrankheit (DCI) leidet ...
   a) rekomprimieren; den Taucher im Wasser
   b) leiste Erste Hilfe und verständige den Rettungsdienst – genau so wie du es tun würdest, wenn der Taucher mit normaler Pressluft getaucht wäre
   c) handle wie üblich, verabreiche dem Taucher jedoch keinen Notfall-Sauerstoff
   d) verständige den Rettungsdienst – verabreiche dem Taucher keinen Notfall-Sauerstoff

52) (E,N) Was ist die Hauptgefahr beim deutlichen Überschreiten der Sauerstoff-Belastungsgrenzen ...
   a) ein erhöhtes Risiko einer Dekompressions-Erkrankung
   b) ein Krampfanfall unter Wasser, der zum Ertrinken und zu einem tödlichen Unfall führen kann
   c) ein Brand oder eine Explosion unter Wasser
   d) alles obgenannte ist richtig

53) (E,R) Wann wendet man die Wärmebehandlungsmethode (Heisskompressen) an ...
   a) bei Erfrierungserscheinungen dritten Grades der Arme und Beine
   b) bei stark blutenden Verletzungen
   c) bei Verletzungen durch Gifte von Fischen oder Schlangen oder Kegelschnecken im Hand oder Fussbereich
   d) bei Seeigelstichen
   e) bei Hautjucken als Folge eines Dekompressionsunfalls

Tauchmedizin

54) (E,D) Welche Aussage zur Dekompressionskrankheit vom Typ 1 ist richtig ...
   a) der Typ 1 ist dadurch charakterisiert, dass Schmerzen das einzige Symptom sind
   b) aus Typ 1 entwickelt sich ohne Druckkammerbehandlung immer zu Typ 2
   c) Schmerzen hinter dem Brustbein (Chokes) gehören zum Typ 1
   d) aus Typ 1 entwickelt sich nie Typ 2
   e) bei Typ 1 sind das zentrale Nervensystem und die Atmung betroffen

55) (D) Wie ist beim Ablesen der Dekompressionstabelle eine längere Anstrengung bei einem Tauchgang zu berücksichtigen und mit einzurechnen ...
   a) es werden 50% der Grundzeit zugeschlagen
   b) man braucht nichts zu berücksichtigen, da die Dekompressionstabelle über genügend Sicherheit verfügt
   c) man muss den Tabellenwert der nächst höheren Zeitstufe nehmen
   d) man muss die grössten Zeitwert der augenblicklichen Tiefe und Wiederholungsgruppe dazu addieren
   e) man muss den Tabellenwert der nächst tieferen Tiefenstufe nehmen

56) (E,D) Du hast beim Tauchen heftige stechende Schmerzen in der Stirngegend. Worum handelt es sich höchstwahrscheinlich ...
   a) um die Folgen vorangegangenen Alkoholgenusses
   b) die Kopfschmerzen sind meistens harmlos und hindern nicht beim Tauchen
   c) um die Folgen zu schnellen Abtauchens
   d) die Augen sind überangestrengt, da die Korrekturgläser der Maske nicht die richtige Dioptriezahl haben
   e) um ein Barotrauma der Stirnhöhlen

57) (E,D) Nach einem Tauchgang klagt dein Partner über Schmerzen in der Brustgegend. Weitere Angaben kannst du von ihm nicht erhalten. Was wirst du tun ...
   a) da innerhalb der Nullzeit getaucht und die Aufstiegsgeschwindigkeit eingehalten wurde, warte ich ab. Übereilte Rettungsmassnahmen sind sehr teuer
   b) Schmerzen in der Brustgegend weisen auf ein Lungen Barotrauma hin, deshalb lasse ich meinen Tauchpartner Sauerstoff atmen
   c) ich betreue meinen Tauchpartner und erstelle ein Rettungsprotokoll
   d) aus Angst etwas falsch zu machen, unternehme ich nichts, da ich nicht sicher weiss, was meinem Tauchpartner fehlt
   e) ich gehe von lebensbedrohlichen Funktionsstörungen aus (z.B. hervorgerufen durch Lungenüberdruck- oder Dekompressionsunfall), lasse meinen Tauchpartner Sauerstoff atmen und löse unverzüglich die Rettungskette aus

Tauchmedizin

58) **(E,D) Welchen Unterschied gibt es zwischen Typ1 und Typ 2 einer Dekompressionskrankheit...**
   a) Typ 1 tritt sofort nach dem Auftauchen auf, Typ 2 erst Stunden später
   b) Typ 2 entsteht durch Überschreiten der Nullzeit, Typ 1 durch Überschreiten der Aufstiegsgeschwindigkeit von 10m/min.
   c) Typ 1 umfasst alle Tauchgänge bis 30 m Tiefe, Typ 2 alle Tauchgänge, die tiefer als 30 m sind
   d) bei Typ 1 ist Schmerz das einzige Symptom, bei Typ 2 treten auch Funktionsstörungen des Körpers auf z.B. im Zentralnervensystem
   e) bei Typ 1 entstehen die Gasblasen im Rückenmark, bei Typ 2 in Gelenken.

59) **(E,S$_{Tief}$) Während des Abtauchens tritt ein stechender Schmerz im Ohr auf der schlagartig verschwindet. Gleichzeitig tritt Übelkeit, Drehschwindel und Orientierungsverlust auf. Diese Symptome können nach kurzer Zeit verschwinden. Wie verhalte ich mich...**
   a) wahrscheinlich habe ich einen Trommelfellriss. Ich gebe meinem Tauchpartner ein entsprechendes UW-Zeichen, und beende den Tauchgang
   b) ich tauche nicht tiefer, damit dieser Schmerz nicht nochmals auftritt und führe meinen Tauchgang in geringer Tiefe fort
   c) ich mache meinen Tauchpartner darauf aufmerksam und verringere die Abstiegsgeschwindigkeit
   d) das ist innerhalb der Nullzeit ohne Belang
   e) da der Schmerz verschwunden ist, setze ich meinen Tauchgang fort

60) **(R) Welcher Faktor begünstigt die Auskühlung eines Tauchers...**
   a) eine ruhige Atemtechnik
   b) Aufenthalt in geringer Wassertiefe
   c) Tiefenrausch
   d) vorhergehender massiver Alkoholgenuss
   e) Ausziehen der Kopfhaube und der Handschuhe unter Wasser
   f) keiner dieser Faktoren hat Einfluss auf die Auskühlung

61) **(E,R) Bei Schock...**
   a) lagert man den Verunfallten auf den Rücken mit leicht angehobenen Beinen
   b) bringt man den Verunfallten in die stabile Seitenlage
   c) hebt man den Oberkörper des Verunfallten an
   d) ist jede Getränkezufuhr zu unterlassen
   e) beginnt man unverzüglich mit der Beatmung, wenn nötig

62) **(E) Die erste Hilfe für einen Taucher, der unter der Dekompressionskrankheit leidet, besteht darin, ihm 100% Sauerstoff zu verabreichen und ihn...**
   a) auf die linke Seite zu legen, den Kopf unterstützen
   b) auf die linke Seite zu legen, mit dem Kopf in einer niedrigeren Position
   c) aufrecht hinzusetzen, falls er bei Bewusstsein ist und sich wohlfühlt
   d) mit dem Gesicht nach unten zu legen, damit die Sauerstoffmaske besser am Gesicht fixiert werden kann

Tauchmedizin

63) **(E,D) Anzeichen und Symptome der Dekompressions-Krankheit Typ 1 beinhalten...**
   a) nur Schmerzen, am häufigsten in den Gliedmassen
   b) Atembeschwerden
   c) Lähmungserscheinungen, Bewusstlosigkeit und Tod
   d) Luft sammelt sich unter der Haut im weichen Gewebe im Nacken

64) **(E,D) Was versteht man unter Dekompressions-Erkrankung (DCI)...**
   a) es ist ein Oberbegriff für die Dekompressions-Krankheit (DCS) und Lungenüberdehnungsverletzung
   b) es ist ein gleichbedeutender Begriff für die Dekompressionskrankheit (DCS)
   c) es ist die bevorzugte Bezeichnung für eine arterielle Gasembolie (AGE)
   d) mit diesem Begriff beschreibt man sämtliche Druckbedingten Verletzungen

65) **(E,R) Was ist die bevorzugte „Erste Hilfe" bei einer Deko. Erkrankung (DCI)...**
   a) die Beine des Patienten hoch lagern
   b) den Patienten zur Rekompression zurück ins Wasser bringen
   c) das Verabreichen von Sauerstoff
   d) alles oben genannte

66) **(E,R) Anzeichen und Symptome eines Hitzschlags beinhalten...**
   a) starker, schneller Puls, kein Transpirieren, heisse Haut
   b) flache, schnelle Atmung, schwacher schneller Puls, starke Transpiration, feuchtkalte Haut, Übelkeit
   c) kein Zittern, Müdigkeit, Mangel an Koordination, Koma
   d) Zittern taubes Gefühl in Finger und Zehen

67) **(E,R) Zeigt ein Taucher Symptome von Hitzeschlag, so...**
   a) ziehe dem Taucher den Tauchanzug aus, bringe ihn in eine kühle Umgebung und verständige den medizinischen Notfalldienst
   b) bringe den Taucher in eine warme Umgebung und verständige den medizinischen Notfalldienst
   c) halte den Taucher warm und lasse ihn wärmende Kleidung anziehen
   d) ziehe dem Taucher den Tauchanzug aus, bringe ihn in eine kühle Umgebung, lasse ihn ausruhen und alkoholfreie Getränke trinken

68) **(E,R) Anzeichen und Symptome einer fortgeschrittenen Hypothermie beinhalten...**
   a) starker, schneller Puls, kein Transpirieren, heisse Haut
   b) flache, schnelle Atmung, schwachen schneller Puls, starke Transpiration, feuchtkalte Haut, Übelkeit
   c) kein Zittern, Müdigkeit, Mangel an Koordination, Koma
   d) Zittern, taubes Gefühl in Finger und Zehen

Tauchmedizin

69) (E,R) Wodurch wird ein Barotrauma verursacht...
   a) ein Inertgas beeinträchtigt das Nervensystem
   b) durch Gefässverengung in Finger und Zehen
   c) durch das Entstehen von „Stillen Blasen"
   d) in einem luftgefüllten Hohlraum des Körpers kann kein Druckausgleich stattfinden

70) (E,R) Bei einem Pneumothorax gelangt infolge einer Lungenüberdehnungsverletzung Luft...
   a) in das weiche Gewebe im Nacken
   b) in die Brustmitte und drückt auf das Herz
   c) zwischen Lunge und Rippenfell und die Lunge fällt zusammen
   d) in den Blutstrom

71) (E,R) Bei einer Luftembolie gelangt infolge einer Lungenüberdehnungsverletzung Luft...
   a) in das weiche Gewebe im Nacken
   b) in die Brustmitte und drückt auf das Herz
   c) zwischen Lunge und Rippenfell und die Lunge fällt zusammen
   d) in den Blutstrom

72) (E,R) Bei welcher Form von Lungenüberdehnungsverletzung lässt man den Patienten reinen Sauerstoff atmen und ergreift auch andere „Erste Hilfe Massnahmen" wie bei der Dekompressions-Krankheit (DCS)...
   a) Luftembolie
   b) Pneumothorax
   c) Mediastinalemphysem
   d) alles oben genannte

73) (E,R) Was versteht man unter „Stillen Blasen"...
   a) kleine Stickstoffbläschen im Blutkreislauf nach einem Tauchgang, die aber keine Anzeichen oder Symptome der DCS verursachen
   b) Stickstoffblasen, die sich unter der Haut sammeln und ein Subkutanes Emphysem verursachen
   c) Stickstoffblasen, welche die Nervenenden beeinträchtigen und zur Betäubung führen
   d) Stickstoffblasen, die bei jedem Barotrauma vorkommen

74) (E,O) Alkoholkonsum kann die Anfälligkeit des Tauchers für eine Dekompressions-Krankheit (DCS) erhöhen...
   a) vor einem Tauchgang
   b) nach einem Tauchgang
   c) vor oder nach einem Tauchgang
   d) zwischen Alkoholkonsum und DCS besteht kein Zusammenhang
   e) während einem Tauchgang (Silvesterfeier unter Wasser)

Tauchmedizin

75) **(E,A) Die Behandlung einer Dekompressions-Erkrankung (DCI) beinhaltet üblicherweise ...**
    a) Rekompression
    b) langsame Dekompression
    c) Verabreichung von Sauerstoff
    d) Alles oben genannte

76) **(E,D) Was ist der Hauptzweck des Atmungs- und Kreislaufsystems ...**
    a) die Versorgung der Körperzellen mit Sauerstoff und das Ausscheiden von Kohlendioxyd
    b) die Regelung der Stickstoffaufnahme und Abgabe
    c) die Antworten a) und b) sind richtig
    d) nichts von oben genanntem ist richtig

77) **(E,R) Wo findet der Gasaustausch zwischen Atmungs- und Kreislaufsystem statt ...**
    a) in den Carotis Arterien
    b) zwischen den Lungenkapillaren und den Alveolen
    c) zwischen den Bronchien und den Lungenarterien
    d) im Dickdarm
    e) nichts von oben genanntem

78) **(E,R) Wie reagiert der Körper auf das Atemanhalten in kaltem Wasser ...**
    a) mit Hyperventilation
    b) mit einer Beschleunigung des Herzschlages
    c) mit einer Verlangsamung des Herzschlages
    d) mit Sauerstoffüberschuss

79) **(E,R) Welche Auswirkung kann übermässige Hyperventilation (mehr als 3 bis 5 Atemzüge) vor dem Abtauchen haben ...**
    a) der Taucher fällt ohne Vorwarnung in Ohnmacht (Flachwasser-Blackout)
    b) Hyperkapnie
    c) der Carotis-Sinus-Reflex wird ausgelöscht
    d) in der Tiefe entsteht ein übermässiger Atemdrang

80) **(E,D) Wodurch ist Kohlenmonoxyd gefährlich ...**
    a) es verursacht Hyperkapnie
    b) es führt zu Atembeschwerden in der Tiefe und Überanstrengung
    c) es behindert die Abgabe des gelösten Stickstoffs
    d) es verbindet sich mit dem Hämoglobin und beeinträchtigt den O_2-Transport.

Tauchmedizin

81) (E,N,A) Wie kannst Du eine Sauerstoffvergiftung des Zentral-Nervensystems vermeiden ...
    a) indem du einen Sauerstoffpartialdruck von 1,4 bar nicht überschreitest (s. auch Nitroxtheorie)
    b) indem du einen Sauerstoffpartialdruck von 2,0 bar nicht überschreitest
    c) indem du die Sauerstoffbelastungsgrenzen der DSAT Sauerstoff – Belastungstabelle einhältst
    d) nichts von oben genannten

82) (E,R) Drei Stunden nach dem Auftauchen nach zwei hintereinander erfolgten Tauchgängen klagt ein Taucher über Müdigkeit, rote Hautflecken, Prickeln und Taubheitsgefühl in einer Schulter. Dieser Taucher sollte ärztliche Hilfe aufsuchen, weil er höchstwahrscheinlich unter _____ leidet.
    a) einer Vergiftung durch verunreinigte Luft
    b) einer Allergie gegen Meereslebewesen
    c) Dekompressions-Krankheit
    d) dem Tragen von zu schwerer Ausrüstung

83) (E,R) Anzeichen und Symptome einer Hitzeerschöpfung sind ...
    a) starker, schneller Puls, kein Transpirieren, heisse Haut
    b) flache, schnelle Atmung, schwacher, schneller Puls, starke Transpiration, feuchtkalte Haut, Übelkeit
    c) Müdigkeit, Mangel an Koordination, Koma

84) (E,R) Abgesehen vom Atmen verunreinigter Luft, ist die hauptsächlichste Ursache eines erhöhten Kohlenmonoxydspiegels bei Tauchern ...
    a) körperliche Anstrengung vor dem Tauchen
    b) das Rauchen von Zigaretten (Tabak) vor dem Tauchgang
    c) „Sparatmung" während des Tauchgangs
    d) alles oben genannte ist richtig

85) (R,A) Ein Thorax-„Squeeze" beschreibt einen Zustand, der bei Gerätetauchern hauptsächlich dann auftreten kann, wenn beim Abtauchen zur Reduzierung des Auftriebs kräftig ausgeatmet wird
    a) richtig
    b) falsch

86) (E,A) Die Eustachische Röhre führt zum _____-Ohr und ermöglicht es den Druck dem Umgebungsdruck anzupassen. Die Organe jedoch, die für den Gleichgewichtssinn verantwortlich sind, befinden sich im _____-Ohr
    a) Aussen / Innen
    b) Mittel / Aussen
    c) Innen / Mittel
    d) Mittel / Innen

Tauchmedizin

87) (E,D) Für die Anzeichen und Symptome einer Lungenüberdehnungs-Verletzung gilt im Vergleich zu denjenigen der Dekompressionskrankheit normalerweise, dass sie:
   a) früher auftreten
   b) später auftreten
   c) weniger stark ausgeprägt sind
   d) schwieriger zu diagnostizieren sind

88) (E,D) Faktoren, welche die Anfälligkeit gegenüber der Dekompressions-Krankheiten begünstigen, sind solche, welche ...
   a) den normalen Stoffwechsel oder den Blutkreislauf verändern
   b) den Sauerstoffgehalt in den Geweben erhöhen
   c) die Toleranz des Tauchers gegenüber Stickstoff erhöhen
   d) alles oben genannte ist richtig

89) (N,S$_{Tief}$) Eine Sauerstoffvergiftung kann bei Sporttauchern auftreten, wenn sie nicht innerhalb der Grenzen des Sportauchens bleiben (maximal 40 m, je nach Tauchorganisation und Ausbildungsstand)) und wenn der Sauerstoffgehalt in ihrer Atemluft 21% übersteigt ...
   a) richtig
   b) falsch

90) (E) Ein Doppler-Detektor wird verwendet, um winzige „Stille Blasen" im Körper eines Tauchers aufzuzeigen, die auch dann schon mit dem Gerät gehört werden können, wenn der Taucher noch keine Anzeichen und Symptome der Dekompressions-Krankheit hat ...
   a) richtig
   b) falsch

91) (E,R) Ein wiederbelebter, beinahe ertrunkener Taucher sagt seinen Rettern, er fühle sich wieder völlig in Ordnung und wolle nach Hause gehen. Die Retter sollten in diesem Fall ...
   a) darauf bestehen, dass eine ärztliche Untersuchung durchgeführt wird
   b) ihm erlauben, zu tun was er will
   c) ihm erlauben zu tun was er will, wenn er verspricht, am nächsten Tag einen Arzt aufzusuchen
   d) die Person in die Druckkammer bringen

92) (E,R) Was ist kein typisches Anzeichen / keine typischen Symptome einer ernsthaften Verletzung durch Meerestiere ...
   a) Gefühllosigkeit
   b) Euphorie
   c) örtliche Schwellung, Entzündungen oder Striemen
   d) Übelkeit und Schock

Tauchmedizin

93) **(E,R) Bei der Durchführung der Herz-Lungen-Wiederbelebung (HLW) mittels der Einhelfer-Methode sollten die Kompressionen erfolgen...**
   a) so schnell hintereinander wie möglich
   b) alle 5 Sekunden ein Mal
   c) 80 – 100 mal pro Minute
   d) 60 mal pro Minute

94) **(E,R) Unter welchem der nachstehenden Umstände sollte eine Rekompression im Wasser bei einer Person mit vermuteter Dekompressions-Krankheit versucht werden...**
   a) falls ein Arzt dies genehmigt
   b) wenn für mindestens 4 Stunden Sauerstoff zur Verfügung steht
   c) falls Kälte kein Faktor ist
   d) niemals, es sei denn, der Retter ist ausgebildet (DAN) und es stehen genügend Hilfskräfte zur Verfügung

95) **(E,R) Ein wiederbelebter beinahe ertrunkener Patient, der völlig wiederhergestellt erscheint...**
   a) benötigt keinerlei weitere Versorgung
   b) benötigt keine weitere Versorgung, es sei denn er hustet häufig
   c) benötigt eine Druckbehandlung
   d) nichts von oben genanntem

96) **(E) Was solltest du tun, wenn du zum stoppen einer Blutung eine Wundauflage verwendest und direkten Druck direkten auf die Wunde ausübst und das Blut durch die Wundauflage sickert...**
   a) entferne die Wundauflage, wechsle sie durch eine neue aus und übe erneut direkten Druck auf die Wunde aus
   b) übe weiterhin direkten Druck auf die Wunde aus, belasse die erste Wundauflage auf der Wunde und lege weitere Wundauflagen darüber
   c) beende den direkten Druck auf die Wunde und lege weitere Wundauflagen über die erste
   d) entferne die Wundauflage, lege eine neue Wundauflage auf die Wunde, übe jedoch keinen weiteren Druck auf die Wunde aus

97) **(E) Tentakel einer Qualle sollten von einer Wunde entfernt werden mit...**
   a) deinen Fingern
   b) einer Pinzette oder ähnlichem Hilfsmittel
   c) Süsswasser
   d) einem Quallen Gegengift

Tauchmedizin

98) (E,R) Die primäre Erste Hilfe für einen atmenden Taucher mit Verdacht auf eine Dekompressions-Erkrankung (DCI) besteht darin ...
   a) ihn mit der linken Seite nach unten zu lagern
   b) ihn flach auf den Rücken zu legen
   c) ihn reinen Sauerstoff atmen zu lassen
   d) ihn unter Wasser wieder unter Druck zu bringen

99) (E,A) Bei Seekrankheit ist es am besten ...
   a) unter Deck zu gehen um das Steigen und Sinken des Horizonts nicht zu sehen
   b) nach Lee an Deck zu gehen
   c) nach Luv an Deck zu gehen
   d) zur Ablenkung sich etwas zum Lesen suchen

100) (E) Der erste Schritt zur Kontrolle und Stillung einer Blutung ist ...
   a) das Anbringen einer Abbindung
   b) die Verwendung einer Abdruckstelle
   c) die Verwendung eines blutstillenden Mittels
   d) eine Wundauflage und direkten Druck auf die Wunde

101) (E,N) Die Anzeichen und Symptome einer Sauerstoffvergiftung beinhalten ...
   a) Körper und Gelenkschmerzen, Drehschwindel („Vertigo"), verringertes Urteilsvermögen und Lachen
   b) Sehstörungen, Ohrenklingeln, Übelkeit, Muskelzucken, Reizbarkeit, Schwindelgefühl
   c) trockener Mund, unregelmässige Atmung, unkontrollierbares Zittern, Hautjucken
   d) bleiche Haut, rote Lippen und Nagelbetten, Kribbeln in den Fingerspitzen, Dehydration

102) (E,R) Wenn ein Taucher unter Wasser einen Krampfanfall bekommt, ist die allgemein empfohlene Vorgehensweise, dass du so handelst wie bei einem bewusstlosen Taucher unter Wasser ...
   a) richtig
   b) falsch

103) (E,N) Wenn ein Taucher im Verdacht steht, dass er nach einem Tauchgang mit „Enriched Air" an einer Dekompressions-Erkrankung (DCI) leidet, verabreiche Sauerstoff, leiste Erste Hilfe, verständige den Rettungsdienst, genauso wie du es tun würdest, wenn der Taucher mit normaler Pressluft getaucht wäre ...
   a) richtig
   b) falsch

Tauchmedizin

104) (N,A) Wähle die richtige Aussage ...
   a) du brauchst den Inhalt deiner „enriched air" Flasche nicht persönlich nachzuprüfen, vorausgesetzt die angebrachten Inhalts-Aufkleber / -Anhänger sind richtig ausgefüllt
   b) unabhängig von den Umständen musst du den Inhalt mit „Enriched Air" gefüllten Flaschen persönlich nachprüfen und die Sauerstoffanalyse des „Mischers" bestätigen, bevor du mit der Flasche tauchst
   c) dein Tauchpartner darf den Sauerstoffgehalt deiner mit „Enriched Air" gefüllten Flasche für dich überprüfen, wenn es die Logistik erfordert
   d) keine der Antworten ist richtig

105) (R,A) Verspürst du beim Auftauchen Beschwerden aufgrund einer Ausdehnung von Luft in irgendeiner deiner Körperhohlräumen (ev. auch Zahnschmerzen) während des Aufstiegs, so ...
   a) verlangsame oder stoppe deinen Aufstieg, tauche wieder etwas ab und erlaube der eingeschlossenen Luft, einen Weg nach aussen zu finden
   b) ignoriere die Beschwerden und setze deinen Aufstieg fort

106) (O;R) Überanstrengst du dich unter Wasser, dann solltest du ...
   a) stoppen, atmen und dich ausruhen
   b) sofort zur Oberfläche auftauchen und nach Hilfe signalisieren

107) (O,R) Wenn du beginnst die Wirkung einer Stickstoffnarkose zu spüren, so solltest du ...
   a) in geringere Tiefe aufsteigen
   b) sehr langsam abtauchen

108) (E,A) Je weiter du beim Tauchen von medizinischer Nothilfe entfernt bist, desto wichtiger ist es folgendes mitzuführen ...
   a) einen transportablen Atemluftkompressor
   b) ein gut ausgestattetes Erste-Hilfe-Kid
   c) ein Funkgerät
   d) eine Signalfackel

109) (E,R) Ein_____Sauerstoff-System ist empfohlen, weil es ...
   a) Überdruck- / am vielseitigsten ist
   b) konstant strömendes / am einfachsten zu verwenden und am ökonomischsten ist
   c) atmungsabhängiges / dem Patienten Sauerstoff in höchster Konzentration liefert
   d) medizinisch zugelassenes / als einziges für Tauchunfälle genehmigt ist

Tauchmedizin

110) (R,A) Der Gebrauch einer Taschenmaske ist vorteilhaft, weil sie ...
   a) dabei hilft, die Atemwege des Patienten frei von Wasser zu halten
   b) den direkten Kontakt zwischen Patient und Retter verhindert
   c) auch an ein Sauerstoff-System angeschlossen werden kann
   d) alles oben genannte ist richtig

111) (E,R) Wieviel Sauerstoff solltest du am Tauchplatz zur Verfügung haben ...
   a) genügend für mindestens 20 Minuten
   b) um den Patienten mit O_2 zu versorgen, bis der Rettungsdienst eintrifft
   c) genügend um drei Personen eine Stunde lang mit Sauerstoff versorgen zu können
   d) du solltest nur dann Sauerstoff mitführen, wenn in der Gegend kein Rettungsdienst vorhanden ist

112) (E) Unten sind die Schritte zur Durchführung einer Erstuntersuchung aufgelistet. Bestimme die richtige Reihenfolge der Untersuchung ...
   a) Untersuchung auf Blutungen
   b) Öffnen der Atemwege und Verständigung des Rettungsdienstes
   c) Beurteilung der Situation und Überprüfung der Ansprechbarkeit des Patienten
   d) Überprüfung von Atmung und Puls

113) (E) Wie werden die Atemwege geöffnet ...
   a) hebe den Unterkiefer des Patienten an, so dass die Zunge den hinteren Bereich des Rachenraumes freigibt
   b) neige den Kopf nach hinten und hebe das Kinn an
   c) öffne den Mund des Patienten
   d) die Antworten a und b sind richtig

114) (E) Während der Durchführung der Erstuntersuchung stellst du fest, dass der Patient nicht oder nicht mehr atmet. Was ist dein nächster Schritt ...
   a) leite lebensrettende Notmassnahmen ein, indem du zwei volle Beatmungen gibst
   b) schaue, höre und fühle, ob die Spontanatmung einsetzt
   c) warte 15 Sekunden und prüfe dann den Puls
   d) begib dich in die richtige Position für die Herzdruckmassage

115) (E,R) Wie findest du den Carotispuls ...
   a) lege drei Finger in die Vertiefung zwischen Kehlkopf und Halsmuskulatur des Patienten
   b) lege zwei Finger unter das Ohr des Patienten
   c) lege zwei Finger auf die Innenseite des Handgelenkes des Patienten
   d) lege drei Finger unter den Bizeps des Patienten und drücke nach innen gegen den Knochen

Tauchmedizin

116) (E,R) Bei dem Versuch einen Patienten zu beatmen, stellst du fest, dass die Atemwege blockiert sind. Du versuchst darauf erneut, die Atemwege zu öffnen aber die Beatmungen können nicht eindringen. Was sollst du tun. . .
   a) versuche, den Patienten auf die Beine zu stellen und Druckstösse in den Bauch anzuwenden
   b) dich rittlings unterhalb der Hüfte auf den Patienten setzen, den Handballen einer Hand zwischen Rippen und Nabel auf den Bauch plazieren, die andere Hand darauf legen und 5 nach innen und oben gerichtete Druckstösse verabreichen
   c) Druckstösse auf Brust anwenden, wie bei der Herz-Lungen-Wiederbelebung, mit derselben Rate und Körperhaltung
   d) den Patienten drehen und ihm auf den Rücken klopfen

117) (E,R) Schliessen neurologische Funktionsstörungen (z.B. Epilepsie) Tauchen in jedem Falle aus?
   a) absolut bei jeder Epilepsieform, sofern sie medikamentös behandelt werden muss und das EEG pathologisch ist
   b) relativ sofern über 5 Jahre anfallsfrei
   c) unbedenklich bei einmaligem Krampfanfall und EEG normal
   d) alle obengenannten Antworten sich richtig

118) (A,R) Bei einem Wracktauchgang auf 18 Meter zieht sich ein Taucher einen Schnitt an einer scharfen Kante zu. Das Blut, das aus dieser Wunde dringt, wird . . .
   a) hellrot erscheinen
   b) dunkelrot erscheinen und langsam ausströmen
   c) purpurfarben erscheinen und schnell verschwinden
   d) bräunlich-grünlich erscheinen
   e) nicht aus der Wunde treten, kaltes Wasser verhindert dies

119) (E,R,A) Anzeichen und Symptome von Schock können sein . . .
   a) rote Flecken auf der Haut Prickeln und ein taubes Gefühl in den Gelenken
   b) erhöhte Körpertemperatur, starkes Schwitzen und extremer Durst
   c) blasse Gewebefarbe, schwacher, rascher Puls, Unruhe und Verwirrung
   d) alles oben genannte ist richtig

120) (E) Nach der Erstuntersuchung behandelst du einen Patienten auf Schock, indem du . . .
   a) den Patienten ermutigst sich auszuruhen und viel warme Getränke zu sich zu nehmen
   b) die Körpertemperatur aufrecht erhältst, den Patienten eine liegende Position einnehmen lässt und seine Beine etwas anhebst (vorausgesetzt, dass keine Kopfverletzung vorliegt)
   c) den Patienten eine kalte Douche nehmen und danach für mindestens 8 Stunden schlafen lässt
   d) dem Patienten reinen Sauerstoff verabreichen, während du ihn zur nächsten Rekompressionskammer transportierst

Tauchmedizin

121) (E) Wenn du bei einem Patienten _____ feststellst, während du die Zweituntersuchung durchführst, solltest du ...
   a) eine innere Blutung / eine Abdrückstelle suchen
   b) Knochenbrüche / eine Abbindung anwenden
   c) Genick- oder Rückgradverletzungen / den Kopf immobilisieren und die Untersuchung stoppen
   d) Lähmungserscheinungen / den Patienten auf die linke Seite legen und Sauerstoff verabreichen

122) (E) An einem heissen, sonnigen Tag beginnt ein vollständig eingekleideter Taucher, sich unwohl zu fühlen. Sein Puls ist schnell und stark und seine Haut fasst sich heiss an, obwohl er nicht übermässig schwitzt. Du solltest ...
   a) von einer Hitzerschöpfung ausgehen, den Taucher in den Schatten sitzen lassen, sich ausruhen und viel Wasser trinken lassen
   b) von einem Hitzschlag ausgehen und ihn unverzüglich seinen Anzug ausziehen lassen, ihn in kühles Wasser tauchen oder feuchte Tücher verwenden um die Körpertemperatur zu senken, mit der „Ersten Hilfe" fortfahren und den Rettungsdienst rufen
   c) den Taucher auffordern, sofort den Tauchgang zu beginnen weil Wasser einen Abkühleffekt bewirkt
   d) den Taucher zu seiner Krankengeschichte befragen, um besser feststellen zu können, wo das Problem liegt

123) (E,R) Wie solltest du vorgehen, um einen Taucher mit leichter Unterkühlung aufzuwärmen ...
   a) lasse den Taucher richtig heisse Getränke zu sich nehmen
   b) bringe den Taucher in eine warme Umgebung, ziehe ihm den Tauchanzug aus, trockne ihn ab und erwärme Nacken, Achselhöhlen, Leistengegend
   c) lasse den Taucher körperliche Übungen machen, um ihn aufzuwärmen und damit fortfahren bis er beginnt zu schwitzen
   d) bewege den Taucher nicht – warte auf den Rettungsdienst

124) (E,R) Ein Taucher der an Unterkühlung leidet, kann ...
   a) geschwächt sein und seine Koordinationsfähigkeit verlieren
   b) verwirrt sein und das Bewusstsein verlieren
   c) blaue Lippen, Finger und Zehen haben und unkontrolliert zittern
   d) alles oben genannte ist richtig

125) (E,O) Einstiche, die von aquatischen Lebewesen - wie zum Beispiel durch Seeigel – herrühren, verursachen lediglich ein leichtes Unwohlsein und erfordern niemals eine Erste-Hilfe-Behandlung ...
   a) richtig
   b) falsch

Tauchmedizin

126) (E,O) Verletzungen durch giftige aquatische Lebewesen sind gekennzeichnet durch...
   a) Kratzer auf der Haut und tiefe, klaffende Einstichwunden
   b) schwere Schmerzen, örtliche Schwellungen und Rötungen und gegebenenfalls Schwäche, Übelkeit, Schock und Verwirrung
   c) Unbeweglichkeit in den Gelenken üblicherweise auf einer Seite
   d) alles obengenannte ist richtig

127) (E,O) Durch welches gewöhnliche Haushaltsmittel werden Nesselkapseln von Quallen neutralisiert...
   a) Bleichmittel
   b) Essig
   c) Süsswasser
   d) Speisesoda

128) (E,O) „Beinahe Ertrinken" tritt ein, wenn eine Person...
   a) sich im Wasser überanstrengt und fürchtet, zu ertrinken
   b) unter Wasser erstickt, dann aber erfolgreich wiederbelebt wird
   c) aufgrund eingeatmeten Wasser würgen muss, das Problem aber dann durch Husten löst
   d) in der Tiefe die Luft ausgeht und sie daraufhin einen Notaufstieg unter Herstellung von Auftrieb durchführt

129) (E,O) Ein Opfer von „Beinahe Ertrinken", das sich schnell erholt, braucht keine weitere medizinische Versorgung...
   a) richtig
   b) falsch

130) (D,E) Ein/e _____ ist eine Lungenüberdehnungsverletzung, bei der die sich ausdehnende Luft innerhalb der Brusthöhle zwischen den Lungenflügel eingeschlossen wird und Schmerzen unter dem Brustbein sowie Atemprobleme verursacht.
   a) Luftembolie
   b) mediastinales Emphysem
   c) subkutanes Emphysem
   d) Pneumothorax

131) (D,E) Die ernsteste und häufigste Lungenüberdehnungsverletzung ist...
   a) der Pneumothorax
   b) das subkutane Emphysem
   c) das mediastinale Emphysem
   d) die Luftembolie

Tauchmedizin

132) (E) Ein Taucher, der an einer Luftembolie leidet, wird über extreme Müdigkeit und Schmerzen in den Gelenken klagen ...
   a) richtig
   b) falsch

133) (E,R) Am Unfallort ist es wichtig festzustellen, ob ein Opfer an Dekompressions-Krankheit oder an einer Luftembolie leidet, weil die „Erste – Hilfe" in beiden Fällen unterschiedlich ist und damit der Rettungsdienst sich entsprechend vorbereiten und weiterinformieren kann ...
   a) richtig
   b) falsch

134) (E) Wenn du einem Patienten Sauerstoff verabreichst, der bei Bewusstsein ist, solltest du ein _____ Gerät verwenden. Wenn du einem bewusstlosen Patienten mittels einer Taschenmaske Sauerstoff verabreichst, verbinde die Sauerstoffleitung mit dem Einlassventil und stelle das Gerät auf _____ ein.
   a) atmungsabhängiges / Druckluft
   b) konstant strömendes / Wiederbelebung
   c) atmungsabhängiges / einen kontinuierlichen Strom
   d) konstant strömendes / 100% Bedarf

135) (E) Wenn du feststellst, dass es einige Stunden dauern wird, bis ein Taucher mit Verdacht auf Dekompressions-Krankheit medizinische Versorgung erhalten wird, solltest du ...
   a) versuchen, die Symptome des Tauchers zu mildern, indem du versuchst, ihn im Wasser zu rekomprimieren
   b) den Taucher zum Transport mit der linken Seite nach unten und dem Kopf tiefer auf eine Trage/Liegebett legen
   c) Flüssigkeit, Schmerzmittel und Kaltkompressen verabreichen, um die Schmerzen des Tauchers während des Transports zur nächsten Rekompressionskammer zu mildern
   d) während des Transports so lange wie möglich Sauerstoff in der höchsten Konzentration (100%) verabreichen ungeachtet dem Sauerstoffvorrat der dir zur Verfügung steht.

136) (E,R) Ein Taucher mit Symptomen einer Deko.-Erkrankung möchte aufstehen und herumgehen. Welchen Rat solltest du dem Patienten geben ...
   a) es ist gut, ein wenig herumzugehen, weil es das Unwohlsein verringert
   b) er sollte lieber liegen bleiben, da man bei manchen Tauchern bereits eine Verschlechterung der Symptome festgestellt hat, nachdem sie sich nur aufgesetzt hatten
   c) herumgehen ist keine gute Idee, aber sich aufsetzen ist wahrscheinlich bequemer
   d) er sollte lieber liegen bleiben, weil er hinfallen und sich verletzen könnte, wenn er plötzlich das Bewusstsein verliert

Tauchmedizin

137) **(E,R)** Unterkühlung (Hyperthermie) tritt nur in kalten Klimazonen mit kaltem Wasser- und Lufttemperatur auf...
a) richtig
b) falsch

138) **(E,R)** Wenn man einen bewusstlosen aber atmenden Taucher aus dem Wasser gebracht hat so sollte er Sauerstoff zum atmen bekommen, falls verfügbar...
a) richtig
b) falsch

139) **(O,A,R,D)** Krämpfe unter Wasser gehen von alleine vorbei wenn man nur lange genug wartet. Besondere Massnahmen sind nicht erforderlich...
a) richtig
b) falsch

140) **(E,O,A)** _____ im Blutstrom und in den Geweben sind Schuld daran, dass die Dekompressions-Krankheit so gefährlich ist...
a) Blasen
b) Giftstoffe
c) Abbauprodukte
d) keines der oben genannten

141) **(E,N,O,A,R)** Örtlich begrenzte Schmerzen, Schwächegefühl, Taubheitsgefühl und Lähmungen sind übliche Anzeichen und Symptome für...
a) Stickstoffnarkose
b) Sauerstoffvergiftung
c) Vergiftung durch verunreinigte Luft
d) Dekompressions-Krankheit

142) **(E,R)** Ein Taucher bei dem eine Dekompressions-Krankheit vermutet wird sollte...
a) nicht tauchen bis sich die Symptome legen
b) einen Arzt aufsuchen wenn es notwendig wird
c) Sauerstoff bekommen während weitere medizinische Versorgungen vorbereitet werden
d) b und c sind richtig

143) **(E,O,A)** Die meisten Verletzungen durch Meerlebewesen geschehen weil ein Tier...
a) hungrig ist
b) neugierig ist
c) verletzt ist
d) sich verteidigen will

Tauchmedizin

144) (O,A,R) Erschöpfung, Kälte, Erkrankung und Fettleibigkeit sind Faktoren, die zum Auftreten von _____ direkt beitragen können.
a) Stickstoffnarkose
b) Dekompressions-Krankheit
c) Vergiftung durch verunreinigtes Atemgas
d) alles oben genannte ist richtig

145) (E,R) Behandlung auf Schock, Verabreichung von Sauerstoff und Sicherstellen einer angemessenen Betreuung sind die empfohlenen „Erste Hilfe Massnahmen" bei Opfern von ...
a) Stickstoffnarkose
b) ausschliesslich Dekompressions-Krankheit
c) Dekompressions-Krankheit und Lungenüberdehnung
d) allen Tauchunfällen

146) (E) Mögliche DCI-Symptome sind ...
a) Lähmung
b) Verlust der Kontrolle über Blase und Darm
c) Taubheit und Kribbeln oder Schmerzen in den Extremitäten
d) alles obenstehende

147) (E,R) Ein Taucher bei dem Verdacht auf DCI besteht, kann von der Atmung reinen Sauerstoffs vor der medizinischen Behandlung profitieren weil ...
a) sie die Rekompression Behandlung überflüssig machen kann
b) Sauerstoff die Atmung anregt
c) Sauerstoff die Gefässe erweitert und dadurch die Blockierung gelöst werden kann
d) Symptome gelindert werden können und sich bei der Rekompressions-Behandlung bessere Ergebnisse einstellen können

148) (E,R) Einem atmenden, verletzten Taucher kann die höchstmögliche Sauerstoffkonzentration verabreicht werden über ...
a) eine Nasenkanüle mit 10 – 15 l/min
b) die oronasale Beatmungsmaske mit Sauerstoffzufuhr
c) die Non-Rebreather Maske bei 15 l/min
d) Demand-Ventil-Maske

149) (E,R) Was soll bei der Wahl der Sauerstoffflasche berücksichtigt werden, mit der einem verletzten Taucher Sauerstoff Soforthilfe geleistet wird ...
a) Verabreichungsmethode und Maskentyp
b) Flaschengrösse
c) Dauer und Entfernung bis zur nächsten Stufe der Rettungskette
d) alle diese Punkte müssen berücksichtigt werden

Tauchmedizin

150) **(E,O,A,R) Wie soll ein atmender verletzter Taucher (auf einem Tauchboot) gelagert werden, wenn Erbrechen droht ...**
   a) Flach auf dem Rücken
   b) auf einem anderen Boot
   c) in stabiler Seitenlage (mit gestützten Kopf)
   d) auf einer Tragbahre, bereit für den Hubschraubertransport

151) **(E,R) Bei der O_2-Hilfe für einen verletzten Taucher müssen die Ersthelfer ...**
   a) dafür sorgen, dass der verletzte Taucher die Maske alleine halten kann,
   b) für einen dichten Sitz der Maske sorgen
   c) die Sauerstoffzufuhr auf klein stellen, damit der Vorrat länger reicht
   d) undurchsichtige Masken verwenden, um das Gesicht des Tauchers im Schatten zu halten

152) **(E,R) Das Tauchboot ist drei Stunden von der Küste entfernt und du hast nur eine gefüllte Sauerstoff-Flasche, die für eine Stunde reicht. Wenn du einem atmenden, verletzten Taucher mit Verdacht auf DCI Sauerstoff-Soforthilfe leistest, solltest du _____ verwenden.**
   a) das Demand Ventil ohne Unterbrechung solange der Sauerstoffvorrat reicht
   b) die Non-Rebreather Maske mit geringerer Durchflussmenge, so dass der Sauerstoff für die gesamte Fahrt reicht
   c) die oronasale Beatmungsmaske mit einer mindest Durchflussmenge von 15 l/min
   d) das Demand Ventil, nur solange bis sich der verletzte Taucher besser fühlt

153) **(E) In einer Notsituation ist es überflüssig, zwischen Dekompressions-Krankheit und arterieller Gasembolie zu unterscheiden, weil ...**
   a) beide Erkrankungen nicht behandelbar sind
   b) beide Erkrankungen dieselben Erste Hilfe Massnahmen erfordern
   c) beide Ausdrücke die gleiche Erkrankung bezeichnen
   d) keines der obenstehenden

154) **(E,R) Die wichtigste Überlegung bei der Soforthilfe für einen verletzten Taucher ist vor Ort ...**
   a) Transport zur nächsten Kammer
   b) Sicherung der Vitalfunktionen
   c) O_2 in höchstmöglicher Konzentration
   d) Erhalt der Körperwärme und Rehydrierung

Tauchmedizin

155) (E,R) Wie sollte ein Taucher der nicht atmet, vorzugsweise aus einem Sauerstoffgerät mit Sauerstoff versorgt werden ...
   a) Mund-zu-Maske Beatmung über oronasale Beatmungsmaske mit Sauerstoffzufuhr
   b) Mund-zu-Mund Beatmung, bei welcher der Helfer eine Nasenkanüle benutzt
   c) Demand Ventil solange der Sauerstoff reicht
   d) Non-Rebreather Maske mit höchstmöglicher Durchflussmenge

156) (E,R) Für die „Mund-zu-Maske" Beatmung eines nicht atmenden, verletzten Tauchers über die oronasale Beatmungsmaske mit Sauerstoffzufuhr wird eine Durchflussmenge von wieviel l/min empfohlen ...
   a) 2
   b) 4
   c) 10
   d) 15

157) (E,R) Wie hoch ist die empfohlene anfängliche Durchflussmenge in l/min für die Sauerstoffversorgung eines verletzten Tauchers über die Non-Rebreather Maske ...
   a) 6
   b) 10
   c) 15
   d) 25

158) (E,R) Sauerstoff sollte verletzten Taucher nur abgegeben werden in oder in der Nähe von ...
   a) abgeschlossenen, unbelüfteten Räumen
   b) Erdölprodukten
   c) offenen, gut belüfteten Räumen
   d) brennbaren Materialien und anderen Zündquellen

159) (E,R) Das Erkennen der Warnsignale ist der erste Schritt, einen Tauchunfall zu bewältigen. Innerhalb welcher Zeit nach einem Tauchgang werden die meisten schwerwiegenden Anzeichen und Symptome auftreten ...
   a) 2 Stunden
   b) 12 Stunden
   c) 24 Stunden
   d) 48 Stunden

160) (E,R) Wenn du einem Taucher der ansprechbar und wach ist und keine Atembeschwerden hat, Flüssigkeit zu trinken geben willst, um die Rehydrierung zu unterstützen, solltest du dies womit tun ...
   a) koffein-, alkohol- und kohlensäurefreie Getränke
   b) Kaffee oder Tee
   c) Cola oder andere kohlensäurehaltigen Getränke
   d) Wein oder Bier, wenn es der letzte Tauchgang des Tages ist

Tauchmedizin

161) **(E,O,A,R) Das häufigste Gesundheitsproblem im Zusammenhang mit tödlichen Tauchunfällen ist ...**
    a) Migräne
    b) Drogen / Alkoholmissbrauch
    c) Herz-Kreislauf-Erkrankungen
    d) keines der obenstehenden

162) **(E) Bei Kammerflimmern, ...**
    a) wird das Blut rückwärts durch den Körper gepumpt
    b) ist das Herz völlig still, Blut wird überhaupt nicht mehr transportiert
    c) zuckt das Herz unkoordiniert, so dass kein Blut transportiert wird
    d) keines der obenstehendes

163) **(E) Die einzige Möglichkeit, ein flimmerndes Herz wieder zu rhythmischem Schlagen zu bringen ist ...**
    a) durch Herz-Lungen-Wiederbelebung
    b) mit einem Defibrillator
    c) durch offene Herzmassage
    d) durch Drücken der Reset Taste

164) **(E) Herz-Lungen-Wiederbelebung (HLW) hilft Leben retten. HLW ...**
    a) erhält die Sauerstoffversorgung des Körpers bis der Rettungsdienst eintrifft
    b) beschäftigt die Retter
    c) bereitet der Körper des Patienten auf invasivere Massnahmen vor
    d) keines der obenstehenden

165) **(E) Du solltest HLW geben ...**
    a) bis der Automated External Defibrillator (AED) betriebsbereit ist
    b) nach drei aufeinanderfolgenden, erfolglosen Defibrillationen
    c) wenn das Gerät „kein Defibrillieren" meldet
    d) alle obenstehenden

166) **(E) Ein AED dient vorübergehend als Schrittmacher, der dem Herzen zeigt, wie es schlagen soll, bis es seinen eigenen Rhythmus stabilisieren kann ...**
    a) richtig
    b) falsch

167) **(E) Mit jeder Minute, um die der Beginn der Defibrillation verzögert wird, sinken die Überlebenschancen des Patienten um _____ %.**
    a) 5
    b) 7 – 10
    c) 15 – 20
    d) die Überlebenschancen werden durch die Zeit bis zum Beginn der Defibrillation nicht verändert

Tauchmedizin

168) (E) Bringe die vier Aktivitäten der Überlebenskette in die richtige Reihenfolge ...
   a) schneller Einsatz professioneller Lebenserhaltung
   b) schneller Beginn der HLW
   c) schnell verfügbarer Rettungsdienst
   d) schneller Beginn der Defibrillation

169) (E) Um einen AED wirkungsvoll einsetzen zu können, musst du die Prinzipien der Sofortmassnahmen verstehen. Was gehört nicht zum Überprüfen der Vitalfunktionen ...
   a) Atemwege freimachen
   b) Arrhythmien feststellen (Herzmuskelstörung)
   c) Herz-Kreislauf-Funktionen überprüfen
   d) Atmung überprüfen

170) (E) Während du auf einen weiteren Helfer wartest, um den AED aufzubauen, führst du HLW nach der Einhelfermethode durch, dabei gibst du Herzdruckmassagen und Atemspenden in welchem Verhältnis ...
   a) 5 : 1
   b) 10 : 2
   c) 15 : 2
   d) 30 : 2

171) (E) In welchem Tempo sollte die Herzdruckmassage bei einer HLW durchgeführt werden ...
   a) 100 mal / Minute
   b) 120 mal / Minute
   c) 60 mal / Minute
   d) so schnell wie möglich

172) (E) Ehe du die Defibrillator Pads an den Patienten mit Herzstillstand anlegst, musst du den Brustkorb freimachen und trocknen
   a) richtig
   b) falsch

173) (E) Ein Defibrillator Pad wird oberhalb am Brustkorb angebracht, etwas unterhalb des Schlüsselbeins und rechts vom Brustbein. Das andere Pad kommt ...
   a) auf die untere linke Rippe, etwas unter der Brust
   b) auf die untere rechte Rippe, etwas unter der Brust
   c) direkt unter das erste Pad, über dem Magen des Patienten
   d) keines der obenstehenden

Tauchmedizin

174) (E) Damit die Pads guten Kontakt haben, sollten sie währen der Defibrillation auf die Brust des Patienten gedrückt werden ...
    a) richtig
    b) falsch

175) (E) Nach der ersten Defibrillation solltest du sofort die Atemwege freimachen und die Vitalfunktionen überprüfen ...
    a) richtig
    b) falsch

176) (E) Die meisten Probleme bei der Anwendung des AED haben Retter mit den Pads. Zu den häufigsten Problemen, auf die man achten muss, gehören ...
    a) offensichtliche Beschädigung
    b) Kabel nicht ganz im Gerät eingesteckt
    c) schlechter Kontakt wegen Brusthaar oder Feuchtigkeit
    d) alle obenstehenden

177) (E) AEDs sind wartungsarm konstruiert. Regelmässig zu überprüfen sind ...
    a) die Batterien, um sicherzustellen, dass das Gerät betriebsbereit ist
    b) die Verfalldaten auf den Pads um sicherzustellen, dass sie betriebsbereit sind
    c) alle weiteren Bestandteile des Sets, so dass alles an seinem Platz ist, wenn es gebraucht wird
    d) alle obenstehende

178) (E) AEDs können in feuchter Umgebung benutzt werde. Bevor die Pads aufgelegt werden, muss aber der Patient aus stehendem Wasser genommen und die Brust abgetrocknet werden ...
    a) richtig
    b) falsch

179) (E,O,A,R) Ein „Beinahe-Ertrunkener" sollte:
    a) dringend ermutigt werden, einen Arzt aufzusuchen, selbst wenn er sich gut fühlt
    b) Sauerstoff erhalten, falls verfügbar
    c) immer in einer Dekompressions-Kammer behandelt werden
    d) sowohl a als auch b sind richtig

Tauchmedizin

180) **(E,O,A,R,D) Das wichtigste bei einem bewusstlosen aber atmenden Taucher im Wasser zu tun, ist es ...**
a) sofort die Ausrüstung des Tauchers zu entfernen
b) sofort mit HLW zu beginnen
c) den Taucher an eine Stelle bringen, wo Erste Hilfe, Beatmung und / oder HLW auf effektive Weise erfolgen kann
d) dessen Tauchpartner zu finden, um festzustellen, was geschehen ist

181) **(E,A,R) Was verstehst Du unter Hyperkapnie oder Hypocadmie ...**
a) zu wenig Blutzucker
b) zu wenig CO_2, der Atemreiz wird nicht ausgelöst
c) zu viel CO_2 die Folge ist, ausser Atem zu kommen
d) zu wenig N_2

182) **(E,R) Es gibt verschiedene Faktoren, welche einen Einfluss auf die Dekompressionskrankheit haben ...**
a) die Blutzirkulation
b) der Stoffwechsel
c) hohe Wassertemperaturen
d) a und b sind richtig

183) **(E,R) Ein sehr stark fortgeschrittene Unterkühlung ...**
a) zeigt sich unter anderem folgende Symptome: Zittern und taube Finger und Zehen
b) kann durch Erwärmen leicht gelöst werden
c) ist nicht möglich beim Tauchen mit einem Trockenanzug
d) keine der Antworten ist richtig

184) **(E,R) Anzeichen für Konvulsionen unter Wasser sind ...**
a) Dekompressionserkrankungen
b) Sauerstoffvergiftung des ZNS
c) Sauerstoffvergiftung in den Lungen

185) **(E,R) Die Folgen eines erhöhten Stickstoffpartialdruckes sind folgende ...**
a) rot gefärbte Lippen
b) Carotis Sinus Reflex
c) Hypercadmie
d) Tiefenrausch

186) **(E,R) Ein Carotis Sinus Reflex kann folgende Ursachen haben ...**
a) eine zu eng anliegende Kopfhaube oder/und eine Halsmanschette
b) Rauchen vor dem Tauchgang
c) übermässiges Hyperventilieren
d) schlechte Atemtechnik oder schlecht gewartete Ausrüstung

Tauchmedizin

187) **(E,O,A,R) Hyperventilation vor dem Tauchen ergibt folgende Probleme ...**
   a) Erhöhung des O_2 Gehaltes im Blut damit längeres Freitauchen möglich wird
   b) Senkung des CO_2-Spiegels im Blut, der Atemreflex wird hinausgezögert
   c) Senkung des Kohlenmonoxidspiegels im Blut, wodurch der Atemreflex hinausgezögert wird
   d) es hat keinen Einfluss

188) **(E,R) Das Erkennen einer Kohlenmonoxidvergiftung unter Wasser ist schwieriger als an der Oberfläche, warum ...**
   a) weil es Geschmack und geruchlos ist
   b) weil unter Wasser die Farbe rot nur schwer zu erkennen ist
   c) da die Hypoxie unter Wasser später eintritt
   d) die Antworten b und c sind richtig

189) **(E,O,A,R) Barotrauma, welches ist die gefährlichste Art ...**
   a) Luft im Halsbereich
   b) Luftblasen in der Umgebung des Herzens
   c) Luft im Pleuralspalt
   d) Luft im arteriellen Blutkreislauf

190) **(E,O,A,R) Bei einem beinahe Ertrunkenem sollte auf keinen Fall folgendes unterlassen werden, auch wenn er sich wohl fühlt ...**
   a) die Person zur Beobachtung an eine medizinische Einrichtung überweisen
   b) dem Patienten zu trinken geben
   c) zu einem anderen Tauchgang mitnehmen
   d) in die Rekompressionskammer bringen

191) **(E,R) Ein Taucher ist verunfallt. Du vermutest, dass eine Dekompressionskrankheit vorliegt. Was wirst du auf keinen Fall tun ...**
   a) den Patienten ruhig lagern und Sauerstoff verabreichen
   b) Ersten Hilfe leisten und sofort medizinische Hilfe anfordern
   c) heiss duschen und viel bewegen damit die Stickstoffbläschen ausgeschieden werden
   d) Erste Hilfe leisten, Sauerstoff verabreichen, Notfalldienst alarmieren, den Patienten beruhigen

192) **(E,D) Wodurch wird Hypercapnie ausgelöst und was verstehst du darunter ...**
   a) zu viel Sauerstoff im Blut durch Hyperventilation
   b) zu wenig Sauerstoff im Blut durch schlecht gewartete Ausrüstung
   c) Überschuss an Kohlendioxyd im Blut, hervorgerufen durch schlechte Atemtechnik und/oder schlecht gewartete Ausrüstung
   d) zu wenig Kohlendioxyd im Blut durch Hyperventilation

Tauchmedizin

193) **(E,D)** Sauerstoff muss im Körper transportiert werden. Welche Stoffe sind dafür verantwortlich ...
   a) weisse Blutkörperchen
   b) Hämoglobin
   c) Lösung in dem Plasma
   d) Antwort b und c sind richtig

194) **(O,A,R,D)** Ein Sicherheitsstopp auf 5 m für 3 Minuten (je nach vorliegenden Verhältnissen: Wellenhöhe, Luftvorrat) soll nach jedem Tauchgang durchgeführt werden, damit ...
   a) soviel wie möglich CO_2 abgeatmet wird
   b) soviel wie möglich CO abgeatmet wird
   c) soviel wie möglich O_2 abgeatmet wird
   d) soviel wie möglich N_2 abgeatmet wird

195) **(D,S_{Tief})** Aus Unachtsamkeit wurde nach einem tiefen Tauchgang die Notfalldekompression ausgelassen. Was ist zu tun ...
   a) sofort wieder auf min. 12 Meter abtauchen
   b) reinen Sauerstoff atmen
   c) 24 Stunden nicht tauchen
   d) Antwort b und c sind richtig

196) **(E)** Nach einer Wundversorgung drückt Blut durch den angelegten Verband durch. Was ist zu tun ...
   a) Wunde abdrücken
   b) eine Abbindung anbringen
   c) einen neuen Verband anbringen und Druck auf die Wunde ausüben
   d) einen neuen Verband auf den alten anbringen und den Druck auf die Wunde fortsetzen

197) **(E)** Es gibt verschiedene Systeme zur Sauerstoffbeatmung. Welches ist das wünschenswerteste für den Gebrauch durch den Rettungstaucher ...
   a) mechanische Beatmungsgeräte
   b) Überdruck-Beatmungsgeräte
   c) Geräte mit atmungsabhängigem Ventil
   d) Geräte mit konstanter Sauerstoffzufuhr

198) **(E)** Eine Erstuntersuchung beinhaltet diverse Schritte. Bringe die nachstehend aufgeführten Schritte in die richtige Reihenfolge
   a) Kontrolle des Pulses ...
   b) Freimachen der Atemwege ...
   c) Ansprechen ...
   d) Kontrolle der Atmung ...

Tauchmedizin

199) (E) Äussere Herzmassage zum Hervorrufen einer Blutzirkulation und künstliche Beatmung kombiniert zur lebensrettenden „Erste-Hilfe-Technik", bezeichnet man als ...
   a) Atemwegkontrolle
   b) künstliche Zirkulation
   c) Erstuntersuchung
   d) Herz-Lungen-Wiederbelebung

200) (E) Eine kräftig hustende Person mit Verdacht auf blockiertem Atemweg, sollte ...
   a) ermutigt werden, weiter zu husten und sonst in Ruhe gelassen werden
   b) an sich die Methode nach Heimlich durchführen
   c) auf den Rücken gelegt werden und der Mund sollte mit einem Finger ausgeräumt werden
   d) Schläge auf den Rücken erhalten, um die Blockierung zu beseitigen

201) (E) Um festzustellen, ob der Patient atmet, ist ein guter Weg ...
   a) auf die Brust des Patienten zu schauen um zu sehen ob sich der Brustkorb hebt und senkt
   b) auf die Atemgeräusche hören
   c) mit dem Ohr das Ausatmen des Patienten „fühlen"
   d) alles genannte ist richtig

202) (E) Wenn während der Erstuntersuchung festgestellt wird, dass der Patient nicht atmet ...
   a) verabreiche zwei langsame, volle Beatmungen
   b) kontrolliere sofort den Puls
   c) verabreiche vier volle Rettungsbeatmungen
   d) schüttle den Patienten und versuche ihn anzusprechen
   e) versorge ihn ausreichend mit Flüssigkeit

203) (E) Nach dem Verabreichen der beiden ersten Beatmungen an einen Patienten der nicht atmet ist der Rhythmus bei Mund-zu-Mund-Beatmung eine Beatmung ...
   a) pro Minute
   b) alle fünf Sekunden
   c) alle 1,5 Sekunden
   d) alle 2 Sekunden

Tauchmedizin

204) (E) Wenn du eine Herzdruckmassage durchführst, liegt dein Handballen auf der Brust...
a) direkt auf der Brustmitte
b) auf der unteren Spitze des Brustbeins
c) auf der unteren Hälfte des Brustbeins etwas oberhalb des Fingers mit dem der untere Punkt des Brustbeins lokalisiert wird
d) irgendwo auf dem Brustbein, ohne jedoch die Rippen zu berühren, Rippenbruchgefahr

205) (E) Die empfohlene Anzahl der Kompressionen, bei Erwachsenen, bei der Herzdruckmassage ist...
a) so schnell wie möglich
b) 80 – 100 Kompressionen / Minute
c) eine Kompression alle 5 Sekunden
d) 60 Kompressionen / Minute

206) (E) Eine stark blutende Wunde muss versorgt werden. Ordne die aufgeführten Massnahmen in die richtige Reihenfolge:
a) Abdruckstelle...
b) Abbindung...
c) Druck direkt auf die Wunde...

207) (E) Eine Wundabbindung sollte von Zeit zu Zeit wieder gelöst werden. Nach wieviel Zeit...
a) alle 30 Minuten
b) jede Stunde
c) wenn der Patient über Schmerzen klagt
d) nur auf die Anweisung des Arztes

208) (E,R) Schock - „Erste-Hilfe" beginnt mit...
a) der Aufrechterhaltung der Körpertemperatur
b) der Durchführung der Schritte der Erstuntersuchung
c) der Flachlagerung des Patienten
d) dem Höherlegen der Füsse um 20 – max. 30 cm

209) (E) Was beinhaltet die Zweituntersuchung...
a) die Standard-Verfahren für lebensrettende Massnahmen
b) kann im Freigewässer durchgeführt werden
c) alles zusätzliche, um vorher nicht erkannte Verletzungen festzustellen
d) alle aufgeführten Antworten sind richtig

Tauchmedizin

210) **(E,R) Welche Anzeichen / Symptome treten bei einem Opfer eines Hitzschlages nicht auf ...**
a) hohe Körpertemperatur
b) kalte feuchte Haut
c) schneller, starker Puls
d) rötliche Hautfarbe

211) **(E,R) Höchste Priorität bei der Ersten Hilfe bei einem Hitzschlag besitzt ...**
a) sofort Körpertemperatur senken
b) Flüssigkeitsverlust verhindern
c) genaue Körpertemperatur des Patienten bestimmen
d) auf möglich eintretende Krämpfe achten

212) **(E) Die Notfallbehandlung eines Opfers mit einer schwereren Unterkühlung (Hypothermie) beinhaltet ...**
a) führe eine Erstuntersuchung durch
b) schütze das Opfer vor Wind und Wasser
c) muss das Wiederaufwärmen in einem Krankenhaus erfolgen
d) alle Antworten sind richtig

213) **(E,O,A,R) Die unten aufgeführten Anzeichen und Symptome zeigen nicht auf eine Verletzung durch ein giftiges Meerestier hin ...**
a) qualvolle Schmerzen
b) Lähmungserscheinungen
c) Herzstillstand
d) starke Blutung

214) **(E,O,A,R) Bei einer Vernesselung durch giftige Quallen besteht die „Erste Hilfe" darin, den betroffenen Körperteil für mindestens 30 – 90 Minuten in kaltes Wasser einzutauchen, damit das Gift neutralisiert werden kann:**
a) richtig
b) falsch

215) **(E) Gegenüber einer Lungenembolie sind die Symptome einer Deko-Krankheit eher ...**
a) leichter zu behandeln
b) deutlicher zu erkennen
c) gefährlicher
d) zeitlich verzögert

216) **(E,O,A,R,D) Vor dem Rückflug ist nach einschlägigen Richtlinien eine Tauchpause einzulegen. Warum ist dies notwendig ...**
a) damit das Tauchgepäck noch trocknen kann
b) um das Urlaubsziel am letzten Tag noch besser kennen zu lernen
c) um auf dem Flug keine Gesundheitsschäden wegen Reststickstoff zu riskieren

Tauchmedizin

217) (E) Welche Impfungen werden für einen Aufenthalt auf den Malediven empfohlen (2006)...
   a) Tollwut, Meningitis, Hepatitis A und B
   b) Gelbfiber, Hepatitis A und B, Typus
   c) Tetanus / Diphtherie, Polio, Hepatitis A und B, Typus

218) (O,A,R,D) Wird der Tiefenrausch nur vom Stickstoff verursacht...

219) (E,D) Wieviel beträgt die Vitalkapazität beim gesunden Erwachsenen und wie wird sie definiert...
   a) 2,0 – 2,5 Liter
   b) 4,5 – 5,7 Liter
   c) 5,5 – 7 Liter

220) (A,O) Was ist ein Unterdruckbarotrauma...
   a) kann nur in Tiefen ab 20 Meter, wenn der Druck zu hoch wird entstehen
   b) entsteht, wenn dem Körper schnell Luft entzogen wird.
   c) wenn der entstehende Unterdruck nicht schnell genug ausgeglichen wird
   d) kann nur in einer Tauchmaske vorkommen

221) (A,O) Welche Aufgabe haben die Atmung und das Herz-Kreislauf-System...
   a) es besteht kein Zusammenhang. Sie funktionieren unabhängig voneinander
   b) beide Systeme sind unabhängig voneinander für die Sauerstoffversorgung des Körpers wichtig
   c) Atmung und Herz-Kreislauf-System steuern sich gegenseitig
   d) die Atmung versorgt den Körper mit Sauerstoff und das Herz-Kreislaufsystem transportiert den Sauerstoff in die Zellen

222) (A,O) Was bewirkt die Hyperventilation...
   a) der Körper wird zu 100% mit Sauerstoff gesättigt
   b) Apnoetauchen kann man gefahrlos mit angehaltenem Atem lange Strecken
   c) durch die Hyperventilation wird der Stickstoff stark abgeatmet.
   d) der Körper baut verstärkt CO_2 ab. Es kann zum Schwimmbad-Blackout kommen

223) (A,O) Was ist ein Überdruckbarotrauma...
   a) eine Erkrankung, Verletzung durch zu hohen Druck, der nicht schnell genug ausgeglichen werden kann
   b) eine Erkrankung, Verletzung , durch zu hohen Luftdruck, der zu spät ausgeglichen wurde.
   c) eine Druckzunahme von 100%
   d) wenn der Taucher zu lange taucht.

Tauchmedizin

224) **(A,O) Dein Partner ist erkältet, will aber gleichwohl tauchen ...**
   a) ich gebe ihm Nasentropfen, dann kann er den Tauchgang problemlos durchführen
   b) ich gebe ihm noch zusätzlich Aspirin (gegen Fieber) dann wird getaucht.
   c) Tauchen ist erst wieder möglich, wenn die Erkältung vollständig ausgeheilt ist.
   d) ich gehe mit ihm zum Arzt und lasse ihm ein Medikament geben, damit er tauchen kann.

225) **(A,O) Was kann zu starkem Flüssigkeitsverlust vor dem Tauchen führen ...**
   a) zu fett und zu salzig essen.
   b) vor dem Tauchgang zuviel Kaffee getrunken
   c) zu wenig getrunken und einer starken Klimaanlage im Flufzeug oder im Hotelzimmer ausgesetzt.
   d) zu viel die Toilette aufgesucht.

226) **(A,O) Was kann zu starkem Flüssigkeitsverlust beim Tauchen führen ...**
   a) schwitzen und die trockene Atemluft aus dem Tauchgerät.
   b) Angst und Schweissausbruch.
   c) der hohe Druck auf den Körper.
   d) die Anstrengung beim Tauchen.

227) **(A) Was ist zu erfüllen, bevor man einen Notfallplan erstellt oder durchführt ...**
   a) die Kenntnisse in Erster Hilfe (Theorie und Praxis) müssen immer auf dem neuesten Stand sein.
   b) Notfallplan und die Durchführung ist Sache der Rettungsorganisation.
   c) für die Planung und die Durchführung von Notfallplänen sind nur Tauchlehrer befähigt.
   d) nur Rettungssanitäter sind befugt, Notfallpläne zu erstellen und durchzuführen.

228) **(A) Welche Aussage zum Herz-Kreislauf-System ist richtig ...**
   a) der rechte Herzmuskel pumpt das Blut in die Lungen und der linke Herzmuskel in die gesamte Körperperipherie.
   b) beide Herzmuskeln sind gleich kräftig, da sonst das Herz-Kreislauf-System nicht funktionieren würde.
   c) der linke Herzmuskel pumpt das Blut in die Lunge. Für den Gasaustausch wird sehr viel Blut benötigt und daher ist der linke Herzmuskel viel stärker als der rechte.
   d) der rechte Herzmuskel pumpt das Blut in die Lunge und in die gesamte Peripherie. Das linke Herz arbeitet mit einem Druck von ca. 120 mm Hg und ist dadurch kräftiger als der rechte Herzmuskel.

Tauchmedizin

229) **(A,O) Wann sind wir verpflichtet, in einem Notfall Erste Hilfe zu leisten ...**
   a) wir dürfen Erste Hilfe leisten, nur wenn wir ausgebildet sind.
   b) in einem Notfall müssen wir 112 wählen bzw. die Rettungskette aufbieten und warten. Inzwischen den Verletzten versorgen.
   c) nur wenn keine anderen Personen in der Nähe sind. Wenn andere Helfer da sind, Ruhe bewahren und diese nicht bei der Hilfe stören.
   d) wir müssen grundsätzlich Erste Hilfe leisten, wenn es die Situation erfordert, ausser wenn wir uns selber in Gefahr begeben.

230) **(A) Was kann ein Schock für den Menschen bedeuten ...**
   a) bei einem Schock bleibt das Herz stehen und man muss sofort mit der HLW beginnen.
   b) bei einem Schock steigt der Blutdruck immer mehr an. Daher muss der Betroffene in die Schocklage gebracht werden. Nichts zu trinken geben, da Gefahr besteht, dass sich der Betroffene verschlucken kann.
   c) bei einem Schock besteht für den Betroffenen Lebensgefahr, da der Kreislauf vollständig zusammenbrechen kann. Daher muss der Helfer den Betroffenen in die Schocklage bringen, ihn beruhigen und ihm wenn möglich Wasser zu trinken geben.
   d) bei einem Schock fällt der Blutdruck zusammen. Daher muss der Betroffene in stabile Seitenlage gebracht werden, da Gefahr zum Erbrechen besteht.

231) **(A) Was versteht man unter Reanimation ...**
   a) eine Reanimation ist die Versorgung mit 100% Sauerstoff
   b) Reanimation bedeutet: Herzdruckmassage, Defibrillation und Beatmung.
   c) Reanimation ist das Ansprechen eines Schockpatienten.
   d) Reanimation bedeutet, Beruhigen eines Patienten.

232) **(A) Wie ist bei einem Kreislaufstillstand bei einem Wasserunfall vorzugehen ...**
   a) Wasser aus der Lunge absaugen und dann mit HLW beginnen.
   b) bei einem Kreislaufstillstand durch Sauerstoffmangel wie bei Tauchunfällen immer zuerst zweimal beatmen und dann erst das Herz komprimieren.
   c) sofort 100% Sauerstoff verabreichen und auf den Notarzt warten.
   d) Oberkörper nach unten richten und das Wasser ablaufen lassen, bevor mit der HLW begonnen werden kann.

233) **(A) Was verstehen wir unter AED ...**
   a) Analytische elektronische Diagnose
   b) Automatische elektronische Defibrillation
   c) Autogene externe Defibrillation
   d) Automatisierte externe Defibrillation

Tauchmedizin

234) **(A) Was gilt für den Einsatz eines AED ...**
   a) der Anwender kann keine Fehler machen. Das Gerät gibt ihm Anweisungen.
   b) AED-Geräte dürfen nur von medizinischen Fachpersonen angewendet werde, da sie sehr kompliziert sind.
   c) AED-Geräte funktionieren nicht bei implantierten Herzschrittmachern.
   d) AED funktionieren nicht bei feuchten Untergründen.

235) **(A) Ein schnelles Eingreifen mit einem AED-Gerät ist wichtig, warum ...**
   a) weil so schnell wie möglich Sauerstoff in den Körper kommen muss. Ohne AED-Anwendung ist dies nicht möglich.
   b) pro Minute Kammerflimmern sinkt die Erfolgschance um 10%. Können wir innerhalb der ersten Minuten ein AED-Gerät einsetzen, haben wir bis zu 90% Behandlungserfolg.
   c) wir müssen so schnell wie möglich einen Schock über das AED_Gerät abgeben, damit das Herz wieder schlägt.
   d) das AED-Gerät ist schnell anzuwenden, da es nach ca. 10 Minuten keine Wirkung mehr zeigt.

236) **(A) Eine 100% Sauerstoffabgabe bei einem Tauchunfall ist wichtig, warum ...**
   a) Sauerstoff wirkt als Blutverdünner und somit können die Stickstoffbläschen schneller aus dem Körper ausscheiden.
   b) Sauerstoff löst den hohen CO_2- Spiegel schnell auf und mindert damit die Vergiftungsgefahr
   c) 100% Sauerstoff verschafft ein hohes Gefälle zwischen Sauerstoff und Stickstoff. Der Sauerstoff eliminiert den Stickstoff.
   d) beim Tauchunfall muss der Sauerstoff so schnell wie möglich in das ZNS gebracht werden, damit der Betroffene nicht in Ohnmacht fällt.

237) **(A) Es gibt verschiedene Sauerstoffsystem, welchen Vorteil weisen sie auf ...**
   a) es gibt keine Unterschiede zwischen den Systemen, Sauerstoff darf ohnehin nur durch Ärzte angewendet werden.
   b) das Wennollsystem ist mit Abstand das beste System, da es am längsten Sauerstoff liefern kann.
   c) das Demandsystem ist klar das beste, da es sofort 100% Sauerstoff liefern kann.
   d) je nach Einsatzort und Bedarf ist genau zu überlegen, welches System man verwenden soll. Wichtig ist, dass alle 100% Sauerstoff liefern können.

238) **(A,O) Welche Einflüsse können beim Tauchen zum Enstehen eines Tauchunfalles führen ...**
   a) Kälte, Dehydration, schlechte Fitness, Übergewicht,, zu wenig Schlaf, Alkohol, Rauchen, Stress, Erkältung, PFO, zu schneller Aufstieg-
   b) bei guter Ausbildung kann kein Tauchunfall vorkommen.
   c) Tieftauchen unter 20 Meter ohne entasprechende Ausbildung.
   d) alle Antworten sind richtig.

Tauchmedizin

239) (A,O) Wir stellen einen Tiefenrausch bei unserem Partner fest. Wie verhalten wir uns...
   a) sofort unter Oktopusatmung aufsteigen und Tauchgang beenden.
   b) einen Neurocheck durchführen um festzustellen, ob es sich um einen Tiefenrausch handelt.
   c) ein Tiefenrausch tritt erst ab 40 Meter auf, daher besteht auf lediglich 30 Meter kein Handlungsbedarf.
   d) wenn der Tauchpartner sich völlig untypisch verhält, sichern wir ihn, beobachten ihn intensiv und steigen mit ihm vorschriftsgemäss auf und beenden den Tauchgang.

240) (O) Du befolgst grundsätzlich die Regeln des Tauchplans zur Prävention eines DCS Vorfalls. Welche Massnahme ist besonders geeignet...
   a) reichlich Wasser oder vor dem Tauchen angemessene Flüssigkeiten trinken.
   b) achte darauf, dass du hydriert bleibst
   c) ein Bier vor dem Tauchgang verhütet eine DCS-Erkrankung langfristig vollständig.
   d) Antwort a und b sind richtig

241) (A) a) Was ist ein „5-Minuten-Neuro-Check"...
   b) Wann wird er angewendet...
   c) Wie oft kann er wiederholt werden...

242) (A) Anzeichen und Symptome von Stickstoffnarkose sind _____ und verschwinden normalerweise sofort, wenn der Taucher _____ gebracht wird.
   a) Euphorie / in geringe Tiefe
   b) Euphorie / in grössere Tiefe
   c) Angst / in eine Rekompressionskammer
   d) Angst / in grössere Tiefe

243) (A) Was ist Anoxie...
   a) zu wenig O_2
   b) zu viel O_2
   c) kein N_2
   d) kein O_2

244) (A) Faktoren, welche einen Einfluss auf die Dekompressionskrankheit haben, sind...
   a) Blutzirkulation
   b) Stoffwechsel
   c) a) und b) sind richtig
   d) höhere Wassertemperatur

Tauchmedizin

245) (A) Das Atmen eines Gemisches von 4% Kohlenmonoxyd an der Oberfläche hat den gleichen negativen (positiven) Effekt auf deinen Körper, als ob du ein Gasgemisch mit _____% Kohlenmonoxyd auf 40 Meter atmen würdest...
    a) 0,8
    b) 1,0
    c) 4,0
    d) 20

246) (A) Konvulsion unter Wasser sind ein Zeichen für...
    a) Dekompressionserkrankung
    b) Sauerstoffvergiftung des zentralen Nervensystems
    c) Sauerstoffvergiftung in den Lungen

247) (A) Was sollte man bei einem verunglückten Taucher, bei welchem Symptome einer Dekompressionskrankheit oder ähnliche Anzeichen vermutet werden auf jeden Fall unterlassen...
    a) ruhig lagern und Sauerstoff verabreichen
    b) Erste Hilfe leisten und sofort medizinische Hilfe anfordern
    c) heiss duschen und viel bewegen, damit die Stickstoffbläschen eliminiert werden und der Taucher seine Bewegungsfähigkeit beibehält, auf keinen Fall Sauerstoff verabreichen
    d) Erste Hilfe leisten, Sauerstoff verabreichen, Notfalldienst alarmieren und den Patienten beruhigen

248) (A) Welches ist die gefährlichste Art von Barotrauma...
    a) Luft im Halsbereich
    b) Luftblasen in der Umgebung des Herzens
    c) Luft im Pleuraspalt
    d) Luft im arteriellen Blutkreislauf

249) (A) Was ist das Problem bei einem Pneumothorax...
    a) Luft zwischen Lunge und Lungenfell, welches sich während dem Aufstieg ausdehnt und Herzprobleme verursachen kann
    b) Luft im Nackenbereich, welches das Sprechen beeinträchtigt
    c) Luft im Blut
    d) Luft im Gewebe ausserhalb des Herzens, welches sich beim Aufstieg ausdehnt und Kurzatmigkeit hervorruft

250) (A) 1% Kohlenmonoxyd (CO) auf einer Tiefe von 30 Metern eingeatmet hat den selben Effekt wie wenn man _____% Kohlenmonoxyd an der Oberfläche atmen würde.
    a) 1
    b) 2
    c) 3
    d) 4

Tauchmedizin

251) **(A) Warum ist es wichtig einer Person mit einer Dekommpressionskrankheit reinen (100%) Sauerstoff zu verabreichen ...**
   a) reiner Sauerstoff sorgt für einen besseren Stoffwechsel
   b) zur Minderung des Partialdruckes von Stickstoff in der Atemluft
   c) zur Verbesserung der Durchblutung
   d) zur Verlängerung des Zeitabstandes zwischen zwei Atemzügen

252) **(A) Was ist der „Mammalien Dive Reflex" – „Tauchreflex von Säugetieren" (Bradycardie) ...**
   a) die freundliche Reaktion der Wale auf Taucher
   b) ein Drang, um an die Oberfläche zurückzukommen
   c) Stress verursacht durch ein „Kopf-über"-Abtauchen von der Oberfläche
   d) eine Reaktion auf kaltes Wasser und Druck, welche den Pulsschlag herabsetzt.

253) **(A) Wenn du einer Person mit Hitzschlag Erste Hilfe leistest, solltest du ...**
   a) den Patienten an einen kühlen Ort bringen und zu trinken geben
   b) den Patienten auffordern sich hinzulegen und Sauerstoff verabreichen
   c) den Patienten abkühlen, dann an einen kühlen Ort bringen und zu trinken geben
   d) den Patienten abkühlen und den medizinischen Notfalldienst alarmieren

254) **(A) Wodurch kann eine Vertigo (Drehschwindel) entstehen ...**
   a) kaltes Wasser in einem Ohr
   b) Riss im Trommelfell
   c) leichte Form einer Umkehrblockierung in einem Ohr
   d) alle Antworten sind richtig

255) **(A) Was kann durch das Rauchen verursacht werden ...**
   a) erhöhter Kohlenmonoxydspiegel
   b) Schwächung des Lungengewebes und dadurch Gefahr einer Lungenüberdehnung
   c) es schadet der allgemeinen Gesundheit
   d) alle genannten Antworten sind richtig

256) **(A) Nach einem Lungenüberdruckunfall, kann sich Luft in der Mitte der Brust, zwischen den Geweben und um das Herz herum sammeln. Dieses deutet auf einen ernsten Zustand den man wie folgt nennt ...**
   a) Pneumotorax
   b) Mediastinales Emphysem
   c) Luftembolie
   d) Unterhaut (Subkutanes) Emphysem

Tauchmedizin

257) **(A) Wie lautet die Definition der „Stillen Blasen"...**
   a) Blasen, welche mit dem Doppler Detektor nicht zu erkennen sind und deshalb nicht zu beachten sind
   b) Blasen, welche keine Anzeichen und Symptome einer Dekompressions Krankheit verursachen
   c) Blasen in den Nervenbahnen, welche eine Stickstoffnarkose verursachen
   d) Blasen, welche Anzeichen und Symptome einer Dekompressionskrankheit hervorrufen

258) **(A) Was hat die Eustachische Röhre beim Tauchen für eine Aufgabe...**
   a) sie verbindet die Nasenhöhle mit der Mundhöhle, und sorgt dafür, dass auch beim Tauchen die Nase belüftet wird
   b) gar keine, die Eustachische Röhre verbindet die Nasenhöhle mit der Mundhöhle, aber man atmet beim Tauchen nicht durch die Nase
   c) sie erlaubt es dem Taucher auch in grösserer Tiefe über den Mund zu atmen
   d) sie sorgt dafür, dass im Ohr ein Druckausgleich hergestellt werden kann.

259) **(A) Was für Auswirkungen kann ein Schnupfen auf das Tauchen haben...**
   a) ein Schnupfen hat keine Auswirkungen, solange man durch den Mund gut atmen kann
   b) der Schnupfen kann dazu führen, dass der Druckausgleich schwerer geht und man langsamer abtauchen muss
   c) die geschwollenen Schleimhäute können verschiedene Barotraumen (der Nebenhöhlen oder des Trommelfells) verursachen
   d) wenn man die Schleimhäute durch Nasenspray zum Abschwellen bringt, kann man ruhig tauchen gehen

260) **(A) Welches Gas im Blut löst beim Tauchenden Tiefenrausch aus...**
   a) Sauerstoff
   b) Kohlendioxyd
   c) Kohlenmonoxyd
   d) Stickstoff

261) **(A) Welchen Einfluss hat die Tauchtiefe auf die Menge des gelösten Stickstoffs in den Muskeln...**
   a) der gelöste Stickstoff lagert sich ein und verursacht Muskelkater, wenn man zu tief taucht.
   b) in den Muskeln wird kein Stickstoff gelöst
   c) es wird mehr Stickstoff gelöst, daher sollte man nur begrenzte Zeit auf Tiefe bleiben, um eine zu starke Aufsättigung zu vermeiden
   d) der Einfluss zeigt sich erst auf Tiefen, die ausserhalb des Sporttauchbereichs liegen.

Tauchmedizin

262) **(A) Wann kann ein Taucher ein Barotrauma bekommen ...**
   a) ein Barotrauma kann sowohl bei Ab- und Auftauchen entstehen
   b) ein Barotrauma kann nur entstehen, wenn eine Dekostufe ausgelassen wurde
   c) ein Barotrauma kann nur beim Auftauchen entstehen
   d) ein Barotrauma kann nur beim Abftauchen entstehen.

263) **(A) Was ist Hypokapnie ...**
   a) zuwenig Blutzucker
   b) zu wenig CO_2 um den Atemreiz auszulösen
   c) zu viel CO_2
   d) zu wenig N_2

264) **(A) Wie und wodurch wird Hypokapnie ausgelöst ...**
   a) zu viel Sauerstoff im Blut durch Hyperventilation
   b) zu wenig Sauerstoff im Blut durch schlecht gewartete Ausrüstung
   c) Überschuss an Kohlendioxyd im Blut hervorgerufen durch schlechte Atemtechnik und / oder schlecht gewartete Ausrüstung
   d) zu wenig Kohlendioxyd im Blut durch Hyperventilation

265) **(A) Welches Problem kann normalerweise beim Tauchen im Bereich der Ohren nicht auftreten ...**
   a) Riss des Trommelfells
   b) Riss des runden Fensters
   c) Riss des ovalen Fensters
   d) füllen des Mittelohrs mit Gewebeflüssigkeit

266) **(A) Zu viel Sonne hat zufolge, dass der Taucher überhitzen kann und in den Schatten gehen muss. Der Taucher überhitzt, weil die Energie der Sonne durch _____ übertragen wird.**
   a) die Wärme der Sonne ist nicht relevant in dieser Frage
   b) Strahlung
   c) Leitung
   d) Konvektion

267) **(A) Der Tauchsport fordert bestimmte medizinische Voraussetzungen, welche sind das ...**
   a) Tauchtauglichkeit ärztlich attestiert
   b) Nachweis über Tauchtauglichkeit nur für Berufstaucher erforderlich
   c) die Gesundheit kann selber eingeschätzt werden
   d) es ist keine tauchärztlich Untersuchung notwendig

Tauchmedizin

268) **(A) Was verstehst du unter einem Unterdruckbarotrauma...**
   a) kann nur in Tiefen ab 20 m Salzwasser entstehen
   b) wenn dem Körper zu schnell Luft entzogen wird
   c) wenn der entstehende Unterdruck nicht schnell genug ausgeglichen werden kann
   d) kann nur in einer Tauchmaske entstehen

269) **(A) Was kann die Hyperventilation bewirken...**
   a) der Körper wird zu 100% mit Sauerstoff gesättigt
   b) der Taucher ist befähigt, gefahrlos mit angehaltenem Atem weite Strecken zu tauchen (Apnoetauchen)
   c) durch die Hyperventilation wird der Stickstoff stark abgeatmet
   d) der Körper baut verstärkt CO_2 ab. Es kann zum Schwimmbad-Blackout kommen

270) **(A) Der Tauchgang zeigt verschiedene Phasen auf. Nenne die richtige Reihenfolge...**
   a) Dekompression, Isopression, Kompression
   b) Kompression, Dekompression, Isopression
   c) Isopression, Kompression, Dekompression
   d) Kompression, Isopression, Dekompression

271) **(A) In welcher der in Aufgabe 270 aufgeführten Tauchphasen befindet sich der Kontrollstopp und der Sicherheitsstopp...**
   a) Kontrollstopp in der Kompressionsphase, der Sicherheitsstopp in der Dekompressionsphase
   b) Kontrollstopp in der Isopressionsphase und der Sicherheitsstopp in der Kompressionsphase
   c) Kontrollstopp in der Kompressionsphase und der der Sicherheitsstopp in der Isopressionsphase
   d) Kontrollstopp in der Dekompressionsphase und der Sicherheitsstopp in der Kompressionsphase

272) **(A) Meerestiere sind Verletzungsverursacher, welche Verletzungen sind möglich...**
   a) Bissverletzungen mit und ohne Gift
   b) Stich- und Schnittverletzungen mit und ohne Gift
   c) Vernesselung
   d) alle Antworten sind richtig.

Tauchmedizin

273) **(0) Welche Aufgabe haben Atmung und das Herz-Kreislauf-System ...**
   a) es besteht kein Zusammenhang. Beide funktionieren unabhängig voneinander
   b) beide Systeme sind für die Sauerstoffversorgung wichtig, haben aber nichts Gemeinsames
   c) Atmung und Herz-Kreislauf-System steuern sich gegenseitig
   d) die Atmung versorgt den Körper mit Sauerstoff und das Herz-Kreislauf-System transportiert den Sauerstoff in die Zellen.

274) **(0) Wie kann die Funktionsweise des Herz-Kreislauf-Systems umschrieben werden ...**
   a) der rechte Herzmuskel pumpt das Blut in die Lunge und der linke Herzmuskeln in die gesamte Körperperipherie
   b) beide Herzmuskel sind gleich kräftig, da sonst das Herz-Kreislauf-System nicht funktionieren würde
   c) der linke Herzmuskel pumpt das Blut in die Lunge. Für den Gasaustausch wird sehr viel Blut benötigt, daher ist der linke Herzmuskel stärker ausgebildet
   d) der rechte Herzmuskel pumpt das Blut in die Lunge und in die gesamte Körperperipherie. Der linke Herzmuskel arbeitet mit einem Druck von 120 mm Hg. Der linke Herzmuskel ist dadurch stärker als der rechte.

275) **(0) Ein Dekompressionsunfall zeigt verschiedene Anzeichen. Welche ...**
   a) vermutlich liegt eine Sauerstoffvergiftung vor. Zulange und auch zu tief getaucht
   b) zu schnell aufgetaucht, der Körper hat sich noch nicht wieder auf die geänderten Druckverhältnisse eingestellt
   c) der Körper kann den gesättigten Stickstoff nicht schnell genug abatmen. Er bildet an irgend einer Stelle im Körper Blasen und verursacht dadurch Störungen
   d) Atemnot und hellroten Schaum vor dem Mund haben die Atemwege krampfartig verstopft.

276) **(0) Verletzungen durch Meerestiere sind zu vermeiden. Wie muss du dich verhalten ...**
   a) vorsichtiges Tauchen, richtig tarieren ergibt Abstand zu den Meeresbewohner
   b) einen kompletten Tauchanzug schützt genügend vor Bissen und vor Vernesselung.
   c) Meerestiere haben Angst und den Tauchern. Eine Berührung ist eher selten.
   d) nur Haie können einen Taucher ernsthaft gefährden.

Tauchmedizin

277) (O) Einen Notfall tritt ein. Bist du verpflichtet „Erste Hilfe" zu leisten . . .
   a) wir dürfen nur Hilfe leisten, wenn wir dafür ausgebildet sind. Bei ungeeigneter Hilfe sind rechtliche Konsequenzen nicht auszuschliessen.
   b) im Notfall müssen wir den Rettungsdienst anfordern und warten bis die Sanitäter vor Ort sind
   c) nur wenn keine anderen Personen verfügbar sind. Wenn andere Helfer da sind, sollen wir diese nicht bei der Arbeit stören
   d) wir müssen grundsätzlich Erste Hilfe leisten, wenn es die Situation erfordert, es sei denn, unseres eigene Leben und unsere Gesundheit könnte in Gefahr kommen.

278) (O) Ein wichtiger Körperteil ist die Lunge. Wie ist sie aufgebaut . . .
   a) ein Hohlraum, der den Sauerstoff ins Blut transportiert
   b) die Lunge ist mit einem Schwamm zu vergleichen. Sie ist durch einen Unterdruck am Brustkorb aufgespannt
   c) die Lunge ist wie das Herz ein Muskel, der den Sauerstoff ins Blut pumpt
   d) die Lunge funktioniert vergleichbar mit einem Blasebalg.

279) (O) Ein Schock kann lebensbedrohlich sein. Was bedeutet er für den Menschen . . .
   a) bei einem Schock bleibt das Herz stehen und man muss unverzüglich mit der HLW beginnen
   b) bei einem Schock steigt der Blutdruck immer mehr an. Daher ist der Betroffene in Schocklage zu bringen. Es darf keine Flüssigkeit verabreicht werden
   c) der Blutdruck fällt ab. Eine stabile Seitenlage ist angezeigt wegen der Erbrechungsgefahr
   d) bei einem Schock besteht immer unmittelbare Lebensgefahr, da der Kreislauf zusammenbrechen kann.

280) (O) In Notfällen kann eine Reanimation notwendig werden. Was versteht man darunter . . .
   a) eine Reanimation besteht in der Versorgung mit 100% Sauerstoff
   b) Reanimation bedeutet: Herzdruckmassage, Defibrillation und Beatmung
   c) Reanimation ist das Behandeln eines Schockpatienten
   d) darunter fällt, das Beruhigen eines Patienten und das Herstellen der lebensnotwendigen Funktionen.

281) (O) Ein Notfall tritt ein. Am Tauchplatz erleidet ein Taucher nach dem Tauchgang einen Kreislaufstillstand. Wie ist vorzugehen . . .
   a) Wasser (wenn vorhanden) aus der Lunge absaugen. Anschliessend mit der HLW beginnen. Erst wenn das Wasser vollständig aus den Alveolen entfernt ist, kann das Herz-Kreislauf-System reanimiert werden
   b) immer zuerst zweimal beatmen und dann erst 30-mal das Herz komprimieren
   c) sofort 100% Sauerstoff verabreichen und auf den Notarzt warten
   d) Oberkörper nach unten richten, damit alles Wasser aus der Lunge fliessen kann, bevor wir die HLW einleiten.

Tauchmedizin

282) (0) Ein AED steht zur Verfügung am Notfallplatz. Was gilt bei einem Einsatz...
   a) der Anwender kann keinen Fehler machen, er schaltet das Gerät ein und folgt den Anweisungen des AED
   b) AED-Geräte dürfen ausschliesslich von medizinisch ausgebildetem Personal angewendet werden
   c) AED-Geräte funktionieren nicht bei einem Patienten mit implantiertem Herzschrittmacher
   d) AED-Geräte funktionieren nicht bei feuchter Umgebung.

283) (0) Ein Einsatz eines AED im Notfall muss rasch erfolgen. Warum ist eine schnelle Reaktion entscheidend...
   a) weil so schnell wie möglich Sauerstoff in den Körper kommen muss. Die Sauerstoffabgabe ist entscheidend für den Behandlungserfolg
   b) in jede Minute Kammerflimmern sinken die Erfolgschancen um ca. 10%. Bei einer Hilfe in den ersten Minuten haben wir bis zu 90% Behandlungserfolg
   c) ein Schock mit dem AED, verursacht, dass das Herz wieder zu schlagen beginnt
   d) ein Einsatz eines AED zeigt nach 10 Minuten keine Wirkung mehr, darum ist schnell zu handeln.

284) (0) In der Tauchausbildung werden mehrere unterschiedliche Sauerstoff-Systeme vorgestellt. Gibt es Unterschiede und wo liegen die Vorteile der Systeme...
   a) zwischen den verschiedenen Systeme gibt es keinen Unterschied
   b) das Wenollsystem ist mit Abstand das beste System, da es lange Sauerstoff liefern kann.
   c) das Demandsystem ist das beste System, da es sofort 100% Sauerstoff liefern kann. Sauerstoff darf ohnehin nur durch Ärzte angewendet werden
   d) je nach Einsatzort und Bedarf muss man sich genau überlegen, welches System man verwenden soll, sofern man überhaupt die Wahl unter mehreren Systemen hat. Wichtig ist nur, dass 100% Sauerstoff verabreicht werden kann.

285) (0) Ein Notfall liegt vor. Der Verunfallte ist in eine „stabile Seitenlage" zu bringen. Welche Vorteile sieht man darin...
   a) sie ist einfach und schnell durchführbar
   b) sie birgt keine Verletzungsgefahr durch Verrenkungen
   c) der Patient kann schnell wieder in Rückenlage gedreht werden
   d) alle Antworten sind richtig.

Tauchmedizin

286) (O) Nach erfolgter Ersten Hilfe ist zuhanden des Rettungspersonals ein Unfallprotokoll zu erstellen. Was ist dabei wichtig...
   a) wann ist der Taucher aus dem Wasser gekommen, die Tauchgangsdaten (Tiefe, Zeit, Tauchprofil) sind sicherzustellen
   b) wieviel Dekozeit hat er allenfalls verpasst, Kann er Arme und Beine bewegen, stehen, weiss er wer und wo er ist
   c) wann wurden die ersten Anzeichen eines Unfalls entdeckt, ist er blass, ist ihm schwindlig
   d) alle Antworten sind richtig

287) (O) Ein untrainiertes Herz schlägt bei Belastung 150 mal/min. Das Schlagvolumen beträgt 65 ml. Wie hoch ist das Herzminutenvolumen und lässt es sich durch höhere Frequenz weiter steigern...
   a) 8 Liter ja
   b) 9 Liter ja
   c) 9,75 Liter nein
   d) 9,75 Liter ja

288) (O) Du hast einen leichten Schnupfen und spürst beim Abtauchen stechenden Schmerzen in der Stirne und seitlich der Nase. Woran liegt das und was ist zu tun...

289) (O) Das häufigste Gesundheitsproblem im Zusammenhang mit tödlichen Tauchunfällen ist...
   a) Migräne
   b) Drogen / Alkohol
   c) Herz- Kreislauferkrankungen
   d) keines der genannten

290) (O) Die häufigste Ursache für einen plötzlichen Herzstillstand ist...
   a) Magenverstimmung
   b) Kammerflimmern
   c) Panik
   d) alle aufgezählten

291) (O) Die einzige Möglichkeit ein flimmerndes Herz wieder zu rhythmischen Schlägen zu bringen ist...
   a) durch Herz-Lungen-Wiederbelebung
   b) mit einem Defibrillator
   c) durch offene Herzmassage

Tauchmedizin

292) **(E) Du sollst HLW anwenden ...**
 a) bis der AED betriebsbereit ist
 b) nach drei aufeinanderfolgenden, erfolglosen Defibrillationen
 c) wenn das Gerät „keine Defibrillation" meldet
 d) alle Antworten sind richtig

293) **(E) Der AED dient vorübergehend als Schrittmacher, der dem Herzen zeigt, wie es schlagen muss, bis es seinen eigenen Rhythmus stabilisieren kann ...**
 a) richtig
 b) falsch

294) **(O) Bringe die vier Glieder der Überlebenskette in die richtige Reihenfolge ...**
 a) schneller Einsatz einer professioneller Lebenerhaltung
 b) schneller Beginn mit der HLW
 c) schnell verfügbarer Rettungsdienst
 d) schneller Beginn der Defibrillation

295) **(O) Um den Defibrillator wirksam einsetzen zu können, musst du die Prinzipien der Sofortmassnahmen verstehen. Was gehört nicht zur Überprüfung der Vitalfunktionen ...**
 a) Atemwege freimachen
 b) Arrhthmien feststellen
 c) Herz-Kreislauffunktionen überprüfen

296) **(E) Nach der ersten Defibrillation sollst du sofort die Atemwege freimachen und die Vitalfunktionen überprüfen bevor erneut eine Defibrillation ausgeläst wird ...**
 a) richtig
 b) falsch

297) **(E) Einem atmenden, verletzten Taucher soll die höchstmögliche Sauerstoffkonzentration verabreicht werden durch ...**
 a) eine Nasenkanüle mit 10 – 15 l/min
 b) die oronasale Beatmungsmaske mit Sauerstoffzufuhr
 c) die Non-Rebreather Maske bei 15 l/min
 d) das Demand Ventil und Maske

Tauchmedizin

298) **(E) Bevor du die Non-Rebreather Maske für die Sauerstoffabgabe verwenden kannst, musst du ...**
   a) die Maske mit 10%-iger Bleichlösung (im Koffer vorhanden) von Verunreinigungen reinigen
   b) den Reservebeutel füllen
   c) die Maske mit dem Sauerstoffschlauch verbinden
   d) die Passform der Maske an das Gesicht des Patienten anpassen

299) **(E) Du willst einem verletzten Taucher Sauerstoff verabreichen. Was musst du bei der Wahl der Sauerstoffflasche berücksichtigen ...**
   a) Verabreichungsmethode und Maskentyp
   b) Flaschengrösse
   c) Dauer und Entfernung bis zur nächsten Stufe der Rettungskette
   d) alle Punkte müssen beachtet werden.

300) **(E) Die wichtigste Überlegung bei der Soforthilfe für einen verletzten Taucher ist vor Ort ...**
   a) Transport zur nächsten Kammer
   b) sichern der Vitalfunktionen
   c) Sauerstoff in höchstmöglicher Form verabreichen
   d) Erhalt der Körperwärme und Rehydrierung

301) **(E) Es besteht eine Notsituation. Ist es wichtig, dass du zwischen einer Dekompressionskrankheit und arterieller Gasembolie unterscheiden kannst ...**
   a) nein, weil beide Erkrankungen nicht behandelbar sind
   b) nein, weil beide Erkrankungen dieselben „Erste Hilfe Massnahmen" erfordern
   c) beide Bezeichnungen die gleiche Erkrankung benennen
   d) keine der Antworten ist richtig

302) **(E) Ein verletzter Taucher atmet nicht mehr, wie soll er vorzugsweise mit Sauerstoff versorgt werden ...**
   a) Mund-zu-Maske Beatmung über oronasale Beatmungsmaske mit Sauerstoffzufuhr
   b) Mund zu Mund Beatmung, bei welcher der Helfer eine Nasenkanüle anwendet.

303) **(E) Bei der Sauerstoff-Soforthilfe für einen verletzten Taucher, sollen die Helfer dafür sorgen, dass ...**
   a) der Patient die Maske selber halten kann, wenn er alleinegelassen wird
   b) für einen dichten Sitz der Maske sorgen
   c) die Sauerstoffzufuhr reduzieren, damit der Vorrat länger anhält
   d) undurchsichtige Masken verwenden, um das Gesicht des Tauchers im Schatten zu halten.

Tauchmedizin

304) (D) Erkläre, wie eine Lungenüberdehnungsverletzung selbst bei einem Taucher auftreten kann, der normal atmet...

305) (O) Im Winter leidest du regelmässig unter leichtem Schnupfen. Sehr oft spürst du beim Abtauchen einen stechenden Schmerz an der Stirngegend und seitlich der Nase. Woran liegt das und was kannst du dagegen tun, dass du auch zur Winterzeit regelmässig deine Tauchgänge durchführen kannst...

306) (O) Nenne subjektive Symptome des Tiefenrausches...

307) (O) Nenne objektive Symptome des Tiefenrausches...

Selbst wenn dir in der Aufregung mal eine „Erste Hilfe" nicht richtig gelingt, obwohl du sorgfältig und nach bestem Wissen handelst, kannst du dafür nicht strafrechtlich belangt werden.
Nur wenn jemand nicht (Unterlassung) oder schuldhaft falsch hilft und dadurch einen Schaden verursacht, ist dies strafbar.

(Unterwasser Mai 2003 Ra. Bodo Kuhn)

3 NITROX

Nitroxtauchen erfordert ein höheres Mass an Disziplin als das Tauchen mit Pressluft. Der Name für das Gasgemisch ist hergeleitet aus NITRogen und OXygen. Darum beachte: mit steigendem Sauerstoffanteil (in der Regel zwischen 32% und 40% O_2) im Atemgas verringert sich die maximal mögliche Tauchtiefe (MOD). Der Grund liegt in der Toxität von Sauerstoff ab einem bestimmten O_2 Partialdruck. Nitrox wird beim Tauchen eingesetzt um die Anreicherung von Stickstoff ins Gewebe zu verlangsamen und so die Nullzeit zu verlängern beziehungsweise die Gefahr einer Dekompressionserkrankung zu verringern.

Im Anschluss findest du alle Berechnungsvarianten um sicher mit Nitrox tauchen zu können.

NITROX

3 Nitrox

(Arbeitsblätter Lösungen Seite 485)
(* mit Lösungsansatz   Seite 538)
(Lösungen   Seite 558)

Wieviel Sauerstoff braucht der Körper, was ist zuviel?

Love is like oxygen
You get too much you get too high
You get nothing you'll gonna die

Für die Lösungen der Aufgaben sind folgende Hilfsmittel erforderlich:
PADI: PADI RDP Luft
PADI RDP EAN 32 / 36
PADI EAD Tabelle
oder Tabellen und Hilfsmittel anderer Organisationen

1) (N,D) Was bedeutet „Enriched Air" im Bereich des sportlichen Nullzeittauchens...
   a) jede von Pressluft abweichende Mischung von Stickstoff und Sauerstoff
   b) Luft der Sauerstoff zugefügt oder Stickstoff entzogen wurde, so dass sie bis zu 40% Sauerstoff enthält
   c) Luft der Sauerstoff zugefügt oder Stickstoff entzogen wurde, so dass sie bis zu 90% Sauerstoff enthält
   d) nichts von obigen trifft zu

2) (N,D) Wenn eine „Enriched air" Mischung als „EANx36" bezeichnet wird, bedeutet dies...
   a) sie enthält 36% Stickstoff
   b) sie enthält 36% Sauerstoff
   c) sie sollte nicht tiefer als für 36 m verwendet werden
   d) keine der Antworten ist richtig

3) (N,D) Die Verwendung von „Enriched air" basiert auf folgendem Prinzip: Da ein Teil des Stickstoffs in der Luft durch Sauerstoff ersetzt wird und da dein Körper Sauerstoff im Stoffwechselprozess („Metapolismus") aufnimmt und verarbeitet, nimmst du während deines Tauchganges weniger Stickstoff auf...
   a) richtig
   b) falsch

NITROX

4) **(N,D) Da Sauerstoff die gleiche narkotische Wirkung wie Stickstoff zu haben scheint, ist es das klügste, Tauchgänge mit „Enriched air" unter der Annahmen zu planen, dass die Narkosewirkung die gleiche sein wird, wie wenn du mit Pressluft tauchst . . .**
   a) richtig
   b) falsch

5) **(N,D) Wie wirkt sich die Verwendung von „Enriched air" auf die Nullzeitgrenze aus . . .**
   a) sie verlängert die Nullzeitgrenze
   b) sie verkürzt die Nullzeitgrenze
   c) sie verlängert oder verkürzt die Nullzeitgrenze, abhängig von der Mischung
   d) sie hat keinerlei Auswirkung auf die Nullzeitgrenze

6) **(N,D) Welche fünf Nachteile und/oder potentielle Gefahren hat „Enriched air", die Pressluft nicht hat . . .**
   a) potentielle Dekompressionserkrankung (DCI), spezielle Ausrüstungsanforderung, richtiges Gasmischen und Handhaben, Verfügbarkeit und Mangel an geeigneten Tauchcomputern
   b) potentielle Sauerstoffvergiftung, gesamte Ausrüstung muss O_2 Wartungsbestimmungen entsprechen, richtiges Gasgemisch und Handhaben, Verfügbarkeit und aufwendigere Tauchgangsplanung
   c) potentielle Dekompressionserkrankung (DCI), spezielle Ausrüstungsanforderungen, richtiges Gasmischen und Handhaben, Verfügbarkeit und aufwendigere Tauchgangsplanung
   d) potentielle Sauerstoffvergiftung, spezielle Ausrüstungsanforderungen, richtiges Gasmischen und Handhaben, Verfügbarkeit und aufwendigere Tauchgangsplanung

7) **(N,D) Wie lauten die Anforderungen und Empfehlungen für Tauchausrüstung (ausser Flaschen) die mit Sauerstoff bis 40% benutzt wird . . .**
   a) du kannst die normale Tauchausrüstung mit den vom Hersteller vorgeschriebenen Modifikationen verwenden
   b) befolge alle Empfehlungen des Herstellers
   c) du kannst die normale Tauchausrüstung bis zu 100% Sauerstoff verwenden
   d) Antworten a und b sind richtig

8) **(N,O,A,R,D) Was ist die wichtigste Überlegung bezgl. „Enriched air" und Tauchausrüstung zu verhindern, dass Lungenautomaten für „Enriched air" mit solchen für Luft verwechselt werden . . .**
   a) Möglichkeit von Brand / Explosion bei Kontakt mit hohen Sauerstoffkonzentrationen
   b) „Enriched air" kann mit einigen Jackets nicht verwendet werden
   c) Tauchcomputer können nicht mit „Enriched air" benutzt werden

NITROX

9) (N,O,A,R,D) Warum erfordert das Tauchen mit „Enriched air" eine nur hierfür bestimmte, besonders gekennzeichnete Flasche...
   a) um Verwechslungen von „Enriched air" mit Helium vorzubeugen
   b) um Verwechslungen von „Enriched air" mit Pressluft vorzubeugen
   c) um zu verhindern, dass reiner Sauerstoff in die Flasche gefüllt wird, die nicht für Sauerstoff gewartet ist
   d) Antworten b und c sind richtig

10) (N,O,A,R,D) Was ist mit Sauerstoff-Partialdruck gemeint...
    a) die maximale Tiefe, bis zu der du Sauerstoff verwenden kannst
    b) der Sauerstoff-Prozentanteil in einer „Enriched air" Mischung
    c) die maximale Tiefe bis zu der du eine „Enriched air" Mischung verwenden kannst
    d) der in der Tiefe vom Sauerstoff ausgeübte Druck

11) (N,O,A,R,D) Welche farbige Kennzeichnung, Aufkleber und Anhänger sollte eine Flasche für das Tauchen mit „Enriched air" haben...
    a) Gelb/oranges Band mit Aufschrift „Enriched air" o.ä., einen Aufkleber der visuellen Inspektion für „Enriched air", einen Inhalts-Aufkleber / -anhänger sowie ggf. Kennzeichnungen aufgrund örtlicher Bestimmungen
    b) Gelb/grünes Band mit Aufschrift „Enriched air" o.ä. einen Inhalts Aufkleber / -Anhänger sowie ggf. Kennzeichnungen aufgrund örtlicher Bestimmungen
    c) Gelb/oranges Band mit Aufschrift „Enriched air" o.ä. einen Aufkleber der visuellen Standard-Inspektion, einen Inhaltsaufkleber sowie ggf. Kennzeichnungen aufgrund örtlicher Bestimmungen
    d) Gelb/grünes Band mit der Aufschrift „Enriched air" o.ä. einen Aufkleber der visuellen Inspektion für „Enriched air", einen Inhalts Aufkleber sowie ggf. Kennzeichnungen aufgrund örtlicher gesetzlicher Bestimmungen

12) (N) Was sind die beiden wichtigsten Punkte beim Füllen von „Enriched air" Flaschen...
    a) die Brand- /Explosionsgefahr und ob die Mischung den richtigen Sauerstoffanteil hat.
    b) die Brand- / Explosionsgefahr und versehentliches Überfüllen
    c) ob die Mischung den richtigen Sauerstoffanteil hat versehentliches Überfüllen
    d) nichts von obigem trifft zu

NITROX

13) (N) Ein „Enriched air" Taucher, der einen Tauchgang macht, bei dem der Sauerstoffpartialdruck 1,4 bar übersteigt, geht ein unakzeptables Risiko von _____ ein.
   a) Krämpfen und Ertrinken aufgrund einer Sauerstoffvergiftung der Lunge
   b) Reizhusten und brennendes Gefühl in der Brust aufgrund einer Sauerstoffvergiftung der Lunge
   c) Krämpfen und Ertrinken aufgrund einer Sauerstoffvergiftung des Zentral-Nervensystems
   d) Reizhusten und brennendes Gefühl in der Brust aufgrund einer Sauerstoffvergiftung des Zentral-Nervensystems

14) (N) Wer muss immer persönlich den Inhalt einer Flasche mit „enriched air" analysieren ...
   a) der Guides
   b) der Taucher der die Flasche benutzt
   c) der Tauchpartner des Tauchers der die Flasche verwenden wird
   d) alles oben genannte ist richtig

15) (N,O,A,R,D) Wann musst du die Tauchausrüstung gemäss den Sauerstoff-Wartungsbestimmungen für den Gebrauch mit „Enriched air" reinigen ...
   a) wenn der Sauerstoffanteil 40% übersteigt
   b) wenn es die Herstellerrichtlinien verlangen
   c) wenn es die örtlichen Bestimmungen vorschreiben
   d) alles oben genannte ist richtig

16) (N,O,A,R,D) Falsches Füllen einer Flasche für „Enriched air" oder der Versuch angereicherte Luft herzustellen, indem Sauerstoff in die Flasche gefüllt wird und sie dann bei einer herkömmlichen Pressluftfüllstation nachgefüllt wird, enthält ein enormes Brand- bzw. Explosionsrisiko sowie die Risiken einer Dekompressions-Erkrankung (DCI) und/oder einer Sauerstoffvergiftung ...
   a) richtig
   b) falsch

17) (N) Flaschen für „Enriched air" können von jedermann überall dort gefüllt werden, wo du auch normale Pressluftflaschen gefüllt bekommst ...
   a) richtig
   b) falsch

NITROX

18) (N,O,A,R,D) Was solltest du tun, wenn eine „Enriched air" Flasche oder Wartungsausrüstung für Sauerstoff mit normaler Pressluft verwendet wurde ...
   a) nichts, ist kein Problem
   b) lasse Flasche / Ausrüstung neu warten, bevor sie erneut für „Enriched air" verwendet werden
   c) du kannst die Ausrüstung weiter benutzen, aber nur mit Pressluft
   d) verringere den erlaubten Sauerstoffgehalt um 15

19) (N) Wenn eine Füllstation für „Enriched air" nicht verlangt, dass die „Enriched air" Flaschen richtig gekennzeichnet sind, die Taucher ihrer Füllung nicht persönlich analysieren und das Füll-Logbuch nicht unterschreiben müssen, dann ...
   a) hat die Füllstation hierfür eine Ausnahmebewilligung
   b) ist die Füllstation wahrscheinlich keine qualifizierte Füllstation für „Enriched air"
   c) kannst du mit der „Enriched air" von dieser Füllstation einige Risiken eingehen
   d) b und c

20) (N) Was sind die zwei am häufigsten verwendeten Mischungen von „Enriched air" ...
   a) EANx30 und EANx32
   b) EANx30 und EANx36
   c) EANx32 und EANX36
   d) EANx32 und EANx38

21) (N) Was ist eine „Äquivalente Lufttiefe ...
   a) eine korrigierte Tiefe, die dich „Enriched Air" mit speziellen „Enriched air" Tabellen verwenden lässt
   b) eine korrigierte Tiefe, die dich „Enriched Air" mit Pressluft-Tauchtabellen verwenden lässt
   c) eine korrigierte Tiefe, die dich Pressluft in grösserer Höhe verwenden lässt
   d) eine korrigierte Tiefe, die den höheren Stickstoffgehalt in der angereicherter Luft berücksichtigt

22) (N,D) Was ist die maximale Sauerstoff-Partialdruckgrenze und was ist der Grenzwert für den Fall eines Versehens ...
   a) 1,4 bar und 1,6 bar
   b) 1,2 bar und 1,4 bar
   c) 1,2 bar und 1,6 bar
   d) 0,5 bar und 1,4 bar

NITROX

23) **(N) Wie kann sich die Belastung mit einem erhöhten Sauerstoffpartialdruck auf die erlaubte Tauchzeit auswirken ...**
    a) sie beeinflusst niemals die Tauchzeit
    b) sie kann die Grundzeit erhöhen
    c) sie kann die Grundzeit verkürzen
    d) nichts vom obigen trifft zu

24) **(N) Was ist die empfohlene Mindestoberflächenpause bei Verwendung von „Enriched air" ...**
    a) 30 Min.
    b) 60 Min.
    c) 120 Min.
    d) 240 Min.

25) **(N) Was ist die Hauptgefahr beim Überschreiten der Sauerstoff-Belastungsgrenze ...**
    a) ein erhöhtes Risiko einer Dekompressions-Erkrankung (DCI)
    b) ein Krampfanfall unter Wasser. Der zum Ertrinken und zu einem tödlichen Unfall führt
    c) alles obengenannte ist richtig

26) **(N) Wenn du mit Sauerstoff angereicherter Luft analysierst, beträgt die maximal zulässige Abweichung des Sauerstoffgehalts _____. Ist die Abweichung grösser, musst du die EAD's und die Sauerstoffbelastung neu ermitteln oder die Flasche neu füllen lassen.**
    a) 0,1%
    b) 0,5%
    c) 1,0%
    d) 10%

27) **(N) Wann würdest du die „Äquivalente Luftiefenformel" anstelle der EAD-Tabelle verwenden ...**
    a) um EAD's für Mischungen zu bestimmen, die nicht auf der PADI EAD-Tabelle enthalten sind
    b) um unnötiges Runden zu verringern
    c) Antworten a und b sind richtig
    d) nichts von obigem ist richtig

28) **(N)* Verwende die EAD-Formel, um die äquivalente Lufttiefe für 17,3m mit EANx37 exakt zu bestimmen ...** (EAD = $((1 - O_2) \times (T + 10) / 0{,}79) - 10$)
    a) 12,3 m
    b) 11,8 m
    c) 12,8 m
    d) 13,9 m

NITROX

29) (N) Ein Grund, die „Sauerstoff-Partialdruck-Formel zu verwenden ist, dass du damit die Sauerstoff-Belastung für „Enriched air" Mischungen bestimmen kannst, die nicht auf der EAD-Tabelle enthalten sind...
   a) richtig
   b) falsch

30) (N)* Verwende die Sauerstoff-Partialdruck-Formel, um den Sauerstoff-Partialdruck in 15,5 m mit EANx28 exakt zu bestimmen...
   $Po_2 = ((T + 10) / 10) \times O_2$
   a) 1,43 bar
   b) 3,23 bar
   c) 0,71 bar
   d) 0,78 bar

31) (N) Ein Grund für die Verwendung der „maximalen Tiefenformel" anstelle der EAD-Tabelle ist, dass du die maximale Tiefengrenze einer Mischung exakt bestimmen kannst; dies erlaubt dir, während eines Tauchgangs, bei dem du dich der Grenze näherst, innerhalb der Grenze zu bleiben...
   a) richtig
   b) falsch

32) (N) Verwende die maximale Tiefenformel, um die maximale Tiefe sowie das Maximum bei einem Versehen für EANx35 exakt zu bestimmen:
   $T_{max} = (14 / O_2) - 10$;
   bei einem Versehen...
   $T_{max\ bei\ einem\ Versehen} = (16 / O_2) - 10$
   a) 31 m und 35 m
   b) 31 m und 36 m
   c) 30 m und 35 m
   d) 30 m und 36 m

33) (N) Wenn du irgend ein Symptom einer Sauerstoffvergiftung registrierst, solltest du...
   a) deinen Tauchpartner darauf aufmerksam machen
   b) für den Rest des Tauchgangs auf eine flachere Tiefe aufsteigen
   c) die Luft mit jemandem teilen, der Pressluft statt „Enriched air" atmet den Tauchgang sofort abbrechen und aufsteigen
   d) b und c sind richtig (Pressluft ist oft nicht verfügbar)

34) (N,D,R,A,O) * Ab einem Partialdruck von Sauerstoff $pO_2 = 1,4 - 1,7$ bar (entsprechend vorherrschender Theoriemeinung) besteht die Gefahr einer Sauerstoffvergiftung. Wo lieg die theoretische Tiefen-Grenze für das Tauchen mit Luft als Atemgasgemisch:
   a) bei 1,4bar pO_2 T_{max} ...
   b) bei 1,7bar pO_2 T_{max} ..

NITROX

35) (N) Mit Nitrox zu tauchen ohne eine Ausbildung hierfür zu haben und die korrekte Verfahrensweise anzuwenden kann ...
   a) zum Versagen des Tauchcomputers führen
   b) keine Probleme machen
   c) zu verunreinigter Luft führen
   d) zu einer Sauerstoffvergiftung führen

36) (N) Wie lautet in der EAD-Tabelle die EAD für 21 m mit EANx34 ...
   a) 17,5 m
   b) 15,1 m
   c) 16,7 m
   d) 15,9 m

37) (N) *Wie lautet bei der Verwendung der Tabelle für Pressluft und der PADI RDP-Tabelle deine Nullzeit für 17 m mit EANx32 ...
   a) 72 min
   b) 95 min
   c) 98 min
   d) 56 min

38) (N,S_{Tief}) Was ist unter der Verwendung der PADI EAD-Tabelle die maximale Tiefengrenze und die Tiefengrenze für den Fall eines Versehens für EANx33 ...
   a) 25m und 35 m
   b) 23,9 m und 28,2 m
   c) 30 m und 40 m
   d) nichts von obigen stimmt

39) (N) Was ist unter Verwendung der PADI EAD-Tabelle der Sauerstoff-Partialdruck für einen Tauchgang auf 17 m mit EANx35 ...
   a) 1,23 bar
   b) 0,98 bar
   c) 0,91 bar
   d) 0,84 bar

40) (N) Verwende die PADI EAD-Tabelle und die Sauerstoffbelastungstabelle: ein Tauchgang auf 21 m für 60 min mit EANx38 ergibt welche Sauerstoff-Belastung ...
   a) 20%
   b) 25%
   c) 30%
   d) 35%

NITROX

41) (N) * Verwende die Pressluft-, die PADI EAD-, und die Sauerstoff-Belastungstabelle: Du hast gerade drei Tauchgänge beendet. Der letzte Tauchgang ergibt Wiederholungsgruppe „S" und deine gesamte Sauerstoffbelastung beträgt 65%. Wie ist nach 2:40h Oberflächenpause deine maximal erlaubte Tauchzeit für einen Tauchgang auf 18 m mit EANx36 ...
   a) 84 min
   b) 90 min
   c) 72 min
   d) 156 min

42) (N) * Verwende die Pressluft-, die PADI EAD- und die Sauerstoffbelastungs-Tabelle: du hast gerade deinen zweiten Tauchgang beendet. Der letzte Tauchgang ergibt eine Wiederholungsgruppe „L" und deine gesamte Sauerstoffbelastung beträgt 55% Wie ist nach 1:20h Oberflächenpause deine maximal erlaubte Tauchzeit für einen Tauchgang auf 16 m mit EAN32 ...
   a) 162 min
   b) 79 min
   c) 198 min
   d) 55 min

43) (N) Verwende den speziellen „Enriched air"PADI RDP für EAN32: Wie ist nach einem Tauchgang von 30 min auf 21 m und 1:10h Oberflächenpause deine Restnullzeit (RNZ) für einen Tauchgang auf 19 m ...
   a) 18 min
   b) 77 min
   c) 16 min
   d) 59 min

44) (N) Verwende die speziellen „Enriched Air PADI RDP's für EAN36 und EAN32: Wenn dein erster Tauchgang mit EANx36 auf 25 m für 32 min geht, gefolgt von 120 min Oberflächenpause, wie sind dann deine Restnullzeit und dein Zeitzuschlag für einen Tauchgang auf 20 m mit EANx32 ...
   a) RNZ 63 min   ZZ 12 min
   b) RNZ 18 min   ZZ 63 min
   c) RNZ 81 min   ZZ 14 min
   d) RNZ 14 min   ZZ 81 min

45) (N) * Verwende einen Tauchcomputer mit EAN33. Du verbringst 19 min auf 20 m, 14 min auf 16 m und 22 min auf 12 m. Wie ist deine Sauerstoffbelastung ...
   a) 10%
   b) 15%
   c) 20%
   d) 25%

NITROX

46) (N) Bei der Analyse deines Gerätes auf dem Tauchschiff stellst du fest, dass der Sauerstoffgehalt statt wie gewünscht 32% exakt 36% O_2 beträgt. Du hast keine Möglichkeit die Flasche mit der richtigen Mischung neu zu füllen. Was machst du ...
   a) ich nehme die Flasche eines anderen Tauchers auf dem Schiff und hoffe, dass er es nicht merkt
   b) ich verzichte auf den Tauchgang
   c) ich rechne meine Tauchgangsdaten mit der gegebenen Mischung neu und informiere meinen Buddy
   d) ich tauche mit der Flasche und bin besorgt, dass ich nicht unter die ursprünglich gerechnete Tiefe gerate, schliesslich habe ich ja eine Sicherheitsmarge

47) (N) Die spezielle „Enriched air" Tabelle für EAN32 darf verwendet werden zum Planen von Tauchgängen mit ...
   a) jeder „Enriched Air" Mischung zwischen 21% und 32%
   b) jeder „Enriched Air" Mischung zwischen 32% und 40%
   c) jeder „Enriched Air" Mischung zwischen 30% und 40%
   d) jeder „Enriched Air" Mischung zwischen 31% und 33%

48) (N) Wenn du keine Standard Tabelle für Pressluft hast, ist es unter welchen Umständen in Ordnung eine spezielle „Enriched air" Tabelle für die Planung konventioneller Tauchgänge mit Pressluft zu verwenden ...
   a) unter keinen Umständen
   b) beim Tauchen in grösseren Höhe (Bergseetauchen) mit „Enriched air"
   c) wenn die „Enriched air" Mischung nicht mehr als 30% Sauerstoff enthält
   d) wenn dir dies vom Guide gestattet wird

49) (N) EAD steht für Equivalent Air Depth die so genannte Vergleichbare Lufttiefe. Hierbei wird der Stickstoffgehalt der Nitroxmischung mit dem Stickstoffgehalt von Pressluft verglichen ...
   a) richtig
   b) falsch

50) (N) Bestimme die MOD (Maximum Operation Depth) für Nitrox 32. Der maximal zulässige pO_2 beträgt 1,4 bar ...
   a) 34 m
   b) 30 m
   c) 33 m
   d) 40 m

NITROX

51) (N) Berechne die EAD für folgendes Tauchprofil: es soll ein Tauchgang mit Nitrox 34 auf eine Tauchtiefe von 25 m geplant werden, wie lautet die EAD für diesen Tauchgang ...
   a) 23 m
   b) 20 m
   c) 19 m
   d) 18 m

52) (N) Wir planen einen Tauchgang mit einem pO_2 von 1,2 bar und einer Tauchzeit von 60 min. Wie hoch wäre die Sauerstoffbelastung in % nach unserem Tauchgang ...
   a) 30%
   b) 20%
   c) 70%
   d) 10%

53) (N) Bis zu welchem Sauerstoffanteil kann die normale Ausrüstung verwendet werden? Ausgenommen ist das Tauchgerät ...
   a) 32%
   b) 21%
   c) 40%
   d) 36%

54) (N,S_{Tief}) Wie tief darfst du tauchen, wenn der Sauerstoffanteil deiner Luft 50% beträgt ...
   a) 18m
   b) 22m
   c) 24m
   d) 26m

55) (N,S_{Tief}) * Gasgemisch: 40% Sauerstoff und 60% Stickstoff.
   a) ab welcher Tiefe musst du mit einem Tiefenrausch rechnen? Annahme pO_{2max} = 1,7 bar; pO_{2min} = 0,17 bar; pN_{2max} = 4 bar ...
   b) in welchem Tiefenbereich darfst Du tauchen ...

56) (N,S_{Tief}) * Gemisch: 35% Sauerstoff und 65% Stickstoff. Tauchgang auf 24m Tiefe. In welcher Tiefe nimmst du gleichviel Stickstoff auf, falls mit einem Normgemisch (21% O_2/79% N_2) getaucht wird ...
   a) 15m
   b) 17m
   c) 18m
   d) 21m

NITROX

57) (N)Enriched Air (Nitrox) Tauchflaschen benötigen eine spezielle Markierung (Kennzeichnung) um ...
   a) Sicherzustellen, dass der Taucher, der die Flasche benützt, das Gemisch überprüft
   b) zu verhindern, dass ein anderer Taucher aus versehen mit dieser Flasche taucht in der Annahme es sei Luft
   c) zu verhindern, dass die Flasche nicht aus Versehen mit einem traditionellen Kompressor gefüllt wird
   d) alle Antworten sind richtig

58) (N) Wenn Dein Tauchpartner Enriched Air (Nitrox) als Gasgemisch verwendet, dann ist seine maximale Tauchtiefe begrenzt und du musst dich ihm anpassen ...
   a) weil er sein Atemgas Nitrox schneller verbraucht
   b) wegen dem höheren Anteil an Stickstoff
   c) weil er den Sauerstoff Partialdruck von 1,7 nicht überschreiten darf
   d) weil er den Partialdruck von Sauerstoff von 1,4 nicht überschreiten darf

59) (N) Nenne drei physikalische Eigenschaften von Sauerstoff, welche du beim Tauchen mit Nitrox zu beachten hast ...

60) (N) Nenne mindestens drei Arten von Sauerstoff ...

61) (N) Wo kannst du Sauerstoff beziehen ...

62) (N) Auf welchen Reinheitsgrad des Sauerstoffs musst du achten ...
   a) 80%
   b) 90%
   c) 99,5%
   d) 100%

63) (N) Was verstehst du unter der 40% Regel ...

64) (N) Was bedeutet, sauerstoffgereinigt ...

65) (N) Was verstehst du unter sauerstoffkompatibel ...

66) (N) Wie müssen Schmierstoffe die du für Teile bei der Sauerstoffwartung benutzen willst beschaffen sein ...

NITROX

67) (N) Welche Chemikalie entfernt und absorbiert Kohlendioxid ...

68) (N) Nenne fünf Vorgehensweisen zum Blenden (Mischen) von Gasgemischen ...

69) (N) Beim Verfahren: „Mischen mit Partialdruck" ist die Sauerstoffwartung wichtig, warum ...

70) (N) Was ist der Unterschied zwischen Heliox und Trimix?
    a) Heliox ...
    b) Trimix ...

71) (N,D) Was versteht man unter HPNS, besteht ein Grund zur Besorgnis für technische Taucher ...

72) (A) Was versteht man unter Nitrox und welchen Vorteil hat Nitrox beim Tauchen ...
    a) Nitrox ist ein normales Atemgas mit einem höheren Sauerstoffgehalt, hat aber keine besonderen Vorteile.
    b) Nitrox hat einen höheren Sauerstoffgehalt als Pressluft. Vorteil: Wir nehmen bei gleicher Tauchzeit und Tiefe weniger Stickstoff auf.
    c) Nitroxtauchen mit einem höheren Sauerstoffgehalt hat den Vorteil, dass wir tiefer tauchen können.
    d) Nitroxgemische sind nur für Berufstaucher sinnvoll und haben daher für den Sporttaucher keine Vorteile.

73) (N) Bis 40% Sauerstoffanteil kann auch beim Füllen nichts passieren ...
    a) richtig
    b) falsch

74) (N) Sauerstoff stellt ausschliesslich eine Explosionsgefahr beim Herstellen von Nitrox dar ...
    a) richtig
    b) falsch

75) (N) In einer Tiefe von 25 Meter herrscht bei Verwendung von Nitrox 40 ein O_2 Umgebungsdruck von ...
    a) 2,5 bar
    b) 3,0 bar
    c) 1,4 bar
    d) 4,5 bar

NITROX

76) **(N) Bei Verwendung von Pressluft herrscht in einer Tiefe von 35 Meter ein N_2 Druck von ...**
   a) 2,5 bar
   b) 3,56 bar
   c) 4,56 bar
   d) 2,77 bar

77) **(N) Im Füllprotokoll müssen Blender und Taucher unterschreiben ...**
   a) richtig
   b) falsch

78) **(N) Um Nitrox 50 verwenden zu können müssen Flaschen, Ventile, Automaten sauerstofftauglich gemacht werden ...**
   a) richtig
   b) falsch

79) **(N) Das Gewinde des Nitroxautomaten soll mit Silikonfett gängig gemacht werden ...**
   a) richtig
   b) falsch

80) **(N) Sauerstoff kann für den Taucher gefährlich werden ...**
   a) richtig
   b) falsch

81) **(N) Mit Nitrox kann man bedenkenlos bis in Tiefen von 60 Meter tauchen ...**
   a) richtig
   b) falsch

82) **(N) Nenne die sechs Schritte zur Sauerstoffreiniugung. Wie benennst du sie ...**

83) **(N) Wieso wird die Grobreinigung von Ausrüstungseilen als notwendig erachtet ...**

84) **(N) Wo kann Sauerstoff bezogen werden? Nenne zwei Bezugsquellen ...**

85) **(N) Compresses Gas Association (CGA) definiert den Reinheitsstandart von Sauerstoff. Was versteht man darunter ...**

NITROX

86) (N) Beim Füllen eines Gerätes entsteht Wärme. Wie entsteht diese Wärme und wie kann die Wärmeentwicklung vermieden werden? Vorsicht ist geboten, es handelt sich um ein Nitrox Gemisch!...

87) (N) Wenn ein System sauerstoffgereinigt wurde, muss es getestet werden um festzustellen, ob die Sauberkeit der gereinigten Teile genügt. Dazu werden sechs Tests angewendet: Welche...

88) (N) Wozu wird der PH-Test verwendet und was sagt dieser Test aus...

89) (N) Was sagt die visuelle Weisslichtprüfung aus...

90) (N) Was sagt die visuelle UV-Licht-Prüfung aus...

91) (N) Für was wird der Wasserunterbrechungstest verwendet...

92) (N) Ein weiterer Test nennt sich Wischtest. Was wird mit diesem Test geprüft...

93) (N) Was versteht man unter Karbonisierung und wie kann sie entstehen...

94) (N) Warum sollen in sauerstoffangereicherten Hochdrucksystemen synthetisches Öl verwendet werden? Nenne drei Gründe dazu...

95) (N) Kohlenmonoxyd im Atemgas ist zu vermeiden. Was kann das Vorhandensein von Kohlenmonoxyd verursachen...

96) (N) Nenne die häufigsten Gründe (8) welche eine Verkohlung (Karbonisierung) zur Folge haben...

97) (N) Welche Chemikalie entfernt und absorbiert Kohlendioxyd...

98) (N) Nenne Vorgehensweisen (5) zum Blenden von Gasgemischen, (herstellen von Gasgemischen) / welches Verfahren wird in der Regel auf Safaribooten verwendet...

NITROX

99) (N) Warum muss beim Partialdruckverfahren auf die Sauerstoffwartung speziell geachtet werden...

100) (N) Erkläre das Prinzip des kontinuierlichen Mischverfahrens...

101) (N) Wie funktioniert das Differenzial-Durchlassystem (Membransystem)...

102) (N) Gibt es Vorteile bei kommerziell gelieferten Enriched Air Nitrox Gasen...

103) (N) Was hat der Stickstoffgehalt für Auswirkungen in einem normoxic Gas auf einen Taucher bei einem Tauchgang tiefer als 40msw/130fsw? Erzeugt O_2 auch einen Narkoseeffekt...

104) (N) Was ist der Unterschied zwischen:
a) Heliox...
b) Trimix...
und braucht der Blender eine zusätzliche Ausbildung...

105) (N) Wie kann Trimix hergestellt werden? Nenne einige mögliche Verfahren...

106) (N) Wie wird kontinuierliches Mischen von Trimix erreicht...

107) (N) Welcher Sauerstoffgehalt wird als notwendig betrachtet, um bei Bewusstsein zu bleiben...

108) (N)* Eine Taucherin will ihr Gerät füllen (205 bar) mit einem Nitrox Gemisch EAN34. Wie wird gemischt? Wieviel Sauerstoff (bar) wird benötigt? Der Füllvorgang wird mit einem leeren Gerät begonnen...

109) (N)* Ein Taucher will ein Nitrox Gemisch EAN36 in einer 15 Liter Stahlflasche herstellen. Dazu verwendet er ein 32 prozentiges Nitrox Gemisch. Wieviel Sauerstoff (bar) benötigt er zusätzlich? Der Füllvorgang wird mit einem leeren Gerät begonnen. Fülldruck: 165 bar...

NITROX

110) (N)* In einem Gerät befinden sich 65 bar eines EAN30 Nitroxgemischs. Der Taucher will nun eine 36% EANx Mischung in einem 11 Liter Gerät mit einem Fülldruck von 205 bar herstellen. Dazu benutzt er ein Gasmisch-System mit kontinuierlichem Fluss. Wie hoch ist der prozentuale Anteil des benötigten Sauerstoffs im Auffüllgas...

111) (A) Wenn eine Tauchflasche 20% Sauerstoff an der Oberfläche enthält, welchen Prozentanteil von Sauerstoff hat diese dann auf einer Tiefe von 30 Meter (Salzwasser)...
a) 60 %
b) 80 %
c) 5%
d) den selben wie an der Oberfläche

112) (A) Wenn du mit einem Tauchpartner tauchst, der Enriched air benutzt, dann ist die maximale Tiefe begrenzt..
a) weil der Taucher mit Enriched air sein Atemgas schneller verbraucht hat
b) wegen dem höheren Anteil an Stickstoff im Enriched air Gemisch
c) weil der Taucher mit Enriched air den Sauerstoffpartialdruck von 1,7 bar nicht überschreiten darf
d) weil der Taucher mit Enriched air den Sauerstoffpartialdruck von 1,4 bar nicht überschreiten darf.
Wer ist verantwortlich für die Einhaltung der Tiefe...

113) (A) Wie hoch ist der Partialdruck von Sauerstoff in der Luft auf etwa 50 Meter Wassertiefe...
a) 20 %
b) 100 %
c) 0,2 bar
d) 1,2 bar

114) (A) Wo sind die Grenzen der Sauerstoffvergiftung...
a) 1,6 bar O_2 Partialdruck / 2 Sunden
b) 1,7 bar O_2 Partialdruck / 1 Stunde
c) 1,4 bar O_2 Partialdruck / 4 Stunden
d) 1,9 bar O_2 Partialdruck / 1 Stunde

115) (A) Nenne die Grenzwerte (Partialdruck O_2) von Sauerstoff die es zu beachten gibt...

NITROX

116) (A)* Wir nehmen an, dass ab einem Partialdruck von Sauerstoff pPO_2 =1,7 bar die Gefahr einer Sauerstoffvergiftung bestehe. Wo liegt unter dieser Annahme die theoretische Grenze für das Tauchen mit Pressluft als Atemgasgemisch ...
a) 65 m
b) 71 m
c) 71,5m
d) 81 m

117) (O)* Zwei Versuchspersonen atmen in einer Druckkammer bei einer simulierten Tiefe von 610 Metern 20 Minuten lang ein Gasgemisch (TRIMIX) bestehend aus: 99,15% He,
0,65% O_2 und
0,17% N_2.
Ist eine ausreichende O_2 Versorgung gewährleistet ...
a) ja
b) nein

NITROX

4 Tauchphysiologie

Die Bezeichnung Physiologie wurde um 1525 von Jean François Femel geprägt. Ziel der Physiologie ist es, möglichst auf molekularer Ebene auch Vorhersagen über das Verhalten eines betrachteten Systems (Stoffwechsel, Bewegung, Fortpflanzung, Wachstum) zu formulieren. Es wird geforscht in der Biologie (Botanik und Zoologie), Medizin, Psychologie und in der Sportwissenschaft.
Die Ziele in diesem Abschnitt leiten sich daraus ab und sind die folgenden:
- was kannst du alles unternehmen, dass du dich unter Wasser wohl fühlst?
- welche Einwirkung hat das Wasser auf die Lichtintensität und die Farben?
- wie kannst du negative Einflüsse auf die Unterwasserlandschaft vermeiden?
- welche Vorgänge in deinem Körper musst du beim Tauchen beachten?

Tauchphysiologie

4 Tauchphysiologie

(Arbeitsblätter Lösungen   Seite 492)
(Lösungen   Seite 564)

Die Menschen, die sich um uns bekümmern, täten's nicht, wenn sie mit sich selbst was besseres anfangen könnten.
Wenigstens täten sie's anders.

Johann Wolfgang von Goethe

Zum besseren Verständnis der Vorgänge
im menschlichen Körper beim Tauchen.

1) (O,A,R,D) Kräftiges Ein- und Ausatmen direkt vor dem Abtauchen mit Schnorchel (beim Freitauchen ohne Gerät) erhöht das Vermögen des Tauchers, unter Wasser den Atem länger anzuhalten, bedingt durch die ...
   a) Steigerung der Wirksamkeit des Hämoglobins im Blut
   b) Senkung des Kohlenmonoxydspiegels im Körper
   c) Erhöhung des Kohlenmonoxydspiegels im Körper
   d) Senkung des Sauerstoffgehaltes im Körper.

2) (O,A,R,D) Stark erhöhter Atemwiderstand, bedingt durch falsch eingestellten oder schlecht gewarteten Lungenautomaten, führt unter Umständen zu ...
   a) Hypercapnie
   b) Hypocapnie
   c) Kohlenmonoxydvergiftung
   d) Sauerstoffvergiftung durch erhöhten Druck.

3) (O,A,R,D) Welcher nachfolgende Blutbestandteil ist hauptsächlich für den Sauerstofftransport verantwortlich ...
   a) Plasma
   b) Hämoglobin
   c) weisse Blutkörperchen
   d) Blutplättchen.

4) (O,A,R,D) Welcher der folgenden Faktoren kann ausser dem Stoppen des Atmens zu einer Lungenüberdehnung beim Gerätetauchen führen ...
   a) Obstruktion (Verlegung) der Atemwege
   b) tauchen in extreme Tiefen
   c) atmen von reinem Sauerstoff vor dem Tauchgang
   d) Gebrauch von Gasmischungen wie zum Beispiel Nitrox.

Tauchphysiologie

5) **(O,A,R,D) Beim Auftauchen kann das Atmen bei verringertem Stickstoffpartialdruck zu folgendem führen ...**
   a) Dekompressionskrankheit und Luftembolie
   b) Pneumothorax und Emphysem
   c) Dekompressionskrankheit
   d) Thorax-Squeeze und Carotis Sinus Reflex.

6) **(O,A,R,D,N) Sauerstoff wird zur Behandlung der Dekompressions-Krankheit verwendet, um ...**
   a) den Abbau von Kohlendioxyd zu beschleunigen
   b) Schmerzen zu lindern
   c) zu helfen, überschüssigen Stickstoff aus dem Körper zu transportieren
   d) die Sinushöhlen und die Eustachische Röhre frei zu machen.

7) **(O,A,R,D,E) Ein Taucher der an einer Lungenüberdehnungs-Verletzung leidet, wird am schlimmsten betroffen durch ...**
   a) Luft im Pleuraspalt
   b) Luftblasen unter der Haut im Halsbereich
   c) Luftblasen in den Herz umgebenden Geweben
   d) Luftblasen in den Carotis-Arterien

8) **(O,A,R,D,E) Starke Benommenheit im Anschluss an einen Trommelfellriss wird gewöhnlich verursacht durch ...**
   a) Druck im Mittelohr
   b) kaltes Wasser im Mittelohr
   c) kaltes Wasser auf dem Trommelfell
   d) Blut im Mittelohr.

9) **(O,A,R,D) Die beste Möglichkeit den Atemwiderstand zu verringern und den Abbau von Kohlendioxyd zu verstärken, ist ...**
   a) langsam und tief atmen
   b) Überanstrengung zu vermeiden
   c) hochwertige, gut gewartete Ausrüstung zu verwenden
   d) alles Obgenannte ist richtig.

10) **(D,R,E) Wo findet der Gasaustausch zwischen dem Blut und den Geweben statt ...**
    a) im Herz
    b) in den Arterien
    c) in den Venen
    d) in den Kapillaren

Tauchphysiologie

11) (O,A,R,D,E) Wie kannst du Probleme mit Tod-Räumen vermeiden...
    a) tauche gut innerhalb der Grenzen der Tauchtabellen
    b) atme langsam mit tiefen, normalen Atemzügen
    c) vermeide zu enge Halsmanschetten beim Trockenanzug
    d) mache Druckausgleich frühzeitig und oft

12) (D,E,R) Was versteht man unter Carotis-Sinus-Reflex...
    a) die Herzfrequenz verlangsamt sich aufgrund eines Drucks auf die Halsschlagader
    b) Blutansammlung in den Nebenhöhlen
    c) unregelmässiger Herzschlag aufgrund von Hyperventilation
    d) Verringerung des Tod-Raums in den Nebenhöhlen aufgrund einer Reflex-Reaktion der Carotis Arterien

13) (O,A,R,D,E) Wie kannst du einen Flachwasser-Blackout vermeiden...
    a) Tauche langsam auf und mache einen Sicherheitsstop
    b) Vermeide einengende Nasstauchanzüge
    c) Verwende nur Pressluft von Füllstationen mit einem guten Ruf
    d) Vermeide übermässige Hyperventilation vor dem Apnoetauchgang

14) (D,E) Ein Taucher, der unter Kopfschmerzen, Verwirrung, Ohnmacht und hellroten Lippen und Fingernägel leidet hat vermutlich eine...
    a) Stickstoffnarkose
    b) Hypocapnie
    c) Sauerstoffvergiftung
    d) Kohlenmonoxydvergiftung

15) (O,A,R,D) Bei einem Notaufstieg muss der Gerätetaucher unbedingt...
    a) darauf achten, den Schnorchel festzuhalten
    b) darauf achten, Luft auszuatmen
    c) Luft anzuhalten, damit sie bis zur Oberfläche reicht
    d) seinen Tauchpartner bitten, mitzukommen

16) (O,A,R,D) Wie hoch ist die normale (von den meisten Tauchorganisationen empfohlene) Aufstiegsgeschwindigkeit zwischen 20 m – 10 m Wassertiefe ...
    a) 10 m/min.
    b) 30 m/min.
    c) 18 m/min.
    d) 20 m/min.

Tauchphysiologie

17) **(O,A,R,D) Zu einem Lungenüberdruckunfall kann es kommen, wenn ...**
a) der Taucher beim Abstieg nicht ausatmet und die Luft anhält
b) der Taucher beim Aufstieg keinen Druckausgleich nach Valsalva durchführt
c) der Taucher beim Abstieg keinen Druckausgleich nach Valsalva durchführt
d) der Taucher beim Aufstieg nicht ausatmet sondern die Luft anhält

18) **(O,A,R,D,E) Zu einem Trommelfellriss kann es kommen, wenn ...**
a) der Taucher beim Abstieg nicht ausatmet und die Luft anhält
b) beim Abtauchen kein Druckausgleich durchgeführt wird
c) beim Auftauchen keinen Druckausgleich in den Lungen durchgeführt wird
d) der Taucher beim Aufstieg nicht ausatmet und die Luft anhält.

19) **(O,A,R,D) Was ist unter dem Begriff „Pendelatmung" zu verstehen ...**
a) die Wechselatmung zweier Taucher
b) Ein- und Ausatmung zwischen Mund und Nase
c) bedeutet soviel wie Hyperventilation
d) mehrmaliges Einatmen verbrauchter Luft

20) **(O,A,R,D,S_{Tief}) Wodurch ist der Tiefenrausch gekennzeichnet ...**
a) durch Übelkeit und Kopfschmerzen
b) durch Durchfall, Übelkeit, schaumiger Auswurf
c) durch Schmerzen in den Gelenken beim Auftauchen
d) durch eingeschränkte Wahrnehmungsfähigkeit, gestörte Urteilsvermögen und unlogisches Reaktionsverhalten schon ab 25 m Wassertiefe

21) **(O,A,R,D,E) Welches Gas erzeugt bei zunehmender Konzentration im Blut den Atemzwang ...**
a) Sauerstoff
b) Kohlenmonoxid
c) Kohlendioxid
d) Stickstoff

22) **(O,A,R,D) Die Zeit vom Abtauchen bis zum Austauchen, in der kein Dekompressions- Stopp nötig ist, heisst ...**
a) Isopressionszeit
b) Dekompressionszeit
c) Entsättigungszeit
d) Nullzeit

23) **(O,A,R,D,S_{Tief}) Welche Tauchtiefe darf beliebig oft an einem Tag aufgesucht werden, ohne eine Dekompressionspause einzulegen ...**
a) 9 m
b) 17 m
c) 19 m
d) 20 m

Tauchphysiologie

24) (D,R,E) Zu Beginn der Ersten Hilfe bei einem bewusstlosen Taucher wird ...
   a) die Herzdruckmassage durchgeführt
   b) der Taucher in die stabile Seitenlage gebracht
   c) die Atmung und die Kreislauffunktionen überprüft
   d) der Taucher in die Rückenlage gebracht

25) (O,A,R,D,S$_{Tief}$,S$_{Drift}$) Was ist beim Tauchen mit kurzer starker Anstrengung bezüglich der Dekompression zu berücksichtigen ...
   a) es ist eine entsprechende Erholungspause einzulegen, um den Kreislauf wieder zu beruhigen
   b) es ist in der nächst höheren Zeitstufe der Tabelle abzulesen
   c) es ist in der nächst höheren Tiefenstufe der Tabelle abzulesen
   d) es ist 50% der Grundzeit zuzuschlagen

26) (O,A,R,D,S$_{Tief}$) Was ist unter dem Begriff Nullzeit zu verstehen ...
   a) die gesamte Tauchzeit, in der nicht dekomprimiert werden muss
   b) die Zeit, die ich bis zum Erreichen des Grundes benötige
   c) die Zeit ohne Erlebniswert unter Wasser
   d) die zeitliche Unterbrechung eines Tauchganges an der Oberfläche
   e) die Grundzeit, die noch keine Austauchpausen (Deko. Stopps)erforderlich macht

27) (O,A,R,D,N) Ein lang geplanter Tauchausflug steht bevor. Du fühlst Dich jedoch nicht wohl. Was unternimmst du generell bei Unwohlsein ...
   a) ich nehme Medikament ein und hoffe, dass es mir am Tauchplatz besser geht
   b) nichts, da es mir erfahrungsgemäss während und nach dem Tauchen gut geht
   c) ich verzichte auf den Tauchgang, um meinen Partner und mich nicht zu gefährden
   d) ein leichtes Unwohlsein hat keine Auswirkungen beim Tauchen
   e) keine der obigen Antworten ist richtig

28) (O,A,R,D) Ein Taucher, der verunreinigte Luft in der Druckluftflasche vermutet, sollte ...
   a) nicht tiefer als 10 m tauchen
   b) mit dieser Luft nicht tauchen und sie überprüfen lassen
   c) die Flasche mindestens eine Woche stehen lassen, bevor er sie wieder braucht
   d) tauchen aber auf Vergiftungserscheinungen achten
   e) sich nicht darum kümmern, da es unter Wasser keine Rolle spielt

Tauchphysiologie

29) **(E,R) Der Sauerstoff wird mittels einer Substanz auf effektive Weise durch den Körper transportiert, die als _____ bezeichnet wird und die _____ enthalten ist.**
    a) „aerober" Stoffwechsel / im Blut
    b) Plasma / in den Arterien
    c) Protein / im Herz
    d) Hämoglobin / in den roten Blutkörperchen

30) **(O,A,R,D,N) Die Technik beim Gerätetauchen tief zu atmen ist wichtig, um _____ zu kompensieren.**
    a) die vergrösserten Todräume, die durch Schnorchel oder Atemregler bedingt sind
    b) das verkleinerte Lungenvolumen, das durch das Zusammendrücken des Brustkorbs (Thorax) bedingt ist
    c) die grössere Menge Kohlendioxyd in den Alveolen
    d) alles oben genannte ist richtig

31) **(O,A,R,D,N) Die Technik, beim Gerätetauchen langsam zu atmen, ist wichtig, um ...**
    a) den Atemwiderstand durch Turbulenzen in den Atemwegen zu minimieren
    b) den Energieverlust durch das Eintauchen in kaltes Wasser zu kompensieren
    c) die Gefahr eines Thorax Barotrauma zu vermeiden
    d) Alles obgenannte ist richtig

32) **(O,A,R,D) Wenn ein Schnorcheltaucher in kaltes Wasser untertaucht, wird sich seine Herzfrequenz ...**
    a) erhöhen
    b) verlangsamen
    c) unverändert bleiben
    d) instabil sein

33) **(O,A,R,D) Um den Sauerstoffbedarf beim Schnorcheltauchen zu reduzieren, sollte der Taucher ...**
    a) vor dem Untertauchen reinen Sauerstoff atmen
    b) sich unter Wasser langsam und bewusst bewegen
    c) vor dem Untertauchen einige schnelle, tiefe Atemzüge nehmen
    d) alles oben genannte ist richtig

34) **(O,A,R,D) Um den Kohlendioxyd-Pegel in den Alveolen vor einem Schnorcheltauchgang zu reduzieren, sollte der Taucher ...**
    a) sich gut ausruhen
    b) sich unter Wasser langsam und bewusst bewegen
    c) vor dem Abtauchen einige schnelle, tiefe Atemzüge nehmen (achten auf ein Blackout)
    d) alles oben genannte ist richtig

Tauchphysiologie

35) (O,A,R,D) Kohlendioxyd ist schwer festzustellen, da es ...
   a) inert ist
   b) einen sedativen Effekt auf den Taucher hat
   c) geruch- und geschmacklos ist
   d) alles oben genannte ist richtig

36) (O,A,R,D,E) Kohlenmonoxyd verbindet sich mehr als _____ mal besser mit dem Hämoglobin als Sauerstoff, und das Kreislaufsystem benötigt _____, um es wieder auszuscheiden.
   a) 200 / 8 – 12 Stunden
   b) 100 / 4 – 6 Stunden
   c) 50 / 2 – 4 Stunden
   d) 20 / 30 Minuten

37) (O,A,R,D,E) Die Symptome einer Kohlenmonoxyd-Vergiftung sind in der Tiefe nicht feststellbar, weil ...
   a) grosse Mengen Sauerstoff im Blutplasma gelöst sind, die den Geweben ermöglichen, ihren Sauerstoffbedarf zu decken
   b) ein hoher Stickstoffpegel das zentrale Nervensystem des Tauchers beruhigt und seinen Stoffwechsel verlangsamt
   c) ein niedriger Kohlendioxyd-Pegel dabei hilft, den Auswirkungen des Kohlenmonoxyds entgegenzuwirken
   d) ein niedriger Sauerstoff-Pegel das Gehirn weniger empfindlich und wachsam macht

38) (O,A,R,D) Rauchen vor dem Tauchen kann den Kohlendioxyd-Pegel um das _____-fache über den normalen Wert steigern, was wiederum ...
   a) 2 / das Atmen erschwert
   b) 3 – 12 / den Sauerstofftransport und den Kohlendioxydabbau beeinträchtigt
   c) 20 – 40 / das Risiko einer Lungenüberdehnungs-Verletzung erhöht
   d) 100 / das Risiko eines Herzinfarktes erhöht

39) (D,E) Wenn alle unsere Gewebe hauptsächlich aus Wasser bestehen, warum können sie dann nicht alle die gleiche Menge Stickstoff absorbieren ...

40) (O,A,R,D,S_{Tief}) Weshalb tritt bei Sporttauchern die Dekompressionskrankheit eher nach dem Aufstieg als beim Abstieg in der Tiefe auf ...

41) (O,A,R,D,S_{Tief}) Taucher erliegen der Dekompressionskrankheit, weil im Menschen jeder Art von Übersättigung der Gewebe mit Stickstoff zu einer signifikanten Blasenbildung führt ...
   a) richtig
   b) falsch

Tauchphysiologie

42) (O,A,R,D,S$_{Tief}$) Die verschiedenen Faktoren, welche die Anfälligkeit des Tauchers für eine Dekompressionskrankheit erhöhen, hängen hauptsächlich zusammen mit...
   a) Halbsättigungszeiten der Gewebe
   b) der physischen Verfassung
   c) Veränderungen bei der Atmung
   d) Veränderungen im Blutkreislauf

43) (O,A,R,D,S$_{Tief}$) Der Begriff „Stille Blasen" bezieht sich auf Blasen, die...
   a) sich nicht bewegen, so wie die welche die Dekompressionskrankheit in den Gelenken verursachen
   b) mit keinerlei elektronischem Sensor gehört werden kann
   c) so klein sind, dass sie keine Anzeichen und Symptome einer Dekompressionskrankheit verursachen
   d) sehr schnell auftreten und wieder verschwinden

44) (R,E) Welches Gerät wird verwendet, um das Vorhandensein von Stillen Blasen zu entdecken...

45) (E,R) Es wird vermutet, das stille Blasen entstehen durch das Vorhandensein von...
   a) Fettpartikel im Blutstrom
   b) Verunreinigungen in der Luftversorgung des Tauchers
   c) Gas -„Samen" (Mikro-Gaskerne)
   d) Veränderungen in der chemischen Zusammensetzung des Blutes, bedingt durch den hohen Stickstoff-Pegel

46) (O,A,R,D,S$_{Tief}$,S$_{Drift}$) Was ist die Ursache des „Ausser Atem" - geraten (Essoufflement) beim Gerätetauchen...
   a) die Atmung verschiebt sich in den Bereich des Inspiratorischem- Reservevolumens
   b) die Atmung verschiebt sich in den Bereich des Residualvolumens
   c) die Vitalkapazität wird überbeansprucht
   d) das Atemzugvolumen vergrössert sich
   e) die Totalkapazität verringert sich

47) (O,A,S$_{Natur}$) Wenn ein aquatisches Lebewesen (Meerestier) einen Taucher angreift, geschieht dies meistens aufgrund aggressiven Verhaltens und nicht zur Verteidigung...
   a) richtig
   b) falsch

Tauchphysiologie

48) (R,E) _____ und _____ sind der Schlüssel zur rasch und effizienten Handhabung von Tauch-Notfällen.
   a) Vorbereitung / Bereitschaft
   b) Zuversicht / Beharrlichkeit
   c) Sauerstoff / Kaltkompressen
   d) Wissen / Hilfe

49) (E,R) Was kannst du tun, um bereit zu sein, um in einem Notfall verantwortungsvoll zu helfen . . .
   a) körperliche Kraft und Ausdauer aufrecht halten
   b) an Training teilnehmen und deine Fertigkeit up-to-date halten
   c) bereite dich gedanklich vor, um dir vorstellen zu können, was du unter verschiedenen Umständen tun würdest
   d) alles obengenannte ist richtig

50) (O,A,R,D,E) Zusätzlich dazu, dass die Rettungs-Ausrüstung verfügbar sein muss, musst du auch wissen, wie man sie verwendet und wie man sicherstellt, dass sie einwandfrei funktioniert und sie dann so verstauen, dass sie leicht zugänglich ist, wenn sie gebraucht wird . . .
   a) richtig und vollständig
   b) falsch muss ergänzt werden

51) (O,A,R,D,E) Ein Notfallplan sollte Informationen enthalten, die es dir ermöglichen . . .
   a) einen Taucher unverzüglich zur nächsten Rekompressionskammer zu transportieren
   b) bei einem Notfall die Familie des Tauchers/Patienten unverzüglich zu verständigen
   c) den örtlichen Rettungsdienst zu alarmieren und Hinweise für eine Rekompressions-Behandlung zu erhalten
   d) die nächste Füllstation zu finden, die Sauerstoff-Flaschen füllt

52) (R,E,D) Welche beiden allgemeinen Rollen kann/soll ein ausgebildeter Rettungstaucher am Tauch-Unfallort übernehmen . . .
   a) einer besser qualifizierten Person assistieren oder das Funkgerät bedienen
   b) die Rettunsaktivitäten koordinieren oder das Boot führen, wenn der Bootsführer anderweitig beschäftigt ist
   c) einer besser qualifizierten Person assistieren oder die Rettungsanstrengungen leiten
   d) als primären Retter agieren oder den Notfalldienst verständigen

Tauchphysiologie

53) (E,R,D) An einem örtlichen Tauchplatz entsteht eine Notfallsituation und du hast die Rolle des Notfall-Managers. Du solltest dann ...
   a) die Situation beurteilen und dir einen Plan zurechtlegen
   b) anderen anwesenden Personen Aufgaben zuzuweisen, die Aktivitäten zu koordinieren und die Kontrolle am Unfallort übernehmen
   c) dich um die Verletzungen des Patienten kümmern und nötigenfalls die Evakuierung des Patienten arrangieren
   d) alles oben genannte ist richtig

54) (O,A,R,D,S_{Tief}) Unter Wasser fällt dir ein Taucher auf, der schnell, aber ineffizient schwimmt und eine kurze, flache Atmung aufweist. Dir fällt auch auf, dass sein Partner einige Meter vorneweg schwimmt. Was solltest du tun ...
   a) den Taucher stoppen, fragen, ob alles in Ordnung ist, ihn zu langsamerem Atmen ermutigen und dann versuchen, die Aufmerksamkeit des Tauchpartners zu erregen
   b) hinter dem Tauchpartner herjagen, ihn stoppen und ihm signalisieren, bei seinem Partner zu bleiben
   c) dem Taucher signalisieren, dass du nun sein Partner bist, dann auftauchen
   d) zuschauen, ob der Taucher seinen Partner jemals einholt oder ob sich weitere Probleme entwickeln

55) (O,A,R,D) Was ist die wichtigste Regel beim Gerätetauchen ...
   a) nie die Luft anhalten
   b) immer langsam abtauchen
   c) immer langsam auftauchen
   d) alles Genannte ist richtig

56) (O,A,R,D,S_{Tief}) Welcher Auftriebszustand sollte der Taucher haben, um möglichst viel zu sehen und möglichst wenig zu beschädigen ...
   a) neutral
   b) negativ
   c) positiv
   d) b und c sind richtig

57) (O,A) Die richtige Atemweise bei Verwendung eines Schnorchels ist flach und ruhig zu atmen ...
   a) richtig
   b) falsch

58) (O,A) Ein neutral tarierter Taucher braucht immer mehr Atemgas ...
   a) richtig
   b) falsch

Tauchphysiologie

59) (O,A) Unter Wasser atmet man anders als an der Oberfläche ...
   a) richtig
   b) falsch

60) (O,A) Bei Beginner (Tauchanfänger) ist ein Briefing vor dem Tauchgang noch wichtig, später nicht mehr ...
   a) richtig
   b) falsch

61) (O,A,S$_{Tief}$) Verlust der Tiefenkontrolle und damit verbundene Probleme mitten im Wasser kannst du vermeiden wenn du ...
   a) die Augen schliesst
   b) dich langsam um die eigene Achse drehst und nach oben schaust
   c) entlang des Grundes oder eines Seiles / Kette ab- und auftauchst
   d) alles oben genannte

62) (O,A,R,D,S$_{Tief}$,S$_{Drift}$,S$_{Boot}$) Die meisten Notfälle an der Oberfläche kannst du vermeiden oder mit ihnen umgehen wenn du ...
   a) Überanstrengungen vermeidest
   b) mit einem erfahrenen Taucher in einem bekannten Tauchgebiet tauchst
   c) nur mit der besten Ausrüstung, die gerade erhältlich ist tauchst
   d) nur vom Boot aus tauchst

63) (O,A,R,E) Wenn du einen bewusstlosen, atmenden Taucher aus dem Wasser gebracht hast solltest du ihn ständig überprüfen auf ...
   a) Krämpfe
   b) Panik
   c) Atmung und Puls
   d) beinahe Ertrinken

64) (O,A,R,D,S$_{Tief}$,S$_{Drift}$,S$_{Boot}$) Wenn ein Taucher in der Tiefe beginnt, sich unkorrekt zu verhalten wird sich dieser Zustand wieder normalisieren wenn er ...
   a) langsam und tief atmet
   b) in eine geringe Tiefe aufsteigt
   c) reinen Sauerstoff bekommt
   d) alles oben genannte ist richtig

65) (O,A,R,D,S$_{Tief}$,S$_{Drift}$) Die Dekompressions-Krankheit wird verursacht durch ...
   a) überschüssigen Stickstoff, der im Blutstrom und in den Geweben Blasen erzeugt (bei Druckabnahme)
   b) die betäubende Wirkung des Stickstoffs
   c) das Anhalten des Atems beim Aufstieg
   d) verunreinigte Luft

Tauchphysiologie

66) (O,A,R,D,S_Tief) **Um Tiefenrausch bis 40 m überhaupt nicht aufkommen zu lassen, verwende ...**
   a) besonders trockene Pressluft
   b) Argon zum tarieren
   c) einen Rebreather
   d) Nitrox in geeigneter Mischung

67) (O,A,R,D,S_Tief,) **Was verstehst du unter dem Wasser – Nasen – Reflex ...**
   a) beim Wasser – Nase - Reflex wird die Atmung unwillkürlich unterbrochen, als Schutz vor versehentlichem Aspirieren von Wasser
   b) die Nase schliesst sich automatisch, wenn sie mit Wasser in Verbindung kommt als Schutz vor versehentlichem Aspirieren von Wasser
   c) wenn Wasser in die Nase kommt hält der Mensch automatisch die Luft an, damit kein Wasser in die Lunge kommt
   d) wenn Wasser in die Nase gerät, kommt es automatisch zu reflektorischem Ausatmen

68) (O,A,R,D,S_Alt) **Wenn du in Höhen über 300 m tauchst ...**
   a) müssen Notfallstopps verdoppelt werden
   b) ist das Dekorisiko dreimal so gross
   c) müssen spezielle Tabellen und Verfahren angewendet werden
   d) ist Nitrox oder Trimix vorgeschrieben

69) (O,A,R,D,S_Alt,S_Tief,S_Trocki) **Wasser- und Luft Temperatur sind nahe dem Gefrierpunkt. Tauchgangsdaten: 17 m für 30 Minuten. Welches Profil wird gewählt ...**
   a) 22m 40 Minuten
   b) 21 m 30 Minuten
   c) 20 m 30 Minuten
   d) 18 m 30 Minuten

70) (O,A,R,D,S_Alt,S_Tief,S_Trocki) **Der Hauptgrund warum du bei Erkältung oder anderer Atemwegserkrankungen nicht tauchen sollst ist ...**
   a) dass du dabei ohne Vorwarnung das Bewusstsein verlieren könntest
   b) dass du dann anfälliger für Erschöpfung und Seekrankheit wirst
   c) dass du nicht in der Lage sein wirst den Druckausgleich in den luftgefüllten Hohlräumen des Körpers durchzuführen
   d) dass dabei der Luftverbrauch extrem hoch sein wird

71) (O,A,S_Foto) **In Abhängigkeit von deinem Blickwinkel erscheinen Objekte gegenüber der Oberfläche üblicherweise ...**
   a) weiter entfernt und kleiner
   b) näher und grösser
   c) weiter entfernt und grösser
   d) näher und kleiner

Tauchphysiologie

72) (O,A,R) Wenn du Wasser geschluckt hast und husten musst solltest du ...
   a) sofort auftauchen
   b) durch das Mundstück hindurch husten, den Automaten dabei festhalten und das Wasser herunterschlucken
   c) das Mundstück des Automaten herausnehmen und husten
   d) die Luftdusche der zweiten Stufe drücken

73) (O,A,R,D) Bewusst durchgeführte Hyperventilation erhöht die Zeit des Atemanhaltens durch ...
   a) Verringerung des CO_2-Pegels im Körper
   b) Verringerung des normalen Pegels von Stickstoff in der Lunge
   c) Verringerung des Bedarfs des Körpers an Sauerstoff
   d) alles obengenannte ist richtig

74) (O,A,R,D) Rauchen vor einem Tauchgang sollte unterlassen werden, weil ...
   a) es die Fähigkeit des Körpers, Sauerstoff zu transportieren, reduziert
   b) es das Risiko der Stickstoffnarkose erhöht
   c) es den Kohlenmonoxyd-Pegel in der Lunge erhöht
   d) sowohl a und c sind richtig

75) (O,A,R,D,S_{Tief}) Während eines Tieftauchgangs beginnt ein Presslufttaucher, seltsame Gesten zu machen, als ob er berauscht ist. Dieses Verhalten wurde wahrscheinlich hervorgerufen durch ...
   a) Kohlenmonoxyd-Vergiftung
   b) Dekompressions-Krankheit
   c) Stickstoff-Narkose
   d) Sauerstoff-Vergiftung

76) (O,A,R,D) Sauerstoff wird einem Taucher, der vermutlich die Dekompressions-Krankheit hat, verabreicht um ...
   a) den Partialdruck des Stickstoffs in der Lunge zu verringern, was auf sichere Weise die Diffusion des Stickstoffs aus dem Blut beschleunigt
   b) Hypocapnie zu verringern
   c) den Metabolismus des Stickstoffs zu erhöhen
   d) alles obengenannte ist richtig

77) (O,A,R,D) Druck auf die Carotis-Sinus-Rezeptoren aufgrund einer übermässig enganliegenden Halsmanschette oder Kopfhaube kann _____ verursachen durch ...
   a) Flachwasser- bzw. Schwimmbad-Blackout / verringerten Sauerstoff-Pegel in der Lunge
   b) Verlust des Bewusstseins / erhöhten Sauerstoff-Pegel in der Lunge
   c) Verlust des Bewusstseins / reduzierte Blutversorgung des Gehirns
   d) Übelkeit und Schwindel / verunreinigte Luft in der Flasche

Tauchphysiologie

78) (O,A,R,D,E) Welcher Teil des Ohrs ist von Druckänderungen am meisten betroffen ...
   a) Mittelohr
   b) Aussenohr
   c) Innenohr
   d) alle Teile sind gleich betroffen

79) (O,A,R,D,E) Das Barotrauma beschreibt eine _____ , die beim Tauchen _____ auftreten kann.
   a) Rückenverletzung / beim Einstieg mittels Rolle rückwärts
   b) druckbedingte Verletzung / entweder beim Aufstieg oder Abstieg
   c) dekompressionsbedingte Verletzung / durch einen schnellen Aufstieg
   d) druckbedingte Verletzung / ausschliesslich beim Aufstieg

80) (O,A,R,D,E) Was von folgendem passiert am wahrscheinlichsten wenn einem Taucher das Trommelfell beim Tauchen im kalten Wasser perforiert wird ...
   a) der Taucher kann ein Barotrauma erleiden
   b) der Taucher kann das Bewusstsein verlieren
   c) beim Tauchen kann Vertigo auftreten
   d) beim Tauchen kann sich Euphorie einstellen

81) (O,A,R,D,N,S$_{Equip}$) Pressluftflaschen und alle anderen nicht sauerstoffreine Geräte sollen nicht mit reinem Sauerstoff gefüllt werden, weil ...
   a) sie sonst mit normalen Pressluftflaschen verwechselt werden können und reinen Sauerstoff atmen unter Druck toxisch sein kann, selbst in geringen Tiefen
   b) der Körper Stickstoff aus der Atemluft benötigt
   c) dies nur für eine spezielle Art des Tieftauchens angewandt wird
   d) die Flasche nicht soviel Atemgas enthält, wenn sie nur mit Sauerstoff gefüllt wird

82) (O,A,R,D,E) Nach einem Tauchgang können winzige Stickstoffblasen im Blutkreislauf eines Tauchers vorhanden sein. Der Taucher zeigt jedoch keine Symptome der Dekompressions-Krankheit. Diese Blasen werden bezeichnet als ...
   a) unsichtbare Blasen
   b) alveolare Blasen
   c) Micronuclei
   d) Stille Blasen

Tauchphysiologie

83) (O,A,R,D,E) _____ ist eine in den _____ Blutkörperchen enthaltene Substanz, die beim Transport des Sauerstoffs durch das System behilflich ist.
   a) Plasma / weissen
   b) Cholesterin / roten
   c) Gammaglobulin / roten
   d) Hämoglobin / roten

84) (O,A,R,D,E) Faktoren, die zu dem Risiko einer Lungenüberdehnungs-Verletzung beitragen können, beinhalten ...
   a) Behinderung (Obstruktion / Verlegungen) in der Lunge
   b) Luftanhalten beim Abtauchen
   c) Verlust des die Lunge schützenden Schutzfilms, verursacht durch Rauchen
   d) alles obengenannte ist richtig

85) (O,A,R,D,E,S_{Night}) Die Bezeichnung „Flachwasser- bzw. Schwimmbad-Blackout" bezieht sich auf eine Bewusstlosigkeit, die bei einem _____ Tauchgang während des Auftauchens wegen _____ auftreten kann.
   a) tiefen / Übersättigung
   b) Schnorchel- / sinkendem Sauerstoff-Partialdruck
   c) Schnorchel / erhöhten Kohlendioxyd-Pegel
   d) Nacht- / Ausfall der Lampe

86) (O,A,R,D,E) Faktoren, welche die Anfälligkeit eines Tauchers für die Dekompressions-Krankheit beeinflussen, beinhalten ...
   a) Dehydration
   b) anstrengende Tätigkeit während oder nach einem Tauchgang
   c) gerade überstandene Krankheit oder Verletzung
   d) alles obengenannte ist richtig

87) (O,A,R,D,E,S_{Equip}) Überanstrengung, die als Folge körperlicher Aktivität oder schlecht gewarteter Ausrüstung auftritt, verursacht einen Aufbau von _____ im Körper.
   a) Kohlenmonoxyd
   b) Kohlendioxyd
   c) Stickstoff
   d) Insulin

88) (O,A,R,D,E) Übliche Anzeichen oder Symptome einer Dekompressions-Krankheit können beinhalten ...
   a) Taubheitsgefühl und Prickeln / Stechen in den Extremitäten
   b) Extreme Erschöpfung
   c) Lähmungserscheinungen beim Auftauchen auf nur einer Seite des Körpers
   d) sowohl a als auch b sind richtig

Tauchphysiologie

89) (O,A,R,D,E) Anzeichen und Symptome einer Lungenüberdehnungs-Verletzung können beinhalten...
   a) Schwindelanfälle, Schock, Taubheitsgefühl oder Bewusstlosigkeit fast sofort nach dem Auftauchen
   b) Taubheitsgefühl und Prickeln / Stechen in den Extremitäten
   c) Atemschwierigkeiten, Kurzatmigkeit und / oder Brustschmerzen
   d) sowohl a als auch c sind richtig

90) (O,A,R,D,E) Welches ist die schwierigste Form einer Lungenüberdehnungs-Verletzung...
   a) Lungen- Emphysem
   b) Luftembolie
   c) Pneumothorax
   d) Carotis-Sinus-Reflex

91) (O,A,R,D,E,S$_{Tief}$) Wenn ein Taucher während des Abtauchens Schwierigkeiten hat, den Druckausgleich in den Ohren herbeizuführen und er kräftig durch seine zugehaltene Nase auszuatmen versucht, kann er was riskieren ...
   a) eine Hypoxie
   b) ein Riss des runden Fensters
   c) ein Riss der Eustachischen Röhre
   d) ein Nebenhöhle-Barotrauma

92) (O,A,R,D,E) Übliche Anzeichen und Symptome einer Kohlenmonoxyd-Vergiftung beinhalten...
   a) Kopfschmerzen und Verwirrung
   b) Schmerzen in den Extremitäten
   c) Taubheitsgefühl und Prickeln/Stechen und / oder Lähmungserscheinungen
   d) alles obengenannte ist richtig

93) (O,A,R,D,E) Was versteht man unter Vitalkapazität...

94) (O,A,R,D,E) Wovon hängt die Grösse der Vitalkapaziät ab...

95) (O,A,R,D,E) Was versteht man unter Residualvolumen...

96) (O,A,R,D,E) Was nennt man Totalkapazität...

97) (O,A,R,D,E) Wie gross ist das Atemzugvolumen in Ruhe...

Tauchphysiologie

98) (O,A,R,D,E) Was ist das insiratorische Reservevolumen ...

99) (O,A,R,D,E) Welche drei Hauptteilungen unterscheiden wir am Nervensystem ...

100) (O,A,R,D,E) Welche Aufgabe hat das zentrale Nervensystem ...

101) (O,A,R,D,E) Welche Aufgabe hat das periphere Nervensystem ...

102) (O,A,R,D,E) Welche Aufgabe hat das vegetative oder autonome Nervensystem ...

103) (O,A,R,D,E) Zähle die elastischen und starrwandigen, luftgefüllten Hohlräume unseres Körpers auf ...

104) (O,A,R,D) Wie wird beim Gerätetauchen der Druckunterschied in der Lunge ausgeglichen ...

105) (O,A,R,D) Wie kommt es zu verstärkter Ventilation ...

106) (O,A,R,D) Wie wird bei körperlicher Anstrengung der zusätzliche Sauerstoffbedarf gedeckt ...

107) (O,A,R,D) Durch welche Faktoren wird die Atemarbeit unter Wasser bestimmt ...

108) (O,A,R,D) Welche Faktoren haben einen Einfluss auf den Strömungswiderstand in den Luftwegen ...

109) (O,A,R,D,S_{Tief}) Wie ändert sich die Dichte des Atemgases mit zunehmender Tauchtiefe ...

110) (O,A,R,D,E) Welche Aufgaben haben die Atmungsorgane ...

111) (O,A,R,D,E) Welche Aufgaben haben die Alveolen ...

Tauchphysiologie

112) (O,A,R,D,E) Nenne die Sinnesorgane und gib an, auf welche Reize sie reagieren ...

113) (O,A,R,D,E) Aus was besteht das äussere Ohr ...

114) (O,A,R,D,E) Was umfasst das Mittelohr ...

115) (O,A,R,D,E) Was umfasst das Innenohr ...

116) (O,A,R,D) Unter Wasser wird der Schall in seiner Ausbreitungsgeschwindigkeit beeinflusst. Er ist etwa _____ Mal schneller als an der Oberfläche.
    a) 2
    b) 3
    c) 4

117) (O,A,R,D) 1% Kohlenmonoxyd auf 30 Meter Tiefe eingeatmet hat den selben Effekt wie wenn man _____% Kohlenmonoxyd an der Oberfläche atmen würde.
    a) 1
    b) 2
    c) 3
    d) 4

118) (O,A,R,D,S_{Tar}) Gute Taucher erkennt man an der Tarierung. Um optimal tariert zu sein, sollte man diese überprüfen, indem man mit voller Flasche ...
    a) einen normalen Atemzug macht, das Jackett komplett entleert und ohne Flossenbewegung bis zu den Augen einsinkt
    b) mit aufgeblasenem Jackett und einem Atemzug bis zur Augenhöhe einsinkt
    c) mit komplett entleertem Jackett und einem Atemzug ohne Flossenbewegung langsam absinkt
    d) einen normalen Atemzug macht, das Jackett komplett entleert und ohne Flossenbewegung den Kopf ganz aus dem Wasser hat

119) (O,A,R,D,E) In Tauchkreisen spricht man viel von „Stillen Blasen" was versteht man darunter, sind diese zu beachten ...
    a) Blasen die mit dem Doppler Detektor nicht zu erkennen sind
    b) Blasen die keine Anzeichen und Symptome einer Dekompressionskrankheit zeigen
    c) Blasen in den Nervenbahnen die Stickstoffnarkose verursachen können
    d) Blasen als Mahnzeichen für eine Dekompressionskrankheit

Tauchphysiologie

120) (O,A,R,D,E) Das atmen eines Gemisches von 4% Kohlenmonoxyd an der Oberfläche hat den gleichen negativen Effekt auf deinen Körper, als ob du ein Gemisch mit _____% Kohlenmonoxyd auf 40 Meter Tiefe atmen würdest.
    a) 0,8%
    b) 1,0%
    c) 4,0%
    d) 20%

121) (O,A,R,D,N,S$_{Tief}$) Wie hoch ist der Anteil von Sauerstoff (%) in der Luft auf 20 Meter ...
    a) 63%
    b) 42%
    c) 40%
    d) 21%

122) (O,A,R,D,N,S$_{Tief}$) Wenn der Anteil von Kohlendioxyd in der Ausatemluft an der Oberfläche 4% enthält, was ist dann der Anteil an Kohlendioxyd aus physiologischer Sicht in der Ausatemluft auf einer Tiefe von 30 Meter, wenn alle anderen Faktore gleich bleiben ...
    a) 4%
    b) 1%
    c) 16%
    d) du kannst nur CO unter Wasser ausatmen und nicht CO2

123) (O,A,R,D,N,S$_{Tief}$) Wenn auf einer Tiefe von 30 Meter 1% Kohlenmonoxyd (CO) eingeatmet wird, würde der Prozentanteil von Kohlenmonoxyd an der Oberfläche _____% entsprechen.
    a) 1%
    b) 2%
    c) 3%
    d) 4%

124) (O,A,R,D,N,S$_{Tief}$) In kaltem Wasser wird deine Körpertemperatur schnell ans Wasser abgeleitet, du verlierst also die Körpertemperatur _____ schneller als bei der gleichen Umgebungstemperatur an der Luft.
    a) 5 Mal
    b) 10 Mal
    c) 15 Mal
    d) 20 Mal

Tauchphysiologie

125) (O,A,R,D,N,S_Tief,S_Foto) Aufgrund der _____ siehst Du unter Wasser weniger Kontraste als an der Luft.
   a) Refraktion
   b) Reflexion
   c) Absorption
   d) Diffusion

126) (O,A,R,D) In Bezug auf Selbstrettung welchen Bereich umfassen den Begriff „Vorbereitung"...
   a) physische Vorbereitung
   b) psychische Vorbereitung
   c) Vorbereitung der Ausrüstung, Tauchmaterial
   d) alles obige ist richtig

127) (O,A,R,D,N,S_Tief) Du bist mit Deinem Buddy unter Wasser alleine und hast ein Problem zu lösen. Es ist kein weiterer Helfer in der Nähe. Welches ist die beste Art dieses Problem anzugehen...
   a) sofortige, rasche Reaktion
   b) warten bis Hilfe kommt
   c) gefühlsmässige, instinktive Reaktion
   d) stoppen, ruhig atmen, nachdenken, dann handeln

128) (O,A,R,D,N,S_Tief) Wie verhältst du dich, wenn während des Tauchgangs Vertigo (länger anhaltendes Schwindelgefühl) auftritt...
   a) sofort zur Oberfläche aufsteigen
   b) sofort Jackett/Tarierweste aufblasen, um an die Oberfläche zu gelangen
   c) versuchen, sich nicht von der Stelle zu bewegen, ruhig bleiben und sich wenn möglich an einem stationären Gegenstand festzuhalten
   d) Maske entfernen um sich das Gesicht mit kaltem Wasser zu erfrischen

129) (O,A,R,D) Erbrechen unter Wasser führt meistens zum Einatmen von Wasser und sollte daher niemals versucht werden...
   a) richtig
   b) falsch

130) (O,A,R,D) Wie kannst du dich auf richtiges Handeln im Notfall vorbereiten...
   a) mögliche Probleme und Handlungsabläufe sich gedanklich vorstellen und die entsprechenden Rettungsfertigkeiten immer wieder üben
   b) sich immer wieder einreden, jeder Situation gewachsen zu sein
   c) a und b sind richtig
   d) es besteht keine Möglichkeit, sich auf einen Notfall vorzubereiten

Tauchphysiologie

131) (O,A,R,D) Welcher der unten aufgeführten Begriffe ist kein Beispiel für physischen Stress ...
   a) Seekrankheit
   b) Gruppendruck
   c) Unwohlsein
   d) Unterkühlung

132) (O,A,R,D) Physischen Stress kann ausgelöst werden durch reale, als auch durch eingebildete Faktoren ...
   a) richtig
   b) falsch

133) (O,A,R,D) Eine geringere Aufnahme- und Reaktionsfähigkeit bei Anzeichen von Stress oder steigendem Stress bezeichnet man als ...
   a) vermindertes Wahrnehmungsvermögen
   b) Panik
   c) Stressreaktion
   d) Vorpanik-Syndrom

134) (O,A,R,D) Stress kann während eines Tauchganges besonders gefährlich sein, weil ...
   a) Stress als solcher lebensgefährlich sein kann
   b) Stress sich unerkannt entwickeln (weiterentwickeln) kann
   c) Stress für einen Taucher nicht immer wirklich gefährlich werden kann
   d) Stress zu schneller Atmung führt und damit u.a. zu einer Sauerstoffvergiftung führen kann

135) (O,A,R,D) Psychischer Stress kann als Ursache haben ...
   a) physischer Stress
   b) eigene Empfindungen und Einstellungen
   c) a und b sind richtig
   d) die Ursache für psychischen Stress sind unbekannt

136) (O,A,R,D) Folgende Fähigkeiten zu entwickeln sind wichtig und helfen erste Anzeichen von aufkommenden Stress zu erkennen ...
   a) Trennung persönlicher Gefühle von besonderen Umständen
   b) Unterdrückung eigener Emotionen
   c) Aufgeschlossenheit gegenüber Tauchpartner und anderen Personen
   d) Beobachtung von Verhaltensweisen und deren richtige Beurteilung

Tauchphysiologie

137) (O,A,R,D) **Einer Stresssituation kann ein Rettungstaucher am besten begegnen, indem er ...**
   a) allen, ausser den sehr erfahrenen Tauchern, vom Tauchen abrät
   b) den Tauchern hilft, ihre Gefühle und Besorgnisse zu analysieren
   c) den Tauchern sagt, wie töricht ihre Gefühle sind
   d) alles oben genannte ist richtig

138) (O,A,R,D,S$_{Tief}$S$_{Natur}$) **Wie hoch ist der Salzgehalt der Meere und wie beeinflusst er die Tauchtechnik ...**
   a) sehr unterschiedlich, Taucher brauchen mehr Blei als im Süsswasser
   b) alle Meere weisen ungefähr den gleichen Salzgehalt auf, Taucher brauchen mehr Blei
   c) zwischen 1% und 35% , Taucher brauchen weniger Blei
   d) der Salzgehalt ändert sich mit den Gezeiten, Taucher brauchen mehr Blei

139) (O,A,R,D,S$_{Natur}$) **Wie gross sind die Ozeane? Total Fläche in Mio. km² und in % zur Erdoberfläche ...**
   a) 360 / 70 %
   b) 250 / 45%
   c) 410 / 65 %
   d) 450 / 75 %

140) (O,A,R,D,S$_{Natur}$) **„Surfactant" ist eine Substanz, die die inneren Oberflächen der _____ auskleidet und zu verhindern hilft, das sie ...**
   a) Bronchien und Alveolen / zerreissen
   b) Bronchien und Alveolen / zusammenfallen
   c) Venen und Arterien / zusammenfallen
   d) Venen und Arterien / zerreissen

141) (O,A,R,D,S$_{Natur}$) **Was brauchen tropische Korallen zum Wachstum ...**
   a) Licht, die passende Salinität, und Wassertemperaturen zwischen 20 und 28°C
   b) Licht, Sediment und passende Salinität
   c) Licht, die passende Salinität und Wassertemperaturen unter 20°C

142) (O,A,R,D,S$_{Natur}$) **Was versteht man unter Kryptozoologie ...**
   a) die Studie von ausgestorbenen Amphibien
   b) die Studie von versteckten Tieren, die von der Wissenschaft nicht anerkannt werden, deren Existenz aber dennoch von Menschen bezeugt werden kann.
   c) die Studie von fossilen Weichtieren

143) (O,A,R,D,S$_{Natur}$) **Warum sollte man keine Kegelschnecken sammeln ...**
   a) weil sie ein hochwirksames Gift absondern
   b) weil sie in ihrem Bestand bedroht sind
   c) weil ihr fragiles Gehäuse leicht zerbricht

Tauchphysiologie

144) (O,A,D) Welches sind der/die wichtigste(n) Voraussetzung(en) zum Nachttauchen...
a) absolut schwindelfrei.
b) gewartete Tauchausrüstung.
c) brenndauer der Lampe > 3 Stunden
d) beim Nachttauchen kommt es besonders auf die perfekte Tarierung an.

145) (O,A,D) Welche Voraussetzungen muss ein Taucher zum Nachttauchen haben...
a) mindestens ein erfahrener OWD (Open Water Diver) und mindestens 16 Jahre alt.
b) der Taucher sollte sich selbständig orientieren und eine Gruppe führen können.
c) er sollte in der Lage sein, seinem Partner im Notfall zu helfen.
d) er hat das Nivea eines AOWD-Tauchers und mindestens 25 Tauchgänge.
e) alle Antworten sind richtig.

146) (O,A,D) Was kann die Unterwasserlandschaft nachhaltig negativ beeinflussen...
a) schlechte Tarierung.
b) Fäkalien der Tauchboote
c) Ankermanöver der Tauchboote
d) Unterwasserfotografen und Harpunettis
e) alles genannte ist richtig

147) (O,A,D) Es gibt jährlich Gewässerreinigungsaktionen. Diese helfen der Umwelt, sofern...
a) alles herausgeholt wird, was nicht natürlich im Wasser gewachsen ist.
b) abgestorbene Pflanzen herausgeholt werden.
c) Fremdkörper wie zum Beispiel: Waschkörbe, Kloschüsseln im Wasser, Waschbecken im Wasser belassen werden, da sie Tieren als Lebensraum dienen.
d) Alle Antworten von a) bis c) sind richtig.
e) wenn diese Aktionen alle vier Monate wiederholt werden.

148) (O,A,D) Das Zusammenleben von Tauchern und Anwohnern ist oft belastet durch...
a) Lärmbelästigung vor und nach dem Tauchen
b) Blockieren von Einfahrten und Parkplätzen
c) Hinterlassen von Müll und Fäkalien am Tauchplatz.
d) Demonstrationen zum Umweltschutz.
e) alle Antworten sind richtig.

Tauchphysiologie

149) (O,A,D) Um die Umweltbelastung möglichst gering zu halten, sollten Einstiege ins Tauchgewässer wie folgt gewählt werden ...
   a) vorhandene Einstiege (Badestege, Bootsleitern) wählen.
   b) immer andere Einstiege benutzen.
   c) den bequemsten Einstieg benutzen.
   d) den am schnellsten erreichbaren Einstieg benutzen.
   e) nur vom Boot aus tauchen.

150) (O,A,D) Welche der folgenden Formen des Zusammenlebens unter Wasser ist keine Symbiose ...
   a) Anemone und Clownfisch
   b) Muräne und Putzgarnele
   c) Walhai und Schiffshalter
   d) Antworten a) und b) sind richtig
   e) Antworten a) bis c) sind richtig.

151) (A) Zähle einige Gründe (4) auf für einen Dekompressionstauchgang durchzuführen ...

152) (A) Welches in der Atemluft enthaltene Gas verursacht Probleme in Verbindung mit DCS ...
   a) Sauerstoff
   b) Stickstoff
   c) Kohlenmonoxyd
   d) Kohlendioxyd

153) (A,D) Geben die „Gewebe-Kompartimente" exakt Auskunft über den Anteil Stickstoff im Körper ...
   a) ja
   b) nein
   c) ja, sie sind ein Modell
   d) nein, sie sind lediglich ein Modell

154) (A,D) Welche Art der Sauerstoff-Toxität ist für den Taucher von wichtiger Bedeutung ...

155) (D) Was verstehst du unter einer „virtuellen Decke" ...

156) (A) Welches sind die beiden grössten Probleme mit einer hohen Dosis Stickstoff ...

Tauchphysiologie

157) (A) Der Typ II DCS lässt sich in zwei Gruppen aufteilen. Welche Gruppen kennst du ...

158) (O) Was darf man bei einem(r) beinahe ertrunkenem(r), der (die) sich wohl fühlt, auf keinen Fall unterlassen ...
    a) die Person zur Beobachtung in eine medizinische Einrichtung bringen
    b) dem Patienten zu trinken geben
    c) zu einem weiteren Tauchgang mitnehmen
    d) in die Rekompressionskammer bringen.

159) (O) Wenn der Anteil von Kohlendioxyd in der Ausatmungsluft an der Oberfläche 4% enthält, was ist dann der Anteil an Kohlendioxyd auf einer Tiefe von 30 m, wenn alle anderen Faktoren gleich bleiben ...
    a) 4%
    b) 1%
    c) 16%
    d) du kannst nicht CO_2 unter Wasser ausatmen, nur CO

160) (O) Was ist der Anteil von Sauerstoff in der Luft auf 20 Meter ...
    a) 63 %
    b) 42 %
    c) 40 %
    d) 21 %

161) (O) Wenn eine Tauchgerät 20% Sauerstoff an der Oberfläche enthält, welchen Prozentsatz von Sauerstoff hast du auf einer Tiefe von 30 Meter (Salzwasser) ...
    a) 60 %
    b) 80 %
    c) 5 %
    d) den selben wie an der Oberfläche

162) (A) Wasser ist _____ dichter als Luft ...
    a) 20 mal
    b) 800 mal
    c)   4 mal
    d) 600 mal

163) (A) Aufgrund der _____ siehst du unter Wasser weniger Kontraste als in der Luft ...
    a) Refraktion
    b) Reflexion
    c) Absorption
    d) Diffusion

Tauchphysiologie

164) (A) Das Atmen eines Gemisches von 4% Kohlenmonoxyd an der Oberfläche hat den gleichen negativen Effekt auf deinen Körper, als ob du ein Gasgemisch mit _____ % Kohlenmonoxyd auf 40 Meter atmen würdest.
 a) 0,8 %
 b) 1,0 %
 c) 4,0 %
 d) 20 %

165) (O) Es wird angenommen, dass die Stickstoffnarkose bei einer Tiefe von _____ Meter einsetzt.
 a) 18
 b) 40
 c) 24
 d) 30

166) (A) Das Atmen von 2% Kohlenmonoxyd (CO) auf einer Tiefe von 30 Meter hat denselben Effekt wie das Atmen von _____ % Kohlenmonoxyd auf 10 Meter.
 a) 1
 b) 2
 c) 3
 d) 4

167) (A) Ein 5 Minuten Kompartiment erreicht das Equilibrium mit seiner Umgebung (gleicht sich dieser an) in _____ Minuten, nachdem es in der Umgebung mit diesem Druck eingetroffen ist.
 a) in 5 Minuten, weil es das 5 Minuten Kompartiment ist
 b) 30 Minuten, weil es 6 Perioden sind
 c) 70 Minuten, weil der RDP mit 14 Kompartimenten rechnet
 d) 10 Minuten, weil dann zwei Halbwertszeiten voll sind

168) (R) Ein Taucher, der unter Wasser ein Problem hat, ist an folgenden Zeichen zu erkennen...
 a) schnelles Atmen
 b) horizontale Position
 c) schwimmen, rudern mit den Armen
 d) hektische Bewegungen

169) (R) Achte beim Aufstieg eines Tauchers in Panik auf folgendes...
 a) Aufstieg total stoppen
 b) Taucher loslassen
 c) zu schnelles Aufsteigen ohne zu atmen verhindern
 d) keine Antwort trifft zu

Tauchphysiologie

170) (R) Ist eine Hilfeleistung für einen reagierenden Taucher an der Oberfläche aus einer angemessenen Entfernung notwendig, achte auf folgendes...
a) Maske, Flossen und Schnorchel mitnehmen
b) Auftriebskörper suchen
c) das Opfer ständig beobachten oder beobachten lassen
d) schneller Rückzug (eigene Sicherheit) sicherstellen

171) (R)Eine Hilfeleistung bei mehreren reagierenden Taucher an der Oberfläche achte auf folgendes...
a) deine Sicherheit kommt an erster Stelle
b) ein Rettungskörper kann unerlässlich sein
c) soll niemals eine Rettung im Wasser versucht werden
d) die Rettung durch Zureden, Zuwerfen eines Rettungskörpers oder Leine,
e) mit Wasserfahrzeug einleiten

172) (A) Wie sollte der Einstieg ins Tauchgewässer gewählt werden, um die Umweltbelastung so gering wie möglich zu halten...
a) vorhandene Einstiege wählen
b) immer andere Einstiege verwenden
c) den bequemsten Einstieg benutzen
d) grundsätzlich nur vom Boot tauchen

173) (A) Das Zusammenleben von Tauchern und Anwohnern wird nicht beeinträchtigt durch...
a) Lärmbelästigung vor und nach dem Tauchen
b) Gaststättebesuch nach dem Tauchen
c) Blockieren von Einfahrten und Parkplätzen mit Autos
d) Hinterlassen von Müll am Tauchplatz

174) (A) Gewässerreinigungsaktionen helfen der Umwelt, wenn...
a) alles herausgeholt wird, was nicht natürlich im Wasser gewachsen ist
b) Fremdkörper wie zum Beispiel Heizkörper, Waschbecken, Kloschüsseln im Wasser belassen werden, da sie Tieren als Lebensraum dienen
c) abgestorbene Tiere und Pflanzenteile heraus geholt werden
d) alle Antworten sind richtig

175) (A,S_{Nacht}) Was ist beim Nachttauchen in Bezug auf Tiere und deren Umgebung zu berücksichtigen? Welche Aussage ist falsch...
a) wir sehen bei Nachttauchgängen Tiere, Farben und Lichter, die wir am Tag nicht sehen
b) Fische schlafen wie wir Menschen auch. Einige von ihnen schlafen wie wir nachts, und genauso gibt es nachtaktive Fische
c) Studien sagen aus, dass Fische im Lichtschein bei Tag und Nacht gleich reagieren
d) einige Fische sind nachts blind und verstecken sich unter Steinen, in Höhlen oder Riffspalten um sich von Räubern zu schützen

Tauchphysiologie

176) (A,S_Strömung) Welche Arten von Strömung kennst du? Welche Aussage ist falsch ...
   a) Gegenströmung und horizontale Strömung
   b) Knautschströmung
   c) Fallströmung
   d) Strömungen in Tauchrichtung, Strömungen im Fluss beim Flusstauchen

177) (A,S_Strömung) Was verstehst du unter Drifttauchgang ...
   a) mit der Strömung treiben lassen
   b) beim Landtauchgang z.B. im Norden ins Wasser steigen, driften lassen und im Süden nach einer bestimmten Strecke wieder aus dem Wasser steigen
   c) Boot und Taucher lassen sich mit der Strömung treiben
   d) alle Antworten sind richtig

178) (A,S_Strömung) Welches sind die Ursachen, dass die Oberflächenströmung anders ist als die Grundströmung? Welche Aussage ist falsch ...
   a) Vermischung von Süss- und Salzwasser
   b) Riffformationen
   c) Starker Wind
   d) Gezeiten

179) (A,S_Strömung) Kann man an der Wasseroberfläche bei Wind die Strömungsrichtung erkennen ...
   a) bei ruhiger Wasseroberfläche: Wind- und Strömungsrichtung sind gleich. Bei krabbeliger See sind Wind- und Strömungsrichtung unterschiedlich
   b) nur am Äquator, da hier die Strömungen von Nord und Süd aufeinander treffen
   c) Strömungen sind so unterschiedlich, dass man sie nicht erkennen kann
   d) bei ruhiger Wasseroberfläche, Wind- und Strömungsrichtung sind unterschiedlich>

180) (O) Der Luftverbrauch im Vergleich zu deinem Tauchpartner ist sehr unterschiedlich. Wie atmet man unter Wasser richtig ...
   a) tief einatmen, dann die Luft anhalten, so kann man Luft sparen
   b) normal, ruhig und regelmässig atmen wie an Land
   c) tief ausatmen, damit man weniger Blei benötigt
   d) ganz flach atmen, damit man weniger mit Stickstoff gesättigt wird.

181) (O) Beim Abtauchen merkst du, dass du plötzlich keinen Druckausgleich mehr machen kannst. Wie kannst du das Problem lösen ...
   a) kräftig Luft aus der Lunge gegen die zugehaltene Nase drücken
   b) kräftig schlucken und dann gegen die Nase drücken
   c) etwas höher tauchen und nochmals leicht den Druckausgleich versuchen
   d) auftauchen und der Tauchgang beenden ohne dass dein Buddy etwas davon erfährt.

Tauchphysiologie

182) (O) Was ist bei einem entstehenden Essoufflement unter Wasser zu tun ...
(Das Essoufflement ist einer der wichtigsten Ursachen der Kohlendioxidvergiftung. Sie entsteht durch eine Verlagerung der Atmung in den Bereich der inspiratorischen Reserve, es entsteht eine Tot-Raum-Atmung).
a) Tauchgang sofort abbrechen, da Lebensbedrohung entsteht
b) Ruhe bewahren und dem Buddy das Zeichen für ausser Atem geraten geben
c) sofort mit der Wechselatmung beginnen
d) Blei abwerfen und langsam atmen.

183) (O) Mit zunehmender Wassertiefe verschwinden die Farben immer mehr. Wie ist das zu erklären ...
a) mit zunehmender Wassertiefe wird das Wasser immer dunkler und das Licht immer mehr abgeschwächt. Dadurch verschwinden die Farben immer mehr. (Licht ist die Summe elektromagnetischer Wellen verschiedener Wellenlängen. Einzelne Wellenlängen erzeugen den Eindruck einer Farbe. Bedeutung für den Taucher: Absorption, Streuung und Brechung Absorption: Wellenlängen werden vom Wasser unterschiedlich absorbiert, zuerst langwelliges (rot), dann kurzwelliges (blau). Rot 5m, gelb 30m, grün 50m, blau 60m (ca.-Angaben!))
b) je mehr Schwebeteilchen im Wasser sind, desto eher sind die Farben nicht mehr zu sehen. Die Farben werden milchig
c) mit Zunahme des Drucks verändert sich unser Sehnerv und dadurch verschwinden die Farben immer mehr
d) durch die Lichtbrechung der Tauchmaske verschwinden die Farben mit zunehmender Tiefe immer mehr.

184) (O) Wir kennen die Lichtstreuung unter Wasser. Wie kann das erklärt werden und was bedeutet es für die Taucher ...
a) wenn die Sonne untergeht, wird die Streuung weniger und wir können viel weiter sehen
b) die Lichtstreuung hat nur Einfluss auf unsere Sicht, wenn wir über hellem Untergrund tauchen
c) das in das Wasser einfallende Licht wird durch feinste im Wasser befindliche Teilchen gestreut
d) da Wasser viel dichter ist als Luft, hat die Lichtstreuung keine Bedeutung beim Tauchen.

185) (O) Schreibe das Gesetz von Henry wörtlich auf ...

186) (O) Für die Betrachtung welchen Gases der Luft ist das Henrysche Gesetz beim Tauchen wichtig und warum ...

187) (O) Warum friert man im Wasser gleicher Temperatur leichter als an der Luft ...

Tauchphysiologie

188) (O) Warum wird der menschliche Körper von dem ungeheuren Druck, der unter Wasser auf ihm lastet nicht erdrückt...

189) (O) Warum ist die Gefahr eines Lungenrisses auf den letzten Metern vor erreichen der Oberfläche besonders hoch...

190) (O) Zähle die Symptome der Caisson-Krankheit auf...

191) (O) Ein Taucher klagt nach sehr knappem Dekomprimieren über Gelenkschmerzen. Was sagst du ihm und was ist zu tun...

192) (O) Worauf musst du achten beim Transport eines Deko-Opfers...

193) (O) Warum ist Fliegen kurz nach dem Tauchen so gefährlich und wie viel Zeit sollst nach dem letzten Tauchgang und dem Abflug liegen...

194) (O) Was passiert mit dem ausgperlten Stickstoff N_2 bei der Rekompressionsbehandlung ...

195) (O) Warum musst du die Rekompression so schnell wie möglich beginnen und welche Schäden können auftreten, wenn sie verzögert wird...

196) (O) Aus welchen Gründen ist vom Versuch im Wasser zu rekomprimieren (nasse Rekompression) dringend abzuraten...

197) (O) Wodurch wird der Tiefenrausch verursacht...

198) (O) Ab welcher Tiefe ist mit einem Tiefenrausch zu rechnen...
    a) 25 m
    b) 30 m
    c) 35 m
    d) 40 m
    Gilt diese Aussage für alle Taucher...

199) (O) Welche Faktoren können den Tiefenrausch begünstigen...

200) (O) Nenne subjektive Symptome des Tiefenrausches...

Tauchphysiologie

201) (O) Nenne objektive Symptome des Tiefenrausche...

202) (O) Dein Partner hat den Tiefenrausch, Anzeichen in seinem Verhalten sprechen dafür. Was machst du...

203) (O) Wo liegt beim tauchen mit Pressluft die gefährliche Grenze im Hinblick auf eine Sauerstoffvergiftung...
    a) 70 m
    b) 85 m
    c) 90 m
    d) 110 m

204) (O) Berechne den O_2 Partialdruck der Luft auf 40 m...
    a) 0,85 bar
    b) 0,95 bar
    c) 1,00 bar
    d) 1,05 bar

205) (O) Nenne die Symptome einer Sauerstoffvergiftung...

206) (A) Dein Tauchgerät wurde mit kohlenmonoxydhaltiger Luft gefüllt. Welche Symptome löst dies bei dir aus und was muss dein Partner unternehmen...

207) (A) Warum solltest du nicht mit der Luft geizen...

208) (A) Vor deinem Tauchgang verspürst du einen grossen Hunger, kannst du ungehindert ein grösseres Mahl zu dir nehmen...

209) (A) Ist es falsch, aus Angst vor Haien panikartig aufzusteigen? Wie soll man sich sonst verhalten, wenn Gefahr vor Haien droht...

210) (A) Worauf beruhen 70% bis 80% aller schweren Tauchunfällen...
    a) Dekompression vernachlässigt
    b) Fehlerhaftes Buddyverhalten
    c) Luftmangel
    d) Panik

211) (A) Wodurch kann man eine Panik wirkungsvoll vorbeugen...

Tauchphysiologie

212) (A) Ertrinken im Süsswasser und Ertrinken im Salzwasser (Meer) sind unterschiedliche Ereignisse. Erkläre den Unterschied . . .

213) (A) Wann verzichtest du bei der Bergung eines Verunfallten auf die Dekompression, auch wenn die Nullzeit deutlich überschritten ist . . .

214) (A) Wodurch wird ein Squeeze verursacht . . .
a) ein Inertgas beeinträchtigt das Nervensystem
b) durchn Gefässverengung in Finger und Zehen
c) in einem luftgefüllten Hohlraum des Körpers kann kein Druckausgleich stattfinden
d) durch das Entstehen von „Stillen Blasen"

215) (A) Überanstrengung die als Folge von körperlicher Aktivität oder schlecht gewarteter Ausrüstung auftritt, verursacht den Aufbau von _____ im Körper.
a) Kohlenmonoxyd
b) Kohlendioxyd
c) Stickstoff
d) Insulin.

Tauchphysiologie

5 Tauchausrüstung

Unter dem Begriff der Tauchausrüstung fasst man die technischen Komponenten zusammen, die es dem Menschen ermöglichen, sich beim Tauchen an die besonderen Gegebenheiten unter Wasser anzupassen. Es sind dies insbesondere Hilfsmittel: zum Sehen, zur Versorgung mit Atemluft, zur Tarierung, zur Orientierung und zum Schutz vor Verletzungen.

Ein absolutes Vertrauen in deine Ausrüstung ist die Grundlage für einen sicheren, ruhigen, erholsamen Tauchgang. Pflege deine Ausrüstung sorgfältig, überlass nichts dem Zufall. Du bist dies deinem Buddy schuldig. Die aufgeführten Fragen zeigen dir, die unbedingt zu beachtenden Vorkehrungen deine Tauchausrüstung zu pflegen, damit diese auch in extremen Situationen (bei grosser Kälte, Strömung, Hilfeleistung, Dunkelheit) zuverlässig funktioniert.

Tauchausrüstung

5 Tauchausrüstung

(Arbeitsblätter Lösungen   Seite 499)
(Lösungen   Seite 572)

Kleinigkeiten sind es, die Perfektion ausmachen, aber Perfektion ist alles andere als eine Kleinigkeit.

Henry Royce

1) (O,A,S_{Equip}) Wozu braucht ein Gerätetaucher einen Schnorchel...
   a) zum Atmen beim Schwimmen an der Oberfläche
   b) für die Wechselatmung
   c) ein Gerätetaucher kann auf einen Schnorchel verzichten
   d) um an der Oberfläche Signale geben zu können
   e) um im Notfall das Druckluftgerät abwerfen zu können

2) (O) ein Tauchpartner empfiehlt dir vor einem geplanten Urlaub in südliche Gebiete, dicke Gartenhandschuhe aus Leder zu kaufen, um sich beim Anfassen der Korallen vor Verletzungen zu schützen. Das Anfassen von Korallen ist nicht Thema dieser Frage...
   a) du kaufst dicke Lederhandschuhe und freust dich über den guten Ratschlag des Tauchkollegen
   b) du nimmst Deine 7 mm Neopren Handschuhe, da diese ebenfalls ausreichend sind und zusätzlich vor Kälte schützen
   c) du frierst nie und tauchst deshalb immer ohne Handschuhe
   d) du kaufst dünne Gartenhandschuhe, da diese beweglicher sind
   e) du versuchst den Kollegen zu überzeugen, dass Handschuhe in tropischen Gewässern ausschliesslich zum Eigenschutz bei einer eventuellen nicht zu verhindernden Berührung mit dem Grund oder dem Riff verwendet werden sollten. Deshalb reichen dünne Handschuhe aus, die du beim Tauchgang je nach Bedarf anziehen kannst oder in der Weste stecken kannst

3) (O,A,S_{Equip}) Welche Arten von Warneinrichtungen (Luftvorrat) sind für normale Tauchgänge ohne besondere Bedingungen zulässig...
   a) als optische Warneinrichtung das Manometer
   b) als optische Warnvorrichtung ein Tauchcomputer, der den Flaschendruck anzeigt.
   c) eine mechanische Kipphebel-Reserveschaltung
   d) eine automatische Reserveschaltung
   e) alle obigen Warneinrichtungen sind zulässig

Tauchausrüstung

4) (O,A,S_Equip) Ein Atemregler zeigt beim Check vor dem Tauchgang einen erhöhten Atemwiderstand. Was ist zu tun ...
   a) die Funktion des Atemreglers ist nur im Wasser garantiert, du tauchst also sorglos ab
   b) du verständigst den zuständigen Tauchlehrer (Guide, Tauchleiter) und tauschst den Atemregler aus
   c) du öffnest die zweite Stufe und regulierst den Atemwiderstand
   d) du verstellest den Mitteldruck an der ersten Stufe des Atemreglers
   e) du benutzest deinen zweiten Atemregler und tauchen ab.

5) (O,A,S_Equip) Wozu dient ein Tauchcomputer ...
   a) zur genauen Berechnung der Tauchgänge
   b) zur Kontrolle der Tauchtiefe, Tauchzeit, Nullzeit und Dekostopps
   c) zur Erfassung von Tauchunfällen
   d) zur Steuerung von Behandlungen in Dekokammern
   e) zur richtigen Steuerung des Atemgemisches bei Tieftauchgängen

6) (O,A,S_Equip) Welche der folgenden Ausrüstungsgegenstände tragen beim Tauchen aktiv zum Umweltschutz bei ...
   a) das Tauchmesser, da damit in Netzen gefangene Fische befreit werden können
   b) die Tauchlampe, da damit auch in dunklen Höhlen und nachts Fische bei hellem Licht beobachtet werden können
   c) einen zweiten Atemregler, da bei Luftmangel des Tauchpartners keinen Notaufstieg gemacht werden muss, wodurch eine erhebliche Störung der Fische damit verbunden wäre
   d) eine möglichst enge Befestigung des zweiten Atemreglers am Körper, da dadurch verhindert wird, dass der Regler am Boden schleift und festsitzende Tiere und Pflanzen beschädigt
   e) die Unterwasserkamera, da dadurch den Daheimgebliebenen die schöne Unterwasserwelt näher gebracht werden kann

7) (O,A,S_Equip) Welcher Tauchanzug ist für Beginner (Tauchanfänger, Schüler) geeignet ...
   a) ca. 7 mm dick für das kalte Gewässer heimischer Süsswasserseen
   b) ca. 3 mm dick für das kalte Gewässer unserer heimischer Süsswasserseen
   c) ein Trockentauchanzug hat die beste Wärmeisolation
   d) die Neoprendicke ist unwichtig, da die Körperwärme nur durch die körperliche Anstrengung aufrecht erhalten wird
   e) Beginner frieren nie, deshalb benötigen sie keinen Anzug

Tauchausrüstung

8) (O,A,S_{Equip}) Ein Atemregler sollte nach einem Tauchgang im Salzwasser mit Süsswasser gespült werden. Worauf ist dabei besonders zu achten ...
   a) den Mitteldruckschlauch besonders sorgfältig nachspülen
   b) den Lufteinlass der ersten Stufe stets mit einer Kappe verschliessen und beim Spülen niemals die Luftdusche betätigen
   c) das Mundstück beim Spülen mit der flachen Hand verschliessen
   d) nie die zweite Stufe spülen, weil dadurch die Funktionsfähigkeit leiden würde
   e) die zweite Stufe braucht nicht gespült zu werde, weil keine wesentlichen Teile mit dem Salzwasser in Berührung kommen

9) (O,A,S_{Equip},S_{Boot}) Wie lagerst du das montierte Tauchgerät auf dem Boot während der Fahrt...
   a) du hältst das Gerät selber fest
   b) nur das Tauchgerät wird festgebunden/gesichert. Die Montage erfolgt erst direkt vor dem Tauchgang
   c) liegend im Heckraum wegen der geringsten Bewegungen
   d) verzurrt in den vorgesehenen Gestellen mit geschlossenem Ventil, aber Druck auf den Atemreglern
   e) du legst das Tauchgerät sofort an, dann kannst du am Tauchplatz sofort ins Wasser springen

10) (O,A,S_{Equip}) Wie ist die Tauchausrüstung anzulegen? (Nur wichtigster Punkt) ...
    a) der Schnorchel muss immer am Maskenband befestigt sein, damit er sofort zur Verfügung steht
    b) ein Drucklufttauchgerät muss mit einem Schrittgurt gesichert werden
    c) der Bleigurt muss so angelegt werden, dass er ohne Probleme abgeworfen werden kann
    d) das Ventil an dem der zweite Atemregler angeschlossen ist, sollte geschlossen sein, um ein unabsichtliches Abblasen der Luft zu vermeiden
    e) die Tauchmaske muss immer unter der Kopfhaube getragen werden, damit sie beim Sprung ins Wasser nicht verloren gehen kann

11) (O,A,R,S_{Equip}) Wozu wird ein Tauchmesser verwendet ...
    a) zum Befreien des Tauchers von Leinen, Netzen und dergleichen
    b) zum Abwehren von gefährlichen Fischen
    c) zum Bedrohen von Tauchern, falls diese im Tiefenrausch aggressiv werden
    d) zum Zerschneiden des Westenkörpers, falls der Taucher zur Oberfläche durchschiesst
    e) zum Geben von Blinksignalen an der Oberfläche

Tauchausrüstung

12) (O,A,S$_{Equip}$,S$_{Drift}$) **Wann sollten Taucher Schutzhandschuhe tragen ...**
  a) nur im Wasser unter 18°C
  b) nur im Meer
  c) nur bei spezieller Verletzungsgefahr (Wracks, usw.) und als Kälteschutz
  d) immer beim Tauchen unabhängig von der Wassertemperatur
  e) nur beim Strömungstauchen, um sich problemlos an den Korallen festhalten zu können

13) (O,A,S$_{Equip}$) **Warum muss beim Sporttauchen mit Druckluftgerät ein Schnorchel mitgeführt werden ...**
  a) er ist beim Kauf einer Maske dabei
  b) zum problemlosen Schwimmen mit DTG an der Wasseroberfläche
  c) wenn man nach dem Gerätetauchen noch etwas Schnorcheln möchte
  d) es gibt keine sinnvolle Erklärung
  e) zum Ausblasen der Maske

14) (O,A,S$_{Equip}$) **Welche Beschreibung der Signalflagge für „Taucharbeiten unter Wasser" (internationale Tauchflagge) ist richtig ...**
  a) rechteckige Form mit weissen und blauen Quadraten ausgefüllt
  b) rechteckige Form, roter Hintergrund mit wessen Diagonalstreifen
  c) dreieckige Form mit einer blauen und weissen Spitze
  d) die Flagge „A" des internationalen Flaggenalphabets (weiss-blau senkrecht geteilt)
  e) rechteckige Form, eine Hälfte rot, die andere Hälfte weiss

15) (O,A,S$_{Equip}$) **Ein Atemregler ...**
  a) reduziert über ein Hebel-Membran-System den Flaschendruck aus der Druckluftflasche auf einen Druck von einem bar
  b) reduziert generell den Flaschendruck aus der Druckluftflasche in einer Stufe auf den Umgebungsdruck
  c) reduziert den Flaschendruck aus der Druckluftflasche direkt auf den maximalen Wasserdruck
  d) reduziert über ein Hebel-Membran- oder Hebel-Kolben-System den Flaschendruck auf Umgebungsdruck
  e) erhöht den Flaschendruck auf den Umgebungsdruck

16) (O,A,S$_{Equip}$) **Wie müssen Druckluftflaschen bei längerer Benutzungspausen gelagert werden ...**
  a) völlig entleert und liegend
  b) mit zulässigem Fülldruck und liegend
  c) mit geringem Restdruck und stehend gegen Umfallen gesichert
  d) es gibt keine besondere Lagerungsmethode
  e) das Ventil muss durch einen angeschraubten Atemregler vor Beschädigung geschützt werden

Tauchausrüstung

17) (O,A,S$_{Equip}$) Wie ist die Bleimenge beim ersten Tauchgang im Süsswasser zu bemessen, sofern vorher im Meer getaucht wurde ...
    a) man führt den Tariertest mit der eigenen Ausrüstung durch und korrigiert die Bleimenge
    b) man tariert den Auftriebsunterschied mit der Tarierweste aus
    c) so, dass der Bleigurt stramm sitzt, ohne zu drücken
    d) es ändert sich nichts
    e) man benötigt etwa 1 kg Blei mehr

18) (O,A,S$_{Tar}$) Richtiges Tarieren an der Wasseroberfläche ist aus folgendem Grund wichtig ...
    a) aus Sicherheitsgründen
    b) um eine horizontale Schwimmlage zu erreichen
    c) um einen kraftsparenden Schwimmstil zu ermöglichen
    d) um keine Sedimente durch den ansonst nach unten gerichteten Flossenschub aufzuwirbeln
    e) alle obgenannten Gründe sind richtig

19) (O,A,S$_{Equip}$,S$_{Tief}$) Eine Taucherweste / Jackett ist in 30 m Wassertiefe zur Hälfte mit Luft gefüllt. Der Taucher stelgt auf 10 m Tiefe auf, ohne die Weste/das Jackett zu entlüften. Wie verändert sich das Westen-Jackett-Volumen und welche mögliche Folgen ergeben sich ...
    a) die Druckentlastung beträgt 20%, das Westen-Jackett-Volumen wird ohne Gefahr für den Taucher zunehmen
    b) die Druckentlastung beträgt 200%, die Tauchweste / das Jackett wird platzen und der Taucher absinken
    c) das Luftvolumen wird sich verdoppeln. Für den Taucher besteht die Gefahr, dass er die vorgeschriebene Aufstiegsgeschwindigkeit nicht einhalten kann und deshalb bis zur Wasseroberfläche durchschiesst, sofern die sich ausdehnende Luft nicht über das Überdruckventil abströmt
    d) das Luftvolumen und damit der Auftrieb der Weste / des Jacketts wird halbiert. Es besteht die Gefahr, dass der Taucher absinkt
    e) die Zunahme des Westen-/Jackettvolumens ist minimal, da die sich ausdehnende Luft durch das Überdruckventil abströmt

20) (O,A,S$_{Foto}$) Welchen Einflüssen unterliegt das Licht beim Übergang ins Wasser ...
    a) es wird gebrochen, gestreut, absorbiert und reflektiert
    b) es wird gebrochen, verstärkt und gebündelt
    c) es wird verstärkt, gestreut und gebrochen
    d) es gelangt nicht ins Wasser, da es an der Oberfläche völlig reflektiert wird
    e) es erfährt beim Eintritt ins Wasser keine Veränderung

Tauchausrüstung

21) (O,A,S$_{Equip}$) Wie verhältst du dich, wenn der Lungenautomat unter Wasser abbläst...
   a) einfach weiter tauchen, da man noch gut und genügend Luft bekommt
   b) Notaufstieg einleiten
   c) der Tauchpartner muss versuchen, mit den Händen die vereiste erste Stufe des Atemreglers zu erwärmen
   d) durch Betätigung der Luftdusche hört das Abblasen auf
   e) mit dem Zweitautomat des Partners oder unter Wechselatmung austauchen. Das Ventil am abblasenden Atemregler schliessen

22) (O,A,S$_{Equip}$)Eine Taucherweste / Jackett muss mindestens folgende Ausstattung besitzen...
   a) CO_2 – Patrone zum Füllen der Weste, Automatenmundstück
   b) Überdruckventil, Schnellablass, Inflatoranschluss, grosse Tasche
   c) Signalfarbe, Schnellablass, Überdruckventil, mindestens 15 Liter Inhalt, Signalpfeife, Automatenmundstück, Notflasche, grosse Tasche, Inflatoranschluss
   d) Notflasche, Schnellablass, Überdruckventil, mindestens 15 Liter Inhalt, Signalpfeife,
   e) Signalfarbe, Schnellablass, Überdruckventil, mindestens 15 Liter Inhalt, Signalpfeife, Westenflasche bzw. CO_2 – Patrone oder Inflator, Mundaufblasvorrichtung

23) (O,A,S$_{Equip}$S$_{Tief}$) Welches der unten beschriebenen Tiefenmessgeräte funktioniert nach dem Gesetz von Boyle-Mariotte...
   a) ein gerades oder kreisförmig gebogenes, einseitig offenes, durchsichtiges Röhrchen
   b) ein bogenförmiges Röhrchen aus federndem Material (Bourdon-Rohr)
   c) eine flexible Metallmembran
   d) ein Seil mit verschiedenen Farbmarkierungen
   e) eine Membrane aus Silizium

24) (O,A,S$_{Equip}$S$_{Tar}$) Wie viel Blei (Gewichte für die Tarierung) sollte ein Taucher mitnehmen...
   a) 8% seines Körpergewichtes
   b) 5 kg
   c) mehr als 8 kg, bei Abtrieb kann man seine Tauchweste / Jackett aufblasen
   d) so viel, dass er mit voller Lunge und leerer Weste an der Oberfläche absinkt
   e) gerade soviel, dass vor dem Tauchgang bei leerer Weste mindestens ein Teil des Kopfes über der Oberfläche zu sehen ist

Tauchausrüstung

25) (O,A,D,S_Equip) Was gilt für einen modernen Tauchcomputer ...
   a) er berechnet den Dekompressionsplan nach dem tatsächlichen Tauchprofil und kann das verwendete Luftgemisch (Nitrox) berücksichtigen
   b) er berechnet das Rechteckprofil eines jeden Tauchgangs
   c) er schliesst Dekompressionskrankheiten aus, wenn sich der Taucher strikt an seine Angaben hält
   d) er kann von verschiedenen Tauchern für aufeinanderfolgende Tauchgänge verwendet werden, ohne dass er ausgeschaltet wird
   e) er liefert immer die gleichen Werte wie die Dekompressionstabelle

26) (D,S_Equip) Worauf muss bei der Benutzung eines Kompressors speziell geachtet werden ...
   a) die Filterpatrone ist vor jedem Füllvorgang zu erneuern, um eine einwandfreie Qualität der Luft zu gewährleisten
   b) der Ansaugschlauch ist so zu positionieren, dass keine Verbrennungsgase angesaugt werden können
   c) vor beginn der Tauchsaison ist der Ölstand zu kontrollieren
   d) der Füllschlauch ist alle Jahre durch einen Sachkundigen zu überprüfen
   e) die Funktion des Überdruckventils ist nach jedem Filterwechsel zu kontrollieren

27) (O,A,S_Equip) Welches Kennzeichen muss eine Druckluftflasche laut Druckbehälterverordnung (des Landes in dem sie benutzt wird) u.a. besitzen? Sie hat ...
   a) ein Ventil an das sich immer ein Atemregler anschrauben lässt
   b) einen Standfuss, eine Tragschale mit Bebänderung und eine Reserveschaltung
   c) einen Anstrich gemäss den gesetzlichen Bestimmungen zur Kennzeichnung von Druckluft (neue Norm 2000: weisse Flasche mit schwarzem Band an der Schulter)
   d) einen Anstrich mit gelber Farbe, um unter Wasser besser gesehen zu werden
   e) das Wort „Tauchflasche" am Flaschenhals eingestempelt

28) (O,A,D,S_Equip) Was versteht man unter einem zweistufigen Atemregler ...
   a) einen Zweischlauchregler
   b) einen Atemregler mit zwei Anschlussmöglichkeiten (d.h. Mitteldruck und Hochdruck)
   c) die Reduzierung des Flaschendrucks auf Umgebungsdruck erfolgt im Atemregler in zwei Schritten (I.Stufe, II.Stufe)
   d) Druckminderer und Lungenautomat sind durch einen Hochdruckschlauch getrennt
   e) an einem zweistufigen Atemregler sind zwei Lungenautomaten angeschlossen

Tauchausrüstung

29) (O,A,S$_{Equip}$S$_{Navbi}$) Welche Ausstattung sollte einen Kompass haben ...
    a) Stahlgehäuse
    b) Peileinrichtung
    c) Beleuchtete Anzeige
    d) 360 Skalenstriche
    e) möglichst flaches Gehäuse

30) (O,A,D,S$_{Equip}$) Welche der folgenden Markierung einer US-Pressluftflasche bezeichnet das Material, das bei der Herstellung der Flasche verwendet wurde ...
    a) 3AL
    b) 7@89
    c) 675432
    d) 3000

31) (O,A,D,S$_{Equip}$) Welche der folgenden Markierung auf einer US-Pressluftflasche bezeichnet das Datum der hydrostatischen Druckprüfung ...
    a) 3AL
    b) 7@89
    c) 675432
    d) 3000

32) (O,A,D,S$_{Equip}$) Die (+)-Markierung, die auf _____-Flaschen in den USA erscheint, bedeutet, dass die Flasche bis zu _____ über ihren Fülldruck gefüllt werden darf.
    a) Stahl / 15%
    b) Aluminium / 10%
    c) Stahl und Aluminium/ 10%
    d) Stahl / 10%

33) (O,A,D,S$_{Equip}$) Eine 8 Liter Flasche wird mit 300 bar und eine 12 Liter Flasche mit 175 bar gefüllt. Welche Flasche enthält die grössere Luftmenge ...
    a) die 8 Liter Flasche
    b) die 12 Liter Flasche
    c) beide enthalten die gleiche Luftmenge
    d) die Antwort kann mit den gegebenen Daten nicht gelöst werde

34) (O,A,D,S$_{Equip}$) Die Aluminiumflasche wurde eingeführt, weil Aluminium ein stabileres Material ist und einen höheren Fülldruck ermöglicht als Stahl ...
    a) richtig
    b) falsch

Tauchausrüstung

35) (A,D,S$_{Equip}$) Ein Ventil mit Reserveschaltung wurde entwickelt, um ...
   a) die Zuverlässigkeit der Ventilmechanik zu erhöhen
   b) zu verhindern, dass die Flasche platzt, wenn sie stark überfüllt wird
   c) den Taucher zu warnen, wenn die Luft zu ende geht
   d) alles oben genannte ist richtig

36) (O,A,D,S$_{Equip}$) Eine Pressluftflasche, die mit einem Ventil mit Reserveschaltung ausgerüstet ist, ist in der Lage, 20 – 40 bar mehr Luft aufzunehmen, als eine Flasche ohne ein solches Ventil ...
   a) richtig
   b) falsch

37) (O,A,D,S$_{Equip}$) Um zu verhindern, dass eine Pressluftflasche bedingt durch Überdruck platzt, ist in den USA eine Berstscheibe in _____ eingebaut, welche so ausgelegt ist, dass sie platzt, wenn der Flaschendruck mehr als _____ über den Arbeitsdruck der Flasche ansteigt.
   a) den Lungenautomaten / 200%
   b) den Flaschenhals / 225%
   c) das Ventil / 140%
   d) das Finimeter / 125%

38) (O,A,D,S$_{Equip}$) Um die Unversehrtheit der Materialstruktur einer Pressluftflasche zu gewährleisten, sollte sie immer _____ werden, wenn sie ...
   a) zerstört / ein Alter von 20 Jahren erreicht hat
   b) hydrostatisch druckgeprüft / wenn sie eine Temperatur von mehr als 82°C ausgesetzt war
   c) visuell überprüft / mehr als zwei Jahren nicht mehr im Gebrauch war
   d) alles oben genannte ist richtig

39) (O,A,D,S$_{Equip}$) Während der hydrostatischen Prüfung wird die Flasche in einen mit Wasser gefüllten Behälter gestellt. Die Flasche wird nachher mit Pressluft gefüllt und die eintretende Ausdehnung der Flasche wird durch die dadurch verdrängte Wassermenge bestimmt ...
   a) richtig
   b) falsch

40) (O,A,D,S$_{Equip}$) Mit welchem Druck wird eine Pressluftflasche bei der Druckprüfung gefüllt ...
   (die örtlichen Vorschriften sind zu beachten!)
   a) 340 bar
   b) 200% des Fülldrucks
   c) 150% des Fülldrucks
   d) der genaue Druck hängt von der Reaktion der Flasche ab, nachdem sie unter Druck gesetzt wurde

Tauchausrüstung

41) (O,A,D,S_{Equip}) Unter welchen Umständen sollte eine Pressluftflasche visuell geprüft werden ...
   a) wenn man loses Material in der Flasche umher fallen hört
   b) wenn rote oder grüne Ablagerungen am Filter der ersten Stufe des Lungenautomates zu sehen sind
   c) einmal pro Jahr, auch wenn die Flasche in gutem Zustand zu sein scheint, entsprechend auch den behördlichen Vorschriften
   d) alles oben genannte ist richtig

42) (O,A,D,S_{Equip}) Die Bezeichnung „offener Kreislauf" bezieht sich auf die Tatsache, dass ...
   a) die Luftlieferleistung des Lungenautomaten mit Hilfe eines elektrischen Kreislaufgerätes getestet wurde
   b) der Lungenautomat aus nichtmagnetischen Material hergestellt wird
   c) die ausgeatmete Luft direkt ins Wasser abgegeben wird
   d) alles oben genannte ist richtig

43) (O,A,D,S_{Equip}) Der Begriff „bedarfsabhängiges Ventil" bezieht sich auf die Tatsache, dass der Lungenautomat _____ Luft liefert.
   a) wenn eingeatmet und wenn ausgeatmet wird
   b) nur wenn eingeatmet wird
   c) nur wenn ausgeatmet wird
   d) mit einem konstanten Fluss unabhängig von der Atemanstrengung

44) (O,A,D,S_{Equip}) Ein Pilotventil weist auf eine Bauform der zweiten Stufe hin, welche ...
   a) ein kleines Ventil benutzt, um das Öffnen des Hauptventils zu unterstützen
   b) den Luftstrom direkt zum Taucher leitet
   c) die Verwendung einer Ultrahochdruckflasche verlangt
   d) alles oben genannte ist richtig

45) (O,A,D,S_{Equip}) „Fail-safe" bezieht sich auf die Eigenschaft eines Lungenautomaten _____ bedingt durch den Einsatz eines _____-Ventils in der zweiten Stufe.
   a) zum leichten Atmen / offenen Kreislauf
   b) zum Abblasen / „Down-stream"
   c) zum leichten Atmen / geschlossenen Kreislauf
   d) zum Abblasen / „Up-stream"

46) (O,A,D,S_{Equip}) Was ist der hauptsächliche Vorteil der „fail-safe"-Bauweise ...

Tauchausrüstung

47) (O,A,D,S_Equip) Eine Gefrierschutzkappe hat die Funktion...
   a) zu verhindern, dass Wasser direkt Kontakt zum Kolben oder Membran der ersten Stufe hat
   b) zu verhindern, dass Wasser direkt Kontakt zum Kolben oder der Membran der Zweiten Stufe hat
   c) die Temperatur in der ersten Stufe zu erhöhen
   d) eine stärkere Turbulenz im Luftstrom der ersten Stufe zu bewirken

48) (O,A,D,S_Equip) Ein Ventil das sich in Richtung des Luftstroms öffnet, wird als _____ bezeichnet, während ein Ventil, das sich entgegen der Richtung des Luftstroms öffnet als _____ bezeichnet wird.
   a) offener Kreislauf / geschlossener Kreislauf
   b) geschlossener Kreislauf / offener Kreislauf
   c) „Upstream"-Ventil / „Downstream"-Ventil
   d) „Downstream –Ventil" / „Upstream"-Ventil

49) (O,A,D,S_Equip) Der Hauptvorteil einer balancierten ersten Stufe gegenüber einer unbalancierten besteht darin, dass...
   a) man in grösseren Tiefen, bei niedrigem Flaschendruck, leichter atmen kann
   b) sie eine grössere Luftleistung hat
   c) damit ein zweiter Taucher besser mit dem Oktopus versorgt werden kann
   d) alles oben genannte ist richtig

50) (O,A,D,S_Equip) Zwei Taucher können zusammen den gleichen Tauchcomputer benutzen, vorausgesetzt, dass sie darauf achten zusammenzubleiben und exakt das gleiche Profil zu tauchen...
   a) richtig
   b) falsch

51) (O,A,D,S_Equip) Ein Buddy-Team verlässt das Wasser. Jeder der Taucher benutzt einen eigenen Tauchcomputer. Nach kurzer Oberflächenpause planen sie einen weiteren Tauchgang auf 18 m Tiefe. Der eine Computer erlaubt 38 Minuten Grundzeit, der andere nur 32 Minuten. Wie sollten die Taucher, aufgrund dieser Information ihren Tauchgang planen...
   a) eine maximale Grundzeit von 38 Minuten Planen, weil Tauchcomputer mit Absicht konservativer konstruiert sind als Tauchtabellen
   b) eine maximale Grundzeit von 32 Minuten planen, weil Tauchcomputer mit Absicht konservativer konstruiert sind als Tauchtabellen
   c) eine maximale Grundzeit von 38 Minuten planen, aber sicherstellen, dass vor dem Auftauchen ein Sicherheitsstop gemacht wird
   d) eine Grundzeit von etwas weniger als 32 Minuten planen und vor dem Aufstieg einen Sicherheitstop planen

Tauchausrüstung

52) (O,A,D,S$_{Equip}$) Ein Kapillar-Tiefenmesser funktioniert durch Verwendung ...
   a) eines einfachen Systems von Druckempfindlichen Zahnrädern
   b) eines mechanischen Druckwandlers
   c) des Gesetzes vom Boyle-Mariotte
   d) des archimedischen Prinzips

53) (O,A,D,S$_{Equip}$S$_{Alt}$) Während einem Tauchgang in einem Bergsee in einer Höhe von 3000 m überprüft ein Taucher seine Tiefe. Er benutzt einen Kapillar-Tiefenmesser, der eine Tiefe von 14 m anzeigt. Wenn er wirklich von da aus, wo er sich befindet, die geradlinige Entfernung zur Oberfläche messen würde, so würde er feststellen, dass er ...
   a) genau 14 m unter der Oberfläche ist
   b) tatsächlich mehr als 14 m unter der Oberfläche ist
   c) tatsächlich weniger als 14 m unter der Oberfläche ist
   d) die Antwort kann mit den gegebenen Daten nicht erfolgen

54) (O,A,D,R,S$_{Equip}$) Bezogen auf die Tauchausrüstung ist es vernünftig, die maximalen Grenzen von Tauchtabellen (gleich welcher Tauchorganisation) zu vermeiden, weil ...
   a) Tauchtabellen ungenau sind
   b) es schwierig ist, Tauchtabellen unter Wasser abzulesen
   c) Tiefenmesser Fehlfunktionen haben und/oder falsch abgelesen werden können
   d) man ansonsten leichter eine Stickstoffnarkose bekommen kann

55) (O,A,D,S$_{Equip}$,S$_{Tief}$) Welche speziellen Überlegungen sind, bezogen auf die Ausrüstung, bei der Planung eines Tieftauchgangs wichtig ...
   a) der Taucher wird seine Luft schneller verbrauchen als bei einem flacheren Tauchgang
   b) das Atmen wird schwieriger werden als bei einem flacheren Tauchgang
   c) der Taucher kann Schwierigkeiten bei der Kontrolle seines Abstiegs/Aufstiegs haben
   d) alles oben genannte ist richtig

56) (D,S$_{Equip}$,S$_{Dry}$) Taucher, die noch nie in einem Trockenanzug getaucht haben, benötigen ...
   a) Supervision und eine Orientierung / spezielles Training
   b) ein genaues Briefing über die Techniken
   c) Begleitung durch einen Taucher mit vergleichbarem Ausbildungsstand, der ebenfalls einen Trockenanzug verwendet
   d) alles oben genannte ist richtig

Tauchausrüstung

57) (O,A,D,S_Equip) Bei der Druckprüfung einer Pressluftflasche wird diese ...
   a) mit Salzwasser gefüllt, um zu kontrollieren, ob die Metallstruktur noch in Ordnung ist
   b) unter Überdruck gefüllt, um festzustellen, ob die Metallstruktur noch in Ordnung ist
   c) „gerommelt", um Korrosion zu entfernen
   d) Hitzebehandelt

58) (O,A,D,S_Equip) Eine Pressluftflasche aus _____ hat eine dickere Wandstärke, als eine _____-Flasche und ist widerstandsfähiger gegen innere ...
   a) Stahl / Metall / Korrosion
   b) Stahl / Aluminium / Verunreinigungen
   c) Aluminium / Stahl / Korrosion
   d) Aluminium / Metall / Verunreinigungen

59) (O,A,D,S_Equip) Bei einem „Downstream"-Ventil wird ein auf die Ventilöffnung treffender hohe Druck das Ventil ...
   a) schliessen
   b) offnen
   c) balancieren
   d) öffnen oder schliessen

60) (O,A,D,S_Equip) Die zweite Stufe eines Lungenautomaten tendiert aufgrund ihrer „Downstream"-Bauweise dazu, im Falle eines mechanischen Versagens ...
   a) abzublasen
   b) die Luftzufuhr zu unterbrechen
   c) den Atemwiderstand zu erhöhen
   d) diesen Fehler unbemerkt zu lassen

61) (O,A,D,S_Equip) Eine balancierte erste Stufe wird _____ einen _____ Atemwiderstand gewährleisten ...
   a) nur zu Beginn des Tauchgangs / komfortablen
   b) bis zur Mitte des Tauchgangs / erhöhten
   c) nur am Ende des Tauchgangs / gleichmässigen
   d) während des gesamten Tauchgangs / gleichmässigen

62) (O,A,D,S_Equip) Wenn die Aussenseite eine Pressluftflasche neu lackiert oder der Anstrich ausgebessert wird, sollte sorgfältig darauf geachtet werden, dass Verfahren, die _____ verwenden vermieden werden ...
   a) Hitze
   b) eine Pigmentierung auf Zinkbasis
   c) brennbare Lösungsmittel
   d) alle oben genannte ist richtig

Tauchausrüstung

63) (O,A,D,S_{Equip}) Die als „offener Kreislauf" bezeichnete Bauweise eines Lungenautomates bezieht sich auf die Tatsache, dass . . .
   a) die Luft beim Ausatmen wieder in das System geleitet wird
   b) die Luft beim Einatmen durch Wasser statt durch das System geleitet wird
   c) sich beim Einatmen alle „Downstream-Ventile" öffnen
   d) die Luft beim Ausatmen ins Wasser und nicht wieder ins System geleitet wird

64) (O,A,D,S_{Equip}) Die Bezeichnung „bedarfsabhängige" Bauweise eines Lungenautomaten bezieht sich darauf, dass . . .
   a) dem Taucher nur beim Einatmen Luft geliefert wird
   b) dem Taucher ständig Luft geliefert wird, sogar beim Ausatmen
   c) dem Taucher nur dann Luft geliefert wird, wenn das Flaschenventil geöffnet ist
   d) die Luftzufuhr vom Taucher jederzeit unterbrochen werden kann

65) (O,A,D,S_{Equip}) Die erste Stufe eines Lungenautomaten hat die Funktion, den Flaschendruck auf den/einen _____ Druck zu reduzieren . . .
   a) Umgebungs-
   b) Mittel-
   c) atmosphärischen
   d) angenehmen

66) (O,A,D,S_{Equip}) Die zweite Stufe eines Lungenautomaten hat die Funktion, den anstehenden Druck auf den/einen _____ Druck zu reduzieren . . .
   a) Umgebungs-
   b) Mittel-
   c) atmosphärischen
   d) angenehmen

67) (O,A,D,S_{Equip}) Die zweite Stufe eines Lungenautomaten wird normalerweise durch das _____ des Tauchers aktiviert, wodurch eine _____ das Öffnen eines Ventils verursacht, indem ein Kipphebel betätigt wird . . .
   a) Ausatmen / Membran
   b) Einatmen / Verringerung des Flaschendrucks
   c) Ausatmen / Erhöhung des Flaschendrucks
   d) Einatmen / Membran

68) (O,A,D,S_{Equip}S_{Tief}) Ohne entsprechende Modifizierung der ersten Stufe können Lungenautomaten bei Verwendung in extrem kalten Wasser . . .
   a) Eis in der ersten Stufe bilden und dadurch abblasen
   b) einen extrem hohen Atem-Widerstand haben
   c) starke Erschöpfung beim Taucher hervorrufen
   d) zum Einatmen von Eiskristallen führen

Tauchausrüstung

69) (O,A,D,S$_{Equip}$) Wenn beim Tauchen ein Tauchcomputer verwendet wird ...
   a) muss jeder Taucher innerhalb eines Buddy-Teams einen eigenen Computer benutzen
   b) sollte der konservativste Computer für die Berechnung von Tiefe und Zeit des Tauchgangs verwendet werden
   c) Aussage a) und b) sind richtig
   d) keine der oben genannten Antworten ist richtig

70) (D,S$_{Equip}$) Kapillar-Tiefenmesser basieren auf _____ statt auf ...
   a) den Beziehungen von Druck und Volumen / Anzeige des Umgebungsdrucks
   b) der Anzeige des Umgebungsdrucks / den Beziehungen von Druck und Volumen
   c) dem Gesetz von Dalton / der gerade Entfernung zu Oberfläche
   d) dem Gesetz von Henry / der geraden Entfernung zur Oberfläche

71) (D,S$_{Equip}$S$_{Tief}$) Wegen ihres einzigartigen Funktionsprinzips werden Kapillar-Tiefenmesser oft zum _____ verwendet.
   a) Tieftauchen
   b) Wracktauchen
   c) Tauchen in grosser Höhe / Bergseetauchen
   d) alles oben genannte ist richtig

72) (O,A,D,S$_{Equip}$) Die Bauweise eines Lungenautomaten wird auch als _____ bezeichnet, da der Automat im Falle einer Fehlfunktion ...
   a) „fail-safe" / normal weiterarbeitet
   b) „wartungsfrei" / ständig Luft liefert
   c) „bedarfsabhängig" / den Taucher warnt
   d) „fail-safe" / ständig Luft liefert

73) (O,A,D,S$_{Equip}$) Auf einer Tauchflasche geprägte Markierung beinhaltet üblicherweise ...
   a) Herstellungsort
   b) Materialart
   c) Name der Person welche die erste Druckprüfung vorgenommen hat
   d) alles oben genannte ist richtig

74) (O,A,D,S$_{Equip}$) Stahl-Flaschen im Vergleich zu Aluminium-Flaschen ...
   a) haben dickere Wandstärken
   b) haben kleineres internes Volumen
   c) halten bei dünnerer Wandstärke den gleichen Druck aus
   d) nichts von oben genanntem ist richtig

Tauchausrüstung

75) (O,A,D,S$_{Equip}$) Zur Druckprüfung wird die Tauchflasche mit einem Druck gefüllt, der gemessen am üblichen Fülldruck...
   a) mindestens doppelt so hoch ist
   b) viel niedriger ist
   c) höher ist
   d) gleich gross ist

76) (O,A,D,S$_{Equip}$) Du solltest beim neuen Beschichten einer Tauchflasche niemals eine Einbrennlackierung wie bei Kraftfahrzeugen üblich verwenden, weil...
   a) hohe Temperaturen die Materialstruktur schwächen kann
   b) das neue Beschichten einer Flasche egal mit welcher Methode den Praktiken der Tauchbranche widerspricht
   c) die Kombination von Farbe und Hitze giftige Rückstände in der Flasche verursachen kann
   d) es gibt kein Problem beim Beschichten einer Flasche bei dieser Methode

77) (O,A,D,S$_{Equip}$) Eine visuelle Inspektion der Tauchflasche...
   a) beinhaltet eine Untersuchung auf Schäden und Abnutzung
   b) gestattet die Wartung und das Fetten des Gewindes
   c) ist Standard in der Tauchbranche
   d) alles obengenannte ist richtig

78) (O,A,D,S$_{Equip}$) Unter einem DIN-Ventil versteht man...
   a) ein Ventil, das bei Tauchflaschen keine Verwendung findet
   b) ein Ventil mit einer Reserveschaltung
   c) ein Ventil, auf das ein Lungenautomat mit Bügelanschluss montiert wird
   d) ein Ventil, in das die erste Stufe des Lungenautomaten hineingeschraubt wird

79) (O,A,D,S$_{Equip}$) In einer zweiten Stufe findest du ein Ventil. Es...
   a) öffnet gegen die Strömungsrichtung der Luft
   b) öffnet mit der Strömungsrichtung der Luft
   c) öffnet abhängig von der Bauweise mit oder gegen die Strömung der Luft

80) (O,A,D,S$_{Equip}$S$_{Tief}$) Was ist der Hauptzweck der (Gefrier-) Schutzkappe eines Lungenautomaten...
   a) das Austreten von Schmierstoffen aus dem Lungenautomat in die Umgebung zu verhindern
   b) das Eindringen von verunreinigtem Wasser in die zweite Stufe zu verhindern
   c) das Vereisen der ersten Stufe des Lungenautomaten in extrem kalten Wasser zu verhindern
   d) die (Gefrier-) Schutzkappe erfüllt beim Sporttaucher keinen Zweck

Tauchausrüstung

81) (O,A,D,S_Equip) Der Zweck der ersten Stufe eines Lungenautomaten ist es, Luft _____ zu liefern.
   a) zur zweiten Stufe mit dem zum Atmen erforderlichen Druck
   b) zum Taucher mit Umgebungsdruck
   c) zur zweiten Stufe mit Mitteldruck
   d) zum Taucher mit absolutem Druck

82) (O,A,D,S_Equip) Wie wird ein Lungenautomat bezeichnet, der so konstruiert ist, dass der Flaschendruck dem Öffnen der Ventile in der ersten Stufe weder entgegenwirkt noch das Öffnen der Ventile unterstützt ...
   a) membrangesteuert
   b) kolbengesteuert
   c) balanciert
   d) unbalanciert

83) (O,A,D,S_Equip) Instrumente am Handgelenk zu tragen ...
   a) ist die traditionelle Methode für das Mitführen der Instrumente
   b) beschleunigt die Tauchgangsvorbereitung
   c) integriert mehrere Instrumente in einer Einheit
   d) hält die Arme frei, um das Anlegen der Ausrüstung zu erleichtern

84) (O,A,D,S_Equip) Was passiert beim Einatmen bei einer typischen zweiten Stufe eines Lungenautomaten ...
   a) ein Kolben oder eine Membran öffnet ein Ventil, durch das Luft aus der Flasche nachströmt
   b) eine Membran öffnet ein Ventil, durch das Luft aus der ersten Stufe nachströmt
   c) ein Pilotventil öffnet ein Hauptventil, das den Mitteldruck auf 10 – 13 bar bringt
   d) das hängt davon ab, ob es sich um ein Upstream- oder Downstream-Ventil handelt

85) (O,A,D,S_Equip) Im Inflatoranschluss befindet sich ein Ventil. Es ...
   a) öffnet gegen die Strömungsrichtung der Luft
   b) öffnet mit der Strömungsrichtung der Luft
   c) öffnet abhängig von der Bauweise mit oder gegen die Strömungsrichtung der Luft
   d) alles obgenannte ist falsch

86) (O,A,D,S_Equip) Ein analoger Finimeter arbeitet nach dem Prinzip, dass ...
   a) sich eine geschlossene, spiralförmige Röhre unter Druck zusammenzieht
   b) Druck in einer C-förmig gebogenen Röhre diese streckt
   c) die Bewegung eines Kolbens durch eine Feder reguliert wird
   d) eine flexible Membran unter Druck eine Nadel bewegt

Tauchausrüstung

87) **(O,A,D,S_{Equip}) Gerissene Masken- und Flossenbänder, undichte O-Ringe, festsitzende Inflatorventile sind Ausrüstungsprobleme, die meist dadurch verursacht werden, dass ...**
   a) die Ausrüstung zu eng in eine Tasche gepackt wird
   b) geliehene Ausrüstung verwendet wird
   c) ungenügende Pflege und Wartung vorherrscht
   d) Abnutzung vorhanden ist

88) **(O,A,D,S_{Equip}) Selbst dann, wenn die Tauchausrüstung korrekt funktioniert und gewissenhaft gepflegt ist, können Probleme auftreten aufgrund ...**
   a) eines Mangels an entsprechender Ausbildung und Vertrautheit
   b) schlechte Passform
   c) beträchtlicher Modifikationen
   d) alles oben genannte ist richtig

89) **(O,A,D,S_{Equip}) Du solltest aus deiner Pressluftflasche die Luft nicht schnell abströmen lassen und sie nicht leer aufbewahren, weil ...**
   a) sie dann leicht explodieren kann
   b) sonst beim nächsten Füllen den Sauerstoffanteil der Luft absorbiert wird
   c) sich dadurch womöglich Feuchtigkeit in der Flasche sammelt, was zu Korrosion führen kann
   d) alles oben genannte ist richtig

90) **(O,A,D,S_{Equip}) Eines der häufigsten Probleme, die Taucher mit Pressluftflaschen haben, tritt auf wenn ...**
   a) die Flasche zu gross ist und für den geplanten Tauchgang zuviel Luft enthält
   b) der Taucher die Flasche nicht gefüllt bekommt, weil sie keine gültige Sichtprüfung aufweist
   c) weil der Taucher sie nicht korrekt am Jackett befestigt und sie dadurch durchrutscht oder weil sie zu hoch befestigt ist und der Taucher sich den Kopf stösst
   d) die Flasche mit zu hohem Druck gefüllt wird und die Berstscheibe (im Ventil) bricht
   e) die Flasche zu schwer ist um selbständig mit dem Jackett anzuziehen

91) **(O,A,D,S_{Equip}) Die Nadel des Finimeter bewegt sich beim Ein- und Ausatmen. Ausserdem bemerkt der Taucher einen erhöhten Atemwiderstand. Was ist vermutlich der Grund für diese Situation ...**
   a) der Lungenautomat braucht eine Wartung
   b) das Finimeter braucht eine Wartung
   c) das Flaschenventil ist nicht vollständig geöffnet
   d) der Taucher atmet zu heftig

Tauchausrüstung

92) (O,A,D,S_Equip) Wenn der Niederdruck-Inflator am Jackett _____ ist, kann dies zu _____ führen.
    a) voller Sand / schwachem Luftverbrauch
    b) in geöffneter Position stecken geblieben / einem zu schnellen Aufstieg
    c) schlecht konstruiert / schlechter Tarierungskontrolle
    d) schlecht gepflegt / negativem Auftrieb

93) (O,A,D,S_Equip) Welches ist der hauptsächlichste Vorteil eines „Downstream" – Ventils in einem Lungenautomaten ...
    a) es macht den Automaten robuster und widerstandsfähiger gegen Beschädigungen durch Anschlagen oder Herunterfallen
    b) im Falle einer Fehlfunktion öffnet sich das Ventil mit dem Luftstrom und lässt dadurch den Automaten abblasen, anstatt die Luftversorgung abzuschneiden
    c) es lässt sich leichter pflegen
    d) der Taucher erhält reinere und frischere Luft

94) (O,A,D,S_Equip) Probleme mit der Schnellabwurfschnalle von Bleigurten können sein ...
    a) verrutschen des Gurtbandes, so dass die Schnalle nicht vollständig geschlossen wird
    b) es wird vergessen, den Bleigurt des Partners während des Sicherheitschecks vor dem Tauchgang auf korrekte Ausrichtung (mit der rechten Hand zu öffnen) und korrekte Lage zu überprüfen
    c) eine gebrochene Schnalle, die nicht richtig schliesst
    d) alles oben genannte ist richtig

95) (O,A,D,S_Equip) Vor einem Tauchgang bemerkst du einen Taucher, der ein Flossenband mit Klebeband flickt und sich dann abmüht, die Flosse mit dem nun sperrigen Band anzuziehen und dabei um ein Haar noch über Bord fällt. Du solltest ...
    a) dem Taucher sagen, dass du ihm kurz vor dem Tauchgang helfen wirst, die Flosse anzuziehen
    b) dem Taucher raten den Füssling auszuziehen, damit die Flosse besser passt
    c) dem Taucher ein Reserve-Flossenband aus deiner Ersatzteil-Box zu überlassen
    d) dem Taucher mit dem modifizierten Flossenband den Einstieg ins Wasser verweigern

96) (O,A,D,S_Equip) Welche anderen Ausrüstungsgegenstände können dir, neben „Erste-Hilfe-Kid" und Sauerstoff, dabei helfen, einen Unfall zu handhaben ...
    a) Fernglas, Seil und Markierungsboje,
    b) Signalfackeln, eine Pfeife und ein Megaphon
    c) ein Funkgerät
    d) alles oben genannte ist richtig

Tauchausrüstung

97) (O,A,D,S$_{Equip}$) Da man den Schnorchel so gut wie nie benötigt, kann man ihn auch in die Jackettasche tun...
   a) richtig
   b) falsch

98) (O,A,D,S$_{Equip}$) Was sollte der Taucher in Mitteleuropa zur normalen Ausrüstung beim Tauchen zusätzlich tragen...
   a) Handschuhe
   b) Füsslinge
   c) Kopfhaube
   d) alles Genannte ist richtig

99) (O,A,D,S$_{Equip}$) Auf Maskengläser muss der Buchstabe _____ aufgedruckt sein.
   a) T
   b) M
   c) G
   d) Q

100) (O,A,D,S$_{Equip}$) Ein Neoprenanzug muss gut sitzen, damit _____ reduziert wird.
   a) der Blutfluss
   b) die Urin Verteilung
   c) der Gasaustausch
   d) der Wasseraustausch

101) (O,A,D,S$_{Equip}$) Je dicker der Neoprenanzug ist, umso mehr Blei muss der Taucher mitnehmen...
   a) richtig
   b) fasch

102) (O,A,D,S$_{Equip}$S$_{Tief}$) Mit dem Rebreather kann der Taucher tiefer tauchen als mit der normalen Ausrüstung...
   a) richtig
   b) falsch

103) (O,A,D,S$_{Equip}$) Eine Tauchmaske benötigt unbedingt...
   a) einen Nasenerker
   b) Sicherheitsglas
   c) zwei Dichtlippen
   d) a und b sind richtig

Tauchausrüstung

104) (O,A,D,S$_{Equip}$S$_{Tief}$) Ein Rebreather bereitet den grössten Teil des verbrauchten Atemgases des Tauchers wieder auf...
   a) richtig
   b) falsch

105) (O,A,D,S$_{Equip}$) Bei einem Tauchgang reicht es wenn einer der Taucher im Team ein Messer bei sich hat...
   a) richtig
   b) falsch

106) (O,A,D,S$_{Equip}$) Der wichtigste Gesichtspunkt bei der Wahl eines Lungenautomaten ist...
   a) einfache Wartung
   b) ein geringer Atemwiderstand
   c) der Preis
   d) eine regulierbare 2. Stufe

107) (O,A,D,S$_{Equip}$) Damit deine Pressluftflasche innen nicht so schnell rostet, ist es am besten...
   a) sie nach jedem Tauchgang gründlich abzuspülen
   b) alle drei Jahre eine Druckprüfung vornehmen zu lassen (entsprechend der örtlichen Vorschriften)
   c) eine Flasche mit Speziallackierung zu verwenden
   d) diese niemals völlig leer zu atmen

108) (O,A,D,S$_{Equip}$) Bei der Pflege deiner Lungenautomaten solltest du vermeiden...
   a) den Luftduschenknopf zu drücken wenn der Automat nicht unter Druck steht
   b) ihn jährlich von einem Fachmann warten zu lassen
   c) ihn nach jedem Gebrauch mit warmen Wasser abspülen
   d) ihn an einem kühlen und trockenen Platz lagern

109) (O,A,D,S$_{Equip}$) Was ist der wichtigste Grund weshalb man Schwimmbrillen nicht zum Tauchen benutzen kann...
   a) man sieht mit ihnen in der Tiefe alles doppelt
   b) man kann in ihnen keinen Druckausgleich durchführen
   c) sie beschlagen zu leicht
   d) alles oben genannte ist richtig

110) (O,A,D,S$_{Equip}$S$_{Tar}$) Das wichtigste Merkmal eines Gewichtssystems ist...
   a) dass es ohne Gebrauch der Hände bedient werden kann
   b) einen Schnellabwurf besitzt, der mit einer Hand bedient werden kann
   c) dass die Bleistücke während des Tauchgangs nicht hin und her rutschen können
   d) eine Polsterung um die Hüfte, damit das System, nicht zu sehr belastet.

Tauchausrüstung

111) (O,A,D,S$_{Equip}$) **Ein Logbuch ...**
   a) stellt eine Aufzeichnung deiner Taucherfahrung dar
   b) wird in den meisten Länder vom Gesetzgeber verlangt
   c) dient ausschliesslich deinen persönlichen Interessen und hat keinen weiteren Zweck
   d) alles oben genannte ist richtig

112) (O,A,D,S$_{Equip}$) **Einen DIN-Automaten kann man folgendermassen beschreiben ...**
   a) der Lungenautomat wird mit einem Bügel befestigt
   b) es handelt sich dabei um ein Überdruckventil
   c) es handelt sich dabei um ein atmungsabhängiges Ventil
   d) der Lungenautomat kann in das Ventil eingeschraubt werden

113) (O,A,D,S$_{Equip}$) **Wenn du abtauchst, wird ein Nasstauchanzug ...**
   a) an Auftrieb verlieren
   b) an Auftrieb gewinnen
   c) noch neutralen Auftrieb entwickeln
   d) davon nicht beeinflusst werden

114) (O,A,D,S$_{Equip}$) **Welche der folgenden Empfehlungen gelten für das Tauchen mit einem Tauchcomputer ...**
   a) du und dein Tauchpartner sollten jeder ein Tauchcomputer haben
   b) tiefster Tauchgang zuerst, alle folgenden in immer flacher werdende übergehen lassen
   c) bleibe deutlich von der Nullzeit des Computers weg
   d) alles oben genannte ist richtig

115) (O,A,D,S$_{Equip}$) **Wenn dein Lungenautomat unter Wasser beginnt abzublasen solltest du ...**
   a) ihn im Mund behalten und überschüssige Luft durch das Auslassventil entweichen lassen
   b) nicht besonderes unternehmen
   c) ihn festhalten, ohne die Lippen fest um das Mundstück zu schliessen und vorsichtig aus dem Blasenstrom weiteratmen während du mit normaler Aufstiegsgeschwindigkeit auftauchst
   d) einen Notaufstieg mit Auftrieb durchführen

116) (O,A,D,S$_{Equip}$) **Welche der folgenden Aussagen beschreibt einen „INT-Automaten" ...**
   a) es handelt sich um einen einfachen Automaten
   b) es handelt sich um einen internationalen Automaten
   c) es handelt sich um einen atmungsabhängigen Automaten
   d) es handelt sich um einen Automaten der mit einem Bügel über das Flaschenventil befestigt wird

Tauchausrüstung

117) (O,A,D,S$_{Equip}$) **Bei der Kontrolle der Markierungen auf einer Pressluftflasche solltest du, bevor sie mit Luft gefüllt wird, beachten, dass ...**
a) die meisten der Markierungen nur für den Hersteller notwendig sind
b) Flaschenmarkierungen von Land zu Land variieren – wenn sie dir nicht vertraut sind, nimm nicht an, dass sie unwichtig sind
c) das Datum der Druckprüfung und das maximale Fassungsvermögen auf der Pressluftflasche weltweit in der gleichen Weise angegeben werden.
d) alles obengenannte ist richtig

118) (O,A,D,S$_{Equip}$) **Eine Pressluftflasche die übermässiger Hitze ausgesetzt war, sollte _____ werden, bevor sie verwendet wird.**
a) visuell inspiziert
b) einer Druckprüfung unterzogen
c) geleert und mit frischer Luft gefüllt
d) neu lackiert

119) (O,A,D,S$_{Equip}$) **Der Begriff „fail Safe" bezieht sich auf die Tendenz eines Lungenautomaten ...**
a) immer richtig zu funktionieren
b) unabhängig der Tiefe, einen konstanten Atemwiderstand aufrechtzuerhalten
c) bei einer Fehlfunktion kann er trotzdem noch benutzt werden
d) bei einer Fehlfunktion einen wesentlich erhöhten Atemwiderstand zu erzeugen

120) (O,A,D,S$_{Equip}$) **Pressluftflaschen sollten visuell inspiziert werden, um folgernden Dingen zu entdecken oder zu verhindern ...**
a) innere und äussere Korrosion
b) mögliche galvanische Reaktionen zwischen dem Gewinde des Ventils und dem des Flaschenhalses
c) angesammelte Verunreinigungen in der Flasche
d) alles oben genannte ist richtig

121) (O,A,D,S$_{Equip}$) **Lungenautomaten mit offenem Kreislauf und bedarfabhängigem Ventil werden so bezeichnet, weil ...**
a) sie von guter Qualität sind
b) sie durch das Einatmen des Tauchers (d.h. bei Bedarf) aktiviert werden und die Ausatemluft in das Wasser abströmt
c) sie mit dem Luftfluss öffnen
d) ihr Design sie frei abblasen lässt, wenn sie eine Fehlfunktion haben – und niemals den Luftstrom unterbrechen

Tauchausrüstung

122) (O,A,D,S$_{Equip}$) Die Funktion der ersten Stufe eines Lungenautomaten ist ...
   a) den Hochdruck der Flasche auf den Umgebungsdruck zu reduzieren
   b) den Hochdruck der Flasche auf einen Mitteldruck (oberhalb des Umgebungsdruckes) zu reduzieren
   c) den Mitteldruck auf den Umgebungsdruck zu reduzieren, damit der Taucher die Luft atmen kann
   d) Hochdruck der Flasche zur zweiten Stufe zu transportieren

123) (O,A,D,S$_{Equip}$) Eine Berstscheibe ist eine in manchen Ländern vorgeschriebene Sicherheitsvorrichtung, die Teil des / der Flaschen _____ ist und durch welche die Luft aus der Flasche abströmt, wenn sie ...
   a) Halses / korrodiert
   b) Ventils / unter zu hohem Druck steht
   c) Wand / unter zu hohem Druck steht
   d) Halses / überhitzt wird

124) (O,A,D,S$_{Equip}$) Die Druckprüfung einer Pressluftflasche erfolgt so, dass die Flasche mit _____ gefüllt und in _____ gestellt wird; deshalb wird dies auch als _____ Test bezeichnet ...
   a) Vakuum / Vakuum / aerostatischer
   b) Vakuum / Druckkammer / barometrischer
   c) Wasser / Wasser / hydrostatischer
   d) Wasser / Wasser / hydrometrische

125) (O,A,D,S$_{Equip}$S$_{Alt}$) Beim Tauchen in Höhen über 300 Meter gibt die Verwendung eines _____ Tiefenmeters die theoretischen Tiefen statt der tatsächlichen Tiefen an.
   a) Kapillar-
   b) geschlossenen Bourdonröhren-
   c) offenen Bourdonröhren-
   d) ölgefüllten

126) (O,A,D,S$_{Equip}$) Wenn ein Reserveventil funktionsgemäss verwendet wird, wird es ...
   a) einem Taucher erlauben, den Luftdruck ohne ein Finimeter zu beobachten
   b) als eine Warnvorrichtung dienen, die den Taucher auf niedrigen Flaschendruck aufmerksam macht
   c) dem Taucher einen extra Luftvorrat geben, um den Tauchgang zu beenden
   d) sowohl b als auch c sind richtig

Tauchausrüstung

127) (O,A,D,S_Equip) Was von folgendem sind angemessene Verfahren, um Tauchcomputer beim Tauchen anzuwenden ...
   a) jeder Taucher muss einen Computer haben und das Tauchteam sollte dem konservativsten Computer folgen
   b) ein Tauchteam kann nur mit einem Computer tauchen, wenn die Taucher während des Tauchgangs Seite an Seite bleiben
   c) die Gruppe sollte immer den Grenzen des Tauchgangsleiters folgen
   d) fällt der Computer eines Tauchers während des Tauchgangs aus, kann der Taucher das Tauchen mit dem Computer seines Partners fortsetzen

128) (O,A,D,S_Equip) Taucher sollten, aus welchen auf die Ausrüstung bezogenen Gründen, das Tauchen bis an die Nullzeitgrenzen vermeiden ...
   a) nicht alle Taucher benutzen Tauchcomputer
   b) Tiefenmesser und Zeitmessinstrumente sind vielleicht nicht präzise – selbst eine kleine Abweichung kann den Taucher dann einem Risiko aussetzen, wenn er bis an die Grenzen geht
   c) wenn du nahe an den Grenzen bist, wird dir wahrscheinlich die Luft ausgehen
   d) sowohl a als auch c sind richtig

129) (O,A,D,S_Equip) Die zweite Stufe eines modernen Lungenautomates wird höchstwahrscheinlich entweder ein _____ oder ein _____ -Ventil haben.
   a) Down-stream -/ Pilot
   b) Up stream- / Pilot
   c) Kolben- / Membran
   d) Down stream- / Flatter

130) (O,A,D,S_Equip) Gelangt Wasser in eine Stahlflasche, kann sich _____ Korrosion entwickeln und die Flaschenwand beschädigen ...
   a) Aluminiumoxyd
   b) Eisenoxyd (Rost)
   c) Salzkristall
   d) Wasserstoff

131) (O,A,D,S_Equip) Ein_____ erlaubt es, den Lungenautomat direkt in das Pressluftflaschenventil zu schrauben ...
   a) Bügelanschluss
   b) Ventil ohne Reserveschaltung
   c) DIN-Anschluss
   d) Doppelflaschen-Anschluss

Tauchausrüstung

132) (O,A,D,S_Equip) Wenn die erste Stufe eines Lungenautomaten balanciert ist ...
   a) bietet sie einen grösseren Komfort, wodurch sich auch in grösseren Tiefen leichter atmen lässt.
   b) ist sie besser in der Lage, Zusatzausrüstung, wie etwa den Inflator, mit Luft zu versorgen
   c) ist sie besser in der Lage, den Luftbedarf von zwei Tauchern, die gleichzeitig aus nur einem Lungenautomaten atmen, zu befriedigen
   d) alles oben genannte ist richtig

133) (O,A,D,S_Equip) Die allgemeinen Richtlinien zur Handhabung des Ausfalls eines Tauchcomputers unter Wasser besagen ...
   a) tauche sofort auf und beobachte dich selber auf Anzeichen der Dekompressions-Krankheit
   b) setze den Tauchgang in einer geringerer Tiefe fort, unter Verwendung des Tauchcomputers deines Partners
   c) notiere die Informationen, an die du dich erinnerst, sie vom Computer vor dessen Ausfall bekommen zu haben und setze den Tauchgang in einer geringeren Tiefe fort
   d) tauche auf 5 Meter auf und mache einen Sicherheits-Stopp, der vielleicht so lange dauert, wie dein Luftvorrat es erlaubt

134) (O,A,D,S_Equip) Tauchflaschen sollten mindestens einmaljährlich (entsprechend den gesetzlichen Vorschriften) _____ und müssen von Zeit zu Zeit, wie vom Gesetz verlangt ...
   a) visuell inspiziert werden / einer Druckprüfung unterzogen werden
   b) hydrostatisch inspiziert werden / visuell inspiziert werden
   c) ein neues Ventil erhalten / visuell inspiziert werden
   d) einen neuen O-Ring erhalten / eine Komplettrevision des Ventil erhalten

135) (O,A,D,S_Equip S_Tief) Wie gross sind die durchschnittlichen Abweichungen in der Tiefenmessung mittels Tauchcomputer ...
   (Wegen der Verwendung von Drucksensoren gehören die elektronischen Tiefenmesser zu den genauesten)
   a) 0%
   b) 1%
   c) 5%
   d) 10%

136) (O,A,D,S_Equip) Die Tauchgeräte weisen an der Schulter einige eingeschlagene Informationen auf. Was bedeutet das Zeichen „+" hinter der Angabe des Fülldruckes ...
   a) die Flasche darf 10% über die Angabe des Fülldruckes gefüllt werden
   b) die Flasche muss bei der nächsten Inspektion genauer getestet werden
   c) die Flasche braucht zweimal solange nicht getestet zu werden
   d) es handelt sich um eine Aluflasche

Tauchausrüstung

137) (O,A,D,S$_{Equip}$) Bei den Ausrüstern für Tauchmaterial spricht man von „hydrostatischen Tests". Was verstehst du darunter ...
   a) ein Test um die magnetischen Anziehungskraft einer Flasche im Wasser festzustellen
   b) ein Test um festzustellen, bis zu welcher Tiefe die Flasche benutzt werden darf
   c) ein Test bei dem die Flasche mit Wasser gefüllt wird um den Materialzustand unter Druck zu prüfen
   d) ein Test um die Qualität eines Lungenautomaten unter Wasser zu prüfen

138) (O,A,D,S$_{Equip}$) Pressluftflaschen unterliegen strengen Füllvorschriften. Was besagt das Zeichen 200/300 auf einer Pressluftflasche ...
   (die gesetzlichen Vorschriften/Land sind zu beachten)
   a) die Flasche darf bis zu 200 bar gefüllt werden
   b) die Flasche darf bis zu 300 bar gefüllt werden und muss bis 200 bar getestet werden
   c) die Flasche darf nur zu 2/3 des Fülldruckes getestet werden
   d) Füll-/Prüfdruck gilt nur für Alu-Flaschen

139) (O,A,D,S$_{Equip}$) Die Pressluftflaschen unterliegen strengen Kontrollen. Wann muss eine Flasche getestet werden ...
   a) wenn eine Flasche länger als zwei Jahre nicht getestet wurde oder die gesetzlichen Vorschriften zeigen andere Bestimmungen
   b) bei einer Beschädigung der Flasche
   c) wenn die Flasche über 82°C erhitzt wurde
   d) alle aufgeführten Antworten sind richtig

140) (O,A,D,S$_{Equip}$) Bei einem balancierten Lungenautomaten ...
   a) wird die Öffnung des Niederdrucksitzes von dem Flaschendruck weder unterstützt noch eingeschränkt
   b) ist der Mitteldruck höher als 12 bar
   c) bleibt der Mitteldruck unabhängig von der Tiefe immer gleich
   d) keine der Antworten ist richtig

141) (O,A,D,S$_{Equip}$) Lungenautomaten werden nach ihrer Bau- und Funktionsweise bezeichnet. Was bedeutet ein Lungenautomat mit „offenem Kreislauf" ...
   a) die Ausatemluft wird ins Wasser ausgegeben
   b) die Luft wird mit Umgebungsdruck geliefert
   c) bei einem Versagen wird der Lungenautomat keine Luft mehr abgeben
   d) bei einem Versagen wird der Lungenautomat abblasen

Tauchausrüstung

142) (O,A,D,S$_{Equip}$) Lungenautomaten werden auch als „fail safe" bezeichnet. Was ist die Bedeutung dieser Bezeichnung...
   a) das der Lungenautomat nicht versagen kann
   b) dass ein Taucher so trainiert wurde, dass er keine Fehler mehr macht
   c) das ein Lungenautomat abschaltet, sobald verunreinigte Luft in der Flasche ist
   d) das der Lungenautomat bei Versagen beginnt abzublasen

143) (O,A,D,S$_{Equip}$S$_{Night}$) Nachttauchgänge bedingen eine besondere Vorbereitung und Materialbereitstellung. Welche Ausrüstung ist mindestens erforderlich...
   Muss jeder Taucher selber über diese Ausrüstungsgegenstände verfügen...
   a) eine Hauptlampe / nein
   b) eine Hauptlampe eine Reservelampe und ein chemischer Leuchtstab / ja
   c) Reservebatterien für alle Lampen /nein
   d) Akkuladegerät mit Verlängerungskabel für das Laden der Hauptlampe / ja

144) (O,A,D,S$_{Equip}$) Nach dem letzten Tauchgang im Salzwasser hast du keine Zeit deine Lungenautomaten gründlich zu pflegen. Was machst du, wenn du wieder zuhause angelangt bist...
   a) die Ausrüstung auswaschen wie nach jedem Tauchgang
   b) einen Tauchgang im Süsswasser planen um das Salz auszuwaschen
   c) den Lungenautomaten über Nacht in Süsswasser „einweichen" damit sich das eingetrocknete Salz zuverlässig lösen kann
   d) die Automaten sind robust konstruiert und brauchen keine besondere Pflege

145) (O,A,D,S$_{Equip}$) Welches sind die acht Faktoren, die bestimmen, dass wir uns im Wasser kalt fühlen...

146) (O,A,D,S$_{Equip}$S$_{Dry}$) Welches sind die (7) wesentlichen Vorteile eines Trockenanzuges...

147) (O,A,D,S$_{Equip}$S$_{Dry}$) Welches sind die (5) wesentlichen Nachteile eines Trockenanzuges...

148) (O,A,D,S$_{Equip}$) Im Finimetergehäuse dient ein Überdruckventil (falls vorhanden) dazu, dass...
   a) die Luft aus dem System abgelassen werden kann, um das Abschrauben des Lungenautomaten zu ermöglichen
   b) kein unzulässig hoher Druck entstehen kann und dadurch das Gehäuse (oder das Glas) platzt
   c) das Gerät leichter gewartet werden kann
   d) alles obige ist richtig

Tauchausrüstung

149) (O,A,R,D,S$_{Equip}$) **Eine alternative Luftversorgung mitzuführen ist für einen Rescue Diver ...**
   a) Pflicht
   b) persönlich freigestellt
   c) nur dann notwendig, wenn er andere Taucher zu überwachen hat
   d) wünschenswert aber nicht wesentlich

150) (O,A,D,S$_{Equip}$) **Die wesentlichsten, häufigsten Probleme mit dem Finimeter sind ...**
   a) unzureichende Wartung
   b) die wenigsten Taucher verwenden ein Finimeter
   c) es wird vergessen auf das Finimeter zu schauen
   d) seine empfindliche Konstruktion

151) (O,A,D,S$_{Equip}$) **Die Verwendung einer alternativen Luftversorgung unterliegt Regeln (diese sind vor dem Tauchgang im Briefing mit dem Buddy abzusprechen), wie lauten diese ...**
   a) der Hauptautomat bleibt beim Spender, dieser stellt seine zusätzliche zweite Stufe zur Verfügung
   b) der Spender bietet seinen Hauptautomaten an und atmet selber aus seiner zusätzlichen zweiten Stufe
   c) der Taucher der Luft benötigt, wählt sich einen Automaten aus
   d) die Ausrüstung ist heute sehr vielfältig, persönlich. Dadurch können keine Standardregeln aufgestellt werden (dies ist im Briefing mit dem Tauchpartner abzusprechen).

152) (O,A,D,S$_{Equip}$) **O-Ringe unterliegen Verschleisserscheinungen. Sie sollten daher ersetzt werden ...**
   a) regelmässig, auch wenn noch keine sichtbare Abnutzung zu erkennen sind
   b) wann immer sich ein Problem zeigt
   c) die meisten modernen O-Ringe brauchen nicht ersetzt zu werden
   d) wenn die ersten Abnutzungserscheinungen sichtbar sind

153) (O,A,D,S$_{Equip}$) **Kommt beim Einatmen mit der Atemluft auch Wasser, so ist dies höchstwahrscheinlich zurückzuführen auf ...**
   a) einen niedrigen Flaschendruck
   b) ein abgenutztes oder locker sitzendes Mundstück
   c) ein Loch in der Membrane der ersten Stufe
   d) unqualifiziert durchgeführten Service

154) (O,A,D,S$_{Equip}$) **Das Tauchmaterial ist in der Regel sehr robust konzipiert. Probleme mit Lungenautomaten sind fast immer die Folge von ...**
   a) Konstruktionsfehler
   b) Tauchen in extremer Tiefe oder unter schlechten Bedingungen
   c) Inspektionen die nicht durch ausgewiesene Fachpersonen erfolgen
   d) unsachgemässe Wartung und Pflege

Tauchausrüstung

155) (O,A,D,S$_{Equip}$) Lässt sich durch einen ansonsten gut funktionierenden Automaten nicht mehr ausatmen, so ist das ein Zeichen für ...
   a) keine Luft mehr in der Flasche
   b) einen eingefrorenen Ventilhebel
   c) ein Ausblasventil, das in geschlossener Position festhängt
   d) ein Mundstück in der falschen Grösse

156) (O,A,D,S$_{Equip}$) Wenn bei angeschlossenem Lungenautomat das Flaschenventil aufgedreht wird, ist aus Sicherheitsgründen, besonders bei einem Finimeter, auf folgendes zu achten ...
   a) auf die Anzeige schauen, um zu sehen ob sich die Nadel bewegt
   b) schaue dabei aber niemals direkt auf das Instrument, um eine Verletzung durch plötzliches Entweichen von Luft zu vermeiden
   c) kontrolliere stets den Zustand des Überdruckventils (falls vorhanden)
   d) egal was mit dem Finimeter gemacht wird, es kann nichts passieren, da es nach dem „fail save" Prinzip konstruiert ist

157) (O,A,D,S$_{Equip}$) Erkläre die Funktionsweise einer kompensierten (balancierten) ersten Stufe des Lungenautomates ...

158) (O,A,D,S$_{Equip}$) Was verstehst du unter einer kolbengesteuerten ersten Stufe deines Lungenautomates ...

159) (O,A,D,S$_{Equip}$) Was verstehst du unter einer membrangesteuerten ersten Stufe ...

160) (O,A,D,S$_{Equip}$) Wie zeichnet sich eine kompensierte 2. Stufe des Lungenautomates aus ...

161) (O,A,D,S$_{Equip}$S$_{night}$) Wohin gehören Tauchlampen und Tauchmesser während einer Flugreise und wie sind diese Gegenstände sicher zu transportieren ...

162) (O) Was gehört zu deiner Tauchausrüstung ...
   (drei wichtige Teile)
   a) Badehosen, Maske, Schnorchel
   b) Maske, Schnorchel, Flossen
   c) Maske, Schnorchel, Shorty
   d) Maske, Schnorchel, Handschuhe

Tauchausrüstung

163) **(0) Wie muss eine Maske beschaffen sein ...**
   a) zwei Gläser, bruchfestes Sicherheitsglas, verstellbares Kopfband
   b) Gummi oder Silikonmaskenkörper und bruchfestes Glas
   c) Gummi- oder Silikonmaskenkörper, Nasenerker, bruchfestes Glas, verstellbares Maskenband
   d) es kann auch eine Schwimmbrille zum Tauchen verwendet werden.

164) **(0) Folgende Vorkehrungen sind vor dem Gebrauch einer Maske wichtig ...**
   a) die Maske ist sofort einsatzbereit
   b) die Maske muss mit klarem Wasser (kein Salzwasser) gespült und das Maskenband richtig eingestellt werden
   c) der Maskenkörper aus Silikon oder Gummi muss mit Talkum eingerieben werden.
   d) die Maskengläser müssen mit verdünntem Spülmittel oder einem speziellen Antibeschlagmittel gereinigt werden.

165) **(0) Die Tauchmaske hat die Eigenschaft, dass sie ständig mit Wasser vollläuft, was ist dagegen zu unternehmen ...**
   a) beim Kauf darauf achten, dass das Maskenband nicht zu eng am Kopf anliegt.
   b) darauf achten, dass die Maske in jedem Fall mit optischen Gläsern versehen werden kann.
   c) dass die Maske auch ‚meinem Partner passt.
   d) dass die Maske auch ohne Maskenband auf dem Gesicht haften bleibt.

166) **(0) Der Schnorchel unterliegt gewissen Auflagen ...**
   a) maximale Länge 35 cm bei Erwachsenen und maximal 30 cm bei Kinder. Passendes Mundstück mit oder ohne Ausblasventil
   b) möglichst langer Schnorchel aus Kunststoff, damit man möglichst tief Tauchen kann.
   c) möglichst grossen Durchmesser, damit man bei Anstrengung viel Luft bekommen kann
   d) b) und c) sind richtig

167) **(0) Tauchflossen gehören zur Grundausrüstung, wie sollen sie beschaffen sein ...**
   a) eine Flosse sollte möglichst lang sein, damit der Taucher schnell voran kommt.
   b) eine Flosse sollte möglichst hart sein, damit man schnell vorwärts kommt.
   c) eine Flosse sollte möglichst hart und lang sein, damit man den Anschluss an andere Taucher nicht verliert
   d) eine Flosse sollte gut sitzen damit der Taucher seine körperlichen Möglichkeiten optimal einsetzen kann.

Tauchausrüstung

168) (O) Der Atemregler kann nicht von der Flasche abgeschraubt werden. Was kann die Ursache sein ...
   a) das Flaschenventil wurde nicht richtig geschlossen und hat sich verkantet.
   b) das Flaschenventil wurde geschlossen, es hat aber noch zu viel Druck auf dem System
   c) das Flaschenventil wurde linksherum zugedreht
   d) das Ventil sitzt fest wegen Rost aus der Flasche

169) (O) Zum Tauchen benutzen wir immer ein Jacket, warum ...
   a) damit wir an der Oberfläche schwimmen können
   b) damit wir den Abtrieb beim Tauchen kompensieren können.
   c) damit wir den Abtrieb kompensieren und an der Wasseroberfläche einfacher schwimmen können
   d) damit wir die Sicherheit beim Tauchen erhöhen und möglichst viele Utensilien mitnehmen können.

170) (O) Warum benutzt der Taucher eine Lampe ...
   a) um in Wracks oder Höhlen den Rückweg zu finden
   b) um die verloren gegangenen Farben unter Wasser zu sehen
   c) um Unterwasser ein Notsignal abgeben zu können
   d) um im Dunkeln die Tauchausrüstung zusammenbauen zu können

171) (O,A) Worauf musst du bei der Wahl deiner Tauchausrüstung achten ...
   a) benutze immer die gleiche Ausrüstung, mit der du gelernt hast zu tauchen
   b) die Tauchausrüstung muss immer identisch mit der deines Tauchpartners sein.
   c) die Tauchausrüstung entspricht je nach Tauchbedingungen den gültigen Bestimmungen.
   d) die Ausrüstung stellt der Tauchlehrer zusammen, ich verlasse mich darauf.

172) (O,A) Ein UW-Kompass ist beim Tauchen wichtig, warum ...
   a) immer wenn die natürlich Orientierung nicht mehr funktioniert, ist der Kompass ein sehr wichtiges Instrument
   b) der Kompass ist das einzige Orientierungsmittel unter Wasser
   c) in heimischen Gewässer ist aufgrund der schlechten Sicht ein Kompass immer notwendig.
   d) Antworten b) und c) sind richtig.

173) (A) Jeder Kompass ist meistens eingeteilt in folgende Gradzahlen ...
   a) 0 – 400°
   b) 0 – 180°
   c) 0 – 360°
   d) 0 – 460°

Tauchausrüstung

174) **(A) Was kann der Kompass negativ beeinflussen ...**
   a) eine zu schräge Haltung führt dazu, dass der Kompass festsitzt und eine falsche Richtung anzeigt
   b) Magnetfelder wie Eisen, Akkus, Stromkabel etc die dafür sorgen, dass der Kompass abgelenkt wird und eine falsche Richtung anzeigt.
   c) falsche Haltung oder eine zu kurze Befestigung um den Kompass weit genug vom Körper fernzuhalten.
   d) alle Antworten sind richtig

175) **(A,D) Tauchen in kalten Gewässer erfordert mindestens folgende Zusatzausrüstung ...**
   a) Trockenanzug mit Unterzieher
   b) zwei unabhängige Atemregler an separat absperrbaren Ventilen
   c) Tauchcomputer mit Temperaturanzeige
   d) Kälteschutz für Hände und Gesicht
   e) Vollgesichtsmaske

176) **(A,D,S_{Equip},S_{Dey}) Bei der Wahl des Trockenanzuges muss auf folgendes geachtet werden ...**
   a) gute Passform, optimaler Sitz im Fuss- und Beinbereich. Halsmanschette darf nicht zu eng sein.
   b) Anzug muss gross genug sein, damit er für die Kälteisolierung genügend Luft aufnehmen kann
   c) möglichst ein Gewebeanzug, da dieser sich nicht ausdehnen kann.
   d) ein Trockenanzug soll warm sein, daher ist nur ein Neoprenanzug zu wählen.

177) **(O,A,D,S_{Night}) Welche Zusatzausrüstung ist für einen Nachttauchgang zwingend notwendig ...**
   a) Lampe, Ersatzlampe, Tiefenmesser, Leuchtstab für jeden Taucher
   b) Lampe, Ersatzlampe, Blitzer, Leuchtstab, für jeden Taucher
   c) Lampe, Ersatzlampe, für jeden Taucher
   d) Lampe, Ersatzlampe, Blitzer für den Gruppenführer.

178) **(O,S_{Drift}) Was ist der Vorteil einer Strömungsboje (Oberflächen Markierungsboje) ...**

179) **(A,S_{Equip}) Du planst einen Deko. Tauchgang. Dazu ist eine korrekte Zeitmessung der Grundzeit wichtig. Wie viele Zeitmessinstrumente sollst du mitnehmen ...**
   a) Tauchcomputer genügt
   b) zwei Zeitmessinstrumente
   c) eine Uhr genügt, mein Buddy hat ja auch eine Uhr dabei
   d) jeder Taucher soll zwei unabhängige Zeitmessinstrumente mit sich führen

Tauchausrüstung

180) (A,S_Equip) Ausrüstungsteile können zu Problemen führen, was zählt zu den Ursachen...
   a) verwenden von unvertrauten, spezieller Ausrüstung
   b) selbstgefertigte Teile
   c) Service und Wartung vernachlässigen
   d) Ausrüstung ist stark modifiziert

181) (A,S_Equip) Atemschwierigkeiten in Zusammenhang mit der Ausrüstung können verursacht werden durch...
   a) Gewichtssystem ist unter dem Jacket angebracht und drückt
   b) Flaschenventil ist nur zum Teil geöffnet
   c) Tauchanzug ist zu eng
   d) Mundstück ist beschädigt

182) (A) Bei einem Rettungsversuch eines Tauchers soll die Ausrüstung entfernt werden. In welcher Priorität ist dies vorzunehmen...
   a) sehr hohe Priorität
   b) mässige Priorität
   c) geringe Priorität
   d) das lässt sich so nicht beurteilen

183) (A) Beim Entfernen der Ausrüstung eines Tauchers der nicht mehr reagiert, achte auf folgendes...
   a) unterbreche die Beatmung um die Ausrüstung auszuziehen
   b) achte aufs Schwimmen
   c) halte eine logische, gelernte Reihenfolge ein
   d) halte einen regelmässigen Rhythmus ein

184) (A) Wenn die Ausrüstung des Opfers entfernt ist, bedeutet dies nicht, dass auch du deine Ausrüstung ausziehen musst...
   a) richtig
   b) falsch

185) (A) Die Ausrüstungsteile die du selber ablegst oder vom Opfer entfernst sind abhängig von der Umgebungsbedingung...
   a) richtig
   b) falsch

186) (O,S_Equip) Was ist eine „Schutzkappe"...
   a) Ein Teil über der ersten Stufe, damit die erste Stufe nicht einfriert
   b) Fett in der ersten Stufe, damit diese nicht einfriert und Wasser eindringt
   c) Eine Befestigung für den Oktopus, damit dieser nicht herumhängt
   d) a) und b) sind richtig

Tauchausrüstung

187) **(O) Ein balancierter Lungenautomat erkennen wir, dass...**
   a) die Öffnung des Hochdrucksitzes von dem Flaschendruck weder unterstützt noch eingeschränkt wird
   b) der Mitteldruck höher als 12 bar beträgt
   c) der Mitteldruck unabhängig der Tiefe immer gleich bleibt
   d) keine Antwort ist richtig

188) **(O,S_{Equip}) Ein Tiefenmesser der nach dem Gesetz von Boyle arbeitet, ist ein _____-Tiefenmesser. Wenn du diesen Tiefenmesser in der Höhe benützen würdest, wo der atmosphärische Druck 900 Millibar beträgt, würde der Tiefenmeter _____ Meter anzeigen, auch wenn du in Wirklichkeit auf 9 Meter wärest.**
   a) Bourdon Röhre, 9 Meter
   b) Bourdon Röhre, 10 Meter
   c) Kapillar Tiefenmesser, 9 Meter
   d) Kapillar Tiefenmesser, 10 Meter

189) **(O,S_{Equip}) Ein Taucher kommt zu dir mit seinem Lungenautomat, bei welchem die zweite Stufe leicht abbläst. Du drückst den Luftduschenknopf am Regler und das Problem ist behoben. Einige Minuten später bläst der Automat wieder ab. Wie kann dieses Problem nun endgültig gelöst werden...**
   a) der Kipphebel der zweiten Stufe muss von der Membrane weggebogen werden
   b) die zweite Stufe muss mit Silikonspray eingesprüht werden um die Reibung zu vermindern
   c) der Kipphebel der zweiten Stufe muss neu eingestellt werden
   d) der Hochdrucksitz in der ersten Stufe muss gewechselt werden

190) **(A,S_{Equip}) Was ist ein „hydrostatischer Test"...**
   a) ein Test, der gewährleistet, dass die Tauchausrüstung unter Wasser antimagnetisch ist
   b) ein Test um zu wissen, bis auf welche Tiefe ein Trockentauchanzug benutzt werden kann
   c) ein Test, damit ein Lungenautomat die EU-Normen erfüllt
   d) ein Test, in welchem die Tauchflasche mit Wasser gefüllt, unter Druck gebracht und geprüft wird

191) **(O) Warum ist eine visuelle Inspektion für Tauchflaschen empfohlen...**
   a) um Rost (Oxydation) an der Innenseite der Flasche zu erkennen
   b) um festzustellen, ob die Flasche aussen beschädigt ist und auch aussen Rost (Oxydation) aufweist
   c) um das Gewinde zu kontrollieren, in welchem das Flaschenventil eingedreht ist
   d) alle Antworten sind richtig

Tauchausrüstung

192) (O,S_{Equip}) Wieso spricht man von einem Lungenautomat mit „offenem Kreislauf". Was sind die Merkmale ...
   a) Die Ausatemluft wird in das Wasser ausgeatmet
   b) Die Luft wird mit Umgebungsdruck geliefert
   c) Bei einem Versagen wird der Automat keine Luft mehr abgeben
   d) Bei einem Versagen wird der Lungenautomat abblasen

193) (O,S_{Wquip}) Welcher Tiefenmesser kann ohne Umrechnung mit dem PADI RDP in der Höhe benutzt werden ...
   a) Tiefenmesser mit Bourdonröhre
   b) Kapillar Tiefenmesser
   c) Keiner
   d) a) und b) sind richtig

194) (O,S_{Equip}) Bei einer starken Verschmutzung des Neoprenanzuges kann dieser wie aufgeführt leicht gereinigt werden ...
   a) nur 7mm-Anzüge eignen sich für eine schonende Reinigung, 3-4mm Anzüge werden beim nächsten Tauchgang ohnehin im Wasser wieder sauber
   b) mit der Waschmaschine auf Kochwäsche eingestellt, damit alle Salzrückstände zuverlässig entfernt werden
   c) nur mit der Waschmaschine auf 30°C oder als Handwäsche mit wenig Waschmittel
   d) eine Reinigung ist nicht notwendig, kein Taucher legt grossen Wert auf Hygiene.

195) (A,S_{Equip}) Wie kann der Begriff: „balancierte erste Stufe" erklärt werden ...
   a) wenn der Flaschendruck fällt, mindert sich der Mitteldruck
   b) wenn der Flaschendruck fällt, bleibt der Mitteldruck gleich
   c) wenn der Flaschendruck fällt, steigt der Mitteldruck
   d) Frage kann nicht beantwortet werden, da das Fabrikat der ersten Stufe nicht bekannt ist

196) (O,S_{EQUIP}) Was ist der Unterschied zwischen einer Stahlflasche und einer Aluflasche ...
   a) der Inhalt der Stahlflasche ist grösser im Vergleich zu seinem Umfang
   b) die Wandstärke der Stahlflasche ist geringer
   c) bei einer Aluflasche benötigt man mehr Blei
   d) alle genannten Antworten sind richtig

197) (A,S_{Equip}) Wann könnte eine „burst-disk" (Sicherheitsventil) ansprechen ...
   a) bei einer Flasche mit 20 bar Restdruck, welche an der Sonne liegt
   b) bei einer Flasche mit 200 bar Druck, die an der Sonne liegt
   c) a) und b) sind richtig
   d) beim Entfernen des Flaschenventils

Tauchausrüstung

198) (A,S_Equip) Was bedeutet das Zeichen 200 / 300 auf einer Pressluftflasche aus Aluminium ...
   a) die Flasche darf bis zu 200 bar gefüllt werden und muss mit 300 bar getestet werden und gilt nur für Stahlflaschen
   b) die Flasche darf bis 300 bar gefüllt werden und muss mit 200 bar getestet werden
   c) kann auf Grund der Angaben nicht beantwortet werden
   d) keine der Antworten ist richtig

199) (A,S_Equip) Warum soll man nur Masken mit Temperglas verwenden ...
   a) es kann nicht zerkratzt werden
   b) es ist das einzige Glas das nicht beschlägt
   c) es bricht seltener und wenn, dann in kleinen Krümel (keine Schnittgefahr)
   d) es ist leichter als herkömmliche Glas.

200) (O,S_Equip) Wie sollte man die Flossen lagern ...
   a) Wärme ist zu vermeiden
   b) waagrecht, nicht auf die Flossenspitzen stellen
   c) Sonne vermeiden
   d) die Flossenbänder sind getrennt zu lagern

201) (O,S_equip) Wozu dient der Schleppzeiger am Tiefenmeter ...
   a) er zeigt die grösste jemals erreichte Tiefe des Tauchers an
   b) er stoppt den Tiefenmesser bei der maximal erlaubten Sportauchertiefe
   c) er dient als Beweismittel, wenn die Sportauchgrenze überschritten wird
   d) er zeigt die grösste während des Tauchgangs erreichte Tiefe an.

202) (O,S_Equip) Wie lang sollte ein Schnorchel bei Erwachsenen maximal sein ...
   a) 35 cm
   b) 25 cm
   c) 30 cm
   d) 40 cm

203) (O,S_Equip) Was misst das Finimeter ...
   a) den Wasserdruck der aktuellen Tiefe
   b) den aktuellen Flaschendruck
   c) wie viel barl Luft mir noch zur Verfügung steht
   d) wie viel Grundzeit mir noch zur Verfügung steht

204) (A,S_Equip) Wenn du einen Tauchcomputer benutzt ...
   a) hast du ein besseres Dekompressionsmodel als bei der Tabelle
   b) sollte jeder Taucher seinen eigenen Tauchcomputer haben
   c) kannst du viele der Regeln vergessen, welchen du folgen musst, wenn du mit Tabellen tauchst
   d) alle Antworten sind richtig

Tauchausrüstung

205) (AS_Equip) Welche Bedeutung hat ein „+" Zeichen hinter der Angabe des Fülldrucks...
   a) die Flasche darf 20% über den angegebenen Fülldruck gefüllt werden
   b) die Flasche muss bei der nächsten Inspektion genauer getestet werden
   c) die Flasche braucht zweimal solange nicht geprüft werden
   d) keine der Antworten ist richtig

206) (A,S_Equip) Ein Taucher benutzt ein spezielles Tauchgerät. Das Gerät gibt nur in den seltenen Fällen Bläschen ab, wie bei einem Aufstieg. Ein Tauchgerät von diesem Typ wird _____ genannt.
   a) ein kaputtes Tauchgerät
   b) ein offenes Tauchgerät
   c) ein halb geschlossenes Kreislaufgerät (Rebreather)
   d) ein geschlossenes Kreislaufgerät (Rebreather)

207) (O) Du willst dir eine Tauchausrüstung kaufen. Welche drei Teile sind die wichtigsten und wirst du zuerst kaufen...
   a) Maske, Schnorchel, Badehose
   b) Maske, Schnorchel und Flossen
   c) Maske, Flossen und Shorty
   d) Schnorchel, Flossen und Shorty

208) (O) Eine Maske wirst du nun zuerst kaufen. Wie muss diese beschaffen sein...
   a) es kann auch eine Schwimmbrille vorerst zum Tauchen benutzt werden
   b) zwei Gläser, Maskenkörper, bruchsicheres Maskenglas.
   c) Silikonkörper, Nasenerker, bruchfestes Glas
   d) Gummi- oder Silikonkörper, Nasenerker, bruchfestes Sicherheitsglas, verstellbares Kopfband

209) (O) Bevor du die Maske zum Tauchen verwendest, muss diese vorbereitet werden. Auf welche Punkte achtest du...
   a) Die Maske ist sofort einsatzbereit
   b) Die Maske muss mit Wasser gewaschen werden und das Maskenband muss eingestellt werden
   c) Der Maskenkörper aus Silikon oder Gummi muss mit Silikonspray eingerieben werden um die Lebensdauer zu verlängern
   d) Die Maskengläser müssen mit einem Spülmittel (ev. Zahnpasta) oder einem Antibeschlagmittel gereinigt werden.

Tauchausrüstung

210) (O) Die Maske droht beim Tauchen ständig mit Wasser vollzulaufen. Was kannst du dagegen tun ...
   a) beim Kauf darauf achten, dass die Maske der eigenen Kleidergrösse entspricht
   b) darauf achten, dass die Maske in jedem Fall mit Optischen- und Sonnenschutz- Gläser ausgerüstet werden kann
   c) die Maske muss auch meinem Tauchpartner passen
   d) die Maske soll auch ohne Maskenband auf dem Gesicht haften bleiben.

211) (O) Die Maske ist ein sehr empfindlicher Ausrüstungsteil und will gut gepflegt werden. Wie achtest du auf deine Maske, dass sie keinen Defekt erleidet ...
   a) Masken aus Silikon müssen nicht gepflegt werden; nur abtrocknen und in der Tauchtasche transportieren.
   b) nach dem Tauchen ist die Maske mit Süsswasser zu spülen anschliessend im Schatten trocknen lassen und dann in die Maskenbox zum Transport verstauen.
   c) nach dem Tauchen die Maske trocknen lassen, mit Süsswasser spülen und anschliessend mit Silikonspray pflegen
   d) alle Antworten sind richtig

212) (O) Zu den ersten Tauchmaterialteilen gehören auch die Flossen. Es gibt offene und auch geschlossene Flossen. Welche wählst du ...
   a) geschlossene Flossen sind besser für die Wärmedämmung des Fusses als offene Flossen und eher für kaltes Wasser geeignet
   b) Schuhflossen kann man ohne Füsslinge tragen, sie werden vor allem zum Schnorcheln und im Schwimmbad benutzt
   c) offene oder auch Geräteflossen sind nur für das Tauchen mit einem Trockenanzug geeignet
   d) Schuh- und Fersenbandflossen sind immer gleich lang.

213) (O) Ein weiteres Ausrüstungsteil zum Kälteschutz aus Neopren ist beim Tauchen sehr wichtig ...
   a) zum Schutz vor Verletzungen und Kälte
   b) damit man länger als eine Stunde tauchen kann
   c) damit die restlichen Ausrüstungsgegenstände (Bleigurt, Jacket) nicht auf der Haut scheuert
   d) damit einem Barotrauma der Haut vorgebeugt werden kann.

214) (O) Beim Kauf eines Anzuges wirst du zu entscheiden haben zwischen einem Nass- Halbtrocken- und Trockenanzug. Wo liegt der Unterschied ...
   a) nur durch die unterschiedliche Stärke des Materials. Je dicker desto wärmer
   b) durch unterschiedlich grossen Wasseraustausch. Je weniger Wasseraustausch umso wärmer
   c) nur der Preis ist der Unterschied
   d) mit Nass- und Halbtrockenanzug kann man einfacher tauchen

Tauchausrüstung

215) (O) Mit zunehmender Tiefe werden die Gewässer auch zunehmend kälter. Worauf ist beim Tauchen in kalten Gewässer < 10°C zu achten ...
   a) die Europäische Norm schreibt vor, dass zwei unabhängige Atemregler welche separat absperrbar sind vorhanden sein müssen
   b) die Norm schreibt vor, dass die Atemregler auf jeden Fall einen Eisschutz haben müssen
   c) die Norm schreibt weiter vor, dass die zwei Atemregler warm gelagert werden müssen
   d) die Atemregler unterliegen einem besonderen Service bei einem ausgewiesenen Fachhändler. Ein Zertifikat muss vorgelegt werden können.

216) (O) Das Gerät wird vor dem Tauchgang am Jacket befestigt. Hat das Jacket noch weitere Aufgaben als nur das Gerät aufzunehmen ...
   a) damit wir an der Oberfläche schwimmen können
   b) damit wir den Abtrieb beim Tauchen kompensieren können
   c) damit wir den Abtrieb kompensieren können und an der Wasseroberfläche besser schwimmen können
   d) damit wir die Sicherheit beim Tauchen erhöhen und möglichst viele Utensilien daran befestigen und mitnehmen können.

217) (O) Zum mühelosen Abtauchen und Tarieren brauchen wir Blei. Was müssen wir bei der Wahl des Gewichtssystems berücksichtigen ...
   a) der Taucher muss mindestens 10% seines Körpergewichts an Bleimenge mitnehmen, damit er abtauchen kann
   b) der Taucher muss soviel Blei mitnehmen, dass er auf dem Sicherheitsstopp und der verbleibenden Reserveluft und leerem Jacket noch austariert sein kann
   c) der Taucher soll soviel Blei mitnehmen, dass er auf dem Sicherheitsstopp mit leerem Gerät und leerem Jacket noch im hydrostatischen Gleichgewicht ist
   d) das Gewichtssystem muss so fixiert sein, dass es nicht verrutschen kann.

218) (O) Es ist empfehlenswert, zum Tauchgang (auch tagsüber) eine Lampe mitzuführen. Warum ...
   a) um in Wracks oder Höhlen den Rückweg zu finden
   b) um die verloren gegangenen Farben unter Wasser zu sehen
   c) um unter Wasser ein Notsignal absetzen zu können
   d) um im Dunkeln seine Tauchausrüstung zusammenbauen zu können.

219) (O) Die Ausrüstung verlangt eine sorgfältige Pflege, damit die Sicherheit immer gewährleistet ist. Was gehört nicht dazu ...
   a) nach jedem Tauchgang ist die Ausrüstung in Süsswasser zu spülen
   b) Ausrüstung trocknen lassen und anschliessend in einem abgedunkelten Raum lagern
   c) Atemregler mit abgeschlossener 1. Stufe und ohne an der 2. Stufe die Luftdusche zu drücken in Süsswasser spülen
   d) Gummiteile und Manschetten mit Silikonspray pflegen.

Tauchausrüstung

220) (O) Am Ende des Tauchgangs wird das Material gereinigt und alles zusammen in die Tauchtasche verpackt. Du stellst fest, dass sich der Atemregler nicht mehr von der Flasche abschrauben lässt. Was ist die Ursache ...
   a) das Flaschenventil wurde nicht richtig verschlossen und hat sich verklemmt
   b) das Flaschenventil wurde richtig geschlossen, es hat aber noch zuviel Druck auf dem System
   c) das Flaschenventil wurde nach links zugedreht
   d) ein verklemmter O-Ring ist die Ursache

221) (O) Du kannst eine neue Ausrüstung auswählen. Worauf achtest du ...
   a) ich benutze immer die Ausrüstung mit der ich gelernt habe zu tauche, ersetze dies immer mit den gleichen Fabrikaten
   b) meine Tauchausrüstung muss immer identisch mit der meines Partner sein
   c) die Tauchausrüstung entspricht je nach Tauchbedingungen den gültigen Bestimmungen
   d) die Tauchausrüstung stellt mir mein Tauchlehrer zusammen, auf ihn kann ich mich besser verlassen als auf ein Tauchshop.

222) (A) Du hast das Tieftauchbrevet gemacht und willst deine Ausrüstung zum Tieftauchen ergänzen. Welche Voraussetzungen muss diese nun erfüllen ...
   a) der Luftvorrat und damit das Gerät müssen gross genug sein. Der Tauchcomputer muss für das Tieftauchen geeignet sein, mehr ist nicht zu berücksichtigen
   b) das Jacket muss nach der Norm mindestens 40 Liter Auftrieb haben. Zusammen mit dem Trockenanzug reicht dies immer
   c) bei Wassertemperaturen unter 10°C sind zwei getrennt absperrbare 1. Stufen zu verwenden. Eine Boje bei Bootsverkehr ist mitzuführen, das Jacket muss über das notwendige Volumen verfügen, genügend Luft muss mitgeführt werden können
   d) a) und b) sind richtig.

223) (O) Ein Taucher taucht mit seinem Nassanzug und ist so beleibt, dass er an der Oberfläche gerade schwebt. Wie viel Liter Luft muss er auf 20 m Tiefe in die Weste blasen, um den verlorengegangene Auftrieb zu kompensieren? Sein Bleigurt wiegt 8 kg, er taucht im Süsswasser (spez. Gewicht = 1), das Gewicht der Luft wird nicht beachtet ...
   a) 4,5 Liter
   b) 5,0 Liter
   c) 5,6 Liter
   d) 5,3 Liter

Tauchausrüstung

224) (O) Berechne das Gewicht der Luft in einem 20 Liter Gerät, das auf 220 bar gefüllt ist ...
   a) 5,2 kp
   b) 4,4 kp
   c) 5,8 kp
   d) 6,2 kp

225) (O) Unterhalb welcher Wassertemperatur empfiehlt sich ein Nasstauchanzug zu tragen ...
   a) 10 °C
   b) 15 °c
   c) 20 °C
   d) 25 °C

226) (A) Welche Unterschiede ergeben sich bezüglich des Auftriebes am Ende des Tauchganges zwischen Alu- und –Stahlflaschen ...

227) (A) Worauf ist beim Kauf einer Tragschale, Weste zu achten ...

228) (A) Wie sollen Pressluftflaschen gelagert werden .
   a) bei längeren Pausen im Keller oder Garage ...
   b) beim Transport, im Boot oder vor und nach dem Tauchen ...

229) (A) Jeder Kompass ist in Gradzahlen geeicht, welche sind nicht üblich ...
   a) 0 – 400°
   b) 0 – 180°
   c) 0 – 360°
   d) 0 – 600
   e) 0 – 6400 Azimut

230) (A) Der Zweck der ersten Stufe eines Lungenautomates ist es, Luft _____ zu liefern.
   a) zur zweiten Stufe mit dem zum Atmen erforderlichen Druck
   b) zum Taucher mit Umgebungsdruck
   c) zur zweiten Stufe mit Mitteldruck
   d) zum Taucher mit absolutem Druck

231) (A) Wie wird ein Lungenautomat bezeichnet, der so konstruiert ist, dass der Flaschendruck dem Öffnen des Ventils in der ersten Stufe weder entgegenwirkt noch das Öffnen der Ventile unterstützt ...
   a) membrangesteuert
   b) kolbengesteuert
   c) balanciert
   d) unbalanciert

Tauchausrüstung

232) (A) Ein Druckwandler arbeitet nach dem Prinzip ...
   a) das es dazu tendiert, sich bei zunehmendem Druck zu strecken
   b) dass die Übergangselektrizität in Abhängigkeit von dem auf den Wandler wirkenden Druck variiert
   c) dass er eine Reihe von Zahnrädern bewegt
   d) immer nach Norden zeigt

233) (A) Wie wird ein kleines Ventil, das ein grösseres Hauptventil in der zweiten Stufe öffnet genannt ...
   a) „K"-Ventil
   b) „I"-Ventil
   c) Pilotventil
   d) „fail safe" - Ventil

234) (A) Beim Füllen einer Flasche mit einem „I"-Ventil muss der Reservehebel in der Position _____ stehen.
   a) „oben"
   b) „neutral"
   c) „unten"
   d) „20 – 40 bar"

235) (A) Wenn ein Reserveventil funktionsgemäss verwendet wird, wird es ...
   a) einem Taucher erlauben, den Luftdruck ohne Finimeter zu beobachten
   b) als eine Warnvorrichtung dienen, die den Taucher auf niedrigen Flaschendruck aufmerksam macht
   c) dem Taucher einen extra Luftvorrat geben, um den Tauchgang zu beenden
   d) sowohl a) als auch b) sind richtig

236) (A) Eine alternative Luftversorgung sollte wo angebracht werden ...
   a) ausschliesslich auf der linken Seite des Tauchers
   b) gut sichtbar in dem Dreieck zwischen Mund und unteren Rippen
   c) an einem Schlauch, der mindestens 50 Zentimeter länger als der Standardschlauch ist
   d) alles genannte ist richtig

237) (A) Was passiert beim Einatmen einer typischen zweiten Stufe eines Lungenautomates ...
   a) ein Kolben oder ein Membran öffnet ein Ventil durch das Luft aus der Flasche nachströmt
   b) eine Membran öffnet ein Ventil, durch das Luft aus der ersten Stufe nachströmt
   c) ein Pilotventil öffnet ein Hauptvebntil das den Mitteldruck auf 10 – 13 bar bringt
   d) das hängt davon ab, ob es sich um ein upstream- oder downstream-Ventil handelt

Tauchausrüstung

238) **(A) Ein analoger Finimeter arbeitet nach dem Prinzip, dass...**
a) sich eine geschlossene spiralförmige Röhre unter Druck zusammenzieht
b) Druck in einer C-förmig gebogenen Röhre diese streckt
c) die Bewegung eines Kolben durch eine Feder reguliert wird
d) eine flexible Membrane unter Druck eine Nadel bewegt

239) **(A) Merkmal einer zweiten Stufe mit Pilotventil ist...**
a) die Membran öffnet ein kleines Pilotventil, was ein Druckungleichgewicht erzeugt, wodurch das Hauptventil geöffnet wird
b) sie ist einfacher zu warten als eine zweite Stufe ohne Pilotventil
c) sie erfordert den Gebrauch einer Tauchflasche mit extrem hohem Fülldruck
d) die Bauweise ist einfacher als zweite Stufe ohne Pilotventil

240) **(A) Eine alternative Luftversorgung sollte wie an der Tauchausrüstung angebracht und gekennzeichnet sein...**
a) ausschliesslich auf der dem Buddy entfernteren Seite
b) gut sichtbar, gelber MD-Schlauch oder gelbe Luftdouche
c) gut gegen Schmutz geschützt in einer Tasche, sie wird doch höchst selten gebraucht
d) an einem Schlauch der mindestens 70 cm länger ist als der Standardschlauch

241) **(O) An deiner Pressluftflasche ist folgende Information eingeschlagen: M25X2. Was bedeuten diese Zeichen...**
a) Ventilgewindegrösse, sie muss mit der Gewindegrösse des Flaschenhahns übereinstimmen
b) ist lediglich eine technische Information und für mich nicht relevant
c) ich kann auch ein Flaschenhahn folgender Grösse verwenden: 3/4"

242) **(A) Was sind Kreislaufgeräte, erkläre in kurzer Form die Funktionsweise dieser Tauchgeräte...**

243) **(A) Was sind die Auslöser für eine Vereisung des Atemreglers (1. und 2. Stufe)...**
Wie kann eine Vereisung erklärt werden, Ursachen...
Warum ist eine Vereisung zu vermeiden...

244) **(A) Wie kann einer Vereisung des Atemreglers (Aufgabe 243) vorgebeugt werden...**

245) **(A) Die technische Kennzeichnung der Tauchgeräte sind in drei Gruppen aufgeteilt und an der Geräteschulter eingeschlagen. Welche Angaben unterscheiden wir...**

Tauchausrüstung

246) (A) Erkläre folgende auf deinem Tauchgerät auf der Geräteschulter eingeschlagenen Informationen. Zu welcher Gruppe (Aufgabe 245) gehören diese Angaben ...

M 25 x 2 ISO
800 V 10,0 300 10,6
10 D 38 IWK 0486 S1

247) (A) Eine weitere Gruppe (Aufgabe 245) informiert dich über folgendes. Was bedeuten diese Angaben ...

Druckluft TG 200
AIRCON
09.97 ● 99

248) (A) Eine dritte Gruppe (Aufgabe 245) informiert dich über folgendes. Wie interpretierst du diese Zeichen ...

E 1 D 7945 D CTCO 123456
850 T 300 bar eD10 x ✱ 95/5
10,6 10,0

249) (A) Der Inhalt einer Gasflasche ist durch eine Etikette verbindlich gekennzeichnet welche immer den gesetzlichen Vorschriften entsprechen muss. Die Norm gilt für industrielle und medizinische Gasflaschen.
Welche Gasflaschen können von dieser Norm abweichen ...

250) (A) Eine Norm legt für Gasflaschen europäisch einheitliche Kennfarben fest. (Die neue Farbsystematik weicht wesentlich von der bis 1998 gebräuchlichen Farbcodierung ab und gilt seit dem 1. Juli 2006).
Als einzig verbindlicher Hinweis auf den Inhalt von Gasflaschen gilt jedoch die Etikette.
Was sagt die Farbkennzeichnung an der Flaschenschulter über den Inhalt aus ...

251) (A) Welche Informationen sind auf der Etikette einer Gasflasche aufgeführt ...

252) (A) In deinen Ferien im Ausland, hast du Gelegenheit, ein sehr günstiges, neues Tauchgerät zu erstehen. Was spricht gegen einen Kauf dagegen ...

253) (A) Nach welchem Prinzip sollte die zweite Stufe deines Lungenautomates funktionieren und wie lautet dieses Prinzip ...

6 Tauchfertigkeit und Umgebung

Deine Verantwortung als Taucher beinhaltet, deinen Partner in jeder Situation zu unterstützen, Probleme vorausschauend zu erkennen, ihn sicher und zuverlässig im Wasser zu begleiten. Einige Punkte, einen Tauchgang erfolgreich zu gestalten findest du im Anschluss in diesem Kapitel.

Tauchfertigkeit und Umgebung

6 Tauchfertigkeit und Umgebung

(Arbeitsblätter Lösungen   Seite 505)
(Lösungen   Seite 579)

Leben ist das was passiert, während du eifrig dabei bist, andere Pläne zu machen

John Lennon

1) (O,A,D,) Du hast einen Tauchgang geplant. Am Tauchplatz zeigt es sich dass die Sicht sehr schlecht ist. Was willst du tun ...
   a) nichttauchen
   b) Tauchen wenn der Tauchpartner zustimmt
   c) nur tauchen, wenn beide Partner eine Tauchlampe dabei haben
   d) es 2 bis 3 Stunden später nochmals versuchen
   e) einfach tauchen gehen und sich nicht durch die schlechte Sicht beeinflussen lassen

2) (O,A,D,S_{Boot}) Du bist auf einem Tauchschiff. Was ist nach einem Sprung vom Tauchschiff ins Wasser zu tun ...
   a) ich tauche schnell ab um sofort mit dem Tauchgang beginnen zu können
   b) ich blase die Taucherweste / Tarierjackett prall auf, um nicht abzusinken
   c) ich zeige der Sicherung/dem Guide auf dem Schiff und evtl. meinem im Wasser schwimmenden Tauchpartner mit dem UW-Zeichen „Alles in Ordnung" an, dass ich für den Tauchgang bereit bin
   d) ich rufe zum Tauchschiff, dass sich mein Tauchpartner beeilen soll, damit wir endlich den Tauchgang durchführen können
   e) keine der obigen Antworten ist richtig

3) (O,A,D) Welche Sicherheitsvorkehrungen muss man beim Sprung ins Wasser mit dem Drucklufttauchgerät beachten ...
   a) es gibt keine bestimmten Sicherheitsvorkehrungen
   b) Kontrolle, ob das Wasser hindernisfrei ist. Maske und Automat festhalten
   c) mit der Maske voran ins Wasser springen, damit man sich gleich orientieren kann
   d) immer senkrecht ins Wasser eintauchen, um schnell in die Tiefe zu kommen
   e) beim Sprung die ausgezogene Maske in der Hand halten damit sie beim Eintauchen ins Wasser nicht verloren geht. Anschliessend ist die Maske unverzüglich vor dem OK-Zeichen anzuziehen.

Tauchfertigkeit und Umgebung

4) **(O,A,D) Bei dem Partnercheck vor dem Tauchgang sollst du unter anderem darauf achten ...**
   a) ob der Partner seinen Bleigurt abwerfen kann
   b) wie er seine Tauchweste bedient
   c) wo er den zweiten Atemregler trägt
   d) wie viel Luft er hat
   e) alles obgenannte ist richtig

5) **(O,A,D) Welche Aussage gilt für den Drei-Meter-Check am Beginn des Tauchgangs ...**
   a) überprüfen des Wohlbefindens der Mittaucher und letzte Funktionsprüfung der Tauchausrüstung
   b) er wird am Ende jedes Tauchgangs durchgeführt, auch bei ganz flachen und Wiederholungstauchgängen
   c) er dient der Kontrolle, ob die Tauchausrüstung des Tauchpartners vollständig ist
   d) nur unerfahrene Taucher führen ihn jedes Mal durch
   e) keine der obigen Antworten ist richtig

6) **(O,A,D) Der Sicherheitsstopp am Ende eines Nullzeittauchganges dauert ...**
   a) 3 min auf 3 m
   b) 3 min auf 6 m
   c) 1 min auf 3 m
   d) 1 min auf 6 m
   e) entsprechend den Auftauchpausen und ist individuell zu gestalten

7) **(O,A,D) Der empfohlene Atemrhythmus beim Tauchen ist ...**
   a) Tief ein- und ausatmen
   b) Ruhig und vor allem langsam einatmen
   c) Ruhig und vor allem langsam ausatmen
   d) Flach ein- und ausatmen (Sparatmung)
   e) schnell ein- und ausatmen

8) **(O,A,D) Darf man im Hallenbad ohne Aufsicht (Bademeister) längere Strecken tauchen ...**
   a) nein, ausser man befindet sich in gutem Trainingszustand
   b) ja – wenn man nicht keine Hyperventilation durchführt
   c) im Hallenbad ja – aber nicht im Freiwasser
   d) ja, den Gefahren treten nur beim Gerätetauchen auf
   e) nein – unter keinen Umständen

Tauchfertigkeit und Umgebung

9) (O,A,D) Warum muss ein Taucher beim Aufstieg besonders auf das Ausatmen achten...
   a) damit es zu keinem Lungenüberdruck Barotrauma kommt
   b) um die Tauchmaske zu entlüften
   c) um den Auftrieb auszugleichen (Archimedisches Prinzip)
   d) um einem Trommelfellriss vorzubeugen
   e) damit er anhand der aufsteigenden grossen Blasen seine Aufstiegsgeschwindigkeit kontrollieren kann

10) (O,A,D,R) Was machst du, wenn Dein Tauchpartner plötzlich verschwunden ist...
    a) ich beende den Tauchgang wie geplant und treffe meinen Partner dann an der Oberfläche
    b) ich versuche bis zum Erreichen meines Restluftvorrats meinen Partner zu finden, dann tauche ich auf
    c) ich verbleibe auf der Stelle bis zum Erreichen des Restluftvorrats, dann tauche ich auf
    d) nachdem ich mich überzeugt habe, dass mein Partner wirklich nicht zu sehen ist, tauche ich auf
    e) ich mache sofort einen Notaufstieg

11) (O,A,D,S_{Equip}) Wie prüfst du, welche Tauchmaske für dich und deine taucherischen Vorhaben geeignet ist...
    a) sie muss gefallen und farblich zum Anzug passen
    b) sie muss dicht sein und darf nicht drücken
    c) sie darf keine allergische Hautreaktionen bei mir auslösen
    d) sie sollte ein kleines Innenvolumen haben
    e) alle oben aufgezählten Gründe sind mir wichtig

12) (O,A,D,S_{Dry}) In kalten Gewässer ist folgender Wärmeschutz wichtig...
    a) kompletter Neopren Anzug mit ca. 7 mm Neopren Dicke
    b) mindestens 7 mm Neopren Handschuhe
    c) mindestens 7 mm dicke Füsslinge oder Neopren Socken
    d) im Rumpf- und Nackenbereich möglichst doppelte Anzugsdicke in Form einer Jacke oder Unterziehers
    e) alle obgenannte Wärmeschutzmassnahmen sind wichtig

Tauchfertigkeit und Umgebung

13) **(O,A,D,S$_{Natur}$) Wie soll man sich während eines Tauchganges verhalten, um festsitzende Pflanzen und Tiere möglichst wenig zu schädigen, zu verletzen...**
   a) mit den Händen an Korallen vorwärts ziehen, um möglichst wenig Flossenschläge zu machen, da durch Flossenschläge Sediment aufgewirbelt wird, das sich auf Pflanzen und Tiere absetzen kann
   b) entsprechenden Abstand zum Grund halten, um die Schäden durch Sedimentaufwirbelung und mechanischer Zerstörung gering zu halten
   c) das mechanische Zerstören von Pflanzen und festsitzenden Tieren durch weite Flossenschläge vermeiden
   d) Sedimentablagerungen stören nicht
   e) sich bei einer genauen Beobachtung der Tiere und Pflanzen auf den Grund niederlassen, um sich nicht unnötig bewegen zu müssen

14) **(O,A,D,S$_{Tar}$) Um nicht zu nahe am Grund zu tauchen, unternimmst du am besten folgendes...**
   a) du tauchst ohne Flossen
   b) du füllst, auf dem Grund angekommen, ausreichend Luft in die Tarierweste
   c) du achtest bereits ab Beginn des Tauchganges auf korrekte Tarierung
   d) du befestigst Auftriebskörper an den Fussgelenken
   e) Grundberührung und Sedimentaufwirbelung haben keine negativen Auswirkungen auf das Gewässer und werden von Fischen ebenfalls erzeugt

15) **(O,A,D,S$_{Natur}$) Welche der folgenden Aussagen über das Harpunieren / Fangen oder Töten von Tieren ist richtig...**
   a) in den „Zehn Goldenen Regeln" heisst es: „Sporttaucher harpunieren nicht!"
   b) Sporttaucher sollen nur dort nicht harpunieren, wo es nach gesetzlichen Bestimmungen des Landes verboten ist
   c) Sporttaucher können zum Verzehr mit einem Handspeer Fische jagen
   d) für Sporttaucher ist das Fangen von Krustentieren mit der Hand erlaubt
   e) das Harpunierverbot gilt nur für Sporttaucher mit Tauchgerät

16) **(O,A,D,) Wie sollte der Einstieg ins Tauchgewässer gewählt werde...**
   a) immer einen anderen Einstieg wählen, um die Umweltbelastung zu verteilen
   b) vorhandene Einstiege wie Badestege, Bootsanleger oder ausgewiesene Badezonen benutzen
   c) durch dicht bewachsene Uferzonen gehen, um gleich den Tauchplatz zu erreichen um grössere Schwimmstrecken zu vermeiden
   d) den bequemsten und schnellstmöglichen Einstieg benutzen
   e) den am schnellsten zu erreichenden Einstieg wählen, um die Umwelt nicht zu lange zu schädigen

Tauchfertigkeit und Umgebung

17) (O,A,D,S$_{Dry}$) Was ist beim Tauchen in sehr kalten Gewässern bezüglich der Dekompression zu berücksichtigen ...
   a) es ist ein dicker Tauchanzug zu verwenden
   b) es ist in der nächst höheren Zeitstufe der Tabelle abzulesen
   c) es ist in der nächst höheren Tiefenstufe der Tabelle abzulesen
   d) es ist 50% der Grundzeit zuzuschlagen und das Tauchprofil entsprechend anzupassen
   e) es sind in der Dekostufen (Stopps) gymnastische Übungen durchzuführen

18) (O,A,D,) Dein Tauchpartner zeigt beim Tauchabstieg das UW-Zeichen „Auftauchen" an. Wie ist zu reagieren ...
   a) ich tauche nicht weiter, da mein Tauchpartner wahrscheinlich Probleme mit dem Luftvorrat hat und einen Notaufstieg durchführen will und beobachte ihn
   b) ich gebe auch das UW-Zeichen „Auftauchen" und zeige so meinem Partner an, dass ich sein Zeichen verstanden habe und wir beginnen dann mit dem Auftauchen
   c) ich gehe davon aus, dass mein Partner mich anweist, sofort aufzutauchen und beginne unverzüglich mit dem Aufstieg
   d) ich gehe davon aus, dass mein Partner wegen mangelndem Luftvorrat auftauchen muss und gebe ihm ruhig meinen zweiten Automat oder atme noch einmal aus meinem Atemregler und fange mit der Wechselatmung an. Danach leite ich unverzüglich den Aufstieg ein
   e) ich kümmere mich nicht darum, da ich selber noch genügend Luft habe und so keinen Grund sehe, sofort aufzutauchen. Mein Partner macht öfters unverständliche Zeichen

19) (O,A,D,) Wann muss der erste Manometercheck auf jeden Fall durchgeführt werden ...
   a) bei 100 bar
   b) bei 50 bar
   c) alle 10 bar
   d) vor dem Tauchgang
   e) nach 5 Minuten

20) (O,A,D,S$_{Drift}$) Wie beginnst du den Tauchgang bei Strömung ...
   a) mit der Strömung
   b) quer zur Strömung
   c) gegen die Grundströmung
   d) gegen die Strömung
   e) gegen die Oberflächenströmung

Tauchfertigkeit und Umgebung

21) **(O,A,D,) Welche Punkte gehören unter anderem in eine Tauchgangbesprechung... (Briefing)**
   a) die Frage nach den schönsten Tauchgängen der Gruppenmitglieder
   b) auf die Festlegung der Tauchgangsdauer und Tauchtiefe kann man verzichten
   c) die Erörterung der Vor- und Nachteile verschiedener Urlaubstauchrevieren
   d) Tauchübungen werden vorher nicht besprochen, damit sie praxisgerecht sind
   e) Hinweis auf Verhalten bei Partnerverlust und Notfall
   f) Hinweise auf mögliche Unfälle und Problemzonen des Tauchplatzes

22) **(O,A,D,) Dem Schilfbereich soll fern geblieben werden, weil...**
   a) dieser Bereich ein Rückzug-, Nist- und Laichgebiet für viele einheimische Tierarten ist und diese durch Taucher gestört werden können
   b) die UW-Sicht in diesem Bereich immer schlecht ist
   c) die Wassertiefe in diesem Bereich zum Tauchen zu gering ist
   d) sich in diesem Bereich oft Angler aufhalten
   e) in diesem Bereich Sedimentaufwirbelung möglich ist

23) **(O,A,D,S_{Natur}) Aus diversen Gründen des Tierschutzes ist Fütterung von Meeresbewohner zu unterlassen...**
   a) regelmässiges Füttern verändert das Verhalten der Fische und kann zu Aggressionen untereinander führen
   b) Verletzungen der Sporttaucher beim Füttern
   c) Beobachtungen beim Füttern sind nicht naturgetreu
   d) UW-Fotos beim Füttern werden bei Wettbewerben nicht zugelassen
   e) nicht artgerechtes Futter bleibt vor Ort liegen und stellt eine Umweltverschmutzung dar

24) **(O,A,D,S_{Equip}) Beim Schnorcheln mit dem Drucklufttauchgerät (im Salzwasser) wird...**
   a) die Tauchweste / Jackett prall aufgeblasen
   b) die gesamte Luft aus dem Jackett gelassen
   c) die Tauchweste / Jackett nur soweit wie nötig aufgeblasen
   d) keine Tauchweste / Jackett getragen
   e) keine der obgenannten Antworten ist richtig

Tauchfertigkeit und Umgebung

25) **(O,A,D,R) Wie bringst du einen bewusstlosen Taucher bis zur Wasseroberfläche ...**
   a) Westenflasche (sofern vorhanden) aufdrehen und den Bewusstlosen auftreiben lassen
   b) unter Wechselatmung aufsteigen
   c) Kopf des verunfallten überstrecken und den Aufstieg einleiten. Falls nötig, Tauchweste / Jackett leicht füllen
   d) falls nötig Jackett leicht füllen und in jedem Fall sofort aufsteigen
   e) von hinten das Ventil des Drucklufttauchgerätes fassen und den Bewusstlosen nach oben ziehen

26) **(O,A,D,) Wozu dient die gemeinsame Besprechung (Briefing) einer Tauchgruppe vor dem Tauchgang ...**
   a) zur Festlegung des Logbucheintrages
   b) zur Festlegung der wichtigsten Informationen für einen sicheren Tauchgang
   c) zur Überprüfung der Tauchtauglichkeit
   d) zur Einweisung in Erster Hilfe
   e) zum Checken der Tauchapotheke
   f) damit der Guide seine Kompetenz zum Tauchen demonstrieren kann

27) **(O,A,D,) Dein Tauchpartner zeigt Dir beim Tauchabstieg das UW-Zeichen „Es stimmt etwas nicht" an. Wie reagierst du darauf ...**
   a) ich tauche nicht weiter, da er wahrscheinlich Probleme mit dem Druckausgleich hat und beobachte ihn ununterbrochen
   b) ich blase die Tauchweste prall auf, um wieder aufzutauchen
   c) ich tauche schnell ab, um sofort mit dem Tauchgang beginnen zu können
   d) ich rufe zum Tauchschiff, dass die Rettungskette eingeleitet werden soll
   e) ich kümmere mich nicht darum, da es meinen Tauchpartner und nicht mich betrifft.

28) **(O,A,D,S$_{Navi}$) Nachdem ein Taucher ins Wasser gesprungen ist, sollte er ...**
   a) Kompass und Uhr einstellen
   b) Luft aus der Tarierweste ablassen
   c) den Schnorchel einsetzen
   d) das OK-Zeichen geben und die Einsprungstelle frei machen
   e) auf einen Kommentar vom Schiff warten
   f) sofort mit dem Tauchgang beginnen.

29) **(O,A,D,R) Wie reagierst du, wenn du unter Wasser hängen bleibst ...**
   a) Gewichtsgürtel abwerfen und Weste aufblasen
   b) Gerät abwerfen und so auftauchen
   c) sich selber befreien
   d) ruhig bleiben und sich vom Partner helfen lassen
   e) keine der obigen Antworten ist richtig.

Tauchfertigkeit und Umgebung

30) (O,A,D,) Welche Massnahmen dienen dem Zusammenhalt der Tauchgruppe ...
   a) Absprache im Briefing
   b) festlegen der Formation beim Briefing
   c) regelmässige gegenseitige Beobachtung
   d) bei schlechter Sicht sichern durch Handkontakt
   e) alle der oben genannten Antworten sind richtig

31) (O,A,D,) Wer übernimmt unter Wasser die Leitung einer Tauchgruppe, bzw. die Führung des Tauchganges ...
   a) der erfahrenste Taucher
   b) der beste Schwimmer
   c) ein in Erster Hilfe ausgebildeter Taucher
   d) derjenige, der im Logbuch die grösste Tiefe aufzuweisen hat
   e) der konditionsstärkste Taucher
   f) derjenige der im Briefing dazu auserkoren wurde.

32) (O,A,D,) Am Tauchgewässer beim Tauchplatz gibt es verschiedene Möglichkeiten zum Abstellen des Fahrzeuges. Welche soll genutzt werden ...
   a) man fährt mit dem Fahrzeug auf dem kürzesten Weg direkt ans Wasser
   b) man fährt an die schönste Stelle des Ufers
   c) man fährt nicht ins Gelände und parkt auf dem Feldweg
   d) man nutzt den nächstmöglichen eingerichtete Parkplatz
   e) man fährt mit dem Fahrzeug nur zum Ausladen direkt ans Wasser

33) (O,A,D,S_{Natur}) Dein Tauchpartner führt dich an einen heimischen Binnensee, an dem sich ein Schild „Naturschutzgebiet! Tauchen verboten!" befindet. Wie sollst du dich verhalten ...
   a) du ordnest dich dem Tauchplan deines verantwortlichen Gruppenführers unter
   b) du darfst das Tauchverbot missachten, da zur Zeit keine Beeinträchtigung durch das Tauchen erfolgt
   c) du überzeugst deinen Tauchpartner von der Einhaltung des Tauchverbots und schlägst einen anderen See vor
   d) du betauchst dieses Gewässer, weil schon andere Taucher im Wasser sind
   e) du kannst diesen See behutsam betauchen, da dieses Schild nur als Empfehlung dienen soll
   f) du machst die anderen Taucher auf das Tauchverbot aufmerksam.

Tauchfertigkeit und Umgebung

34) (O,A,D,S_Natur) Bei einem Tauchgang im Frühjahr beobachtest du weisse bis durchsichtige Perlschnüre an UW-Pflanzen und viele Fische in unmittelbarer Nähe. Wie musst du dich verhalten ...
   a) du sammelst die Verunreinigungen in einer mitgebrachten Plastiktüte ein und entsorgst sie vorschriftsmässig
   b) du sammelst die Laichschnüre vorsichtig ein und verlegst sie an eine Stelle ohne räuberische Fische
   c) du verlässt behutsam diese Stelle
   d) du erforschst die Konsistenz dieser Laichschnüre und berichtest den anderen anwesenden Taucher deine Entdeckung
   e) du beobachtest die einzelnen Teile aus der Nähe, ob evtl. schon sichtbares Leben zu erkennen ist

35) (O,A,D,) Du planst einen Tauchgang mit mehreren Tauchpartner an einem entfernten See. Wie ist der Transport zu organisieren ...
   a) jeder soll mit seinem eigenen PW zum Tauchgewässer anreisen, da bei mehr als einer Tauchausrüstung pro PW das zulässige Gesamtgewicht der meisten Fahrzeuge überschritten wird
   b) jeder soll mit seinem eigenen PW zum Tauchgewässer anreisen, da aus Sicherheitsgründen nicht mehr als ein DTG pro PW transportiert werden darf
   c) man soll versuchen Fahrgemeinschaften zu bilden, um die Anzahl der an den See anreisenden und parkierenden PW so gering wie möglich zu halten
   d) man sollte nur ein PW zum Transport der Geräte verwenden. Personen sollten generell mit öffentlichen Nahverkehrsmittel an das Tauchgewässer anreisen
   e) jeder Taucher sollte mit seinem eigenen PW zum Tauchplatz fahren denn im Notfall sind dann genügend Wagen und Fahrer da.

36) (O,A,D,R) Während eines Taugangs tritt bei einem Taucher ein Notfall ein. Er steigt ohne Vorwarnung zur Oberfläche. Seine Tauchpartner tauchen weiter ohne den Zwischenfall bemerkt zu haben. Welche Regel wurde nicht beachtet ...
   a) Gruppenzusammenhalt
   b) bei Partnerverlust auftauchen
   c) der Gruppenführer hat die Übersicht über die Gruppe und Kommunikation innerhalb der Gruppe während des Tauchgangs vernachlässigt
   d) die Bereitschaft des Gruppenführers zum sofortigen Eingreifen
   e) alle oben genannten Antworten sind richtig

Tauchfertigkeit und Umgebung

37) (O,A,D,S$_{Navi}$) **Welches Verhalten ist beim Kompasstauchen richtig...**
   a) ich nehme den Kompass in eine Hand, mit der anderen halte ich Kontakt zu meinem Tauchpartner
   b) bei schlechten Lichtverhältnissen halte ich den Kompass dicht vor die Lampe. Durch das reflektierte Licht lässt sich der Kompass gut ablesen
   c) der Kompass wird mit beiden Händen und ausgestreckten Armen gehalten. Wichtig ist, dass die Kompassnadel nicht verkantet!
   d) bei einem gleichseitigen Dreieckskurs darf jede Richtungsänderung nur 60° betragen
   e) die Ablenkung der Kompassnadel durch Magnetschalter (z.B. in der Lampe) verfälscht nicht den Kurs, solange der Kompass immer den gleichen Abstand und die gleiche Richtung vom Magneten hat

38) (O,A,D,S$_{Drift}$) **Du tauchst bei Strömung von einem geankerten Boot aus. Durch welche der unten aufgeführten Verhaltensregeln kannst du dich gefährden...**
   a) den Tauchgang gegen die Oberflächenströmung ausführen
   b) im freien Wasser ohne Grundsicht abtauchen
   c) eine Tauchboje mitführen
   d) wenn möglich unter Wasser Strömungsschatten ausnutzen
   e) im Bereich des Bugankers auftauchen
   f) im Bereich des Bugankers abtauchen

39) (O,A,D,) **Das Aufwirbeln von Sediment eines Gewässers ist soweit wie möglich zu unterlassen, weil...**
   a) sich die räumliche bzw. visuelle Wahrnehmung für die Fische erheblich verschlechtert
   b) dem Gewässersediment so übermäßig viel Nährstoffe entzogen werden und Wasserpflanzen auf diese Weise aus dem Sediment nicht mehr ausreichend mit Nährstoffen versorgt werden
   c) sich filtrierende Organismen wie z.B. Muscheln aufgrund der vielen aufgewirbelten Schwebstoffteilchen zu stark vermehren würden
   d) im Sediment festgelegte Nährstoffe auf diese Weise verstärkt wieder mit Wasser gelöst werden und so zu verstärktem Wachstum von Pflanzen bzw. Algen führen können, welche dann wieder nach ihrem Absterben unter starker Sauerstoffzehrung abgebaut werden
   e) sich feste Partikel im Atemregler festsetzen können und dadurch eine mögliche Störung der Luftversorgung besteht

Tauchfertigkeit und Umgebung

40) (O,A,D,S$_{Natur}$) **Welche nachhaltigen Beeinträchtigungen sind beim Tauchen im Meer (Salzwasser) zu beachten ...**
   a) das Tauchen vom Strand aus stellt immer eine grosse Belastung im Flachwasserbereich dar, da dort lebende Tiere und Pflanzen erheblichen Schaden erleiden
   b) das Tauchen im Meer stellt immer eine möglichst gering zu haltende Störung von Fischschwärmen dar
   c) das Ankern bei Bootstauchgängen kann möglicherweise schwere Schädigungen der festsitzenden Unterwasserwelt nach sich ziehen
   d) beim Tauchen vom Boot beeinträchtigt das Bootsmotorengeräusch in nachhaltigem Masse das Fortpflanzungsverhalten der Röhrenwürmer und anderen Lebewesen im Meer
   e) beim Tauchen an einer Felsenküste werden grosse Massen von Sedimente aufgewirbelt, welche die Sicht im Wassers beeinträchtigt

41) (O,A,D,S$_{Equip}$) **Welche Verhaltensweise wird empfohlen, um bei Wiederholungstauchgängen möglichst sicher den Tauchcomputer zu verwenden ...**
   a) mehrere kurz hintereinander liegende Tauchgänge pro Tag durchführe, um die Stickstoffsättigung gering zu halten
   b) Wiederholungstauchgänge tiefer als vorgehende Tauchgänge durchführen
   c) der zweite Tauchgang nicht tiefer als der Erste und möglichst langsam auftauchen
   d) ein Tauchcomputer rechnet die genaue Stickstoffsättigung aus, daher kann ich beliebig viele Tauchgänge pro Tag unternehmen
   e) den Tauchcomputer zwischen den Tauchgängen ins Wasser hängen, damit er eine langsamere Entsättigung berechnet als vorhanden
   f) den eigenen Tauchcomputer mit dem Tauchcomputer des Partners vergleichen und weitere Tauchgänge mit dem Tauchcomputer planen, der längere Tauchzeiten zulässt.

42) (O,A,D,S$_{Equip}$) **Was sollst du beachten, um eine Unterkühlung beim Tauchen zu vermeiden ...**
   a) Tauchzeit, Tiefe, und Kälteschutz dem Gewässer anpassen. Bei Frösteln, kalten Händen oder Füssen den Tauchgang beenden
   b) niemals im Winter in heimischen Gewässer tauchen
   c) man sollte vor dem Tauchgang alkoholische Getränke zu sich nehmen, damit man unter Wasser nicht friert
   d) ich brauche nichts zu beachten, da die Isolierung meines Anzuges so gut ist, dass es nicht zu einer Unterkühlung kommt
   e) nie länger als eine Stunde tauchen
   f) alkoholische Getränke mitnehmen um beim Frieren dagegen angehen zu können.

Tauchfertigkeit und Umgebung

43) **(O,A,D,S$_{Natur}$) Welche ökologischen Folgen sind bei mehrfachem Betauchung einer vollständig gefluteten Meereshöhle zu bedenken...**
   a) das unbeabsichtigte Einbringen von Tieren und Pflanzen, welche normalerweise im freien Wasser leben
   b) die Orientierungslosigkeit von höhlenbewohnenden Tieren bei aufgewirbeltem Sediment
   c) die gestörte Assimilation von Pflanzen durch aufgewirbeltes Sediment
   d) das Trockenfallen von höchstgelegenen Höhlenbereichen durch ausgeatmete Druckluft kann zum Absterben dort lebender festsitzender Organismen führen
   e) Störung der Orientierung von Fischen durch aufsteigende Luftblasen.

44) **(O,A,D,) Nach einem Tauchgang an einem Binnengewässer beklagt sich ein Anwohner über den angeblich störenden, stärker werdenden Tauchbetrieb am Gewässer. Eine angemessene Reaktion hierauf wäre...**
   a) der Hinweis auf eine bestehende Tauchgenehmigung und damit auf das Recht hier tauchen zu dürfen
   b) der Hinweis, dass man selber leider auch nichts dafür könne, die Angler und Badende stellen ja für das Gewässer eine wesentlich stärkere Belastung dar
   c) der Hinweis, dass sich die Taucher immer umweltgerecht verhielten. Weitere Beschwerden seien gegebenenfalls an den zuständigen Verband zu richten
   d) nach höflichem Zuhören der Hinweis, dass man gerade als Taucher besonderes Interesse daran habe, sich eine möglichst ungestörte Unterwasserwelt zu erhalten
   e) sich erst gar nicht auf ein Gespräch einlassen
   f) so rasch wie möglich wieder abtauchen und weitere Tauchgänge an diesem Tauchplatz planen um die Anwohner an den Tauchbetrieb mittelfristig zu gewöhnen

45) **(O,A,D,) Bei der Durchführung des Sicherheitschecks (auch Partnercheck) unmittelbar vor Beginn des Tauchgangs...**
   a) sind die Taucher daran zu erinnern, stets zusammen zu bleiben
   b) ist sicherzustellen, dass alle Taucher zuletzt die Flossen anziehen
   c) sind die Mittaucher nur daran zu erinnern, dass ihr Luftvorrat ausreichend ist
   d) ist folgendes zu überprüfen: Jackett / Weste ok, Bleigurt ok, Flasche aufgedreht, Inflator ok, *Reservestellung ok, Fülldruck ok, abschliessendes ok.
   e) ist nur zu überprüfen, dass die *Reserveschaltung nicht gezogen ist*(sofern vorhanden)

Tauchfertigkeit und Umgebung

46) (O,A,D,S$_{Drift}$)Wie verhältst du dich, wenn du am Ende des Tauchganges beim Auftauchen in eine starke Strömung an der Oberfläche gerätst...
   a) sofort zum Grund abtauchen und warten bis die Strömung nachgelassen hat
   b) so lange wie möglich gegen die Strömung ankämpfen
   c) als leistungsstarken Taucher verlasse ich die Gruppe und kämpfe mich gegen die Strömung durch, um Hilfe zu holen
   d) ich stelle den Auftrieb her, halte die Gruppe zusammen, signalisiere um Hilfe und schwimme gegebenenfalls quer zur Strömung an Land
   e) die Gruppe wird aufgelöst und jeder Taucher ist auf sich angewiesen

47) (O,A,D,S$_{Natur}$) An einem Binnensee wird eine Reinigungsaktion geplant. Die Aktion ist jedoch nur sinnvoll, wenn...
   a) wirklich alle hineingeworfene Gegenstände dabei entfernt werden
   b) nur Fremdmaterialien, welche die Wasserqualität belasten können, entfernt werden, wie z.B. Behälter mit Fremdstoffen oder Verbrennungsmotoren
   c) nur das Ufer gereinigt wird und alte Fremdmaterialien im Gewässer verbleiben
   d) das Wasser auch zugleich chemisch (z.B. mit Flockungsmittel) gereinigt wird
   e) eine totale Entschlammung des Gewässers stattfindet
   f) die an Land gebrachten Gegenstände richtig entsorgt werden

48) (O,A,D,R) Beim Durchführen eines kontrollierten schwimmenden Notaufstiegs sollte der Taucher _____ um eine Lungenüberdehnung zu verhindern.
   a) kräftig ausatmen
   b) leicht ausatmen
   c) ausatmen und dabei einen kontinuierlichen A-a-a-a-a-Laut erzeugen
   d) intensiv ausatmen und kräftig nach oben schwimmen

49) (O,A,D,S$_{Equip}$) Welche der folgenden Vorkehrungen sollte ein Taucher, bezogen auf seine Ausrüstung, beim Durchführen eines kontrollierten schwimmenden Notaufstiegs tun...
   a) seinen Bleigurt abwerfen und den Lungenautomat aus dem Mund nehmen
   b) seinen Bleigurt abwerfen, aber den Lungenautomat im Mund behalten
   c) die gesummte Ausrüstung an ihrem Platz belassen und den Lungenautomat im Mund behalten
   d) Ausrüstung entfernen oder an ihrem Platz belassen, was immer den Aufstieg am einfachsten macht

50) (O,A,D,) Was sollte der Taucher bezüglich seiner Aufstiegsgeschwindigkeit beachten, wenn er einen kontrollierten schwimmenden Notaufstieg durchführt...
   a) mit einer solchen Geschwindigkeit aufsteigen, die angenehm ist
   b) da dies ein Notfall ist, so schnell wie möglich aufsteigen
   c) nicht schneller aufsteigen als die langsamsten (kleinen) Blasen aufsteigen
   d) eine normale Aufstiegsgeschwindigkeit einhalten (nicht schneller als 18m/Min.)

Tauchfertigkeit und Umgebung

51) (O,A,D,S_Tar) Taucher sollten immer soviel Blei tragen, dass dessen Gewicht 10% ihres Körpergewichts plus 1 kg entspricht...
   a) richtig
   b) falsch
   c) 20% des Körpergesichts ergibt mehr Sicherheit und eine stabilere Lage im Wasser

52) (O,A,D,) Eine geballte Faust in Richtung Brustkorbs bewegen, ist ein Zeichen für...
   a) „ich habe keine Luft mehr"
   b) „ich habe keine Luft mehr und möchte Wechselatmung"
   c) „ich habe wenig Luft"
   d) „ich habe wenig Luft und möchte deine alternative Luftversorgung benutzen"

53) (O,A,D,) Dein Partner gibt dir das Zeichen der „durchtrennten Kehle" und zeigt danach auf seinen Mund. Was solltest du daraufhin tun...
   a) umgehend mit Wechselatmung beginnen
   b) ihm umgehend eine alternative Luftversorgung geben
   c) überprüfe sein Finimeter, und beginne dann mit der Wechselatmung. Wenn er damit Probleme hat, dann gib ihm deine alternative Luftversorgung
   d) überprüfe die Tiefe – wenn sie 12 m oder weniger beträgt, signalisiere ihm, dass er einen kontrolliert, schwimmenden Notaufstieg durchführen soll

54) (O,A,D,S_Equip) Du hast in 16 m Tiefe plötzlich keine Luft mehr. Du bemerkst, dass dein Partner ungefähr 6 m entfernt ist und dir keine Aufmerksamkeit schenkt. Was solltest du unter diesen Umständen tun...
   a) schwimme zu deinem Partner, errege seine Aufmerksamkeit und signalisiere ihm, dass du keine Luft mehr hast
   b) schwimme zu deinem Partner, lokalisiere und sichere seine alternative Luftversorgung und signalisiere ihm, dass du keine Luft mehr hast
   c) führe einen kontrolliert schwimmenden Notaufstieg durch
   d) führe einen Notaufstieg unter Einsatz von Auftrieb durch

55) (O,A,D,S_Tar) Ein Taucher trägt ein Tarierungsjackett mit einem Auftrieb von 18 kg. Er findet einen Anker, ist aber nicht in der Lage ihn zu heben, es sei denn, er füllt sein Jackett vollständig. Was sollte der Taucher unter diesen Umstanden tun...
   a) vorsichtig mit gefülltem Jackett aufsteigen und den Anker dabei festhalten
   b) sein Partner füllt etwas Luft in sein eigenes Jackett, und sie steigen mit dem Anker als Team auf, wobei jeder sein Jackett teilweise gefüllt hat
   c) der Anker am Grund lassen und später mit einem Hebesack zurückkehren
   d) vorsichtig unter Nutzung des Auftriebs des Jackett mit dem Anker aufsteigen, wobei der Partner ihn, für den Fall eines Problems festhält

Tauchfertigkeit und Umgebung

56) (O,A,D,S$_{Night}$) Jeder Taucher sollte eine Hauptlampe haben, beim Nachttauchen muss jedoch nur einer der beiden Partner eine Reservelampe mitführen...
a) richtig
b) falsch

57) (O,A,D,S$_{Alt}$) Spezielle Verfahren, Tauchgangberechnungen, Tabellen sind für das Tauchen in grösserer Höhe erforderlich, weil...
a) der Prozentsatz des Stickstoffs erhöht ist
b) der Prozentsatz des Stickstoffs geringer ist, da der Umgebungsdruck reduziert ist

58) (O,A,D,R) Du entdeckst einen bewusstlosen Taucher an der Oberfläche. Du entfernst den Bleigurt des Opfers und versuchst, den Puls des Opfers zu überprüfen. Wenn es nicht möglich ist, einen Puls zu erkennen, solltest du umgehend damit beginnen, das Opfer so schnell wie möglich zum Ufer zu bringen...
a) richtig
b) falsch (zu beatmen)

59) (O,A,D,S$_{Drift}$) Die Hauptströmung an der Südküste Afrikas fliesst in einer _____ Richtung.
a) Süd – Nord
b) Nord – Süd
c) West – Ost
d) Süd – Ost

60) (O,A,D,S$_{Drift}$) Die Hauptströmung an der Küste Europas fliesst in einer _____ Richtung.
a) West – Ost
b) Nord – Süd
c) Süd – Nord
d) Ost – West

61) (O,A,D,) Wie kannst du Taucher zu verantwortlichem Tauchverhalten ermuntern...
a) praktiziere als Vorbild selber verantwortliches Tauchverhalten
b) erleichtere verantwortliches Tauchverhalten durch entsprechende Logistik
c) erinnere die Taucher an verantwortliches Tauchverhalten
d) alles obgenannte ist richtig

Tauchfertigkeit und Umgebung

62) (O,A,D,) **Benötigt ein Taucher extrem lange für seine Tauchgangsvorbereitung, kann dies darauf hinweisen, dass ...**
   a) der Taucher aus Vorfreude auf den Tauchgang lange herumtrödelt
   b) er damit den Partner beruhigen möchte
   c) der Taucher Stress oder Bedenken gegenüber dem Tauchgang hat
   d) der Taucher nie in dieser Gegend getaucht ist

63) (O,A,D,) **Für wen ist eine Umgebungsorientierung gedacht ...**
   a) für Tauchschüler und Anfänger
   b) für brevetierte Taucher die keine oder nur wenig Erfahrung mit der örtlichen Tauchumgebung haben
   c) für jeden Taucher der nur wenig Übung im Navigieren unter Wasser hat
   d) nichts von obgenannte

64) (O,A,D,) **Bei wem liegt letztlich die Verantwortung für die Entscheidung, ob getaucht wird oder nicht ...**
   a) beim „Divemaster"
   b) beim Kapitän des Tauchbootes
   c) beim Taucher
   d) nichts von oben genantem

65) (O,A,D,) **Welches sind die Vorteile einer Supervision (Aufsicht) im Wasser ...**
   a) sie bringt dich näher zu den Tauchern, um rascher auf Probleme reagieren zu können
   b) es ist ein effektiver Weg, um die Supervision über mehrere Gruppen gleichzeitig auszuüben
   c) die Buddy-Teams haben grössere Freiheit zur Gestaltung ihres Tauchgangs
   d) du hast in diesem Falle die Notfallausrüstung schneller zur Hand

66) (O,A,D,) **Welches ist der Hauptzweck des Verfahrens zur Abwesenheitskontrolle ...**
   a) Informationen zu erhalten, die für Planung von Wiederholungstauchgängen erforderlich sind
   b) zu gewährleisten, dass alle Taucher nach dem Tauchgang zurückgekehrt sind
   c) sicherzustellen, dass alle Taucher einen Tauchgangpartner haben
   d) zu überprüfen, ob alle Taucher die geeignete Ausrüstung für den Tauchgang haben

Tauchfertigkeit und Umgebung

67) (O,A,D,) Welches sind die nützlichen Informationen, die normalerweise (aber nicht unbedingt) mit dem Verfahren zur Anwesenheitskontrolle erfasst werden können ...
   a) Wassertemperatur
   b) Sichtverhältnis
   c) interessante Stellen des Tauchplatzes innerhalb einer bestimmten Entfernung
   d) nichts von oben genantem

68) (O,A,D,R) Welches der nachfolgenden Aussagen ist falsch ...
   a) etwas Stress ist normalerweise Bestandteil eines Tauchganges
   b) begrenzter Stress hilft dem Taucher sich auf die Vorbereitung zu konzentrieren
   c) die Ursache von Stress ist niemals offensichtlich
   d) der einfachste Weg eine Bestätigung dafür zu erhalten, dass der Taucher unter Stress leidet, ist ihn zu befragen
   e) der Taucher wird niemals zugestehen, dass er unter Stress leidet.

69) (O,A,D,R) Eine Möglichkeit Stress abzubauen besteht darin, die Taucher daran zu erinnern, dass es völlig in Ordnung ist, den Tauchgang nicht zu machen, wenn sie sich nicht wohlfühlen ...
   a) richtig
   b) falsch
   c) etwas Druck auszuüben ist manchmal notwendig

70) (O,A,D,R) Neuartige Probleme sind solche, deren Handhabung du bereits oft geübt hast, die aber bisher noch nicht aufgetreten sind und voraussichtlich kaum auftreten werden ...
   a) richtig
   b) falsch

71) (D) Bei der Supervision brevetierter Taucher ist deine wahrscheinlichste Rolle (als Divemaster bzw. Instruktor oder Rescue Diver) im Falle eines Unfalls ...
   a) dem Kapitän des Tauchbootes beim Managen des Notfalls zu assistieren
   b) den Notfall zu managen
   c) das Notfallmanagement an einen Rescue-Diver zu delegieren
   d) nichts von oben genantem

72) (O,A,D,) Beim Begleiten von Tauchern im Wasser hängt deine Positionierung ab von ...
   a) deiner Rolle innerhalb der Gruppe
   b) den Tauchfertigkeiten der Gruppe
   c) den möglichen Problemen
   d) alles obgenannte ist richtig

Tauchfertigkeit und Umgebung

73) (O,A,D,N) Bei der Supervision von „technical" Tauchern ...
   a) ist darauf zu achten, dass Sporttaucher nicht versehentlich die Flaschen und sonstige Ausrüstung verwenden, die für die „technical" Taucher vorgesehen sind
   b) ist beim Einstieg ins Wasser zu überprüfen, ob ihre Flaschenventile geöffnet sind
   c) ist es unwahrscheinlich, dass du ihnen unter irgendwelchen Umständen auf irgendeine Weise helfen kannst
   d) nicht von obengenanntem ist richtig

74) (O,A,D,S_{Equip}) Taucht ein Taucher ausschliesslich mit Leihausrüstung, kann dies darauf hinweisen, dass er ...
   a) ein aktiver Taucher ist
   b) ein erst kürzlich brevetierter Taucher ist oder nur selten taucht
   c) Inhaber eines Tauchgeschäfts ist
   d) Tauchlehrer ist

75) (O,A,D,) Was versteht man in der Regel unter akzeptablen Tauchbedingungen ...
   a) wenn sie für alle brevetierten Taucher und Tauchschüler geeignet sind
   b) wenn sie für alle brevetierten Taucher aber nicht für Tauchschüler geeignet sind
   c) wenn sie den Fertigkeiten und dem Erfahrungstand der Taucher entsprechen, die diesen Tauchgang machen
   d) „akzeptable" Bedingungen können nicht definiert werden

76) (O,A,D,S_{Drift}) Abhängig von der Richtung, kann Wind _____ verursachen.
   a) schlechte Sicht
   b) gute Sicht
   c) Brandung und Wellen
   d) alles oben genannte

77) (O,A,D,) Die Supervision über brevetierte Taucher bedeutet ...
   a) die direkte physische Kontrolle über die Taucher
   b) eine indirekte Einflussnahme, bei der du den Tauchern angemessene Informationen gibst und Ratschläge erteilst
   c) die Übernahme der Verantwortung für die Entscheidung, ob die Taucher tauchen sollen oder den Tauchgang nicht durchführen sollen
   d) nichts von oben genanntem

Tauchfertigkeit und Umgebung

78) (O,A,D,) Welches sind die Vorteile einer Supervision ausserhalb des Wassers...
   a) sie bringt dich näher zu den Tauchern um Probleme zu verhindern
   b) sie verringert Probleme mit Tauchern, die ihre Tiefengrenzen überschreiten
   c) es ist der effektivste Weg, um die Supervision über mehrere Gruppen gleichzeitig auszuüben
   d) es ist der effektivste Weg, um die Taucher an interessante Stellen des Tauchplatzes zu führe

79) (O,A,D,) Welches ist das übliche Verfahren für die Anwesenheitskontrolle von Tauchern, nach einem oder mehreren Tauchgängen wenn du bei der Supervision brevetierter Taucher ein Verfahren zur Anwesenheitskontrolle anwendest...
   a) namentlicher Aufruf, wenn das Boot zurück im Hafen ist
   b) namentlicher Aufruf eines Tauchers je Gruppe
   c) namentlicher Aufruf nach dem letzten Tauchgang des Tages
   d) namentlicher Aufruf nach jedem Tauchgang und visuelle Anwesenheitskontrolle

80) (O,A,D,) Welches sind die beiden Hauptziele eines Briefings (vor dem Tauchgang)...
   a) jedem Taucher einen Tauchpartner zuzuteilen und die Grenzen des Tauchgangs festzulegen
   b) die Sicherheit der Taucher zu fördern und dazu beizutragen, dass der Tauchgang Spass macht
   c) gutes Urteilsvermögen zu praktizieren und deine Überlegungen zum Tauchgang zu erklären
   d) Notfallpläne und mögliche Gefahrenquellen durchzusprechen

81) (O,A,D,R) Gutes Urteilsvermögen kann am besten definiert werden als deine Fähigkeit _____ wenn du Entscheidungen treffen musst, obwohl du nur über unvollständige Informationen verfügst oder wenn die vorliegenden Informationen keine klaren Entscheide gestatten.
   a) rasch zureagieren
   b) die beste Möglichkeit zu wählen
   c) andere zum Handeln anzuweisen
   d) nichts von oben genanntem

82) (O,A,D,) Ein gutes Briefing vor dem Tauchgang...
   a) dauert lange genug, um bestimmte Punkte mehrmals zu wiederholen
   b) überbewertet Gefahrenquellen
   c) erklärt den Tauchern deine Rolle als Guide
   d) beinhaltet niemals Informationen, die sich auf das Boot beziehen

Tauchfertigkeit und Umgebung

83) (O,A,D,) **Bei welchen Bedingungen sollten die Techniken des Tauchens bei Brandung angewendet werden ...**
   a) immer wenn Taucher vom Ufer aus tauchen
   b) wenn Taucher bei Wellen egal welcher Grösse ins Wasser gehen
   c) wenn Taucher bei Wellen von einer Grösse und Stärke ins Wasser gehen, bei denen sie das Gleichgewicht verlieren können
   d) wenn Taucher bei Wellen ins Wasser gehen, die Schulterhöhe und mehr erreichen

84) (O,A,D,) **Die beiden hauptsächlichsten Bestandteile der Tauchplanung sind ...**
   a) Vertraut machen und Beurteilung
   b) Kenntnisse und Erfahrung
   c) Kooperation und Management
   d) Voraussicht und Intuition

85) (O,A,D,) **Entscheidungen bezüglich der Tauchplanung können nicht getroffen werden, ohne dass der Guide ...**
   a) jeden einzelnen Taucher persönlich kennt
   b) schon eigene Erfahrung an dem Tauchplatz gesammelt hat
   c) ausreichende Informationen sowohl über die Taucher als auch über den Tauchplatz sammelt
   d) alles oben genannte ist richtig

86) (O,A,D,) **Welche der nachstehenden Aussagen ist eine wichtige Überlegung für die indirekte Beurteilung von Tauchern (durch den Guide) mittels Beobachtung ...**
   a) Anzeichen von Stress und Gruppenzwang
   b) Mangel an Vertrautheit mit Ausrüstung und Verfahren
   c) übermässige Abhängigkeit vom Tauch-/Lebenspartner
   d) alles obgenannte ist richtig

87) (O,A,D,S_{Natur}) **In Küstenregionen sollten Tauchgänge im allgemeinen für die frühen Morgenstunden geplant werden, weil ...**
   a) die Taucher dann konzentrierter sind
   b) der Lichteinfall morgens besser ist als nachmittags
   c) starke Winde morgens weniger wahrscheinlich sind
   d) die Meereslebewesen aktiver sind

Tauchfertigkeit und Umgebung

88) (O,A,D,S$_{Drift}$) Beim studieren der Gezeiten Tabelle (aus der nautischer Literatur erhältlich) stellt der Guide fest dass am Tauchplatz eine aussergewöhnlich hohe Flut gefolgt von einer ungewöhnlich niedrigen Ebbe, eintreten wird. Was bedeutet diese Information für die Planung des Tauchgangs...
   a) es können stärkere Strömungen als gewöhnlich auftreten
   b) es können schwächere Strömungen als gewöhnlich auftreten
   c) die Strömungen werden hievon nicht betroffen, die Sichtverhältnisse können jedoch überdurchschnittlich gut sein
   d) die Strömungen werden hievon nicht betroffen, die Sichtverhältnisse können schlechter als gewöhnlich sein

89) (O,A,D,S$_{Drift}$) Bei der Tauchplanung kann davon ausgegangen werden, dass die besten Sichtverhältnisse wahrscheinlich _____ zu erwarten sind.
   a) während Stillwasser bei Ebbe
   b) während Stillwasser bei Flut
   c) drei Stunden vor dem höchsten Stand
   d) drei Stunden vor dem niedrigsten Stand

90) (O,A,D,S$_{Drift}$) Bei der Supervision eines Tauchganges mit Gezeiten Strömung sollte der Guide besonders wachsam bezüglich _____ sein.
   a) der Wetterlage
   b) der Meereslebewesen in dem Gebiet
   c) der ungefähren Sichtweiten
   d) eines Wechsels der Strömungsrichtung

91) (O,A,D,S$_{Natur}$) Eine Planktonblüte bezieht sich auf eine ungewöhnlich...
   a) starke Planktonproduktion, bedingt durch aussergewöhnlich warmes Wasser
   b) starke Planktonproduktion, bedingt durch aussergewöhnlich kaltes Wasser
   c) geringe Planktonproduktion, bedingt durch aussergewöhnlich warmes Wasser
   d) geringe Planktonproduktion, bedingt durch aussergewöhnlich kaltes Wasser

92) (O,A,D,S$_{Natur}$) Welche der nachstehend aufgeführten Bodenbeschaffenheiten führen wahrscheinlich zu den besten Sichtverhältnissen, wenn sonst alle Faktoren gleich sind...
   a) Sand
   b) Fels
   c) Gras
   d) Schlamm

Tauchfertigkeit und Umgebung

93) (O,A,D,) Zu welchem Zeitpunkt ist der beste Lichteinfall ins Wasser zu erwarten wenn sonst alle Faktoren gleich sind ...
   a) 08.00 Uhr
   b) 10.00 Uhr
   c) 12.00 Uhr
   d) 16.00 Uhr

94) (O,A,D,) Was ist der wichtigste Faktor (die wichtigsten Faktore) für die Tatsache, dass die Bedingungen unter Wasser an gegenüberliegenden Küsten eines Kontinents extrem verschieden sein können, obwohl sie auf dem gleichen Breitengrad liegen ...
   a) Umweltverschmutzung
   b) Hauptmeeresströmung
   c) Wetterverhältnisse
   d) Nähe zu anderen Landmassen

95) (O,A,D,) Eine wichtige Rolle des Guides oder des Tauchinstruktors besteht darin, bezüglich der Lebewesen im Meer die richtige Balance zwischen _____ und _____ bei den Tauchern zu fördern.
   a) Angst / Wertschätzung
   b) Wissen / Ignoranz
   c) Verlangen / Abscheu
   d) Respekt / Missachtung

96) (O,A,D,S_{Natur}) Ein Guide kann grossen Einfluss auf den Schutz der Unterwasserwelt nehmen, indem er ...
   a) die richtige Einstellung der ihm anvertrauten Taucher fördert
   b) einige grundlegende Regeln zum Umweltschutz betont
   c) seine eigenen Kenntnisse über die Unterwasserwelt verbessert
   d) alles oben genannte ist richtig

97) (O,A,D,S_{Drift}) Ein Taucher der beim Auftauchen an der Oberfläche in eine starke Strömung geraten ist, sollte angewiesen werden ...
   a) sofort zum Grund abzutauchen und das Nachlassen der Strömung abzuwarten
   b) solange wie es seine Kraft ermöglicht gegen die Strömung anzukämpfen
   c) Auftrieb herstellen, sich mit der Strömung treiben zu lassen und nach Hilfe zu signalisieren
   d) in mittlere Tiefe abtauchen und zu versuchen, zur Ausstiegsstelle zu schwimmen

Tauchfertigkeit und Umgebung

98) (O,A,D,S$_{Tar}$,S$_{Natur}$) **Welche der nachstehenden Regeln / Richtlinien sind hilfreich beim Schutz der Unterwasserwelt...**
   a) veranlasse Taucher, keine Korallen anzufassen
   b) halte Taucher davon ab, Seeigel und andere Wasserlebewesen an Fische zu verfüttern
   c) halte Taucher von unnötigen Störungen des Lebensraumes unter Wasser ab
   d) alles oben genannte ist richtig

99) (O,A,D,) **Welche der nachstehenden Richtlinien für eine Supervision (direkte oder indirekte) wird bei der Planung von Supervisionstätigkeiten am häufigsten übersehen...**
   a) übersichtlicher Beobachtungspunkt
   b) angemessene Ausrüstung
   c) Bereitschaft zum sofortigen Eingreifen
   d) alles genannte ist richtig

100) (O,A,D,) **Unter welchen Umständen sollte der Guide für die Supervision einer Gruppe von Tauchern mit unters Wasser gehen...**
   a) wenn die Gruppe klein genug ist und die Bedingungen gut genug sind, um zusammen in einer Gruppe zu tauchen
   b) wenn genügend Personen zur Verfügung stehen, um eine angemessene Supervision von der Oberfläche aus zu gewährleisten
   c) wenn die Sicherheit nicht dadurch gefährdet ist, dass der Guide sich nicht an der Oberfläche befindet
   d) alles obgenannte ist richtig

101) (O,A,D,R) **Welches der nachstehende Notfallverfahren sollte in die Überlegungen zur Erstellung eines Plans für die Supervision einbezogen werden...**
   a) Verfahren bei Notfall wegen Luftmangel
   b) Verfahren bei Trennung der Tauchpartner
   c) Verfahren zum Rückruf der Taucher
   d) alles obgenannte ist richtig

102) (O,A,D,S$_{Drift}$) **Gezeiten werden hauptsächlich bestimmt durch...**
   a) Meeresströmung
   b) die Stärke und Richtung des Windes
   c) die Anziehungskraft des Mondes
   d) die Anziehungskraft der Sonne
   e) die Anziehungskraft des Jupiters und der Milchstrasse

Tauchfertigkeit und Umgebung

103) (O,A,D,S$_{Drift}$) Die generelle Bewegungsrichtung der Hauptmeeresströmung ist...
   a) im Uhrzeigersinn
   b) entgegen dem Uhrzeigersinn
   c) im Uhrzeigersinn in der nördlichen Hemisphäre, aber entgegen dem Uhrzeigersinn in der südlichen Hemisphäre
   d) im Uhrzeigersinn in der südlichen Hemisphäre, aber entgegen dem Uhrzeigersinn in der nördlichen Hemisphäre

104) (O,A,D,S$_{Tar}$) Ein Hebesack sollte zur Bergung eines Gegenstandes verwendet werden, wenn dieser...
   a) mehr als 5 kg negativen Auftrieb hat
   b) mehr als 20 kg negativen Auftrieb hat
   c) mehr als 12 Liter Wasser verdrängt
   d) im Schlamm feststeckt

105) (O,A,D,R) Ein Taucher der sich an der Oberfläche in Panik befindet, wird normalerweise...
   a) um Hilfe rufen, indem er mit den Armen winkt
   b) korrekt auf eine Aufforderung zum Ablegen seines Bleigurtes reagieren
   c) mit abgesetzter Maske und aus dem Mund genommenem Automaten an der Oberfläche mit Armen und Beinen herumrudern
   d) alles oben genannte ist richtig

106) (O,A,D,S$_{Navi}$) Falls vorhanden können Riefen am Grund (bei Sand oder Schlick) als Navigationshilfe verwendet werden, da sie in Küstennähe normalerweise _____ zur Küste verlaufen.
   a) parallel
   b) im 90°-Winkel
   c) diagonal
   d) abhängig von den Umständen parallel oder im rechten Winkel

107) (O,A,D,S$_{Navi}$) Beim Tauchen in einem neuen Gebiet und in einer neuen Umgebung (welche/s seit einige Zeit durch den Guide) nicht betaucht wurde sollten sich alle Taucher (einschliesslich der Guides) zunächst um _____ bemühen.
   a) einen örtlichen Angelschein
   b) eine Orientierung über die örtlichen Gegebenheiten
   c) eine örtliches Tauchbewilligung (Brevetierung)
   d) Zugang zu guten Tauchplätzen

Tauchfertigkeit und Umgebung

108) (O,A,D,S$_{Navi}$) Was ist die genaueste Methode, um Entfernungen unter Wasser zu messen, wenn kein geeichtes Messinstrument und keine abgemessene Leine zur Verfügung stehen ...
    a) Spannweite der Arme
    b) Flossenschlag-Zyklen
    c) Zeit
    d) Luftverbrauch
    e) Anzahl Schritte unter Wasser wie an Land üblich

109) (O,A,D,S$_{Tar}$) Zusätzlich dazu, dass beim Tauchen damit Energie gespart werden kann, bedeutet gute Tarierfertigkeit auch ...
    a) Schutz der Unterwasserwelt
    b) Hilfe bei „Ohne-Luft-Aufstiegen"
    c) Vereinfachung der Bergung von schweren Gegenständen
    d) Alles oben genannte ist richtig

110) (O,A,D,S$_{suchen und bergen}$) Die Techniken zum Suchen und Bergen variieren, je nach ...
    a) den gegebenen Umweltbedingungen
    b) der Grösse des zu suchenden Objekts
    c) dem Gewicht des zu suchenden Objekts
    d) alles oben genannte ist richtig

111) (O,A,D,S$_{Night}$) Für das Nachttauchen sollten Taucher, die an einem Nachttauchgang teilnehmen, wenigstens mit einer Hauptlampe, einer Reservelampe, und einem chemischen Leuchtstab pro Taucher ausgerüstet sein (beim Einsetzen der nautischen Dämmerung) ...
    a) richtig
    b) falsch

112) (O,A,D,S$_{Navi}$) Zum Navigieren eines Dreiecks mit drei gleich langen Seiten stelle deinen Stellring auf _____ Grad bei jeder Wende
    a) 90°
    b) 120°
    c) 150°
    d) 180°

113) (O,A,D,S$_{Equip}$) Die bevorzugte Stelle eine alternative Luftversorgung anzubringen ist ...
    a) im Dreieck, das durch Kinn und untere Rippenbögen gebildet wird
    b) lose in Taillenhöhe
    c) in der Tasche der Tarierweste
    d) nichts von oben genanntem

Tauchfertigkeit und Umgebung

114) (O,A,D,S$_{Navi}$) **Während dem Tauchgang kannst du Informationen über die Richtung erhalten durch ...**
   a) Pflanzen und Tiere
   b) Geräusche
   c) Licht und Schatten
   d) alles oben genannte

115) (O,A,D,S$_{Drift}$) **Wo brechen sich Wellen vor Erreichen des Ufers, dort ...**
   a) wo die Tiefe etwa die doppelte Wellenlänge beträgt
   b) wo die Tiefe etwa gleich der Wellenlänge ist
   c) wo die Tiefe etwa die halbe Wellenlänge ist
   d) es besteht kein Zusammenhang zwischen der Tiefe und dem Brechen der Welle

116) (O,A,D,S$_{Boot}$) **Wenn du auf einem Boot stehst und du Richtung Bug schaust, wird die Seite zu deiner Rechten bezeichnet als ...**
   a) Backbord
   b) Steuerbord
   c) vorne
   d) achtern

117) (O,A,D,R) **Wann wird ein Sicherheitsstopp (nicht Dekostopp) empfohlen ...**
   a) am Ende eines besonders langen oder tiefen Tauchgangs
   b) wenn du dich den Nullzeitgrenze deiner Tauchtabelle oder deines Tauchcomputers näherst
   c) am Ende jedes Tauchgangs, vorausgesetzt, ein ausreichender Luftvorrat ist gewährleistet
   d) alles oben genannte ist richtig

118) (O,A,D,S$_{Navi}$) **Um auf einem Kompass einen Umkehrkurs einzustellen wird ...**
   a) ein Kurs von 90° vom ursprünglichen Kurs eingestellt
   b) ein Kurs von 180° vom ursprünglichen Kurs eingestellt
   c) ein Kurs zurück zum Ausgangspunkt eingestellt, unabhängig von dessen Richtung
   d) ein Kurs zum Navigieren eines Quadrats oder Rechtecks eingestellt

119) (O,A,D,S$_{Equip}$) **Der häufigste Grund, warum Tauchflaschen durch den Nylon Gurt der Flaschenhalterung rutschen, ist folgender ...**
   a) der Klettverschluss ist ausgeleiert
   b) der Gurt wurde nachlässig eingefädelt
   c) der Gurt wurde in trockenem Zustand festgezogen
   d) der Gurt wurde verkehrt herum montiert

Tauchfertigkeit und Umgebung

120) (O,A,D,) In den meisten Tauchgebieten lassen sich die Auswirkungen von heftigen Regenfällen auf die Tauchbedingungen wie folgt erwarten ...
   a) Verbesserung der Sicht
   b) Verschlechterung der Sicht
   c) ruhigere Wellen
   d) Entstehen von Wirbelströmungen

121) (O,A,D,S_{Drift}) Eine Rissströmung wird verursacht durch ...
   a) Wasser das durch eine schmale Öffnung im Riff oder in einer Sandbank ins Meer zurückfliesst
   b) Wellen, die in einem flachen Winkel auf die Küste treffen
   c) die Erdrotation
   d) ablandigen Wind, der das Oberflächenwasser aufs Meer hinausdrückt

122) (O,A,D,S_{Drift}) Durchquert man beim Abstieg eine Sprungschicht, so bemerkt man ...
   a) einen plötzlichen Wechsel von Salzwasser auf Süsswasser
   b) eine kalte Strömung vom Grund
   c) einen allmählichen Wechsel auf Salzwasser
   d) einen plötzlichen Wechsel auf kälteres Wasser

123) (O,A,D,) Wie viele Atemzüge erfolgen bei der Wechselatmung bei jedem Wechsel ...
   (Sollte beim Briefing mit dem Partner abgesprochen werden).
   a) ein Atemzug
   b) zwei Atemzüge
   c) drei Atemzüge
   d) ein Atemzug als Spender und zwei Atemzüge als Empfänger

124) (O,A,D,S_{Navi}) Du navigierst bei schlechter Sicht mit dem Kompass und dein Orientierungssinn sagt dir, dass du vom Kurs abgekommen bist obwohl dein Kompass dir zeigt, dass du in der richtigen Richtung schwimmst. Grundsätzlich solltest du ...
   a) den Kompass ausser acht lassen
   b) dem Kompass vertrauen
   c) deinen Kompass mit dem deines Partners vergleichen
   d) nichts von oben genanntem ist richtig

125) (O,A,D,) Der im allgemeinen empfohlene Knoten für eine zuverlässige, leicht wieder zu öffnende Schlaufe ist der ...
   a) Kreuzknoten
   b) Klampenschlag
   c) Palstek
   d) Schotstek

Tauchfertigkeit und Umgebung

126) (O,A,D,S$_{Equip}$) Beim Atmen aus einem abblasenden Lungenautomat solltest du ...
 a) deine Lippen nicht fest um das Mundstück schliessen
 b) einen fortwährenden Aaahhh Laut erzeugen
 c) dein Blei vor dem Aufstieg abwerfen
 d) alles obgenannte ist richtig

127) (O,A,D,S$_{Natur}$) Welche der folgenden Vorsichtsmassnahmen dienen der Minimierung der Gefahr einer Verletzung durch Meerestiere (alle richtigen Antworten) ...
 a) reize oder störe nie ein Tier
 b) schaue niemals unter einen Felsvorsprung
 c) bewege dich langsam und vorsichtig
 d) vermeide das Tragen von glänzendem, herumbaumelndem Schmuck
 e) alles oben genannte ist richtig

128) (O,A,D,R) Welche der folgenden Punkte müssen während der Tauchgangsplanung zwischen den Tauchpartnern besprochen werden? (alle richtigen Antworten) ...
 a) was zu tun ist, wenn ein Notfall eintritt
 b) die einzuhaltende maximale Zeit und Tiefe
 c) Verfahren zur Verständigung unter Wasser (Zeichen)
 d) alles oben genannte ist richtig

129) (O,A,D,) Solltest du dich versehentlich in einer Wasserpflanze verheddern, so solltest du ...
 a) dein Jackett aufblasen, um auf diese Weise freizukommen
 b) nicht herumstrampeln oder kämpfen, sondern dich mit langsamen Bewegungen freiarbeiten

130) (O,A,D,S$_{Equip}$) Wenn örtliche Gesetze keine anderen Bestimmungen enthalten, dann sollten sich Taucher innerhalb von _____ Metern um eine Tauchflagge aufhalten, und Boote und Wasserskifahrer sollten einen Abstand von _____ Metern einhalten.
 a) 15 / 30 – 60
 b) 10 / 15 – 30

131) (O,A,D,S$_{Equip}$) Um Probleme mit verunreinigter Luft zu vermeiden, solltest du dein Pressluftflasche ausschliesslich mit reiner, trockener, gefilterter, komprimierter Luft von einer Kompressoranlage mit gutem Ruf füllen ...
 a) richtig
 b) falsch

Tauchfertigkeit und Umgebung

132) (O,A,D,) Nullzeittauchen bedeutet ...
   a) dass du beim Tauchen niemals in die Situation „ohne Luft" gerätst
   b) dass du, solange du innerhalb der Tabellengrenzen bleibst, zu jeder Zeit während des Tauchganges direkt zur Oberfläche auftauchen kannst, ohne ein signifikantes Risiko einer Dekompressions-Krankheit

133) (O,A,D,) Ein Sicherheits-Stopp ist eine Verzögerung des Aufstiegs auf _____ Meter für _____ Minuten.
   a) 3 - 5 m und 3 min
   b) 3 m und 5 min
   c) 2 m und 10 min
   d) dem Wellengang angepasst

134) (O,A,D,S$_{Tief}$) Mache immer einen Sicherheits-Stopp, wenn (alle Antworten) ...
   a) dein Tauchgang 30 Meter oder tiefer war
   b) dein Tauchgang bei begrenzter Sicht erfolgte
   c) deine Wiederholungsgruppe am Ende des Tauchgangs eine der drei letzten Wiederholungsgruppen vor Erreichen der Nullzeitgrenze ist (oder diese direkt erreicht)
   d) grundsätzlich bei jedem Tauchgang

135) (O,A,D,S$_{Tief}$) Wenn du eine Nullzeitgrenze versehentlich um nicht mehr als 5 Minuten überschreitest, solltest du ...
   a) langsam, mit nicht mehr als 18 m/Min. auf 5 Meter auftauchen, dort vor dem Aufstieg zur Oberfläche 8 Minuten verweilen und anschliessend 6 Stunden nicht tauchen
   b) mit 18 m/Min. direkt zur Oberfläche auftauchen

136) (O,A,D,S$_{Tief}$) Wenn du eine Nullzeitgrenze versehentlich um mehr als 5 Minuten überschreiten solltest, sollst du langsam, mit nicht mehr als 18 m/Min. auf 5 Meter auftauchen und dort mindestens 15 Minuten verweilen, ausreichend Luft vorausgesetzt ...
   a) richtig
   b) falsch

137) (O,A,D,S$_{Tief}$) In kaltem Wasser oder unter anstrengenden Bedingungen (UW-Arbeiten) plane deinen Tauchgang so, als wäre er _____ tiefer als er tatsächlich ist.
   a) 5 Meter
   b) 4 Meter

Tauchfertigkeit und Umgebung

138) (O,A,D,S$_{Tar}$S$_{Tief}$) Beim Aufstieg ist es wichtig, ab und zu etwas Luft in das Jackett oder den Trockenanzug hinein zu lassen, um neutral tariert zu sein ...
   a) richtig
   b) falsch

139) (O,A,D,) Immer wenn der Taucher unter Wasser den Lungenautomat nicht im Mund hat, muss er Blasen lassen, einen Aaahhh Laut geben ...
   a) richtig
   b) falsch

140) (O,A,D,R) Beim Abstieg kann der Taucher _____ bekommen.
   a) eine Umkehrblockierung
   b) einen Druckausgleich
   c) kalt
   d) Angst

141) (O,A,D,S$_{Tief}$) Beim Abstieg muss in der Nasenbein- und Stirnhöhlen mittels spezieller Druckausgleichstechniken Druckausgleich hergestellt werden ...
   a) richtig
   b) falsch

142) (O,A,D,S$_{Tief}$) Tut es beim Abtauchen im Ohr weh, so sollte der Abstieg etwas langsamer fortgesetzt werden ...
   a) richtig
   b) falsch

143) (O,A,D,S$_{Tief}$S$_{Tar}$) Beim Abstieg ist es wichtig, ab und zu etwas Luft aus dem Jackett oder den Trockenanzug zu lassen um immer neutral tariert zu sein ...
   a) richtig
   b) falsch

144) (O,A,D,) Welche Punkte gehören zu einem Buddycheck ...
   a) Tarierweste und Atemregler
   b) Tauchflasche, Bleigurt, Taucher
   c) Tarierweste, Regler, Flasche, Bleigurt
   d) a und b sind richtig

145) (O,A,D,S$_{Tar}$) Um beim Tauchen nicht grösseren Tiefenschwankungen ausgesetzt zu sein, sollte man relativ flach atmen
   a) richtig
   b) falsch

Tauchfertigkeit und Umgebung

146) (O,A,D,S_{Tar}) Effektive Atemtechnik unter Wasser bedeutet nach jedem Einatmen eine kurze Atempause zu machen ...
   a) richtig
   b) falsch

147) (O,A,D,S_{Tar}) Um nicht zu viel Blei, Gewicht mitzuschleppen, solltest du vor dem Tauchgang ...
   a) Dehnübungen machen
   b) Atemübungen machen
   c) auf die Toilette gehen
   d) neutrale Tarierung herstellen

148) (O,A,D,S_{Tief}) Je tiefer der Taucher taucht, um so länger kann er den Tauchgang durchführen ...
   a) richtig
   b) falsch

149) (O,A,D,) Die allerwichtigste Regel beim Tauchen ist „Halte niemals den Atem an" ...
   a) richtig
   b) falsch

150) (O,A,D,) Wird es dir während des Tauchgangs kalt, so musst du einfach etwas schneller schwimmen dann wird es dir wieder wärmer ...
   a) richtig
   b) falsch

151) (O,A,D,S_{Equip}) Je dicker der Neoprenanzug desto besserer Schutz gegen die Kälte ...
   a) richtig
   b) falsch

152) (O,A,D,S_{Equip}) Ohne Maske unter Wasser sieht der Taucher absolut nichts und ist wie blind ...
   a) richtig
   b) falsch

153) (O,A,D,) Unter Wasser ist der Schall _____ mal schneller
   a) 20
   b) 2
   c) 4
   d) 12

Tauchfertigkeit und Umgebung

154) (O,A,D,) Um die Schwimmgeschwindigkeit unter Wasser zu verdoppeln muss der Taucher die doppelte Kraft aufbringen ...
 a) richtig
 b) falsch

155) (O,A,D,S$_{Drift}$) Schwimmen gegen die Strömung wirst du am besten meistern, wenn du _____ tauchst.
 a) mitten im Wasser
 b) möglichst dicht am Grund oder der Felswand
 c) an der Oberfläche, mit dem Gesicht im Wasser
 d) b oder c sind richtig

156) (O,A,D,S$_{Tar}$) An was kannst du einen schlecht tarierten Taucher an der Oberfläche erkennen ...
 a) er ist zu weit mit dem Oberkörper aus der Wasseroberfläche
 b) er kommt zuwenig weit mit dem Kopf aus dem Wasser
 c) er gibt das Zeichen zum Abtauchen
 d) a und c sind richtig

157) (O,A,D,S$_{Tar}$) An was kann man einen schlecht tarierten Taucher unter Wasser erkennen ...
 a) er zieht eine Sedimentspur hinter sich her
 b) er schlägt mit den Flossen nach unten Richtung Boden
 c) er hat oft Kontakt zum Boden / zu den Korallen
 d) alles oben genannte ist richtig

158) (O,A,D,S$_{Tar}$) Wie kannst du vermeiden unter Wasser in Probleme zu kommen ...
 a) tauche immer über Sediment, nie über Korallen
 b) tauche immer nur in Situationen gleich oder ähnlich wie denen in denen du ausgebildet wurdest
 c) entspanne dich beim Tauchen
 d) b und c sind richtig

159) (O,A,D,) Bleibst du unter Wasser einmal hängen, so ist es richtig wenn du zuerst einmal kräftig reisst um eine eventuell verhedderte Angelschnur zu zerreissen ...
 a) richtig
 b) falsch

Tauchfertigkeit und Umgebung

160) (O,A,D,S_Tief) Was benötigt ein Taucher der im Süsswasser tiefer als 25 m tauchen möchte ...
    a) einen guten Buddy
    b) viel Selbstvertrauen
    c) zwei getrennte Lungenautomaten
    d) b und c sind richtig

161) (O,A,D,S_Equip) Bei einem abblasenden Lungenautomat kann der Taucher nicht weiter aus dem Automaten weiteratmen ...
    a) richtig
    b) falsch

162) (O,A,D,) Die Sicht unter Wasser kann deutlich reduziert werden durch ...
    a) schlechte Tarierung
    b) Fische
    c) Tageslicht
    d) a und c sind richtig

163) (O,A,D,) Die Sicht unter Wasser wird definiert als die Strecke wie weit der Taucher unter Wasser horizontal sehen kann ...
    a) richtig
    b) falsch

164) (O,A,D,S_Drift) Strömungstauchgänge sollte man immer zuerst mit der Strömung beginnen ...
    a) richtig
    b) falsch

165) (O,A,D,S_Tar) Der Taucher benötigt im Salzwasser mehr _____ als im Süsswasser
    a) Blei
    b) Luft
    c) Kraft
    d) a und c sind richtig

166) (O,A,D,) Wo ist die Sicht unter Wasser am meisten beeinträchtigt ...
    a) am Boden / in Bodennähe
    b) an Badeplätzen
    c) in Brandungszonen
    d) b und c sind richtig

Tauchfertigkeit und Umgebung

167) (O,A,D,S$_{Natur}$) Es gibt für Taucher sehr gefährliche UW Tiere und Pflanzen, die uns sofort angreifen wenn sie uns sehen ...
   a) richtig
   b) falsch

168) (O,A,D,) Eine Tauchgangsplanung und Briefing ist nur bei unerfahrenen Tauchern erforderlich ...
   a) richtig
   b) falsch

169) (O,A,D,S$_{Equip}$) Welches der Gase ist für Sporttaucher der Problemstoff ...
   a) Sauerstoff
   b) Stickstoff
   c) Helium
   d) keine der obgenannten Antworten ist richtig

170) (O,A,D,S$_{Equip}$) Wie hoch ist der Anteil des Stickstoffes in unserer Atemluft ...
   a) 21%
   b) 79%
   c) 50%
   d) Variabel

171) (O,A,D,) Wenn du ein umgekehrtes, unten offenes luftgefülltes Glas mit auf den Grund eines Schwimmbecken nimmst, wird die Dichte der Luft im Glas ...
   a) abnehmen
   b) zunehmen
   c) sich verändern
   d) abnehmen oder zunehmen

172) (O,A,D,S$_{Equip}$) Du stellst den Druckausgleich in der Maske her indem du ...
   a) durch die Nase in sie hinein ausatmest
   b) die Nase zuhältst und versuchst durch die geschlossene Nase auszuatmen
   c) deinen Kiefer hin und her bewegst
   d) einen Aaaaaah-Laut erzeugst

173) (O,A,D,S$_{Navi}$) Obwohl sich der Schall unter Wasser sehr schnell fortbewegt, ist es schwierig festzustellen ...
   a) woher er kommt
   b) wie laut er ist
   c) was ihn verursacht
   d) ob er natürlichen Ursprungs ist

Tauchfertigkeit und Umgebung

174) (O,A,D,) Unter Wasser wirst du dich langsam, gleichmässig und ruhig bewegen um ...
   a) den höheren Wasserwiderstand auszugleichen
   b) Luft zu sparen
   c) Überanstrengungen zu vermeiden
   d) alles oben genannte ist richtig

175) (O,A,D,) Beim Gerätetauchen ist es wichtig ...
   a) die Kontrolle der Atemwege zu entwickeln
   b) ständig zu atmen
   c) langsam und tief zu atmen
   d) alles oben genannte ist richtig

176) (O,A,D,S$_{Equip}$) Du solltest ein alternative Luftversorgung, in der Regel gekennzeichnet durch eine gelb markierte Luftdouche und/oder einen gelben Mitteldruckschlauch, für den Gebrauch vorbereiten indem du sie ...
   a) frei an deiner Seite hängen lässt, damit sie jeder gleich nehmen kann
   b) in einer Tasche verstaust
   c) seitlich an deiner Flasche befestigst
   d) im Dreiecksbereich zwischen Kinn und Rippenbogen leicht abnehmbar befestigst

177) (O,A,D,R) Wenn du an der Oberfläche mit den Armen winkst meint ein Zuschauer der sich an Land aufhält vielleicht: ...
   a) du benötigst dringen Hilfe
   b) du möchtest vom Boot abgeholt werden
   c) du bist in Ordnung
   d) du versuchst die Aufmerksamkeit deines Partners auf dich zu lenken

178) (O,A,D,) Du kannst die Trennung oder das Verlieren von deinem Partner vermeiden indem ihr ...
   a) einem anderen Tauchteam folgt
   b) einen Unterwasserkompass verwendet
   c) euch darauf einigt wer den Tauchgang führen soll wie eure Position zueinander sein soll und welchen Kurs ihr folgen wollt
   d) immer auf der linken Seite des Tauchbootes bleibt

179) (O,A,D,S$_{Tar}$) Du kannst dich unter Wasser effektiver und besser tariert bewegen indem du ...
   a) die richtige Bleimenge verwendest
   b) dich und deine Ausrüstung in „Stromlinienform" bringst
   c) dich langsam und gleichmässig bewegst
   d) alles oben genannte ist richtig

Tauchfertigkeit und Umgebung

180) **(O,A,D,) Das Verfahren beim Partnersystem (Buddysystem) beinhaltet auch ...**
   a) darin einig zu sein in welcher Position zueinander man taucht
   b) den Tauchgang gemeinsam zu planen
   c) vor dem Tauchgang die Ausrüstung zu überprüfen
   d) alles oben genannte ist richtig

181) **(O,A,D,R) Das Notfallsignal an der Oberfläche ist ...**
   a) mit einem oder beiden Armen zu winken
   b) eine oder beide Hände über den Kopf zu legen
   c) eine Schneidebewegung vor der Kehle durchzuführen
   d) alles obengenannte ist richtig

182) **(O,A,D,) Bringe die fünf möglichen Aufstiegsarten in eine Reihenfolge von leicht bis schwer, beginnend mit der leichtesten ...**
   a) Notaufstieg mit Auftrieb
   b) Normaler Aufstieg
   c) Kontrolliert schwimmender Notaufstieg
   d) Oktopusaufstieg
   e) Aufstieg unter Wechselatmung

183) **(O,A,D,) Auf die Sichtweite unter Wasser wirkt sich hauptsächlich aus ...**
   a) die Wasserbewegung
   b) das Wetter
   c) die Anzahl der Schwebeteilchen
   d) alles oben genannte ist richtig

184) **(O,A,D,R) Was solltest du nicht tun wenn du einen Taucher in Not an der Oberfläche antriffst ...**
   a) ihn auffordern wieder abzutauchen
   b) ihm schnell eine Lösung anbieten
   c) ihm irgend eine Auftriebshilfe anbieten oder zuwerfen
   d) ihn durch Abwerfen der Gewichte und / oder Aufblasen des Jackett positiven Auftrieb herstellen lassen oder ihm dabei helfen

185) **(O,A,D,) Die generell beste Möglichkeit im Fall einer „Ohne-Luft-Situation" ist ...**
   a) auf die alternative Gasversorgung des Tauchpartners wechseln
   b) einen kontrollierten schwimmenden Notaufstieg durchzuführen
   c) Wechselatmung durchzuführen
   d) nichts von alldem zu tun

Tauchfertigkeit und Umgebung

186) (O,A,D,S_Tar) Die Bezeichnung „Neutral Tariert" (austariert) ist ein Ausdruck der folgenden Zustand beschreibt...
   a) mit halb aufgeblasenem Jackett und einem normal angehaltenem Atemzug treibt der Taucher bis zum Hals im Wasser eingetaucht
   b) mit leerem Jackett und einem normalen angehaltenen Atemzug sinkt der Taucher langsam
   c) mit leerem Jackett und einem normalen angehaltenem Atemzug treibt der Taucher bis zu den Augen im Wasser
   d) mit teilweise aufgeblasenem Jackett sinkt der Taucher ab

187) (O,A,D,S_Tar) Einen gut tarierten Taucher erkennt man daran, dass er...
   a) mit den Flossen nur wenig an den Boden kommt
   b) die Hände nur selten einsetzt
   c) a und b sind richtig
   d) horizontal und ruhig im Wasser liegt, Beine hinten leicht angehoben

188) (O,A,D,S_Drift) Wenn du dich unter Wasser überanstrengst, z.B. aufgrund einer Strömung solltest du...
   a) dein Jackett aufblasen
   b) alle Aktivitäten stoppen, dich ausruhen und dabei möglichst irgendwo festhalten
   c) sofort zum Partner tauchen und diesem anzeigen, dass du Hilfe benötigst
   d) einen kontrolliert schwimmenden Notaufstieg durchführen

189) (O,A,D,S_Tar S_Navi) Mitten im freien Wasser zwischen oben und unten verliert man leicht die Orientierung weil dort...
   a) der Wasserdruck höher ist
   b) Strömungen sein könnten
   c) das meiste Sediment vorkommt
   d) kein Bezugspunkt vorhanden ist

190) (O,A,D,S_Drift) Bei einer leichten, vorhandenen Strömung solltest du deinen Tauchgang...
   a) mit der Strömung beginnen
   b) quer zur Strömung beginnen
   c) gegen die Strömung beginnen
   d) schräg zur Strömung beginnen

Tauchfertigkeit und Umgebung

191) (O,A,D,) Eine generelle Empfehlung für den Fall einer Trennung von deinem Tauchpartner ist . . .
   a) sofort auftauchen, nicht länger als eine Minute warten und dann wieder an den Platz unter Wasser zurückkehren
   b) nicht länger als eine Minute unter Wasser suchen, dann auftauchen und sich oben zusammenfinden
   c) sofort auftauchen und das Wasser zu verlassen
   d) die Blasen des Partners zu lokalisieren und diesen solange zu folgen bis man wieder Anschluss hat

192) (O,A,D,R) Was zeigt an, dass ein Taucher an der Oberfläche in Not ist . . .
   a) er hält den Kopf hoch über das Wasser, Maske und Mundstück sind entfernt
   b) er bewegt sich hastig und zappelnd
   c) er reagiert nicht auf Anweisungen
   d) alles oben genannte ist richtig

193) (O,A,D,S_{Natur}) Was von folgendem kann darauf hinweisen, dass eine Verletzung von einem Wasserlebewesen verursacht wurde . . .
   a) verringerte Atemfrequenz oder Atemstillstand
   b) falsches Wohlempfinden oder Euphorie
   c) lokale Schwellung oder Entzündung
   d) sowohl a als auch c sind richtig

194) (O,A,D,R) Für den Transport eines Tauchunfallpatienten ist es am besten . . .
   a) die Marine oder Küstenwache zwecks Anweisungen anzurufen
   b) die Person zur nächstgelegenen Dekompressionskammer zu transportieren
   c) einen Helikopter zum schnellen Transport anzufordern
   d) die schnellste Transportmöglichkeit zur nächstgelegenen medizinischen Notfalleinrichtung zu organisieren

195) (O,A,D,S_{Alt}) Wenn Taucher in einem Bergsee tauchen möchten, der in einer Höhe von 1'000 Meter über Meeresniveau liegt, müssen sie spezielle Verfahren, Tabellen, Tauchgangberechnungen, befolgen, weil . . .
   a) der umgebende atmosphärische Druck in grosser Höhe geringer ist als auf Meeresniveau
   b) tatsächliche Tiefen in theoretische Tiefen umgerechnet werde müssen, um die Nullzeiten auf der Tabelle zu finden
   c) Stickstoffnarkosen in geringeren Tiefen auftreten kann
   d) alles oben genannte ist richtig

196) (O,A,D,S_{Drift}) Dauer und Ausmass der Gezeiten beruhen auf . . .
   a) der relativen Stellung von Sonne, Mond und Erde
   b) seismischen Aktivitäten und Windgeschwindigkeiten
   c) regionalen topografischen Merkmalen
   d) sowohl a als auch c sind richtig

Tauchfertigkeit und Umgebung

197) (O,A,D,S_Tar) Tauchen mit extra 2 – 4 kg Blei über dem, was ein Taucher für neutrale Tarierung benötigt ...
   a) ist immer notwendig, weil Pressluftflaschen am Ende des Tauchgangs zu viel positiven Auftrieb bekommen, wegen dem Luftverbrauch leichter werden
   b) verursacht unnötigen Wasserwiderstand des Tauchers, da mehr Luft dem Jackett zugeführt werden muss, um das Extragewicht auszugleichen
   c) sollte Tauchern auf Beginner-Niveau empfohlen werden, um zu schnelle Aufstiege zu vermeiden
   d) alles oben genannte ist richtig

198) (O,A,D,) Gekreuzte Unterarme, die auf den Brustkorb gelegt werden, ist das Standard-Handzeichen für ...
   a) „ich habe Brustschmerzen"
   b) „Ende Tauchgang oder Übung"
   c) „ich habe keine Luft"
   d) „ich bin müde"

199) (O,A,D,S_Tar,S_Natur) Um zu helfen, die Unterwasserumgebung zu schützen, sollten alle Tauchgangsbegleiter die Taucher ermutigen ...
   a) neutralen Auftrieb zu erhalten, um zu vermeiden, dass sie beim Tauchen versehentlich Wasserpflanzen oder –Tiere berühren
   b) keinerlei Meeresorganismen zu berühren oder anzufassen, insbesondere keine Lebewesen, die ihnen nicht vertraut sind
   c) an Projekt Aquatic World Aktivitäten wie Strandsäuberungen usw. teilzunehmen
   d) alles oben genannte ist richtig

200) (O,A,D,S_Suchen und bergen) Bei der Bestimmung, welches Suchmuster zu verwenden ist, um ein verlorenes Objekt zu finden, solltest du folgendes berücksichtigen ...
   a) Wasserbedingungen und Sicht
   b) Bodentopografie und verfügbare Ausrüstung
   c) grösse des Objektes und grösse des Suchgebietes
   d) alles oben genannte ist richtig

201) (O,A,D,S_Suchen und bergen S_Navi) Unter Wasser Distanzen zu schätzen ist oft notwendig bei „Suchen und Bergen". Was ist eine genaue Methode ...
   a) Armspanne
   b) Flossenzyklen
   c) Zeit und Luftverbrauch
   d) Messband

202) (O,A,D,S_Navi) Welches sind fünf Vorteile, die das Beherrschen der Unterwasser Navigation bieten ...

Tauchfertigkeit und Umgebung

203) (O,A,D,S$_{Navi}$) Welche sechs natürlichen Referenzen helfen dir bei der Unterwasser Navigation . . .

204) (O,A,D,S$_{Navi}$) Ein Flossenschlag-Zyklus ist definiert als . . .
a) die Anzahl von Flossenschlägen, die zum Schwimmen einer Distanz von 3 Meter benötigt wird
b) die Anzahl von Flossenschlägen, die beim Schwimmen von 10 Minuten ausgeführt werden
c) je eine auf- ab- Bewegung mit jedem Bein
d) eine Methode, um beim Durchqueren einer Strömung eine gerade Linie zu navigieren

205) (O,A,D,S$_{Navi}$) Der Flaschendruck kann benutzt werden, um unter Wasser Entfernungen zu schätzen . . .
a) richtig
b) falsch

206) (O,A,D,S$_{Navi}$) Bei guter Sicht und für grosse Entfernung ist die Spannweite der Arme die beste Methode um unter Wasser Entfernungen zu schätzen . . .
a) richtig
b) falsch

207) (O,A,D,S$_{Navi}$S$_{Natur}$) Einige Arten von Lebewesen im Wasser können während eines Tauchganges zur natürlichen Navigation genutzt werde . . .
a) richtig
b) falsch

208) (O,A,D,S$_{Navi}$) Ein Unterwasser-Muster (bei der Navigation) wird wahrscheinlich zum Erfolg führen wenn . . .
a) das Muster gross ist
b) beide Taucher eines Buddy-Teams für die Navigation des Musters verantwortlich sind
c) du vor dem Tauchgang das Muster mit deinem Tauchpartner abgesprochen hast und ihr euch einig seid
d) richtig sind a und b, c ist falsch

209) (O,A,D,S$_{Navi}$) Um die Lage eines Tauchplatzes mittels einer Kreuzpeilung zu bestimmen, sollte der Winkel zwischen zwei Paaren von Landmarken _____ Grad betragen, damit die Positionsbestimmung genau ist.
a) 120° - 180°
b) 10° - 45°
c) 100° - 200°
d) 60° - 90°

Tauchfertigkeit und Umgebung

210) (O,A,D,S$_{Navi}$) Die unbewegliche (fest angebrachte, eingravierte) Markierungslinie die bei manchen Kompasse durch deren Mitte verläuft, bei anderen sich seitlich oben auf dem Gehäuse befindet wird _____ genannt
a) Kompass-Linie
b) Mittel-Linie
c) Peillinie
d) Kompassnadel

211) (O,A,D,S$_{Navi}$) Wenn ein Kompass benutzt wird, sollte die Peillinie immer ...
a) in Richtung Ziel zeigen
b) dorthin zeigen, wo der Taucher herkommt
c) in einer Linie mit der nach Norden zeigenden Kompassnadel liegen
d) nach Osten zeigen

212) (O,A,D,S$_{Navi}$) Falls auf einem Kompass ein Umkehrkurs eingestellt wird, muss der Stellring mit den Indexmarken um _____ Grad gedreht werden.
a) 60°
b) 180°
c) 120°
d) 40°
e) 360°

213) (O,A,D,S$_{Navi}$) Falls einem Kompasskurs unter Wasser gefolgt wird, sollte man ...
a) von oben auf den Kompass schauen und es vermeiden hochzusehen
b) über den Kompass hinweg statt von oben auf ihn hinab schauen
c) schnell schwimmen, um den Einfluss von Strömungen zu vermeiden
d) von oben auf den Kompass hinab, statt über ihn hinweg schauen

214) (O,A,D,R) Im Bereich des Notfallmanagements sind verschiedene Arten der Bereitschaft notwendig ...
a) Bereitschaft der Retter
b) Bereitschaft der Ausrüstung
c) Informationsbereitschaft
d) alles obige

215) (O,A,D,R) Sich für einen Notfall vorzubereiten ist die beste Methode ...
a) niemals in nicht vertrauten Gewässer zu tauchen
b) die Annahme, dass ein ernstes Problem während eines jeden Tauchganges auftreten kann
c) stets mit einem Partner zu tauchen
d) häufiges Üben und Voraussicht

Tauchfertigkeit und Umgebung

216) **(O,A,D,R) Es gibt Tauchgebiete, welche über kein organisiertes Notfallrettungssystem verfügen. Hier ist es wichtig ...**
   a) vor Ort das Vorgehen für Tauchnotfälle herauszufinden und zu organisieren
   b) ein Notrufsystem zu installieren
   c) zu wissen, wie ein Deko-Unfall durch eine nasse Rekompression behandelt wird
   d) immer einen Notfallkoffer griffbereit zu haben

217) **(O,A,D,Ri) Wenn ein verunfallter Taucher mit einem Hubschrauber transportiert werden muss, sollte die Besatzung wissen oder darauf hingewiesen werden ...**
   a) nicht zu schnell zu fliegen
   b) so niedrig wie möglich zu fliegen
   c) so schnell wie möglich zu fliegen
   d) die nächste Rekompressionskammer mit Hubschrauberlandeplatz anzufliegen

218) **(O,A,D,Ri) Bei einem Tauchunfall sind schriftliche Notizen anzufertigen. Aus welchem Grund ...**
   a) um sicher zu gehen, dass ein solcher Unfall nicht mehr passieren kann
   b) um der Polizei einen umfassenden und exakten Unfallbericht aushändigen zu können
   c) um zu gewährleisten, dass die Familie des Verunfallten genau informiert wird
   d) um dem Patienten wichtige Informationen für den behandelnden Arzt mitgeben zu können

219) **(O,A,D,R) Einen raschen Transport zu einer Druckkammer ist bei jedem Tauchunfall immer angebracht ...**
   a) richtig
   b) falsch

220) **(O,A,D,R) Das Transportpersonal eines verunfallten Tauchers muss über folgendes Wissen verfügen ...**
   a) dass der Patient mit der linken Seite nach unten zu lagern ist und Sauerstoff weiter verabreicht werden soll
   b) den taucherischen Ausbildungsstand des Patienten
   c) das Tauchprofil des Patienten
   d) wie regelmässig der Patient taucht

221) **(O,A,D,R) Ein Tauchunfallpatient kann dann wirksam transportiert werden, wenn gewährleistet wird, dass ...**
   a) sich der Unfall an einem populären Tauchgebiet ereignet hat
   b) bereits im voraus einen Notfallplan ausgearbeitet wurde
   c) die Küstenwache alarmiert wurde
   d) die örtliche (nächste) Druckkammer einen Taucherarzt auf Abruf bereit hält

Tauchfertigkeit und Umgebung

222) (O,A,D,R) Ein ausgebildeter Rescue-Diver hat am Unfallort folgende Funktion/Rolle wahrzunehmen ...
   a) höher qualifizierten Personen zu assistieren
   b) die Kontrolle über die Situation zu übernehmen, wenn keine qualifizierte Person anwesend sein sollte
   c) nichts zu tun, solange er nicht ausdrücklich dazu aufgefordert wird, damit die Helfer nicht zusätzlich behindert werden
   d) a und b sind richtig

223) (A) Wie rechne ich die Kurse, wenn ich in einem gleichseitigen Dreieck linksherum tauchen will ...
   a) + 120°
   b) − 120°
   c) + 90°
   d) − 90°

224) (A) Wenn ich einen Viereckskurs tauchen will, wie rechne ich die Kurse, wenn ich rechtsherum tauchen will ...
   a) + 180°
   b) − 120°
   c) + 90°
   d) − 90°

225) (A) Kann man sich auf einen Orientierungsverlust unter Wasser vorbereite...
   a) wir überlegen uns, welche Hilfsmittel in einem solchen Fall eingesetzt werden können.
   b) ortsansässige Taucher können uns während dem Briefing Hinweise geben.
   c) wir prüfen vor dem Tauchgang unsere Erfahrungen für diesen Tauchgang, allenfalls machen wir den ersten Tauchgang in Begleitung eines erfahrenen Tauchers in diesem Tauchgebiet.
   d) alle Antworten sind richtig.

226) (A) Kann der Kurs unter Wasser beeinflusst werden ...
   a) wenn unsere Ausbildung die Unterwasser Navigation einschliesst, ist eine Beeinflussung nicht denkbar
   b) der Gruppenführer ist dafür zuständig, dass es keine Beeinflussung geben kann.
   c) ungleichmässiger Flossenschlag, zu viel Blei, ungünstige, schlechte Körperhaltung beim Kompasstauchen, Kompass verkantet zeigt falschen Kurs.
   d) nur Eisenteile verfälschen den Kompasskurs, Rechenfehler bei der Kursfestlegung.

Tauchfertigkeit und Umgebung

227) **(A) Welches sind die wesentlichen Voraussetzungen, die eine Tauchausrüstung zum Tieftauchen erfüllen muss ...**
   a) der Luftvorrat und damit die Tauchflasche müssen gross genug sein. Der Tauchcomputer muss für den Tauchgang geeignet sein. Mehr ist nicht zu berücksichtigen.
   b) beim Tieftauchen muss das Jacket nach der gültigen Norm mindestens 40 Liter Auftrieb aufweisen. Zusammen mit dem Trockenanzug ist dem genüge getan.
   c) bei Wassertemparaturen unter 10°C sind zwei getrennt absperrbare erste Stufen erforderlich, eine Boje bei Bootsverkehr oder wenn man nicht dort auftaucht wie geplant. Das Jacket (Trockenanzug) muss über das notwendige Volumen, die Flaschen über genügend Luftreserve verfügen. Tauchcomputer und einen geeigneten Kälteschutz sind zu verwenden.
   d) Antworten a) und b) sind richtig.

228) **(O,A,D) Welche Aussagen zum Checkdive sind richtig und auch sinnvoll ...**
   a) ein Checkdive trägt zur Sicherheit bei.
   b) ein Checkdive sollte in keinem Fall durchgeführt werden, da das den Taucher verunsichert
   c) ein Checkdive hat im Urlaub nichts verloren, Die Taucher wollen sich nicht testen lassen, sie haben Ferien.
   d) ein Checkdive ist auch dazu da, um die richtige Bleimenge für dieses Gewässer und die richtige Ausrüstung festzustellen.
   e) Antworten a) und d) sind richtig

229) **(O,A,D) Die Übung, das Tauchgerät an der Oberfläche anzuziehen und wieder auszuziehen ist nicht beliebt. Warum ist diese Übung so wichtig?**
   a) diese Übung sollte immer wieder trainiert werden, da es beim Tauchen von Schlauchbooten und bei Wellengang oder Strömungen teilweise schnell gehen muss.
   b) da wir unser Jacket immer auf dem Boot oder an Land an- und ausziehen, muss dieses auch geübt werden.
   c) diese Übung sollte auf keinen Fall durchgeführt werden, da der Taucher sich in den Bändelungen und Schläuchen verfangen kann.
   d) diese Übung bleibt den Tauchlehren vorbehalten.
   e) der internationale Standard verbietet diese Übung.

230) **(O,A,D) Warum ist die Kontrolle der Aufstiegsgeschwindigkeit so wichtig ...**
   a) damit ich beim Tauchen möglichst viele Fische sehe und die Gruppe nicht verliere.
   b) damit Sauerstoff und Stickstoff genügend Zeit haben, den Körper über die Atmung zu verlassen
   c) damit ich mit der ganzen Tauchgruppe kontrolliert auftauchen kann.
   d) bei ausschliesslich Nullzeittauchgängen, muss man das nicht können.
   e) die Aufstiegsgeschwindigkeit spielt bei Nullzeittauchgängen keine Rolle, muss nicht geübt werden.

Tauchfertigkeit und Umgebung

231) (O,A,D) Auf einem Tieftauchgang wollen wir auf 20 Meter eine Boje setzen, was müssen wir speziell beachten ...
   a) auf 20 Meter Tiefe kann keine Boje gesetzt werden.
   b) es ist ein Reel anzuwenden, da sonst die Leinenführung beim Setzen und beim Einholen ein Problem darstellen könnte.
   c) es darf nur eine spezielle Boje (mit Überdruckventil) auf dieser Tiefe gesetzt werden.
   d) beim Setzen müssen die Mittaucher einen genügenden Abstand einhalten.

232) (O,A,D) Was ist beim ersten Nachttauchgang besonders zu beachten ...
   a) die Nachttauchgänge werde genauso durchgeführt wie Tauchgänge am Tag. Es ist jedoch genügend Licht mitzuführen.
   b) die Nachttauchgänge sollten vorzugsweise vom Land aus, bei Vollmond, in strömungsfreiem Wasser und bis maximal 15 Meter Tiefe durchgeführt werden. Sie sollten bei Sonnenuntergang beginnen.
   c) die Tauchgänge sollten in strömungsfreiem Wasser bis maximal 25 Meter Tiefe durchgeführt werden.
   d) vorzugsweise sind die Tauchgänge vom Boot auf maximal 30 Meter Tiefe zu planen.
   e) die Tauchgänge haben vorzugsweise im Süsswasser bis auf 25 Meter Tiefe stattzufinden.

233) (O,A,D) Für Nachttauchgänge sind spezielle Tauchplätze vorzusehen. Was ist zu beachten ...
   a) Nachttauchgänge werden ausschliesslich in Gebieten vorgenommen, die man nicht kennt, um die Spannung zu erhöhen.
   b) Nachtauchgänge kann man nur für fortgeschrittene Taucher planen.
   c) die Nachttauchgänge sind nur in Tauchgebieten vorzusehen, die man gut kennt und strömungsfrei sind.
   d) die Nachttauchgänge sind nur in gut bekannten Tauchgebieten vorzusehen, die eine Sichtweite von mindestens 20 Meter aufweisen.

234) (O,A,D) Welche Frage gehört zu einem Nachttauchgang-Briefing ...
   a) ob die Teilnehmer Nachts ruhig schlafen können.
   b) ob die Taucher mondsüchtig sind.
   c) ob die Taucher farbenblind sind.
   d) ob die Taucher gut schwimmen können.
   e) ob die Taucher unter Platzangst und/oder Nachtblindheit leiden.

Tauchfertigkeit und Umgebung

235) (O,A,D) Welche besonderen Sicherheitsvorkehrungen sind Nachts zu treffen? (über Wasser)...
   a) die Sicherheitsvorkehrungen beim Nachttauchen sind die Sicherheitsvorkehrungen an Land oder auf dem Boot die gleichen.
   b) die Markierung der Ein- und Ausstiegsstelle mit einer eigenen und geeigneten Lichtquelle ist besonders wichtig. Die Lichtquelle muss aus weiter Entfernung gut sichtbar sein.
   c) die örtliche Rettungsleitstelle muss über das Tauchvorhaben orientiert sein.
   d) Sicherheitsvorkehrungen beschränken sich auf das Bereitstellen von genügend Licht.

236) (O,A,D) Welche besonderen Sicherheitsvorkehrungen sind Nachts zu treffen? (unter Wasser)...
   a) unter Wasser ist die Ein- und Ausstiegsstelle mit einer Lampe oder einem Blinker zu versehen.
   b) am Ankerseil (Ankerkette) ist auf der Höhe, auf der die Taucher zum Boot zurückkehren auch eine Lampe (Blinker) anzubringen
   c) man kann das Tauchgebiet mit Leinen abspannen und an Wendepunkten Lichtquellen anbringen.
   d) den Nachttauchbeginnern ist jede mögliche Sicherheit zu bieten (enge Betreuung)
   e) alle Antworten sind richtig

237) (O,A,D) Was müssen wir beim Nachttauchen in Bezug auf Tiere und deren Umgebung besonders beachten... Was ist falsch...
   a) bei Nachttauchgängen sehen wir Tiere, Farben und Lichter, die wir sonst nicht zu sehen bekommen.
   b) Fische schlafen wie die Menschen. Einige schlafen nachts, andere sind nachtaktiv.
   c) schlafende Fische sind schwer zu erkennen, denn Fische können die Augen nicht schliessen, sie besitzen keine Augenlider.
   d) einige Fische sind nachts blind, sie verstecken sich unter Steine, in Riffspalten, Höhlen, um sich vor Räuber zu schützen.
   e) Fische reagieren im Lichtschein bei Tag und Nacht gleich.

238) (O,A,D) Wieso kann die Oberflächenströmung anders sein als die Grundströmung? Welche Antwort ist falsch...
   a) Vermischung von Süss- und Salzwasser.
   b) Riffformationen.
   c) Starker Wind.
   d) Meerengen.
   e) Gezeiten.

Tauchfertigkeit und Umgebung

239) (O,A,D) Es gibt etliche Arten von Strömungen. Welche Aussage ist falsch ...
   a) Gegenströmung und horizontale Strömung
   b) Knautschströmung
   c) Strömungen in Tauchrichtung, Strömungen im Fluss
   d) Fallströmungen.
   e) Quellströmung und Vertikale Strömung

240) (O,A,D) Kann man an der Wasseroberfläche bei Wind eine Strömungsrichtung erkennen ...
   a) bei ruhiger Wasseroberfläche: Wind und Strömungsrichtung sind gleich. Bei kabbeliger See sind Wind- und Strömungsrichtung unterschiedlich.
   b) bei ruhiger Wasseroberfläche: Wind und Strömungsrichtung sind unterschiedlich. Bei kabbeliger See: Wind- und Strömungsrichtung sind gleich.
   c) nur am Äquator, da hier die Strömungen von Nord und Süd aufeinander treffen.
   d) Strömungsrichtungen sind so unterschiedlich, dass man sie nicht erkennen kann.
   e) Antwort a) ist falsch.

241) (O,A,D) Wie kann man vor einem Strömungstauchgang die Strömungsrichtung und -stärke zuverlässig feststellen ... Welche Antwort ist falsch ...
   a) mittels einer Strömungsleine stelle ich die Ankerrichtung und den Verlauf zur Wasseroberfläche fest. So kann ich die Grund- und Oberflächenströmung feststellen.
   b) durch Ausbringen einer 3 – 6 Meter langen Leine mit Bleigewichten.
   c) beobachten, wie schnell sich das Boot in Strömungsrichtung dreht.
   d) dreht sich das Beiboot anders als das Tauchboot, dann haben wir Gegenströmung
   e) um Strömungsrichtung und -stärke genau festzustellen kann eine 50 - 200 m lange Leine mit einer Boje ausgebracht werden.

242) (O,A,D) Wie kann eine Gezeitenströmung die vorherrschende Strömung beeinflussen ...
   a) der Strömungswechsel findet nur an der Wasseroberfläche statt.
   b) die Strömung nimmt zunächst ab, kommt beim Gezeitestillstand fast zum Erliegen und nimmt dann wieder an Stärke zu.
   c) beim Gezeitenwechsel ändert sich die Oberflächenströmung und die Grundströmung im umgekehrten Verhältnis.
   d) beim Gezeitenwechsel steigt nur der Wasserspioegel an.
   e) beim Gezeitenwechsel fällt nur der Wasserspiegel.

Tauchfertigkeit und Umgebung

243) **(O,A,D) Wie muss sich eine Gruppe beim Strömungstauchgang verhalten? Welches ist die falsche Antwort ...**
   a) viel enger zusammenbleiben als bei stillen Gewässer.
   b) beim Auseinandertreiben, muss die Spitze der Gruppe auf die restlichen Taucher warten.
   c) das Auseinanderdriften der Gruppe ist beim Strömungstauchen völlig normal. Da man nur bei guter Sicht taucht, kann sich die Gruppe nicht verlieren.
   d) die Tauchformation soll festgelegt werden (Briefing) und dann nicht mehr geändert werden.
   e) der Schlussmann hat hier die schwierigere Aufgabe als beim Tauchen in stillem Gewässer

244) **(O,A,D) Beim Tauchen gegen die Strömung, welchen Abstand musst du vom Boot bzw. vom Riff halten ...**
   a) möglichst weit vom Riff oder Grund weg, um von der Strömung nicht ans Riff oder den Boden gedrückt zu werden.
   b) möglichst nahe am Riff oder Grund um evtl. Strömungsschatten und die geringere Randströmung auszunutzen
   c) man taucht grundsätzlich nicht gegen die Strömung, es ist viel zu anstrengend.
   d) alle Antworten sind richtig.

245) **(O,A,D) Bei einem Strömungstauchgang vom Land aus. Wird getaucht bei ablaufendem Wasser oder bei auflaufendem Wasser ...**
   a) bei Strömung taucht man gar nicht.
   b) tauchen nach dem Gezeitenkalender, dass man am Ende des Tauchganges auflaufendes Wasser hat.
   c) getaucht wird möglichst nur bei Gezeitenstillstand.
   d) bei auflaufendem Wasser, dass man wieder zurückkommt.
   e) Bei ablaufendem Wasser, dass man nicht an einen Felsen gedrückt wird.

246) **(O,A,D) Was ist ein Drifttauchgang ...**
   a) mit der Strömung treiben lassen.
   b) Boot und Taucher lassen sich beide von der Strömung treiben.
   c) bei einem Landtauchgang, z.B. im Norden einsteigen, driften lassen und im Süden nach einer bestimmten Strecke wieder aus dem Wasser steigen
   d) alle Antworten sind richtig.

Tauchfertigkeit und Umgebung

247) (O,A,D) Wie wird eine Gruppe organisiert, dass bei Strömung und nach dem „in das Wasser springen" alle zusammen abtauchen können ...
   a) hinter dem Boot ist ein idealer Sammelpunkt für ins Wasser gesprungene Taucher.
   b) an einer Strömungsleine kann sich jeder Taucher halten und warten bis die Gruppe vollzählig im Wasser ist.
   c) an einer Sorgleine kann sich die Gruppe auch bis zum Ankerseil (Kette) vorarbeiten.
   d) die Strömung und Sorgleine stellt auch beim Aussteigen eine willkommene Hilfe dar.
   e) alle Antworten sind richtig.

248) (O,A,D) Strömungstauchen, welche Antwort ist falsch ...
   a) Strömungstauchgänge dürfen nur bis zu einer Tiefe von 15 m durchgeführt werden.
   b) Nachttauchgänge dürfen keine Strömungstauchgänge sein.
   c) Strömungstauchgänge müssen Nullzeittauchgänge sein.
   d) zur normalen Ausrüstung hat der Strömungstaucher folgende Ausrüstungsgegenstände mitzuführen: Boje, Signalpfeife, Buddyleine.

249) (O,A,D) Wracktauchen bietet besondere Gefahren. Welches sind die drei grössten ...
   a) sich verfangen, Orientierungsverlust und eingeschlossen werden
   b) Tiefenrausch, sich verfangen, Kontaktverlust zur Gruppe.
   c) Tiefenrausch, Orientierungsverlust, eingeschlossen werden.
   d) Tiefenrausch, Orientierungsverlust, sich verfangen, Unterkühlung.
   e) Licht- und Leinenverlust, Kontaktverlust zur Gruppe.

250) (O,A,D) Was verstehen wir unter der „Drittelregel" beim Wracktrauchen ...
   a) ein Drittel der Luft für den Hinweg
   b) ein Drittel der Luft für den Rückweg
   c) ein Drittel der Luft als Reserve.
   d) Antworten a) bis c) sind richtig.
   e) der Tauchgang am Wrack darf höchstens: ein Drittel vom Luftvorrat, ein Drittel vom Lichtvorrat, ein Drittel der Leinenlänge dauern.

251) (O) Ist ein Taucher immer sicher vor Symptomen von DCS, wenn er sich innerhalb der Grenzen der Tauchtabellen bewegt ...

Tauchfertigkeit und Umgebung

252) (D) Es gibt vier Aspekte der Supervision beim Führen von Tauchgängen: Nenne alle zutreffenden Punkte ...
   a) Kommunikation
   b) Trennung
   c) Vorbereitung
   d) Problemerkennung
   e) Beobachtungspunkt

253) (D) Überwachung einer Tauchgruppe im Wasser vereinfacht es dem Supervisor die Taucher zu führen, kann aber die Freiheit der Taucher einschränken die Unterwasserwelt selbständig zu erforschen ...
   a) richtig
   b) falsch

254) (D) Mehrere Tauchteams zu überwachen ist leichter wenn die Überwachung _____ durchgeführt wird ...
   a) im Wasser
   b) ausserhalb des Wassers

255) (D) Die Anwesenheitskontrolle soll nach vorgegebenen Abläufen durchgeführt werden. Damit wird sichergestellt, dass ...

256) (D) Zähle die Ausrüstungsgegenstände auf, welche dir helfen die Supervision effizient durchzuführen ...
   a) Erste-Hilfe Kit
   b) Fernglas
   c) Tauchflagge / Schwimmkörper
   d) Werkzeug Kit
   e) Unterwasser Kamera
   f) Ersatz Tauchausrüstung

257) (D) Als Gruppenführer machst du vor dem Tauchgang ein Briefing. Welche Punkte sprichst du darin an ...

258) (D) Anschliessend an das Briefing gibst du den Tauchern Empfehlungen, zum verantwortungsvollen Verhalten in der Unterwasserwelt. Welche ...
   a) neutrale Tarierung aufrecht erhalten
   b) Vorschriften zum Schutze der Unterwasserwelt zu beachten
   c) die Unterwasserwelt so belassen, nichts zu verändern
   d) Fische nur mit natürlicher Nahrung zu füttern, die in der Unterwasserwelt vorkommt.

Tauchfertigkeit und Umgebung

259) **(D) Am Tauchplatz können jederzeit Probleme auftreten. Kannst du dich auf Problemlösungen vorbereiten? Nenne Möglichkeiten ...**
   a) vervollständige deine tauchtheoretischen Kenntnisse
   b) bereite Hilfsmittel und Material vor, welche dir bei der Problemlösung helfen können
   c) achte auf deine ständige Weiterbildung
   d) fördere deine Erfahrung als Taucher

260) **(A) Welches sind die wichtigsten Faktoren unabhängig von der Grösse des zu bergenden Objektes, um eine U/W Suche erfolgreich durchführen zu können ...**
   a) Sichtverhältnisse und Strömung
   b) Bodenbeschaffenheit und Tiefe
   c) Grösse des zu bergenden Objektes und Bodentopographie
   d) Bodenbeschaffenheit und Strömung

261) **(A) Bei einem kontrollierten schwimmenden Notaufstieg musst du ...**
   a) den Bleigurt abwerfen und so schnell wie möglich zur Oberfläche schwimmen und ein kontinuierlicher aaaahhh – Laut von sich geben
   b) mit überstrecktem Kopf einen aaaahhh – Laut erzeugen, ohne den Lungenautomat im Mund zu haben zur Oberfläche aufsteigen
   c) mit einem kontinuierlichen aaaahhh – Laut mit der gesamten Ausrüstung am Platz unter normaler Geschwindigkeit aufsteigen
   d) unter kontinuierlichem aaaahhh – Laut mit Hilfe eines Seils zur Oberfläche aufsteigen, die Ausrüstung bleibt am Platz.

262) **(A) Was sollte man tun, wenn eine erforderliche Notfalldekompression ausgelassen wurde ...**
   a) sofort wieder auf 12 Meter abtauchen und die beschriebenen Verfahren durchführen
   b) Reinen Sauerstoff atmen
   c) 24 h nicht mehr tauchen
   d) Antwort b) und c) sind richtig

263) **(A) Unter Wasser verlierst du die Körpertemperatur _____ schneller als bei der gleichen Umgebungstemperatur an der Luft.**
   a) 5 Mal
   b) 10 Mal
   c) 15 Mal
   d) 20 Mal

Tauchfertigkeit und Umgebung

264) (A) Eine Dehydration beim Tauchgang kann schwerwiegende Folgen haben. Was kann zu einem Flüssigkeitsmangel beim Tauchen führen...
   a) Schwitzen und die trockene Atemluft aus dem Gerät
   b) Angst und Schweissausbruch
   c) der hohe Druck auf den Körper (Umgebungsdruck) und das damit verbundene Wärmegefühl
   d) die Anstrengung beim Tauchen.

265) (A) Motorengeräusch und andere Schallquellen, welche wir U/W vernehmen können wir nicht orten. Was ist die Ursache...
   a) durch den hohen Druck ist unser Gehör stark eingeschränkt. Das Trommelfell ist dadurch stark gespannt und der Druck verzerrt den Schall
   b) der dreidimensionale Raum unterscheidet sich zu sehr von den Verhältnissen über Wasser
   c) der hohe Druck unter Wasser im Verhältnis zur geringen Dichte der Luft überträgt den Schall unter Wasser so schnell, dass unsere Ohren den Schall links und rechts gleichzeitig wahrnehmen
   d) unser Trommelfell ist durch den Wasserdruck so beansprucht, dass es die Schallquelle nicht wahrnehmen kann.

266) (A) Die Taucher treten meist in Scharen am Tauchplatz auf und sind in der Regel sehr mitteilsam. Wie kann die Umwelt vor übermässigem Lärm geschützt werden...
   a) möglichst Fahrgemeinschaften zum Tauchplatz organisieren
   b) genügend Geräte mitnehmen, damit am Gewässer keine Nachfüllung (Kompressorlärm) notwendig ist
   c) anfallenden Müll mit nach Hause nehmen und nicht im Garten des Anstössers entsorgen
   d) alle genannten Antworten sind richtig.

267) (A) Auch die Umwelt kann und soll geschont werden. Was kann ich dazu beitragen...
   a) vorhandenen, entdeckten Müll am Tauchplatz während dem Tauchgang mitnehmen
   b) keine Gegenstände aus dem Wasser entfernen, die bereits Tiere angenommen haben oder auf denen sich bereits Korallennachwuchs eingestellt hat
   c) Behörden auf Besonderheiten des Gewässers hinweisen (Verunreinigungen durch Dritte, Ölverschmutzung, allenfalls Geröllabbrüche)
   d) alle Antworten sind richtig.

Tauchfertigkeit und Umgebung

268) **(A) Du bist daran interessiert, weltweit Tauchplätze aufzusuchen. Musst du ein internationales Brevet besitzen ...**
   a) nein die Bestimmungen sind dem Schwimmsport angepasst
   b) je nach Tauchgebiet muss ein Taucher den OWD- oder AOWD- Nachweis erbringen
   c) nein, ein Checkdive ist ausreichend
   d) du musst mindestens Diveleader sein, damit du allein mit einem gleichwertigen Partner tauchen darfst.

269) **(A) Tauchen ist gefährlich. Gemäss Statistik sind folgende Sportarten gefährlicher als Tauchen, welche ...**
   a) Bergsteigen
   b) Skifahren
   c) Fussball
   d) alle Antworten sind richtig.

270) **(A) In deinen Tauchferien fällt der Gruppenführer aus. Du bist der am höchsten brevetierten Taucher in der Gruppe und sollst die Führung übernehmen. Was bedeutet das für dich ...**
   a) Verantwortung übernehmen, das ärztliche Attest der Gruppenmitglieder kontrollieren und das Briefing durchführen
   b) das Briefing durchführen, die Tauchpartner checken (Ausrüstungskontrolle), Tauchplatz gut kennen, Gruppe entsprechend dem Briefing führen
   c) die Gruppenführung soll je nach Situation beim Tauchen wechseln. Die Taucher wechseln sich je nach Absprache darin ab
   d) als höher brevetierter Taucher übernehme ich die Führung in allen Belangen.

271) **(A) Du planst deinen Tauchgang, was beachtest du speziell bezüglich Sicherheit ...**
   a) ich erstelle einen Notfallplan für den Fall, dass etwas nicht optimal läuft. Ich stelle die Rettungskette zusammen und sorge für das notwendige Material
   b) ich stelle einen Notfallkoffer am Tauchplatz bereit und sorge für genügend Sauerstoff auf dem Platz
   c) eine Sicherheitsperson wird an der Einstiegsstelle positioniert, solange der Tauchgang dauert, mit dem Auftrag, sich um alles und alle zu kümmern
   d) alle Antworten sind richtig.

272) **(A) Wie soll eine Gruppe verschiedener Taucher zusammengestellt werden?**
   a) bei einer Zweiergruppe tauchen 4-Sterne (CMAS), 2 AOWD (PADI) zusammen („4-Stern-Regel")
   b) es können auch vier 1-Stern Taucher oder vier OWD-Taucher eine Gruppe bilden
   c) Tauchpartner die sich gut kennen sollen immer zusammen tauchen ungeachtet ihrer Brevetierungsstufe
   d) es gibt keine Regel, man sollte sich einfach gut mögen.

Tauchfertigkeit und Umgebung

273) **(A)** Auf einer Tauchbasis sind Taucher der unterschiedlichster Ausbildungsorganisationen bereit zusammen zu tauchen. **Worauf ist bei der Gruppeneinteilung zu achten ...**
   a) alle mit einem international gültigen Brevet können zusammen tauchen
   b) der Gruppenleiter hat das Sagen, verlass Dich auf ihn
   c) auf den Tauchbasen gibt es vielfach andere Regeln zum Tauchen die beachtet werden müssen
   d) auch hier ist die „4-Stern-Regel" zu beachten, im Zweifelsfalle bleibst du an Land.

274) **(A)** Ein dir unbekannter Taucher wird dir von der Tauchbasis zugeteilt. **Was wirst du bei ihm prüfen ...**
   a) allgemeine gesundheitliche Voraussetzungen für den Tauchgang, gültiger und aktueller Arztattest, Anzahl Tauchgänge
   b) wann und wo hat er das letzte mal getaucht
   c) wichtige Information: welche Restsättigung bringt der Taucher mit und was ist für den gemeinsamen Tauchgang geplant
   d) alle Antworten sind richtig.

275) **(A)** Als weitere Information zusätzlich zu Frage 274 ist der Luftverbrauch des Tauchers von Interesse. **Welche Einflüsse können den Luftverbrauch beim Tauchen beeinflussen ...**
   a) der Taucher hat immer den gleichen Luftverbrauch
   b) der Luftverbrauch ist nur von der unterschiedlichen Tiefe und dem psychischen und physischen Zustand abhängig
   c) der Luftverbrauch ist von Tiefe und der Temperatur abhängig
   d) der Luftverbrauch ist abhängig von Tauchtiefe, Zeit, Temperatur, Anstrengung, Tauchausrüstung und Wasserwiderstand (Strömung).

276) **(A)** Der Kompass gehört bei allen Tauchgängen zur Ausrüstung. **Warum ist er sehr wichtig ...**
   a) wenn die natürliche Orientierung nicht mehr funktioniert, dann ist der Kompass ein sehr wichtiges Hilfsmittel zur Orientierung
   b) der Kompass ist das einzige Orientierungsmittel unter Wasser
   c) in heimischen Gewässer ist die Sicht oft schlecht, ein Kompass ist hier unabdingbar
   d) Antworten b) und c) sind richtig.

277) **(A)** Der U/W Kompass gehört zur Standardausrüstung eines Tauchers. **Muss jeder Teilnehmer einen eigenen Kompass mitführen ...**
   a) Der Gruppenführer hat einen Kompass, er führt die Tauchgruppe
   b) ein Kompass pro Tauchgruppe genügt
   c) jeder Taucher muss seinen eigenen Kompass mitführen
   d) mehrere Kompasse geben Meinungsverschiedenheiten und dies führt zu Unstimmigkeiten

Tauchfertigkeit und Umgebung

278) (A) Der Kompass zeigt auch die Himmelsrichtung an. Diese sind wie folgt festgelegt...

	Norden	Osten	Süden	Westen
a)	360°	270°	180°	90°
b)	0°	270°	180°	90°
c)	0°/360°	90°	180°	270°
d)	360°	180°	90°	270°

279) (A) Wir schreiben Sommerzeit und 12:00 Uhr. Wir tauchen an einem Riff nach Osten, wo steht die Sonne an meiner Maske? (Gilt auch als Orientierungshilfe)...
   a) auf der Stirne
   b) am linken Maskenrand
   c) am Hinterkopf
   d) an der rechten Maskenseite

280) (A) Ein Tauchgang (an einem Riff) führt in der Regel den gleichen Weg zurück. Wenn ich genau 45° getaucht bin, welchen Kurs muss ich wählen um wieder an den Ausgangsort zurück zu kehren...
   a) 270°
   b) 225°
   c) 180°
   d) 135°

281) (A) Eine beliebte Navigationsaufgabe in der Tauchschule ist immer, einen Dreieckskurs zu tauchen. Wie muss ich die Kurse rechnen um rechts herum einen Kurs zu einem gleichseitigen Dreieck tauchen zu können...
   Ausgangskurs +/-
   a) - 120°
   b) +120°
   c) + 90°
   d) - 90°

282) (A) Nun will ich ein Quadrat linksherum tauchen, wie lauten die Kurse...
   .Ausgangskurs +/-
   a) +180°
   b) - 120°
   c) - 90°
   d) + 90°

Tauchfertigkeit und Umgebung

283) (A) In der Tauchindustrie stehen verschiedene Kompass-Produkte zur Verfügung. Welcher Kompass ist für das Tauchen besonders geeignet ...
a) der Armkompass er ist jederzeit sofort ablesbar
b) der Kompass in der Konsole eingebaut, man kann gleichzeitig den Tiefenmesser ablesen
c) der Kompass welcher mit einer Fixleine oder Rollleine am Jacket befestigt ist
d) der Kompass, welchen man beherrscht, mit dem man geübt hat und erfolgreich einen sicheren und genauen, geraden Kurs tauchen kann.

284) (A) Der Kompass ist ein sehr empfindliches Messgerät, welches stark auf äussere Einflüsse mit Abweichungen reagiert. Was alles kann unseren Kompass beeinflussen ...
a) eine zu schräge Haltung, die Kompassnadel kann sich nicht frei bewegen
b) Magnetfelder, Ablenkung durch Eisen, Akkus (Lampe) Stromkabel, die dafür sorgen, dass der Kompass eine falsche Richtung anzeigt
c) falsche Haltung, zu kurze Befestigung, um den Kompass weit genug vom Körper zu halten
d) alle Antworten sind richtig.

285) (A) Ein Orientierungsverlust U/W kann fatale Folgen haben. Wie können uns vorbereiten, dass dieser Fall möglichst nicht eintreten wird ...
a) wir überlegen uns vor dem Tauchgang, was alles zum Verlust der Orientierung führen kann und welche Hilfsmittel wir in diesem Fall einsetzen können (Boje setzen)
b) wir haben ortsansässige Taucher zur Orientierung im Tauchgebiet befragt. Im Briefing werden alle Informationen angesprochen
c) wir haben geprüft, ob wir die notwendige Erfahrung für diesen Tauchgang mitbringen und ob auch unser Team in der Lage ist diesen Tauchgang zu bewältigen
d) alle Antworten sind richtig.

286) (A) Die Tauchgruppe muss sich unter Wasser orientieren. Wie soll sich das Team verhalten ...
a) der Gruppenführer kümmert sich um die Orientierung, die Zeit, die Tiefe, den Zusammenhalt der Gruppe und um den Luftverbrauch. Er bestimmt die Position der Taucher innerhalb der Gruppe. (Alles wird im Briefing durchgesprochen)
b) jeder Taucher ist für die Orientierung mitverantwortlich. Jeder kann im Bedarfsfalle Aufgaben des Gruppenführers übernehmen. Bei Unstimmigkeiten kann darüber abgestimmt werden
c) der höchstbrevetierte Taucher übernimmt die Gruppenführung bei der TG-Orientierung, an seine Weisung sollte man sich in jedem Falle halten.
d) die Antworten a) und c) sind richtig.

Tauchfertigkeit und Umgebung

287) **(A) Die Orientierung nachts fordert besondere Massnahmen. Welche Punkte sind zu beachten ...**
   a) es besteht keinen Unterschied der Orientierung bei Nacht zur Orientierung bei Tag
   b) vor dem ersten Nachttauchgang ist es empfehlenswert, dass Brevet Nachttauchen abzuschliessen. Tauchplätze die nachts betaucht werden sollen, sind vorerst tags zu betauchen
   c) nachts kann man nichts sehen, also ist eine Orientierung nur mit dem Kompass möglich
   d) beim Nachttauchen braucht man einen guten (nachleuchtenden) Kompass und eine starke Lampe

288) **Wir sollten am Ausgangspunkt ankommen, verfehlen jedoch den Ort erheblich. Was kann unser Kurs unter Wasser so stark beeinflussen ...**
   a) wenn wir gut ausgebildet sind und auch das Brevet Orientierung unter Wasser gemacht haben, kann uns nichts mehr passieren
   b) der Gruppenführer ist dafür zuständig, dass es keine Beeinflussung geben kann
   c) ungleichmässiger Flossenschlag, zu viel Blei (schlechte Tarierung) ungünstige Körperhaltung beim Kompasstauchen, Kompass verkantet dadurch falsche Anzeige
   d) nur Eisenteile, die Kompassmissweisung und Rechenfehler bei der Kursberechnung können den Kompasskurs beeinflussen.

289) **(A) Beim Tauchen zählt die Erfahrung. Speziell beim Nachttauchen ist jedoch die Erfahrung eine sehr wichtige Angelegenheit. Warum ...**
   a) wir haben bei Nacht ein anderes Entfernungsbewusstsein und nehmen akustische Signale anders wahr als am Tage
   b) Veränderungen können sich auch durch Licht und Wetterumschlag ergeben, die wir richtig einschätzen müssen (Vollmond oder tiefe Wolken ergeben eine veränderte Wahrnehmung)
   c) unter Wasser ist unser Entfernungsempfinden sehr abhängig von unserer Unterwasserlampe und den Schwebeteilchen im Wasser, auch unterschiedlich bei flacher See oder Wellengang
   d) alle Antworten sind richtig.

290) **(A) Beim Wracktauchen kennen wir eine besondere Regel. Was bedeutet die „Drittelregel"? / Gilt diese Regel auch beim Höhlentauchen ...**
   a) ein Drittel der Luft ist für den Hinweg
   b) ein Drittel der Luft ist für den Rückweg
   c) ein Drittel der Luft ist Reserve / ja
   d) alle Antworten sind richtig / ja

Tauchfertigkeit und Umgebung

291) (A) Als Gruppenführer brauchst du eine Tauchgangliste. Wozu dient sie dir...
    a) für die Gruppeneinteilung und bei Urlaubenden zur Abrechnung der Tauchgänge
    b) für die Feststellung der Vollständigkeit
    c) für die Dokumentation der Tauchgangsdaten
    d) alle Antworten sind richtig

292) (O) Um wie viel steigt der Druck in einem Tauchgerät (Fülldruck 200 bar) bei einer Erwärmung um 50°C...
    Besteht die Gefahr einer Explosion...
    a) 30 bar
    b) 35 bar
    c) 36,6 bar
    d) 42,6 bar

293) (D) Während deiner Tauchausbildung wurdest du öfters auf den Schutz der Unterwasserwelt und seinen Ressourcen aufmerksam gemacht. Du hast auch vom Projekt AWARE (Padi) gehört. Welches sind die Ziele von AWARE, nenne drei...

294) (D) Was haben die küstennahen Feuchtgebiete für die Fischbestände für eine Bedeutung...

295) (D) Im Ozean sind zwei Tiefenbereiche zu unterscheiden. Welche...

296) (D) Wie und wo entstehen Bereiche mit zur Oberfläche aufsteigendem Tiefenwasser und warum sind sie für die Nahrungsproduktion und die Fischbestände so wichtig...

297) (D) Welche Hoffnung verbindet sich mit der Aquakultur und welche zwei Probleme gibt es damit...
    1. Problem...
    2. Problem...

298) (D) Warum sind die Korallenriffe für die Unterwasserwelt wichtig...

299) (D) Nenne vier vom Menschen verursachten Faktoren, die zur Zerstörung von Korallenriffe beitragen...

300) (D) Was sind die hauptsächlichsten Quellen für die Verschmutzung der Meere...

Tauchfertigkeit und Umgebung

301) (D) Nenne drei Gründe für die Bedrohung der weltweiten Fischbestände ...

302) (D) Wie beeinflusst das Bevölkerungswachstum entlang der Küstenlinie die maritime Umwelt ...

303) (D) Nenne die Hauptprobleme der am stärksten durch Umweltverschmutzung bedrohten Gebiete ...

304) (D) Welche Massnahmen werden von einigen Umweltschutzorganisationen zum Schutz der weltweiten Fischbestände empfohlen ...

305) (D) Wie kannst du dich als Taucher umweltschutzgerecht verhalten ...

306) (D) Zähle Aktivitäten auf, bei denen du Abfall aus der Unterwasserwelt entfernen kannst ...

307) (A) Die maximale Tiefe für das Sporttauchen beträgt ...
   a) 20 Meter
   b) 30 Meter
   c) 40 Meter
   d) ich tauche mit meinem Buddy und folge ihm

308) (A) Einem Taucher, bei dem der Verdacht besteht, dass er an der Dekompressionskrankheit leidet, sollte Sauerstoff verabreicht werden ...
   a) nur von einem Arzt
   b) nur wenn sicher ist, dass er nicht mit Sauerstoff angereicherter Luft oder einem Mischgas getaucht ist
   c) sobald als möglich
   d) nur, wenn der Taucher an Hypoxie zu leiden scheint

309) (A) Weshalb benötigt ein Gruppenleiter fundierte Kenntnisse in der Tauchtheorie ...
   a) es wird von einem Gruppenleiter erwartet
   b) sie bietet eine breite Wissensgrundlage, auf die er bei der Lösung von Problemen beim Tauchen zurückgreifen kannst
   c) bei der Supervision brevetierter Taucher oder bei der Ausbildung von Tauchern wird er tauchtheoretisches Wissen anwenden müssen
   d) alles genannte ist richtig

Tauchfertigkeit und Umgebung

310) **(A) Welche Rolle spielt der Gruppenleiter bei der Tauchgangsplanung einer Gruppe von brevetierten Tauchern...**
   a) er entbindet jeden einzelnen Taucher von der Gruppe von der Verantwortung für die Tauchgangsplanung
   b) er bestimmt die Ausrüstung jedes Tauchers der Gruppe
   c) er stellt eine grobe Rahmenplanung bereit, ist für die Logistik zuständig und erstellt einen Notfallplan für die Gruppe.
   d) alles oben genannt ist richtig

311) **(A) Zu den Überlegungen zum Tauchen in grosser Höhe beziehungsweise beim „Bergsee" Tauchen gehört nicht...**
   a) Taucher sind mit den Verfahren des Tauchens in grosser Höhe vielleicht nicht vertraut
   b) manche Lungenautomaten sind aufgrund ihrer unbalancierten Bauweise für das Tauchen in grossen Höhen nicht geeignet
   c) es ist erforderlich, die Zeitspanne zwischen dem Eintreffen in grosser Höhe und dem Tauchgang zu berücksichtigen
   d) die „dünnere" Luft in der grösseren Höhe kann dazu führen, dass Taucher beim Schwimmen an der Oberfläche und beim Ein- und Aussteigen schneller ermüden.

312) **(A) Was ist der Hauptgrund, dass brevetierte Taucher die Unterstützung eines Pro. oder Gruppenführers wollen...**
   a) ein Pro. garantiert für Sicherheit
   b) ein Pro. sorgt dafür, dass der Tauchgang Spass macht
   c) ein Pro. ist für das Verhalten der Taucher verantwortlich, die seiner Supervision unterliegen
   d) alles genannte ist richtig.

Tauchfertigkeit und Umgebung

7 Tauchgangsplanung

Plane deinen Tauchgang, tauche deinen Plan!
Alles was du vor dem Tauchgang, im Briefing, mit deinem Partner oder der Gruppe absprechen kannst, je besser und klarer du deinen Tauchplan kommunizierst und dich versicherst, dass alle Teilnehmer am Tauchgang dich auch richtig verstanden haben desto sicherer, ruhiger und erlebnisreicher wird deine Zeit unter Wasser sein. Hektik und Stress sind in der Tiefe nicht bekannt.

7 Tauchgangsplanung

(Arbeitsblätter Lösungen   Seite 512)
(* mit Lösungsansatz   Seite 541)
(Lösungen   Seite 585)

> Don't swim in front of me; I may not follow
> Don't swim behind me; I may not lead
> Just swim aside me; and be my buddy
>
> Irish proverb

Für die Lösungen der Aufgaben sind folgende Hilfsmittel erforderlich:
PADI: PADI RDP (Luft Recreational Dive Planner), PADI Wheel
ATEC: Nullzeittabelle
oder Tabellen und Hilfsmittel anderer Organisationen

1) (O,A,D,) Die Nullzeittabelle stellt einen direkten Bezug zum Sauerstoff im Körper dar, gleich der Informationen des Tauchcomputers ...
   a) richtig
   b) falsch

2) (O,A,D,) Der Zeitzuschlag muss erst berücksichtigt werden, wenn du drei oder mehr Tauchgänge hintereinander durchführen möchtest ...
   a) richtig
   b) falsch

3) (O,A,D,S_{Alt}) Probleme mit der Dekompressions-Krankheit, die beim Tauchen in grösserer Höhe auftreten können, sind hauptsächlich Folge ...
   a) der grösserer Differenz zwischen dem Partialdruck des im Körper gelösten Stickstoffs und dem Umgebungsdruck
   b) des geringeren Partialdrucks von Sauerstoff
   c) der Möglichkeit extremer Kälte
   d) alles oben genannte ist richtig

4) (O,A,D,) Die Wiederholungsgruppe gibt Auskunft über ...
   a) die Tiefe des vorherigen Tauchgangs
   b) den Reststickstoff in den Körpergeweben
   c) die Dauer der Oberflächenpause
   d) die Anzahl der durchgeführten Tauchgänge

Tauchgangsplanung

5) (O,A,D,S$_{Alt}$S$_{Tief}$) Wenn du ein Kapillar-Tiefenmesser verwendest, gleicht er automatisch die Höhe über Meeresspiegel aus, da er nicht direkt den Umgebungsdruck misst, sondern auf der Grundlage von _____ arbeitet.
   a) Boyles Gesetz
   b) Daltons Gesetz
   c) Gewebe-Halbsättigungszeiten
   d) Haldanes Gesetz

6) (O,A,D,S$_{Alt}$) Wenn man 300 m oder höher über dem Meeresspiegel taucht, muss die tatsächliche Tiefe in eine äquivalente Tiefe (nicht zu verwechseln mit der EAD aus der Nitrox Theorie) auf Meeresspiegelniveau umgerechnet werden, um die Tabelle verwenden zu können ...
   a) richtig
   b) falsch

7) (O,A,D,) Ein Taucher verlässt um 09:25 Uhr das Wasser, nachdem er einen einzigen Tauchgang auf 16 m für 40 Minuten gemacht hat. Wie lange sollte dieser Taucher mindestens warten bis zum Besteigen eines Passagierflugzeuges für den Heimflug ...

   Lösung nach PADI:
   a) bis 13:25 Uhr
   b) bis 21:25 Uhr
   c) bis zum Erreichen der Wiederholungsgruppe D
   d) bis 09:25 Uhr am nächsten Tag
   e) am Tag vor dem Rückflug wird nicht mehr getaucht

   Lösung nach ATEC:
   f) bis 13:25 Uhr
   g) bis 21:25 Uhr
   h) bis zum Erreichen der Wiederholungsgruppe D
   i) bis 09:25 Uhr am nächsten Tag
   j) am Tag vor dem Rückflug wird nicht mehr getaucht

8) (O,A,D,R) Welches ist das richtige Verfahren nach einer „ausgelassenen Dekompression" unter Verwendung der Tabelle ...
   a) wenn weniger als 5 Minuten seit dem Verlassen des Wassers vergangen sind, gehe wieder zurück ins Wasser, mache einen Stopp für ¼ der ausgelassenen Dekompressionszeit auf 12 Meter, 1/3 der Zeit auf 9 Meter, ½ der Zeit auf 6 Meter und das 1,5 fache der Zeit auf 3 Meter. Du musst in jedem Fall durch Deinen Buddy begleitet werden, die Crew an Land/Boot muss orientiert sein
   b) begib dich nur dann zurück ins Wasser, wenn noch keine Anzeichen/Symptome der Dekompressions-Krankheit aufgetreten sind und befolge obiges Verfahren
   c) bleibe ausserhalb des Wassers, ruhe dich aus, beobachte dich selbst auf Anzeichen und Symptome der Dekompressions-Krankheit, atme 100% Sauerstoff und tauche nicht für 24 Stunden
   d) suche sofort ärztliche Hilfe und eine Druckkammer auf

Tauchgangsplanung

9) (O,A,D,) Da der PADI RDP und andere Tabellen (z.B. die US-Navy Tabelle) vom Design her ähnlich sind können die Wiederholungsgruppen von der einen auf die andere Tabelle übertragen werden. Es sind grundsätzlich alle Tabellen miteinander kombinierbar ...
   a) richtig
   b) falsch

10) (O,A,D,) Nach einem Tauchgang auf 25 Meter für 25 Minuten macht ein Taucher einen Sicherheits-Stopp auf 5 Meter für 3 Minuten. In welcher Wiederholungsgruppe ist er nach Beendigung des Tauchgangs ...
    Lösung nach PADI:
    a) P
    b) N
    c) R
    d) S

    Lösung nach ATEC:
    e) F
    f) G
    g) I
    h) K

11) (O,A,D,)* Eine Taucherin verlässt um 14:35 Uhr das Wasser nach einem Tauchgang auf 24 Meter für 25 Minuten. Um 15:30 Uhr geht sie wieder ins Wasser um einen Tauchgang auf 18 Meter zu machen. Wie hoch ist ihre maximale Nullzeit ...
    Lösung nach PADI:
    a) 38 Minuten
    b) 36 Minuten
    c) 19 Minuten
    d) 17 Minuten

    Lösung nach ATEC:
    e) 71 Minuten
    f) 36 Minuten
    g) 30 Minuten
    h) 22 Minuten

Tauchgangsplanung

12) (O,A,D,) Um 11:55 Uhr verlässt ein Taucher nach einem Tauchgang auf 21 Meter für 20 Minuten das Wasser. Um 13:55 Uhr macht er einen weiteren Tauchgang auf 16 Meter für 25 Minuten. Wenn er nach einer Oberflächenpause für 4 Minuten einen dritten Tauchgang für mindestens 30 Minuten machen will, was ist dann seine maximal erlaubte Tiefe . . .
   Lösung nach PADI:
   a) 12 Meter
   b) 16 Meter
   c) 18 Meter
   d) der dritte Tauchgang kann nach einer derart kurzen Oberflächenpause nicht durchgeführt werden

   Lösung nach ATEC:
   e) 10 Meter
   f) 15 Meter
   g) 18 Meter
   h) 22 Meter
   i) der dritte Tauchgang kann nach einer derart kurzen Oberflächenpause nicht durchgeführt werden

13) (O,A,D,) Eine Taucherin plant drei Tauchgänge hintereinander. Gehe davon aus, dass sie die Oberflächenpausen so kurz wie möglich macht, alle Regeln der Planung befolgt und exakt folgendes Profil taucht:
   Tauchgang 1:   18 m / 56 Minuten,
   Tauchgang 2:   15 m / 39 Minuten,
   Tauchgang 3:   15 m / 30 Minuten
   Wie lange wird das ganze Profil in Minuten dauern . . .
   (Die Aufstiegszeiten werden nicht mitgerechnet, verbindliche Sicherheits-Stopps sind nicht zu berücksichtigen)
   Lösung nach PADI:
   a) 193 Minuten
   b) 202 Minuten
   c) 245 Minuten
   d) 251 Minuten

   Lösung nach ATEC:
   e) 250 Minuten
   f) 285 Minuten
   g) 291 Minuten
   h) 330 Minuten

Tauchgangsplanung

14) (O,A,D,) Du tauchst auf 17 Meter für 23 Minuten Nach einer Oberflächenpause von 30 Minuten planst du einen weiteren Tauchgang auf 16 Meter. Welches ist deine maximale Grundzeit für den zweiten Tauchgang (gem. Tabelle)...
    *Lösung nach PADI:
    a) 10 Minuten
    b) 53 Minuten
    c) 22 Minuten
    d) 19 Minuten

    Lösung nach ATEC:
    e) 15 Minuten
    f) 30 Minuten
    g) 35 Minuten
    h) 45 Minuten

15) (O,A,D,) Welches ist die Mindest-Oberflächenpause zwischen einem Tauchgang auf 18 Meter für 49 Minuten und einem Wiederholungstauchgang auf 18 Meter für 24 Minuten...
    *Lösung nach PADI:
    a) 26 Minuten
    b) 32 Minuten
    c) 54 Minuten
    d) 59 Minuten

    Lösung nach ATEC:
    e) 32 Minuten
    f) 48 Minuten
    g) 67 Minuten
    h) 77 Minuten

16) (O,A,D,) * Ein Taucher macht einen Tauchgang auf 17 Meter für 47 Minuten nach einer Oberflächen-Pause von 30 Minuten geht er nochmals auf 17 Meter. Dabei achtet er nicht auf die Zeit und stellt später fest, dass er bereits 30 Minuten Grundzeit hat. Was muss er gemäss Tabelle tun...
    a) sofort auf 5 Meter auftauchen, dort vor dem Aufstieg zur Oberfläche 8 Minuten bleiben und danach für 6 Stunden nicht mehr tauchen
    b) sofort auftauchen und Kontakt mit der nächsten Druckkammer aufnehmen
    c) sofort auf 5 Meter auftauchen, dort vor dem Aufstieg zur Oberfläche 3 Minuten bleiben und danach für 6 Stunden nicht mehr tauchen
    d) auf 3 Meter auftauchen und dort bleiben, bis er müde wird, danach für 24 Stunden nicht mehr tauchen

Tauchgangsplanung

17) (O,A,D,S_{Alt}) Eine Gruppe fortgeschrittener Taucher plant, an zwei verschiedenen Tauchplätzen zu tauchen. Einer davon ist ein Riff auf 18 Meter Tiefe mit einer geplanten Grundzeit von 30 Minuten. Bei dem anderen handelt es sich um ein Wrack auf 30 Meter, Grundzeit 20 Minuten. Die Oberflächenzeit dazwischen wird 2 Stunden betragen. Welchen Tauchgang sollten die Taucher zuerst durchführen ...
   a) das hängt davon ab, ob die Taucher mit der Tabelle planen oder mit dem Tauchcomputer tauchen
   b) den Tauchgang auf 18 Meter
   c) bei diesem Beispiel spielt die Reihenfolge keine Rolle
   d) den Tauchgang auf 30 Meter
   e) der aus Sicht des Guides schönere Tauchgang, weil der zweite Tauchgang möglicherweise nicht alle durchführen können.

18) (O,A,D,S_{Dry}) Zwei Taucherinnen wollen an einem Ort tauchen, wo Wasser- und Lufttemperatur nahe dem Gefrierpunkt liegen. Sie planen für 30 Minuten auf 17 Meter zu gehen. Welches Tauchprofil würdest du wählen, wenn du mit der Tabelle den Tauchgang planst ...
   Die Wahl des Tauchprofils bei der Planung gilt auch beim Tauchen mit einem Tauchcomputer.
   a) 22 Meter / 40 Minuten
   b) 22 Meter / 30 Minute
   c) 20 Meter / 30 Minuten
   d) 18 Meter / 30 Minuten

19) (O,A,D,) Nachdem du bereits ein fortgeschrittener Taucher bist, hast du während deines Tauchurlaubes bereits zwei Tauchgänge am Vormittag durchgeführt. Deine Tauchprofile sind: 25 Meter an einem Steilabfall für 20 Minuten, Oberflächenpause 45 Minuten, zweiter Tauchgang auf 16 Meter für 37 Minuten. 62 Minuten nach dem zweiten Tauchgang entscheidest du dich nochmals auf 16 Meter zu tauchen. Welches ist deine maximale Grundzeit für den dritten Tauchgang ...
   (Verlängere die OFP so, dass die gewünschten Grundzeiten eingehalten werden können).
   *Lösung nach PADI:
   a) 47 Minuten
   b) 51 Minuten
   c) 25 Minuten
   d) 34 Minuten

   Lösung nach ATEC:
   e) 25 Minuten
   f) 16 Minuten
   g) 32 Minuten
   h) 39 Minuten

Tauchgangsplanung

20) (O,A,D,) In welcher Wiederholungsgruppe bist du nach einem Tauchgang auf 11 Meter für 39 Minuten...
    Lösung nach PADI:
    a) A
    b) I
    c) K
    d) L

    Lösung nach ATEC:
    e) D
    f) E
    g) F
    h) G

21) (O,A,D,) Ein Taucher macht einen Tauchgang auf 17 Meter für 25 Minuten. Nach einer Oberflächenpause von einer Stunde möchte er eine Tiefe von 15 Meter aufsuchen. Welches ist bei Verwendung der Tauchtabelle seine maximale Grundzeit für den zweiten Tauchgang...
    *Lösung nach PADI:
    a) 15 Minuten
    b) 17 Minuten
    c) 55 Minuten
    d) 61 Minuten

    Lösung nach ATEC:
    e) 35 Minuten
    f) 45 Minuten
    g) 71 Minuten
    h) 80 Minuten

22) (O,A,D,) Welches ist die Mindestoberflächenpause zwischen einem Tauchgang auf 21 Meter für 30 Minuten und einem Wiederholungstauchgang auf 18 Meter für 36 Minuten...
    *Lösung nach PADI:
    a) 29 Minuten
    b) 48 Minuten
    c) 53 Minuten
    d) 64 Minuten

    Lösung nach ATEC:
    e) 49 Minuten
    f) 68 Minuten
    g) 83 Minuten
    h) 90 Minuten

Tauchgangsplanung

23) (O,A,D,S_Tief) Nachdem du deinen zweiten Tauchgang an einem Tag beendet hast, befindest du dich in Wiederholungsgruppe „Y". Danach planst du einen weiteren Tauchgang auf 14 Meter für 41 Minuten. Welches ist die erforderliche Mindest-Oberflächenpause...
*Lösung nach PADI:
a) 1 Stunde
b) 3 Stunden
c) 30 Minuten
d) 19 Minuten

24) (O,A,D,S_Tief) Während eines Tauchurlaubs hat ein Instruktor bereits zwei Tauchgänge am Vormittag durchgeführt. Seine Tauchprofile: 30 Meter für 20 Minuten, Oberflächenpause 50 Minuten, sein zweiter Tauchgang auf 16 Meter für 19 Minuten. 64 Minuten nach dem zweiten Tauchgang möchte er einen dritten Tauchgang auf 15 Meter durchführen. Welches ist seine maximale Grundzeit...
Als Instruktor gilt er als Vorbild und richtet sich genau nach den einschlägigen Tauchregeln.
*Lösung nach PADI:
a) 53 Minuten
b) 45 Minuten
c) 25 Minuten
d) 14 Minuten

Lösung nach ATEC:
e) 33 Minuten
f) 44 Minuten
g) 55 Minuten
h) 64 Minuten

25) (O,A,D,) Wie wird ein theoretisches Gewebe noch bezeichnet...
a) Halbsättigungszeit
b) M-Wert
c) Kompartiment
d) Kontrollgewebe

26) (O,A,D,) Die Beziehung zwischen dem menschlichen Körper und dem Haladane-Dekompressionsmodell ist ...
a) keine direkte, jedoch liegen tatsächliche Tauchgangsdaten, auf denen das Modell basiert, die Zusammenhänge, nahe
b) eine direkte, in der bestimmte Kompartimente bestimmten physiologischen Geweben zugeordnet sind
c) nur für das Nullzeittauchen zuverlässig
d) nichts von oben genanntem

Tauchgangsplanung

27) **(O,A,D,) Die US-Navy Tabelle war Standard für das Sporttauchen, weil ...**
    a) die Entwicklung einer Tauchtabelle ein langwieriger Prozess war, der lange Zeit in Anspruch nahm und die Möglichkeiten praktisch aller Taucher übersteigt
    b) vor vielen Jahren Sporttaucher und Tauchlehrer aus dem Bereich des Militärs kamen und die Tabellen von diesen einfach übernommen wurden
    c) sie eine leicht erhältliche, öffentliche Publikation war, die ohne weiteres vervielfältigt werden durfte
    d) alles oben genannte

28) **(O,A,D,S$_{Tief}$) Was von folgendem gilt als Empfehlung / Regel für die Verwendung einer Tabelle ...**
    a) plane kalte / anstrengende Tauchgänge 10 Meter tiefer als sie tatsächlich sind
    b) mache tiefe vor flacheren Tauchgängen
    c) warte mindestens 6 Stunden nach dem Tauchen, bevor du dich in grössere Höhen begibst. Für das Fliegen nach dem Tauchen gelten besondere Richtlinien
    d) hat ein Taucher versehentlich einen vorgeschriebenen Notfall-Dekompressionsstopp ausser acht gelassen und ist aufgetaucht, muss der Taucher mindestens 12 Stunden warten, bevor er einen neuen Tauchgang machen kann

29) **(O,A,D,) Die US-Navy Tabelle verwendet ein Gewebe mit _____ Halbsättigungszeit zur Kontrolle von Wiederholungstauchgängen, um _____ zu ermöglichen während die Tabellen (PADI RDP) ein _____ Gewebe verwendet, weil das Sporttauchen _____ ist.**
    a) 60 Minuten, Dekompressionstauchgänge, 120 Minuten, Nullzeittauchen
    b) 60 Minuten, Nullzeittauchgänge, 120 Minuten, Tauchen mit Pressluft
    c) 120 Minuten, Dekompressions-Tauchgänge, 60 Minuten, Nullzeittauchen
    d) 120 Minuten, Nullzeit-Tauchgänge, 60 Minuten Nullzeittauchen

30) **(O,A,D,) Ein Tauchcomputer ...**
    a) beruht auf den gleichen theoretischen Grundlagen wie Tauchtabellen
    b) verlangt das Befolgen der gleichen allgemeinen Regeln wie das Tauchen mit Tabellen
    c) sollte bei einem Tauchgang nicht zwischen zwei oder mehreren Tauchern geteilt werden
    d) soll nach einem Tauchgang nicht an andere Tauchkollegen ausgeliehen werden
    e) alles oben genannte ist richtig

Tauchgangsplanung

31) (O,A,D,S_Tief) * Du planst zwei Tauchgänge, den ersten auf 30 Meter, den zweiten auf 18 Meter. Welche Nullzeitgrenzen hast du für den ersten Tauchgang, wie lange könntest du unter Wasser bleiben? Vorausgesetzt dein erster Tauchgang dauert 15 Minuten und du verbringst 1:30 h an der Oberfläche, welche Nullzeitgrenze hast du für den zweiten Tauchgang?
   a) 15 min / 35 min
   b) 20 min / 40 min
   c) 20 min / 45 min
   d) 30 min / 50 min

32) (O,A,D,S_Tief) * Du planst drei Tauchgänge; den ersten auf 27 Meter für 17 Minuten, danach eine Oberflächenpause von 1:10 h; den zweiten auf 22 Meter für 18 Minuten. Welche Nullzeitgrenze hast du für einen dritten Wiederholungstauchgang auf 17 Meter, wenn du nach dem zweiten Tauchgang 47 Minuten an der Oberfläche bleibst ...
   a) 25 min
   b) 30 min
   c) 34 min
   d) 36 min

33) (O,A,D,S_Tief) * Du planst zwei Tauchgänge, den ersten auf 25 Meter, den zweiten auf 12 Meter. Welche Nullzeitgrenze hast du bei dem ersten Tauchgang, wenn du die maximal mögliche Zeit unter Wasser verbleiben willst Der zweite Tauchgang soll mind. 70 Minuten dauern. Welche OFP wählst du und welcher Zeitzuschlag ist zu berücksichtigen: Nullzeit 1. TG / OFP / ZZ ...
   a) 15 min / 20 min / 60 min
   b) 30 min / 25 min / 70 min
   c) 35 min / 30 min / 80 min
   d) 29 min / 00 min / 76 min

34) (O,A,D,S_Tief) * Angenommen, dein erster Tauchgang der vorhergehenden Frage dauert 14 Minuten, gefolgt von einer Oberflächenpause von 1:30 h. Welche Nullzeitgrenze hättest du dann bei dem zweiten Tauchgang ...
   a) 130 Minuten
   b) 116 Minuten
   c) 109 Minuten
   d) 106 Minuten

35) (O,A,D,) Ein 60-Minuten Kompartiment (Gewebe) benötigt _____, um sich zu füllen oder zu leeren, während ein 120-Minuten Kompartiment _____ benötigt.
   a) 1 Stunde / 2 Stunden
   b) 2 Stunden / 4 Stunden
   c) 6 Stunden / 12 Stunden
   d) 12 Stunden / 24 Stunden

Tauchgangsplanung

36) (O,A,D,S_Alt) Die dekompressionsbedingten Probleme beim Tauchen in grösserer Höhe (Bergseen) treten auf, weil der Taucher seinen Tauchgang _____ beginnt.
a) bei einem atmosphärischen Druck, der unter dem auf Meereshöhe liegt
b) bei einem atmosphärischen Druck, der über dem auf Meereshöhe liegt
c) mit einem geringeren prozentualen Stickstoffanteil als auf Meereshöhe
d) mit einem geringeren prozentualen Sauerstoffanteil als auf Meereshöhe

37) (O,A,D,) Eine Taucherin plant einen Tauchgang von 38 Minuten auf 20 Meter. Was ist ihre minimale Oberflächenpause, wenn sie genau das gleiche Profil wiederholen möchte...
*Lösung nach PADI:
a) 2:10 h
b) 2:45 h
c) 2:31 h
d) 1:55 h

Lösung nach ATEC:
e) 4:50 h
f) 3:45 h
g) 3:31 h
h) 2:55 h

38) (O,A,D,) * Ein Taucher plant eine Serie von drei Tauchgängen an einem Tag. Nimm an, er benutzt Mindest-Oberflächenpausen, befolgt alle Tabellenregeln, und taucht exakt die folgenden Profile:
Tauchgang 1: 24m/26min;
Tauchgang 2: 12m/85min;
Tauchgang 3: 11m/61min.
Wie lange wird es in Minuten dauern, das gesamte Tauchprofil durchzuführen...
(Die Aufstiegszeiten können vernachlässigt werden, die Sicherheits-Stopps jedoch nicht)
a) 201 min
b) 210 min
c) 356 min
d) 365 min

39) (O,A,D,) * Eine Taucherin verlässt das Wasser um 13:30 Uhr nach einem Tauchgang von 34 Minuten auf 19 Meter. Sie steigt um 14:20 Uhr wieder ins Wasser und macht einen Tauchgang von 24 Minuten auf 17 Meter. Wann kann die Taucherin für einen Tauchgang von 40 Minuten auf 15 Meter wieder ins Wasser... OFP...
a) 35 min
b) 37 min
c) 38 min
d) 39 min

Tauchgangsplanung

40) (O,A,D,) Definiere folgende Ausdrücke: Gesamttauchzeit ...

41) (O,A,D,) Grundzeit ...

42) (O,A,D,) Nullzeit ...

43) (O,A,D,) Sicherheitshalt ...

44) (O,A,D,) Dekompressionszeit ...

45) (O,A,D,) Abstiegszeit ...

46) (O,A,D,) Aufstiegszeit ...

47) (O,A,D) Entsättigungszeit ...

48) (O,A,D,) Intervallzeit / Oberflächenpause ...

49) (O,A,D,) Zeitzuschlag ...

50) (O,A,D,) Tauchtiefe ...

51) (O,A,D,) Repetivgruppe ...

52) (O,A,D,) * Ein Taucher atmet an der Wasseroberfläche bei leichter Betätigung 20 Liter Luft pro Minute. Wie gross ist der Luftverbrauch auf 25 m Tiefe ...
    a) 20 Liter / Minute
    b) 45 Liter / Minute
    c) 50 Liter / Minute
    d) 70 Liter / Minute

Tauchgangsplanung

53) (O,A,D,) Wie planst du deinen Tauchgang mit einer Gruppe Tauchern der verschiedensten Ausbildungsstufen. Beim Briefing wirst du die Gruppen / Buddys entsprechend einteilen und orientieren ...
    a) der stärkste Taucher der Gruppe hat das Sagen
    b) der schwächste Taucher taucht zu hinterst, damit er die anderen nicht behindert
    c) der Tauchgang wird dem schwächsten angepasst
    d) der schwächste Taucher bleibt an Land

54) (O,A,D,S_{Drift}) Bis zu welcher Strömungsgeschwindigkeit eines Flusses dürfen wir tauchen ...
    (Sporttaucher: Vorsichtregel verschiedener Tauchorganisationen)
    a) 0 – 0,8 m/s
    b) 1 – 2,5 m/s
    c) 2 – 3,5 m/s
    d) im Fluss darf generell nicht getaucht werden

55) (O,A,D,S_{Alt}) Wann wird von einen Bergseetauchgang gesprochen (Höhe) ...
    a) höher als 250 m ü M
    b) höher als 350 m ü M
    c) höher als 700 m ü M
    d) höher als 1000 m ü M
    e) die Ausbildungsorganisation legt die Grenzen fest

56) (O,A,D,) Wie stellst du eine Tauchergruppe zusammen. Dies wird anlässlich des Briefings bekannt gegeben ...
    a) immer einen erfahrenen und einen wenig erfahrenen Taucher zusammen
    b) die stärkeren Taucher zusammen, die schwächeren tauchen alleine, damit sie sich nicht gegenseitig behindern
    c) nicht mehr als drei Taucher pro Gruppe, besser aber nur zwei
    d) a und c sind richtig

57) (O,A,D,S_{Drift}) Wie sollen Tauchplätze am Meer gewählt werden ...
    a) Wind-, Wellen- und Strömungsgeschützt
    b) steil abfallend
    c) bei Schifffahrtslinien, die Rettungsaktivitäten sind einfacher
    d) in Hafenanlagen und Einfahrten

58) (O,A,D,) Du hast einen Taugang geplant. Am Tauchplatz zeigt sich, dass die Sicht sehr schlecht ist. Was machst du ...
    a) nichttauchen
    b) Tauchen, wenn der Tauchpartner will
    c) nur Tauchen, wenn beide Partner eine Tauchlampe mitführen
    d) einfach tauchen gehen und sich nicht um die schlechte Sicht kümmern
    e) der Tauchpartner wird den Tauchgang schon richtig führen

Tauchgangsplanung

59) (O,A,D,S$_{Tief}$) * Du planst folgenden Tauchgang (Tauchgang 1): 25 min auf 31 m, Aufstieg 4 min, Stopps auf 6 m für 5 min, 3 m für 10 min AMV = 20 Liter an der Oberfläche. Wie viel Luft brauchst du für diesen Tauchgang...
a) 2350 Liter
b) 2490 Liter
c) 2798 Liter
d) 3130 Liter

60) (O,A,D,) * Nach einer Oberflächenpause von 3:46 Stunden folgt ein zweiter Tauchgang (Tauchgang 2) nach Tauchgang 1 aus Aufgabe 58: 20 min auf 25 m, Aufstieg 3 min, Stopps auf 6 m für 3 min, 3 m für 10 min. Wie viel Luft brauchst du für diesen Tauchgang...
a) 1890
b) 1980
c) 2010
d) 2044

61) (O,A,D,S$_{Tief}$) * Du tauchst in den USA und musst dich mit den örtlichen Masseinheiten auseinandersetzen. Dein Guide setzt dir ein Tiefenlimit von 90 feet, wie Tief darfst du tauchen, dein Tauchcomputer zeigt m an...
a) 27,4 m
b) 18,0 m
c) 25,0 m
d) 30,0 m

62) (O,A,D,S$_{Tar}$) * Du brauchst in der Schweiz (Süsswasser) 7 kg Blei. Wie viel Blei soll dir dein Guide (in den USA) bereitlegen in Pounds (lb) auch für in Süsswasser zu tauchen
...
a) 7,3 lb
b) 12,2 lb
c) 15,4 lb
d) 18,5 lb

63) (O,A,D,)* Dein Finimeter ist in psi („pounds per squere inches") geeicht. Was zeigt dein Messinstrument vor dem Tauchgang an, Gerätefüllung 190 bar)...
a) 2130 psi
b) 2320 psi
c) 2530 psi
d) 2755 psi

Tauchgangsplanung

64) (O,A,D,)* Auch in den USA ist es üblich, bei einer Luftreserve von 20% aufzutauchen. Was zeigt dein Finimeter an der Oberfläche, beim Ausstieg an ...
(Anschlussfrage an Aufgabe 63)
a) 515 psi
b) 551 psi
c) 569 psi
d) 580 psi

65) (O,A,D,) * Deine Flasche ist mit 80 cubic feet gefüllt. Dein AMV beträgt 0,7 ft^3, wie lange kannst du mit dieser Luft auf 65 feet tauchen ...
a) 29,8 min
b) 32,1 min
c) 38,7 min
d) 40,9 min

66) (O,A,D,)* Nach dem Füllen deiner Tauchflasche auf 2900 psi weist diese eine Temperatur von 122 F auf. Dein Tauchgang im kalten Wasser kühlt die Flasche auf 59,0 F ab. Welcher Druck (in psi) hat dein Gerät zu Beginn des Tauchganges nachdem es im Wasser abgekühlt wurde ...
a) 2450 psi
b) 2520 psi
c) 2581 psi
d) 2790 psi

67) (O,A,D,) * Ein Taucher will 3 Tauchgänge hintereinander machen. Für die Planung benutzt er eine Tabelle. Folgende Tauchgänge will er berechnen: 1 Tauchgang 22 Meter 32 Minuten. Anschliessend eine Oberflächenpause von 52 Minuten. 2. Tauchgang 14 Meter 71 Minuten. Nun will er nach der mindest möglichen OFP einen weiteren Tauchgang auf 14 Meter für 45 Minuten planen. Was ist die Wiederholungsgruppe nach dem letzten Tauchgang ...
Lösung nach PADI:
a) Y
b) O
c) V
d) K
e) keine Antwort ist richtig

68) (O,A,D,) Warum kann beim PADI RDP ein schnelleres Kontrollgewebe für die OFP (Oberflächenpause) angewendet werden ...
a) weil in Tabellen keine extremen und / oder Dekompressionstauchgänge erlaubt werden
b) weil flache Tauchgänge berechnet werden als ob sie 10 Meter tief waren
c) weil Sonderregelungen für die Gruppen W, X, Y, Z, das Risiko einer Sättigung des 120 Minuten Gewebes verringern
d) alle genannten Antworten sind richtig

Tauchgangsplanung

69) (O,A,D,) **Wie viele Gewebe benötigt der PADI RDP für die Berechnung der Oberflächenpause ...**
    a) 1
    b) 6
    c) 14
    d) A
    e) abhängig vom Kontrollgewebe des Tauchgangs

70) (O,A,D,) **Nach einem Tauchurlaub an welchem du mehrere Tage hintereinander über zwei Stunden am Tag getaucht hast, solltest du nach dem letzten Tauchgang und dem Heimflug in einer Kursmaschine _____ Stunden warten.**
    a) 12 Stunden
    b) mehr als 12 Stunden
    c) 24 Stunden
    d) 48 Stunden

71) (O,A,D,) **Ein Vergleich des PADI RDP mit der US Navy Tabelle zeigt, dass für die Berechnung mit dem PADI RDP 14 theoretische Kompartimente verwendet werden. Dies sind _____ mehr als die US Navy Tabelle für die Berechnung benutzt.**
    a) 6 Kompartimente
    b) 8 Kompartimente
    c) 9 Kompartimente
    d) die US Navy Tabelle benützt mehr Kompartimente

72) (O,A,D,) **An der Entwicklung der Tauchtabellen und der Modelle für die Tauchcomputer waren über längere Zeit mehrere Physiker und Mathematiker beschäftigt. Wer war der Erste, der die Tauchtabelle für den Tauchsport in brauchbarer Form entwickelt hat ...**
    a) Haldane
    b) Boyle
    c) Henry
    d) Bühlmann

73) (O,A,D,) **Warum müssen bei dem PADI RDP Tauchgänge die den Wiederholungsgruppen Buchstaben W – Z erreichen längere OFP eingehalten werden ...**
    a) weil tiefe Tauchgänge zusätzliche Risiken beinhalten
    b) weil bei diesen Tauchgängen eine starke Sättigung des 120 Minuten Gewebes vorhanden sein könnte
    c) weil bei diesen Gruppenbuchstaben eine Notfalldekompression notwendig war
    d) keine der Vorschläge ist richtig

Tauchgangsplanung

74) (O,A,D,)* Ein Taucher plant drei Tauchgänge an einem Tag und verwendet dazu die Tabelle. Der erste Tauchgang beginnt um 06:00 Uhr am Morgen geht auf eine Tiefe von 22 Meter für 32 Minuten. Es folgt eine Oberflächenpause von 52 Minuten. Der zweite Tauchgang führt auf 20 Meter für 25 Minuten. Anschliessend will der Taucher nach einer minimalen OFP einen Tauchgang auf 14 Meter für 50 Minuten durchführen. Wie spät ist es wenn der Taucher nach dem letzten Tauchgang wieder auftaucht. Die Aufstiegszeit muss nicht eingerechnet werden jedoch die notwendigen Stops ...
   a) 09:06
   b) 09:10
   c) 09:25
   d) 09:15

75) (O,A,D,S_{Alt}) Der PADI RDP darf bis maximal _____ Meter über Meer mit Umrechnung verwendet werden.
   a) 300 Meter
   b) 600 Meter
   c) 3000 Meter
   d) 3900 Meter

76) (O,A,D,) Für die Tauchgangsberechnung mit dem PADI RDP werden bei flachen Tauchgängen _____ Gewebe berücksichtigt.
   a) 01
   b) 06
   c) 14
   d) 18

77) (O,A,D,)* Ein Taucher plant einen Tauchgang auf 30 m für 20 Minuten. Er vergisst die Zeit und bemerkt, dass seine tatsächliche Grundzeit 24 Minuten beträgt. Welches der folgenden Verfahren sollte er nun anwenden ...
   a) sofort auf 5 Meter aufsteigen, einen Stopp von 15 Minuten machen und 24 Stunden nicht tauchen
   b) sofort auf 5 Meter aufsteigen, einen Stopp für 8 Minuten machen und 6 Stunden nicht tauchen
   c) sofort auf 5 Meter aufsteigen und einen Stopp von 3 Minuten machen
   d) sofort auftauchen, sich ausruhen, auf Anzeichen der Dekompressionskrankheit überwacht werden, 100% Sauerstoff atmen und mindestens 24 Stunden nicht tauchen.

Tauchgangsplanung

78) (O,A,D,S_Tief) Eine Taucherin plant einen Tauchgang auf 35 Meter für 13 Minuten. Beim Auftauchen entdeckt sie, dass sie ihr Zeitmessinstrument falsch abgelesen hat. Tatsächlich war sie 21 Minuten in dieser Tiefe. Welches der folgenden Verfahren sollte sie in dieser Situation anwenden ...
   a) sich wieder ins Wasser begeben, auf 5 Meter für 15 Minuten dekomprimieren und 24 Stunden nicht tauchen
   b) sich wieder ins Wasser begeben, auf 5 Meter für 8 Minuten dekomprimieren und 6 Stunden nicht tauchen
   c) aus dem Wasser bleiben und ausruhen, auf Anzeichen der Dekompressionskrankheit überwacht werden, 100% Sauerstoff atmen und mindestens 24 Stunden nicht tauchen
   d) sofort einen Arzt aufsuchen, zum Zwecke der Behandlung in einer Dekompressionskammer

79) (O,A,D,)* Ein Taucher verlässt das Wasser um 10:45 Uhr nach einem Tauchgang von 21 Minuten auf 24 Meter. Um 11:15 Uhr macht er einen weiteren Tauchgang von 36 Minuten auf 18 Meter. Was ist die maximale Tiefe, in der er mindestens 20 Minuten bleiben kann, wenn er einen dritten Tauchgang nach nur 2 Minuten Oberflächenpause machen möchte ...
   a) 12 m
   b) 15 m
   c) 18 m
   d) der dritte Tauchgang kann nach so kurzer Oberflächenpause nicht durchgeführt werden.

80) (O,A,D,)* Eine Taucherin plant einen Tauchgang von 38 Minuten auf 20 Meter. Was ist ihre minimale Oberflächenpause (OFP), wenn sie das genau gleiche Profil wiederholen möchte ...
   a) 01:35 h
   b) 02:22 h
   c) 02:31 h
   d) 02:45 h

81) (O,A,D,)* Ein Taucher plant drei Tauchgänge an einem Tag. Nimm an, er benutzt immer mindest Oberflächenpausen und taucht exakt die folgenden Profile:
   Tauchgang 1: 24 Meter / 26 Minuten;
   Tauchgang 2: 12 Meter / 85 Minuten;
   Tauchgang 3: 11 Meter / 61 Minuten.
   Wie lange wird es (in Minuten) dauern, das ganze Tauchprofil durchzuführen. Die Aufstiegszeit kann vernachlässigt werden ...
   a) 201 Minuten
   b) 210 Minuten
   c) 356 Minuten
   d) 365 Minuten

Tauchgangsplanung

82) (O,A,D,S_Tief)* Ein Taucher verlässt das Wasser um 10:40 nach einem Tauchgang von 20 Minuten auf 28 Meter. Er steigt 12:20 wieder ins Wasser und macht einen Tauchgang von 27 Minuten auf 19 Meter. Wann kommt der Taucher für einen Tauchgang von 30 Minuten auf 17 Meter wieder ins Wasser? OFP ...
   a) 25 Minuten
   b) 32 Minuten
   c) 37 Minuten
   d) 41 Minuten

83) (O,A,D,) Eine Taucherin verlässt das Wasser um 10:00 Uhr nach einem Tauchgang von 50 Minuten auf 18 Meter. Sie hat zuvor (an diesem Tag) keine anderen Tauchgänge gemacht. Was ist der früheste Zeitpunkt, zu dem sie ihren Heimflug in einem Passagierflugzeug antreten sollte ...
   a) 14:00 Uhr
   b) 22:00 Uhr
   c) wenn sie die Wiederholungsgruppe D erreicht hat
   d) 10:00 Uhr am nächsten Tag

84) (O,A,D,) Ein Taucher war für eine Woche im Tauchurlaub, indem er mehr als zwanzig Tauchgänge machte. Er verlässt das Wasser am letzten Ferientag um 12:00 Uhr mittags. Was ist der früheste Zeitpunkt, an dem er seinen Heimflug in einem Passagierflugzeug antreten sollte ...
   a) 14:00 Uhr
   b) 12:00 Uhr
   c) wenn er die Wiederholungsgruppe D erreicht hat
   d) später als 00:00 Uhr (nach Mitternacht)

85) (O,A,D,S_Tief) Nach dem Auftauchen stellt eine Taucherin fest, dass sie folgendes Profil getaucht hat: 23 Minuten auf 29 Meter. Was ist der früheste Zeitpunkt, zu dem sie ihren Heimflug in einer Passagiermaschine antreten sollte ...
   a) 12 Stunden nach verlassen des Wassers
   b) später als 12 Stunden nach verlassen des Wassers
   c) 48 Stunden nach verlassen des Wassers
   d) nur nach Rücksprache mit dem Arzt

86) (O) Um den Tauchgang zu planen und durchzuführen, muss der Taucher mindestens folgendes mit sich führen ...
   a) Uhr und Tiefenmesser oder Computer, eine Austauchtabelle und ein Finimeter oder eine Messinstrumente, welches ihm der Restdruck in der Flasche zuverlässig anzeigt.
   b) ein Tauchcomputer, ein Finimeter und eine Austauchtabelle
   c) einen Tiefenmesser, ein Tauchermesser, einen Kompass und eine Austauchtabelle
   d) einen Tauchcomputer, eine Lampe, ein Tauchermesser und eine Kamera

Tauchgangsplanung

87) **(O) Wie orientiert sich ein Taucher Unterwasser...**
    a) nach der Sonne und nach dem Tiefenmeter
    b) mit dem Kompass und der natürlichen Orientierung
    c) mit einer Seekarte
    d) dies ist die Aufgabe des Gruppenführers

88) **(O) Ein Tauchgang hat verschiedene Tauchphasen. Zähle die richtige Reihenfolge auf...**
    a) Dekompression, Isopression, Kompression
    b) Kompression, Dekompression, Isopression
    c) Isopression, Kompression, Dekompression
    d) Kompression, Isopression, Dekompression

89) **(O) In welcher Tauchphase ist der Kontrollstopp und der Sicherheitsstopp vorzusehen...**
    a) Kontrollstopp gehört in die Kompressionsphase und der Sicherheitsstopp in der Dekompressionsphase
    b) Kontrollstopp in der Isopressionsphase und der Sicherheitsstopp in der Kompressionsphase
    c) Kontrollstopp in der Kompressionsphase und der Sicherheitsstopp in der Isopressionsphase
    d) Kontrollstopp in der Dekompressionsphase u nd der Sicherheitsstopp in der Kompressionsphase

90) **(O) Wie viel Luft benötigt ein Taucher für die beiden Tauchgänge: 1. Tauchgang auf 8 m für 30 Minuten und 2. Tauchgang auf 13 m für 30 Minuten. AMV = 20 l/min. Die Sicherheitsstopps werden nicht berücksichtigt...**
    a) 4350 l
    b) 3920 l
    c) 3790 l
    d) 3060 l

91) **(O) Wie kann ich die Umwelt auch bereits vor dem Tauchen schützen...**
    a) Fahrgemeinschaften zum Tauchplatz bilden
    b) anfallender Müll wieder mit nach Hause nehmen
    c) genügend Pressluft-Flaschen mitnehmen, damit am Tauchplatz kein Kompressor betrieben werden muss
    d) alle genannten Antworten sind richtig

Tauchgangsplanung

92) (O,A) Was verstehen wir unter Gruppenführung...
   a) Verantwortung übernehmen, Briefing durchführen und das ärztliche Zeugnis aller Teilnehmer kontrollieren
   b) Briefing durchführen, den (die) Tauchpartner checken, Verantwortung übernehmen, den Tauchplatz gut kennen und die Gruppe nach den Informationen des Briefings führen
   c) die Gruppenführung je nach Situation abgeben, wechseln, Tauchteilnehmer je nach Aufgabensituation auswechseln
   d) als höher brevetierter Taucher übernehme ich grundsätzlich immer die Führung ohne Widerrede

93) (A) Was beachtest du beim planen eines Tauchgangs bezüglich der Sicherheit...
   a) ich stelle in jedem Fall einen Notfallplan auf
   b) ich stelle einen Notfallkoffer am Tauchplatz auf und sorge für genügend Sauerstoff
   c) eine bestimmte Sicherheitsperson an der Einstiegsstelle ist verantwortlich an Land für alle Vorkommnisse, solange der Tauchgang dauert
   d) alle Antworten sind richtig

94) (O) Welches sind die Regeln, welche zu beachten sind für sicheres Tauchen in einer Gruppe...
   a) bei einer Zweiergruppe tauchen mindestens zwei AOWD-Taucher zusammen (oder Taucher mit entsprechender Ausbildung: z.B. CMAS: mindestens 4 Sterne)
   b) es genügt auch die unter a) genannte Regel auf vier 1-Sterntaucher anzuwenden, d. heisst, 4 OWD-Taucher
   c) es gibt keine Regeln
   d) Tauchpartner die sich gut kennen, tauchen immer zusammen

95) (O,A) Schwirige Situationen ergeben sich auf Tauchbasen, auf welcher Taucher unterschiedlicher Ausbildungsorganisationen und Brevetierungsstufen tauchen. Worauf ist bei der Gruppeneinteilung zu achten...
   a) alle brevetierten Taucher können miteinander tauchen
   b) der Gruppenführer hat das Sagen, auf ihn ist Verlass
   c) auf den Tauchbasen gibt es eigene Regeln, die zu beachten sind
   d) die aus Deiner Organisation bekannten Regeln sind auch hier einzuhalten

96) (A) Was beachtest du, wenn du mit einem dir unbekannten Taucher tauchen möchtest...
   a) allgemeine Voraussetzungen, Leistungsstufe, Anzahl Tauchgänge
   b) wann und wo letzter Tauchgang, Tiefe, Dauer
   c) Restsättigung vorhanden, Plan des Tauchganges
   d) alle aufgeführten Antworten sind richtig

Tauchgangsplanung

97) **(A) Auf welche Kriterien achtest du bei der Auswahl des Tauchplatzes...**
   a) Überforderungen durch zu anspruchsvollen Tauchplatz sind zu vermeiden, die Taucherfahrung ist zu berücksichtigen
   b) Tiefe, Struktur / Profil, besondere Gefahren, Risikoanalyse, Bootsverkehr, Angler, Hindernisse, Strömung müssen in die Planung eingehen
   c) Infrastruktur, Toilette, Parkplatz, Flaschenfüllmöglichkeit, Rettungskette, Standort der nächsten Druckkammer sind zu beachten
   d) die Antworten a)- b) sind richtig

98) **(A) Was ist bei einer Gruppe bezüglich einer allfälligen Vorsättigung zu beachten...**
   a) beim ersten Tauchgang des Tages kann man die Vorsättigung vernachlässigen
   b) bei Wiederholungstauchgängen sollte die Vorsättigung bei dir und deinen Tauchpartnern übereinstimmen. Getaucht wird nach den Angaben des konservativsten Tauchcomputers
   c) wer vorgesättigt ist und in eine neue Tauchgruppe eingeteilt wird, sollte vorher 3 Minuten reinen Sauerstoff atmen, um den vorhandenen Stickstoff komplett abzuatmen
   d) die Antworten b) und c) sind richtig

99) **(A) Wie viel Luft verbraucht ein Taucher bei folgendem Tauchprofil... Die Sicherheitsstopp sind zu vernachlässigen. AMV = 20 l/Min
   1. Tauchgang: Tiefe = 26 m 20 Minuten Grundzeit,
   2. Tauchgang: Tiefe = 21 m Grundzeit 20 Minuten.**
   a) 2680 l
   b) 2860 l
   c) 3016 l
   d) 3150 l

100) **(A) Der Gruppenführer hat folgende Punkte bei der Durchführung eines Tauchganges zu beachten...**
   a) Partner Check, Einhalten der Informationen aus dem Briefing, Kontroll- und Sicherheitsstopps, Luftvorrat-Kontrolle, Gruppenzusammenhalt und Positionen einhalten, Vorfälle vorhersehen und allfällige Probleme behandeln.
   b) sofern das Briefing perfekt war und alle Teilnehmer einverstanden waren, kann nichts mehr passieren. Der Gruppenführer kümmert sich vor allem um sich.
   c) ein Gruppenführer muss soviel Erfahrung haben, dass er die Gruppe zu jeder Zeit unter Kontrolle hat. Gruppenzusammenhalt und korrekte Positionen sind seine Angelegenheit
   d) Antworten b) und c) sind richtig

Tauchgangsplanung

101) **(A) Sind an einem Tauchplatz mehrere Gruppen gleichzeitig am Tauchen, was ist bei der Koordination der Gruppen zu berücksichtigen...**
   a) tauchen mehrere Gruppen parallel oder direkt nacheinander, führt jede Gruppe eine eigene Tauchgangsliste und hat mit anderen Gruppen somit keine Probleme. Es können auch zusätzliche Sicherheitsgruppen eingeteilt werden, die klare Aufgaben zu erfüllen haben
   b) jede Gruppe bekommt eine Gruppen-Nr. und kann dann so tauchen wie ihr beliebt. Weitere Absprachen sind nicht notwendig.
   c) wenn mehrere Gruppen parallel oder nacheinander Tauchen gehe, führen die Gruppenführer Tauchgangslisten und sprechen die Zeitabläufe untereinander ab. Zusätzliche Sicherheitsgruppen mit klarer Aufgaben Zuordnung können eingeteilt werden. Das Briefing hat sich über die besonderen und möglichen zusätzlichen Einschränkungen auszusprechen.
   d) alle Antworten sind richtig

102) **(A) Wie verhält sich das Team, wenn eine Tauchgruppe sich unter Wasser orientiern muss...**
   a) der Gruppenführer kümmert sich um die Orientierung, die Tiefe und die Zeit, den Zusammenhalt der Gruppe und um die Luftkontrolle (Luftverbrauch). Er bestimmt auch die Position der Taucher in der Gruppe.
   b) jeder Taucher ist für die Orientierung mitverantwortlich. Er kann im Bedarfsfall Aufgaben des Gruppenführers selbstverantwortlich übernehmen. Z.B. den Zusammenhalt der Gruppe.
   c) der höchstbrevetierte Taucher übernimmt die Gruppenführung bei der Orientierung. Unter Wasser sollte man sich auf jeden Fall an seine Anweisungen halten. Er kennt am besten der Luftverbrauch der einzelnen Taucher.
   d) Antworten a) und b) sind richtig.

103) **(A) Welche Punkte sind bei der Orientierung bei Nacht zu beachten?**
   a) die Orientierung bei Nacht unterscheidet sich nicht von der Orientierung bei Tag.
   b) ein Teilnehmer der Gruppe sollte das Brevet „Nachttauchen" haben. So ist sichergestellt, das die Gruppe sich richtig verhält.
   c) bei Nacht kann man nichts sehen. Somit ist die Orientierung nur mit dem Kompass möglich.
   d) beim Nachttauchen sind ein guter Kompass und eine starke Lampe unabdingbar

104) **(A) Kann ein Taucher sicher und ohne Komplikationen seinen Deko-Stop auf 4,5m statt auf 3 m ableisten...**

Tauchgangsplanung

105) (A)* Ein Taucher beginnt seinen Tauchgang um 10:43 Uhr mit 190 bar in seinem Doppel-10er Gerät. Um 11:04 Uhr hat er noch 145 bar. Er tauchte auf einer Tiefe von 18 m. Was hat der Taucher für ein AMV ...
    a) 14,00 lt/min
    b) 14,30 lt/min
    c) 15,00 lt/min
    d) 15,30 lt/min

106) (A,R) Wenn ein Taucher auf 6 m kein Atemgas mehr hat und noch 2 Minuten auf 6 m und 12 Minuten auf 3 m dekomprimieren muss, sollte er welche Methode anwenden, vorausgesetzt, er hat keine Symptome von DCS und die Bedingungen sind günstig ...

107) (A) Kann durch Verwendung von Sauerstoff die Dekompression beschleunigt werden ... Wie würde dies ein Taucher planen ...

108) (A) Was ist die maximale Zeitgrenze für Einzeltauchgänge für ein Atemgas mit einem pO_2 von 1,5 bar (DSAT – Tabelle) ...
    a) 60 Minuten
    b) 300 Minuten
    c) 120 Minuten
    d) 180 Minuten

109) (O) Bis zu welcher maximal empfohlener Tiefe kann 100% Sauerstoff zur Dekompression verwendet werden ...
    a) 3 m
    b) 6 m
    c) 9 m
    d) in keinem Fall, nur ausschliesslich an Land

110) (A) * Ein Taucher plant einen Tauchgang auf 45m für 30 Minuten. Rechne das erforderliche Atemgas und das komplette Tauchprofil. Das AMV beträgt 17 lt/min. Wie hoch ist der Atemgasbedarf ...
    a) 3960 Liter
    b) 4077 Liter
    c) 3494 Liter
    d) 4215 Liter

111) (A) Für die Berechnung des PADI RDP wurden 14 theoretische Kompartimente verwendet. Dieses sind _____ mehr als die US-Navy, als Grundlage zur Berechnung ihrer Tabellen benützt hat.
    a) 6 Kompartimente
    b) 8 Kompartimente
    c) 9 Kompartimente
    d) die US-Navy Tabelle benützt mehr Kompartimente

Tauchgangsplanung

112) (O) Welcher Druck herrscht auf 26 m Süsswasser ...
    a) 2,6 bar
    b) 3,6 bar
    c) 2,5 bar
    d) 3,5 bar

113) (A) Der PADI RDP ist ein _____ Modell mit _____ Kompartimente(n), als die US-Navy Tabelle.
    a) Multi Gewebe / weniger
    b) Multi Gewebe / mehr
    c) Mono Gewebe / weniger
    d) Mono Gewebe / mehr

114) (O) Der PADI RDP darf bis maximal _____ m über Meeresniveau mit Umrechnung verwendet werden.
    a) 300 Meter
    b) 600 Meter
    c) 3000 Meter
    d) 3900 Meter

115) (O) Wenn du von einem 10 Liter Gerät mit 200 bar gefüllt an der Oberfläche 120 Minuten atmen kannst, wie lange reicht der Luftvorrat in 20 Meter Tiefe ...
    a) 30 Minuten
    b) 40 Minuten
    c) 60 Minuten
    d) 120 Minuten

116) (O) Gleiche Aufgabe wie Aufgabe 115, ausser du hast ein 15 Liter Gerät. Alle anderen Daten sind gleich ...
    a) 120 Minuten
    b) 60 Minuten
    c) 40 Minuten
    d) 30 Minuten

117) (O) Ein Taucher wiegt 120 Kg, mit seiner ganzen Ausrüstung und seinem Körpergewicht. Der Taucher ist in Süsswasser neutral tariert. Wie viel Blei muss er zusätzlich mitnehmen, um in Salzwasser angenehm tauchen zu können ...
    a) der Taucher muss 2,4 kg Blei wegnehmen
    b) er benötigt kein zusätzliches Blei
    c) 2,4 kg
    d) 3,6 kg

Tauchgangsplanung

118) (O) Bei einem kontrolliert schwimmenden Notaufstieg muss der Taucher ...
   a) den Bleigurt abwerfen und so schnell wie möglich an die Oberfläche schwimmen unter kontinuierlichem aaah Laut
   b) mit überstrecktem Kopf einen aaah Laut erzeugend, ohne den Lungenautomat im Mund zu haben zur Oberfläche aufsteigen
   c) unter kontinuierlichem aaah Laut mit der gesamten Ausrüstung am Platz unter normaler Geschwindigkeit aufsteigen
   d) unter kontinuierlichem aaah Laut, mit Hilfe des Seils zur Oberfläche aufsteigen. Die Ausrüstung bleibt am Platz.

119) (A,S$_{Tief}$) Welche speziellen Überlegungen sind wichtig für Tieftauchgänge durchzuführen ...
   a) Lungenautomatentype geeignet
   b) Tabellen und Tauchcomputer Handhabung
   c) erhöhtes Risiko einer Dekompressionskrankheit zu erleiden
   d) Verhalten wählen um eine Dekompressionskrankheit möglichst zu vermeiden

120) (A,S$_{Boot}$) Was ist bei Bootstauchgängen besonders zu beachten ...
   a) aquatisches Leben
   b) mitführen von Seilen und Leinen
   c) es herrscht stets knapper Platz
   d) Anwesenheitskontrolle vor Verlassen des Tauchplatzes

121) (A) Tauchen in grossen Höhen erfordern spezielle Überlegungen, welche ...
   a) Kälteschutz
   b) Umrechnunsverfahren (Tabellen) für Theoretische Tiefen.
   c) Eintreffen am Tauchplatz in der Höhe, Höhendifferenz
   d) Tauchcomputer und Tiefenmesser in der Höhe

122) (A,S$_{Drift}$) Strömungstauchgänge erfordern spezielle Verfahren und Vorsichtsmassnahmen ...
   a) Oberflächen Signalmittel
   b) Gruppenkontakt
   c) gemeinsames Einsteigen der Gruppe
   d) Luftmanagement (ohne Luft Situation)

123) (A,S$_{Drift}$) Brandungstauchgänge sind besonders zu planen ...
   a) Verlust von Ausrüstungsgegenständen in der Brandung
   b) spezielle Tauchausrüstung ist erforderlich
   c) Wellenmuster beobachten (zeitliche Abfolge)
   d) beim Ein- und Ausstieg Atmung aus dem Lungenautomat

Tauchgangsplanung

124) (A,S$_{Nacht}$) Was ist bei einem Nachttauchgang zu bedenken ...
   a) empfohlen sind zwei Tauchlampen / Taucher
   b) Vorgehen bei Ausfall einer Lampe
   c) Desorientierung bei Dunkelheit
   d) Tauchanzug

125) (A) Bei Kaltwassertauchgängen gilt es folgendes besonders zu beachten ...
   a) Kälteschutz
   b) Wohlbefinden allgemein
   c) Hypothermie
   d) vor und nach dem Tauchgang Wärmeschutz

126) (A) Welche Aufgaben wirst du unter Wasser übernehmen, wenn der Leiter ausfallen sollte ...
   a) Begleitung, Führung der Gruppe unter Wasser
   b) Navigation
   c) Überwachung (Supervision) der Gruppe
   d) Luftkontrolle

127) (O) Der PADI RDP kann bis zu einer Höhe von _____ Meter ohne speziellen Prozeduren und einer Umrechnungstabelle benutzt werden. Die speziellen Prozeduren verlangen eine 6 stündige Pause nachdem man _____ Meter an Höhe gewonnen hat ...
   a) 300/2700-3900
   b) 300/2400-2400
   c) 300/ 300-3000
   d) 300/2400-3000

128) (A) Nach einem Urlaub bei welchem mehrere Tage hintereinander über mehrere Stunden am Tage getaucht wurde sollte man zwischen dem letzten Tauchgang und dem Abflug mindestens _____ Stunden warten.
   a) 12 Stunden
   b) mindestens 12 Stunden
   c) 24 Stunden
   d) 48 Stunden

129) (A) Mit wie vielen Geweben berechnet der PADI RDP seine Oberflächenpausen beziehungsweise seine Zeitzuschläge Zz ...
   a) ein Gewebe
   b) sechs Geweben
   c) vierzehn Geweben
   d) abhängig vom Kontrollgewebe des Tauchganges

Tauchgangsplanung

130) (O) Tauchgänge sollten am besten _____ gemacht werden, da dann die/der beste(n) _____ in dem Gebiet sind.
   a) am Morgen /und grösste Reichtum nachtaktiver Tiere
   b) bei Sturm / und geringsten Wasserbewegungen
   c) um die Mittagszeit / Lichtverhältnisse
   d) bei Wasserstillstand / und meisten Lebewesen

131) (A) Wenn wir die Hauptmeeresströmungen in Betracht ziehen, können wir erwarten, dass an der Küste von Japan das Wasser in folgende Richtung fliesst ...
   a) nach Süden und warmes Wasser bringt
   b) nach Norden und kaltes Wasser bringt
   c) nach Norden und warmes Wasser bringt
   d) nach Süden und kaltes Wasser bringt

132) (A) Warum sind die Oberflächenpausen beim PADI RDP wesentlich kürzer als bei der US NAVY Tabelle ...
   a) wegen neuen Erkenntnisse auf Grund des Doppler Detektors
   b) weil ein schnelleres Kontrollgewebe benutzt wird
   c) weil der PADI RDP mit vier verschiedenen Geweben rechnet
   d) die Frage ist nicht korrekt, weil die Oberflächenpausen bei der US NAVY Tabelle kürzer sind

133) (A) Nach welchem Gesetz sollte ein Tiefenmesser bei Tauchgängen oberhalb von 300 Metern arbeiten, um direkt die theoretische Tiefe anzugeben ...
   a) Henry
   b) Boyle
   c) Dalton
   d) Charles

134) (O) Du kannst keine Wiederholungsgruppenbuchstaben zwischen _____ wechseln.
   a) der US_NAVY Tabelle und dem PADI RDP Wheel
   b) dem Enriched air PADI RDP und dem PADI RDP Wheel
   c) der PADI RDP Tabelle und dem PADI RDP Wheel
   d) dem Enriched Air PADI RDP und der PADI RDP Tabelle

135) (A) Ein 5 Minuten Kompartiment erreicht das Equilibrium mit seiner Umgebung (gleicht sich dieser an) in _____ Minuten, nachdem es in der Umgebung mit diesem Druck eingetroffen ist.
   a) 5 Minuten, (weil es das 5 Minuten Kompartiment ist)
   b) 30 Minuten, (weil es 6 Perioden sind)
   c) 70 Minuten, (weil der RPD mit 14 Kompartimenten rechnet)
   d) 10 Minuten, (weil dann zwei Halbwertzeiten voll sind

Tauchgangsplanung

136) (A) Warum müssen beim PADI RDP bei Tauchgängen die den Gruppenbuchstaben W, X, Y oder Z erreichen, längere Oberflächenpausen eingehalten werden ...
a) weil so tiefe Tauchgänge zusätzliche Vorsicht geboten ist
b) weil bei diesen Tauchgängen eine starke Sättigung des 120 Minuten Gewebes vorhanden sein könnte
c) weil bei diesem Gruppenbuchstaben eine Notfalldekompression notwendig war
d) keine der genannten Lösungen ist richtig

137) (A) Du hast 150 Bar im Gerät statt 200 Bar. Was ist zu beachten ...
a) ich kann im Notfall von meinem Partner Luft erhalten
b) da es ein relativ flacher Tauchgang ist und ich jederzeit auftauchen kann, muss ich nichts beachten
c) ich plane den Tauchgang neu und berechne mein Tauchprofil, um dem verringerten Luftvorrat anzupassen
d) ich atme möglichst flach und langsam, um meinen Luftverbrauch zu senken

138) (A) Du hast einen sehr erfahrenen Tauchpartner, befürchtest aber, dass der Tauchgang deine Fähigkeiten übersteigt. Was solltest du tun ...
a) ich spreche mit meinem Buddy über meine Befürchtungen und gemeinsam planen wir einen Tauchgang, bei dem ich mich auch wohl fühle
b) nichts – ich habe eine gute Ausbildung und viele Tauchgänge und weiss, dass man durch anspruchsvolle Tauchgänge etwas dazu lernen kann
c) ich spreche mit meinem Buddy, der mir vorschlägt, dass er mich U/W an eine andere Tauchgruppe übergibt, wenn es mir zu viel wird
d) ich warte zuerst einmal ab. Wenn ich mich nicht wohl fühle, kann ich das U/W immer noch meinem Buddy sagen.

139) (A) Warum sollte ein Taucher auf seine Tarierung achten ...
a) bei schlechter Tarierung kann es zu Beschädigungen von Korallen und Pflanzen kommen
b) bei schlechter Tarierung wird Sediment aufgewirbelt. Dies nimmt den anderen Tauchern die Sicht und behindert sie.
c) die richtige Tarierung dient der eigenen Sicherheit
d) alle aufgeführten Antworten sind richtig

140) (A) Die drei grössten Gefahren bei Betauchen von gesicherten Wracks in grösseren Tiefen sind ...
a) sich verfangen, Orientierungsverlust, eingeschlossen werden
b) Tiefenrausch, sich verfangen und Kontaktverlust zur Gruppe
c) Tiefenrausch, Orientierungsverlust, eingeschlossen werden
d) Licht- und Leinenverlust, sich verfangen

Tauchgangsplanung

141) **(A) Welche Knoten sind gerade beim Wracktauchen hilfreich ...**
   a) Palstek zum Verbinden zweier gleich starker Leinen
   b) Kreuzknoten zum Sichern der Führungsleine
   c) Palstek zum Sichern der Führungsleine
   d) Weberleinstek zum Verbinden von Anker- und Buddyleine

142) **(A) Was bedeutet die Drittelregel beim Wracktauchen? Gilt diese auch an anderen vergleichbar schwierigen Tauchplätzen ...**
   a) ein Drittel der Luft für den Hinweg
   b) ein Drittel der Luft für den Rückweg
   c) ein Drittel der Luft als Reserve
   d) alle Antworten sind richtig

143) **(A) Wozu wird eine Tauchgangliste geführt ...**
   a) zur Gruppeneinteilung
   b) zum Feststellen der Vollständigkeit
   c) zur Dokumentation der Tauchgangsdaten
   d) alle Antworten sind zutreffend

144) **(A) Welche Aussage zum Strömungstauchen ist falsch ...**
   a) Nachttauchgänge dürfen nur bis zu einer Tiefe von 15 Meter durchgeführt werden, es dürfen keine Strömungstauchgänge sein.
   b) grundsätzlich dürfen keine Strömungstauchgänge unternommen werden
   c) es dürfen keine Dekotauchgänge während eines Strömungstauchganges durchgeführt werden
   d) beim Tauchen in einem Atollkanal müssen alle Taucher gleichzeitig vom Boot gehen. Ein Taucher soll an Bord bleiben, die Tauchzeit muss abgesprochen werden.

145) **(A) Welche Aussage zum Check Dive ist richtig?**
   a) ein Check Dive trägt zur Sicherheit bei
   b) ein Check Dive sollte nicht durchgeführt werden, da das die Taucher verunsichert
   c) ein Check Dive ist auch sinnvoll, um die richtige Bleimenge für das Gewässer und die Ausrüstung festzustellen
   d) Antworten a) und c) sind richtig

146) **(A) Was muss beim Setzen einer Tauchboje ab 20 Meter Wassertiefe beachtet werden ...**
   a) das setzen einer Boje aus dieser Tiefe ist nicht möglich, da die Boje platzen wird
   b) bei dieser Tiefe ist das Setzen einer Boje mit einem Reel zu empfehlen, da sonst die Leinenführung beim Einholen ein Problem darstellen könnte
   c) aus dieser Tiefe darf keine Boje gesetzt werden
   d) wenn ich die Boje beim setzen loslasse, müssen meine Mittaucher mindestens drei Meter Abstand halten.

Tauchgangsplanung

147) (A,S$_{Boot}$) Was muss beim Bootstauchen im Briefing erwähnt werden ...
    a) Gruppeneinteilung, Tiefen, Tauchzeit, Hinweis auf Sicherheitsstopp, Tauchplatzbeschrieb, Orientierungshilfen, Gruppenführung und Ort innerhalb der Gruppe
    b) nur die Gruppeneinteilung
    c) im Briefing ist nur die Zeit und Tiefe des Tauchganges zu erwähnen. Alles weitere steht in der Theorie und ist Zeitverschwendung
    d) wer die Gruppe führt und die Verantwortung übernimmt.

148) (A)* Ein 1'000 kg schwerer Zementblock liegt im See in 10 m Tiefe. Der Block verdrängt 500 l Wasser. Welche Wassermenge muss von einem Hebesack mindestens verdrängt werden, um den Zementblock vom Boden anzuheben ...
    a) 1000 l
    b) 250 l
    c) 500 l
    d) 750 l

149) (A)* Eine Bleikiste (100 kg Blei) ist aus Unvorsichtigkeit über Bord gefallen und auf 30 m Tiefe (Süsswasser) abgesunken. Wie viel Luft muss in einen Hebesack geblasen werden, um die Kiste zu heben? (Dicht Blei: 11,3 kg/l, die Holzkiste kann vernachlässigt werden ...
    a) 92,5 l
    b) 250,6 l
    c) 364,6 l
    d) 415,2 l

150) (A) Moderne Instrumente und modernes Material stehen heute dem Taucher zur Verfügung. Die Sicherheit ist gewährleistet, wenn du folgendes mitführst ...
    a) Uhr, Tiefenmesser oder Computer, eine Austauchtabelle und ein Finimeter
    b) ein Tiefenmesser und eine Austauchtabelle, ein Tauchmesser und einen Kompass
    c) ein Tauchcomputer, eine Lampe, ein Tauchmesser und eine einsatzfähige Kompaktkamera
    d) einen Tauchcomputer, ein Finimeter, eine Austauchtabelle

151) (A) Wie kannst du dich unter Wasser sicher orientieren ... Gilt dies auch für Nachttauchgänge ...
    a) nach der Sonnen (Sonnenstand) und dem Tiefenmeter
    b) mit der natürlichen Orientierung (Gelände) und dem Kompass
    c) mit der Seekarte
    d) ich verlasse mich auf den Gruppenführer

Tauchgangsplanung

152) **(A) In welcher Tiefe ist die relative Druckzunahme am grössten ...**
 a) 0 - 5 m
 b) 0 - 10 m
 c) 0 - 20 m
 d) 0 - 30 m

153) **(A) Du hast einen verschlossenen Ballon und lässt ihn auf 30 m aufsteigen. In welchem Tiefenbereich nimmt das Volumen am meisten zu ...**
 a) 30 m – 20 m
 b) 20 m – 15 m
 c) 15 m – 10 m
 d) 10 m – 0 m

154) **(A) Welcher Druck herrscht auf 15 m Tiefe (Salzwasser) ...**
 a) 1,5 bar
 b) 2,5 bar
 c) 3,0 bar
 d) 15 bar

155) **(A) Ein Bergsee liegt auf einer Höhe von 2000 m. Welcher Druck herrscht in 10m Tiefe ...**
 a) 1 bar
 b) 2 bar
 c) 0,8 bar
 d) 1,8 bar

156) **(A) Der Austauchvorgang ist besonders achtsam vorzunehmen. Mit welcher Aufstiegsgeschwindigkeit tauchen wir maximal auf ...**
 a) 40m – 20m mit 25 m / min
  20m – 10 m mit 15 m / min
  10 m – 0 m mit 6 m / min
 b) 40m – 10 m mit 15 m / min
  10 m – o m mit 6 m / min
 c) 40 m – 10 m mit 10 m / min
  10 m – 0 m mit 6 m / min
 d) 40 m – 0 m mit 10 m / min

Tauchgangsplanung

157) **(A) Die richtige, auf das Tauchteam abgestimmte Wahl des Tauchplatzes ist entscheidend für einen erfolgreichen Tauchgang. Welche Kriterien sind bei der Auswahl zu beachten ...**
   a) Antworten b) und c) sind richtig
   b) vermeide jegliche Überforderung durch einen zu anspruchsvollen Tauchplatz. Achte auf ein gutes Verhältnis zwischen Taucherfahrung und Anspruch des Tauchplatzes an die Teilnehmer
   c) Grundinformationen beschaffen: Tiefe, Struktur/Profil, besondere Gefahren, Risikoanalyse, Bootsverkehr, Angler, Hindernisse, Strömung
   d) Infrastruktur, Toiletten, Parkplatz Flaschenfüllungen, Rettungskette, Standort der nächsten Druckkammer

158) **(A) Was ist zu beachten vor der Durchführung eines Notfallplans ...**
   a) halte deine Kenntnisse in Erster Hilfe immer auf dem aktuellen Stand (Theorie und Praxis)
   b) Notfallplan und Durchführung ist Sache der Rettungsorganisation
   c) Planung und Durchführung des Notfallplanes sind nur Tauchlehrer fähig
   d) bevor man einen Notfallplan erstellt oder durchführt muss man Rettungssanitäter sein

159) **(A) Als Gruppenführer bist du gehalten eine allfällige Vorsättigung deiner Gruppenteilnehmer zu beachten. Wie gehst du vor ...**
   a) beim ersten Tauchgang des Tages kann man eine Vorsättigung vernachlässigen
   b) bei Wiederholungstauchgängen sollte die Vorsättigung bei dir und deinen Tauchpartnern übereinstimmen. Getaucht wird nach den „schlechteren" Angaben des konservativsten Computers
   c) wer vorgesättigt ist und zu einer neuen Tauchgruppe stösst, sollte zuerst 3 Minuten reinen Sauerstoff atmen, um den vorhandenen Stickstoff komplett abzuatmen
   d) Antworten b) und c) sind richtig

160) **(A) Vor jedem Tauchgang ist ein korrektes Briefing durchzuführen. Was sind die wichtigsten Bestandteile davon ...**
   a) alle wesentlichen Eckdaten des Tauchganges werden besprochen und eventuell durchgespielt bis alle alles verstanden haben. Zweck des Tauchganges und Einstieg / Ausstieg ins und aus dem Wasser
   b) im Briefing sind folgende Punkte explizit anzusprechen, zu klären: Tauchbrevet, Taucherfahrung, Tauchtauglichkeitsattest, Handzeichen gegenseitig wiederholen, Gruppendisziplin, Verhalten bei besonderen Vorkommnissen
   c) die Tauchplatzbeschreibung darf im Briefing nicht fehlen
   d) alle Antworten sind richtig

Tauchgangsplanung

161) **(A) Als Gruppenführer hast du folgende Punkte bei der Durchführung des Tauchganges zu beachten ...**
    a) Partner-Check, Einhalten der im Briefing erklärten Richtlinien, Kontroll- und Sicherheitsstopp, Luftvorratskontrolle, Gruppenzusammenhalt und Positionen, Probleme vorsehen und lösen
    b) Wenn das Briefing perfekt war und alle Teilnehmer ihr OK gegeben haben, kann nichts mehr passieren. Der Gruppenführer kümmert sich vor allem um Kontroll- und Sicherheitsstopps sowie den Luftvorrat und um sich selber
    c) Der Gruppenführer muss soviel Erfahrung haben, dass er die Gruppe zu jeder Zeit unter Kontrolle hat. Gruppenzusammenhalt und korrekte Position sind allein seine Angelegenheit. Er muss jederzeit richtig reagieren
    d) Antworten b) und c) sind richtig

162) **(A) Anschliessend an den Tauchgang wird ein Debriefing durchgeführt. Warum ist dies wichtig ...**
    a) hier wird das Logbuch geführt und vom Leiter abgestempelt und unterschrieben. Dies ist für die nächste Stufe der Ausbildung wichtig
    b) im Debriefing wird festgestellt, ob alle wohlauf sind und der Tauchgang zufriedenstellend verlaufen ist. Probleme und Lösungen werden besprochen, das Logbuch nachgeführt und vom Tauchpartner unterzeichnet. Lob und Kritik sind ebefalls Bestandteil des Debriefings
    c) das Debriefing ist nur wichtig, wenn Übungen für ein Brevet gemacht wurden oder wenn es Vorkommnisse gab, die im Briefing nicht besprochen wurden. Hier ist die letzte Möglichkeit festzustellen, dass ein Teammitglied verloren gegangen ist
    d) alle Antworten sind richtig

163) **(A) Auf Tauchbasen sind in der Regel mehrere Gruppen unterwegs. Was ist bei deren Koordination zu beachten ...**
    a) wenn mehrere Gruppen parallel oder direkt nacheinander tauchen, führt jede Gruppe eine eigene Tauchgangliste und hat somit mit den anderen Gruppen kein Problem
    b) jede Gruppe wird klar gekennzeichnet (Nummer) und kann dann so tauchen wie sie will. Es sind keine weiteren Absprachen notwendig
    c) wenn mehrere Gruppen parallel oder nacheinander am gleichen Platz tauchen, führen die Gruppenführer Tauchganglisten und sprechen die Zeitabstände ab. Es können auch Sicherheitstaucher bestimmt werden, welche die ordentlichen Abstände der Gruppen überwachen und „Übertritte" einzelner Taucher zu anderen Gruppen verhindern.
    d) alle Antworten sind richtig.

Tauchgangsplanung

164) **(A) In warmen und auch klaren Gewässer ist die Versuchung einen „Tieftauchgang" durchzuführen gross. Unter gut bekannten Tauchern kann die im Briefing abgesprochene Tiefe ad hoc zu Gunsten des Vorhabens im Wasser mit entsprechenden Zeichen abgesprochen werden. Wo sind die Grenzen mit Pressluft ...**
  a) Tieftauchen findet jenseits von 40 m Statt
  b) Tieftauchen beginnt ab 10 m Wassertiefe
  c) Tieftauchen ist das Tauchen tiefer als 18 – 20 m und ist nach den Standards bis maximal 40 m erlaubt (Versicherungsleistungen beachten)
  d) für Tieftaucher ist die Grenze ca. 70 Meter, der pPO_2 und die Expositionszeit sind massgebend.

165) **(A) Eine sorgfältige Planung der Tauchgänge kann einen Tauchunfall verhindern. Welches sind die wesentlichen Einflüsse die massgeblich zum Entstehen eines Tauchunfalls beitragen ...**
  a) Kälte, Dehydration, schlechte Fitness, Übergewicht, zu wenig Schlaf, Alkohol, Rauchen, Stress, Erkältungen, PFO, zu schnelles Aufsteigen
  b) bei guter Ausbildung kann kein Tauchunfall entstehen
  c) tiefer tauchen als 30 Meter ohne Tieftauchbrevet
  d) alle Antworten sind richtig

166) **(A) Einen Stopp (2-3 Minuten) beim Aufstieg auf der Hälfte der maximalen Tiefe ist bei Tieftauchgängen angezeigt. Was bewirkt er ...**
  a) er soll nur durchgeführt werden, wenn die Tauchtiefe mehr als 40 Meter beträgt
  b) ein solcher Stopp ist nur für Berufstaucher gedacht. Für Sportaucher ist der Sicherheitsstopp eine genügende Variante
  c) durch eine korrekt ausgeführten Stopp kann der angesammelte Stickstoff besser reduziert werden als beim Sicherheitsstopp
  d) mit Nitrox macht dieser Stopp keinen Sinn.

167) **(A) Nachttauchgänge erfordern auch an Land Sicherheitsvorkehrungen. Welche ...**
  a) für die Sicherheit und Orientierung beim Nachttauchen sind die Sicherheitsvorkehrungen an Land oder auf dem Boot die gleichen
  b) die Markierung der Ein- und Ausstiegsstelle mit einer eigenen und geeigneten Lichtquelle ist besonders wichtig. Die Lichtquelle muss aus grosser Entfernung sichtbar sein
  c) die örtliche Rettungsleitstelle muss über das Vorhaben orientiert sein
  d) Sicherheitsvorkehrungen bestehen lediglich im Bereitstellen von genügend Licht

Tauchgangsplanung

168) (O)* Du beteiligst dich an einer Aktion zur Reinigung eines Sees. Die Tauchtiefe beträgt nur 10m, aber da du eine leichte Arbeit verrichtest, gehst du vom doppelten Atemvolumen aus. Pro Minute findest du durchschnittlich drei Gegenstände zum sammeln. Wieviele Gegenstände hast du in deinem Netz, bis du wieder auftauchen musst? Das Netz wird von Helfern an Land gezogen. Du verwendest ein 10 l Gerät mit 200 bar. Als Sicherheit rechnest du 10% Luftreserve beim Auftauchen ...
   a) keine Gegenstände
   b) 20 Gegenstände
   c) 54 Gegenstände
   d) 62 Gegenstände

169) (O)* Ein Taucher füllt auf 40 m Tiefe einen Eimer von 10 Liter Volumen vollständig mit Luft und bringt ihn langsam zur Oberfläche. Wieviel Liter Luft entweichen unterwegs ...
   a) 35,0 Liter
   b) 38,0 Liter
   c) 40,0 Liter
   d) 40,8 Liter

170) (O)* Du planst mit deinem Partner einen Tauchgang. Beide habt ihr am Vormittag nach einem kurzen Tauchgang die Geräte nicht aufgefüllt. Das Manometer am 20-Liter Gerät deines Partner zeigt 120 bar an. An deiner 15-Liter-Flasche zeigt der Druckmesser 150 bar an. Wessen Luftvorrat ist bei einem Tauchgang auf 20 m Tiefe eher erschöpft und zwingt beide zum Aufstieg ...
   Luftverbrauch beide 25 l/min an der Oberfläche.
   a) 20-Liter-Gerät
   b) 15-Liter-Gerät

171) (O)* Ein Taucher befindet sich auf 30 m Tiefe. Und füllt seine Weste voll auf, um den Versuch eines Notaufstiegs zu wagen. Wie viel Luft entweichen auf dem Weg zur Oberfläche, wenn der Ansprechwiderstand des Überdruckventils der Weste vernachlässigt wird ...
   (Volumen der Weste 17 Liter)
   a) 68 Liter
   b) 62 Liter
   c) 51 Liter
   d) 49 Liter

172) (O) Darfst du bei einem Bergseetauchgang (1900m) deine auswendig gelernten Nullzeiten anwenden ...

Tauchgangsplanung

173) (O) Bevor du deine Pressluftflasche an einem unbekannten Ort füllen lässt, musst du immer zuerst die Füllanlage anschauen. Worauf achtest du besonders...

174) (A) Was sollte bei einem Dekotauchgang an der Oberfläche immer vorhanden sein...

175) (A) Untersuchungen haben ergeben, dass alle Berechnungen, die dem PADI RDP zugrunde liegen, im konservativen Bereich liegen, weil es keinen genauen mathematischen Wert für den höchstzulässigen Gewebedruck gibt, den ein Taucher aushalten kann...
    a) richtig
    b) falsch

176) (A) Zahlreiche Computerprofile zeigen, dass die meisten Tauchsituationen von einem 40-Minuten Kompartiment kontrolliert werden. Der PADI RDP wählte jedoch das konservativere 60-Minuten Kompartiment zur Bestimmung des zeitlichen „Kredits" für den Abbau von Stickstoff während der Oberflächenpause...
    a) richtig
    b) falsch

177) (A) Die US-Navy-Tabelle wurde für Deko-Tauchgänge von Militär- und Berufstauchern entwickelt, die sich bei einem einzelnen Tauchgang solange in einer bestimmten Tiefe aufhalten konnten, bis ihre spezifische Aufgabe erledigt war, die US-Navy-Tabelle ist eine reine Dekompressionstabelle und darf nicht mit anderen Tabellen verglichen werden...
    a) richtig
    b) falsch

178) (A) In der Konzeption der US-Navy-Tabelle war die Oberflächenpausen-Tabellen von Beginn an enthalten, weil Militärtaucher regelmässig Wiederholungstauchgänge bei ihren Einsätzen durchführen...
    a) richtig
    b) falsch

179) (A) Wo unterscheiden sich die Tauchprofile von Sporttauchern von den Tauchprofilen von Militär- oder Berufstauchern...
    (alle richtigen Antworten ankreuzen)
    a) Sporttaucher sind in ihrer Unterwasserzeit durch die Luftmenge begrenzt, die sie mitführen können
    b) Sporttaucher machen selten mehr als einen Tauchgang pro Tag
    c) Sporttaucher bewegen sich über dem Grund und wechseln oft die Tiefe
    d) Militär- und Berufstaucher machen oft lange, einzelne Tauchgänge in einer gleichbleibenden Tiefe

Tauchgangsplanung

180) (A) Im Designe von Tauchtabellen ist das „Kontroll-Gewebe" definiert als dasjenige Kompartiment das nach einem Tauchgang seinem maximalen sicheren Wert für die Sättigung mit Stickstoff am nächsten gekommen ist ...
   a) richtig
   b) falsch

181) (A) „Halbsättigungszeit ist definiert als diejenige Zeit, die erforderlich ist damit der Gasdruck in einem Kompartiment bis auf das Doppelte des Gasdrucks ausserhalb des Kompartiments ansteigen oder abnehmen kann ...
   a) richtig
   b) falsch

182) (A) Die US-Navy-Oberflächentabelle beruht auf einem „Kontroll-Gewebe" mit einer Halbwärtszeit von _____ , während der PADI-RDP auf einer Halbwärtszeit von _____ basiert.
   a)   60 Minuten / 120 Minuten
   b) 120 Minuten / 40 Minuten
   c) 120 Minuten / 60 Minuten
   d)   80 Minuten / 40 Minuten

183) (A) Der PADI-RDP wurde ausführlich getestet. Was beinhalteten diese Tests...
   (alles Zutreffende ankreuzen)
   a) Testtauchgänge in der Druckkammer und im Freiwasser
   b) Testen von Multilevel-Tauchgängen und Wiederholungs-Multilevel-Tauchgängen
   c) Verwendung eines Ultraschall-Dopplergeräts als Werkzeug um „Stille Blasen" nach einem Tauchgang festzustellen
   d) die Testpersonen wurden belastet (Rudergeräte), um die Gasaufnahme der Gewebe zu maximieren.

184) (A) In keinem der Tests (Aufgabe 183) des PADI-RDP wurden Fälle von Dekompressions-Krankheit festgestellt, und es wurden nur minimale Gasblasen („Stille Blasen") gezählt ...
   a) richtig
   b) falsch

185) (A) Die US-Navy-Tabelle wurde für Dekompression-Tauchen für militärische und kommerzielle Taucher entwickelt, die in einer bestimmten Tiefe während eines einzelnen Tauchgangs verweilten, bis eine spezielle Aufgabe erledigt war – es handelte sich um richtige Dekompressions-Tauchprofile ...
   a) richtig
   b) falsch

Tauchgangsplanung

186) (A) Die Vorteile des Sicherheitsstops, die darin liegen, die Wahrscheinlichkeit der Dekompressions-Krankheit zu verringern, basieren auf nur begrenzten Forschungs- und Testergebnissen mit Menschen ...
    a) richtig
    b) falsch

187) (A) Um eine Dekompressions-Krankheit zu vermeiden, macht es Sinn ...
    (alles Zutreffende ankreuzen)
    a) immer mit einem Computer zu tauchen
    b) dich nicht zu überanstrengen und konservativ zu tauchen
    c) langsam aufzutauchen und bei jedem Tauchgang einen Sicherheits-Stop auf 3 - 5 Meter (entsprechend der Wassersituation) für 3 Minuten zu machen
    d) deine Tauchtiefe und Tauchzeit während des Sicherheits-Stops zu überprüfen. So kannst du die Dauer deines Stops verlängern, wenn du feststellst, dass du versehentlich deine Nullzeitgrenze überschritten hast.

188) (A) Was sollte ein Taucher tun, wenn er eine Nullzeitgrenze überschritten und keine Notfall-Dekompressions-Stops gemacht hat ...
    (alles Zutreffende ankreuzen)
    a) Ruhe bewahren und aus dem Wasser bleiben
    b) Aspirin und Flüssigkeit (Fruchtsäfte) einnehmen
    c) der Taucher muss beobachtet werden auf mögliche Anzeichen einer Dekompressions-Krankheit
    d) mindestens 24 Stunden nicht Tauchen

189) (A) Das PADI-RDP Modell besteht aus 14 theoretischen Geweben (Kompartimenten) nämlich: 5, 10, 20, 30, 40, 60, 80, 120, 160, 200, 240, 300, 360, und 400 Minuten ...
    a) richtig
    b) falsch

190) (A) Welcher Begriff beschreibt in einem Dekompressionsmodell, in welcher Zeit ein theoretisches Gewebe Stickstoff aufnimmt und abgibt ...
    a) Halbwärtszeit
    b) M-Wert
    c) Kompartiment
    d) Gewebeintervall

191) (A) Du kannst dich auf ein Haldane-Dekompressionsmodell verlassen ...
    a) bei jedem Tauchgang den du sorgfältig berechnest, obwohl ein gewisses Risiko bleibt
    b) völlig, vorausgesetzt du machst einen Sicherheitsstop von 3 Minuten auf 5 Meter
    c) nur insoweit als in Tests und Feldversuchen nachgewiesen wurde, dass es funktioniert
    d) überhaupt nicht, darum werden Haldane-Modelle nicht mehr verwendet

Tauchgangsplanung

192) (A) Was ist der Grund für zwei Versionen des PADI RDP ...
a) einerseits ein bekanntes einfaches Format zu haben und andererseits ein Format, dass grössere Genauigkeit und die Möglichkeit der Planung von Multi-level Tauchgängen bietet
b) auf diese Weise wurde einerseits das Wheel ermöglicht und andererseits mit der Tabellen-Version staatlichen Vorschriften entsprochen, die den Gebrauch von „Nicht-Tabellen"- Formaten untersagten
c) die beiden Versionen waren notwendig um 26 Wiederholungsgruppen zu ermöglichen
d) nichts von oben genannten ist richtig

Verwende für die folgenden Aufgaben die Wheel-Version des PADI RDP

193) (A) Du planst zwei Tauchgänge, den ersten auf 28 Meter, den zweiten auf 12 Meter. Welche Nullzeitgrenze hast du bei dem ersten Tauchgang ...
a) 18 Minuten
b) 23 Minuten
c) 25 Minuten
d) 30 Minuten

194) (A) Angenommen, dein erster Tauchgang aus der Aufgabe 193 dauerte 14 Minuten, gefolgt von einer Oberflächenpause von einer Stunde und 30 Minuten, welche Nullzeitgrenze hättest du dann bei dem zweiten Tauchgang ...
a) 130 Minuten
b) 116 Minuten
c) 109 Minuten
d) 106 Minuten

195) (A) Du planst einen Multilevel-Tauchgang. Wenn deine erste Tiefenstufe 29 Meter ist und du dort 18 Minuten verweilst, welche Nullzeitgrenze wird dir dann für die tiefste zulässige nächste Stufe gestattet ...
a) 15 Minuten
b) 9 Minuten
c) 4 Minuten
d) 106 Minuten

196) (A) Du planst drei Tauchgänge, den ersten auf 19 Meter für 30 Minuten, gefolgt von einer Oberflächenpause von 30 Minuten; den zweiten auf 15 Meter für 27 Minuten. Welche Nullzeitgrenze hättest du für einen dritten Wiederholungstauchgang auf 14 Meter, wenn du nach dem zweiten Tauchgang 1 Stunde und 40 Minuten an der Oberfläche bleibst ...
a) 45 Minuten
b) 60 Minuten
c) 68 Minuten
d) 79 Minuten

Tauchgangsplanung

197) (A) Du hast zwei Tauchgänge gemacht, den ersten auf 29 Meter für 12 Minuten, den zweiten auf 23 Meter für 20 Minuten, dazwischen eine Oberflächenpause von 42 Minuten. Welche Mindestoberflächenpause musst du einhalten, wenn du einen dritten Tauchgang auf 15 Meter für 40 Minuten machen möchtest ...
   a) 35 Minuten
   b) 44 Minuten
   c) 56 Minuten
   d) die Antwort ist mit den vorliegend Informationen nicht möglich.

198) (A) Du planst zwei Tauchgänge, den ersten auf 26 Meter, den zweiten auf 18 Meter. Welche Nullzeitgrenze hast du bei dem ersten Tauchgang ...
   a) 18 Minuten
   b) 22 Minuten
   c) 27 Minuten
   d) 33 Minuten

199) (A) Angenommen, dein erster Tauchgang aus der Aufgabe 198 dauerte 21 Minuten, gefolgt von einer Oberflächenpause von einer Stunde und 48 Minuten, welche Nullzeitgrenze hättest du dann bei dem zweiten Tauchgang ...
   a) 16 Minuten
   b) 23 Minuten
   c) 29 Minuten
   d) 38 Minuten

200) (A) Du planst einen Multilevel-Tauchgang. Wenn deine erste Tiefenstufe 27 Meter ist und du dort 18 Minuten verweilst, welche Nullzeitgrenze wird dir dann für die tiefste zulässige nächste Stufe gestattet ...
   a) 6 Minuten
   b) 11 Minuten
   c) 29 Minuten
   d) 39 Minuten

201) (A) Du hast zwei Tauchgänge gemacht, den ersten auf 17 Meter für 44 Minuten, den zweiten auf 13 Meter für 55 Minuten, dazwischen eine Oberflächenpause von 51 Minuten. Welche Mindestoberflächenpause musst du einhalten, wenn du einen dritten Tauchgang auf 11 Meter für 75 Minuten machen möchtest ...
   a) 18 Minuten
   b) 28 Minuten
   c) 44 Minuten
   d) 60 Minuten

Tauchgangsplanung

202) (A) Der Basisleiter deiner „Ferienbasis" möchte dich während deinen Ferien als Gruppenleiter einsetzen. Welche Voraussetzungen musst du für eine Übernahme dieser Aufgabe erfüllen ...
   a) Mindestalter 18 Jahre und mindestens 30 Tauchgänge
   b) Mindestens 18 Jahre alt und 40 Tauchgänge
   c) Als Advanced Diver oder Divemaster brevetiert und > 60 Tauchgänge
   d) Als OWD-Taucher kann ich die Aufgabe nicht übernehmen

203) (A) Wie solltest du für eine Gruppenleiteraufgabe (Aufgabe 202) für deine Sicherheit Versichert sein ...
   a) eine gute Krankenkasse reicht aus
   b) die Krankenversicherung muss auch im Ausland gültig sein
   c) du bist automatisch über die Tauchbasis genügend versichert
   d) du solltest eine Tauchunfallversicherung und eine Haftpflichtversicherung abgeschlossen haben

204) (A) Du übernimmst die Gruppenführung (Aufgabe 202). Welche Funktionen hast du sicherzustellen ...
   a) du bist Vorbild und hast einen Führungsstatus
   b) du bist für einen ordentlichen Ablauf vor, beim und nach dem Tauchgang verantwortlich
   c) du bist fit (körperlich und geistig) und hast ein tauchärztliche Zeugnis
   d) alle Antworten sind richtig

205) (A) Welche Aufgaben hast du als Gruppenleiter zu erfüllen ...
   a) kompetent im Problemmanagement und Unfallverhütung sein
   b) Kompetenz zeigen und Ruhe ausstrahlen
   c) Bedürfnisse der Taucher erkennen und diese befriedigen
   d) alle Antworten sind richtig

206) (A) Welche Aussage zum Check Dive ist korrekt ...
   a) der Check dive trägt zur Sicherheit bei
   b) ein Check dive kann Taucher verunsichern (bei nicht bestehen) und sollte nicht durchgeführt werden
   c) die „Urlaubstaucher" wollen nicht getestet werden
   d) beim Check kann die richtige Bleimenge für das Gewässer festgelegt werden
   e) a) und d) sind richtig

Tauchgangsplanung

207) (A) Die Übung „Tauchgerät an der Oberfläche ausziehen und wieder anziehen" ist unbeliebt. Sollte sie trotzdem geübt werden ...
    a) beim Tauchen mit einem Schlauchboot und bei Wellengang oder Strömung muss der Umgang mit dem Gerät teilweise schnell gehen
    b) wir ziehen unsere Weste immer auf dem Boot oder an Land an und müssen darum diese Übung nicht machen
    c) die Übung birgt eine grosse Unfallgefahr und sollte nicht gemacht werden
    d) die Übung ist Tauchlehrer vorbehalten
    e) nach internationalen Standards ist diese Übung verboten

208) (A) Du hast eine grössere Fahrstrecke zum Tauchplatz zurückgelegt und bist gerade umgezogen und bereit ins Wasser zu springen. Dein Buddy wartet bereits auf dich im Wasser und will abzutauchen. Ein Donnergrollen schreckt dich auf, dunkle Gewitterwolken sind östlich des Tauchplatzes zu sehen. Wie verhältst du dich, kann der Tauchgang durchgeführt werden ...
    a) ich tauche schnell ab und achte darauf, dass der Tauchgang > 30 Minuten dauert. Bis zum Auftauchen ist das Gewitter vorüber gezogen
    b) Gewitter ziehen in der Regel nach Osten, also weg von unserem Tauchplatz. Darum können wir ohne Einschränkung unseren Tauchgang durchführen
    c) ich beobachte das Wetter und warte mindestens eine Stunde nachdem das Gewitter durchgezogen ist mit Tauchen

209) (A) Warum ist es gefährlich bei Gewitter zu tauchen. Beschreibe die Gefahren eines Blitzschlages ins Wasser ...

8 Handzeichen

Eine Verständigungsmöglichkeit unter Wasser während des Tauchgangs gibt Sicherheit, Ruhe und verstärkt auch das Teamverstehen innerhalb der Tauchgruppe. Ohne elektronische Kommunikationssysteme ist eine Verständigung nur unter Schwierigkeiten möglich. Wir können uns aus diesem Grund mit den „Händen" unterhalten. Dabei ist es unabdingbar, dass alle Teammitglieder „die gleiche Sprache" sprechen. In diesem Abschnitt sind die Grundlagen für eine einfache Kommunikation zusammengestellt. Beachte, dass alle Gruppenmitglieder deines Teams diese verstanden haben und auch anzuwenden wissen.

Am Schluss dieses Abschnitts bist du in der Lage verschiedene Verständigungsmöglichkeiten beim Tauchen anzuwenden und zu demonstrieren.

8 Handzeichen

(Arbeitsblätter Lösungen   Seite 509)
(Lösungen   Seite 579)

**Versuche, genau zu sprechen, und du bist gezwungen,
bildlich zu sprechen**

Gilbert Murray

1) (0) Die besten Möglichkeiten, sich unter Wasser zu verständigen sind der Gebrauch einer Schreibtafel und ...
   a) Handsignale
   b) Morsezeichen
   c) Gebärdensprache
   d) Fingeralphabet

2) (0) Dein Partner wendet sich unter Wasser von dir ab, seine Aufmerksamkeit dir gegenüber ist nicht mehr gegeben. Was machst du ...
   a) ihn mit deiner Lampe ins Gesicht leuchten und blenden
   b) mit deiner Signalpfeife seine Aufmerksamkeit auf dich lenken
   c) mit einem harten Gegenstand (Messer) an deine Flasche klopfen
   d) dich hinter ihm verstecken, bis er dich sucht

3) (0) Beim Briefing herrscht eine Meinungsverschiedenheit wegen der Bedeutung eines Handzeichens. Wie kann das Problem gelöste werden ...
   a) der „Lauteste" setzt sich durch
   b) es wird abgestimmt
   c) es wird für den betreffenden Fall und ausschliesslich nur für diesen Tauchgang ein Zeichen vereinbart und Einigkeit hergestellt
   d) Handzeichen werden am Briefing nicht diskutiert

4) (0) Für die Oberflächekommunikation beim Tauchen gibt es spezielle Signale, Verfahren um Kontakt mit weiter entfernten Personen aufzunehmen. Welche kennst du ...

5) (0) Solltest du unter Wasser einen Notruf wahrnehmen, was machst du ...
   a) unverzüglich zum Tauchboot oder Einstiegsstelle zurückschwimmen
   b) auftauchen und zum Boot oder zur Einstiegstelle schauen, um Anweisungen zu erhalten
   c) Vorgehen wie im Briefing besprochen
   d) solange du und dein Buddy sich wohl fühlen, besteht keinen Grund eine Aktion einzuleiten, beende deinen Tauchgang wie geplant

Handzeichen

6) **(A) Im Falle schlechter Sicht verbinden sich die Tauchpartner mit einer Leine. Eine Kommunikation untereinander ist dann mittels Ziehen an der Leine möglich. Obwohl die Leinensignale standardisiert sind, müssen diese im Briefing abgesprochen werden. Die standardisierten Signale sind die folgenden ...**
   a) ein Zug an der Leine bedeutet
   b) zwei Züge an der Leine bedeuten
   c) drei Züge an der Leine bedeuten
   d) vier Züge an der Leine bedeuten

7) **(A) Wenn keine Leine mitgeführt und die Sicht unverhofft schlecht wird, wie können sich Taucher behelfen, die Kommunikation aufrecht zu erhalten um den Partner nicht zu verlieren und den Tauchgang sicher zu beenden ...**
   a) die Tauchpartner reichen sich die Hände und wenden die gleichen Zeichen an wie beim tauchen mit einer Leine
   b) auftauchen und sich an der Oberfläche neu orientieren
   c) dein Buddy gibt dir den Finimeter- oder Octobusschlauch, so hat das Tauchteam immer zueinander Kontakt ohne gegenseitige Behinderung (im Briefing absprechen)

Welche Bedeutung haben die folgenden Handzeichen und wie beantwortest du diese ...

8)   9)   10)   11)

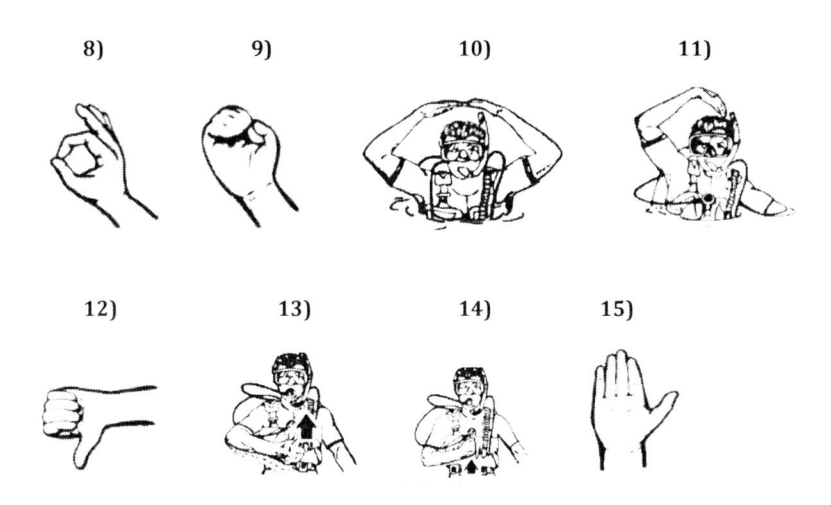

12)   13)   14)   15)

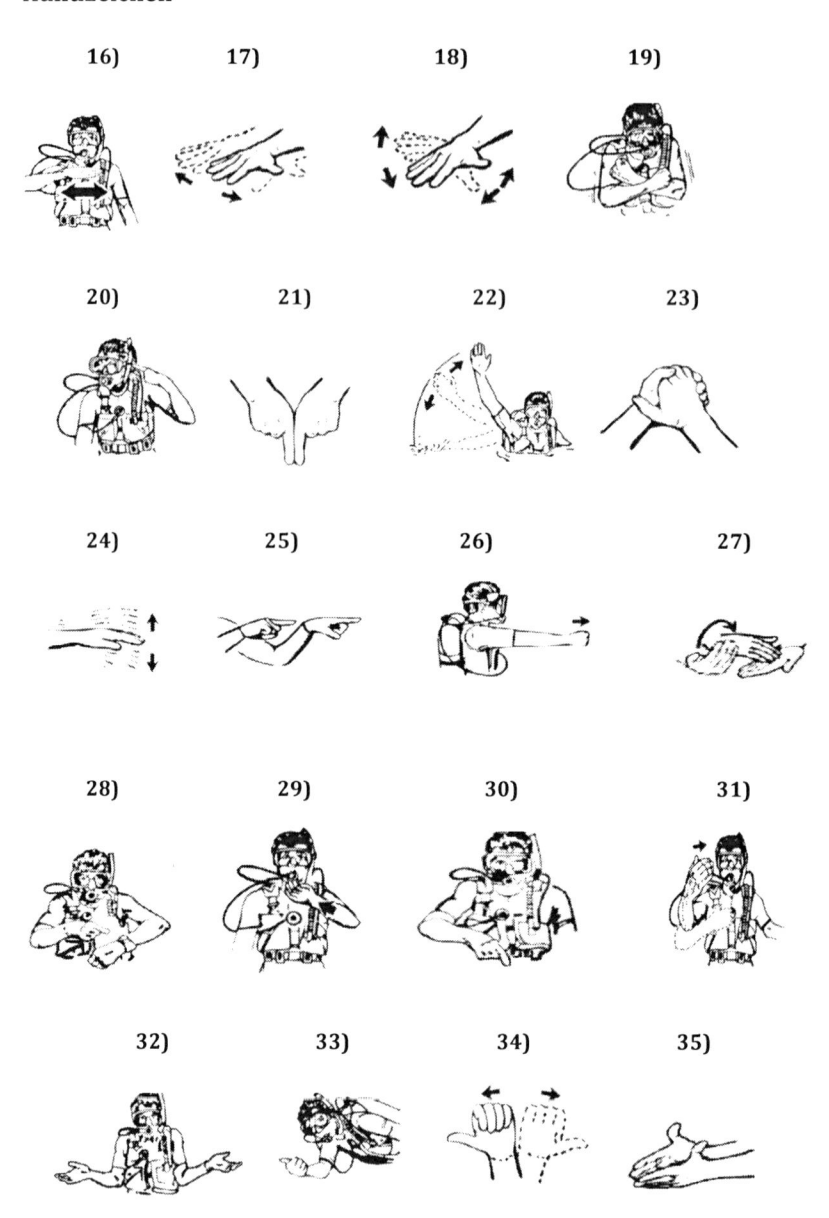

Handzeichen

16) 17) 18) 19)

20) 21) 22) 23)

24) 25) 26) 27)

28) 29) 30) 31)

32) 33) 34) 35)

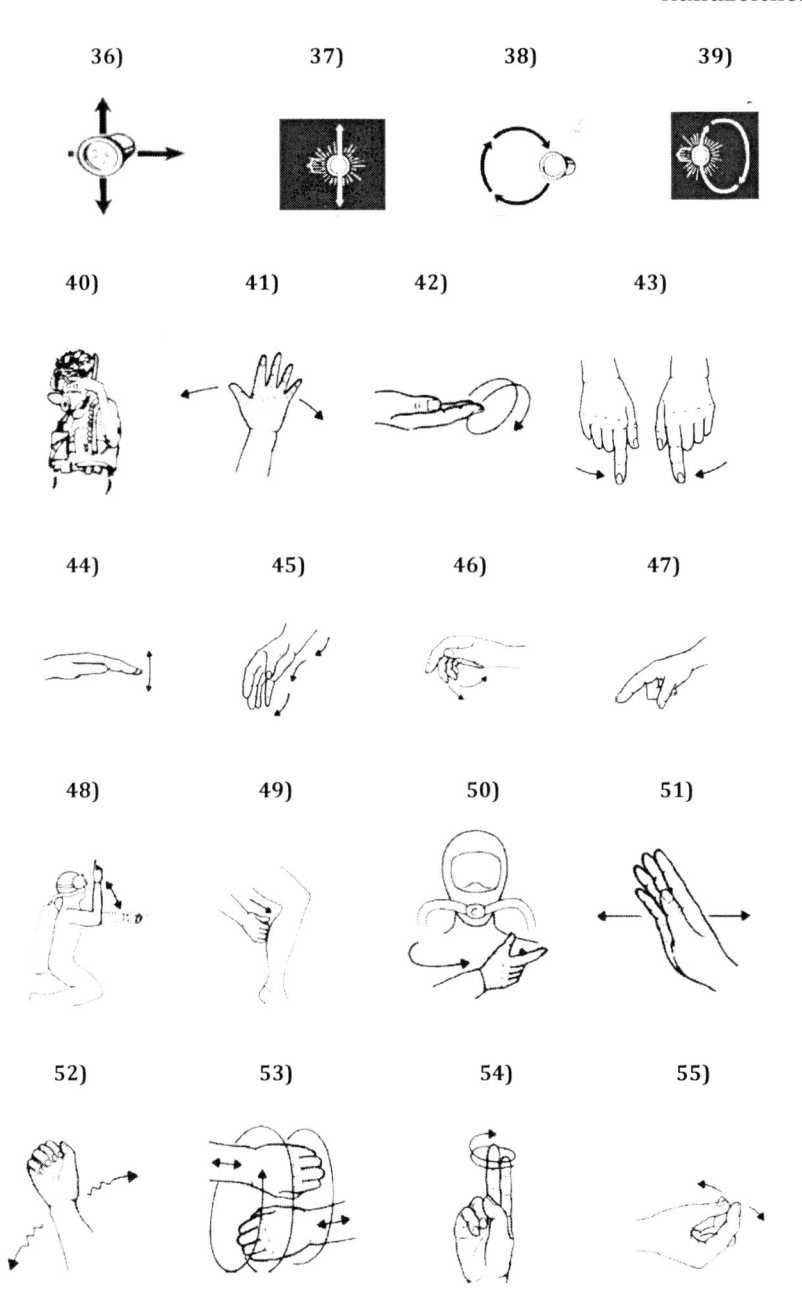

Handzeichen

36)   37)   38)   39)

40)   41)   42)   43)

44)   45)   46)   47)

48)   49)   50)   51)

52)   53)   54)   55)

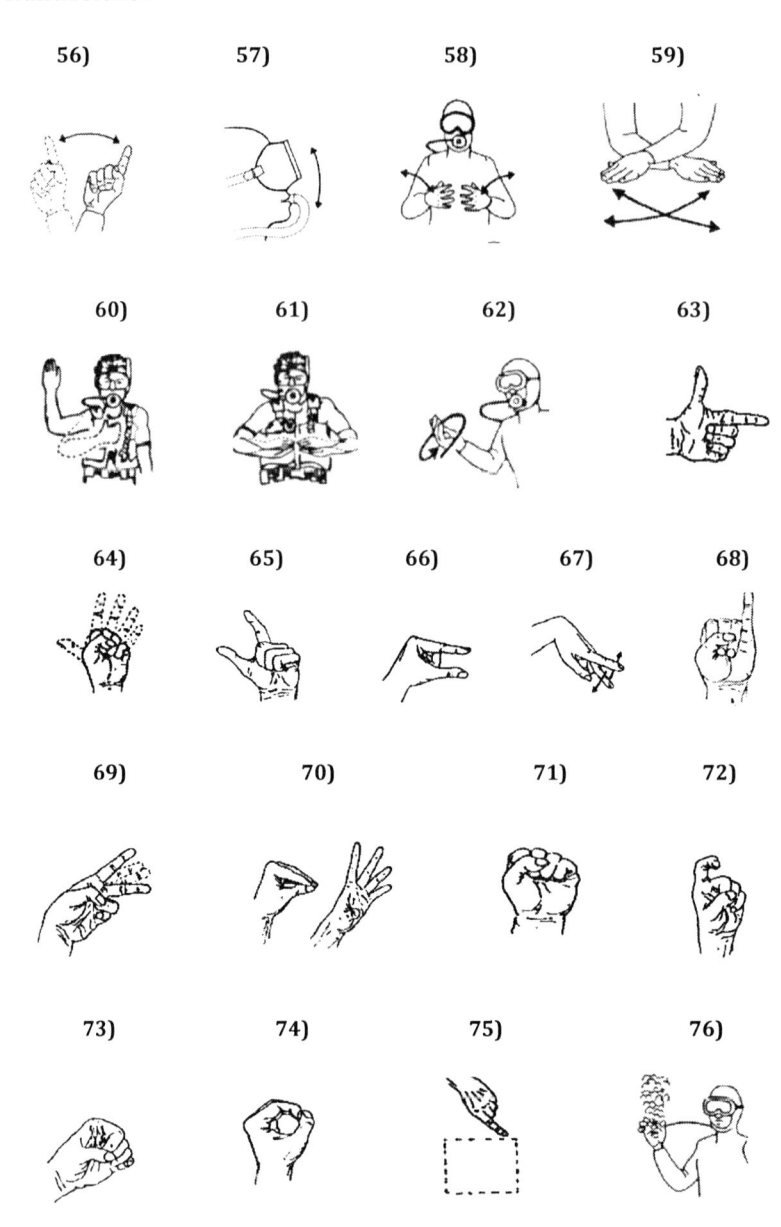

Handzeichen

56) 57) 58) 59)

60) 61) 62) 63)

64) 65) 66) 67) 68)

69) 70) 71) 72)

73) 74) 75) 76)

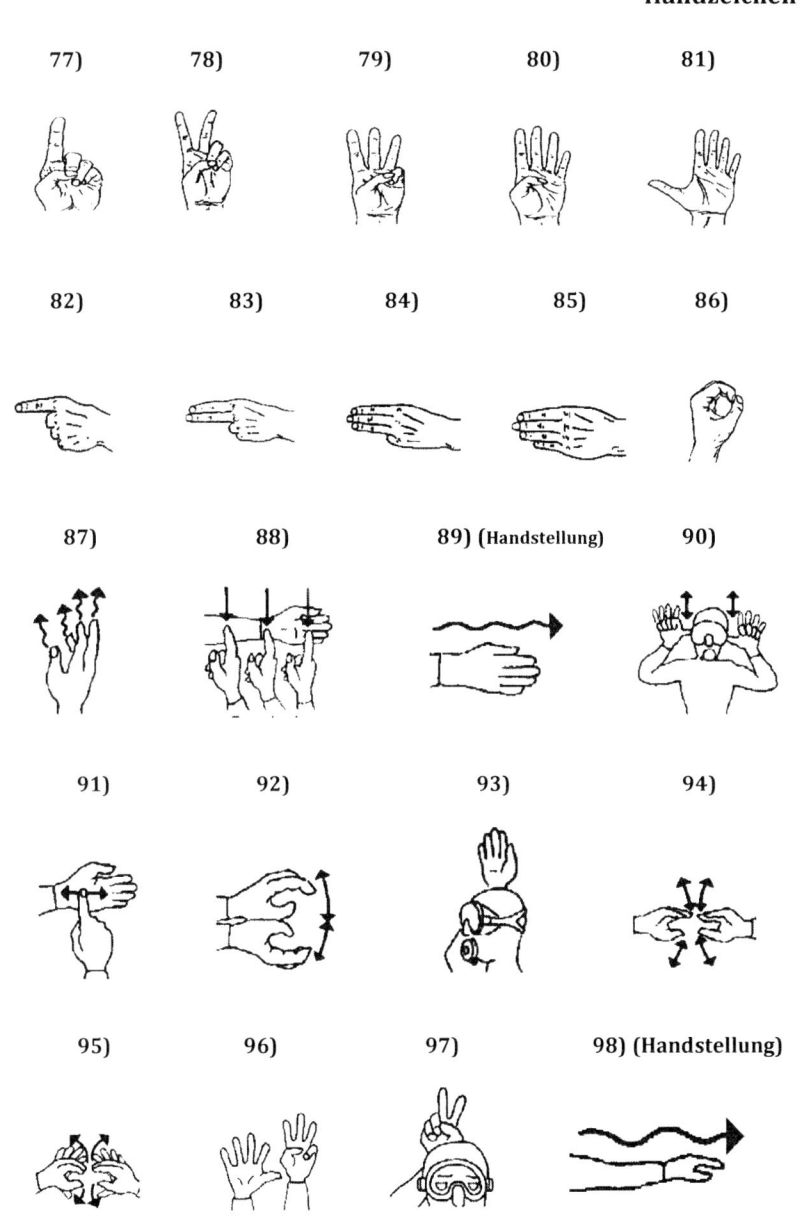

Handzeichen

77) 78) 79) 80) 81)

82) 83) 84) 85) 86)

87) 88) 89) (Handstellung) 90)

91) 92) 93) 94)

95) 96) 97) 98) (Handstellung)

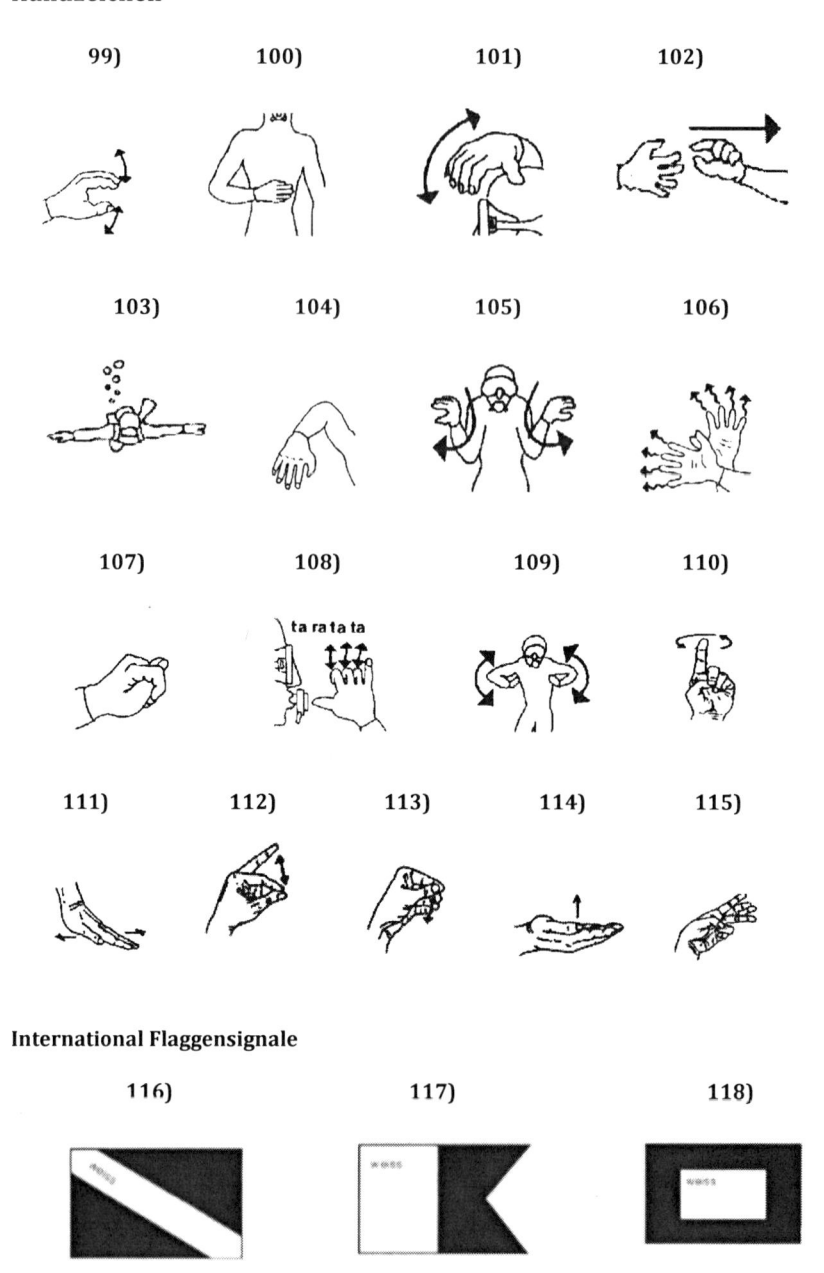

Handzeichen

99) 100) 101) 102)

103) 104) 105) 106)

107) 108) 109) 110)

111) 112) 113) 114) 115)

International Flaggensignale

116) 117) 118)

Handzeichen

Dein Tauchpartner macht dich auf einen Fisch aufmerksam und zeigt dir folgendes Handzeichen, welches Meerlebewesen meint er?

119) Mit einem Arm oder Faust das Tragen eines Koffers symbolisieren ...

120) Eine Hand zum Soldatengruss an die Stirn, die andere auf den Bauch im Napoleon-Bonaparte-Stil ...

121) Mundstück raus und Wangen aufblasen ...

122) Eine Hand mit geschlossenen Fingern senkrecht über den Kopf halten, imitiert die Rückenflosse ...

123) Fäuste links und rechts an die Stirne ...

124) Hände falten, dabei die Finger nach schräg oben gestreckt halten, zeigt die Strahlenflossen ...

125) Mit der einen Hand das Gelenk der anderen Hand (die nach unten zeigt) umfassen, mit den Fingern der freien Hand zappeln und so die Beine darstellen oder an den Zweitautomat fassen ...

126) Gleiches Zeichen wie Octopus, aber Finger nicht nach unten, sonder waagrechte Schwimmbewegungen zeigen ...

127) Mit einer Hand das Schnappen des Tieres nachmachen ...

128) Mit beiden Zeigefinger rechts und links an der Maske Fühler darstellen ...

129) Scherenbewegung mit den Zeige- und Mittelfinger machen ...

130) Mit ausgestrecktem Daumen und Zeigefinger das Symbol für Pistole bilden ...

131) Beiden Hände waagrecht mit den Handrücken nach oben übereinander legen und dabei mit den Daumen auf- und abwackeln wie Schwimmbewegungen ...

Handzeichen

132) Ausgestreckter Arm und Faust (Zeichen für Gefahr) ...

133) Mit einer Hand Schnappen nachmachen direkt beim Mund öffnen und schliessen. Symbolisiert sprechen ...

134) Zeichen für Händewaschen ...

135) Taucher imitiert die Bewegung einer Flamencotänzerin aus Spanien mit Kastagnetten ...

Wenn du mit einem neuen Tauchpartner tauchst, überprüfe alle dir wichtig erscheinenden Handzeichen mit deinem Buddy beim Briefing nochmals. Handzeichen können je nach Ausbildungsstandart und Ausbildungsorganisation der Tauchgruppenteilnehmer variieren. Verwende ausschliesslich Handzeichen die mit deinem Partner abgesprochen sind. „Neuerfindungen" unter Wasser sorgen für Verwirrung und Unsicherheit und sind unter allen Umständen zu unterlassen!

9 Arbeitsblätter zu Lösungen

Alle Wege beginnen da, wo Du jetzt stehst

Arbeitsblätter zu Lösungen

9 Antworten zu den Fragen (Eigene Lösungen)

Arbeitsblatt zu Lösungen Tauchphysik Aufgaben Seite 149 ff

1	11	21
2	12	22
3	13	23
4	14	24
5	15	25
6	16	26
7	17	27
8	18	28
9	19	29
10	20	30

31	41	51
32	42	52
33	43	53
34	44	54
35	45	55
36	46	56
37	47	57
38	48	58
39	49	59
40	50	60

Arbeitsblätter zu Lösungen

61	71	81
62	72	82
63	73	83
64	74	84
65	75	85
66	76	86
67	77	87
68	78	88
69	79	89
70	80	90
91	101	111
92	102	112
93	103	113
94	104	114
95	105	115
96	106	116
97	107	117
98	108	118
99	109	119
100	110	120
121	131	141
122	132	142
123	133	143
124	134	144
125	135	145
126	136	146
127	137	147

Arbeitsblätter zu Lösungen

128	138	148
129	139	149
130	140	150

151	158	165
152	159	166
153	160	167
154	161	168
155	162	169
156	163	
157	164	

170 a _____

170 b _____

170 c _____

171 _____

172	178	184
173	179	185
174	180	186
175	181	187
176	182	
177	183	

Arbeitsblätter zu Lösungen

188 a _____

188 b _____

188 c _____

189 _____

190 a _____

190 b _____

190 c _____

191 _____

192 _____

193 a _____

193 b _____

193 c _____

194 _____

195 _____

Arbeitsblätter zu Lösungen

196 _____

197 _____

198 _____

199 a _____

199 b _____

199 c _____

200	203c	203ds
201	203d	204a
202	203as	204b
203a	203bs	205
203b	203cs	206

207	217	227
208	218	228
209	219	229
210	220	230
211	221	231
212	222	232
213	223	233
214	224	234
215	225	235
216	226	236

Arbeitsblätter zu Lösungen

237 _____

238 a _____

238 b _____

238 c _____

238 d _____

239 _____

240 _____

241 _____

242	249	256
243	250	257
244	251	258
245	252	259
246	253	260
247	254	261
248	255	

262 _____

Arbeitsblätter zu Lösungen

263 _____

264 _____

265 _____

Arbeitsblätter zu Lösungen

Arbeitsblatt zu Lösungen Tauchmedizin Aufgaben Seite 199 ff

1	11	21
2	12	22
3	13	23
4	14	24
5	15	25
6	16	26
7	17	27
8	18	28
9	19	29
10	20	30

31	33	35
32	34	

36 a _____

36 b _____

36 c _____

37 _____

38	42	46
39	43	47
40	44	48
41	45	

Arbeitsblätter zu Lösungen

49

50	60	70
51	61	71
52	62	72
53	63	73
54	64	74
55	65	75
56	66	76
57	67	77
58	68	78
59	69	79

80	84	88
81	85	89
82	86	90
83	87	

91	101	111
92	102	112
93	103	113
94	104	114
95	105	115
96	106	116
97	107	117
98	108	118
99	109	119
100	110	120

Arbeitsblätter zu Lösungen

121	131	141
122	132	142
123	133	143
124	134	144
125	135	145
126	136	146
127	137	147
128	138	148
129	139	149
130	140	150

151	161	171
152	162	172
153	163	173
154	164	174
155	165	175
156	166	176
157	167	177
158	168	178
159	169	179
160	170	180

Arbeitsblätter zu Lösungen

181	191	201
182	192	202
183	193	203
184	194	204
185	195	205
186	196	206
187	197	207
188	198	208
189	199	209
190	200	210

211	213	215
212	214	

216 _____

217 _____

218 _____

219 _____

220	227	234
221	228	235
222	229	236
223	230	237
224	231	238
225	232	239
226	233	240

Arbeitsblätter zu Lösungen

241 a _____

241 b _____

241 c _____

242	252	262
243	253	263
244	254	264
245	255	265
246	256	266
247	257	267
248	258	268
249	259	269
250	260	270
251	261	271

272	277	282
273	278	283
274	279	284
275	280	285
276	281	286

287 _____

288 _____

Arbeitsblätter zu Lösungen

289	294	299
290	295	300
291	296	301
292	297	302
293	298	303

304 _____

305 _____

306 _____

307 _____

Arbeitsblatt zu Lösungen Nitroxaufgaben Aufgaben Seite 255 ff

1	11	21
2	12	22
3	13	23
4	14	24
5	15	25
6	16	26
7	17	27
8	18	28
9	19	29
10	20	30

31	40	50
32	41	51
33	42	52
34a	43	53
34b	44	54
35	45	55a
36	46	55b
37	47	56
38	48	57
39	49	58

Arbeitsblätter zu Lösungen

59 a _____

59 b _____

59 c _____

60 a _____

60 b _____

60 c _____

61 a _____

61 b _____

62 _____

63 _____

64 _____

65 _____

66 _____

67 _____

68 a _____

68 b _____

68 c _____

Arbeitsblätter zu Lösungen

68 d _____

68 e _____

69 _____

70 a _____

70 b _____

71 _____

72	76	79
73	77	80
74	78	81
75		

82 a _____

82 b _____

82 c _____

82 d _____

82 e _____

82 f _____

83 _____

84 _____

Arbeitsblätter zu Lösungen

85 _____

86 _____

87 a _____

87 b _____

87 c _____

87 d _____

87 e _____

87 f _____

88 _____

89 _____

90 _____

91 _____

92 _____

93 _____

94 a _____

94 b _____

Arbeitsblätter zu Lösungen

94 c _____

95 _____

96 a _____

96 b _____

96 c _____

96 d _____

96 e _____

96 f _____

96 g _____

96 h _____

97 _____

98 a _____

98 b _____

98 c _____

98 d _____

98 e _____

99 _____

Arbeitsblätter zu Lösungen

100 _____

101 _____

102 _____

103 _____

104 _____

105 a _____

105 b _____

105 c _____

105 d _____

105 e _____

105 f _____

105 g _____

106 _____

107 _____

108 _____

109 _____

110 _____

Arbeitsblätter zu Lösungen

111 _____

112 _____

113 _____

114 _____

115 a _____

115 b _____

115 c _____

115 d _____

115 e _____

115 f _____

115 g _____

115 h _____

116 _____

117 _____

Arbeitsblätter zu Lösungen

Arbeitsblatt zu Lösungen Tauchphysiologie   Aufgaben Seite 275 ff

1	11	21
2	12	22
3	13	23
4	14	24
5	15	25
6	16	26
7	17	27
8	18	28
9	19	29
10	20	30

31	34	37
32	35	38
33	36	

39 _____

40 _____

41	48	55
42	49	56
43	50	57
44	51	58
45	52	59
46	53	60
47	54	

Arbeitsblätter zu Lösungen

61	72	83
62	73	84
63	74	85
64	75	86
65	76	87
66	77	88
67	78	89
68	79	90
69	80	91
70	81	92
71	82	

93 _____

94 _____

95 _____

96 _____

97 _____

98 _____

99 a _____

99 b _____

99 c _____

100 _____

Arbeitsblätter zu Lösungen

101 _____

102 _____

103 _____

104 _____

105 _____

106 _____

107 _____

108 _____

109 _____

110 _____

111 _____

112 a _____

112 b _____

112 c _____

112 d _____

112 e _____

Arbeitsblätter zu Lösungen

113 _____

114 _____

115 _____

116	118	120
117	119	

121	131	141
122	132	142
123	133	143
124	134	144
125	135	145
126	136	146
127	137	147
128	138	148
129	139	149
130	140	150

151 a _____

151 b _____

151 c _____

151 d _____

152 _____

153 _____

Arbeitsblätter zu Lösungen

154 _____

155 _____

156 a _____

156 b _____

157 a _____

157 b _____

158	168	178
159	169	179
160	170	180
161	171	181
162	172	182
163	173	183
164	174	184
165	175	
166	176	
167	177	

185 _____

186 _____

187 _____

188 _____

Arbeitsblätter zu Lösungen

189 _____

190 _____

191 _____

192 _____

193 _____

194 _____

195 _____

196 _____

197 _____

198 _____

199 _____

200 _____

201 _____

202 _____

203 _____

204 _____

205 _____

Arbeitsblätter zu Lösungen

206 _____

207 _____

208 _____

209 _____

210 _____

211 _____

212 _____

213 _____

214 _____

215 _____

Arbeitsblatt zu Lösungen Tauchausrüstung   Aufgaben Seite 309 ff

1	11	21
2	12	22
3	13	23
4	14	24
5	15	25
6	16	26
7	17	27
8	18	28
9	19	29
10	20	30

31	41	51
32	42	52
33	43	53
34	44	54
35	45	55
36	46	56
37	47	57
38	48	58
39	49	59
	50	60

40 _____

Arbeitsblätter zu Lösungen

61	71	81
62	72	82
63	73	83
64	74	84
65	75	85
66	76	86
67	77	87
68	78	88
69	79	89
70	80	90
91	101	111
92	102	112
93	103	113
94	104	114
95	105	115
96	106	116
97	107	117
98	108	118
99	109	119
100	110	120
121	129	137
122	130	138
123	131	139
124	132	140
125	133	141
126	134	142
127	135	143

500

Arbeitsblätter zu Lösungen

128   136   144

145 a _____

145 b _____

145 c _____

145 d _____

145 e _____

145 f _____

145 g _____

145 h _____

146 a _____

146 b _____

146 c _____

146 d _____

146 e _____

146 f _____

146 g _____

147 a _____

Arbeitsblätter zu Lösungen

147 b _____

147 c _____

147 d _____

147 e _____

148	151	154
149	152	155
150	153	156

157 _____

158 _____

159 _____

160 _____

161 _____

162	168	174
163	169	175
164	170	176
165	171	177
166	172	
167	173	

Arbeitsblätter zu Lösungen

178 _____

179	189	199
180	190	200
181	191	201
182	192	202
183	193	203
184	194	204
185	195	205
186	196	206
187	197	207
188	198	208

209	214	219
210	215	220
211	216	221
212	217	222
213	218	

223 _____

224 _____

225 _____

226 _____

227 _____

228 _____

Arbeitsblätter zu Lösungen

226 _____

227 _____

228 _____

229	233	238
230	234	239
231	235	240
232	237	238
239	240	241

242 _____

243 _____

244 _____

235 _____

242		247		252	
243		248		253	
244		249			
245		250			
246		251			

Arbeitsblatt zu Lösungen Tauchfertigkeit und Umgebung Aufgaben Seite 355 ff

1	11	21
2	12	22
3	13	23
4	14	24
5	15	25
6	16	26
7	17	27
8	18	28
9	19	29
10	20	30

31	41	51
32	42	52
33	43	53
34	44	54
35	45	55
36	46	56
37	47	57
38	48	58
39	49	59
40	50	60

61	65	69
62	66	70
63	67	71
64	68	72

Arbeitsblätter zu Lösungen

73	79	85
74	80	86
75	81	87
76	82	88
77	83	89
78	84	90

91	101	111
92	102	112
93	103	113
94	104	114
95	105	115
96	106	116
97	107	117
98	108	118
99	109	119
100	110	120

121	131	141
122	132	142
123	133	143
124	134	144
125	135	145
126	136	146
127	137	147
128	138	148
129	139	149
130	140	150

Arbeitsblätter zu Lösungen

151	161	171
152	162	172
153	163	173
154	164	174
155	165	175
156	166	176
157	167	177
158	168	178
159	169	179
160	170	180

181	188	195
182	189	196
183	190	197
184	191	198
185	192	199
186	193	200
187	194	201

202 a _____

202 b _____

202 c _____

202 d _____

202 e _____

203 a _____

Arbeitsblätter zu Lösungen

203 b _____

203 c _____

203 d _____

203 e _____

203 f _____

204	214	224
205	215	225
206	216	226
207	217	227
208	218	228
209	219	229
210	220	230
211	221	231
212	222	232
213	223	233

234	241	248
235	242	249
236	243	250
237	244	251
238	245	252
239	246	253
240	247	254

255 _____

Arbeitsblätter zu Lösungen

256 _____

257 a _____

257 b _____

257 c _____

257 d _____

257 e _____

257 f _____

257 g _____

257 h _____

257 i _____

257 k _____

Arbeitsblätter zu Lösungen

258	270	282
259	271	283
260	272	284
261	273	285
262	274	286
263	275	287
264	276	288
265	277	289
266	278	290
267	279	291
268	280	
269	281	

292 _____

293 a _____

293 b _____

293 c _____

294 _____

295 a _____

295 b _____

296 _____

297 1. Problem _____

297 2. Problem _____

Arbeitsblätter zu Lösungen

298 _____

299 _____

300 _____

301 _____

302 _____

303 _____

304 _____

305 _____

306 _____

307   309   311
308   310   312

Arbeitsblätter zu Lösungen

Arbeitsblatt zu Lösungen Tauchgangsplanung Aufgaben Seite 417 ff

1	11	21
2	12	22
3	13	23
4	14	24
5	15	25
6	16	26
7	17	27
8	18	28
9	19	29
10	20	30

31	34	37
32	35	38
33	36	39

40 _____

41 _____

42 _____

43 _____

44 _____

45 _____

46 _____

Arbeitsblätter zu Lösungen

47 _____

48 _____

49 _____

50 _____

51 _____

52	62	72
53	63	73
54	64	74
55	65	75
56	66	76
57	67	77
58	68	78
59	69	79
60	70	80
61	71	81

82	90	97
83	91	98
84	92	99
85	93	100
86	94	101
87	95	102
88	96	103
89		

Arbeitsblätter zu Lösungen

104 _____

105 _____

106 _____

107 _____

108	121	134
109	122	135
110	123	136
111	124	137
112	125	138
113	126	139
114	127	140
115	128	141
116	129	142
117	130	143
118	131	144
119	132	145
120	133	146

147	155	163
148	156	164
149	157	165
150	158	166
151	159	167
152	160	168
153	161	169

Arbeitsblätter zu Lösungen

154   162   170

171 _____

172 _____

173 _____

174 _____

175	186	197
176	187	198
177	188	199
178	189	200
179	190	201
180	191	202
181	192	203
182	193	204
183	194	205
184	195	206
185	196	207

208 _____

209 _____

Arbeitsblätter zu Lösungen

Arbeitsblatt zu Lösungen
Handzeichen: Aufgaben Seite 461 ff

1 _____

2 _____

3 _____

4a _____

4b _____

4c _____

5 _____

6a _____

6b _____

6c _____

6d _____

Bedeutung der Handzeichen

7 _____

8 _____

9 _____

10 _____

11 _____

12 _____

13 _____

14 _____

15 _____

16 _____

Arbeitsblätter zu Lösungen

17_____

18_____

19_____

20_____

21_____

22_____

23_____

24_____

25_____

26_____

27_____

28_____

29_____

30_____

31_____

32_____

33_____

34_____

35_____

36_____

37_____

38_____

39_____

40_____

41_____

42_____

Arbeitsblätter zu Lösungen

43 _____   55 _____

44 _____   56 _____

45 _____   57 _____

46 _____   58 _____

47 _____   59 _____

48 _____   60 _____

49 _____   61 _____

50 _____   62 _____

51 _____   63 _____

52 _____   64 _____

53 _____   65 _____

54 _____   66 _____

Arbeitsblätter zu Lösungen

67_____   79_____

68_____   80_____

69_____   81_____

70_____   82_____

71_____   83_____

72_____   84_____

73_____   85_____

74_____   86_____

75_____   87_____

76_____   88_____

77_____   89_____

78_____   90_____

Arbeitsblätter zu Lösungen

91_____

92_____

93_____

94_____

95_____

96_____

97_____

98_____

99_____

100_____

101_____

102_____

103_____

104_____

105_____

106_____

107_____

108_____

109_____

110_____

111_____

112_____

113_____

114_____

115_____

Arbeitsblätter zu Lösungen

Flaggensignale:

116_____

117_____

118_____

119_____

120_____

121_____

122_____

123_____

124_____

125_____

126_____

127_____

128_____

129_____

130_____

131_____

132_____

133_____

134_____

135_____

Arbeitsblätter zu Lösungen

10 Lösungsansätze

Die Mathematik handelt ausschliesslich von den Beziehungen der Begriffe zueinander ohne Rücksicht auf deren Bezug zur Erfahrung.

Albert Einstein

Lösungsansätze

10 Lösungsansätze
(alle mit * bezeichneten Aufgaben)

Tauchphysikaufgaben
(alle mit * bezeichneten Aufgaben)

1   Das farb-, geruch-, geschmacklose Gasgemisch weist in Bodennähe ein Gemisch von Sauerstoff O_2 = 21%, Stickstoff N_2 = 78% und einem Rest von Edelgas und Verunreinigungen = 1% auf.

2   Druck–Hydrostatischer. Ist beim Tauchen von besonderem Interesse und entspricht der durch die Wassersäule unter Wasser ausgeübte Druck, der linear mit wachsendem Tiefe zunimmt und in bar ausgedrückt wird. Der Wasserdruck auf 10 Meter beträgt bei Salzwasser ca. 1 bar, bei Süßwasser ca. 0.98 bar. Auf 20 Meter Tiefe ca. 2 bar bzw. bei Salzwasser 1.96 bar.
Da Wasser inkompressibel ist, bleiben diese Werte bei zunehmender Tiefe konstant.

3   Der absolute Druck in 10 Meter Tiefe beträgt 2,0 bar. Nach Boyle-Mariotte gilt: (p_1 x v_1) = (p_2 x v_2) daraus: (p_1 x v_1) / p_2 = (1 bar x 6 Liter) / 2,0 bar = 3,0 Liter.

5   Die Maske des Tauchers ist eine Luft-Wasserschnittstelle. Dem Taucher erscheinen die Objekte aufgrund der veränderten Einfallswinkel größer etwa 25% und näher etwa 25% als sie wirklich sind. Die Lichtbrechung wird auch Refraktion genannt.

18   Gesetz von Dalton: Am Gesamtdruck sind alle Einzelgase entsprechend ihrem Volumenanteil beteiligt. Die Σ des Partialdruckes aller Gase ergibt den Gesamtdruck. Patialdruck Sauerstoff auf Meereshöhe = 0,21 bar. Umgebungsdruck bei einem Partialdruck O_2 = 1,7 bar = 1,7 / 0,21 = 81 Tiefe = 71 Meter.

29   3000 Liter; 40 m = 5 bar Volumen = 3000 / 5 = 600Liter

30   Gesetz von Boyle-Mariotte: Volumen des Behälters = 15 Liter, Tiefe 90 Meter (Salzwasser) Umgebungsdruck = 10 bar. Das Gas wird sich bis zur Oberfläche (1 bar) um das 10-fache ausgedehnt haben, also 150 Liter erreichen.

31   Gesetz von Boyle-Mariotte: Druckveränderung = 2,5 : 5,0 bar
p_1 x v_1 = p_2 x v_2 = 2,5 bar x 2 Liter/ 5 bar = 1 Liter

Lösungsansätze

32 Druckveränderung Δp = 4 bar Δv = 80 Liter.

33 Gesetz von Boyle-Mariotte: Luftverbrauch auf 10 m 4 bar/Minute in auf 40 Meter (5 bar) (4bar/Minute / 2,0) x 5 = 10 bar / Minute.

34 Druck auf 40 Meter = 5 bar. Partialdruck O_2 = 20% von 5 bar = 1 bar.

45 Gewicht = 680 kg; Auftrieb = 280 kg x 1,03 = 288,4 kg; Abtrieb 391,6 kg Verdrängung Wasser = 391,6 / 1,03 = 380,2 Liter

48 Gewicht = 237 kg; Auftrieb = 123 kg x 1,03 = 126,7 kg; Δ = 110.3 + 40 kg = 150,3/ 1,03 = 145,9

50 Abtrieb = 100 kg; Auftrieb = 100 kg x 1,03 = 103 kg negativer Auftrieb zusätzlich = 20 kg Total 23 kg x 1,03 = 23,7kg = 24 kg

51 2Liter x 1 bar/ 2,7 bar = 0,74 Liter. Dichte 2,7

52 Das Volumen des Tauchers beträgt 100 Liter. Dieses erzeugt also im Meer einen Auftrieb von (1,035 kg/dm^3 x 100dm^3 x 10 m/s^2 =) 1035 N. Der Taucher selber hat ein Gewicht von (100kg x 10 m/s^2=) 1000 N. Das heisst, er braucht zusätzlich 35 N Blei, was ungefäht 3,5 kg entspricht.
oder: Zusätzliches Blei = Masse x Salzgehalt (100 x 0,035%)

53 AMV = 100 Liter/Min auf 30 Meter = 4 bar. AMV auf 25 Meter = 3,5 bar = 100 x 3,5/ 4 bar = 87,5 Liter

57 Tiefe = 37,5 m = 4,75 bar x 21% Sauerstoff = 99,75%

63 200 kg im Salzwasser; Verdrängung 90 Liter = 90 x 1.03 = 92,7 Abtrieb 107,3 Liter

64 Auftrieb Süsswasser = 230 kg. Neutraler Auftrieb im Salzwasser = 230 x 1.03 = 237 kg = 7 kg Blei

66 Gasvolumen 7 Liter auf 25 Meter (Süsswasser). Volumen = 7/3,5 = 2 Liter; Dichte 3,5 mal dichter

Lösungsansätze

67 ($p_1 \times v_1 = p_2 \times v_2$) 5m = 1,5 bar, 26 m = 3,6 bar (1,5 x 4,7) / 3,6 = 1,9 Liter

70 pPO_2 = 0,21 x 4 bar = 0,84 bar

85 Die Lösung kann nicht gefunden werden, weil das Volumen, die Verdrängung nicht bekannt ist.

86 Das Objekt verdrängt 300 Liter Salzwasser = 300 x 1,03 = 309 kg Nach oben gerichtete Auftriebskraft. Nach unten gerichtete Schwerkraft = 500 kg. 500 kg – 309 kg = 191 kg nach unten gerichtete Kraft. Auftrieb für 191 kg im Salzwasser kann erstellt werden mit einem Hebesack und 191 / 1,03kg/dm^3 = 185,5 Liter. Die Wassertiefe kann vergessen werden, weil Wasser praktisch nicht kompressibel ist.

87 Gewicht = 350 kg; Verdrängung = 300 Kg; Abtrieb 50 Liter = 50 Kg

91 Gesetz von Boyle-Mariotte: Volumen des Behälters = 30 Liter, Umgebungsdruck = 10 bar, das Gas wird sich an der Oberfläche um das 10-fache ausgedehnt haben, also 300 Liter erreichen

92 Der relative Druck in 50 Meter betragt 5 bar. Absoluter Druck beträgt 6 bar. Volumen an der Oberfläche 300 Liter, auf 50 m (6 bar) 300/6 = 50 Liter.

93 Absoluter Druck in einer Tiefe von 90 Meter = 10 bar. Ballon ist bei 4 bar mit 60 Liter gefüllt, das heisst, an der Oberfläche hätte er ein Volumen von 240 Liter (60 x 4 bar) auf 90 Meter (10 bar) 24 Liter (240/10).

94 $p_1 \times v_1 = p_2 \times v_2$ p_1 = 1,7 bar absolut in 7 Meter Tiefe, p_2 = 3,6 bar absolut in 26 Meter Tiefe, v_1 = 300 Liter, $v_2 = (p_1 \times v_1)/p_2$

96 In 30 Meter Tiefe herrscht ein absoluter Druck von 4 bar. Darum muss ein Taucher Luft atmen, die vier mal dichter ist als an der Oberflächedruck

97 Verbrauch an der Oberfläche: 1/3 von 60 Liter (20 Meter = 3 bar) = 20 Liter/Minute. Verbrauch in 60 Meter Tiefe = 7 bar, 7 x 20 Liter/Minute = 140 Liter/Minute.

98 Die Ausgangsdaten sind in Liter/Minute aufgeführt und können nicht in bar/Minute ausgedrückt werden. Die Antwort ist in bar/Minute verlangt.

Lösungsansätze

99 Die Volumen oder Druckänderung einer Gasmenge steht in direktem proportionalen Verhältnis zur Veränderung der absoluten Temperatur. Gesetz von Charles: bei einer abgeschlossenen Gasmenge (konstantes Volumen) bleibt der Quotient aus Druck p und Temperatur T konstant. p/T = konstant.

100 Volumen des Behälters bleibt unverändert, die Wände sind stabil, darum wird nur der Druck sinken p/T = konstant.

101 Die Auswirkung einer Temperaturänderung auf den Druck einer Pressluftflasche kann grob abgeschätzt werden: Eine Temperaturänderung von 1°C bewirkt eine Druckänderung von 0,6 bar. Ein Temperaturabfall von 23°C bewirkt einen Druckabfall von 23°C x 0,6 bar = 14 bar.
$v_1 \times p_1 / t_1 = v_2 \times p_2 / t_2$: (V = Volumen 12 Liter, wird nicht in die Gleichung aufgenommen): 200 x 277 / 300 = 184,6

102 $T_2 = ((p_2 \times T_1) / p_1 = (188 \times 299) / 200 = 281$ K $= 8°C$

103 $pPO_2 = 0,2$ bar bei 20% Sauerstoff und 1 bar Umgebungsdruck

104 24 m = 3,4 bar; 3,4 x 0,21% = 0,714 bar

106 Es gibt ein Streben nach einem Gleichgewichtzustand zwischen dem Druck in einer Flüssigkeit (Gasspannung) und dem Druck des Gases, das in Kontakt mit der Flüssigkeit steht. Die Menge eines Gases, die in einer Flüssigkeit gelöst werden kann, ist fast proportional zum Partialdruck des Gases» Gesetz von Henry.
$pPN_2 = 0,8$ bar bei 80% Stickstoff und 1 bar Umgebungsdruck

112 (10 Liter x 198 bar) (50 bar Reserve) = (1480)/(3 x 25) = 19,7 Minuten

113 Luftgewicht = 1,3 gr. / Liter. (10 x 210 bar x 1,3 = 2,73 kg

114 $pN_2 = (3,7$ bar x 79) / 100 = 2,92 bar

115 $(p_1 \times v_1)/T_1 = (p_2 \times v_2)/T_2$; $(T_K + 273)(200 \times 293)/323 = 181,4$ bar, Veränderung = 18,6 bar

116 Totale Luftmenge = (15 Liter x 200 bar) + (10 Liter x 50 bar) = 3500 Liter (3500 Liter / 25 Liter) = 140 bar in jeder Flasche.

Lösungsansätze

117 Gewicht leeres Gerät = (15 kg − (2000 Liter x 1,3 gr.)) = 12,4kg. Volumen Gerät: 12,4kg/7,8kg/dm³ = 1,59 dm³ = Liter

118 Luftdruck auf 1700 Meter = 0,83 bar (pro 1000 m Höhe nimmt der Luftdruck um ca. 0,1 bar ab. Wasserdruck 4,4 bar + Luftdruck = 4,4 bar + 0,83 bar = 5,23 bar.

119 13m = 1,3 bar Wasserdruck, daraus 0,7 bar Luftdruck = 0,3 bar Druckabfall Höhe Bergsee = 3000 m.

120 $((p_1 \times v_1) + (p_2 \times v_2)) / (v_1 + v_2)$ = 191,67 bar Druck nach überströmen. $(p_1 \times T_2)/T_1$ = 167,9 bar

121 N_2 = 78% O_2 = 21%; 4 bar / 0,78 = 5,13 bar = 41,3 m

122 (1,7 bar / 0,21 O_2) 0 8,1 bar = 71m max. Tiefe

123$_a$) Auftrieb des Ankers = 25 Liter x 1 kg/dm³ =25 kg. Gewicht im Süsswasser 200 kg − 25 kg = 175 kg. Auftrieb von 175 kg ist notwendig

123$_b$ Volumen Hebesack: v = 175 kg/kg/dm³ oder 175 Lit

123$_c$ $p_2 = (p_1 \times v_1) / v_2$ = (4 bar x 175 Liter)/ 250 Litewr = 2,8 bar = 18 m

123$_d$ $(p_1 \times v_1)/p_2$ = 4 bar x 175)/1 bar = 700 Liter. Bis zur Oberfläche entweichen 700 Liter − 250 Liter = 450 Liter.

124$_a$ Auftrieb des Ankers in Salzwasser beträgt 25dm³ x 1.03kg/dm³ = 25,75 kg Gewicht im Salzwasser = 200 kg 175 − 25,75 = 174,25 kg.

124$_b$ Volumen Hebesack: v = Masse / Gewicht Salzwasser = 174,25 / 1,03 kg/dm³ 169,17 Liter.

124$_c$ $(p_1 \times v_1) = (p_2 \times v_2)$ $p_2 = (p_1 \times v_1)/v_2$ = (4 bar x 169,17) / 250 Liter = 2,72 bar = 17,1m

124$_d$ $V_2 = (p_1 \times v_1)/p_2$ = (4 bar x 169,17) /1bar = 676,7 Liter. Bis zur Oberfläche entweichen 676,8 − 250 = 426,7 Liter

Lösungsansätze

125 Das Volumen des Tauchers beträgt 100 Liter. Dieses erzeugt im Meer einen Auftrieb von $(1{,}35 kg/dm^3 \times 100\ dm^3 \times 10 m/s^2) = 1350$ Newton. Der Taucher selber hat ein Gewicht von $(100\ kg \times 10 m/s^2)$ 1000 Newton. Das heisst, er braucht zusätzlich 350 N Blei, was ungefähr 35 kg entspricht. Einfachere Berechnung: Zusätzliches Blei = Masse x Salzgehalt = $(100\ kg \times 0{,}35\%) = 35\ kg$

126 $p_2 = (p_1 \times v_1)/v_2 = (2\ bar \times 4\ Liter)/6\ Liter = p_2 = 1{,}33\ bar = 3{,}3\ m$. Da die Lunge sehr empfindlich ist und nur einen ganz geringen Überdruck tolerieren kann, besteht bei weiterem Auftauchen mit angehaltenem Atem die Gefahr eines Lungenrisses!

127 In 40m Tiefe herrschrt ein Druck von 5 bar. Das Volumen des Gefässes wird mit diesem Druck multipliziert, dies ergibt 50 Liter. Davon müssen 40 Liter bis zur Oberfläche entweichen.

128 Absoluter Druck in 20m Tiefe = 3 bar. Das Volumen des Tauchanzuges (vereinfachte Rechnung) beträgt 8 Liter (der Taucher gleicht es mit 8 kg Blei aus). In 20m wird der Anzug nun auf 1/3 seines Volumen komprimiert, das bedeutet, dass 2/3 des Auftriebes von 8 kg = 5,3kg mit der Weste kompensiert werden muss. Man bläst also 5,3 Liter Luft bei 3 bar ein, das sind 16 Liter.

129 Luftgewicht = 1,293 gr./Liter oder $1{,}3kg / m^3$. 20 Liter Tauchgerät mit 220 bar gefüllt = 4400 Liter = $4{,}4 m^3 = 4{,}4 \times 1{,}3 kg = 5{,}72\ Kg$.

130 $(p_1 \times v_1)/T_1 = p_2 \times v_2/T_2$. $V_1 = v_2 (p_1 \times T_2)/T_1 = (200 \times 323)/273 = 236{,}6\ bar$
236,6 bar – 200 bar = 36,6 bar die Gefahr einer Explosion besteht bei einem geprüften Gerät (300 bar Prüfdruck) nicht.

131 $0{,}78 \times 3\ bar = 2{,}34\ bar$

132 Vol. 170 bar x 10 Liter = 1700 barliter; 50 bar Reserve bleiben 1200 barliter
AMV = 20 Liter/Min x 3 bar = 60 Liter/Min; 1200 barliter / 60 Liter/Min = 20 Min

133 20 Liter/Min (15m) = 2,5 bar = 50 Liter/Min; 10 Min = 500 Liter
200 bar x 10 Liter = 2000 – 500 Liter = 1500 Liter/10Liter = 150 bar

142 30 Min in 15 m Tiefe (2,5bar) AMV = 20 Liter/Min: 20 Liter x 30 Min. X 2,5 bar = 1500 barliter

Lösungsansätze

143 10 m Tiefe = 2 bar Druck, AMV = 20 Liter/Minute Luftvorrat = 15 Liter (200 - 50 bar) = 2250 Liter Tauchzeit = 2250 Liter / 2x20Liter/Minute = 56 Minuten

144 AMV = 15 l/min; Tiefe = 18 m = 2,8 bar Zeit = 35min
15 x 2,8 x 35 = 1470 barliter

145 AMV = 20 l/min; Tauchzeit 20 min Tiefe = 10 m = 2 bar
20 x 20 x 2 = 800

147 Der Fisch ist real 1,33 m entfernt, trotzdem stellt man 1 m Entfernung ein, denn die Kamera wird gensauso getäuscht wie das Auge.

148 90 Min bei 1 bar; Bei 3 bar 90/ 3 = 30 Min.

150 10 Liter Tauchflasche 150 bar (200 bar - 50 bar) = 1500 Liter Luft
AMV = 20 Liter bei 1 bar;
20 m = 3 bar = 60 Liter
Tauchzeit = 1500 / 60 = 25 Minute

154 Brechungsindex: Luft :Wasser= 1:1,33
Grösse: 1,2m/1.33 = 0,9 m effektive Grösse
Distanz: 3m x 1,33 = 4m effektive Distanz

155 Abtrieb = 545 kg; Auftrieb = 255 kg (Archimedes) Δ = 290 Liter

156 50 Liter Ballon; Tiefe 30 Meter = 4 bar = 200 Liter

158 75 Kg / 1.03 = 72,8 kg

162 0,7 x 0,8 = 0,56 (Luftdruck 3000 m = 0,7 bar, Stickstoff pP = 0,8)

163 Oberfläche = 60 Min bei 1 bar; 20 m = 3 bar = 60/3 = 20 Min

167 v = 2,5 Liter, p = 5 bar, p OF = 1 bar, v = 5bar x 2,5 Liter = 12,5 Liter

168 Anker 200 kg; Vol.= 127 x 1.03 = 130,8kg; 17 m Salzwasser
Minimale Wassermenge 69,2 / 1.03 = 67,2

Lösungsansätze

169 Lösung a) $p_2 = (p_1 \times V_1) / v_2 = $ (5 bar x 12 lt) / 16 lt = 3,75 bar
    Tiefe = 3,75 bar – 1 bar = 2,75 bar = 27,5 Meter
    Lösung b) $V_2 = (p_1 \times V_1) / p_2 = $ (5 bar x 12 lt) / 1 bar = 60 lt
    Es entweichen bis zur Oberfläche 60 lt -16lt = 44 lt Luft
    Lösung c) Es entweichen bis zur Oberfläche 60 lt – (16lt x 1,2bar) = 40,8 lt wenn das Überdruckventil 0,2 bar Überdruck standhält

172 2000 m; pro 1000 m nimmt der Druck um 0,1 bar ab

173 44 m = 4,4 bar + p Bergsee = 4,4 + 0,83 = 5,23 bar

174 In 13 m; absoluter Druck = 2 bar Δ = 0,7 bar
     1,3 bar Wasserdruck ; 0,7bar p an der Oberfläche = 3000 m

175 p34 m = 4,4 bar, v $_{Weste}$ = 18 Liter 4,4 x 18 = 79,2Liter

176 V_1 = 0,5 l/bar x 200 bar = 100 l; P_1 = 1 bar
     $p_2 = (p_1 \times v_1) / v_2$ = 1bar x 100 lt / 18,5 lt = 5,41 bar = bei 44,1m kann die Weste noch gefüllt werden

177 v_1 = 5,2 lt = 4 lt + 1,2 lt; P_2 = 4 bar + 1 bar = 5 bar; V_2 = 1,2 lt (Residualvolumen)
     a) $p_1 = (p_2 \times v_2) / v_1 = $ (5bar x 1,2 lt) / 5,2 lt = 1,15 bar
        1,15 bar – 1 bar = 0,15 bar = ab 1,5m ist die Lunge gefärdet
     b) $v_1 = (p_2 \times v_2) / p_1 = $ (5 bar x 1,2 lt) / 1 bar = 6 lt
        er muss (6lt -5,2 lt) = 0,8 lt abatmen

178 v_1 = 8lt; V_2 = 2 x 12 lt; P_1 = 1 bar; P_2 = 210 bar
     Volumen = 8 lt + 24 lt = 32 lt; Luft = 8 lt + 5040 lt = 5048 lt. Nach dem Überströmen ist in beiden Flaschen ein Druck von (5048 lt/bar / 32 lt) = 157,75 bar. Dies entspricht für in der 8 lt-Flasche 157,75 bar x 8 lt = 1262 lt Luft

179 p_1 = 2,4 bar + 0,8 bar = 3,2 bar; V_1 = 2,5 lt
     $p_2 = (p_1 \times v_1) / v_2 = $ (3,2 bar x 2,5 bar) / 1,5 lt = 5,33 bar
     Der Ballon besitzt in 5,33 bar – 0,8 bar = 4,53 bar 45,3 m ein Volumen von 1,5 Liter

180 p_2 = 2000 m ü M = 0,8 bar; V_2 = ?
     $v_2 = (p_1 \times v_1) / p_2 = $ (3,2 bar x 2,5 lt) / 0,8 bar = 10 lt
     An der Oberfläche nimmte der Ballon ein Volumen von 10 lt ein.

Lösungsansätze

181 Der Enddruck wird am höchsten, wenn man der Reihe nach aus der Flasche mit dem kleinsten Druck überströmt.
a) Flasche A: $(p_1 \times v_1) + p_2 \times v_2)/ (v_1 + v_2) = $ (50 lt x 170 bar) + (10lt x 50 bar)/ (10lt + 50lt) = 500lt + 8500lt / 60 lt = 150 bar
Flasche B: $(p_1 \times v_1) + p_2 \times v_2)/ (v_1 + v_2) = $ (10 lt x 150 bar) + (50lt x 220 bar)/(10lt + 50lt = 1500lt+ 1100lt/ 60 lt = 208,33 bar
b) 173,61 bar
c) 181,82 bar

183 $T_2 = p_2 \times T_1 / p_1 = $ 300 bar x (273 + 20)/200 bar = 439,5 K
Die Flasche muss auf eine Teperatur von (439,5K − 273 K) = 166,5°C erwärmt werden
$T_2 = $ 500 bar x 293 K / 200 bar = 732,5 K
Die Flasche muss auf eine Temperatur von (732,5 − 273 K) = 459,5 °C erwärmt werden.

184 $V_2 = ?$
$p_2 = $ 0,3 bar + 1 bar = 1,3 bar
$T_2 = $ 273 K + 21°C = 294 K
$V_1 = $ 5 Liter
$P_1 = $ 2,3 bar + 1 bar = 3,3 bar
$T_1 = $ 273 + 8°C = 281 K

$V_2 = (p_1 \times v_1 \times T_2) / T_1 \times p_2 = $ (3,3 bar x 5 lt x 294K) / 281 K x 1,3 bar = 13,3 lt

185 Lösung 1. Teil: $(p_1 \times v_1) + (p_2 \times v_2) / (v_1 + v_2) = $ (50 bar x 10 lt) + (220 bar x 50lt) / (10lt + 50lt) = 191,67 bar. Nach dem Überströmen ist in beiden Flaschen einen Druck von 191,67 bar.
Lösung 2. Teil: $(p_1 \times v_1) / T_1 = (p_2 \times v_2) / T_2$; $p_2 = (p_1 \times T_2) / T_1 = $ 191,7 bar x 283 K / 323 K = 167,9 bar
Nachdem sich die Flasche auf 10°C (273 K + 10 °C = 283 K) abgekühlt hat zeigt das Finimeter einen Enddruck von 168 bar an.
(spez. Fall Gay Lussac ($v_1 = v_2$)

186 78% = 4 bar
1% = 4 bar / 78% = 0,051 bar
100 % = 0,051 bar x 100 = 5,13 bar = 41,3 m
oder: 100% = 4 bar/78 x 100 = 5,13 bar
Die theoretische Tiefenrauschgrenze liegt bei 41,3 m

187 21% O_2
p = 1 bar − (2,5 x 0,1) = 0,75 bar; $pO_2 = $ (0,75 bar x 21%) / 100% = 0,16 bar

Lösungsansätze

200 Gegeben: Vol 0,3m x 0,4m x 0,5m = 0,06 m³
Masse m = 150 kg
Õ = 1,0 kg/dm³ (Flüssigkeit)
Gesucht: Dichte, Gewicht unter Wasser
Õ = M / v = 150 kg / 60 dm³ = 2,5 kg/dm³
Masse 150 kg (1500N): Beton hat eine Dichte von 2,5 kg/dm³

201 Auftrieb = v x õ$_F$ = 60dm³ x 1kg/dm³ = 60 kg
Der Betonklotz wiegt unter Wasser (150 kg – 60 kg>) = 90 kg

202 v_1 = ?
p_1 = 3 bar + 1 bar = 4 bar
p_2 = 2 bar + 1 bar = 3 bar
Gegeben: Abtrieb = 7 kg, p_1, p_2

Lösung 1. Teil (Archimedes)
V = Auftrieb / õ = 7 kg x dm³ / 1 kg = 7lt
Lösung 2. Tei (Boyle-Mariotte)
p_1 x v_1 = p_2 x v_2
v_2 = (4 bar x 7lt) / 3 bar = 9,3 lt
In 20 m Wassertiefe erzeugt die Weste einen Auftrieb von 9,3 lt x 1 Kg/dm³ =
9,3 kg

204 <u>Lösung a)</u>
V = 10 Liter
P = 200 bar
M = 16 kg
Östahl = 7,8 kg/dm³ Die Flasche hat ein Leergewicht von 16 kg – 2,6 kg = <u>13,4 kg</u>
Öluft = 1,3 kg/m³
Im Gerät sind 10 lt x 200 bar = 2000 lt Luft
Die Luft wiegt 1,3 kg /m³ x 2m³ = 2,6 kg
<u>Lösung b)</u>
Das Volumen des Stahls ist:
V = m/Östahl = 13,4 kg/7,8 kg/dm³ = 1,7 dm³
Das Volumen des Gerätes ist 10 lt + 1,7 lt = 11,7 lt
Der Auftrieb des Gerätes ist: 11,7 lt x 1,0 kg/dm³ = 11,7 kg
Somit wiegt das volle Gerät 16 kg – 11,7 kg = <u>4,3 kg</u>
Und das leere Gerät 16 kg -2,6 kg – 11,7 kg = <u>1,7 kg</u>

205 71°C = 344 K; 4°C = 277 K P = p_1 x T_2 / T_1 = 205x277/344 = 165 bar

207 311,5 Liter x 1.03 kg = 320,8 kg Auftrieb; Abtrieb = 473 kg – 152,2 = 147,7 Liter
Tiefe = 22 Meter = 3,2 bar; 147,7 Liter x 3,2 bar = 472,6 Barliter

Lösungsansätze

208   Oberfläche 1 bar, Luftverbrauch 2 bar/Minute 20 Meter Tiefe = 3 bar
      Luftverbrauch 3 x 2 bar/Minute = 6 bar/Minute

209   1,7 bar x 2,4 Liter / 3,4 Liter = 1,2 Liter

210   AMV = (Fülldruck – Restdruck) x Volumen / Tauchzeit x Tiefe
      [(200 – 110) x 10] / 15 x 3 = 20 lt/Min

213   $(P_1 \times V_1) / T_1 = (P_2 \times V_2) / T_2$
      $P_2 = (205 \times 355.1) / 287.1 = 253,55$

215   Volumen = 344 Liter
      Gewicht = 740 kg
      Notwendiger Auftrieb bis zur neutraler Tarierung: 740 – 344 = 396 Liter

217   $V_1 \times P_1 = V_2 \times P_2$
      8 Liter x 2 bar = 10 Liter x P_2 =
      (8 x 2) / 10 = 1,6 bar = 6 Meter

220   $V_1 \times P_1 = V_2 \times P_2$
      $(V_1 \times P_1) / P_2 = V_2$
      (8 x 2,4) / 1,2 = 16 Liter

221   O_2 Luft = 0,21%
      pP = 1,6 bar
      1,6 bar / 0,21 = 7,61 bar = 66 Meter

222   Gewicht Taucher = 110 kg
      Annahme Salzgehalt: 3% mehr Auftrieb
      Zusätzliches Gewicht: +3,3 kg

223   $V_1 \times P_1 = V_2 \times P_2$
      $(V_1 \times P_1) / P_2 = V_2$
      (2,4 x 1,68) / 3,35 = 1,2 03 Liter

229   $V_1 \times P_1 = V_2 \times P_2$
      $(V_1 \times P_1) / P_2 = V_2$
      (9 x 1) / 2,2 = 4 Liter

Lösungsansätze

236 Der Fisch ist wirklich 1,33 m entfernt, trotzdem stellst du 1 m Entfernung ein, den die Kamera unterliegt den gleichen Gesetzmässigkeiten wie dein Auge.

243 Eine Masse von 290 Newton wiegt an Land 290 N / 9,81 = 29 kg
9,81 N (10 N) ist die Kraft, um die eine Masse von 1 kg im freien Fall beschleunigt wird.

244 Kelvin = °C + 273
37 °C + 273 = 310 Kelvin

245 °C = Kelvin − 273
250 − 273 = 23 °C

246 1 Barliter Luft [bar l] = Luftmenge, die einem Liter Luft bei 1 bar entspricht.
(=1,29 g Luft)
200 bar 15 l Gerät = 3000 barl

247 1 barl Luft hat eine Masse von etwa 1,29 g.
3000barl * 1,29 g = 3870 g = 3,87 kg
Gewicht gefülltes Gerät= 10 kg + 3,87 kg = 13,87 kg

248 V_{Pb} = Masse / Dichte = 8 kg / 11kg/l = 0,72 l
Gewicht der verdrängten Flüssigkeitsmenge= $V_{Pb}*\rho$Wasser*Erdbeschleunigung
= 0,72 l * 1 kg/l * 9,81 m/s² = 7,20 N
Gewicht des Körpers in der Luft = 80 N
Auf- / Abtrieb = 7,2 N − 80 N = 72,8 N
Der Körper Blei sinkt Abtrieb

251 Boyle-Mariotte'sches Gesetz: P × V = c
Oberfläche   P × V = c
Oberfläche(Zustand1): $P_1 × V_1$ = c   6 bar * 6 l = 6 barl
Beckenboden (Zustand2): $P_2 × V_2$ = c V_2 = c / p_2 = 1,38 bar
                                           6 barl / 1,38 bar
                                           = 4,35 l

252 Beckenboden (Zustand 1): p1 × V1 = c → 1,38 bar × 6 Liter = 8,28 bar l
Oberfläche(Zustand 2): V_2 = c / p_2 =   8,28 barl / 1 bar ≈ **8,28 Liter**
Volumenzunahme: 2,28 l = 38 %

Beachte:
Lungenbläschen können ab Δp = 100 mbar zerreißen (= 1 m Tiefe)

535

Lösungsansätze

253 Ansatz 1: $V_1 = 5m^3$ $T_1 = (273+27)K = 300K$ (Kelvin)
Ansatz 2: $V_2 = ?m^3$ $T_2 = (273+10)K = 283K$
$V_2 = V_1 \times (T_2 / T_1)$ $= 5m^3 \times (283K / 300K) = 4{,}717 m^3$

$\Delta V = 5 m^3 - 4{,}717 m^3 = 0{,}283 m^3$

254 Ansatz 1: $p_1 = 220$ bar $T_1 = (273 + 20)K$ $= 293 K$ (Kelvin)
Ansatz 2: $p_2 = ?$ bar $T_2 = (273+70)K$ $= 343K$
$P_2 = p_1 \times (T_2 / T_1) = 220 bar \times (343K / 293K) \approx 258 bar$
Da $p_2 < 300$ bar (= Prüfdruck) platzt die Flasche nicht!

255 Ansatz 1: $p_1 = 220$ bar $T_1 = (273 + 20)K = 293 K$
Ansatz 2: $p_2 = 300$ bar $T_2 = ?$
$T_2 = T_1 \times (p_2 / p_1) = 293K \times (300bar/220bar)$ $= 400K = 127°C$
    $= 127°C$

256 Ansatz 1: $P_1 = 220$ bar $T_1 = (273 + 20)K = 293 K$
Ansatz 2: $P_2 = 450$ bar $T_2 = ?$
$T_2 = T_1 \times (P_2 / P_2) = 293K \times (450bar/220bar)$ $= 599K$
    $= 326°C$

257 Ansatz 1: $p1 = 225 bar$ $T1 = (273+40)K$ $= 313K$
Ansatz 2: $p2 = ? bar$ $T2 = (273 + 5)K$ $= 278 K$
$p2 = p1 \times (T2 / T1) = 225 bar \times (278K / 313K)$ $= 200 bar$

258 Ansatz 1: $P1 = 1 bar$ $V_1 = 10 m3$ $T1 = (273+27)$ $= 300K$
Ansatz 2: $P_2 = 4 bar$ $V2_2 = ? m3$ $T2 = (273+ 7)$ $= 280K$
$V2 = (p1 \times V1 \times T2) / (T1 \times p2)$
$= (1 bar \times 10 m3 \times 280 K) / (300 K \times 4 bar)$
$= 2{,}33 m^3$

259 Lungenvolumen 6 l bei 1 bar
Lungenvolumen 10 m / 20 m / 17 m Tiefe
    2 bar / 3 bar / 2,7 bar
$V_1 * P_1 = V_2 * P_2$
$V_2 = (V_1 * P_1) / P_2 = 3l / 2l / 2{,}2 l$

260 Lungenvolumen $= 8 l$ $= V_1$
Wassertiefe $= 10 m$ $= 2 bar$ $= P_1$
$V_1 \cdot P_1 =$ $V_2 * P_2$
$V_2 =$ $V_1 \cdot P_1 / P_2$ $= 8 l * 2 bar / 1 bar$ $= 16 l$

Lösungsansätze

261 Luftverbrauch an der Oberfläche = 25 Liter / Minute bei 1 bar
Luftverbrauch in 40 m Tiefe = 5 bar
AMV in 40 m Tiefe = 125 Liter / Minute

262 $P_{(He)}$ = 99,15% = 61,47 bar
$P_{(O2)}$ = 0,65 % = 0,403 bar
$P_{(N2)}$ = 0,17% = 0,1054 bar
Damit ist der Sauerstoffpartialdruck doppelt so groß wie an der Oberfläche. Eine ausreichende O_2-Versorgung ist gewährleistet. (Ein p(O_2) > 1,6 bar wirkt giftig.

Lösungsansätze

Nitroxaufgaben

(alle mit * bezeichneten Aufgaben)

28 $((1 - 0.37) * (17{,}3 + 10) / 0{,}79) - 10 = ((0{,}63 * 27{,}3) / 0{,}79) - 10 = 11{,}77$

30 $(15{,}5 + 10) / 10 * 0{,}28 = 0{,}714$

32 $(14/0{,}35) - 10 = 30$ m
    $(16/0{,}35) - 10 = 35{,}7$ m

34 $pO_2 = 1{,}4$ bar: $T = 14/0.21 - 10 = 56{,}6$ m
    $pO_2 = 1{,}7$ bar: $T = 17/0{,}21 - 10 = 70{,}9$ m

37 Pressluft: 18m = 56'
    EAN32:   18m = 95'

41 Wiederholungsgruppe S; OFP = 2:40h O_2 Belastung = 65% Restbelastung = 35%
    Tauchgang mit EAN 36 auf 18 m $pPO_2 = 1{,}01$; EAD = 12,7 m = 84 Min.

42 Wiederholungsgruppe = L; OFP = 1:20h O_2 Belastung 55 % Restbelastung 45 %
    $pPO_2 = 0.83 = 162$ Minuten EAD 12,4 max. Tauchzeit = 79 Minuten

45 19 min   20m   0,99 pPO_2 10%
    14 min   16m   0,86   5%
    22 min   12m   0,73   5% Total Belastung = 20 %

55 Lösung a)
    Pmax = (1,7 bar x 100%) / 40% = 4,26 bar = 32,6 m
    Pmin = (0,17 bar x 100%) / 40% = 0,426 bar = 0 Meter
    Mit diesem Gemisch kann man zwischen 0 – 32,6 m (Tiefenbereich) tauchen
    Lösung b)
    P = (4 bar x 100%) / 60% = 6,66 bar = 56,7 m Stickstoffnarkose

56 Schritt 1
    pN_2 = (3,4 bar x 65%) / 100% = 2,21 bar
    Schritt 2
    P = (2,21 bar x 100%) / 79% = 2,8 bar = 18 Meter

Lösungsansätze

108     $[(EANx - \Delta O_2) / \Delta N_2] \times P = O_2$
        EANx   gewünschte fertige Mischung (%)
        ΔO_2 Anteil Sauerstoff in der Luft (%) (in der Regel 0,21)
        ΔN_2 Anteil Stickstoff in der Luft   (in der Regel 0,79)
        P   Druck im Gerät nach dem Füllvorgang (bar)
        O_2 Benötigter Sauerstoff (bar)
                $[(0,34 - 0.21) / 0.79] \times 205 = 34$ bar

109     $[(EANx_1 - \Delta O_2) / \Delta N_{2(2)}] \times P = O_2$
        $EANx_1$ fertige Mischung (%)
        ΔO_2 Anteil Sauerstoff des Auffüllgases (%)
        $\Delta N_{2(2)}$ Anteil Stickstoff des Auffüllgases (%)
        P   Druck im Gerät nach dem Füllvorgang (bar)
        O_2 Benötigter Sauerstoff (bar)
                $[(0,36 - 0.32) / 0.68] \times 165 = 9,7$ bar

110     $P \times EANx_1 = O_{2(1)}$
        $P_v \times EANx_2 = O_{2(2)}$

        ΔP $O_{2(3)}$
        $O_{2(3)} / \Delta P$ $= EANx_3$
        $EANx_1$ gewünschte fertige Mischung (%)
        $EANx_2$ Anteil Sauerstoff in der vorhandenen Mischung
        $EANx_3$ Anteil Sauerstoff des Auffüllgases (%)
        P   Druck im Gerät nach dem Füllvorgang (bar)
        ΔP Druckdifferenz, die notwendig ist, um das Gerät zu füllen bis zum Druck P
        P_v Vorhandene Flaschendruck vor dem Füllvorgang Restdruck in bar)
        O_2 Benötigter Sauerstoff (bar)
        $O_{2(1)}$ Menge des benötigten Sauerstoffs in der endgültigen Mischung
                $O_{2(2)}$ Menge des Sauerstoffs (bar) in der vorhandenen Mischung
                          $O_{2(3)}$ Menge des Sauerstoffs, welcher hinzugefügt werden muss (bar)
                          $205 \times 0,36 = 74$
                          $65 \times 0.30 = 20$
                          ----
                          140   54
                          $54 / 140 = 0,39\%$ = Anteil des benötigten Sauerstoff im Auffüllgas

116   PO_2 an der Oberfläche = 0,21 bar
        pPO_2 Grenze bei 1,7 bar Annahme
        $pPO_{2 Oberfläche} / pPO_{2 Grenzwert} = 1,7 / 0,21 = 8,09$ bar = 71 m

Lösungsansätze

117 $P_{(He)}$ = 99,15% = 61,47 bar
    $P_{(O2)}$ = 0,65 % = 0,403 bar
    $P_{(N2)}$ = 0,17% = 0,1054 bar
    Damit ist der Sauerstoffpartialdruck doppelt so groß wie an der Oberfläche. Eine ausreichende O_2-Versorgung ist gewährleistet. (Ein $p(O_2)$ > 1,6 bar wirkt giftig).

Lösungsansätze

Tauchgangsplanung

(alle mit * bezeichneten Aufgaben)

11	Lösung nach PADI: 1. Tauchgang: 14.35 Uhr Ende 24 m 25 Minuten = WG „N" OFP = 55 Minuten WG „E" 2. Tauchgang 15.30 Uhr 18 m Beginn NZ $_{max}$ 38 Minuten Lösung nach ATEC: 1. Tauchgang: 14.35 Uhr Ende 24 m 25 Minuten = WG „F" OFP = 55 Minuten WG „E" 2. Tauchgang 15.30 Uhr 18 m Beginn NZ $_{max}$ 36 Minuten
14	1. Tauchgang: 17 m, 23 Minuten WG = „H" OFP = 30 Minuten WG = „D" 2. Tauchgang: 16 m max. Grundzeit = 53 Minuten
15	1. Tauchgang: 18 m 49 Minuten WG = „T" 2. Tauchgang: 18 m 24 Minuten . OFP$_{min}$? WG „T" > WG „L" = 32 Minuten
16	1. Tauchgang: 17 m 47 MinutenWG „S" OFP = 30 Minuten, WG „L" 2. Tauchgang: 17 m Grundzeit 30 Minuten. Max. Grundzeit = 24 Minuten
19	1. Tauchgang: 25m, 20 Minuten WG „K" OFP 45 Minuten WG „E" 2. Tauchgang: 16m, 37 Minuten ZZ = 21 Minuten WG „T" OFP 62 Minuten WG „H" 3. Tauchgang: 16 m Grundzeit max = 47 Minuten
21	1. Tauchgang: 17 m, 25 Minuten WG = „I" OFP = 60 Minuten WG = „C" 2. Tauchgang: 15 m, Grundzeit max = 55 Minuten
22	1. Tauchgang: 21 m, 30 Minuten WG = „O" OFP$_{min}$ =? 2. Tauchgang: 18 m, 36 Minuten WG = „F" OFP WG „O" > WG „F" = 48 Minuten
23	2. Tauchgang: WG = „Y" Mind. OFP = 3 Stunden (WG = „Y")
24	1 Tauchgang: 30m, 20 Minuten WG = „N" OFP = 50 Minuten, WG = „D" 2. Tauchgang: 16m, 19 Minuten ZZ = 19 Minuten WG = „M" OFP = 64 Minuten WG = „D" 3. Tauchgang: 15m, max. Grundzeit = 53 Minuten

Lösungsansätze

31   1. Tauchgang: 30 m, 15 Minuten WG 0 „J" Nullzeit = 20 Minuten OFP = 1:30 h WG = „B"
2. Tauchgang: 18m, Nullzeit = 45 Minuten

32   1. Tauchgang: 27m, 17 Minuten WG = „L" OFP = 1:10 WG = C"
2. Tauchgang: 22m, 18 Minuten ZZ = 12 Minuten WG = „O"
3. Tauchgang: 17m, OFP = 47 Minuten ZZ = 22 Minuten WG = „G"
Nullzeit = 34 Minuten (Tabelle 3; oder max Nullzeit 18 m = 56 –ZZ 22 = 34 Min.)

33   1. Tauchgang: 25m, NZ = 29 Minuten WG = „Q" 2. Tauchgang: 12m, WG = „Q"
OFP = 00 Minuten, ZZ = 76 Minuten, Grundzeit 71 Minuten > 70 Minuten

34   1. Tauchgang: 25m, 14 Minuten WG = „F" OFP = 1:30 h WG = „B"
2. Tauchgang: 12m, ZZ 17, NZ = 130 Minuten

37   1. Tauchgang: 20m, 38 Minuten WG = „Q"
2. Tauchgang: 20m, 38 Minuten OFP = bis zu WG = „A" = 2:31

38   1. Tauchgang: 24m, 26 Minuten WG = „O" OFP = 4 Min. WG = „N" ZZ = 62 Min.
2. Tauchgang: 12m, 85 Minuten WG ="Z" OFP = 180 Minuten WG = „A"
3. Tauchgang: 11m, 61 Minuten WG = „A" ZZ = 9 Minuten WG = „P"
Total Tauchzeit: 26 + 3 + 4 + 85 + 3 + 180 + 61 + 3 = 365 Minuten

39   1. Tauchgang: 19 m, 34 Minuten WG ="O" OFP = 50 Minuten WG = „F"
2. Tauchgang: 17m, 24 Minuten WG = „F" ZZ = 20 Minuten WG „R"
3. Tauchgang: 15m, 40 Minuten WG = „J" R > J = 35 Minuten

52   OF = 20 Liter / Minute, 25 m = 3,5 bar = 3,5 x 20 Liter = 70 Liter / Minute

59   Tauchgang 1 25 min x 4,1 bar x 20 l/min   2050 bar l
Aufstieg   4 min x 4,1 bar x 20 l/min   328 bar l
Dekostufe 6m 5 min x 1,6 bar x 20 l/min   160 bar l
Dekostufe 3m 10 min x 1,3 bar x 20 l/min   260 bar l   = 2798barl

60   Tauchgang 2 20 min x 3,5 bar x 20 l/min   1400 bar l
Aufstieg   3 min x 3,5 bar x 20 l/min   210 bar l
Dekostufe 6m 3 min x 1,6 bar x 20 l/min   96 bar l
Dekostufe 3m 13min x 1,3 bar x 20 l/min   338 bar l   =2044 barl

61   1foot   =   30,48 cm
      90 feet   =   90 x 0,3048 m =   27,4 m

Lösungsansätze

62 1 lb = 453,59 g
    7 kg = 7'000 / 453,59 = 15,4 lb

63 1 psi = 0,069 bar
    190 bar = 190 / 0,069 psi = 2753 psi

64 20% von 2753 = 551 psi oder
    190 x 0,2 / 0,069 = 551 psi

65 1 Liter = 0,035 ft³
    80 cubic = 2400 Liter
    AMV = 0,7 ft³ = 20 l/Min
    Tiefe = 65 ft = 21 m
    Tauchzeit = 2400 lt /(21 x 20l/min) = 38 Min

66 p_1 = 2900 psi = 200 bar
    T_1 = 122 F = (122 − 32) x 5/9 = 50°C = 273 + 50 = 323 K
    T_2 = 59 F = (59 − 32) x 5/9 = 15 °C = 15 + 273 = 288 K
    $v_1 = v_2$
    $p_2 = (p_1 \times T_2 \times v_1) / (T_1 \times v_2)$ = (288 x 200) / 323 = 178 bar
    1 bar = 14,5 psi;
    p_2 = 178bar x 14,5 psi = 2581 psi

67 1. Tauchgang Wiederholungsgruppe (WG) P; OFP 52; WG = F. 2. Tauchgang WG = Y; min OFP = 3 Stunden WG = A 3. Tauchgang 14 Meter 45 Minuten ZZ = 8 Minuten; Total Zeit 53 Minuten WG nach dem Tauchgang = „O"

74 Start 1. Tauchgang 06:00 Uhr Grundzeit + Sicherheitsstopp = 32 + 3 = 35 Minuten; Wiederholungsgruppe P OFP = 52 Minuten Wiederholungsgruppe F; Grundzeit 2. Tauchgang 25 Minuten + Sicherheitsstopp 3 Minuten = 28 Minuten; Wiederholungsgruppe T ; minimale OFP für 14 Meter und 50 Minuten; ZZ = 47 + Grundzeit 3. Tauchgang = 50 Minuten = 97 Minuten; Widerholungsgruppe Y Totale Tauchzeit = 35 + 52 +25 + 3 + 27 + 50 + 3 = 195 Minuten = 3 Stunden 15 Minuten = 06:00 + 03:15 = 09:15

77 1. Tauchgang: 30m, 20 Minuten WG = „N" Grundzeit = 24 Minuten. Max. Grunzeit = 20 Minuten

79 1. Tauchgang: 24 Meter 21 Minuten WG = K ; OFP = 0:30 WG = F
    2. Tauchgang: 18 Meter 36 Minuten, ZZ = 20 Minuten WG = W; OFP mindestens 01:00 h

Lösungsansätze

80 1. Tauchgang: 20 Meter 38 Minuten WG = Q
    2. Tauchgang: 20 Meter 38 Minuten
    ZZ = 06 Minuten; Grundzeit 38 Minute = Totale Zeit = 44 Minuten WG für 2.
    Tauchgang A, WG am Schluss der Tauchgänge = T

81 1. Tauchgang: 24 m / 26' + 3' Stopp WG = O; OFP = 0:04 WG = N
    2. Tauchgang: 12 m / 81' + 3' Stopp WG = Z; OFP = 3:00 WG = A
    3. Tauchgang: 11 m / 61' + 3' Stopp WG = P
    Totale Zeit= 26' + 3' + 4' + 85' + 3' + 180' + 61' + 3' = 365 Minuten

82 1. Tauchgang: 28m, 20 Minuten WG = „N" OFP = 100 Minuten WG = „B"
    2. Tauchgang: 19m, 27 Minuten ZZ = 10 Minuten WG = „Q"
    3. Tauchgang: 17m, 30 Minuten nach 32 Minuten möglich

105 Tauchgang: 21 Minuten auf 18 m oder 2,8 bar
    Druckverlust: 190 bar – 145 bar = 45 bar
    Verbrauch Atemgas: 20 Liter x 45 bar = 900 Liter auf 2,8 bar
    AMV: 900 / 2,8 = 321,5 Liter in 21 Minuten
    321,5 / 21 = 15,3 lt/min

110 Tauchgangsprofil: 45 Meter 30 Minuten,
                        12 Meter 3 Minuten
                        9 Meter 6 Minuten
                        6 Meter 10 Minuten
                        3 Meter 27 Minuten
                        Aufstieg: 5 Minuten ohne Dekostops
    Atemgas in der Tiefe:
    AMV = 17lt/min
    17 lt/min x 30 Minuten x 5,5 bar =   2805 Liter
    Atemgas für den Aufstieg:
    Durchschnittlichen Druck während dem Aufstieg = (5,5 + 1) / 2 = 3,25 bar
    Aufstiegszeit Annahme = 5 Minuten
    Atemgas für den Aufstieg:
    17 lt/min x 5 Minuten x 3,3 bar =   281 Liter
    Dekostop 15 min durchschnittlich 1,6 bar =   408Liter
    Total Atemgasbedarf   3494 Liter

148 500 Liter, der Block verdrängt die Hälfte = 500 Liter Wasser

149 100 kg / 11,3 kg/l = 8,85 l
    100 kg – 8,85 kg = 91,15 kg
    91,15 kg x 4 bar (30m) 364,6 barl

Lösungsansätze

168 Kapazität 10 Liter 200 bar = 2000 Liter weniger Annahme 10% Sicherheitsreserve = 1800 Liter- Luftverbrauch bei leichter Arbeit 2 x 25 Liter an der Oberfläche. Auf 10 m wird 100 Liter / Minute gebraucht. 1800Liter/100 Liter / Minute = 18 Minute Tauchzeit. Pro Minute werden 3 Gegenstände gefunden. Total 54 Gegenstände.

169 In 40 m Tiefe herrschen 5 bar absoluten Druck. Das Volumen des Eimers (10 Liter) wird mit diesem Druck multipliziert, also 5 x 10 Liter = 50 Liter. Davon müssen 40 Liter entweichen, wenn der Eimer an der Oberfläche gerade mit Luft gefüllt sein soll.

170 Inhalt Gerät Partner: 20 l x 120 bar = 2400 Liter
Inhalt eigenes Gerät: 15 l x 150 bar = 2250 Liter
Als Sicherheitsreserve – 10%
20 l Gerät = 2160 Liter
15 l Gerät = 2025 Liter
In 20 m Tiefe = 3 bar = 3 x 25 Liter/min = 75 l/min
Tauchzeit: 20 l Gerät = 2160/75 = 29 min
Tauchzeit: 15 l Gerät = 2025/75 = 27 min

171 17 Liter x 4 bar = 68 Liter – 17 Liter Westenvolumen an der Oberfläche 51 Liter entweichern.

Lösungsansätze

11 Lösungen

Expect the unecxpected

Lösungen

11 Lösungen

Tauchphysik

1	a	11	d	21	b
2	c	12	e	22	b
3	b	13	b	23	a
4	b	14	e	24	c
5	c	15	c	25	c
6	a	16	a	26	a
7	e	17	b	27	d
8	b	18	d	28	a
9	e	19	a	29	c
10	c	20	c	30	c
31	d	41	a	51	c
32	b	42	c	52	d
33	b	43	b	53	a
34	c	44	c	54	b
35	d	45	a	55	a
36	b	46	d	56	d
37	b	47	d	57	d
38	a	48	c	58	a
39	a	49	c	59	b
40	b	50	c	60	d
61	b	71	c	81	b
62	c	72	a	82	a
63	c	73	d	83	b
64	c	74	a	84	b
65	c	75	c	85	d
66	c	76	b	86	b
67	c	77	d	87	b
68	c	78	b	88	c
69	b	79	b	89	a
70	c	80	a	90	c
91	c	101	a	111	a
92	b	102	c	112	b
93	a	103	a	113	c
94	a	104	b	114	c
95	b	105	a	115	d
96	d	106	b	116	c
97	b	107	a	117	a
98	d	108	b	118	c
99	b	109	b	119	d
100	c	110	a	120	a

Lösungen

121	b	125	d	135	e	
122	d	126	d	136	d	
123_a	175 kg	127	c	137	d	
123_b	175 Liter	128	d	138	e	
123_c	18 Meter	129	b	139	e	
123_d	450 Liter	130	c / keine Explosion	140	c	
124_a	174,25 kg	131	b	141	a	
124_b	196,17 Liter	132	c	142	c	
124_c	17,1 Meter	133	a	143	c	
124_d	426,7 Liter	134	c	144	d	

145	c	155	b	165	c
146	b	156	d	166	c
147	b	157	c	167	b
148	d	158	a	168	a
149	d	159	c	169a	27,5 m
150	b	160	c	169b	44 Liter
151	b	161	d	169c	40,8 Liter
152	d	162	a		
153	c	163	b		
154	c	164	c		

170   a   Fest: inkompressibel, starre äussere Form, mittlere bis grosse Dichte
           b   Flüssig: inkompressibel, mittlere bis grosse Dichte, löst Gase
           c   Gasförmig: kompressibel, kleine Dichte

171   Die Wassersäule ist schwerer, da Salzwasser eine grössere Dichte hat als Süsswasser. Dieser Effekt macht nur ca. 3 – 4% aus und liegt somit innerhalb der Luftdruckschwankungen und innerhalb der Messgenauigkeit der Tiefenmesser

172	b	177	b: 0,8 lt abatmen	183	a: 166,5°C Prüfdr.
173	c	178	b	183	b: 459,5°C Berstdr.
174	d	179	c	184	c
175	c	180	c	185	d
176	a	181	a	186	c
177	a: 1,5 m	182	a	187	b

188   a   Partialdruck, Dauer der Einwirkung, Grösse der Kontaktfläche,

Lösungen

b	Löslichkeit, Temperatur, Zirkulation im Gas und in der Flüssigkeit,
c	Art der Flüssigkeit.

189   N_2-Partialdruck, d.h. N_2-Anteil im Atemgemisch, Umgebungsdruck (Tiefe, Oberflächendruck) -Expositionsdauer (Tauchzeit) – Stickstofflöslichkeit –Durchblutung des Gewebes, also auch körperliche Anstrengung und psychische Erregung (Angst) Luftverbrauch

190   Gase welche in unserem Körper keine chemische Reaktion eingehen: Stickstoff, Helium
       a   Druckausgleich des Partialdruckes
       b   Diffusion
       c   Dalton, Henry

191   Die Geschwindigkeit, mit der Stickstoff in die Gewebe gelangt, kann durch die Halbwertszeit charakterisiert werden. Jedes Gewebe hat eine andere Halbwertszeit. Nach einer Halbwertszeit hat ein Gewebe (bei einer sprunghaften Druckerhöhung) 50% seines möglichen Sättigungsgrades erreicht.

192   Bei körperlicher Anstrengung muss mit einer besseren Durchblutung und mit einem etwas schnelleren Stickstoff-Ausgleich gerechnet werden. (schnellere Sättigung) Durch Abkühlung in der Dekompressionsphase kommt es zu einer Engerstellung der Hautgefässe. Dabei erfolgt ein verzögerter Abtransport der Stickstoffmoleküle. (langsamere Entsättigung). Beide Umstände haben eine Verlängerung der Dekompressionszeiten zur Folge.

193   a   <u>Schnelle Gewebe:</u> Niere, Leber, ZNS ca. 4 – 40 min
       b   <u>Mittlere Gewebe:</u> Haut, Muskulatur, Innenohr ca. 40 – 150 min
       c   <u>Langsame Gewebe:</u> Gelenke, Knochen, Knorpel ca. 305 – 500 min

194   Tiefe Dekostufen: schnelle Gewebe, sie sättigen und entsättigen rasch.

195   Flache Dekostufen: Langsame Gewebe. Es dauert lange, bis sie überschüssigen Stickstoff abgegeben haben.

Lösungen

196   Das Partialdruckgefälle ist die treibende Kraft des Druckausgleiches der Inertgase zwischen Atemgas, Lunge, Blut und Geweben. Verändert sich beim Ab- oder Auftauchen dieses Partialdruckgefälle so wird vom Körper vermehrt Inertgas gelöst, beziehungsweise über die Atmung ausgeschieden! Je grösser das Druckgefälle, desto schneller verläuft die Auf- oder Entsättigung.

197   Gewichtsverlust eines Körpers beim Eintauchen in eine Flüssigkeit:
Gewicht $_{Wasser}$ = Gewicht $_{Land}$ − Auftrieb
Auftrieb (in kg) = Dichte $_{Flüssigkeit}$ x Volumen $_{Körper}$
Auftrieb (in N) = Dichte $_{Flüssigkeit}$ x Volumen $_{Körper}$ x 9.81

198   Ein eingetauchter Körper verliert soviel an Gewicht, wie die von ihm verdrängte Flüssigkeit wiegt.

199
- a   wird kleiner Grund: die Kompression des Brustkorbes
- b   bleibt gleich, da der Brustkorb sein normales Volumen beibehält
- c   Wird kleiner wegen dem Volumen des Anzuges. Um den Volumenverlust auszugleichen, wird das Tragen einer Weste aus Sicherheitsgründen empfohlen.

200	c	207	d	222	a
201	b	208	b	223	b
202	b	209	b	224	a
203a	175 kg	210	b	225	a
203b	175 lt	211	a	226	b
203c	18 m	212	c	227	c
203d	450 lt	213	b	228	c
203as	174,25 kg	214	d	229	b
203bs	169.17 lt	215	d	230	a
203cs	17,1 m	216	b	231	b
203ds	447 lt	217	b	232	b
204a	13,4 kg	218	a	233	c
204b	4,3 kg/1,7 kg	219	d	234	a
205	d	220	d	235	d
206	b	221	d	236	c

237   Der Prozentuale Anteil der einzelnen Gase an der Atemluft bleibt auf jeder Tiefe unverändert, also Sauerstoff = 21 %. Der Partialdruck verändert sich jedoch. 75 m = 8,5 bar, 8,5 bar x 0,21 = 1,785 bar Der Sauerstoff wirkt toxisch ab pPO_2 = 1,7 bar.

Lösungen

238 Die Atemluft muss:
a trocken
b abgasfrei
c ölfrei
d geruchfrei sein.

239 Die im Neopren eines Tauchanzuges eingeschlossenen Gasblasen werden infolge des zunehmenden Druckes komprimiert. Wir verlieren dadurch an Volumen und sinken schneller ab (Gesetz von Boyle-Mariotte)

240 Der Blickwinkel unter Wasser wird um ¼ verkleinert (Brechungswinkel Luft / Wasser)

241 CO und CO_2 sind geruch und geschmacklos. Wir können sie mit unseren Sinnesorganen nicht wahrnehmen. Als typische Symptome für CO und CO_2 Vergiftungen gelten: Schwindelgefühl, Kopfschmerzen, Lufthunger, Schwächegefühl.

242	a	249	der Körper schwimmt	255	a
243	b	250	der Körper hat mehr Auftrieb	256	c
244	c	251	c	257	c
245	d	252	a	258	d
246	c	253	b	259	b
247	a	253	b	260	d
248	der Körper sinkt	254	d	261	c

262 Für eine beliebig abgeschlossene Gasmenge (ideales Gas) ist bei Zustandänderung der Quotient pV/T konstant.
Daraus die allgemeine Gasgleichung: p x V / T = konstant

263 Isotherme Zustandsänderung (die Temperatur T bleibt konstant):
p x V = konstant: Gesetz von Boyle Mariotte

264 Isobare Zustandsänderung (der Druck p bleibt konstant):
V / T = konstant: Gesetz von Gay-Lussac

265 Isochore Zustandsänderung (das Volumen V bleibt konstant):
p / T = konstant: Gesetz von Amontono

Lösungen

Tauchmedizin

1	c	11	c	21	e
2	e	12	c	22	e
3	b	13	d	23	e
4	d	14	e	24	c
5	a	15	e	25	a
6	e	16	e	26	e
7	d	17	b	27	c
8	c	18	d	28	a
9	e	19	a	29	b
10	c	20	a	30	b

31	c	33	b	35	b
32	a	34	a		

36
    a verminderte Urteilsfähigkeit
    b herabgesetzte Koordinationsfähigkeit
    c falsches Sicherheitsgefühl

37 Druckverletzung (Baro = Druck, Trauma = Verletzung)

38	b	42	a	46	d
39	d	43	d	47	a
40	a	44	b	48	c
41	d	45	b		

49 Behinderungen in der Lunge Obstruktion/Verlegungen verhindern, dass die Luft entweicht. Asthma und andere Störungen der Lungenfunktion, schwere Erkältung mit Bronchitis

50	b	55	a	60	d
51	b	56	e	61	a
52	b	57	e	62	a
53	c	58	d	63	a
54	a	59	a		

Lösungen

64	a	74	c	84	b
65	c	75	d	85	a
66	a	76	a	86	d
67	d	77	b	87	a
68	c	78	c	88	a
69	d	79	a	89	a
70	c	80	d	90	a
71	d	81	a	91	a
72	d	82	c	92	b
73	a	83	b	93	c

94	d	104	b	114	a
95	d	105	a	115	a
96	b	106	a	116	b
97	b	107	a	117	d
98	c	108	b	118	d
99	b	109	c	119	c
100	d	110	d	120	b
101	b	111	b	121	c
102	a	112	d,b,a,c,	122	b
103	a	113	d	123	b

124	d	134	c	144	b
125	b	135	d	145	d
126	b	136	b	146	d
127	b	137	b	147	d
128	b	138	a	148	d
129	b	139	b	149	d
130	d	140	a	150	c
131	d	141	d	151	b
132	b	142	d	152	a
133	b	143	d	153	b

154	b	164	a	174	b
155	a	165	a	175	b
156	d	166	b	176	d
157	c	167	b	177	d
158	c	168	d,b,a,c,	178	a
159	a	169	b	179	d
160	a	170	d	180	c
161	c	171	a	181	b
162	c	172	a	182	d
163	b	173	a	183	d

Lösungen

184	b	195	d	206	b,c,a,
185	d	196	d	207	d
186	a	197	c	208	b
187	b	198	d,b,a,c,	209	c
188	d	199	d	210	b
189	d	200	a	211	a
190	a	201	d	212	d
191	c	202	a	213	d
192	c	203	b	214	b
193	d	204	c	215	d
194	d	205	b	216*	c

*216   c
Nach jedem Tauchgang ist im Körper (auch nach Nullzeittauchgängen und korrekten Dekopausen) noch Stickstoff angereichert. Mit einer 24 h Tauchpause vor Flügen wird dem Körper Gelegenheit gegeben, diesen komplett abzubauen.

217   c

218   Die Atemgase, die vom Menschen in der Tiefe verwendet werden, müssen sich durch geringes spezifisches Gewicht und guter Verträglichkeit auszeichnen. Die Inertgasnarkose wird dabei durch die mögliche Verwendung von Helium, Neon, und Wasserstoff weitgehend unterbunden. Dabei ist das Helium aber für das HPNS (High Pressure Nervous Syndrom) bekannt. Durch die Beimischung kleinerer Mengen Stickstoff kann dies aber weitgehend ausgeglichen werden.

219   b
Vitalkapazität (VK): Das Volumen, das von maximaler Ausatmung bis zur maximalen Einatmung eingeatmet werden kann. Oder anders ausgedrückt: ERV + AZV + IRV = VK. Die VK beträgt bei einem gesunden Erwachsenen 4,5 – 5,7 Liter.
ERV = Espiratorisches Reservevolumen: Das Volumen, das nach normaler Ausatmung zusätzlich ausgeatmet werden kann
AZV = Atemzugvolumen: Pro Atemzug atmet der Erwachsene je nach Körpergrösse 0,5 – 0,8 Liter Luft ein.
IRV = Inspiritorisches Reservevolumen: Das Volumen, das nach einem normalen Atemzug zusätzlich eingeatmet werden kann. Dies ist ca. 2 – 2,5 Liter

Lösungen

220	c	227	a	234	a
221	d	228	a	235	b
222	d	229	d	236	c
223	a	230	c	237	d
224	c	231	b	238	a
225	c	232	c	239	d
226	a	233	b	240	d

241   a   Ein Test zur Untersuchung auf neurologische Symptome von DCS
       b   Immer, wenn Symptome von DCS bemerkt werden, die neurologisch sein können
       c   Wiederhole den Test einmal pro Stunde, wenn sich der Transport zur Klinik verzögert.

242	a	252	d	262	a
243	d	253	d	263	b
244	c	254	d	264	c
245	a	255	d	265	c
246	b	256	b	266	b
247	c	257	b	267	a
248	d	258	d	268	c
249	a	259	c	269	d
250	d	260	d	270	d
251	b	261	c	271	a

272	d	282	a
273	d	283	b
274	a	284	d
275	b	285	d
276	b	286	d
277	d		
278	b		
279	b		
280	d		
281	c		

287   c
Herzminutenvolumen = Schlagvolumen x Frequenz=
0,65 ml x 150 = 9750 ml = 9,75 l
Es kann durch weitere Frequenzsteigerung nicht mehr gesteigert werden, da die Zeit zwischen den Schlägen bereits zu kurz für ausreichende Füllung des Herzens wurde.

Lösungen

288   Durch den Schnupfen (auch nur geringer) sind die Schleimhäute geschwollen und der Druckausgleich zu den Schädelhöhlen kann nicht stattfinden. Sofort wieder auftauchen und auf's Tauchen verzichten bis die Erkältung dauerhaft vorüber ist.

289	c		294	c,b,d,a		299	d
290	b		295	b		300	b
291	b		296	b		301	b
292	d		297	d		302	a
293	b		298	b		303	b

304   Jede Behinderung, die ein normales Entweichen der Luft aus der Lunge verhindert, kann zu einem Überdruck führen.

305   Durch den Schnupfen sind die Schleimhäute geschwollen und der Druckausgleich zu den Schädelhöhlen findet nicht statt. Auf das Tauchen verzichten bis die Erkältung vorbei ist.

306   Unsicherheit, Euphorie, Angst, Stärkegefühl, optische und akustische Halluzinationen, Zwangsvorstellungen

307   Hilfloses, sinnloses Hantieren an der Ausrüstung, fehlende, falsche oder verzögerte Reaktion, sinnlose Handlungen, fahrige unkontrollierte Bewegungen

Lösungen

Nitrox

1	a	11	d	21	b
2	b	12	a	22	a
3	a	13	a	23	c
4	a	14	b	24	b
5	a	15	d	25	b
6	d	16	a	26	c
7	d	17	b	27	c
8	b	18	b	28	b
9	d	19	d	29	a
10	d	20	c	30	c

31	a	40	d	50	a
32	d	41	a	51	c
33	d	42	b	52	a
34	a = 56,6 m	43	d	53	c
34	b = 70,9 m	44	a	54	a
35	d	45	c	55a	32,6m max
36	c	46	c	55b	56,7 m
37	d / b	47	d	56	c
38	b	48	a	57	d
39	b	49	a	58	d

59a	farblos	60a	technischen O_2	61a	Gasindustrie
59b	geruchlos	60b	medizinischen O_2	62b	selber herstellen
59c	geschmacklos	60c	flüssigen O_2	62	c

63   Die 40% Regel ist eine industrielle Richtlinie, die eine Sauerstoffkonzentration von bis zu 40% in einem System als Luft behandelt und über 40% Sauerstoffanteil als reiner Sauerstoff.

64   „Sauerstoffgereinigt" ist das überprüfbare Fehlen von Partikeln, Fasern, Öl, Schmierfett und anderen Verunreinigungen.

65   Sauerstoffkompatibel bedeutet, dass ein Material bei dem im System geplanten maximalen Arbeitsdruck, Temperatur und Sauerstoffgehalt nicht mit dem Sauerstoff reagiert.

66   Sauerstoffkompatible Schmierstoffe sind frei von Kohlenwasserstoffen und Silikon. Nur solche Schmierstoffe dürfen bei der Wartung verwendet werden.

67   Aktivkohle (Holzkohle) entfernt und absorbiert Kohlendioxid.

Lösungen

68   a Mischen anhand des Gewichtes
     b Mischen im Partialdruckverfahren
     c Kontinuierliches Mischen
     d Sauerstofferzeugung
     e Fertig geliefertes Gemisch

69   Jeder Teil eines Drucksystems, das mit einer Sauerstoffkonzentration über 40% in Verbindung kommt, muss sauerstoffgewartet sein. Noch wichtiger ist jedoch, dass auf diese Weise das Risiko einer Verpuffung des Sauerstoffs minimiert wird. Ausnahmen bilden die Tauchgeräte. Diese müssen ausnahmslos bei einer Nitrox Anwendung sauerstoffgewartet sein.

70   a Heliox ist eine Mischung aus Helium und Sauerstoff
     b Trimix ist eine Mischung aus Helium, Sauerstoff und Stickstoff

71   HPNS steht für Hochdruck-Nervensyndrom (HPNS High Pressure Nervous Syndrom) kann Helioxtaucher unterhalb von 180 msw/600fsw befallen. Technical Taucher sind für gewöhnlich mit Trimix unterwegs und selten in dieser Tiefe.

72	b	76	b	80	a
73	b	77	a	81	b
74	b	78	a		
75	c	79	b		

82   a   komplette Demontage der Ausrüstung
     b   Prüfung und Grobreinigung aller Teile
     c   Vorreinigung und Spülung aller Teile
     d   Reinigung, Spülung und Trocknen aller Teile
     e   Prüfung und Test auf Sauberkeit der Teile
     f   Zusammenbau aller Teile

83   Die Grobreinigung dient zum Entfernen von groben organischen und anorganischen Partikeln. Darunter fallen zum Beispiel Rost und andere Fremdkörper

84   Sauerstoff wird bei industriellen Gaslieferanten bezogen und kann auch selber hergestellt werden.

85   99,5% Reinheit

Lösungen

86		Kompressionshitze entsteht, wenn ein Gas von einem niedrigen Druck zu einem hohen Druck komprimiert wird. Füllvorgang unterbrechen, Gerät kühlen (Wasserbad)
87	a	PH-Test
	b	Visuelle Prüfung Weisslicht
	c	Visuelle Prüfung UV-Licht
	d	Wasserunterbrechungstest
	e	Schütteltest
	f	Wischtest
88		Mit diesem Test wird bestimmt, ob die ätzende Reinigungslösung vollständig abgespült wurde.
89		Mit der Weisslichtprüfung wird festgestellt, ob Verunreinigungen >50/1000mm zurückgeblieben sind.
90		Prüfungen mit UV-Lampen als Lichtquelle zeigen fluoreszierende Verunreinigungen
91		Er wird zum Nachweis von Rückständen von Silikon, Fett oder Öl durchgeführt.
92		Mit dem Wischtest wird festgestellt, ob Verunreinigungen der Innengewinde an den Geräten noch vorhanden sind.
93		Karbonisierung entsteht, wenn überhitztes Kompressorenoel innerhalb des Kompressors verbrennt. Daraus entsteht Kohlenmonoxyd.
94	a	weniger gesundheitsgefährdet, wenn der Taucher es aspiriert
	b	weniger Kohlenwasserstoff, weniger brennbares Material
	c	Höherer Flammpunkt, geringere Gefahr eines Feuers
95		das Luftansaugrohr des Kompressors ist in der Nähe eines Autoauspuffes oder in der Nähe eines Ortes mit stark verunreinigter Luft (Parkplatz, Tiefgarage) überhitztes Kompressoroel beginnt im Kompressor aufzuflammen (Verkohlung).

Lösungen

96	a Drosselung des Einlasses an der ersten Stufe des Kompressors b Undichte Stelle an der Zwischenstufe c Niedriger Oelstand d Verunreinigtes Oel e ein verunreinigter Kompressor f fehlende Kühlmittelzirkulation bei Kompressoren mit Kühlschlangen g falsche Oelsorte h fehlen einer ausreichenden Luftzirkulation
97	Holzkohle (Aktivkohle) entfernt und absorbiert Kohlendioxyd
98	a Mischung anhand des Gewichtes b Mischen im Partialdruckverfahren c Kontinuierliches Mischen d Sauerstofferzeugung e Fertig geliefertes Gemisch /auf Safaribooten: Differenzial-Durchlassystem (Membransystem)
99	Beim Partialdruckverfahren werden Teile des Drucksystems mit Sauerstoffkonzentrationen > 40% in Verbindung kommen. Darum ist es unabdingbar, dass das Drucksystem sauerstoffgewartet ist.
100	Der Niederdruck Sauerstoff wird mit Luft vermischt, bevor dann mit einem Kompressor komprimiert wird.
101	Es produziert ein homogenes Gemisch. Es funktioniert, indem es Stickstoffmoleküle aus der Luft entfernt um so eine höhere Sauerstoff- Konzentration zurück bleibt.
102	Für kleine oder gelegentliche Nitrox-Bedürfnisse geeignet Keine Sauerstoffwartung notwendig bei einem Sauerstoffanteil von < 40%
103	Stickstoff ruft einen Narkoseeffekt hervor. Studien zeigen, dass Sauerstoff auch narkotische Eigenschaften aufweist.
104	a Heliox ist eine Mischung aus Helium und Sauerstoff b Trimix ist eine Mischung aus Helium, Sauerstoff und Stickstoff / der Blender muss für die Herstellung ausgebildet sein

Lösungen

105 TRIMIX kann auf verschiedene Weise hergestellt werden:
a Partialdruck-Mischverfahren: He, O_2,und N_2 (echtes Trimix)
b Partialdruck-Mischverfahren: He, O_2,und Luft (Standart Trimix)
c Partialdruck-Mischverfahren: He, und Luft (Heliair)
d Partialdruck-Mischverfahren: He und gespeichertes EANx (Helitrox Trimix)
e Partialdruck-Mischverfahren: He und Auffüllen durch kontinuierliches Mischen mit einem EANx-Gemisch (Helitrox Trimix)
f Kontinuierliche Mischen von He und Luft (Heliair)
g Kontinuierliche Mischen von He, O_2,und Luft (Standart Trimix)

106 Kontinuierliche Mischen erreicht man, in dem man Helium, Sauerstoff und Luft dosiert, homogen mischt und dann in den Kopressoreinlass führt. Dieses Verfahren ist von Natur aus genau und beständig anzuwenden.

107 16 Prozent Sauerstoffgehalt wird als ein erforderliches Minimum erachtet, um bei Bewustsein zu bleiben. Bei grosser Anstrengung und schwerer Ausrüstung sollte ein Minimum von 18 Prozent Sauerstoffgehalt verwendet werden.

108 Zuerst wird das Gerät mit 34 bar Sauerstoff gefüllt und anschließend mit sauerstoffkompatibler Luft auf 205 bar nachgefüllt.

109 Das leere Gerät wird zuerst bis auf 9,7 bar mit Sauerstoff aufgefüllt, anschliessend wird das Mischgas EAN32 bis auf den gewünschten Flaschendruck zugeführt.

110 39% O_2 EAN39

111 d

112 d / der Nitroxtaucher und der Tauchgangführer (der Nitroxtaucher hat sein Tauchcomputer auf sein Gasgemisch eingestellt).

113 d

114 b

Lösungen

115 a	<0,12 bar	Spontane Ohnmacht Tod
115 b	0,16 bar	Minimaler Teildruck für normale Lebensfunktionen
115 c	0,21 bar	Normalwert
115 d	0,30 bar	Grenze für Langzeitaufenthalte ohne Lungenaschädigung
115 e	0,50 bar	Grenze für längere Tauchgänge
115 f	1,40 bar	Maximalgrenze für Tauchgänge, bei Anstrengung
115 g	1,60 bar	Maximalwert für Dekompression in Ruhe
115 h	2,0 – 4,0 bar	Werte für Behandlung in Dekokammern
116	b	
117	a	Eine ausreichende O_2-Versorgung ist gewährleistet. Der Sauerstoffpartialdruck ist doppelt so groß wie an der Oberfläche.

Lösungen

Tauchphysiologie

1	b	11	b	21	c
2	a	12	a	22	d
3	b	13	d	23	a
4	a	14	d	24	c
5	c	15	b	25	b
6	c	16	a	26	e
7	d	17	d	27	c
8	b	18	b	28	b
9	d	19	d	29	d
10	d	20	d	30	d

31	a	34	c	37	a
32	b	35	c	38	b
33	b	36	a		

39 a es haben nicht alle Gewebe die gleiche Dichte
   b die Versorgung der Gewebe mit Blut ist unterschiedlich

40 a Blasenbildung kann nicht auftreten, solange die Gewebe nicht übersättigt sind
   b Übersättigung kann nicht auftreten, bis der Umgebungsdruck während des Aufstiegs abnimmt

41	b	42	d	43	c

44 Doppler-Ultraschall-Detektor

45	c	52	c	59	b
46	a	53	d	60	b
47	b	54	a	61	c
48	a	55	a	62	a
49	d	56	a	63	c
50	a	57	b		
51	c	58	b		

Lösungen

64	b	74	d	84	d
65	a	75	c	85	b
66	d	76	a	86	d
67	a	77	c	87	b
68	c	78	a	88	d
69	b	79	b	89	d
70	c	80	c	90	b
71	b	81	a	91	b
72	b	82	d	92	a
73	a	83	d		

93   Die Vitalkapazität (VK) ist die Luftmenge, die nach tiefster Einatmung bis zur vollständiger Ausatmung abgegeben wird. Sie entspricht der Summe von Atemzugvolumen, inspiratorischem- und expiratorischem Reservevolumen (ca. 4 – 6 Liter)

94   Die Vitalkapazität hängt vom Alter, Geschlecht und von der Körpergröße ab. Sie ist bei Männer größer als bei Frauen. Bei größeren Menschen höher als bei kleinen und nimmt im Alter ab.

95   Das Residualvolumen oder Restvolumen bleibt auch bei maximaler Ausatmung noch in der Lunge und den Atemwegen zurück (ca. 1,5 Liter)

96   Die Totalkapazität ist die Gesamtmenge der Luft in den Lungen, also Vitalkapazität und Residualluft zusammen

97   etwa 0,5 Liter

98   Die Luftmenge, die über das normale Atemzugvolumen hinaus maximal eingeatmet werden kann (ca. 1,5 Liter)

99   a das zentrale Nervensystem: Gehirn, Rückenmark
         b das periphere Nervensystem: die peripheren Nerven mit Nervenknoten
         c das autonome oder vegetative NS: Sympaticus, Parasympaticus

100   Das ZNS steuert alle Vorgänge im menschlichen Körper durch Verarbeitung der Informationen aus den Sinnesorganen und inneren Organen.

Lösungen

101 Die zum Zentrum führenden Nervenfasern „Gefühlsnerven" leiten die Empfindungsreize aus dem Körper und der Außenwelt zum ZNS. Die vom Zentrum wegführenden Nervenfasern Bewegungsnerven leiten Befehle vom ZNS an die Muskulatur.

102 Das autonome Nervensystem ist unserem Wille nicht unterworfen. Es sind Nerven der inneren Organe, welche die Organfunktionen entsprechend den wechselnden Umweltbedingungen regulieren (z.b. rascher Puls bei Anstrengung).

103 Starrwandig: Stirnhöhle, Siebbeinhöhle, Warzenfortsatzzellen, Kieferhöhle, Keilbeinhöhle, Zähne, Paukenhöhle

Flexibel: Lunge, Magenblase, Darm.

104 Der Druckausgleich in der Lunge findet statt, in dem der Lungenautomat entsprechend des Umgebungsdruckes dem Taucher Luft bietet.

105 Bei Angst, körperlicher Anstrengung und bestimmten Erkrankungen von Lunge und Herz.

106 Ein erhöhter Sauerstoffbedarf kann nur durch Beschleunigung und Vertiefung der Atmung gedeckt werden, da Sauerstoff im Körper nicht gespeichert werden kann.

107 Die Atemarbeit ist abhängig vom Druck und Volumen.

108 Die Größe des Strömungswiederstandes ist abhängig von der Strömungsgeschwindigkeit, der Dichte und Viskosität des bewegten Gasvolumens, sowie der Strömungsart.

109 Mit zunehmender Tiefe nimmt die Dichte des Atemgases zu.

110 Die lebensnotwendige Aufnahme von Sauerstoff und die Abgabe von Kohlendioxyd. Damit auch die Regulation des Säurebasengleichgewichts.

111 In den Alveolen findet der Gasaustausch zwischen Luft und den Kapillaren statt. Maßgeblich für den Austausch von Sauerstoff und Kohlendioxyd ist der jeweilige Teildruck (Partialdruck) dieser Gase diesseits und jenseits der Alveolenwand.

Lösungen

112 Auge: Licht
Ohr: Schall, Gleichgewicht und Bewegung
Nase: chemische Stoffe
Zunge: chemische Stoffe
Haut: Temperatur und mechanische Einwirkungen.

113 Das äußere Ohr besteht aus: der Ohrmuschel, dem äußeren Gehörgang, dem Trommelfell.

114 Das Mittelohr umfasst: die Paukenhöhlen mit den Gehörknöchelchen (Hammer, Amboss, Steigbügel), einen Zugang zum Warzenfortsatz und zu den Warzenfortsatzzellen die Ohrtrompete (Eustachische Röhre - Tube)

115 Das Innenohr besteht aus: der Gehörschnecke (hören), den drei Bogengängen und Vorhof mit zwei Bläschen (Gleichgewicht).

116	c	126	d	136	d
117	d	127	d	137	b
118	a	128	c	138	a * Erklärung unten
119	b / nein	129	b	139	a ** Erklärung unten
120	c	130	a	140	b
121	d	131	b	141	a
122	b	132	a	142	b
123	a	133	a	143	a
124	d	134	b	144	d
125	d	135	c	145	e

Erläuterungen zu den Aufgaben *138 und **139

138 * Den höchsten Salzgehalt hat das Tote Meer mit ca. 34% - Tendenz ist steigend, da das Wasser des Toten Meeres mangels ausreichenden Zufluss immer weiter verdunstet. An zweiter Stelle liegt das Rote Meer mit einem Salzgehalt von rund 4% (4,3% im Golf von Suez).
Atlantik   3,54%
Pazifik   3,49%
Indik   3,48%
Karibik   3,60%
Schwarzes M. 1,5 – 1,8%
Ostsee   0,8%

Lösungen

		Fläche	Meeresfläche%	Erdoberfläche%
139**	Pazifik	179,6	49,9%	35,5%
	Atlantik	106,4	29,4%	20,7%
	Indik	74,8	20,7%	14,7%
	Total	360,8	100%	70,7%

146	e	148	e	150	c
147	d	149	a		

151   a Tiefes Wrack
        b Wiederholungstauchgänge
        c Überschrittene Tauchzeit
        d Überschrittene Tiefengrenze

152   b

153   d

154   Vergiftung des Zentralen Nervensystems

155   Der Effekt des Dekostops, weil er eine „Decke" schafft, weil der Taucher nicht direkt zur Oberfläche auftauchen kann oder darf.

156   a Dekompressionskrankheit
        b Stickstoffnarkose

157   a Neurologisch
        b Kardiorespiratorisch (Herz und Atmung betreffend)

158	a	163	d	168	a,c,d
159	a	164	a	169	c
160	d	165	d	170	a,c,d
161	d	166	d	171	a,b,d
162	b	167	b	172	a

173	b	178	a	183	a
174	d	179	a	184	c
175	c	180	b		
176	b	181	c		
177	d	182	b		

Lösungen

185	Henry William, englischer Arzt formulierte das Henrys Gesetz als enger Mitarbeiter von John Dalton.
	Die in einer Flüssigkeit gelöste Menge eines Gases ist (im Gleichgewicht) mit seinem Partialdruck an der Flüssigkeitsoberfläche proportional. Wenn die Temperatur konstant ist, dann ist die Löslichkeit von Gas in einer Flüssigkeit direkt proportional zum Druck der das Gas auf die Flüssigkeit ausübt. Die in einer Flüssigkeit gelösten Menge eines über der Flüssigkeit stehenden Gases ist abhängig vom Teildruck des Gases, einem Lösungskoeffizienten, der Austauchfläche und der Dauer der Einwirkung.
186	Für Stickstoff (N_2) weil Stickstoff als Inertgas im Atmungsprozess nicht chemisch umgesetzt wird.
187	Weil Wasser eine 25 Fach bessere Wärmeleitfähigkeit hat als die Luft.
188	Weil das Körpergewebe wie Flüssigkeiten nicht komprimierbar ist.
189	Weil hier der relative Druckunterschied am grössten ist.
190	Hautjucken, Gelenkschmerzen, Lähmungen, Erstickungsanfälle, Herzinfarkt, Bewusstlosigkeit infolge Hirnschlags.
191	Du kannst auf Bends und damit auf einen Dekounfall schliessen. Der Verletzte wird in Kopftieflage schnellstmöglich und schonend zur nächsten Rekompressionskammer gebracht. Nach Möglichkeit ist ihm Sauerstoff zu verabreichen.
192	Möglichst keine Erschütterung, Kopftieflage, bei Flugtransport < 300 m (möglichst tief) fliegen.
193	Wegen des verbliebenen Stickstoffguthabens und des geringen Kabinendrucks. Bis >12 Stunden müssen gewartet werden bis du fliegen darfst.
194	Blasen werden durch den erneut gesteigerten Umgebungsdruck verkleinert und gehen wieder in die Lösung.
195	Nach Embolien treten bereits 5 bis 8 min danach irreversible Schäden an Nerven-und Gehirngewebe auf. Spätfolgen einer verpassten oder verspä-

Lösungen

teten Rekompression sind: Lähmungserscheinungen, Sprachstörungen, Verlust einzelner Sinne, Tod ist möglich.

196   Der Verunfallte muss während der ganzen Behandlung bei Bewusstsein bleiben. Es sind sehr grosse Luftmengen notwendig die kaum zur Verfügung stehen. Unterkühlungsgefahr und erhöhtes Dekorisiko für Verunfallten und Helfer.

197   Durch eine Störung der Übertragung an den Nervenkontaktstellen durch Stickstoff, der sich dort unter Druck verstärkt abgelagert hat.

198   d / nein, es gibt wesentliche Unterschiede

199   Fehlender Schlaf, Alkoholgenuss (auch am Abend zuvor), Rauchen vor dem Tauchen, Angst, Dunkelheit

200   Unsicherheit, Euphorie, Angst, Gefühl der Stärke, optische und akustische Halluzinationen, Zwangsvorstellungen

201   Hilfloses Hantieren an der Ausrüstung, fehlende, falsche oder verzögerte Reaktion, sinnlose Handlungen, fahrige unkontrollierte Bewegungen

202   Sofort gemeinsam mindestens 10 m aufsteigen, dann langsamer Aufstieg bis zu einer allfälligen Dekostufe, ordentlich dekomprimieren, Tauchgang abbrechen.

203   c

204   c   bei O_2 0,20 % Anteil im Luftgemisch (0,2 x 5 bar) = 1,0 bar
        d   bei O_2 0,21 % Anteil im Luftgemisch (0,21 x 5 bar) = 1,05 bar

205   Zuckungen und Krämpfe der Gesichtsmuskulatur, Einengung des Gesichtsfeldes, Krampfanfälle, Bewusstlosigkeit, Tod.

206   Symptome: Übelkeit, starke Kopfaschmerzen, Schwindel, Ohnmacht, kitschrote Fingernägel, rosige Hautfarbe.
Der Partner sollte den Verunfallten möglichst unter Wechselatmung und unter Einhaltung allfälliger Dekozeiten, an die Oberfläche bringen. Möglichst mit Sauerstoff beatmen und unter medizinische Kontrolle stellen. Eine Dekokammer kann Leben retten.

Lösungen

207 Der CO_2 Spiegel im Körper steigt und der Taucher kann starke Kopfschmerzen bekommen.

208 Nein, weil in der Verdauungsphase vermehrt Blut in den Eingeweiden zusammengezogen wird. Bei zusätzlicher körperlichen Belastung (verstärkte Durchblutung der Muskulatur) kommt es leicht zum Kreislaufkollaps und die Versorgung des Gehirns ist nicht mehr gewährleistet. Folge davon: Ohnmacht.

209 Keine Flucht, diese löst lediglich Verfolgungsreaktionen aus. Stattdessen Rückendeckung am Riff einnehmen. Abwarten und später ruhig das Wasser verlassen.

210 d

211 Durch theoretische und praktische Erfahrung und Fitness.

212 Das Ertrinken im Süsswasser ist gefährlicher, denn infolge seiner geringen Salzkonzentration diffundiert es ins Blut und vor allem in die roten Blutkörperchen. Diese platzen, dabei werden Giftstoffe frei und es kommt zum Kreislaufkollaps und zum Herzkammerflimmern.
Ertrinkt man im Salzwasser, dann diffundiert Plasma durch die Membrane ins Atemorgan und bildet ein Lungenödem. Da den roten Blutkörperchen ebenfalls Wasser entzogen wird, schrumpeln diese ein.

213 Bei starken nicht zu stillenden Blutungen, bei einem Lungenriss und bei Bewusstlosigkeit.

214 c

215 b

Lösungen

Tauchausrüstung

1	a		11	a		21	e
2	e		12	c		22	e
3	e		13	b		23	a
4	b		14	d		24	e
5	b		15	d		25	a
6	d		16	c		26	b
7	a		17	a		27	c
8	b		18	e		28	c
9	d		19	c		29	b
10	c		20	a		30	a
31	b Juli 1989		36	b		41	d
32	d		37	c		42	c
33	a		38	b		43	b
34	b		39	b		44	a
35	c		40	c		45	b

46 Der Vorteil ist, dass im Falle einer Fehlfunktion immer noch Luft an den Taucher geliefert wird

47	a		62	a		77	d
48	d		63	d		78	d
49	d		64	a		79	b
50	b		65	b		80	c
51	d		66	a		81	c
52	c		67	d		82	c
53	c		68	a		83	a
54	c		69	c		84	b
55	d		70	a		85	a
56	a		71	c		86	b
57	b		72	d		87	c
58	c		73	b		88	d
59	b		74	c		89	c
60	a		75	c		90	c
61	d		76	a		91	c

Lösungen

92	b		102	b		112	d	
93	b		103	d		113	a	
94	d		104	a		114	d	
95	c		105	b		115	c	
96	d		106	b		116	d	
97	b		107	d		117	b	
98	d		108	a		118	b	
99	a		109	b		119	c	
100	d		110	b		120	d	
101	a		111	a		121	b	
122	b		132	d		142	d	
123	b		133	d		143	b	
124	c		134	a		144	c	
125	a		135	b				
126	b		136	a				
127	a		137	c				
128	b		138	a				
129	a		139	d				
130	b		140	d				
131	c		141	a				

145
- a die Temperatur des Wassers
- b die Dauer des Aufenthalts im Wasser
- c die Isolierungswirkung der Bekleidung (Anzug, Handschuhe, Kapuze)
- d Fähigkeit des Körpers Wärme zu produzieren (Stoffwechsel, Muskeln)
- e Menge an Körperfett, fetthaltige Gewebe isolieren
- f Körperoberfläche (Verhältnis Oberfläche zu Körpermasse)
- g Akklimatisierung (Gewöhnung an kaltes Wasser)
- h Aktivität unter Wasser (Bewegung, Schwimmen)

146
- a Wohlbefinden (wärmer als ein Nassanzug)
- b Sicherheit (verhindern Auswirkungen von Wärmeverlust)
- c erlaubt normalerweise Wiederholungstauchgänge
- d Luftverbrauch geringer (ein frierender Taucher braucht mehr Luft)
- e an der Oberfläche kein Frieren wenn es windig ist
- f Trockenanzüge müssen nicht eng sitzen, d.h. Gewichtsänderung nach Kauf weniger problematisch
- g Unterziehanzüge für Trockenanzüge erlauben eine variable Isolierung

Lösungen

147	a	teure Anschaffung
	b	mehr Pflege vor und nach dem Tauchgang
	c	an heißen Tagen an der Oberfläche unangenehm zu tragen
	d	mehr Blei notwendig als bei Nassanzügen
	e	Manschetten am Hals eher unangenehm

148	b	151	d	154	d
149	a	152	a	155	c
150	c	153	b	156	b

157   Ausgangsmitteldruck (8 – 11 bar) ist nicht vom Flaschendruck (variabel) beeinflusst. Atemwiderstand bleibt unverändert bezüglich Tiefe und des Flaschendrucks

158   Die Kraft zum Öffnen des Ventils wird durch den Kolben aufgebracht weniger bewegliche Teile, billiger in der Anschaffung und billigere Wartung

159   Die Kraft wird durch einen Membran aufgebracht, übertragen. Kein Wasser im Innenraum d.h. keine Korrosion, keine Verschmutzung, sicherer vor Vereisung.

160   Bei einer kompensierten zweiten Stufe sprechen die Automaten weicher an, gehen leichter und haben einen größeren Luftdurchlass.

161   Tauchlampen gelten an Bord eines Flugzeuges als Gefahrengut, da sie Hitze entwickeln können. Folgende Sicherheitsvorkehrungen sind daher angebracht:
- Die Mitnahme darf nur im Handgepäck in der Kabine erfolgen
- Die Tauchlampe muss zerlegt sein. Birne und Akku müssen getrennt werden.
- Die Tauchlampe (Akku) muss entladen sein.
Tauchmesser dagegen (gleiches gilt für sämtliche spitzen und scharfen Gegenstände) dürfen auf gar keinen Fall ins Handgepäck. Sie gehören ins aufgegebene Gepäck.

162	b	168	b	174	d
163	c	169	c	175	b
164	d	170	b	176	a
165	d	171	c	177	c
166	a	172	a		
167	d	173	c		

Lösungen

178   Eine Strömungsboje schaut bei richtiger Anwendung, höher aus dem Wasser als zum Beispiel ein Hebesack oder nur den Kopf eines Tauchers der aufgetaucht ist und ist deshalb leichter von einem Begleitboot aus zu erkennen

179	d	182	c	185	a
180	a,b,c,d	183	b,c,d		
181	b,c	184	a		

186	d	196	d	206	d
187	a	197	b	207	b
188	d	198	d	208	c
189	d	199	c	209	d
190	d	200	b	210	d
191	d	201	d	211	b
192	a	202	a	212	b
193	b	203	b	213	a
194	c	204	b	214	b
195	b	205	d	215	a

216	c	219	d	222	d
217	b	220	b		
218	b	221	c		

223   Antwort: d
In 20 m Tiefe herrscht 3 bar absoluten Druck. Das Volumen des Anzuges beträgt 8 Liter (vereinfachte Rechnung) der Taucher gleicht es mit 8 kg Blei aus. In 20 m Tiefe wird der Anzug nun auf 1/3 seines Volumens komprimiert, das bedeutet, dass 2/3 des Auftriebes von 8 kg = 5,3 kg mit der Weste kompensiert werden muss. Man bläst also 5,3 Liter Luft bei 3 bar ein, das sind 16 Liter

224   20 Liter x 220 bar = 4400 Liter
Liter Luft wiegt 1,2 p
4400 Liter x 1,2 p = 5280 p = 5,2 kp
Lösung = a)

225   Antwort c

226   Alu. Flaschen haben infolge ihres geringeren spezifischen Gewichts einen stärkeren Auftrieb. Stahlflaschen schweben, Alu. Flaschen schwimmen.

Lösungen

227   Das Material muss bruchfest sein. Die Möglichkeit zum Ausbau für 2 Flaschen sollte gegeben sein.

228   a stehend vor Umfallen gesichert, um eventuellen Rostfrass auf den dickeren Flaschenboden zu beschränken
b liegend, sonst kann beim Umfallen das Ventil abgeschlagen werden.

229	d	234	a	239	a
230	c	235	b	240	b
231	b	236	b	241	a
232	b	237	b		
233	c	238	b		

242   Moderne Geräte, hauptsächlich als Rebreather bekannt, können fast in jeder Tiefe verwendet werden. Die Funktion ist simpel. Kreislaufgeräte entfernen über spezielle Filtereinrichtungen das Abfallprodukt unserer Ausatemluft, das CO_2, aus dem Atemgas und ersetzen dieses durch frischen Sauerstoff. Durch diese Funktion wird das Atemgas vollständig genutzt, es ergeben sich längere Tauchzeiten und ein fast geräuschloses Tauchen, das die Fluchtdistanz von Lebewesen verringert und bei speziellen Einsätzen wie z.B. Höhlentauchen die Gefahr einer Sedimentaufwirbelung reduziert.

243   Durch das Atmen, die Entnahme von Luft aus dem Tauchgerät, entspannt sich die Druckluft in der ersten Stufe des Automaten. Der Druck fällt dabei vom noch vorhandenem Flaschendruck auf ca.10 bar (Einstellung des Automaten) über dem Umgebungsdruck ab. Die Atemluft kühlt durch diese Entspannung um bis zu 40° C ab. Durch den Mitteldruckschlauch strömt die Luft zur zweiten Stufe. Diese wird hier nochmals entspannt, von ca. 10 bar über Umgebungsdruck auf Umgebungsdruck. Eine mögliche Erwärmung der Luft im Mitteldruckschlauch ist stark abhängig von der Wassertemperatur. Das heißt, dass im kalten Wasser, beispielsweise eines Bergsees, nur wenig Erwärmung der Atemluft zu erwarten ist.
Wenn nun der Kompressors durch mangelhafte Wartung feuchte Luft liefert oder Wasser in der Flasche oder im Automaten ist, liegt eine weitere Voraussetzung für eine Vereisung vor.
Die Feuchtigkeit und die durch die Luftentspannung erzeugte Kälte führen dazu, dass der Automat einfriert. Da die Kälte am Ventil entsteht, frieren oft bewegliche Teile des Ventils fest. Das heißt, dass z. B. der Kolben der ersten Stufe oder das Ventiloberteil, der Ventilhebel der zweiten Stufe, festfriert. Das betroffene Ventil wird dadurch blockiert und schließt sich nicht mehr. Die Luft strömt nun dauerhaft ab, erzeugt weiter Kälte und sorgt so dafür, dass das zugefrorene Ventil zugefroren bleibt.
Mögliche Folgen der Vereisung: Durch den beschriebenen Vorgang des Festfrierens und der Erzeugung weiterer Kälte blockiert das Ventil und bleibt in dieser Stellung eingefroren. Dadurch strömt ununterbrochen Luft ab. Dadurch treten zwei weitere Effekte auf: Der Automat liefert in der Regel weiter Luft. Es strömt sehr viel Luft ab, die Flasche wird abhängig von Volumen und Füllgrad schnell leer.

Lösungen

Die unbekannte Situation in Verbindung mit der Angst, gleich keine Luft mehr zu haben, verbunden eventuell mit schlechter Sicht, Kälte und Partnerverlust kann sehr leicht zu Panik führen! Panik ist die Grundlage für die meisten Tauchunfälle.

244   Einer Vereisung können folgende Massnahmen entgegenwirken:
- optimieren der Ausrüstung (Vereisungsschutz)
- richtige Aufbereitung der Atemluft (Kontrolle der Kompressorfilter)
- richtiges Verhalten beim Tauchgang

Das Risiko einer Vereisung kann sich durch folgende Faktoren erhöhen:
Wassertemperaturen < 10°C
Tauchtiefe
Erhöhte Luftentnahme durch Trockenanzug, zuviel Blei, unkontrollierte Atmung
Gleichzeitig Tarieren und Atmen
Partnerversorgung mittels Oktopus
Lufttemperatur < 5°C

245   Gruppe 1: Herstellerangaben
Gruppe 2: Verbraucherangaben
Gruppe 3: Kennzeichen der EG-Bauartenzulassung

246   Herstellerangaben

M25 x 2 ISO	Einschraubgewinde
800	Festigkeit in N/m
V	Materialbehandlung V - vergütet
	S - spannungsarm geglüht
	U – ungeglüht
10.0	l Mindestinhalt (zugelassen + 2,5%)
300	bar Prüfdruck
10,6	kg Leergewicht ohne Ventil, Lack, Verzinkung
10 D 38	Bauartzulassung
IWK	Hersteller
0486 S1	Herstellernummer (optional)

247   Verbraucherangaben

TG	Gasbezeichnung (auch Atemluft zulässig)
200	bar Fülldruck bei 15 °C
AIRCON	Besteller
09.97	Datum der 1. Prüfung
99	Jahr der nächsten Prüfung
●	Prüfzeichen des Prüfers Sachverständigen

Lösungen

248   Kennzeichen der EG-Bauartenzulassung
         E 1 D 795   EG-Bauartzulassung
         D   Herkunftsland
         CTCO 123456   Herstellerzeichen Fabrikationsnummer
           850   Festigkeit R in n/mm^2
         T   Art der Wärmebehandlung N normalgeglüht
                                         T vergütet
         300 bar   Prüfüberdruck
         eD10 x ✿   EG-Zeichen
         95/5   Datum der Erstprüfung
         10,6   Leergewicht kg
         10,0   garantiertes mindeste Innenvolumen in l

249   Die Norm gilt nicht für Flüssiggasflaschen wie Propan, Butan und für Feuerlöscher.

250   Die Farbkennzeichnung der Flaschenschulter dient als zusätzliche Information, bezogen auf die Eigenschaft der Gase (brennbar, oxidierend, giftig). Sie bleibt auch dann erkennbar, wenn die Etikette aus irgend einem Grund (Entfernung, Zerstörung) unlesbar ist.

251   1   Handelsname des Gasherstellers
         2   Gasbezeichnung und evtl. Zusatzbezeichnung (die Druckangabe ist fakulatativ)
         3   Gefahren- und Sicherheitshinweise
         4   Hinweise des Gasherstellers
         5   Name, Anschrift und Telefonnummer des Herstellers
         6   Gefahrenzettel nach ADR/GHS
         7   EG-Nummer bei Einzelstoffen. Entfällt bei Gasgemischen
         8   Signalwort
         9   UN-Nummer

252   Flaschen aus dem Ausland sind möglicherweise in deinem Land nicht zugelassen, sie werden vom TÜV nicht geprüft und unter Umständen bei Füllstationen deines Landes nicht gefüllt.

253   Die zweite Stufe deines Lungenautomaten sollte nach dem „Downstream-Prinzip" (schliesst gegen den Druck) gebaut sein, weil der Automat beim Blockieren nicht abstellt, sondern abbläst und Atmung immer noch möglich ist.

Lösungen

Tauchfertigkeit und Umgebung

1	a	11	e	21	e
2	c	12	e	22	a
3	b	13	b	23	a
4	e	14	c	24	c
5	a	15	a	25	c
6	a	16	b	26	b
7	c	17	b	27	a
8	e	18	b	28	d
9	a	19	d	29	d
10	d	20	e	30	e
31	a	41	c	51	b
32	d	42	a	52	c
33	c	43	d	53	b
34	c	44	d	54	b
35	c	45	d	55	c
36	e	46	d	56	b
37	c	47	b	57	b
38	b	48	c	58	b beatmen
39	d	49	c	59	a
40	c	50	d	60	b
61	d	71	b	81	b
62	c	72	d	82	c
63	b	73	a	83	c
64	c	74	b	84	a
65	a	75	c	85	c
66	b	76	d	86	d
67	d	77	b	87	c
68	c	78	c	88	a
69	a	79	d	89	b
70	a	80	b	90	d
91	a	101	d	111	a
92	b	102	c	112	b
93	c	103	c	113	a
94	b	104	a	114	d
95	a	105	d	115	b
96	d	106	a	116	b
97	c	107	b	117	d
98	d	108	a	118	b
99	c	109	a	119	c
100	d	110	d	120	b

Lösungen

121	a	131	a	141	b
122	d	132	b	142	b
123	b	133	a	143	b
124	b	134	d	144	d
125	c	135	a	145	b
126	a	136	a	146	b
127	e	137	b	147	d
128	d	138	b	148	b
129	b	139	a	149	a
130	a	140	a	150	b

151	b	161	b	171	b
152	b	162	d	172	a
153	c	163	a	173	a
154	b	164	b	174	d
155	b	165	a	175	d
156	b	166	d	176	d
157	d	167	b	177	a
158	d	168	b	178	c
159	b	169	b	179	d
160	c	170	b	180	d

181	a	188	b	195	d
182	a,b,d,e,c,	189	d	196	d
183	c	190	c	197	b
184	a	191	b	198	b
185	a	192	d	199	d
186	c	193	d	200	b
187	d	194	d	201	d

202
- a Verminderung von Verwirrung und Angst
- b Langes Schwimmen an der Oberfläche am Ende des Tauchganges
- c Erhöht Effektivität der Tauchgangsplanung
- d Vermeidet Trennung vom Tauchpartner
- e Hilft Luft sparen

203
- a Licht und Schatten
- b Wasserbewegung
- c Bodenkomposition und -formation
- d Bodenkontur
- e Flora und Fauna
- f Geräusche

204	c	207	a	210	c
205	a	208	c	211	a
206	b	209	d	212	b

Lösungen

213	b	223	b	233	c
214	d	224	c	234	e
215	d	225	c	235	b
216	a	226	c	236	e
217	b	227	c	237	e (ist falsch)
218	d	228	e	238	a (ist falsch)
219	b	229	a	239	b (ist falsch)
220	a	230	c	240	a
221	b	231	b	241	d (ist falsch)
222	d	232	b	242	b

243	c (ist falsch)	249	b
244	b	250	d
245	c	251	nicht unbedingt!
246	d	252	a,c,d,e,
247	e	253	a
248	a	254	b

255 ...dass jeder Taucher zurück an Bord des Tauchbootes ist, bevo der Kapitän:die Abfahrt einleitet, oder dass jeder Taucher nach dem Tauchgang das Wasser verlassen hat und sich am Ufer befindet.

256 a,b,c,d,f,

257
- a Name des Tauchplatzes
- b Beschreibung des Platzes, Unterwasserwelt, markante Orientierungspunkte
- c die Funktion des Gruppenführers, Position innerhalb der Gruppe
- d Ein- und Ausstiegstechniken
- e Verfahren, Ablauf des Tauchganges
- f Notfallverfahren
- g Wiederholen von Handzeichen und Signalen
- h Anwesenheitskontrolle
- i Verhalten unter Wasser
- k Kontrolle der Ausrüstung, Sicherheitscheck

258	a,b,c,	262	d	266	d
259	a,b,c,d,	263	d	267	d
260	d	264	a	268	b
261	c	265	c	269	d

Lösungen

270	b	277	c	284	d
271	d	278	c	285	d
272	a	279	d	286	a
273	d	280	b	287	b
274	d	281	b	288	c
275	d	282	c	289	d
276	a	283	d	290	d

291   d

292   Lösung: c
Lösung: 200 bar x 50°C x 1/273 = 36,6 bar Druckzunahme.
Der Gesamtdruck im Tauchgerät beträgt jetzt 236,6 bar. Wenn die Flasche richtig geprüft ist, besteht keine Gefahr zu einer Explosion.

293   Ziel 1
Entwicklung des Interesses der Tauchgemeinschaft an Programmen und Initiativen zum Schutz der Unterwasserwelt und seinen Ressourcen.
Ziel 2
Aufklärung der Öffentlichkeit, wie wichtig der Schutz der Unterwasserwelt für Mensachen ist und welche Verantwortung wir dafür tragen.
Ziel 3
Herstellung und Verbreitung von Schulungsmaterial um ein gesellschaftliche Interesse zu entwickeln.

294   Zwei Drittel der weltweiten Fischbestände hängen auf direkte Weise von der Fruchtbarkeit der küstennahen Feuchtgebiete ab. Über 50% der wirtschaftlich wertvollen Fische verbringen einen Teil ihres Lebenszyklus in Flussmündungen, viele andere verbringen dort ihr gesamtes Leben. Durch die Bodenerosion der Küsten sind Flussmündungen sehr nährstoffreich und beherbergen grosse Populationen von Phytoplankton (der pflanzliche Grundlage der Marinen Nahrungskette).

295   Bereich 1
die lichtlose / „aphotic" Zone oder der Bereich, in dem ewige Dunkelheit herrscht und
Bereich 2
die Licht / „photic" Zone in die ausreichend Licht vordringen kann.

296   Bereiche mit zur Oberfläche aufsteigendem Tiefenwasser entstehen auf der Nordhalbkugel an den Westküsten der Kontinenten und auf der Südhalbkugel an den Ostküsten. Sie entstehen, wenn der Nordwind auf der Nordhalbkugel Oberflächenwasser von den Küsten wegträgt. Dieses

Lösungen

Oberflächenwasser wird durch kaltes, nährstoffreiches Wasser aus der Tiefe ersetzt. Dadurch gelangen Nährstoffe in die Lichtzone, die ansonsten (unterhalb einer Sprungschicht) in tieferes Wasser gespült würde. Deshalb sind die Bereiche mit zur Oberfläche aufsteigendem Tiefwasser auch Bereiche mit hoher organischer Produktion und grossen Fischbeständen.

297 Die Hoffnung bei der Errichtung von Aquakulturen liegt darin, dass der Druck auf die weltweiten Fischbestände etwas nachlässt.
Problem 1: Aquakulturen konzentrieren auf kleinem Raum Abfälle und führen der Umwelt zusätzliche Belastungen zu.
Problem 2: Grosse Flächen küstennahen Feuchtgebieten, besonders Mangrovensümpfe, werden zerstört, um Aquakultur-Anlagen zu bauen.

298 Korallenriffe sind für die Unterwasserwelt deshalb wichtig, weil sie zu den biologisch vielfältigsten Lebensräumen zählen, weil sie als Schutzwälle für Lagunen und Küstengebieten vor Inseln fungieren und weil sie in vielen Entwicklungsländern die wichtigste Nahrungsquelle darstellen.

299 Übermässiges sammeln von Lebewesen
Verschlammung von Riffen durch Erosion der Küste
Fischen mit Dynamit und Zyanid
Schäden verursacht durch Anker

300 Zu den Quellen für die Verschmutzung zählen:
   Treibstoffe
   Hydrocarbonate und Biocyde
   Schadstoffe aus Industrie und Landwirtschaft
   Industrielle Abfälle, die in die Meere gekippt werden
   Schiffsunfälle oder Schiffe, die ihr verdrecktes Bilgen- und Ballastwasser in die Meere ablassen und ihre Abfälle einfach über Bord kippen

301 Umweltverschmutzung
Zerstörung der Lebensräume der Fische
Überfischen

302 Durch das Bevölkerungswachstum entlang der Küste, steigt auch die Verschmutzung der Meere vom Land aus. Ausserdem wird durch den Bau von Hafenanlagen, Wellenbrecher und Piers, alles für das Leben in Meeresnähe notwendig und gefordert, die natürliche Funktion der Küstenezone eingeschränkt. Auch die küstennahen Feuchtgebiete werden zum Bau von Häusern verwendet.

Lösungen

303 Zu den Hauptproblemen, mit denen die am stärksten durch Umweltverschmutzung bedrohten Gebiete konfrontiert sind zählen:
die Ölverschmutzung
das Wachstum der Bevölkerung
das Wachstum der Industrie
Verschmutzung durch Schwermetalle und Chemikalien

304 Umweltschutzorganisationen empfehlen, dass internationale Vereinbarungen über Mindest-Fischbestände und deren Kontrolle beschlossen werden, dass verbindliche Abkommen über Alternativen zu destruktiven Fangmethoden getroffen werden, dass finanzielle Hilfe für unwirtschaftlich arbeitende Fisch-Industrien abgeschafft werden und dass wichtige marine Lebensräume wieder hergestellt und geschützt werden.

305 Um ein umweltfreundlicher Taucher zu sein, sollte man sich wie ein passiver Besucher der Unterwasserwelt verhalten, seine Tarierungskontrolle perfektionieren und sein Tauchausrüstung korrekt in Stromlinienform bringen, herunterhängende Ausrüstungsteile (Finimeter, Octobus) sind zu befestigen.

306 Teilnahme am „Internationalen Säuberungstag" (International Cleanup Day) weltweit ausgeschrieben
bei jedem Tauchgang vorhandenen Müll einsammeln, mitnehmen und korrekt entsorgen
Aufzeichnungen machen über den Müll, den man aus der Unterwasserwelt entfernt hat

307	c	309	d	311	b
308	c	310	c	312	d

Lösungen

Tauchgangplanung

1	b	11	PADI:a; ATEC:f	21	PADI:c; ATEC:f
2	b	12	PADI:b; ATEC:f	22	PADI:b; ATEC:e
3	a	13	PADI:c; ATEC:g	23	b
4	b	14	PADI:b; ATEC:f	24	PADI:a; ATEC:g
5	a	15	PADI:b; ATEC:f	25	c
6	a	16	a	26	a
7	PADI:b; ATEC:g	17	d	27	d
8	c	18	b	28	b
9	b	19	PADI:a; ATEC:f	29	c
10	PADI:b; ATEC:f	20	PADI:b; ATEC:f	30	d

31	c	34	a	37	PADI:c; ATEC:e
32	c	35	c	38	d
33	d	36	a	39	a

40 Gesamttauchzeit: Zeit vom Abtauchen bis zum endgültigen Ausstieg an der Oberfläche

41 Grundzeit: Zeit vom Abtauchen bis zum endgültigen Verlassen der Tiefe

42 Nullzeit: Diejenige Grundzeit, nach der unter Einhaltung der vorgeschriebenen Aufstiegsgeschwindigkeit direkt zur Oberfläche aufgetaucht werden kann, ohne Sicherheitshalt

43 Sicherheitshalt:
Ein Halt von einer Minute auf 3 Meter, bzw. 2 Meter in Bergseen ist aus prophylaktischen Erwägungen einzuhalten

44 Dekompressionszeit: Wartezeit, die auf einer von der Tabelle oder Computer vorgeschriebenen Tiefe verbracht werden muss, um den im Körper vermehrt gelösten Stickstoff symtomlos auf ein Niveau abzubauen, das einen weiteren Aufstieg erlaubt

45 Abstiegszeit: Zeit vom Abtauchen bis zum Erreichender Zieltiefe. In der GZ (Grundzeit) enthalten

46 Aufstiegszeit: Zeit vom endgültigen Verlassen der Tiefe bis zum Erreichen der tiefsten Dekostufen 10m/min, aufgerundet auf volle Minuten

Lösungen

47	Entsättigungszeit: Intervallzeit bis zum Erreichen der Repetivgruppe „0" bzw. „A"
48	Intervallzeit / Oberflächenpause: Zeit des Oberflächenintervalls zwischen zwei Tauchgängen
49	Zeitzuschlag: Eine fiktive Grundzeit auf der geplanten Tiefe des Wiederholunstauchganges, die dem Sättigungszustand des Körpers unmittelbar vor diesem Tauchgang entspricht
50	Tauchtiefe: Die maximale, während des Tauchganges erreichte Tauchtiefe. Gelegentlich auch Tmax. genannt
51	Repetivgruppe: Eine Kennzeichnung für die im Körper symptomlos tolerierte Stickstoffüberspannung an der Oberfläche

52	d	62	c	72	a
53	c	63	d	73	b
54	a	64	b	74	d
55	c	65	c	75	c
56	a	66	c	76	c
57	a	67	b	77	b
58	a	68	d	78	c
59	c	69	a	79	d
60	d	70	b	80	c
61	a	71	b	81	d

82	b	90	d	98	b
83	b	91	d	99	a
84	d	92	b	100	a
85	b	93	d	101	c
86	a	94	a	102	a
87	b	95	d	103	b
88	d	96	d		
89	a	97	d		

104	Nein, die Zeit müsste dazu verlängert werden, denn es würde nicht ausreichend Stickstoff abgebaut werden. Das ist ein Vorteil eines Tauchcomputers.
105	d

Lösungen

106 Erneut abtauchen (mit neuem Gerät) bis auf 6m, dort mindestens 3 Minuten verweilen, danach für 18 Minuten auf 3m auftauchen. Zurück an der Oberfläche die Zeit festhalten, auf Symptome von DCS achten und eventuell für 30 Minuten Sauerstoff atmen

107 Ja, aber um diesen Vorteil zu nutzen, muss der Taucher eine spezielle Tabelle oder ein spezielles Computerprogramm zur Planung des Tauchgangs verwenden. Einige Tauchcomputer ermöglichen die Eingabe von reinem Sauerstoff als zweites Atemgas.

108 a
109 b
110 c

111	b	124	abcd	137	c
112	d	125	abcd	138	a
113	b	126	abcd	139	c
114	c	127	d	140	a
115	b	128	b	141	c
116	c	129	a	142	d
117	d	130	c	143	d
118	c	131	c	144	b
119	abcd	132	b	145	d
120	bcd	133	b	146	b
121	abcd	134	a	147	a
122	bcd	135	b	148	c
123	acd	136	b	149	c

150	a	156	c	162	b
151	b	157	a	163	c
152	b	158	a	164	c
153	d	159	b	165	a
154	b	160	d	166	c
155	d	161	a	167	b

168	c	170	b
169	c	171	c

172 Nein, für Bergseetauchgänge gelten kürzere Nullzeiten

173 Woher stammt die angesaugte Luft, Abgase vorhanden, Filterung und Kondenswasser, Zustand der Füllanlage

Lösungen

| 174 | Reservegerät montiert, ev. Depot auf 3 Meter oder an der Ankerkette. |

| 175 | a | 177 | a | 179 | a,c,d |
| 176 | a | 178 | b * | 180 | a |

*178 Die OFP-Tabelle wurde im Nachhinein in die US-Navy-Tabelle integriert

181	b
	Es ist diejenige Zeit, die erforderlich ist, damit der Gasdruck bis auf die Hälfte des Gasdrucks ausserhalb des Kompartiments ansteigen oder abnehmen kann.

182	b	189	a	196	d
183	a,b,c	190	a	197	a
184	a	191	a	198	c
185	a	192	a	199	d
186	a	193	b	200	d
187	b,c,d	194	a	201	d
188	a,c,d	195	b	202	c

| 203 | d | 205 | d | 207 | a |
| 204 | d | 206 | e | 208 | c |

| 209 | Beim Einschlag des Blitzes in das Wasser verdampft auf Grund der enormen Hitze des Blitzes Wasser im Bereich des Blitzkanals explosionsartig. Dadurch wird eine Druckwelle erzeugt. Die durchschnittliche Energiemenge von 25 - 30 kg TNT wird freigesetzt, vergleichbar mit dem Dynamitfischen. Diese sich nahezu ungebremst ausbreitende Druckwelle verursacht beim Taucher Barotraumen. Eher harmlos ist ein Trommelfellriss. Im schlimmsten denkbaren Fall kann es zum Lungenriss mit einhergehender Gasembolie und Bewusstlosigkeit unter Wasser kommen. Verzichte lieber bei bekannter Gewittergefahr auf einen Tauchgang oder warte wenigstens, bis dass Gewitter 1 Stunde durchgezogen ist. |

Lösungen

Handzeichen:

1	a
2	c
3	c
4a	Trillerpfeife
4b	Handsignale
4c	Niederdruckhorn

Bedeutung der Handzeichen:

8	alles ok
9	ok mit Handschuh
10	ok an der Oberfläche
11	ok an der Oberfläche, eine Hand belegt
12	abtauchen
13	auftauchen
14	bin ausser Atem
15	Stopp anhalten
16	habe keine Luft
17	Höhe halten, tarieren
18	irgend etwas stimmt nicht
19	habe kalt, friere
20	Problem mit Druckausgleich
21	mit Buddy gehen, näher zusammen
22	Hilfe an der Oberfläche
23	Hände halten
24	beruhige dich, langsamer
25	du führst, ich folge
26	Gefahr
27	Übung wiederholen, nochmals
28	welche Tiefe, welche Zeit
29	gib mir Luft
30	schau hin
31	komm her
32	verstehe nicht
33	gehe in diese Richtung
34	welche Richtung
35	Boot
36	Hilfe bei Nacht mit Lampe

5	b + c	
6	a	OK? / OK
6	b	Stopp
6	c	abtauchen
6	d	auftauchen
7	a + c	

37	Signal bei Nacht mit Lampe, Hilfe
38	OK bei Nacht mit Lampe
39	OK bei Nacht mit Lampe
40	gib acht, schaue auf
41	grosse Gefahr
42	schneller
43	zusammen bleiben
44	langsam
45	Fisch
46	komm näher
47	dort (Hinweissignal)
48	Richtungsangabe
49	Wadenkrampf
50	von der anderen Seite
51	bleib ruhig
52	mir ist kalt
53	anbinden, festmachen
54	Schwindelgefühl
55	nicht verstanden
56	nein
57	ja
58	ausser Atem
59	Abbrechen, Übung beendet
60	vergiss nicht zu atmen
61	Müde (Hände bleiben auf dem Bauch)
62	schneller
63	Weg zur Oberfläche
64	Licht
65	gross
66	klein
67	schwimmen
68	Dekompression

Lösungen

69	schneiden (mit Schere)	
70	Strömung	
71	halten, festhalten	
72	Frage	
73	Behälter	
74	Tunnel	
75	Raum, Fläche	
76	Lungenautomat bläst ab	
77	Zahl: eins	1
78	Zahl: zwei	2
79	Zahl: drei	3
80	Zahl: vier	4
81	Zahl: fünf	5
82	Zahl: sechs	6
83	Zahl: sieben	7
84	Zahl: acht	8
85	Zahl: neun	9
86	Zahl: null	0
87	Anemone	
88	Barakuda	
89	Barsch, Brasse (Handstellung beachten)	
90	Clownfisch	
91	Doktorfisch	
92	Drückerfisch	
93	Haifisch	
94	Hummer	
95	Kugelfisch, Igelfisch	
96	Krake	
97	Languste	
98	Meeres Aal (Handstellung beachten)	
99	Muräne	
100	Napoleon	
101	Papageienfisch	
102	Qualle	
103	Roche	
104	Rote Koralle	
105	Schildkröte	
106	Skorpionfisch	
107	Steinfisch	

108	Trompetenfisch, Flötenfisch
109	Zackenbarsch
110	Umkehren (ohne Abbruch)
111	Tiefe erreicht
112	Blasen bei dichtigkeits Prüfung
113	Sediment
114	höher (aufsteigen)
115	durchschneiden (Leine)

Flaggensignale:

116	Sporttaucherflagge (weiss / rot) Taucher unten, Abstand halten
117	Alpha Flagge (blau / weiss) Taucher ist U/W, Abstand halten
118	Signalflagge (weiss / blau) Taucher U/W Abstand halten
119	Kofferfisch
120	Napoleonfisch
121	Kugelfisch
122	Hai
123	Hammerhai
124	Feuerfisch
125	Octopus
126	Tintenfisch
127	Muräne
128	Garnelen / Languste
129	Krebse / Hummer
130	Drückerfisch
131	Meeresschildkröte
132	Barakuda
133	Papageienfisch
134	Putzerfisch
135	Spanische Tänzerin

Lösungen

Handzeichen: Lösungen in Bilder

Die Bedeutung der Handzeichen

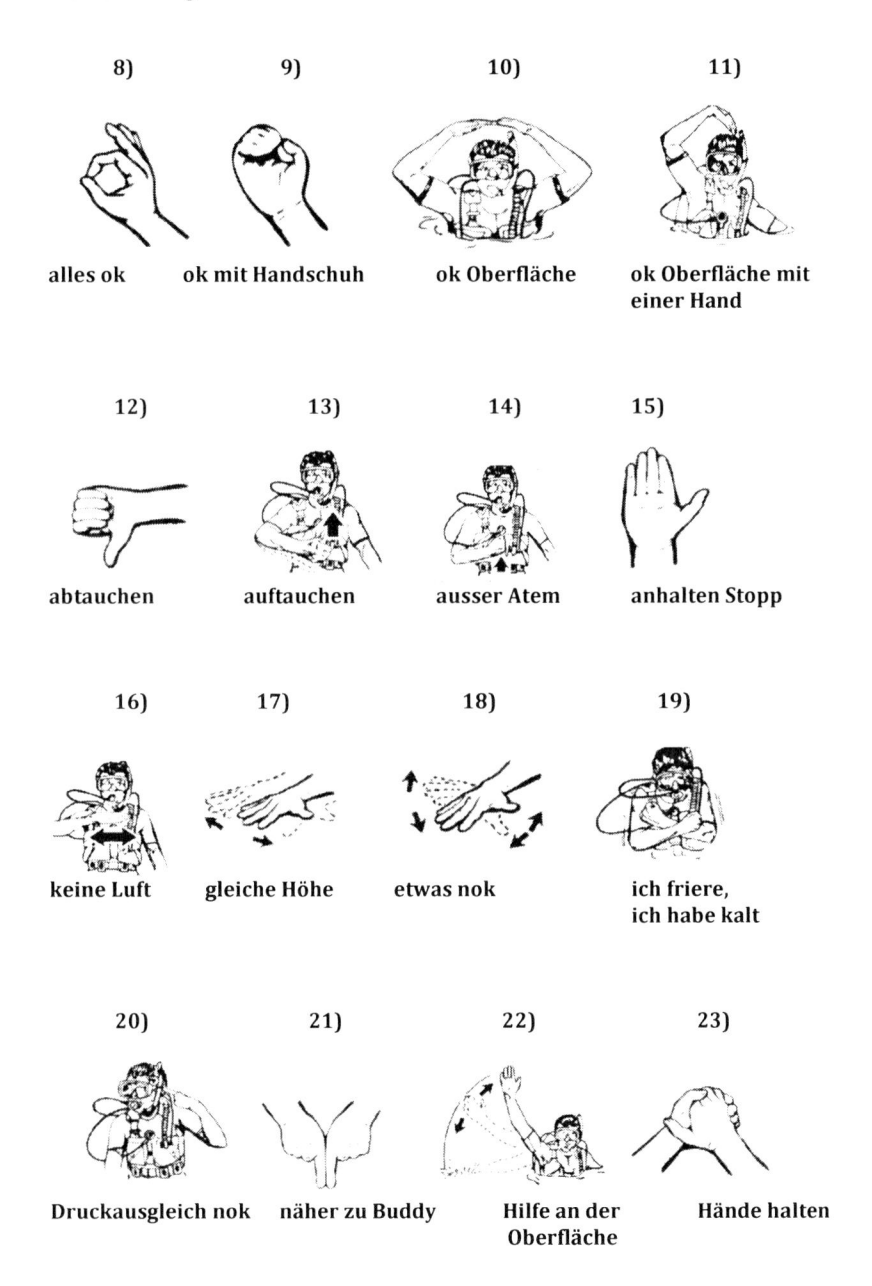

8) alles ok	9) ok mit Handschuh	10) ok Oberfläche	11) ok Oberfläche mit einer Hand
12) abtauchen	13) auftauchen	14) ausser Atem	15) anhalten Stopp
16) keine Luft	17) gleiche Höhe	18) etwas nok	19) ich friere, ich habe kalt
20) Druckausgleich nok	21) näher zu Buddy	22) Hilfe an der Oberfläche	23) Hände halten

Lösungen

24) langsamer

25) du führst ich folge

26) Gefahr

27) Übung wiederholen, nochmals

28) Tiefe?, Zeit?

29) gib mir Luft

30) schau hin

31) komm her

32) verstehe nicht

33) diese Richtung

34) Richtung?

35) Boot, Schiff

36) Hilfe mit Lampe nachts

37) Hilfe mit Lampe nachts

38) ok mit Lampe nachts

39) ok mit Lampe nachts

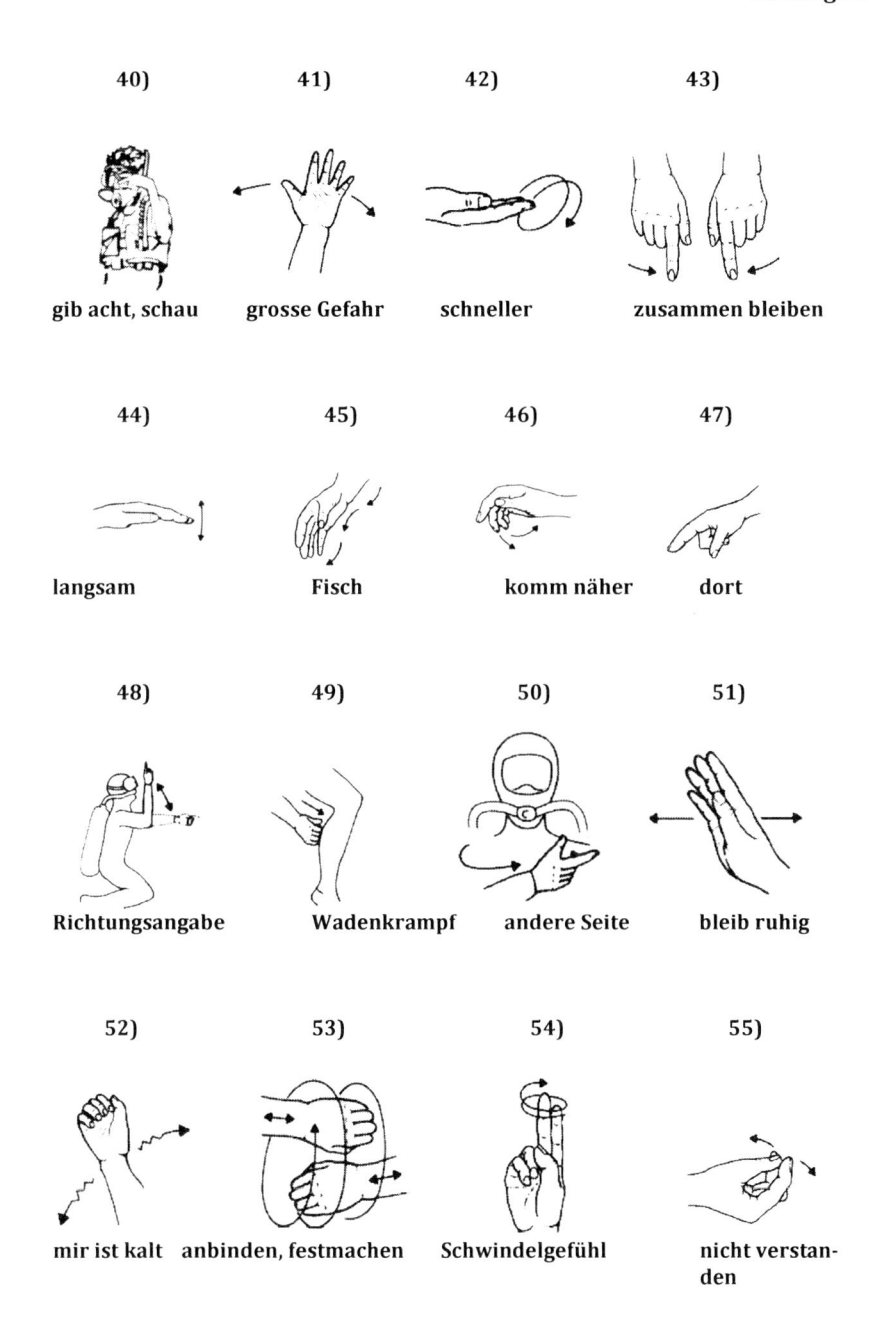

Lösungen

40) gib acht, schau	41) grosse Gefahr	42) schneller	43) zusammen bleiben
44) langsam	45) Fisch	46) komm näher	47) dort
48) Richtungsangabe	49) Wadenkrampf	50) andere Seite	51) bleib ruhig
52) mir ist kalt	53) anbinden, festmachen	54) Schwindelgefühl	55) nicht verstanden

Lösungen

56) nein

57) ja

58) ausser Atem

59) Abbrechen, Übung beendet

60) vergiss nicht zu atmen

61) müde

62) schneller

63) Weg zur Oberfläche

64) Licht

65) gross

66) klein

67) schwimmen

68) Deko.

69) schneiden

70) Strömung

71) halten

72) Frage

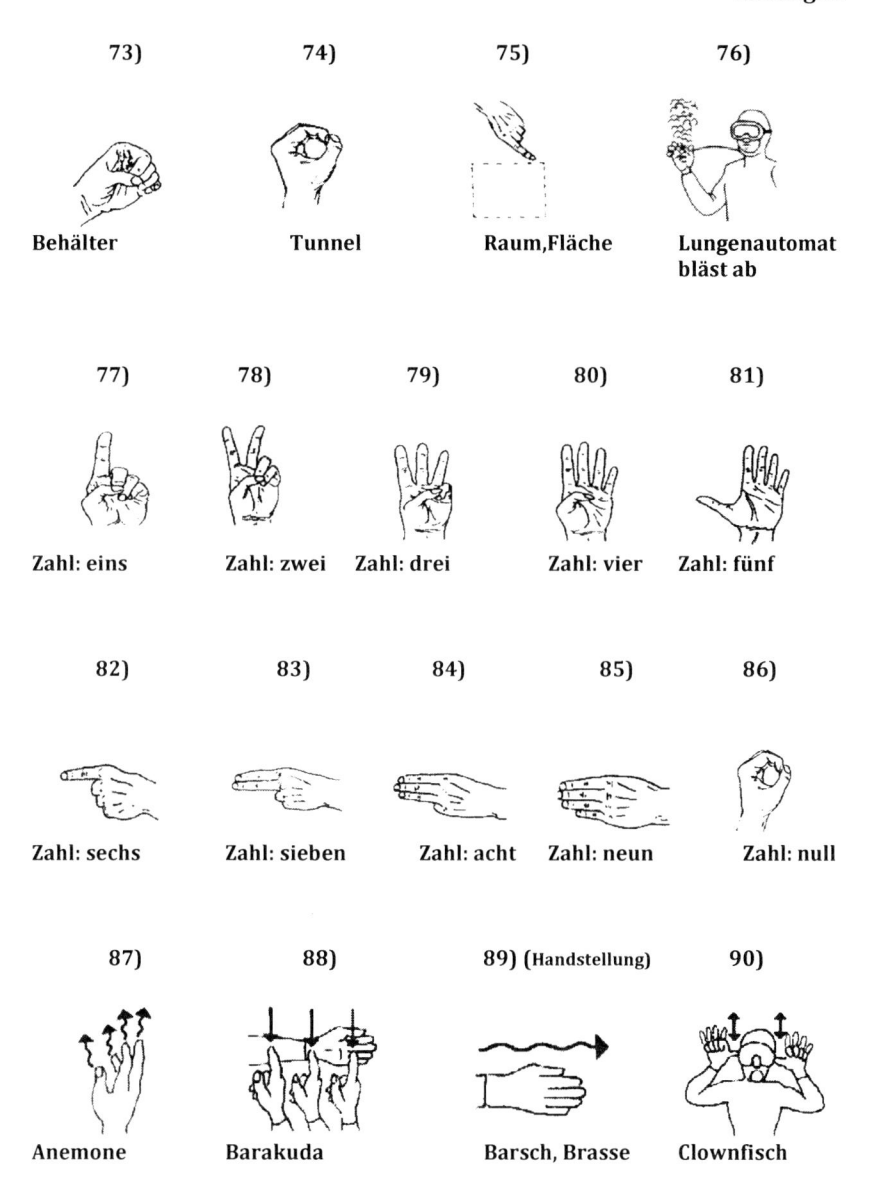

Lösungen

73) Behälter
74) Tunnel
75) Raum, Fläche
76) Lungenautomat bläst ab

77) Zahl: eins
78) Zahl: zwei
79) Zahl: drei
80) Zahl: vier
81) Zahl: fünf

82) Zahl: sechs
83) Zahl: sieben
84) Zahl: acht
85) Zahl: neun
86) Zahl: null

87) Anemone
88) Barakuda
89) (Handstellung) Barsch, Brasse
90) Clownfisch

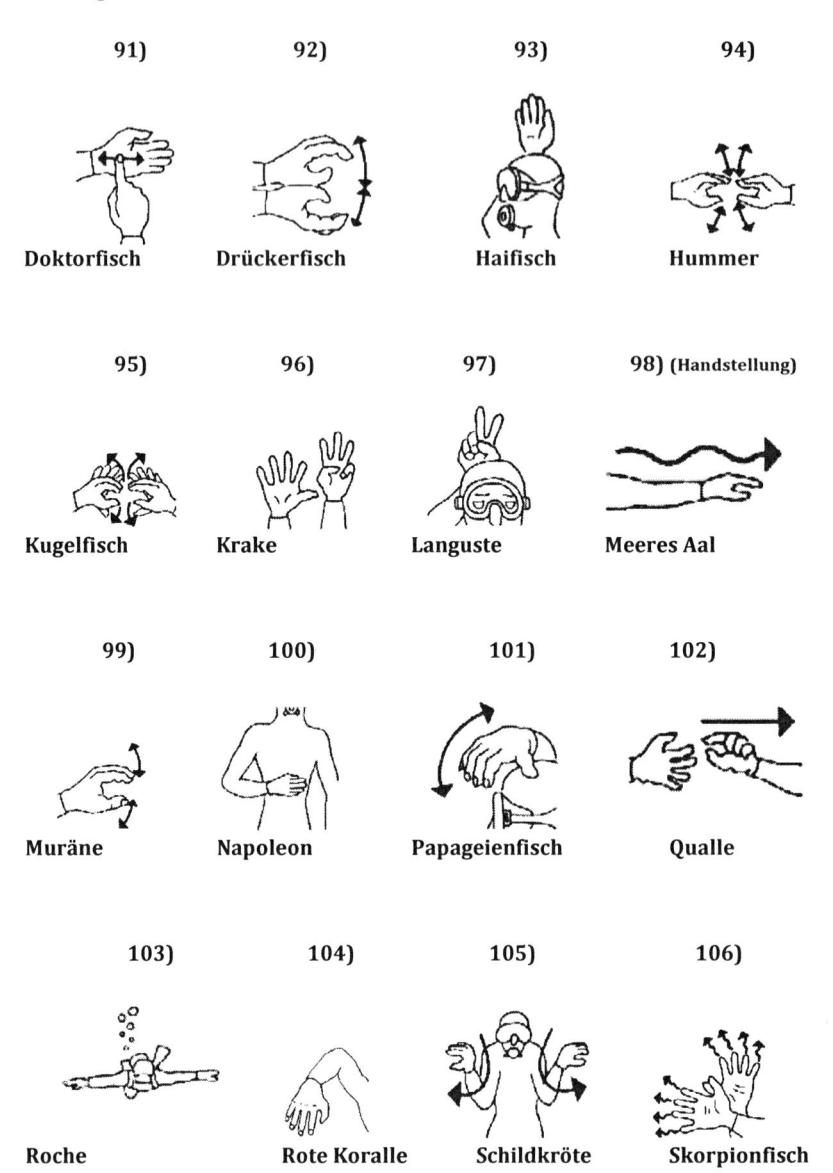

Lösungen

91) Doktorfisch	92) Drückerfisch	93) Haifisch	94) Hummer

95) Kugelfisch	96) Krake	97) Languste	98) (Handstellung) Meeres Aal

99) Muräne	100) Napoleon	101) Papageienfisch	102) Qualle

103) Roche	104) Rote Koralle	105) Schildkröte	106) Skorpionfisch

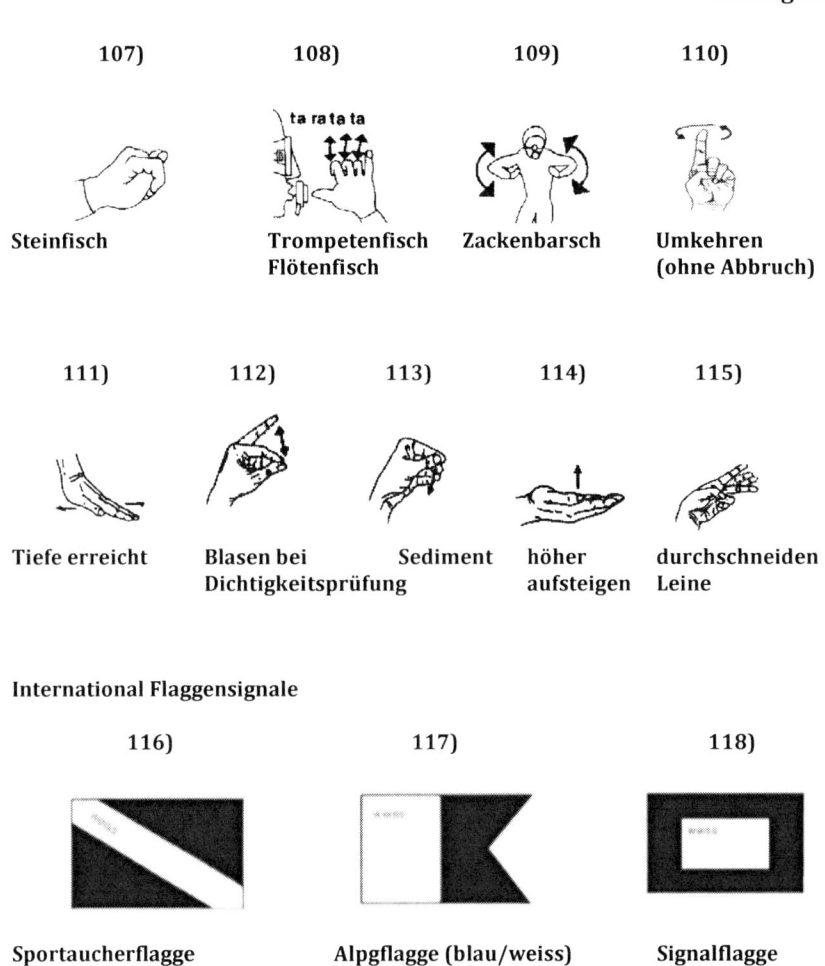

Lösungen

107) Steinfisch

108) Trompetenfisch / Flötenfisch

109) Zackenbarsch

110) Umkehren (ohne Abbruch)

111) Tiefe erreicht

112) Blasen bei Dichtigkeitsprüfung

113) Sediment

114) höher aufsteigen

115) durchschneiden Leine

International Flaggensignale

116) Sportaucherflagge

117) Alpgflagge (blau/weiss)

118) Signalflagge (blau/weiss)

Lösungen

Wenn du mit einem neuen Tauchpartner tauchst, überprüfe alle dir wichtig erscheinenden Handzeichen mit deinem Buddy beim Briefing nochmals. Handzeichen können je nach Ausbildungsstandart und Ausbildungsorganisation der Tauchgruppenteilnehmer variieren. Verwende ausschliesslich Handzeichen die mit deinem Partner abgesprochen sind. „Neuerfindungen" unter Wasser sorgen für Verwirrung und Unsicherheit und sind unter allen Umständen zu unterlassen!
Tauchpartner, welche stets miteinander tauchen, können eigene Handzeichen entwickeln, welche nur für dieses Buddyteam gelten. Wichtig ist jedoch, dass die ordentlichen, allen bekannten, Zeichen für alle Tauchgänge in neuer Team-Zusammensetzung anzuwenden und im Briefing abzusprechen sind.

12 Anhänge

Wissen heisst wissen, wo es geschrieben steht.

Albert Einstein

Anhänge

Teil 3

12 Anhänge

		Seite
13	Checkliste für Tauchreisen	605
14	Checkliste Reiseapotheke (Tauchen)	609
	Notfallplan für Tauchplätze und Tauch-Gewässer	614
	Unfallprotokoll	615
15	Tauchverbände international	617
16	Dekokammern weltweit	627
17	Tauchspezifische Abkürzungen	665
18	Tauchrelevante Begriffe (Übersetzungen)	677
19	Fischlexikon	751
20	Kennzeichnung von Gasflaschen	925
21	Dank	931
22	Epilog	933

Reisegedanken

Also lautet der Beschluss:
Dass der Mensch was lernen muss.
Nicht allein das ABC
bringt den Menschen in die Höh.
Nicht allein im Schreiben, Lesen
übt sich ein vernünftig Wesen.
Nicht allein in Rechnungssachen
soll der Mensch sich Mühe machen.
Sondern auch der Weisheit Lehren
muss man mit Vergnügen hören.
Schaffen, schuften, werden älter,
träger, müder und auch kälter.
Bis auf einmal man erkennt, dass das Leben geht zu End´.
Viel zu spät begreifen viele die versäumten Lebensziele:
Freude, Schönheit der Natur, Gesundheit, Reisen und Kultur
Darum, Mensch sei zeitig weise!
Höchste Zeit ist's Reise, reise.

Wilhelm Busch

Anhänge

13 Checkliste für Tauchreisen
14 Reiseapotheke Tauchreisen

> Um zu begreifen, dass der Himmel überall blau ist,
> braucht man nicht um die Welt zu reisen
>
> Johann Wolfgang von Goethe

Tauchreisen

13 Checkliste für Tauchreisen

(* nicht für Flugreisen)

Ausrüstung

ABC (Maske, Schnorchel, Flossen)

Anzug (5 mm/7mm)

Füsslinge

Handschuhe

Bleigurt ohne Blei

Bleistopper

Weste

Automaten (I und II Stufe)

Octopus (I und II Stufe)

Finimeter

Adapter (DIN/Int)

Tauchcomputer

Uhr (Wasserdicht)

Tabellen

Lampe (Ersatzbirne)

Ladegerät

*Gerät/Flasche

Logbuch

Brevets

Arztzeugnis

Maskenreinigungsmittel

Ohrentropfen

*Tauchflagge

Schreibtafel

Strömungsboje

Talkpuder (Trocki)

Inflatorschlauch (Trocki)

Trockenhandschuhe

Unterzieher

Steckeradapter

Steckerleiste

Reservelampe / Birne

Batterien

Kopfhaube Trocki

Notblitz für Nachttauchgänge

Signallampen / Chemostift

_____

_____

_____

Reserveausrüstung

Flossenbänder

Lampen und Batterien

Maskenbänder

div. Bänder für Befestigung

O-Ringe

Klebebänder

Einsatz DIN / Int.

Inbusschlüssel 4mm / 5 mm

Rollgabelschlüssel

Verschlussschrauben I-Stufe LP/HP

Inbusschlüssel 2 mm

Reserve I-Stufe

Mundstück mit Bänder

_____

_____

_____

_____

_____

605

Tauchreisen

Foto / Video / CD / Radio
Filme
Speicherkarten
Fotoapparat
Videokamera
u/W-Gehäuse
Silikonfett
O-Ringe für u/W Gehäuse
Batterien (Fotoapparat / Videogerät/Blitzlicht)
Ladegeräte
Kassetten für Radio und CD
Ladegerät Natel
_____
_____
_____

Ausweise / Brevets / Doku
Visa
Notfallausweis
Arztzeugnis (Tauchen)
Impfausweis
Pass (Gültigkeit prüfen)
Passkopie
Identitätskarte
Blutgruppenausweis
DAN – Karte
REGA – Ausweis
KK – Ausweis
Versicherungsformular KK
Reisecheck
Kreditkarten

Reisedokumentation
Flugticket
Bootsausweis
Versicherungsadressen
Adressbuch
Post umleiten
Geld in Landeswährung
Autoführerschein
_____
_____

Medikamente
(siehe Anhang 14 Reiseapotheke)
persönliche Medikamente
Tabletten gegen Darmprobleme
Tabletten gegen Magenprobleme
Tabletten gegen Seekrankheit
Kopfwehtabletten / Pulver
Schlaftabletten
Schnellverbandsmaterial
Elastische Binden
Desinfektionsmittel
Sonnenschutz
Medikamente
Insektenschutz
Imodium akut
Fiebersenkende Mittel
_____
_____
_____
_____

Tauchreisen

Kleider / Diverses

Taschentücher (Papier)

Frottiertücher /Badetücher

Waschtücher

Unterwäsche

Trainer

Pullover

Hemden

T-Shirt

Badehosen

Toilettenartikel

-Kamm / Bürste

-Seife / Douchseife / Seewasserseife

-Zahnbürste / Pasta

-Deodorant

Sonnenschutz

Rasierklingen /Rasierapparat

Sonnenbrille mit Band

Ersatzbrille

Nähzeug

Waschmittel

Säcke für Schmutzwäsche

Schnüre

Regenbekleidung

Handschuhe

Kopfbedeckung

Reisewecker

Turnschuhe

Bootsschuhe / Sandalen

_____

_____

_____

Tauchreisen

Reisedokumente / Visa (Stand 2012)
(keine Gewährleistung für Richtigkeit und Vollständigkeit)

Staat	Reisepass /	Visa
Ägypten	empfohlen /	ja, bei Einreise
Australien	ja, /	ja, vor der Reise
EU-Staaten	nein /	nein
Indonesien	ja, /	ja bei Einreise
Israel	ja, /	3 Monate ohne
Karibik Staaten	ja, /	meist ohne
Kenia	ja, /	ja, bei Einreise
Kuba	ja, /	Touristenkarte
Malaysia	ja, /	3 Monate ohne
Malediven	ja, /	ja, bei Einreise
Philippinen	ja, /	ja, bei Einreise
Südafrika	ja, /	90 Tage ohne
Thailand	ja, /	30 Tage ohne
USA	Ja, /	s. Bestimmungen
VAE	Ja, /	bei Einreise

_____   _____
_____   _____
_____   _____
_____   _____

Impfdokumente:

Impfausweis
Reisemedizinischer Ratgeber:
www.safetravel.ch

14 Reiseapotheke Tauchreisen

Medikamente persönlicher Bedarf

Regelmäßig einzunehmende Medikamente
Malariaprophylaxe
Medikamente gegen Schlaflosigkeit
Verhütungsmittel
Mittel zur Wasserdesinfektion

Wundversorgung / Verletzung

Schnellverband
Gazekompressen
Heftpflaster
Elastische Binden
Schere
Pinzette
Desinfektionslösung
Wundsalbe
Gel / Salbe / Patch bei Quetschungen
Prellungen / Verstauchungen
Schmerzen / Erkältung / Augen
Fieberthermometer quecksilberfrei
Fieber- und Schmerzmittel
Ohrentropfen
Nasentropfen
Tabletten Halsschmerzen
Augentropfen Augenreizungen
Hustenmittel
Verdauung / Übelkeit
Medikamente gegen Reisekrankheit
Medikamente gegen Durchfall

Insektenstiche / Allergien

gegen Insektenstiche, Antiallergikum
Insektenschutzmittel
Gel gegen Insektenstiche
Antialergikum

Sonne

Sonnenschutz mit hohem Schutzfaktor
Après Soleil
Lotion bei Sonnenbrand
Vorbeugen Sonnenallergie

Diverses

Fuss-Salbe (Pilz)
Kreislaufschwäche

Impfungen Tauchurlaub im Ausland

Ägypten:	Tetanus / Diphterie, Polio
	Hepatitis A/B, Typhus
Indonesien:	Tetanus / Diphterie, Polio, Typhus
	Hepatitis A/B, ev. Cholera, Tollwut
	Malaria, Gelbfieber
Kuba:	Tetanus / Diphterie, Polio, Typhus
	Hepatitis, ev. Tollwut
Malaysia:	Tetanus / Diphterie, Polio
	Hepatitis A/B, Typhus, ev. Cholera,
	Tollwut, Gelbfieber, Malaria
Malediven:	Tetanus / Diphterie, Polio
	Hepatitis A/B, Typhus
Malta:	Tetanus / Diphterie, Polio
	Hepatitis A/B, Typhus,
Mauritius:	Tetanus / Diphterie, Polio
	Hepatitis A/B, Typhus, ev. Malaria
Mexiko:	wie Malaysia
Philipinen:	wie Malaysia
Südafrika:	wie Malaysia
Thailand:	Tetanus / Diphterie, Polio
	Hepatitis A/B, Typhus, ev. Malaria
Türkei:	Tetanus / Diphterie, Polio
	Hepatitis A/B, Typhus, Tollwut

Reiseapotheke

NOTIZEN

Medikamente persönlicher Bedarf:

_____

_____

_____

Medikamente Bedarf anderer Reiseteilnehmer:

_____

_____

_____

Verzeichnis der Ärzte (Adresse, Telefon)

_____

_____

_____

Verzeichnis der Krankenkassen

_____

_____

_____

Versicherungen

_____

_____

Allergien

_____

_____

Kontaktadresse im Notfall

_____

_____

_____

Impfdokumente:
Impausweis / Impfungen
Reisemedizinischer Ratgeber:
www.safetravel.ch

Reiseapotheke

Allgemeines zur Reiseapotheke

Der Umfang der Reiseapotheke richtet sich nach der Reisedauer, nach dem Reiseziel, nach der Möglichkeit sich vor Ort zu versorgen und von der Anzahl Personen, die damit versorgt werden müssen.

Die Packungsbeilage muss unbedingt gelesen und auch befolgt werden.

Für Flüssigkeiten oder Fertigspritzen (z.B. Insulin) braucht es ein Zeugnis vom behandelnden Arzt. Sonst sind auch für Medikamente nur 100ml im Handgepäck (bei Flugreisen) erlaubt.

Medikamente die bereits zuhause eingenommen werden müssen, sind der Apotheke beizufügen und gehören ins Handgepäck.

Allergiker sollen über ihre Allergie informiert sein und entsprechende Medikamente mitnehmen.

Durchfallerkrankungen

Reisedurchfall ist eine der häufigsten Krankheiten, die bei Reisenden auftreten können. Der Verlauf ist meistens gutartig und die Beschwerden klingen innerhalb von 2 – 3 Tagen spontan ab. Genügend Flüssigkeit ist äusserst wichtig. Antibiotika selten notwendig.
Die beste Massnahme gegen Reisedurchfall ist die Verhütung:
Cook it, boil it, peel it or leave it
Nahrungsmittelhygiene ist eine überall anzuwendende Prophylaxe (nur frisch gekochte, gebratene oder geschälte Nahrungsmittel, Heissgetränke oder industriell abgefüllte Getränke). Bei Durchfall und Erbrechen auf genügend Flüssigkeitszufuhr achten. Trinkmengen in den ersten 4-6 Stunden in Funktion vom Körpergewicht:

Gewicht	Trinkmenge in ml / dl
< 6 kg	200 – 400 / 2 - 4
6 – 9 kg	400 – 600 / 4 – 6
9 – 20 kg	600 – 1000/ 6 – 10
20 – 40 kg	1000 – 2000 / 10 - 20
> 40 kg	2000 – 4000/ 20 – 40

611

Reiseapotheke

Der erforderliche Flüssigkeitsbedarf beträgt je nach Ausdrocknungsgrad mindestens 100 – 200 ml pro kg Körpergewicht in den ersten 24 Stunden.

Bei Durchfall und Erbrechen kommt es vor allem bei Kindern sehr rasch zu einem lebensbedrohlichen Flüssigketsverlust. Als Kontrolle kann die Urinfarbe verwendet werden: dunkler Urin bedeutet Flüssigkeitsmangel. Wenn innerhalb von 6 – 12 Stunden kein Urin ausgeschieden wird, ist eine sofortige medizinische Versorgung notwendig. Jede Flüssigkeitsersatzlösung muss Zucker und Salz enthalten.

Risikofaktoren

Das Reiseziel, also Länder mit tieferen Hygienestandards, ist neben Diätfehlern der wichtigste Risikofaktor. Reisende aus Nord- und Westeuropa und dem Nordamerikanischen Kontinent haben ein grösseres Risiko zu erkranken als Reisende aus Länder mit tiefen hygienischen Standards. Die Empfänglichkeit für Durchfallerkrankungen nimmt bei Reisenden mit vorgängigen Reisen in sub-/tropische Gebiete ab. Reisende mit vorbestehenden Magen- Darmerkrankungen oder Einnahme von Magensäureblockern haben ein grösseres Erkrankungsrisiko.

Therapie

Meistens reicht es, genügend zu trinken, salzige Speisen oder eine Bouillon zu sich zu nehmen um den Flüssigkeits- und Salzverlust des Körpers zu kompensieren.

Bei Erkrankungen bei welchen hohes Fieber, Magen-Darmkrämpfe oder Blut im Stuhl beobachtet wird sollte medizinische Hilfe beansprucht werden.

Als unproblematisch gelten folgende Nahrungsmittel:
- heiss zubereitete Speisen
- Früchte, welche man selber schält
- Getränke in Flaschen oder Dosen, welche man selber eröffnet oder frischen Tee
- industriell produziertes Wasser aus PET Flaschen

Reisen für Senioren

Fortgeschrittenes Alter ist kein Grund, auf Reisen zu verzichten. Es muss jedoch bedacht werden, dass der Körper sich nicht mehr so rasch akklimatisieren kann, und dass

Reiseapotheke

hektische Reiseprogramme für ältere Menschen nicht geeignet sind.

Vorbereitung der Reise

- Reiseziel und Reisebegleitung sorgfältig auswählen.
- Bei vorbestehenden Krankheiten soll der Arzt vorgängig konsultiert werden.
- Notwendige Medikamente und Informationen zur Anwendung in richtiger Dosierung bereitstellen
- Problembehandlung für Durchfall, Erbrechen, Verstopfung, Hitze vorbereiten
- Transport von flüssigen Medikamente mit Fluggesellschaft abklären
- Notfalldokumente in Fremdsprachen (Englisch) mitnehmen
- Impfungen kontrollieren und wenn nötig nachimpfen
- Impfungsschutz (Grundimmunisation) gegen Diphtherie, Tetanus, Kinderlähmung
- Pneumokokenimpfung für alle Reisenden > 65 Jahre notwendig
- Grippenimpfung während der Grippensaison (Nordhemisphäre Dezember bis März und Südhemisphäre Mai bis August)
- Bei Reisen in Entwicklungsländer wird eine Impfung gegen Hepatitis A und Typhus empfohlen, in speziellen Situationen (Langzeitreisen) Impfung gegen Hepatitis B und Tollwut
- Gelbfieberimpfung für Reisen nach Afrika und Südamerika
- Trombosenrisiko erhöht bei Reisenden > 60 Jahre (Stützstrümpfe reduzieren Risiko bei Reisen > 5 Stunden)
- Malaria, Malariaprophylaxe bei älteren Reisenden notwendig, Bei Fieber in Länder mit Malaria sofort medizinische Hilfe beanspruchen
- Zahnkontrolle, Prothesenkontrolle vor der Reise vorsehen

Während der Reise

Täglich gebrauchte Medikamente sind im Handgepäck mitzuführen Bei Flugreisen, viel trinken, Verzicht auf Kaffee und Alkohol viel umhergehen. Reisekrankheit: Abnehmende Empfindlichkeit mit dem Alter. Medikamente vor der Reise einnehmen, kein Scopolamin.

Nach der Reise

Bei Fieber anschliessend einer Reise in ein Land mit Malaria sofort medizinische Hilfe in Anspruch nehmen.

Reiseapotheke

Notfallplan für Tauchplätze und Tauchgewässer _____

Anfahrt

Wie kommt der Rettungsdienst an die Tauchstelle, zum Notfallort

_____
_____
_____

Hubschrauberlandeplatz bzw. andere Rettungsmittel (Schiffe)

Geeigneter Landplatz zur Aufnahme des verunfallten Tauchers

Ankerplatz für Schiffe

Koordinaten, Länge/Breite, Mittel zur Einweisung

_____
_____
_____
_____

Notverbindungen

Wie kann Hilfe angefordert werden.

Mobiltelefon (Verbindung möglich)

öffentliche Telefonstation

Mobiltelefon

_____

Rettungsmittel

Wo ist die nächste Rettungsstelle

Wie ist diese erreichbar (24 h / 365 Tage)

Rufnummer / Rufkanal bei Schiffahrt (Kanal 16)

Rettungshubschrauber wenn Rettungsstelle nicht erreichbar

_____
_____
_____
_____

Taucher – Notruf

Medizinischer Rat 24 h über DAN

Diver-Alert-Network (DAN):
Internat. Emergencies Tel. +39 039 605 7858
National Emergencies Tel. 033 333 333 3333

Polizei – Notruf

Wasserschutzpolizei

Wasser und Schiffahrtsamt

_____
_____

Reiseapotheke

Unfallprotokoll

Ort, Datum, Uhrzeit _____/_____/_____

Taucheinsatz Verantwortlicher / Buddy _____

Unfallart / Alarmierungszeit

- Tauchunfall
- Badeunfall
- anderer Unfall

Unfallzeit

Bei Tauch- oder Überdruckunfall

- Druckluftgerät
- Nitrox (% O_2 _____)
- Kreislaufgerät (Typ)
- Mischgasgerät (Typ)
- Notaufstieg eingeleitet

Daten des/ der Verunfallten

Name _____

Vorname _____

Geburtsdatum _____

Geschlecht _____

Adresse _____

_____

Telefon _____

Anzahl Tauchgänge der letzten 24 h
(Tauchzeit, Tiefe, Oberflächenpause)

Tauchzeit (min.) _____

Max Tiefe (m) _____

Tauchort _____

- Tauchcomputer vorhanden
- Anzeichen für Überdruckunfall
- welche _____

_____

- **Tauchpartner**
- **Zeuge des Unfalls**

Unfallschilderung

Name _____

Vorname _____

Geburtsdatum _____

Adresse _____

_____

Telefon _____

_____
_____
_____
_____
_____
_____
_____
_____

Zustand des Verunfallten

- wurde reanimiert
- Bewusstsein vorhanden
- Spontanatmung
- 100% O_2 seit Uhrzeit
- Neurologische Ausfälle / welche

Reiseapotheke

15 Tauchverbände

> Ich fand mich in einen finsteren Wald verschlagen,
> Weil ich vom geraden Weg mich abgewandt.
> Wie schwer ist's doch von diesem Wald zu sagen,
> Wie wild, wie rau und dicht er war, voll Angst und Not,
> Schon der Gedanke nur erneuert noch mein Zagen;
> Nur wenig bitterer ist selbst der Tod.
>
> Dante
Die Göttliche Komödie

Tauchverbände

15 Tauchverbände

Auszüge aus: taucher.net, (keine Gewährleistung für Richtigkeit und Vollständigkeit)

ACUC	Association of Canadian Underwater Council
	European Headquarters
	C/Anastro 25, 28033 Madrid Spain
AEDIVERS	Associated European Divers, Belgium
	Headoffice, B3650 Dilson-Stokkern, Belgum
	www.aedivers.org
AIDA Deutschland	Association International pour le Developement de l'Apnée
	Sansibarstrasse 21, D-13351 Berlin
ANDI	American Nitrox Divers Int.
	Freeport, NY 11520-3345 USA
aqua med	aqua med reise und tauchmedizin, Bremen Deutschland
	Am Speicher XI 11, D 28217 Bremen
	www.aqua-med.de
ASSCUBA DIVER	Association of Scubadiving
	DIVA – Building
	CR-50101-350 Liberia, Costa Rica, Zentralamerika
ATEC	Association of Technical and Recreational Diving Instructors
	www.tauchring.de
	www.atec-diving.com
ATH	Aquanautic Taucher Hamburg
	www.ath-ev.de
	rweinberg@t-online.de

Tauchverbände

Barakuda	International Aquanautic Club, Essen Deutschland Borbeckerstrasse 249 D-45355 Essen
BGfU	Bayerische Gesellschaft für Unterwasserärchologie e.V. Erlangen www.bgfu.de
BSAC	British Sub Aqua Club; britische CMAS - Mitgliedorganisation Cheshire, Unites Kingdom
BSAT e.V.	Bund staatlich anerkannter Tauchlehrer e.V. www.bsat.de
CAD	Confederation of American Diving Zentral-Büro in Costa Rica Büro für Europa in Italien, I-84043 Agropoli www.cad.com www.cad-international.org
CBPDS	Confederacao Brasileira de Pesca e desportos Subaquaticos Rio de Janeiro – RJ, Brasil
CEDIP	European Comittee of Professional Diving Instructors Antibes-Juan les bains, France www.cedip.org
CEDIP-APDI	Association of Swiss Professional Diving Instructors
CFT	Irish Underwater Council Dun Laoghaire, Dublin, Ireland
CMAS INTERN.	Confederation mondial des Activités Subaquatiques, I-00196 Roma Kontakte über Vertragspartner: VDST,VIT,BARAKUDA,IDA.UDI

Tauchverbände

DAN Europe — Divers Alert Network, Roseto, Italy

DEGUWA NRW — Deutsche Gesellschaft zur Förderung der Unterwasserarchäologie e.V. D-47057 Duisburg

DEMA — Diving Equipment and Marketing Association, San Diego USA

DIVA — Diving Instructor World Association
DIVA HQ Apartado 350 5000Liberia Gte Costa Rica

DLRG(Tauchen) — Deutsche Lebensrettungsgesellschaft Abteilung Tauchen DLRG e.V. Im Niedernfeld 2, D-31542 Bad Nenndorf

E.U.R.O. — European Underwater Regularly Organisation, D-Wassenberg
www.euro-worldwide.de

EDA Professional — European Diving Association D-Seelbach
(CMAS-Mitglied)

ESA — European Scuba Agency, Olbia Italy
www.esaweb.net

ETDO — European Technical Dive Organisation, Berlin
www.etdo.de

EÖBV — Erster Österreichischer Berufstauchlehrer Verband

FEDAS — Federaciòn Espanola De Actividades Subacuaticas, Barcelona
www.edas.es

FIT — Freie internationale Tauchlehrer
Breckerfeldstrasse 136
D-85256 Ennepetal

Tauchverbände

FFESSM	Fédération française d'étude et de sports sous-marins, 13284 Marseille France www.ffess.fr
FST	Fachverband staatlich geprüfter Tauchsportlehrer e.V. Siemensstrasse 6, D-63768 Hosbach (CMAS-Mitglied)
GTDA e.V.	German Technical Diving Association e.V. Ludwigshafen www.gtda-ev.de
GTÜM	Gesellschaft für Tauch- und Überdruckmedizin Unfallklinik Murnau D-82418 Murnau gtuem@gtuem.org
GUE	Global Underwater Explorers 15 South Main Street High Springs, FL 32643
HEPCA	Hurghada Environmewntal Protection and Conservation Assiciation Hurghada, Red Sea, Egypt
HIF	Handycap International Fondation, D-Seelbach
HSA International	Handicapped Scuba Association, El Prado, San Clemente, CA, USA
HSA Switzerland	Handicapped Scuba Association Switzerland www.hsa-switzerland.ch
IAHD	International Association for Handycapped Divers dirk@iahd.de

Tauchverbände

IAHD-Germany	International Association of Handicapped Divers, Dinslaken www.iahd.de
IAHD-Switzerland	International Association for Handycapped Divers, Switzerland www.iahd.ch
IANTD	International Association of Nitrox and Technical Divers, Miami USA
IART	International Association of Rebreather Trainers D-Diessen am Ammersee
ICMC	International Commitee of Marine Conservation D-Hochheim am Main
IDA	International Diving Association, Orlando, FL, USA
IDA (Germany)	International Diving Association Dorfstrasse 267, D-24147 Klausdorf
IDD	Instructor Dive Development, Amsterdam, Niederlande
IDEA	International Diving Educators Association, Jacksonville FL IDEA Europe, L'Aquila, Italy IDEA Germany, Waldweg 11, D-32278 Kirchlengern
IDIC	International Diving Instructor Corporation, Austria
IOUA	International Oral Underwater Apnoeists, D-Esslingen
IPDI	Inbternational Diving Instructor Corperation D-73707 Esslingen
IRTDA	International Recreational and Technical Diving Association, D-Köln

Tauchverbände

ISSA	International Scuba School Association, D-Frankenthal
ITD	International Tek Divers, D-Augsburg
ITDA	International Technical Diving Association, An AirdFort Wiliam Scotland
ITDA-HQ	International Technical Diving Association Banjada Santandria Ponterosa 07760 Clutadella Menorca www.itdahq.com
ITV	Internationaler Tauchlehrerverband, D-Klein Wesenberg www.ionline.net
IWDA	International World Dive Association, Folkstone Kent
NACD	National Association for Caver Diving, Gainesville FL, USA
NASDS Germany	National Association of Scuba Diving Schools, D-Essen
NASE Italy	National Academy of Scuba Educators, Nase Italy www.nase-italia.it
NAUI	National Association of Underwater Instructors info@naui.de
NASDS Germany	National Association of Scuba Schools, D45010 Essen
NDF	Norges Dykeforbund (Norwewgischer Taucherverband, Oslo)
NRC	Nitrox and Rebreather College

Tauchverbände

PADI	Professional Association of Diving Instructors
PAN	Professional Association for underwater technology D-65428 Rüsselsheim
pda	Professional Diving Associates www.pdaww.com
PDIA	Professional Diving Instructor Association, E-Puerto Andraitx/Mallorca
PDIC	Professional Diving Instructors Corperation, Scranton USA
PRONRC	Professional Nitrox & Rebreather Collece, D-Büttelborn www.pronc.com
ProTec	Professional Technical Diving International, Wien ProTec-Swiss, Feldstrasse 37, 8800 Thalwil
PSA	Professional Scuba Association International, D-Berlin
PSS	Professional Scuba School, Napoli, Italy
R.A.B.	Rebreather Advisory Board e.V. D-Offenbach www.rab-ev.de
SNSI	Scuba Nitrox Safety International, Sharm el Sheikh, Egypt

Tauchverbände

SSI European	Scuba Schools International
	Service Centers Deutschland: D-90530 Wendelstein
	Österreich: A-Wien
	USA: Fort Collins CO USA
SUB	S.U.B. Tauchsportservice GmbH
	www.sub-international.com
SUSV	Schweizer Unterwasser Sport Verband, CH-Bern
SWDF	Spiritual World Diving Federation, Hurghada, Red sea, Egypt
TDA	Thailand Diving Association, Bophut Thailand
	info@thailand-tauchreisen.de
	www.cmas-thailand.org
	www.tda-cmas.org
TDC	Tech Dive Company
	Ahlenerstrasse 75
	D-59209 Ahlen
TDI	Technical Diving International, Ontario, Canada
TDI SDI	Technical Diving International und Scuba Diving International
	D-Jüchen
	www.tdisdi.de
TSSF	Türkye Sualti Sportan Federasyonu, Istanbul
	CMAS-Mitglied, www.tssf.gov.tr
TSVÖ	Tauchsportverband Österreich
UDI	United Diving Instructor, D-Nürnberg
	www.udi-world.de

Tauchverbände

UEF	Underwater Explorers Federation, H-Budapest www.uef.hu/nemet/index.html
UHMS	The Undersea and Hyperbaric Medical Society, Kensington, MD, USA
USDIVERS	US-Diver Organisation Dep. Of DIWA Internationak Mastr Diver der DIWA in USA DIWA Building 50101 Liberia Costa Rica www.usdivers.org
VDST	Verband Deutscher Sporttaucher Verband Europäischer Sporttaucher D-Offenbach
VDTL	Verband Deutscher Tauchlehrer, D-Edermünde-Besse
VEST	Verband Europäischer Tauchlehrer, D-Wiefelstede
VIST	Verband Internationaler Sporttaucher, D-Neuhaus / Inn www.vist-dive.eu
WDCS	Whale and Dolphin Conservation Society Germany, D-Unterhaching
WOSD	World Organisation of Scuba Diving, NL-Meppel www.wosd.com
WWDA	World-Wreck-Diving-Association www.wwda.de
YMCA	Young Men's Christian Association (Scuba), Chicago, IL, USA

(Für die Richtigkeit und Vollständigkeit der Daten kann keine Gewährleistung übernommen werden).

16 Dekokammern

Die Kunst ist, einmal mehr aufzustehen, als man umgeworfen wird.

Winston Churchill

Dekokammern

16 Dekokammern weltweit

Quelle: www.taucher.net, Auszug aus dem Internet 2012 ohne Gewähr für die Richtigkeit und Vollständigkeit der Daten.
Die Angabe „24 h Bereitschaft" bezw. „Keine 24 h Bereitschaft" bezieht sich auf die Verfügbarkeit beziehungsweise auf das Vorhandensein einer Dekokammer. Zum Teil ist das Vorhandensein einer Kammer auch nicht gesichert.

Dekokammern nach Länder und Tauchregion

Ägypten	Seite	629
Australien	Seite	631
Bahamas	Seite	632
Belgien	Seite	632
Belize	Seite	633
Bonaire	Seite	633
Dänemark	Seite	633
Deutschland	Seite	634
Dominikanische Republik	Seite	643
Finnland	Seite	643
Frankreich	Seite	643
Franz. Polynesien	Seite	645
Griechenland	Seite	645
Grossbritanien	Seite	646
Guadeloupe	Seite	647
Honduras	Seite	647
Indien	Seite	647
Indonesien	Seite	647
Indonesioen-Bali	Seite	648
Island	Seite	648
Israel	Seite	648
Italien	Seite	648
Jordanien	Seite	649
Kap Verde	Seite	649
Kenia	Seite	649
Kolumbien	Seite	649
Kroatien	Seite	650
Kuba	Seite	650
La Reunion	Seite	651
Luxemburg	Seite	651
Malaysia	Seite	651
Malediven	Seite	651
Malta	Seite	652
Mauritius	Seite	652
Mexiko	Seite	652
Mikronesien	Seite	652
Neuseeland	Seite	653
Niederlande	Seite	653

Dekokammern

Niederländische Antillen	Seite	653
Norwegen	Seite	654
Österreich	Seite	654
Palau	Seite	654
Philippinen	Seite	655
Polen	Seite	655
Portugal	Seite	655
Russland	Seite	656
Saudi Arabien	Seite	656
Schottland	Seite	656
Schweiz	Seite	657
Seychellen	Seite	657
Singapur	Seite	657
Spanien	Seite	658
Südafrika	Seite	659
Thailand	Seite	659
Thailand/Adamanensee	Seite	661
Türkei	Seite	661
Tunesien	Seite	662
USA	Seite	662
Vereinigte Arabische E.	Seite	663
Zypern	Seite	663

A:

Ägypten: Notfallnummer für ganz Ägypten: +20 122 190 383

Ägypten: Safaga: Safaga Krankenhaus
DECO International
+20 122 190 383 Notfallnummer
+20 123 993 861
24 h Bereitschaft
Krankenhaus Safaga
Dr. med. Fadel El Fayonmi

Marsa Alam: Tondoba Bay 15 km südlich von Marsa Alam
DECO International
+20 12 2433 116
Krankenhaus Marsa Alam
012-2187550 / 065 50011-8 / 010 1560559
keine ständige medizinische Versorgung
24 h Bereitschaft

Dekokammern

Marsa Alam	Baromedical Marsa Shorgna 22 km nördlich von Marsa Alam 020 12 243 3116 24 h Bereitschaft Dr. med. Hossan Nasef 020 12b 218n 7550 Dr. med. Wael Nasef 020 12 436 2222 Dr. med. Nabil Alfy 020 12 4455127 www.baromedical.eg
Sharm el Sheikh:	Hyperbaric Medical Center +20 (69) 3 661 011 (GMT +2hr) Dr. med. Adel Taher, Dir. DAN Egypt Keine 24 h Bereitschaft
Hurghada:	Naval Hospital Hurghada Im Norden von Hurghada +20 65 449 150 Keine 24 h Bereitschaft
Hurghada:	Hypermed Flughafenstrasse gegenüber Flughafen Dr. med. Hanaa Nesshim 020 12 639 1450 Dr. med. Hossam Nassef 020 12 2187550 Dr. med. Alaa Taram 020 10 1693291
El Gouna:	Diving Emergency Center Organisation El Gouna Krankenhaus 22 km N Hurghada +20 65 3850 011 – 18 24 h Bereitschaft Dr. med. El Fayaumi Fadel info@deco-international.com
Alexandria:	Alexandria Scan Center 10 Fand Bek St. / Mostafa Kamel, Alexandria +203 54625; +203 5436911; +20 203 5438360 Dr. med. Ossan Abdel wadond Khali
Dahab:	DECO International in der Mashraba Zone +20 69 3640 572; +20 12 3993 862 24 h Bereitschaft Dahab Sinai

Dekokammern

	Marsa Shagra:	DECO Internatioinal Marsa Shagra (Marsa Alam) +20 (0) 195 100262
	Hamata:	DECO International im Hafen von Hamata +20 020 122 190383 24 h Betrieb
Australien:	0810 Darwin:	Royal Darwin Hospital Hyperbar Medicine Unit PO Box 41326 (08) 8922 8888 Keine 24 h Bereitschaft
	1061 Hobart:	Royal Hobart Hospital Hyperbar and Diving Medicine Unit (03) 6222 8308 Keine 24 h Bereitschaft
	2031 Sydney:	Prince of Wales Hospital The Departement of Diving and Hyperbaric Medicine (02) 9382 3882 Keine 24 h Bereitschaft Director Dr.med. M Bennett (02) 9382 3080 m.bennett@unsw.au High St. Randwick, NSW2031
	3181 Melbourne:	The Alfred Hospital Hyperbaric Service Commercial Roead (03) 9276 2269 Keine 24 h Bereitschaft
	4066 Brisbane:	The Wesley Centre for Hyperbaric Medicine Sandford Jackson Building Suite 53 61 (0) 73371 6033 Keine 24 h Bereitschaft

Dekokammern

4810 Townsville:	Townsville General Hospital Hyperbaric Medicine Unit (07) 4781 9211 Keine 24 h Bereitschaft
5000 Adelaide:	Royal Adelaide Hospital, North Terrace Hyperbaric Medicine Unit (08) 8222 5116 Keine 24 h Bereitschaft
6160 Freemantie:	Freemantie Hospital P O Box 480 Hyperbaric Medicine Unit (08) 9431 2233 – 2235 PO Box 480 24 h Bereitschaft
4810 Townsville	Townsville General Hospital POP Box 6070 TownsvilleQld. 4810 (07) 4781 9211 Dir. Dr. med. D. Griffthis Fax: (07) 4781 9582

B:

Bahamas:	Nassau:	The Bahamas Hyperbaric Centre The Lyford Cay Hospital, Nassau C Dean Tseretopoulos M.D. 24 h Bereitschaft
	San Salvador:	Club Med – Columbus Isle San Salvador Island, Bahamas 001 242 331 2000 24 h Bereitschaft
Belgien:	1120 Brüssel:	Centrum voor Hyperbare Zuurstoftherapie Militair zirkenhuis Königin Astrid 1120 Brüssel +32 2 2622282 med.hyper@hmra.smd.be www.smdbe / ohb /hbo_home.htm 24 h Bereitschaft

Dekokammern

	2659 Edegem: (Antwerpen)	Eenheid voor Hyperbar Geneeskunde Universitair Ziekenhuis Antwerpen 2650 Edegem +32 3 821 30 55 24 h Bereitschaft
	4000Liege:	La Citadelle Boulvard douzième Ligne 1 +32 (0) 4 225 61 11 24 h Bereitschaft
	8380 Zeebrugge:	Naval Base Graaf Jansdijk 1 B 8380 Zeebrugge +32 50 55 86 89 132 50 55 87 13 24 (24h/24h) 24 h Bereitschaft
Belize:	San Pedro:	Subaquatics Belize Opposite Maya Island Air Terminal 226 3195 Emergency 24 h 226 2851 sssbelize@aol.com 24 h Bereitschaft
Bonaire:	Kralendijk:, Bonaire N.A.	Hospitaal San Francisco Kaya Soeur Bartola #2 Hinter Cultimara Supermarket Emergency phone number 114 24 h Bereitschaft

D:

Dänemark:	8000 Arhus C:	Arhus Marine Notfall 112 Marinekommando 861 1230 99 24 h Bereitschaft

Dekokammern

Deutschland:	Allgemeiner Notruf für Deutschland: 112	

Deutschland:	06097 Halle/S:	Martin-Luther-Universität Halle-Wittenberg Vorwarnzeit 30 Minuten Druckkammer Universitätsklinik Halle Notruf: +49 (0) 345 557 4350 hbo@medizin.unihalle.de 24 h Bereitschaft
	06120 Halle	Institut für Hyperbare Sauerstofftherapie (IHS) am Martha-Maria-Krankenhaus Halle Dölnau Röntgenstrasse 1 06120 Halle 0345 / 54 00 456
	07747 Jena:	Hypermed. Zentrum für Überdruckmedizin an der Klinik für Innere Medizin Erlanger Allee 103 Notruf +49 (0) 3641 208 89 98 +49 (0) 3641 36 86 91 Montag – Freitag 08:00 – 16:30 post@dk.jena.de Keine 24 h Bereitschaft
	10249 Berlin:	Vivantes-Klinikum in Berlin-Friedrichshain Vorwarnzeit 30 Minuten Ärztehaus im Friedrichshain Haus II Aufgang A, Mathiasstrasse 7 10249 Berlin Notruf: (030) 130 23 1502 (030) 42108 75 druckkammer@vivantes.de 24 h Bereitschaft
	24119 Kronshagen	Schifffahrtsmed. Institut der Marine / Sitz in der nationalen Hotline von DAN Europe Kopperpahler Allee 120 Tags: 07:15 – 16:15: 0431 5409 1782 und 0431 540901775 Nachtdienst: (0431 5409 1438 und 54090 24 h Bereitschaft

Dekokammern

28239 Bremen:	Zentrum für Tauch und Überdruckmedizin (ZETÜM) Vorwarnzeit 30 Minuten Göpelinger Heerstrasse 406 – 408 28239 Bremen Kontakt für medizinische Notfälle 0173 21 05 392 0421 600 7577 keine 24 h Bereitschaft
28777 Bremen	Zentrum für Tauch- und Überdruckmedizin (ZENTÜM) Ermlanstrasse 55 0421 – 6007577 0172 – 429748 / 4300453 24 h Bereitschaft
29614 Soltau:	HBO Druckkammerzentrum Soltau Seilerstrasse 7 - 9 Notruf: 0179 509 40 80 05191 986 00 HNO-Praxis Dr. med. Müller-Kortkamp hno@muellewr-kortkamp.de keine 24 h Bereitschaft
30163 Hannover	Druckkammerzentrum Hannover Institut für Hyperbare Sauerstofftherapie Lister Kirchweg 43 0511 965610 n.D. 0511 19 222 Keine 24 h Bereitschaft
32423 Minden:	MEDICOX GbR Hyperbare Sauerstofftherapie Gustav Adolfstrasse 1a Notruf: 0171 450 8403 / 0571 828490 Vorwarnzeit 30 Minuten 24 h Bereitschaft
33739 Bielefeld:	Druckkammerzentrum Bielefeld Heidsieker Heide 114 Bielefeld Notruf: 05206 83 63 oder 0160 155 91 81 +49 (0) 177 258 2091 24 h Bereitschaft

Dekokammern

34121 Kassel:	HBO2 Druckkammerzentrum Kassel Hansteinstrasse 29 Kassel Notruf: 0561 19 222 (Rettungsleitstelle) 0561 932 47 00 Montag – Freitag am Tag Keine 24 h Bereitschaft
35578 Wetzlar:	HBO Zentrum Mittelhessen GmbH Frankfurterstrasse 90 Notruf: 0171 544 15 57 06441 744 56 Montag – Freitag 08:00 – 18:00 Keine 24 h Bereitschaft
38114 Braun- schweig:	Zentrum für hyperbare Sauerstofftherapie Braunschweig Notruf: 0173 920 84 04 0531 57 50 22 Montag – Freitag Keine 24 h Bereitschaft
40225 Düsseldorf:	Hyperbare Sauerstofftherapie (HBO) Universotätsklinikum Düsseldorf Moorenstrasse 5 / Geb. 1483 D-20225 Düsseldorf Notruf: +49 (0) 173 2782819 +49 (0) 173 7106600 hbo@uni-duesseldorf.de 24 h Bereitschaft
40547 Düsseldorf:	ORL – Vitalmed GmbH Sauerstoff Therapiezentrum Hansaallee 30 Notruf: +49 (0) 179 641 75 57 Tel: +49 (0) 211 570 583 Vorwarnzeit 30 Min hbo@uni-duesseldorf.de 24 h Bereitschaft
44137 Dortmund	Tauchmed. Dortmund Zentrum für Sauerstofftherapie und Forschung Hoher Wall 9 – 11 0231 7214437 7 -39 24 h Bereitschaft

Dekokammern

47139 Duisburg	St.-Josef-Hospital Ahrstrasse 100 0203 8001620 oder 80010 (Zentrale Krh.) 24 h Bereitschaft
38640 Goslar	Zentrum für Hyperbare Sauerstofftherapie Südnledersachsen Dr. Prietz und Partner Petersilienstrasse 5 – 7 05321 – 20528 nach Dienst RLS 24 h Bereitschaft nur auf Anfrage
47441 Moers	Zentrum für Hyperbare Medizin Moers am St. Josef Krankenhaus GmhH Josefstrasse 22 47441 Moers 02841 93 720 n.D. 02841 10 70
46282 Dorsten:	Getasamed. mbH / 24 h Bereitschaft Druckkammerzentrum Dorsten Gahlenerstrasse 250 +49 2362 605 133 Vorwarnzeit 30 Min. 24 h Bereitschaft
48145 Münster:	Praxis für Hyperbarmedizin Warendorferstrasse 27 Notruf: 0172 260 71 19 24 h Bereitschaft
52072 Osnabrück:	HBO – Klinik Osnabrück Senator Wagnerweg Notruf: 0173 294 60 143 Vorwarnzeit 30' 0541 205 13 80 Keine 24 h Bereitschaft
49214 Bad Rothenfelde	Zentrum für hyperbare Sauerstofftherapie Hannoverschestrasse 33 Notruf +49 (0) 5424 66270 D – 49214 Bad Rothenfelde 24 h Bereitschaft Montag - Freitag

Dekokammern

52072 Aachen:	HBO Zentrum Euregio Aachen bei der Uni Kackertstrasse 11 Notruf: 0180 523 42 34 0241 840 44 Vorwarnzeit 30 Min. 24 h Bereitschaft
52351 Düren	Druckkammerzentrum Düren Druckkammer Medizin AG Amoldswellenstrasse 23 0241 280350 Keine 24 h Bereitschaft
53757 Sankt-Augustin	Leistungserbringungsgemeinschaft HBO Köln / Bonn GbR Hennefer Strasse 8a, Sankt Augustin Mobile: 0163 355 74 74 Keine 24 h Bereitschaft
55131 Mainz:	Universitätsklinik Mainz Inst. für Anästhesiologie Langenbeckstrasse 1 Notruf: 06131 170 06131 17 73 66 Vorwarnzeit 30 Min 24 h Bereitschaft
59423 Unna:	Katharinen Hospital Zentrum für Sauerstofftherapie am Katharinen-Hospital, Nordring 33 – 35 (02303) 256555 Keine 24 h Bereitschaft
59073 Hamm	Westfälisches Institut für Sauerstofftherapie an der St. Barbara Klinik Suden 19 0281 30113 Keine 24 h Bereitschaft
60528 Frankfurt/M:	Druckkammerzentrum Rhein-Main-Taunus an der Uniklinik Frankfurt – im Asklepios Gesundheitszentrum Marienburgstrasse 5 – 7 Notruf: 0611 84 72 71 70 oder Rettungsdienst Frankfurt 24 h Bereitschaft

Dekokammern

6327 Frankfurt	Branddirektion Frankfurt Feuerwache 3 Mobile Behandlungsdruckkammer Branddirektion Frankfurt Feuerwache 3 Heinrichstrasse 8 D- 60327 Frankfurt +49 (0) 69 21272170 24 h Bereitschaft
63067 Offenbach	Druckkammerzentrum Offenbach GmbH Starkenburgring 60 069 8383909 Keine 24 h Bereitschaft
65197 Wiesbaden:	Druckkammerzentrum Rhein-Main-Taunus Standort Wiesbaden im Asklepios Gesundheitszentrum, Schiersteinerstrasse 42 Wiesbaden Notruf: 0611 84 72 71 70 / 24 h Bereitschaft
65193 Wiesbaden	Zentrum für Tauch und Überdruckmedizin Am Roten Kreuz Krankenhaus Schöne Aussicht 41 0611 5319053 Keine 24 h Bereitschaft
65719 Hofheim/Ts:	HBO Zentrum Rhein-Main Reifenbergstrasse 6 06192 5062 Keine 24 h Bereitschaft
66877 Ramstein:	Oxymed GmbH; Privat Inst.für hyperbare Medizin GmbH, Schulstrasse 4 Ramstein-Miesenbach +49 (6371) 7 19 19 Keine 24 h Bereitschaft
69115 Heidelberg:	Druckkammerzentrum Heidelberg GmbH im Wissenschaftszentrum am Neckar Vangerowstrasse 18/1 Notruf: 06221 60 26 53 06221 60 26 53 Keine 24 h Bereitschaft

Dekokammern

70372 Stuttgart:	HBO – Zentrum Stuttgart König-Karl-Strasse 66 Notruf: 0711 19222 (Rettungsstelle) Keine 24 h Bereitschaft
70469 Stuttgart	Druckkammerzentrum Stuttgart DCS 1 Heilbronnerstrasse 300 0711 851032 n.D. 0711 280211 24 h Bereitschaft
68163 Mannheim	HBO-Zentrum Rhein-Neckar am Diakoniekrankenhaus Mannheim Speyererstrasse 91 – 93 0621 8102390 / 81020 24 h Bereitschaft
74072 Heilbronn	HBO-Zentrum Neckar Franken Tagesklinik Heilbronn Allee 38 +49 (0) 7131 19222 Montag bis Freitag ohne 24 h Bereitschaft
77787 Klausenbach:	Reha-Klinik Klausenbach Kolonie 5 D-77787 Nordrach Notruf: 07838 820 07838 824 02 Keine 24 h Bereitschaft
79104 Freiburg / Br.	Druckkammerzentrum Freiburg GmbH Habsburgerstrasse 116 Notruf: 0170 202 61 11 0761 38 20 18 Vorwarnzeit 60 Min. 24 h Bereitschaft
80331 München	Krankenhaus rechts der Isar HBO Institut Sonnenstrasse 11 +49 (0) 89 406655 Keine 24 h Bereitschaft

Dekokammern

80333 München:	Hyperbares Sauerstoffzentrum Karlstrasse 42 Notruf: 0171 355 65 87 089 54 82 31 22 24 h Bereitschaft
81671 München:	Arbeitsgruppe Hyperbare Medizin der TU München, Feuerwache 5 Anzingerstrasse 41 Notruf: 089 40 66 55 (Rettungstelle Feuerw.) 24 h Bereitschaft
82418 Murnau:	BG Unfallklinik Murnau Prof. Künscherstrasse 8 Notruf: 08841 48 26 86 24 h Bereitschaft
83278 Traunstein:	Druckkammerzentrum Traunstein am Kreiskrankenhaus Traunstein Cuno Niggl Strasse 3 Notruf: 0861 192 22 (Rettungsleitstelle) 24 h Bereitschaft
88662 Überlingen:	Helios Spital Überlingen GmbH / BTSV Druckkammer (Badischer Tauchsportverband e.V. Härlenweg 1 +49 (0) 7551 94 770 Keine 24 h Bereitschaft
89077 Ulm	HBO-Zentrum Magirusstrasse 35 / 4 0731 932932 – 0 24 h Bereitschaft
89081 Ulm:	Bundeswehrkrankenhaus Ulm Abteilung X – Anästhesiologie / Intensivmed. Oberer Eselsberg 40 Notruf: 0731 17 10 20 55 24 h Bereitschaft

Dekokammern

93059 Regensburg:	Inst. Für Überdruckmedizin (HBO) Gewerbepark A 45 Notruf: 0941 19 222 (Rettungsleitstelle) 24 h Bereitschaft
95032 Hof	Oxytrans GmbH Privatinst. Für hyperbare Sauerstofftherapie Flugplatz 20 a / Flughafen Hof/Pirk Notruf: 09292 19222 Keine 24 h Bereitschaft
Leipzig 04107	Druckkammer GmbH Leipzig Karl-Liebknechtstrasse 1a 0341 96 14 141 Fax 0341 96 14 143 Keine 24 h Bereitschaft
Seebad Heringsdorf 17424	Inselklinik Heringsdorf Kulmstrasse 9 0383 78590 keine 24 h Bereitschaft
Hamburg-Barmbeck	Druckkammerzentrum Hamburg im allgemeinenKrh Barmbeck Inst f. Hyperbare Sauerstofftherapie-HBO-GmbH Rübenkamp 148 040 63273434 oder RLS HH: 040 28824777 24 h Bereitschaft Montag bis Samstag
Lübeck 23552	Druckkammerzentrum Lübeck GmbH Am Marienkrankenhaus Parade 3 0451 1407750 24 h Bereitschaft Mntag – Freitag
Kronshagen	Schiffartsmedizinisches Institut der Marine und Sitz der nationalen Hotline DAN Europe Kopperphaler Allee 120 0421 54009017114 nach Dienst 0431 54091715 24 h Bereitschaft

Dekokammern

Dominikanische
Republik: Santo Domingo: Saint Souci Base
Marina de Guerra
(809) 593 5900 ext. 306
(809) 592 3412
Keine 24 h Bereitschaft

Santo Domingo: Hospital Dr. Dario Contreras
Av.Las Americas 16; Santo Domingo
(+1) 809 596 3618
Keine 24 h Bereitschaft

Santo Domingo: Centro de Mediciana Hyperbarica Santo
Domingo Calle Garcia Godoy Esq Bolivar
(+1) 809 689 8775
Keine 24 h Bereitschaft

Puerto Plata: Ricardo Limardo Hospital
Marina de Guerra
(809) 586 2210
Keine 24 h Bereitschaft

F:

Finnland: 20521 Turku: Turku University Hospital Finland
Child Psychiatry Clinic, P.O. Box 52
Prof. Dr. J. Piha
24 h Bereitschaft

Frankreich: 06002 Nizza/Nice: Hôpital Pasteur
Service de Médecine Hyperbare
30 Avenue de la Voie Romaine BP 69
04 92 93 77 72
24 h Bereitschaft

13009 Marseille: Polyclinic Claival
Service de Médecine Hyperbare
317 Boulevard du Redon, Marseille
04 91 17 12 22
24 h Bereitschaft

Dekokammern

13009 Marseille:	Valmante Clinique Cardiovasculare Valmante Service de Mödicine Hyperbare Rue de Cassis 04 91 17 18 65 ou 04 91 17 19 61 24 h Bereitschaft
13274 Marseille:	Sainte-Marguerite Centre Hyperbare Philippe CHRESSER 270 Boulevard de Sainte-Marguerite Caisson: 04 91 74 49 96 24 h Bereitschaft
29240 Brest:	Militär Centre d'expertise mödicales du personnel plongeur de la Marine en Atlantiquer 29240 Brest Naval Caisson: 02 98 22 01 03 Médecin: 02 98 22 26 00 24 h Bereitschaft
29609 Brest:	Caval Blanche, Brest Cedex Unité de soins hyperbares Caisson: 02 98 34 70 Médecin: 02 98 34 70 99 24 h Bereitschaft
33076 Bordeaux:	Centre Hospitalier Pellegrin Tripode Place Amélier Raba Leon 05 56 79 24 ou 05 56 79 04 24 h Bereitschaft
66012 Perpignan:	Clinique Saint Pierre Centre Hyperbare rue Jean Galla BP 2118 04 68 56 26 14 Keine 24 h Bereitschaft
75019 Paris:	Porte de Pantin Centre Médico Chirurgical de la Porte de Pantin Service de Médicine Hyperbare 01 44 84 54 44 ou 01 44 84 53 52 (direct) 24 h Bereitschaft

Dekokammern

76083 Le Havre:	Hôpitale Jaques Monod, Le Havre Cedex 02 32 73 32 06 poste 35 252 24 h Bereitschaft
83056 Toulon:	Hôpital Fon-Pré Service de Réanimation et de Médicine Hyperbare 1208 Avenue du Colonel Picot BP 1412 04 94 61 80 97 ou 04 94 61 80 99 24 h Bereitschaft
83800 Toulon:	Hôpital d'Instruction des Armées Sainte Anne SUSI (Service d'Urgece et de Soins Intensifs) 04 94 09 59 ou 04 94 02 46 (jour) ou 04 94 09 92 78 (nuit) 24 h Bereitschaft

Franz.-Polynesien: 98713 Papeete-Tahiti: Mamao, Centre Hospitalier Territorial
Centre Hyperbare BP 1640
(689) 466262
Keine 24 h Bereitschaft

G:

Griechenland: Athen: Navy Hospital
Departement of Hyberbaric and Diving Medicine, Kolonaki area-Dinocratus str.
+1 724 1311 or +1 7216166
Keine 24 h Bereitschaft

Thessaloniki: Saint Paul's Gen. Hospital
Departement of Hyberbaric and Diving Medicine, Phoenix area E Antistasis str.
+31 493 407
Keine 24 h Bereitschaft

Kardamen, Insel Kos: Arian Diving Center, Kos Island Greece
+30 22420 92776
Keine 24 h Bereitschaft

Dekokammern

Grossbritanien: Plymouth: Diving Diseases Research Centre, Plymouth
Isle of Man Plymouth Devon
01624626394
Help line: 01752 20 9999
Keine 24 h Bereitschaft

                Isle of Man: Fire Headquarters
Departement of Hyperbaric Medicine
01624670289
Help line: 01624673333
Keine 24 h Bereitschaft

                Norfolk: McIver Hyperbaric Unit
Categoriy Iunitsited at James Paget NHS Trust
Lowestoft Road Gorleston-on-sea
+44 (0) 1493 452452 (24 Hr emergency line for the Accident and Emegency Dept where the Hyperbaric Coordinator is sited)
Keine 24 h Bereitschaft

                London: London Hyperbaric Medicine Ltd.
University Hospital NHS, Leytonstone
London E11 1NR UK
Emergency Recompression Facility for London and the Southeast
24 hr hyperbaric supervisor 07740 251 635
020 8539 1222
Keine 24 h Bereitschaft

                BH15 2NN Poole: Poole Hyperbaric Centre
24 hr pager 07770 4 23637
7 Parkstone Road Poole, Dorset UK
Keine 24 h Bereitschaft

                N6 4DJ London: Capital Hyperbarics
Capital Hyperbarics Ltd
Highgate Hospital 17 – 19 View Road
Highgate, London N6
020 8347 3883
Keine 24 h Bereitschaft

                NW8 9 London   Hospital of St. John an St. Elisabeth
60 Grove End Road, St Johns Wood
020 7806 4000 (ext. 4445)
24 h Bereitschaft

Dekokammern

	L611 Wirral	Murrayfield Hospital North West Emergency Recompresion Unit Murrayfield Hospital Wirral L61 1 AU +44 (0) 151 648 8000 dr.mark.forrest@hyperbaric-medicine.co.uk
Guadeloupe:	97159 Pointe a Pitre:	Les Abymes Centre Hospitalier de Ponte a Pitre les Abymes, Service de Réanimation (590) 89 11 30 24 h Bereitschaft

H:

Honduras:	Utila:	Gemeinde Utila im Gebäude des Bay Island C College of Diving 24 h Bereitschaft
	West End Roatan:	Anthony's Key Resort, Sandy Bay +504 4453 049; +504 4453 003 Keine 24 h Bereitschaft

I:

Indien:	New Delhi:	Indraprastha Apollo Hospital Consultant Internal Medicine & Hyperbaric Therapy, Sarita Vihar, Delhi-Mathura Road New Delhi – 110 044 (+91 11) 6925858, 6925801 Keine 24 h Bereitschaft
Indonesien:	Manado (Nord-Sulawesi):	Malalayang Hospital, Manado Indonesia +62 (0) 811 430913 Keine 24 h Bereitschaft
	Makassar (Süd-Sulawesi):	Umum Wahidin Sudirohusodo Rumah Sakit Umum Wahidin Sudirohusondo Jl,Perintis Kemerdekaan Km. 11 Tamalanrea Kampus UNHAS Makassar / Indonesia +62 (0) 411 584677 or 584675 Keine 24 h Bereitschaft

Dekokammern

	Surabaya (Ost Java):	Rumah Sakit Angkatan Laut Jl Gadung No 1 Surabaya / Indonesia +62 (0) 31 45750 or 41731 orb 838153 Keine 24 h Bereitschaft
	Jakarta (West Java):	Ankatan Laut (Navy Hospital) Jl Bendungan Hilir No 17, Jakarta 12950 +62 (0) 21 25249974 Keine 24 h Bereitschaft
Indonesien-Bali:	Bali-Denpasar:	Sanglah General Hospital Jl Diponegoro, Denpasar 80114 +62 (0) 361 2279 Dw 11 – 15 Keine 24 h Bereitschaft
Island:	Fossvogur:	Landspitalinn Fossvogur 00 (354) 534 1007 24 h Bereitschaft
Israel:	Eilat:	Yoseftal Hospital Multiple place chamber 972 8 6358011 direct Line Chamber 972 8 6358067 Keine 24 h Bereitschaft
Italien:	Palermo:	University of Palermo Institute of Anesthesiology Undersea and Hyperbaric Oxygen Keine 24 h Bereitschaft
	Parma:	Anesthesia ICU and Hyperbaric Med. Center Ospdale di Fidenza Parma Italy, G Vezzarin Ravenna Keine 24 h Bereitschaft
	Roma:	University La Sapienza Hyperbaric Centre Phone (24 hr) +39 06 49970424 Keine 24 h Bereitschaft

Dekokammern

Sardinien/Cagliari:	Ospedale Marino 070 609 1 Keine 24 h Bereitschaft	
Padova:	Associazione Technici Iperbarici Del „Club" Sommozatori Padova Via A. Cornaro 1 Keine 24 h Bereitschaft	
Bolzano/Bozen:	Iperbarico di Bolzano S.r.l. Via del Vigneto 31 +39 0471 032525 24 h Bereitschaft	

J:

Jordanien:	Aquaba:	Princess Haya Hospital, Aquaba 962 (0) 3 2014111 or 2014746 Keine 24 h Bereitschaft

K:

Kap Verde	Sal	Druckkammer: Bedienung nicht bekannt Keine 24 h Bereitschaft
Kenia:	80100 Mombasa:	Kenya Navy Einfahrt Mombasa Hafen (Kilindini) Notfall über Marine Funk auf Kanal: 9 or 16 or 041 451 201 or 041 451 206 ext. 3448 Einmannkammer 24 h Bereitschaft
Kolumbien:	San Andreas Island:	Timithy Briton Hospital Av. Colombia 512 59 03 24 h Bereitschaft
	Cartagena:	Hospital Naval de Cartagena Bocagrande Cr2 Cartagena (575) 6655360 Keine 24 h Bereitschaft

Dekokammern

Kroatien:	21000 Split:	Privatina lijecnicka ordinacija Domovinskog rata 1, Split 021 343980 Dienstnummer: 099 475095 Keine 24 h Bereitschaft
	21000 Split:	Naval Medical Institute Croatian Navy 021 381 711 Emergency calls 021 354 511 24 h Bereitschaft
	31000 Osijek:	Clinical Hospital Osijek 031 511 530, 031 511 511 Keine 24 h Bereitschaft
	52100 Pula:	Baromedical Polyclinic OXY, Oxy d.o.o. im Stadtteil: VERUDA in der Abt. von Navy Hospital Notfall: 385(0)219 225 or 385(0)91 6506686 24 h Bereitschaft (i.d.R. 08.00–15.00, SO frei)
Kuba:	Habana (Havanna):	Hospital Naval „Luis Diaz Soto" Avenida Monumential y Carretara, del Asilo Habana del Este (537) 974251 Keine 24 h Bereitschaft
	Isla de la Juventud Nueca Gerona:	Hospital „Heroes del Baire" Calle 39 A, Nueva Gerona, Isla de la Juventud (5361) 98240 / 98282 Keine 24 h Bereitschaft
	Matanzas:	Hospital „Julio Aristegui", Centro de Medicina Subacuàtica Caretera de Càrdenas Càrderias Matenzas (535) 22114 VHF Canal 16 Keine 24 h Bereitschaft
	Santago de Cuba:	Hospital Naval „Castillo Duany" Santiago de Cuba Keine 24 h Bereitschaft

Dekokammern

L:

La Réunion:	97448 Saint Pierre:	Centre Hospitalier de Saint Pierre Centre Hyperbare, Le Tampon BP 350 (262) 359077 Keine 24 h Bereitschaft
Luxembourg:	L-424 Esch/Alzette:	Centre national d'oxygenotherapie hyperbare Rue Emile Mayrisch – L-4240, Esch / Alzette Tel: 57111 Kammer: 571122339 24 h Bereitschaft

M:

Malaysia:	Sipadan:	Borneo Divers Dep. Of Diving and Hyperbarmed. 605 6837090 ext. 4071 Keine 24 h Bereitschaft
	32100 Perak:	Dep. of Diving & Hyperbaric Medicine Armed Forces Hospital Lumut Naval Base 32100 Lumut 605 6837090 (ext 4071) Emergency: 605 9304114 (24 hr diving emergency hotline) Keine 24 h Bereitschaft
Malediven:	Bandos:	The medical team at the Centre include a General Physicien, a Diving Medical Officer, a hyperbaric nurse and a hyperbaric tec. +960 440088 bmc@dhivehinet.net.mv 24 h Bereitschaft
	Kuramathi:	Kuramathi Medical Center 960 450527 Emergency: +960 773485 www.kuramathi.com.mv ktimdctr@kuramathi.com.mv 24 h Bereitschaft

Dekokammern

	Kuredu:	Kuredu Medical Center, Prodivers Kuredu +960 662 0343 24 h Bereitschaft
	Alidhoo	Haa Alifu Atoll 24 h Bereitschaft
Malta:	Birkirkara:	Mater Dei Krankenhaus Sptar Mater Dei, B'Kara MSD 2090 00356 25455205 or 112 or 158 (Mater Dei) (Dekokammer bei St Luke Krankenhaus nicht mehr in Betrieb) 24 h Bereitschaft
Mauritius:	Quatre-Bornes:	Victoria Hospital = Princes Margaret Orth. Hospital Direkte Durchwahl: 427 5135 (Notfall) (eine zweite Kammer „Candos" steht zur Verfügung. Schwere Tauchunfälle werden in Zusammenarbeit mit Reunion behandelt). 24 h Bereitschaft
Mexiko:	39860 Acapulco:	Hospital Base Naval Military medical hospital, XVII Zone Nqaval Icacos, Hotel Hyatt Acapulco 24 h Bereitschaft
	77600 Cozumel:	Buceo Medico Mexicano Full-service recompression chamber for divers Calle 5 Sur # 21 San Miguel Equipment: x-ray, defibrators, EKG, Air and ground ambulance available at dive shops. 24 h Bereitschaft
	77710 Playa del Carmen:	Buceo Medico Mexicano SSS NETWORK / Playa del Carmen Avenida 10 Esq. 28 +52 (99984) 873 1755 24 h Bereitschaft
Mikronesien:	96943 Colonia Yap:	Yap Hospital +691 350 3446 24 h Bereitschaft

Dekokammern

N:

Neuseeland:	32901 Auckland:	Royal New Zealand Naval Hospital Slark Hyperbaric Unit, Private Bag 32901 Devonport Auckland (09) 445 5920 Keine 24 h Bereitschaft
	4710 Christchurch:	Christchurch Hyperbaric Medicine Unit Private Bag 4710 Christchurch (03) 364 0045 Keine 24 h Bereitschaft
Niederlande:	1105 Amsterdam	Hyperbaric Center Academical Medical Cent. Melbergreef 9, 1105 AZ Amsterdam 020 5664500 24 h Bereitschaft
	1780 Den Helder:	Diving Medical Center Royal Neth. Navy 31 223 653214 / 658220 24 hr backup for military and civilian divers, also for HBO therapy 24 h Bereitschaft
	4612 Bergen op Zoom:	Stiching Hyperbaar Centrum Oosterscheide / Duikbedrijf Vriens Van Konijnenburgweg 151, Bergen op Zoom 0164 240552 Alarm: 06 54775885 24 h Bereitschaft
Niederländische Antillen:	Saba:	Saba Conservation Foundation Saba Marine Park im Hafen von Saba +599 416 3435 Keine 24 h Bereitschaft
	Bonaire:	Hospitaal San Francisco Kaya Soeur Barlola #2 Kralendijk +599717 8900 Keine 24 h Bereitschaft
	Curacao:	St. Elizabeth Hospital Breedestraat 193 (599-9) 462 4739 Keine 24 h Bereitschaft

Dekokammern

Norwegen:	Oslo:	Oslo Universitetssykenhus HF Ulleàl 0407 Oslo 22 93 22 51 24 h Bereitschaft
	5021 Haukeland:	Haukeland Hospital Dept. Of Occupation Medicine Section for Hyperbaric Medicine (47) 55 97 39 75 Keine 24 h Bereitschaft

O:

Österreich:	Tauchmedizinischer Notruf: AKH 01 – 40400 – 1001 Rettungsnotruf: 144	
Österreich:	1140 Wien:	Druckkammer des Arbeiter Samariter Bundes Österreich, Hütteldorferstrasse 260 1140 Wien +43 / 1 / 9144700 Keine 24 h Bereitschaft (mit Graz Kontakt aufnehmen)
	8036 Graz:	Landeskrankenhaus Graz, Universitätsklinik. Klinische Abt. für Torax u. Hyperbar Medizin Auenbrugger Platz 29, 8036 Graz +43 (0) 316 3 85 28 03 oder 20 56 24 h Bereitschaft
	8403 Lebring:	Feuerwehr und Zivilschutzschule Steiermark Florianstrasse 22, 8403 Lebring 03283 / 7000 – 0 Keine 24 h Bereitschaft (mobile Druckkammer)

P:

Palau:	9649 Koror:	Palau National Hospital Notfallnummer 911 Tel: + 680 488 2558 24 h Bereitschaft

Dekokammern

Philippinen:	Manila: (Quinzon City)	AFP Medical Center (V.Luna Hospital) V. Luna Road, Quinzon City 920 7 183 and 921 1801 (local 8991) 24 h Bereitschaft
	Batangas City:	St Patricks Hospital St Patricks Hospital Diving Medicine Centre (6343) 723 8385 24 h Bereitschaft
	Cebu City:	Recompression Chamber Camp Lapu-Lapu Lahang (032) 310 709 or (032) 312 325 / (032) 746 652 loc 2625 Keine 24 h Bereitschaft
	Subic Bay:	Recompression Chamber Subic Bay Subic Bay Freeport Zone Zambales +(63-47) 252 2743b/ 252 7052 Keine 24 h Bereitschaft
Polen:	81519 Gdynia:	National Center of Hyperbaric Medicinee Institute of Maritime and Tropical Medicine National Center of Hyperbaric Medicine Powstania Styczniowego 9B (+48) 58 622 51 63 Keine 24 h Bereitschaft
Portugal:	1149 Lisboa:	Hospital da Marinha Centro de Medicina Hyperbarica Campo de Santa Clara (+351) 21 884 0821 / 2 Keine 24 h Bereitschaft
	9125 Canical:	Madeira-Seals Estrada Ponta de Oliveria 57 Keine 24 h Bereitschaft
	9900: Horta/ Azoren:	Hopital da Horta, Acores (+351) 292 293 144 Keine 24 h Bereitschaft

Dekokammern

	9900 Ponta del Gada / Azoren:	Clube Naval de Ponta Delgada Avenda Infante D. Henrique Apartado 4 (+351) 296 283 005 Keine 24 h Bereitschaft (Betrieb unsicher)

R:

Russland: 19301 St. Peterburg: St-Peterburg Medical Academy for Postgrad. Education , Departement of Maritime Diving
Baltic Marine Hospital 007 812 251 6152
Keine 24 h Bereitschaft

S:

Saudi Arabien: Jeddah: Jeddah Decompression Chamber
Emergency Room Physician
(0966-2) 682 3200
Keine 24 h Bereitschaft

11211 Riyadh: King Faisal Spezialist Hospital & Research Center PO Box 3354
00966 – 1 – 4647272 pager 8517
24 h Bereitschaft

Schottland: Stromness: Old Academy
Back Road, Stromness Orkney
Medical Support 24 hr a Day, 7 days a week
24 h Bereitschaft

AB16 Aberdeen: The National hyperbaric Center Ltd
123 Ashgrove Road West Aberdeen
+44 – (0) 1224 692 222
24 h Bereitschaft (verunglückte Taucher aus Scapa Flow werden eingeflogen)

AB25 Aberdeen: Hyperbaric Medicine Unit
Aberdeen Royal Infirmary, Forestenhill
At sea coastguard on VHF 16
On land emergency services on 999 0r 112
24 h Bereitschaft

Dekokammern

	EH65R Edinburgh:	Laidlaw Bruce 0131 5545384 Notfall: 999 or 112 Keine 24 h Bereitschaft
Schweiz:	1211 Genf:	HBO – Zentrum Universität (HCU) Rue Michel du Cret 24, Genève +41 22 3728132 24 h Bereitschaft
	4057 Basel:	HBO Zentrum Universitätsspital Kleinhüningerstrasse 177, 4057 Basel Notruf über REGA: (+41) 14 14 +41 61 6313013 24 h Bereitschaft (Anfrage notwendig)
	6000 Luzern:	HBO Zentrum Kantonsspital Luzern HNO-Abteilung Notruf: +41 41 205 11 11 Montag – Freitag tagsüber Keine 24 h Bereitschaft
	1011 Lausanne	HBO – Zentrum Universität Centre Hospitalier CHUV Rue du Bugnon 46 1011 Lausanne +41 (21) 3141632 24 h Bereitschaft
Seychellen:	Victoria Mahé:	Victoria Memorial Hospital Keine 24 h Bereitschaft
	Anse La Passé, Silhouette:	Labritz Resort Dekokammer wird über Blue Sea Divers Angefahren. Keine 24 h Bereitschaft
Singapur:	Singapur:	NMHC – Naval Hyperbaric Centre Appointments 67505632 24 hr Emergency Hotline 67581733 24 h Bereitschaft

Dekokammern

Spanien:

Tenerife:	Hospital Universitario de Canarias Campus de Ofra (La Laguna) 34 + 922678000 (Hospital) 34 + 922678463 (Cham) 24 h Bereitschaft
Lanzarote:	Medicina Hiperbarica De Lanzarote SL Hospital Insular Arrecife 0034 928 810 000 or 928 810 500 24 h Bereitschaft
Mallorca:	PDIA–Tauchbasen verfügen über ein mobiles Druckkammer-Behandlungszenter. 24 h Bereitschaft
Alicante:	Unidad de Medicina Hiperbarica Medibarox Plaza Dr. Gòmez Ulla 15, Alicante Keine 24 h Bereitschaft
07700 Mahòn:	Conseil Insular de Menorca 971 351011 Keine 24 h Bereitschaft
07800 Ibiza/ Balearen:	Policlinica Nstr Sra Rosario via Romana 0034971 30 19 16 24 h Bereitschaft
08025 Barcelona:	CRIS Unitat de Terapeutica Hiperbarica Hospital de la Creu Roja Dos de Maig 301 (34) 3433 1551 Keine 24 h Bereitschaft
12004 Castellòn:	Unidad de Terapéutica Hiperbàrica Hospital General de Castellòn (34) 964 726645 24 h Bereitschaft
17230 Palamos:	Hospital de Palamos, Hiperbaric Unit (34) 60 01 60 Keine 24 h Bereitschaft

Dekokammern

	30395 Cartagena:	Instituto Cientifico de Actividades Acuaticas y Subacuaticas (34) 68 500220 Keine 24 h Bereitschaft
	35130 Gran Canaria Puerto Rico:	Top Diving, Puerto Escala 35130 Puerto Rico 0034 928 560609 Keine 24 h Bereitschaft
	35627 Jandia / Fuerteventura:	Druckkammergesellschaft Fuerteventura Druckkammer in privaten Besitz diverser Tauch-Basen und Schulen. 24 h Bereitschaft
Südafrika:	Cape Town:	National Hyperbarics Kliemont Hospital Twinloock multiplaces walk in chamber 021 671 8655 (24 hrs) 24 h Bereitschaft
	Natal:	Natal Hyperbaric Centre 27 31 3053069 Keine 24 h Bereitschaft
	Pretoria:	Eugene Marais HBO Therapy Center Eugene Marais Hospital 24 hr Phone: +27 (0) 12334 2567 24 h Bereitschaft

T:

Thailand:	Koh Tao:	Badalveda Diving Medicine Network Physicians Clinic, Sairee Beach +66 (0) 8 6272 4618 24 h Bereitschaft
	Pattaya:	Badalveda Diving Medicine Network Bangkok Pattaya Hospital 301 Moo 6 Sukovit Road +66 (0) 8 19800482 (24 hr Diving Medicine Hotline) 24 h Bereitschaft

Dekokammern

Bangkok:	Badalveda Diving Medicine Network Bangkok International Hospital 2 Soi Soonvijai 7 +66 (0) 8 19899482 (24 hr Diving Hotline) 24 h Bereitschaft
10600 Bangkok:	Dept. Of Underwater & Aviation Medicine Pra Pinklao Naval Hospital, Taksin Rd +66 (0) 24 600 000 or (+66) 02 460 1105 24 h Bereitschaft
20180 Sattahlp:	Underwater and Aviation Medicine Naval Medicine Departement Arparkom Hospital Sattahlp Naval Base 0 3843 8686 or 0 5191 7219 Keine 24 h Bereitschaft
83100 Phuket:	Badalveda Diving Medicine Hospital Bangkok Phuket Hospital 2/1 Hong Yok Utis Rd Phuket City +66 (0) 819899482 24 h Bereitschaft
83000 Phuket:	Ministry of Public Health Vachira Phuket Hospital 353 Yaowara Rd. +66 7621 1114 or mob. 0 1895 1075 24 h Bereitschaft
83150 Koh Samui/ Surat Thani:	Koh Samui (Gulf of Thailand) 077 427427 Keine 24 h Bereitschaft
84320 Koh Samui:	Badalveda Bangkok Samui Hospital, 57 Moo 3 0 7742 9500 24 h Bereitschaft

Dekokammern

	Koh Samui	Bandon international Hospital Diving physician Dr. Dulyakit Wittayachanyapong Bophut, Koh Samui +66 (0) 77230781 Bandon hospital Emergency number +66 (0) 77 427 427 Keine 24 h Bereitschaft
Thailand/ Andamanensee:	81000 Krabi Ao Nang:	SSS Recompression Chamber Network 24 hr Tauchunfall Hotline +66 819 560 120 24 h Bereitschaft
	82190 Khao Lak:	Phuket International Hospital 19/12 Moo 6 Tambon Kukkak Phang nga 24 hr Tauchunfall Hotline +66 844 421 646 24 h Bereitschaft
	83000 Phuket:	Phuket International Hospital 44/1 Moo 5 Chalermpraklat Ror 9 Vichit +66 76 209 347 24 hr Tauchunfall Hotline +66 898 712 335 24 h Bereitschaft
Türkei:	Istanbul:	Oksimer HBO Zentrum Haseki Cad No 26/1 0090/212/6327171 Keine 24 h Bereitschaft
	Istanbul Haydarpasa:	GATA Deniz ve Sualt Hekimligi Anabilim Dali Militärkrankenhaus Haydarpeasa Egitim Hastanesi +90/216/345 02 95 Keine 24 h Bereitschaft
	Marmaris:	Aksaz Askeri Hastanes / Militärkrankenhaus +90/252/421 0161 Keine 24 h Bereitschaft

Dekokammern

	07200 Antalya:	HIPEROX Demirci Kara Mah Avni Tolunay Cad No 46/1 +90/242/322 00 99 24 h Bereitschaft (30 Min. Vorlaufzeit)
	34390 Istanbul – Çapa:	Istanbul Tip Fakültsi Sualti Hekimligi ve Hiper barik Tip Anabilim Dali +90/212/414 33 34 24 h Bereitschaft
	48340 Fethiye/ Ölydeniz:	nächstes Krankenhaus in Dalaman über angeschlossene Tauchbasis im Club. Druckkammerfahrten sind nach Absprache möglich (4 Personen Kammer) 0252 6170200 24 h Bereitschaft (nach Absprache mit dem Basisleiter)
	48400 Bodrum:	Bodrum Devlet Hastanes / Staatliches Krankenhaus, Eimadeg Caddesi +90 (252) 313 1420 24 h Bereitschaft (30 Min Vorlaufzeit)
Tunesien:	Bizerte:	Marine Nationale, Yachthafen (+216) 72 431 700 Keine 24 h Bereitschaft
	8110 Tabarka:	Ecole de plongée / Ecole de pêche Yachthafen (Port de Plaisance) (+216) 78 644 344 Keine 24 h Bereitschaft

U:

USA: (West Küste)	9012 Beverly Hills: CA	Beverly Hills Center for Hyperbaric Medicine DAN Supporter (310) 551 1375 Keine 24 h Bereitschaft

Dekokammern

	90704 Two Harbors CA:	USC Catalina Hyperbaric Chamber P.O. Box 5069, 310 510 4020 Emergency: 310 510 1053 Keine 24 h Bereitschaft
	94043 Mountain View CA:	Bay Area Hyperbarics 2444 Old Middlefield Wy 650 567 9110 Keine 24 h Bereitschaft
	96817 Honolulu:	John A. Burns School of Medicine Hyperbaric Treatment Center University of Hawaii 808 587 3425 Keine 24 h Bereitschaft

V:

Vereinigte Arabische Emirate: Abu Dhabi

NMC Hospital
Diving / Hyperbaric Medicine
(971) 668090
Keine 24 h Bereitschaft

Z:

Zypern: Larnaca:

Larnaca General Hospital
00357 2 33920, mobile 00357 9 650811
Dr.med. Georhiou Sortinis
sortinid@spidmet.com.cy
Keine 24 h Bereitschaft

Dekokammern

17 Tauchspezifische Abkürzungen und Fachausdrücke

Wörter sind die Quellen von Missverständnissen

Antoine de Saint Exupéry

17 Tauchspezifische Abkürzungen und Fachausdrücke

Quelle: www.taucher.net, Auszug aus dem Internet 2012 und anderen Glossars ohne Gewähr für die Richtigkeit und Vollständigkeit der Daten.

A

AAS	Alternate Air Source, alternative Luftversorgung
ABC	Ausrüstung: bestehend aus Maske, Schnorchel, Flossen
Absorption	Aufnahme von Gasen, Flüssigkeiten oder festen Körpern
ACUC	American Canadian Underwater Certification 1964 gegründet
ADV	Advanced Diving Vest, kompakte, einschalige Jackets (reisefreudig)
aerob	Stoffwechselvorgänge, nur mit Sauerstoffvorkommen
AGE	Arterial Gas Embolism, arterielle Gasembolie
AI	Assistant Instructor
AIDA	Association international pour le dévelopement de l'apnée
Alveole	Lungenbläschen
AMV	Atem Minuten Volumen, gemessen in lt/Min
anaerob	Stoffwechselvorgänge, ohne Beteiligung von Sauerstoff
Anämie	Blutarmut
Anästhesie	Unempfindlichkeit gegenüber Schmerz, Temperaturreizen
Anastomose	Querverbindungen zwischen Arterien und Venen
Angiospasmus	Gefässkrampf
Antagonismus	gegenseitigie Wechselwirkung (funktionell) bei z.B. Muskelgruppen
Antitoxin	Gegengift
AOW	Advanced Open Water
AOWD	Advanced Open Water Diver
AP	Absolute Pressure, absoluter Druck
Apnoetauchen	Tauchen ohne Atemgerät
Arrhytmie	unrebelmässige Schlagfolge des Herzens
Arterie	Blutgefäss vom Herzen wegleitend
Arthralgie	Gelenkschmerzen
Arthrose	Gelenkerkrankung (degenerativ)
ASD	Atrial Defect, s.a. PFO
ABS	Acryl-Nitril-Butadien-Styrol, Kunststoff der bei Gehäuse von Instrumenten verwendet wird
Aspiration	Einatmen oder Ansaugen von Fremdstoffen in die Lunge
AMS	Acute montain sickness, Höhenkrankheit
Atelektase	luftarmes oder luftleeres Lungenbläschen
autonom	selbständig
AWARE	Aquatic Wreck And Awarness Responsibility And Education, PADI: aktive Rolle beim Erhalt der Unterwasserwelt

Tauchspezifische Abkürzungen

B

BAM	Bundesamt für Materialforschung- und Prüfung (CH: EMPA)
bar	griechisch barys, Einheit des hydrostatischen Drucks
Bb oder BB	Backbord auf Schiffen, linke Seite in Fahrtrichtung
BC	Buoyancy Compensator, Tauchjacket
BCD	Buoyancy Control Device, Tarierveste
Bft	Beaufort (Windstärke)
Biostatistik	Untersuchung der Schwankungsbreite von Lebensprozessen
Bradykardie	niedrige Herzfrequenz (< 60)
BSAC	British Sub Aqua Club
BTU	British Termal Unit, Wärmemenge die notwendig ist um ein Pfund Wasser von 63 F auf 64 F anzuheben

C

CAFA	Canadien Diving of Freediving & Apnea
CAGE	Celebrate arterielle Gasembolie
CCBA	Closetd circuit breathing Apparatus, Kreislaufgerät oder Rebreather
CCCR	Chemically-Closed-Cirquit Rebreather, chemisch gesteuerter vollgeschlossener Rebreather
CCR	Complet Close Rebreather, vollgeschlossenes Kreislaufgerät
CMAS	Conféderation Mondiale des Activités Subaquatique
CE	EG-Konfirmitätszeichen
CD	Course Director
cedip	European Commitee of Professional Diving Instructors
CEN	Europäisches Komitee für Normierung
CO	Kohlenmonoxyd
Cortison	Hormon der Nebennierenrinde
CO_2	Kohlendioxyd
CNS	Central Nervous System (ZNS)

D

DAS	Distress Alert System, Seenot-Alarmruf-System
DAN	Divers Alert Network, Tauchrettungsorganisation weltweit
DCI	Decompression illness, schliesst DCS und AGE ein
DCS	Decompression sickness
DCS Typ I	leichte Symptome, Schmerzen, Haut Bends
DCS Typ II	ernste Anzeichen mit Beteiligung des ZNSS
DDC	Deck Decompression Chamber- Druckkammer
Deko	Dekompression
DEMA	Diving Equipment Marketing Association

Tauchspezifische Abkürzungen

dp	Gaspartialdruck
Diastole	Zeit des Herzzyklus, in der sich die Herzkammern mit Blut füllen
Diffusion	Gasaustausch
DIN	Deutsche Industrie Norm, DIN-Flaschenventil
DIN EN	EN-Norm, ersetzt das deutsche Normenwerk
Dioptrie	Masseinheit für die Lichtbrechende Kraft optischer Systeme
Doppler Effekt	Frequenzverschiebung durch bewegte Schallquelle (Gasblasen im Blut als Beispiel)
dpt	Dioptrie, Einheit des Brechwertes optischer Systeme
DM	Divemaster (Brevetstufe PADI)
DIVA	Diving Instructors World Association, Costa Rica USA
DLRG	Deutsche Lebensrettungsgesellschaft
DNF	Do not fly, Flugverbot
DPV	Dive Propulsion Vehicle, Scooter
DSMB	Delayed Surface Marker Buooy, Boje, welche am Ende eines Tauchgangs an die Oberfläche geschossen wird
DT	Dive Table, Tauchtabelle
DTG	Druckluft Tauchgerät
DTSA	Tauchsportabzeichen deutsch
DV	Demande Valve, Bedarfsatmung, 2. Stufe
Dystronic vegetativ	fehlerhafter Spannungszustand des vegetativen Nervensystems

E

E-E Modell	Dekompressionsmodell Sättigung und Entsättigung erfolgt exponentiell (Haladine-Modell)
E-L Modell	Dekompressionsmodell Sättigung der Inertgase erfolgt exponentiell Entsättigung dagegen in einer langsameren linearen Rate
EAD	Equivalent air deep, Äquivalente Lufttiefe bei Nitroxtauchen
EANx	Enriched Air Nitrox, x gibt den Sauerstoffanteil des Gemisches an
EBS	Emergency Breathing System, Notfallsystem
ECCR	Electronic Complet Rebreather, elektronisch gesteuertes vollgeschlossenes Kreislaufgerät
Elektrolyse	chemische Verbindung, die in wässeriger Lösung in Ionen zerfallen
Embolie	Verschleppung eines Blutgerinsels oder Einkeilung in ein Blutgefäss
EMPA	Eidgenössische Materialprüf- und Forschungsanstalt in der Schweiz entspricht dem TÜV in Deutschland
EN	Euronorm
END	Equivalent Narcotic Depht
Endolymphe	Flüssigkeit im häutigen Labyrinth des Ohrs
Enzyme	Fermente, die als Katalysatoren chemische Reaktionen im Organismus beschleunigen

Tauchspezifische Abkürzungen

Epidermis	äusserste Schicht der Haut
ERC	European Resuscitation Council
Ergometer	Gerät zur Messung der Leistung bzw. Arbeit
Erythem	entzündliche Rötung der Haut
Euphorie	gehobenes Stimmungsgefühl
EUBS	European Underwater and Baromedical Society
Exostose	von der Knochenoberfläche ausgehender Knochenvorsprung (höckerig)
Exsudat	durch Entzündung bedingter Austritt von Gewebeflüssigkeit

F

Faden	nautische Längenmasseinheit: 1 Faden = 6 Fuss = ca. 1.8m
FFW	Feet of fresh Water,
FSW	Feet of salt Water
ft	Feet, Fuss, 1 ft = 30,48 cm
FTU	Schweizerische Fachstelle ffür Tauchunfälle
Foramen ovale	Ovales Loch in der Vorhofscheidewand des Herzens vor der Geburt

G

gal	Gallone = 4,55 dm^3 (UK), 3,78 dm^3 (US)
GGVS	Gefahrgüterverordnung im Zusammenhang mit dem Transport von Tauchflaschen
GTÜM	Gesellschaft für Tauch- und Überdruckmedizin
Glaukom	grüner Star
Gromerulus	Gefässknäuel, zusammen mit einer Kapsel, bildet den harnproduzierenden Apparat in der NIere
Glottis	Stimmritze
Glykogen	tierische Stärke
Glykolyse	Abbau von Glykogen (tierischer Stärke)
GZ	Abkürzung für Grundzeit

H

H	Chemisches Zeichen für Wasserstoff
Hämagglutintion	Zusammenballung von roten Blutkörperchen
Hämoglobin	roter Blutfarbstoff
Hämolyse	Austritt von Hämoglobin aus den roten Blutkörperchen
HBO	Hyperbare Oxidation, medizinische Sauerstoffbehandlung unter Überdruck

Tauchspezifische Abkürzungen

HD	Hochdruck 200/300 bar
HDA	Handicapped Diving Association
He	Chemisches Zeichen für Helium
HPNS	High pressure nervous syndrom, Nervensyndrom bei hohem Überdruck
HID	Hight Indensity Discharge, Gasentladungslampe
Heliox	Atemgasmischung, bei der Stickstoff komplett durch Helium ersetzt wird, Sauerstoffanteil wird reduziert
Hg	Chemisches Zeichen für Quecksilber
HLW	Herz-Lungen-Wiederbelebung
HNO-	Hals-Nasen-Ohren-
	High Pressure, Hochdruck
HPNS	Hight pressure nervous syndrom
HP	High Pressure, Hochdruck
HSA	Handicapped Scuba Association
HUD	Head-Up-Display, Einblenden von Informationen in die Maske
Hyperkapnie	Erhöhung des CO_2 – Drucks im arteriellen Blut
Hyperkoagulabilität	Erhöhte Gerinnbarkeit des Bluts
Hyperoxie	Erhöhung des Sauerstoffteildrucks in Atemluft und Körpergeweben
Hypertonic	Bluthochdruck
Hyperventilation	übermässige Steigerung der Atmung
Hyperthermie	Unterkühlung
Hypoxie	Herabsetzung des Sauerstoffpartialdrucks im Organismus

I

IAHD	International Association of Handicapped Diving
IAND	International Association of Nitrox Divers
IANTD	International Association of Nitrox & Technical Divers
IART	International Association of Rebreather Trainers
IDC	Instructor Development Course
IE	Instructor Examination
Immersion	Eintauchen, einbetten (Mathematik)
inert	chemisch nicht aktiv
Insulin	blutzuckersenkendes und Glykogen aufbauendes Hormon
intravasal	innerhalb der Blutgefässe
INT	Ventilanschluss Bügelanschluss
Ionen	geladene Teilchen, die in einem elektrischen Gleichspannungsfeld wandern
ISO	Internationale Organisation für Normierung
IT	Instructor Trainer
ITC	Instructor Training Course
Isthmus	Engpass, verengte Stelle

Tauchspezifische Abkürzungen

K

K	Zeichen für Kalium und für Kelvin
Kapillare	Haargefäss, feinste Verzweigung der Blutgefässe
Katalysator	griechisch „Auflösung" erhöht chem. Reaktion
Kimm	natürlicher Horizont auf See
Kinetik	Zeitablauf, Bewegung
Kinetose	Reisekrankheit
KK	Klein konisches Ventil
Klaustrophobie	krankhafte Angst vor Aufenthalt in geschlossenen Räumen
Kn	Knoten, Seemeile pro Stunde, 1,852 Km/h
Kollaps	Zusammenbruch, z.B. durch Versagen des Kreislaufs
Kompartiment	Modellgewebe
Kp	Kilopont
kW	Kilowatt

L

LA	Lungenautomat
Laryngospasmus	Stimmritzenkrampf
Laryngozele	lufthaltige Ausbuchtung der Kehlkopfwandung
LD	Local Dealer
Lee	Wind abgewendete Seite, Gegenteil von Luv
Log	Instrument zur Messung der Geschwindigkeit eines Schiffes
LORAN	Long Range Navigation
Lot	Tiefenmessgerät, Echolot
LP	Low Pressure
Luv	dem Wind zugewendete Seite, Gegenteil von Lee

M

Mayday	Notsignal international im Seefunksprechverkehr
MD	Mitteldruck
MDT	Maximum Dive Time
Metabolismus	Stoffwechsel
MEZ	Mitteleuropäische Zeit
MFA	Medic First Aid
MGR	Mixed Gas Rebreather, Mischgas-Rebreather
MI	Masterinstructor
MOD	Maximum Operating Deepth, Maximale Tauchtiefe für andere Gasgemische
Molekül	aus zwei oder mehreren Atomen bestehender kleinster selbständiger Teil einer chemischen einheitlichen Substanz

Tauchspezifische Abkürzungen

mph	Miles per hour
MSD	Master Scuba Diver
MSDT	Master Scuba Dive Trainer
MSW	Meter Salzwasser
Myoglobin	dem Hämoglobin ähnlicher roter Farbstoff im Muskel

N

N	Chemisches Zeichen für Stickstoff
Na	Chemisches Zeichen für Natrium
NACD	National Association for Cave Diving
NASDS	National Association of Scuba Diving Schools
NAUI	National Association of Underwater Instructors, Tampa USA
Nano	10^{-9}
n-mile	Nautische Meile, Seemeile 1,852 km
	Landmeile 1,609 km
NDL	No-Decompression Limit
Neon	Chemisches Element Ne, Inertgas wird als Füllgas anstelle von Helium im Tieftauchen verwendet.
Neox	Atemgas aus Neon und Sauerstoff für kurze und tiefe Tauchgänge Dekompressionszeit < als bei Heliummischungen
Nekrose	örtlicher Gewebstod am lebenden Organismus
Nervus sympathicus	Teilsystem des vegetativen Nervensystems, auch leistungssteigerndes System genannt
neurotisch	nervenschädigend
Neptun	Gott des fliessenden Wassers Lat. Nepzunus
Nitrox	Atemgas aus Stickstoff und > 21% Sauerstoff
NOAA	National Oceanographic and Atmospheric Administration
NTG	Nachttauchgang
NZG	Nullzeitgrenze

O

O_2	Sauerstoff
Octopus	zusätzliche zweite Stufe
OD	Operation Depth
Ödem	krankhafte Ansammlung von Flüssigkeit im Gewebe
OOA	Out of air, ohne weitere Gasversorgung
OTU	Oxygen Toxicity Unit, Oxygen Tolerance Unit
Osteonekrose	Absterben von Knochengewebe

Tauchspezifische Abkürzungen

Oxidation	Verbindung eines chemischen Stoffs mit Sauerstoff, Verbrennung
OW	Open Water
OWD	Open Water Diver
OWSI	Open Water Scuba Instructor
Ozon	O_3, Sauerstoff in instabilen Form

P

Pa	Zeichen für Pascal, $1 Pa = 1 N/m^2$
Parazentese	Stichincision des Trommelfells zur Eröffnung der Paukenhöhle
Parästhesie	Krankhaft abnormale Empfindung, z.B. Kribbeln, Taubsein
Paraplegie	beidseitige Lähmung der Arme oder der Beine
Partialdruck	Teildruck
PATD	Professional Association for Technical Diving
Pathophysiologie	Lehre krankhafter physiologischer Vorgänge
Pleura	Brust- oder Rippenfell
Pb	Chemisches Zeichen für Blei
PCO_2	Kohlendioxidpartialdruck
Pneumothorax	Luftansammlung im Pleuraraum
PDA	Professional Diving Association
PDC	Personal Dive Computer, persönlicher Tauchcomputer
PFO	Patent Foramen Ovale, ein offenes Foramen Ovale
pH	Wasserstoffionenkonzentration
ppO_2	Partial pressure of Oxygen, Sauerstoff Partialdruck
PSI	Pounds per Square Inch, amerikanische Druckbezeichnung, $1 PSI = 0{,}0703$ bar 1 bar = 14,223 PSI
Psychopharmaka	Bezeichnung für Arzneimittel, die auf psychische Abläufe wirken
PTG	Presslufttauchgerät
PVC	Polyvinylchlorid

R

RBT	Remaining Bottom Time, Restluftzeit
Refraktion	Brechung von Lichtwellen
Rekompression	Erneut unter Druck setzen (bei Dekompressionserkrankung)
Residualluft	Restluft in der Lunge nach maximaler Ausatmung
Retina	Netzhaut des Auges
RDP	Recreational Dive Planner, Tauchgangplaner für Nullzeit TG
Rhinitis vasomotorica	nerval bedingte Nasenschleimhautentzündung
RIB	Rigid inflatable Boat, Festrumpfschlauchboot
RMV	Respiratory Minute Volume, AMV, Atemminutenvolumen

Tauchspezifische Abkürzungen

RSTC	Recreational Scuba Training Council
RNZ	Restnullzeit
Rubtur	Zerreissung von Geweben oder Gefässen

S

S	Chemisches Zeichen für Schwefel
SAC	Surface Air Consumption, AMV
SAR	Search and Rescue
SAS	Share Air System, alternative Luftversorgung
SCR	Semi Closed Rebreather, Halbgeschlossenes Kreislaufgerät
SCUBA	Self contained underwater breathing, autonomes Unterwasser Druckluftgerät mit offenem Kreislauf
SDC	Submersible Decompression Chamber, versenkbare Druckkammer
SI	Surface Interval (between dives) Oberflächenpause
Sinusitis	Entzündung der Nasennebenhöhlen
SLRG	Schweizerische Lebensrettungs Gesellschaft
SMA	Schweizerische Meteorologische Anstalt
SMB	Surface Marker Buoy, beflaggte Boje, wird vom Taucher mitgeführt an einer Leine
SUSV	Schweizerischer Unterwasser Verband
Sympathicus	s. Nervus sympathicus
Synapse	Umschaltstelle in der Erregungsübertragung in den Nerve
Synkope	anfallsartige, kurzdauernde Bewusstlosigkeit (Ohnmacht)
Systole	Zeit des Herzzyklus mt Kontraktion und Blutauswurf

T

TBT	Total Bottom Time, Totale Grundzeit
TC	Tauchcomputer
TDT	Total Dive Time
Tec	Technical Diving, technisches Tauchen
Tetanie	Zustand neuromuskulärer Überregbarkeit
Tetraplegie	gleichzeitige Lähmung aller vier Glieder
TG	der Tauchgang
Thorax	Brustkorb
Thrombozyten	Blutplättchen
Tonus	Spannungszustand der Gewebe, besonders der Muskeln
Tinnitus	Ohrgeräusch

Tauchspezifische Abkürzungen

Torr	Toricelli, Einheit des Drucks, Luftdrucks
	1 Torr = 1/760 atm
	1 Torr = 1,33322 mbar
	1 Torr = 133,322 Pa
	1 Torr = 1 mmHg
TRG	Technische Regeln für Druckgas
Trimix	Atemgas bestehend aus: Sauerstoff, Helium, Stickstoff, der Sauerstoffanteil liegt meist unter 17%
TU	Tauchunfall
Toxität	Giftigkeit einer Substanz
Trachea	Luftröhre
Transmitter	Überträgerstoff
TUP	Time under Pressure, Zeit welche unter Wasser verbracht wird
TÜV	Technischer Überwachungsverein
Tympanoplastik	operative Wiederherstellung des Trommelfells

U

UW	Unter Wasser
Unze	Gewichtsmass, 1 Unze = 28,35 Gramm
UVV	Unfallverhütungsvorschriften der BG
US-Navy-Tabellen	Dekompressionstabellen der US-Nav

V

Variabilität	Schwankungsbreite
Vasodilatation	Gefässerweiterung
Vasokonstriktion	Gefässverengung
VBG	Unfallverhütungsvorschriften der BG
VDST	Verband Deutscher Sporttaucher
VEST	Verband Europäischer Sporttaucher
Vene	Blutgefäss zum Herzen hinführend
Vitalfunktionen	Sammelbegriff für Atmung und Kreislauf
VGE	Venous Gas Embolism, venöse Gasembolie
VETL	Verband Europäischer Tauchlehrer
Vena cava	grosse Hohlvene
Ventrikel	Herzkammer
Viskosität	Zähflüssigkeit
VIST	Verband Internationaler Sporttaucher
VIT	Verband Internationaler Tauchschulen

Tauchspezifische Abkürzungen

W

WA	Wechselatmung
WAPO	Wasserschutzpolizei
Watt	Einheit der Leistung, 1W = 1J/s = 1N x m/s
Windstärke	Bft = Beaufort 12 geschätzte Windgeschwindigkeiten
WWF	World Wildlife Fund
Ws	Wassersäule

X

Xe	Chemisches Zeichen für Xenon
Xenon	Inertgas, wirkt bei atmosphärischen Druck narkotisch und führt zu einer Betäubung

Y

yd	Einheitszeichen für Yard, 1 yd = 3 feet = 36 inch = 0,914 m
Y-Ventil	Ventil in Y Form für Monoflaschen mit zwei getrennten Abgängen

Z

ZETÜM	Zentrum für Tauch- und Überdruckmedizin in D-Bremen
zerebral	zum Gehirn gehörend
Zilien	Flimmerhaare z.B. in den Bronchien
Zyste	mit Flüssigkeit gefüllter Hohlraum im Gewebe
ZNS	Zentralnervensystem

18 Tauchrelevante Begriffe und Fachausdrücke

Der Geist einer Sprache offenbart sich am deutlichsten in ihren unübersetzbaren Worten

Marie Freifrau von Ebner Eschenbach

Tauchdolmetscher

Tauchrelevante Begriffe (Übersetzungen) und Fachausdrücke

(Deutsch, Englisch, Französisch, Italienisch, Spanisch)

Sortierung nach Deutsch   Seite 679

Sortierung nach Englisch   Seite 694

Sortierung nach Französisch   Seite 710

Sortierung nach Italienisch   Seite 724

Sortierung nach Spanisch   Seite 738

18 Tauchrelevante Begriffe (Übersetzungen) und Fachausdrücke

Quelle: www.taucher.net, Auszug aus dem Internet 2011 ohne Gewähr für die Richtigkeit und Vollständigkeit der Daten

SORTIERUNG SPRACHE DEUTSCH	ENGLISCH	FRANZÖSISCH	ITALIENISCH	SPANISCH
A				
abtauchen	descent	descendre	discendere	bajar
Alveolen	alveolus (air cell)	alvéole		alvéolos
Anker	anchor	ancor	ancora	ancla
Arzt	physician	médecin / docteur	medico	médico
Anschluss	connection	raccordement		
Atemnot	short of breath	essoufflement	affano	ahogo
Atmung	breathing	respiration	respirazione	respiracion
Atembeschwerde	difficulty in breathing	difficulté de respiration		
auf Wiedersehen	good by	au revoir	arrivederci	adios
aufladen (Akku)	recharge	recharge	ricaricare	recargar
Aufstieg	ascent	remonter à la surface	risaline	ascension
auftauchen	rise	remonter	spuntando	subir
Auftrieb	buoyancy	poussée verticale	spinta	empuje hidrostático
ausatmen	breath out	expirer	espirare	exhale
Ausrüstung	equipment	équipement	equipaggiamento	equipo
Ausstiegspunkt	exit point	point de sortiie	punto d'uscita	punto de salida

679

Tauchdolmetscher

DEUTSCH	ENGLISCH	FRANZÖSISCH	ITALIENSCH	SPANISCH
B				
Barotrauma	squeeze	barotraumatisme		
bewusstlos	unconscious	inconscient	inconscienza	inconsciente
Bewusstlosigkeit	blackout (insensibility)	évanouissement		desmayo
Bier	beer	bière	birra	cerveza
Bitte	please	s'il vous plait	per favore	por favor
Bleigewicht	weight	poids de plomb	piombo	peso
Bleigurt	weight belt	centure de plomb	cinatura di zavorramento	cinturo de lastre
Blitz	flash	flash	flash	flash
Boot	boat	bateau	barco	bote
Boje	buoy	bouée	boje	boya
Bleigewicht	weight	plombe	piombo	plomo
Brevetkarte	certification card	carte de brevet	brevetto	carnet de buceo
C				
Caisson-Krankheit	caisson disease	maladie des caissons		
Computer	computer	ordinateur	calcolatore	computadora

Tauchdolmetscher

DEUTSCH	ENGLISCH	FRANZÖSISCH	ITALIENSCH	SPANISCH
D				
Danke	thank you	merci	grazie	gracias
Dekokammer	recompression chamber	chambre de recompression ou caisson	camera di recompressione	camera di recompresion
Dekompression	decompression	décompression	decompressione	descompresion
Deko-Krankheit	decompression sickness	maladie de décompression	malattia de decompressione	enfemedad descompresiva
Deko-Stop	decompression stop	palier de décompression	tappa di decompressione	parada de descompresiòn
Dekostufen	deco stops	palier (PAL1......PAL3)		
Delphin	dolphin	dauphin	delfino	delfin
Deutschland	Germany	l'Allemande	germania	alemania
Dichtung	„O"-ring	joint	guarnizione	junta
Druck	pressure	pression	pressione	presion
Druckausgleich	equalize	compensation de pression	compensare	equilibrar
Druckluft	compressed air	air comprimé	aira compressa	aire comprimido
Druckkammer	compressed air chamber	chambre de recomression	camera iperbarica	camera de recompresiòn
Druckluft	compressed air	air comprimé	aria compressa	aire comprimido
Druckluftmesser	air pressure manometer	manometer de plongée	coltello ad aria compressa	manòmetro
Druckluftschlauch	compressed air hose	tuyau d'air comprimé	tubo dell'aria compressa	tubo de air
Druckminderer (1.Stufe)	pressure reducing valve (1 st stage)	régulateur de pression		regulator de la una etapa..

Tauchdolmetscher

DEUTSCH	ENGLISCH	FRANZÖSISCH	ITALIENSCH	SPANISCH
E				
Einstiegpunkt	entry point	point d'entrée	punta di ingessa	punto de entrada
Embolie	embolism	embolie	embolia	embolia
Entschuldigung	sorry	pardon	scusi	perdòn
Erste Stufe	first stage	premier étage	primo stado	primera etapa
Erste Hilfe	first aid	premier secours	primo soccorso	primero auxilios
F				
Feder	spring	ressort	primavera	resorte
Fett (Silikonfett)	grease (silicone grease)	graisse	grasso	grasa
Finimeter	pressure gauge	indicateur de pression	manometro	manometro
Fisch	fish	poisson	pesce	pez
Flagge	flag	drappeau	bandiera	bandera
Flasche (Gerät)	tank	bouteille	bombola	botella
Flossen	fins	palmes	pinne	aletas
Freiwasser	open water			
FreiwasserFlossenband	fin strap	sangle de palme	cinghiolo	correa de las altas
Fülldruck	tank pressure			
füllen	fill	remplir	riempimento	relleno
Füsslinge	booties	chaussons	calzari	escapines (bota)

Tauchdolmetscher

DEUTSCH	ENGLISCH	FRANZÖSISCH	ITALIENSCH	SPANISCH
G				
Gefahr	danger	danger	pericolo	peligro
Gerätetaucher	scuba diver	plongeur autonome	subacquei	escafandrista
giftig	poisonous	venimeux	tossico	venenoso
Grotte	cavern	grotte	grotta	caverna
Grund / Boden	botton / ground	fond	fondo	fonda
Guten Abend	good evening	bonsoir	buona sera	buenas noches
Guten Morgen	good morning	bonjour	buon giorno	holà
Guten Tag	hello	bonjour	buon giorno	holà
Gurt	strap	sangle	cintura	cincha
H				
Hafen	harbour, marina	port	port	puerto
Hai	shark	requin	squalo	tiburón
Handschuhe	gloves	gants	guanti	guantes capucha
Haube	hood	bonnet	capuccia	capucha
HD-Schlauch	high pression hose	tuyau haute pression	frusta alta pressione	càmera de alta
Harpune	harpoon (speargun)	harpon	arpione	
Hilfe	help	au securs	aiuto	socorro
Hochdruck	high pressure (HP)	haute pression	ad alta pressione	
Höhle	cave	caverne	caverna	cueva

683

Tauchdolmetscher

DEUTSCH	ENGLISCH	FRANZÖSISCH	ITALIENSCH	SPANISCH
J				
Ja	yes	oui	si	si
Jacket	BCD (Buoyancy Control Device)	bounée, veste	salvagente	guindalo
K				
Kaffee	coffee	café	cafe	café
kalt	cold	froid	freddo	frío
kaputt	broken	cassé	rotto	roto
Knoten	knot	noeud	nodo	nudo
Kohlendioxyd	carbon dioxide	gaz carbonique	anidride carbonica	anhidria carbònico
Kohlenmonoxyd	carbon monoxide	oxide de carbone		
Kolben	piston	piston	pistone	
Kompass	compass	boussole	bussola	brùjula
Kompressor	compressor	compresseur	compressore	compressor
Korallenriff	coral reef	récif de coral	barriera coralina	arrecife de coral
Krebs	crab	crape	gambero	cangejo
Küste	coast	côte		

684

Tauchdolmetscher

DEUTSCH	ENGLISCH	FRANZÖSISCH	ITALIENSCH	SPANISCH
L				
Lagune	lagon	lagune	laguna	laguna
Languste	spiny lobster	langouste	aragosta	
Lampe	torch	lampe	lampada	lampara
leihen	rent	emprunter	presto	alqular
Leine	line	corde	guinzaglio	
Leiter	ladder	échelle	scala	escalera
Luftblasen	air bubbles	bulles d'air	bolla	burujas
Lunge	lung	poumon	polmone	pulmònes
Luftdruck	air pressure	pression atmosphérique	pressione dell'aria	pressiòn de aire
Luftfüllung	air fill	remplissage d'air	aria di riempimento	releno de aire
Luftröhre	brobchial tube	trachée-artère	trachea	tràquea
Lungenautomat	regulator	détendeur	erogatore	regulator
M				
Manometer	manometer	manomètre	manomètzro	manòmetro
Maske	mask	masque	maschera	lentes
Medikament	drug (medicine)	médicament	medicamento	medicamento
Meer	sea	mer	mare	mar
Meeresschildkröte	sea turtle	tortue de meer	testuggine	tortuga de mar

Tauchdolmetscher

DEUTSCH	ENGLISCH	FRANZÖSISCH	ITALIENSCH	SPANISCH
Membran	membrane	membrane	diaframma	membrana
Messer	knife	couteau	coltello	cuchillo
Meter	meter	mètre	metro	metro
Minute	minutes	minute	minuto	minuto
Mitteldruck	intermediate pressure			
Mundstück	mouthpiece	embouchure	bocchetta	borquilla
Muschel	mussel	moule	conchiglia	concha

N

DEUTSCH	ENGLISCH	FRANZÖSISCH	ITALIENSCH	SPANISCH
Nassanzug	wet suit	combination humide	muta umida	traje hùmedo
ND-Schlauch	low presure hose	tuyau basse pression	frusta bassa pressione	càmera de baja
Neopren	neoprene	néoprène	in neoprene	neopreno
Niederdruck	low pressure	basse pression	basso pressioine	baja pressión
Nein	no	non	no	no
Norden	north	nord	nord	norte
Notaufstieg	emercency ascent	remontée d'urgence	risalita di emergeenza	subida de emergencia
Notfall	emergency	cas d'urgente	emergenza	cas d'urgence
Nullzeit	no decompression limit	limite de nondécompression	curva ci sicurenzza	limite de descompresión

Tauchdolmetscher

DEUTSCH	ENGLISCH	FRANZÖSISCH	ITALIENSCH	SPANISCH
O				
Oberfläche	surface	surface	superficie	superficie
Oberflächenzeit	surface time	intervalle à la surface		
Osten	east	est	est	este
Österreich	austria	l'Autriche	austria	austria
O-Ring	o'ring	joint thorique		
P / Q / R				
Panik	panic	panique	panico	pànico
Polyp	octopus	pieuvre		pulpo
Pressluftflasche	compressed air cylinder	bouteille d'air comprimé		tanque de aire comprimado
Qualle	jellyfish	méduse	medusa	medusa
Reparaturwerkstätte	repair shop	atelier de réparation	autoffincina	taller de reperacion
regulierbar	adjustable	ajustable	regolabile	
Reserve	reserve	réserve	riserva	
Resttauchzeit	remaining bottom time (RBT)			
Rettungswagen	ambulance	ambulance	salvezza	ambulancia
Rettungstaucher	rescue diver	plongeur de sauvetage		buceador de socorro
Rettungsveste	life jacket	gilet de securité		chaleco sssalavidas

Tauchdolmetscher

DEUTSCH	ENGLISCH	FRANZÖSISCH	ITALIENSCH	SPANISCH
Riff	reef	récif	barriera corallina	banco (de coral)
S				
Sandboden	sand bottom	fond de sable	fondale sabbioso	fobdo arenoso
Sauerstoff	oxygen	oxygène	ossigeno	oxygeno
Schlauch	tube, hose	tuyau	tubo	tubo
Schlauchboot	zudiak	canot	canotto	zodiac
Schnecke	snail	limace	chiocciola	caracol
Schnalle	buckle	boucle	fibbia a sanico rapido	hebilla
Schnellablass	emercency release	décharge d'urgence	respiratore	evacuición de emergencia
Schnorchel	snorkel	schnorchel	snorkeling	snorkel
schnorcheln	snorkeling	fair du schnorchel	chiave	practicar snorkel
Schraubenschlüssel	wrench	cle à ecrous		llave de tuercas
Schraube	screw	vis		tornillo
Schwamm	sponge	éponge	spunga	esponja
Schweiz	Switzerland	la Suisse	svizzera	suiza
schwimmen	swim	nager	nuolare	nadar
Seegras	sea grass	zostère	erba di mare	hierba de mar
Seekrankheit	seasickness	mal de mer	mal di mare	mareo
Seil	rope	corde	corda	cuerda
Sicherheit	safety	sécurité	sicurezza	sguridad

688

Tauchdolmetscher

DEUTSCH	ENGLISCH	FRANZÖSISCH	ITALIENSCH	SPANISCH
Sicherheitsstop	safety stop	parlier de sécurité	sosta di sicurezza	parada de seguridad
Sichtweite	visibility	portée de vue	visibiltà	visibilidad
Silikonfett	silicon grease	graisse au silicone	grasso ai silicone	silicona
Sprung	jump	saut	salto	salto
Steilwandtauchgang	wall dive	plongée sur tombant	immersione in parete	inmersion en paredes
Stickstoff	nitrogen (N)	azote	azoto	nitrògenio
Stress	stress	stress	stress	estress
Strömung	current	courant	corrente	recorrido
Strömungstauchgang	drift dive	plongée dérivante	immersione in movimento	recorrido de la inmersiòn
Süden	south	sud, midi	sud	sur

T

DEUTSCH	ENGLISCH	FRANZÖSISCH	ITALIENSCH	SPANISCH
Tabelle	tables	tables de plongée	tabelle	tabillas
Tarierveste	buoyancy compensator (BC) Jacket	bouéeaccident de compression		chaleco de comensación
Tauchanzug	diving suit	combination	muta	traja
Tauchclub	dive club	club de plongée	associazione scubaoqeo	club de buceo
Tauchcomputer	dive computer	ordinateur de plongée	computer	computer
Tauchen	diving, dive	plongée	immersione	buzo
Taucherkrankheit	diver's paralysis	accident de compression		paràlisis de los buzos
Deko-Krankheit	decompression sickness			
Tauchlizenz	dive certification (Brevet)	brevet	licenza	certificado de buceo
Taucher-Logbuch	diver's log	journal de plongée	giornale di bordo	cuaderno de buceo

Tauchdolmetscher

DEUTSCH	ENGLISCH	FRANZÖSISCH	ITALIENSCH	SPANISCH
Taucher	(scuba) diver	plongeur	sommozatore	buceador
Tauchgerät	scuba	scaphandre autonome	autorespiratore	escafandra pulmon acuatico
Tauchgruppe	group	groupe des plongeurs	gruppo	grupo
Tauchlehrer	dive instructor	instructeur	istruttore	instructor
Tauchpartner	buddy	partenaire	compagno	amigo
Tauchtasche	dive bag	sac de plongée	borsa	bolso de buceo
Taxi	taxi	taxi	taxi	taxi
Tee	tea	thé	té	té
Tiefe	depth	profondeur	profundita	profundidad
Tiefenmesser	depth gauge	bathymètre	profundimetro	batimetro
Tiefenrausch	nitogen narcosis	narcose à l'azote	narcosi da azoto	narcosis
Trockentauchanzug	dry suit	combination sèche	muta stagna	traje seco

U

DEUTSCH	ENGLISCH	FRANZÖSISCH	ITALIENSCH	SPANISCH
Übung	exercise	pratique	esercizio	ejercicio
Uhr	watch	montre	orologio	reloj
Unfall	accident	accident	incidente	accidente
Unterkühlung	hypothermia	surfusion	ipotermia	hipotermia
Unterwasser--	underwater--	plongée / submergée / immergée	sottomarino	submarino

Tauchdolmetscher

DEUTSCH	ENGLISCH	FRANZÖSISCH	ITALIENSCH	SPANISCH
V				
Ventil	valve	valve	valvola	vàlvulvo
Vene	vein	veine	vena	vena
W				
Wal	whale	baleine	balena	balena
Wand	wall	mur	parete	muro
warm	warm	chaud	caldo	caliente
Wasser	water	eau	acqua	agua
wasserdicht	watertight, waterproof	imperméable	stagno	estanco
WC	toilet, restroom	cabinets	gabinetti	servicos
Werkzeug	tools	outil	utensile	herramienta
Westen	west	ouest	ovest	oeste
Wiederbelebung	resuscitation	réanimation	rianimazione	reanimacion
Wiederholungstauchgang	repetitive dive			
Wrack	wreck	épave	relitto	barco hundido
Wracktauchgang	wreck dive	plongée sur épave	immensione sui relitto	immensiòn en pecios
Z				
Zweite Stufe	second stage (regulator)	deuxième étage	secondo stado	segunda etapa

Tauchdolmetscher

DEUTSCH	ENGLISCH	FRANZÖSISCH	ITALIENSCH	SPANISCH

ZAHLEN

0	null	zero	zéro	zero	cero
1	eins	one	un	uno	un
2	zwei	two	deux	due	dos
3	drei	three	trois	tre	tres
4	vier	four	quatre	quattro	cuatro
5	fünf	five	cinq	cinque	cinco
6	sechs	six	six	sei	seis
7	sieben	seven	sept	sette	siete
8	acht	eight	huit	otto	ocho
9	neun	nine	neuf	nove	nueve
10	zehn	ten	dix	dieci	diez
20	zwanzig	twendy	vingt	venti	veinte
30	dreissig	thirty	trente	trenta	treinta
40	vierzig	forty	quarante	quaranta	cuarenta
50	fünfzig	fifty	cinquante	cinquanta	cincuenta
100	hundert	one hundred	cent	cento	cien
200	zweihundert	two hundred	deux cent	ducento	doscientos

Tauchdolmetscher

Tauchrelevante Begriffe (Übersetzungen) und Fachausdrücke

Ergänzungen:

DEUTSCH	ENGLISCH	FRANZÖSISCH	ITALIENSCH	SPANISCH

Tauchdolmetscher

SORTIERUNG SPRACHE ENGLISCH	DEUTSCH	FRANZÖSISCH	ITALIENSCH	SPANISCH
A				
accident	Unfall	accident	incidente	accidente
adjustable	regulierbar	ajustable	regolabile	
air bubbles	Luftblasen	bulles d'air	bolla	burujas
air fill	Luftfüllung	remplissage d'air	aria di riempimento	releno de aire
air pressure	Luftdruck	pression atmosphérique	pressione dell'aria	pressiòn de aire
air pressure manometer	Druckluftmesser	manometer de plongée	coltello ad aria compressa	manòmetro
alveolus (air cell)	Alveolen	alvéole		alvéolos
ambulance	Rettungswagen	ambulance	salvezza	ambulancia
anchor	Anker	ancor	ancora	ancla
ascent	Aufstieg	remonter à la surface	risaline	ascension
austria	Österreich	l'Autriche	austria	austria
B				
BCD (Buoyancy Control Device)	Jacket	bounée, veste	salvagente	guindalo
beer	Bier	bière	birra	cerveza

Tauchdolmetscher

ENGLISCH	DEUTSCH	FRANZÖSISCH	ITALIENSCH	SPANISCH
blackout (insensibility)	Bewusstlosigkeit	évanouissement		desmayo
boat	Boot	bateau	barco	bote
booties	Füsslinge	chaussons	calzari	escapines (bota)
botton / ground	Grund / Boden	fond	fondo	fonda
breath out	ausatmen	expirer	espirare	exhale
breathing	Atmung	respiration	respirazione	respiràcion
brobchial tube	Luftröhre	trachée-artère	trachea	tràquea
broken	kaputt	cassé	rotto	roto
buckle	Schnalle	boucle		hebilla
buddy	Tauchpartner	partenaire	compagno	amigo
buoy	Boje	bouée	boje	boya
buoyancy	Auftrieb	poussée verticale	spinta	empuje hidrostàtico
buoyancy compensator (BC) Jacket	Tarierveste	bouéeaccident de compression		chaleco de comensación

C

caisson disease	Caisson-Krankheit	maladie des caissons		
carbon dioxyd	Kohlendioxyd	gaz carbonique	anidride carbonica	anhidria carbònico
carbon monoxide	Kohlenmonoxyd	oxide de carbone		
cave	Höhle	caverne	caverna	cueva
cavern	Grotte	grotte	grotta	caverna

Tauchdolmetscher

ENGLISCH	DEUTSCH	FRANZÖSISCH	ITALIENSCH	SPANISCH
certification card	Brevetkarte	carte de brevet	brevetto	carnet de buceo
coast	Küste	côte		
coffee	Kaffee	café	cafe	café
cold	kalt	froid	freddo	frio
compass	Kompass	boussole	bussola	brùjula
compressed air	Druckluft	air comprimé	aira compressa	aire comprimido
compressed air	Druckluft	air comprimé	aria compressa	aire comprimido
compressed air chamber	Druckkammer	chambre de recomression	camera iperbarica	camera de recompresiòn
compressed air cylinder	Pressluftflasche	bouteille d'air comprimé		tanque de aire comprimado
compressed air hose	Druckluftschlauch	tuyau d'air comprimé	tubo dell'aria compressa	tubo de air
compressor	Kompressor	compresseur	compressore	compressor
computer	Computer	ordinateur	calcolatore	computadora
connection	Anschluss	raccordement		
coral reef	Korallenriff	récif de coral	barriera coralina	arrecife de coral
crab	Krebs	crape	gambero	cangejo
current	Strömung	courant	corrente	recorrido

D

danger	Gefahr	danger	pericolo	peligro
deco Stopps	Deko-Stufen	palier (PAL 1 .. PAL3)		
decompression	Dekompression	décompression	decompressione	decompression

Tauchdolmetscher

ENGLISCH	DEUTSCH	FRANZÖSISCH	ITALIENSCH	SPANISCH
decompression sickness	Deko-Krankheit	maladie d. décompression	malattia d. decompres.	enfemedad descompres d.
decompression sickness	Deko-Krankheit	palier de décompression	tappa di decomprssione	parada de decompression
depth	Tiefe	profondeur	profondita	profundidad
depth gauge	Tiefenmesser	bathymètre	profundimetro	batimetro
descent	abtauchen	desceindre	discendere	bajar
difficulty in breathing	Atembeschwerde	difficulté de respiration		
dive bag	Tauchtasche	sac de plongée	borsa	bolso de buceo
dive certification (Brevet)	Tauchlizenz	brevet	licenza	certificado de buceo
dive club	Tauchclub	club de plongée	associazione scubaoqeo	club de buceo
dive computer	Tauchcomputer	ordinateur de plongée	computer	computer
diver (scuba)	Taucher	plongeur	sommozzatore	buceador
dive instructor	Tauchlehrer	instructeur	istruttore	instructor
diver's log	Taucher-Logbuch	journal de plongée	giornale di bordo	cuaderno de buceo
diver's paralysis	Taucherkrankheit	accident de compression		paràlisis de los buzos
diving suit	Tauchanzug	combination	muta	traja
diving, dive	Tauchen	plongée	immersione	buzo
dolphin	Delphin	dauphin	delfino	delfin
drift dive	Strömungstauchgang	plongée dérivante	immersione in movimento	recorrido de la inmersiòn
drug (medicine)	Medikament	médicament	medicamento	medicamento
dry suit	Trockentauchanzug	combination sèche	muta stagna	traje seco

Tauchdolmetscher

ENGLISCH	DEUTSCH	FRANZÖSISCH	ITALIENSCH	SPANISCH
E				
east	Osten	est	est	este
eight	8 acht	huit	otto	ocho
embolism	Embolie	embolie	embolia	embolia
emercency ascent	Notaufstieg	remontée d'urgence	risalita di emergeenza	subida de emergencia
emercency release	Schnellablass	décharge d'urgence	fibbia a sanico rapido	evacuición de emergencia
emergency	Notfall	cas d'urgente	emergenza	cas d'urgence
entry point	Einstiegpunkt	point d'entrée	punta di ingessa	punto de entrada
equalize	Druckausgleich	compensation de pression	compensare	equilibrar
equipment	Ausrüstung	équipement	equipaggiamento	equipo
exercise	Übung	pratique	esercizio	ejercicio
exit point	Ausstiegspunkt	point de sortie	punto d'uscita	punto de salida
F				
fifty	50 fünfzig	cinquante	cinquanta	cincuenta
fill	füllen	remplir	riempimento	relleno
fin strap	FreiwasserFlossenband	sangle de palme	cinghiolo	correa de las altas
fins	Flossen	palmes	pinne	aletas
first aid	Erste Hilfe	premier secours	primo soccorso	primero auxilios

698

Tauchdolmetscher

ENGLISCH	DEUTSCH	FRANZÖSISCH	ITALIENSCH	SPANISCH
first stage	Erste Stufe	premier étage	primo stado	primera etapa
fish	Fisch	poisson	pesce	pez
five	5 fünf	cinq	cinque	cinco
flag	Flagge	drappeau	bandiera	bandera
flash	Blitz	flash	flash	flash
forty	40 vierzig	quarante	quaranta	cuarenta
four	4 vier	quatre	quattro	cuatro

G

ENGLISCH	DEUTSCH	FRANZÖSISCH	ITALIENSCH	SPANISCH
Germany	Deutschland	l'Allemande	germania	alemania
gloves	Handschuhe	gants	guanti	guantes capucha
good by	auf Wiedersehen	au revoir	arrivederci	adios
good evening	Guten Abend	bonsoir	buona sera	buenas noches
good morning	Guten Morgen	bonjour	buon giorno	holà
grease (silicone grease)	Fett (Silikonfett)	graisse	grasso	grasa
group	Tauchgruppe	groupe des plongeurs	gruppo	grupo

H

ENGLISCH	DEUTSCH	FRANZÖSISCH	ITALIENSCH	SPANISCH
harbour, marina	Hafen	port	port	puerto
harpoon (speargun)	Harpune	harpon	arpione	

Tauchdolmetscher

ENGLISCH	DEUTSCH	FRANZÖSISCH	ITALIENSCH	SPANISCH
hello	Guten Tag	bonjour	buon giorno	holà
help	Hilfe	au securs	aiuto	socorro
high pression hose	HD-Schlauch	tuyau haute pression	frusta alta pressione	càmera de alta
high pressure (HP)	Hochdruck	haute pression	ad alta pressione	
hood	Haube	bonnet	capuccia	capucha
hypothermia	Unterkühlung	surfusion	ipotermia	hipotermia
I / J				
intermediate pressure	Mitteldruck			
jellyfish	Qualle	méduse	medusa	medusa
jump	Sprung	saut	salto	salto
K				
knife	Messer	couteau	coltello	cuchillo
knot	Knoten	noeud	nodo	nudo
L				
ladder	Leiter	échelle	scala	escalera

700

Tauchdolmetscher

ENGLISCH	DEUTSCH	FRANZÖSISCH	ITALIENSCH	SPANISCH
lagon	Lagune	lagune	laguna	
life jacket	Rettungsveste	gilet de securité	guinzaglio	chaleco sssalavidas
line	Leine	corde		
low pressure	Niederdruck	basse pression	basso pressioine	baja pressiòn
low presure hose	ND-Schlauch	tuyau basse pression	frusta bassa pressione	càmera de baja
lung	Lunge	poumon	polmone	pulmònes

M

manometer	Manometer	manometer	manometro	manòmetro
mask	Maske	masque	maschera	lentes
membrane	Membran	membrane	diaframma	membrana
meter	Meter	mètre	metro	metro
minutes	Minute	minute	minuto	minuto
mouthpiece	Mundstück	embouchure	bocchetta	borquilla
mussel	Muschel	moule	conchiglia	concha

N

neoprene	Neopren	néoprène	in neoprene	neopreno
nine	9 neun	neuf	nove	nueve
nitogen narcosis	Tiefenrausch	narcose à l'azote	narcosi da azoto	narcosis

Tauchdolmetscher

ENGLISCH	DEUTSCH	FRANZÖSISCH	ITALIENSCH	SPANISCH
nitrogen (N)	Stickstoff	azote	azoto	nitrògenio
no	Nein	non	no	no
no decompression limit	Nullzeit	limite de nondécompression	curva di sicurenzza	limite de descompresiòn
north	Norden	nord	nord	norte
O				
o'ring	Dichtung	joint	guarnizione	junta
octopus	Polyp	pieuvre		pulpo
one	1 eins	un	uno	un
one hundred	100 hundert	cent	cento	cien
open water	Freiwasser			
oxygen	Sauerstoff	oxygène	ossigeno	oxygeno
P				
panic	Panik	panique	panico	pànico
physician	Arzt	médecin / docteur	medico	médico
piston	Kolben	piston	pistone	
please	Bitte	s'il vous plait	per favore	por favor
poisonous	giftig	venimeux	tossico	venenoso

702

Tauchdolmetscher

ENGLISCH	DEUTSCH	FRANZÖSISCH	ITALIENSCH	SPANISCH
pressure	Druck	pression	pressione	presion
pressure gauge	Finimeter	indicateur de pression	manometro	manometro
pressure reducing valve (1 st stage)	Druckminderer (1.Stufe)	régulateur de pression		regulator de la una etapa..

R

ENGLISCH	DEUTSCH	FRANZÖSISCH	ITALIENSCH	SPANISCH
recharge	aufladen (Akku)	recharger	ricaricare	recarger
recompression chamber	Dekokammer	chambre de caisson	camera di recompres.	camera di recompression
reef	Riff	récif	barriera corallina	banco (de coral)
regulator	Lungenautomat	détendeur	erogatore	regulator
remaining bottom time (RBT)	Resttauchzeit			
rent	leihen	emprunter	presto	alqular
repair shop	Reparaturwerkstätte	atelier de réparation	autoffincina	taller de reperacion
repetitive dive	Wiederholungstauchgang			
rescue diver	Rettungstaucher	plongeur de sauvetage		buceador de socorro
reserve	Reserve	réserve	riserva	
resuscitation	Wiederbelebung	réanimation	rianimazione	reanimacion
rise	auftauchen	remonter	spuntando	subir
rope	Seil	corde	corda	cuerda

Tauchdolmetscher

ENGLISCH	DEUTSCH	FRANZÖSISCH	ITALIENSCH	SPANISCH
S				
safety	Sicherheit	sécurité	sicurezza	sguridad
safety stop	Sicherheitsstop	parlier de sécurité	sosta di sicurezza	parada de seguridad
sand bottom	Sandboden	fond de sable	fondale sabbioso	fobdo arenoso
screw	Schraube	vis		tornillo
scuba	Tauchgerät	scaphandre autonome	autorespiratore	escafandra pulmon acuatico
scuba diver	Gerätetaucher	plongeur autonome	subacquei	escafandrista
sea	Meer	mer	mare	mar
sea grass	Seegras	zostère	erba di mare	hierba de mar
sea turtle	Meeresschildkröte	tortue de mer	testuggine	tortuga de mar
seasickness	Seekrankheit	mal de mer	mal di mare	mareo
second stage (regulator)	Zweite Stufe	deuxième étage	secondo stado	segunda etapa
seven	7 sieben	sept	sette	siete
shark	Hai	requin	squalo	tiburòn
short of breath	Atemnot	essoufflement	affano	ahogo
silicon grease	Silikonfett	graisse au silicone	grasso ai silicone	silicona
six	6 sechs	six	sei	seis
snail	Schnecke	limace	chiocciola	caracol
snorkel	Schnorchel	schnorchel	respiratore	snorkel
snorkeling	schnorcheln	fair du schnorchel	snorkeling	practicar snorkel
sorry	Entschuldigung	pardon	scusi	perdòn
south	Süden	sud, midi	sud	sur

704

Tauchdolmetscher

ENGLISCH	DEUTSCH	FRANZÖSISCH	ITALIENSCH	SPANISCH
spiny lobster	Languste	langouste	aragosta	
sponge	Schwamm	éponge	spunga	esponja
spring	Feder	ressort	primavera	resorte
squeeze	Barotrauma	barotraumatisme		
strap	Gurt	sangle	cintura	cincha
stress	Stress	stress	stress	estress
surface	Oberfläche	surface	superficie	superficie
surface time	Oberflächenzeit	intervalle à la surface		
swim	schwimmen	nager	nuolare	nadar
Switzerland	Schweiz	la Suisse	svizzera	suiza

T

ENGLISCH	DEUTSCH	FRANZÖSISCH	ITALIENSCH	SPANISCH
tables	Tabelle	tables de plongée	tabelle	tabillas
tank	Flasche (Gerät)	bouteile	bombola	botella
tank pressure	Fülldruck			
taxi	Taxi	taxi	taxi	taxi
tea	Tee	thé	té	té
ten	10 zehn	dix	dieci	diez
thank you	Danke	merci	grazie	gracias
thirty	30 dreissig	trente	trenta	treinta
three	3 drei	trois	tre	tres
toilet, restroom	WC	cabinets	gabinetti	servicos

Tauchdolmetscher

ENGLISCH	DEUTSCH	FRANZÖSISCH	ITALIENSCH	SPANISCH
tools	Werkzeug	outil	utensile	herramienta
torch	Lampe	lampe	lampada	lampara
tube, hose	Schlauch	tuyau	tubo	tubo
twendy	20 zwanzig	vingt	venti	veinte
two	2 zwei	deux	due	dos
two hundred	200 zweihundert	deux cent	ducento	doscientos

U

unconscious	bewusstlos	inconscient	inconscienza	inconsciente
underwater--	Unterwasser--	plongée / submergée / immergée	sottomarino	submarino

V

valve	Ventil	valve	valvola	vàlvulvo
vein	Vene	veine	vena	vena
visibilty	Sichtweite	portée de vue	visibiltà	visibildad

Tauchdolmetscher

ENGLISCH	DEUTSCH	FRANZÖSISCH	ITALIENSCH	SPANISCH
wall	Wand	mur	parete	muro
wall dive	Steilwandtauchgang	plongée sur tombant	immersione in parete	inmersion en paredes
warm	warm	chaud	caldo	caliente
watch	Uhr	montre	orologio	reloj
water	Wasser	eau	acqua	agua
watertight, waterproof	wasserdicht	imperméable	stagno	estanco
weight	Bleigewicht	poids de plomb	plombo	peso
weight	Bleigewicht	plombe	piombo	plomo
weight belt	Bleigurt	centure de plomb	cinatura di zavorramento	cinturo de lastre
west	Westen	ouest	ovest	oeste
wet suit	Nassanzug	combination humide	muta umida	traje húmedo
whale	Wal	baleine	balena	balena
wreck	Wrack	épave	relitto	barco hundido
wreck dive	Wracktauchgang	plongée sur épave	immensione sui relitto	inmensión en pecios
wrench	Schraubenschlüssel	cle à ecrous	chiave	llave de tuercas

Y

| yes | Ja | oui | si | si |

Tauchdolmetscher

ENGLISCH	DEUTSCH	FRANZÖSISCH	ITALIENSCH	SPANISCH
Z				
zero	0 null	zéro	zero	cero
zudiak	Schlauchboot	canot	canotto	zodiac

Tauchdolmetscher

Tauchrelevante Begriffe (Übersetzungen) und Fachausdrücke

Ergänzungen:

ENGLISCH	DEUTSCH	FRANZÖSISCH	ITALIENSCH	SPANISCH

Tauchdolmetscher

SORTIERUNG SPRACHE FRANZÖSISCH	DEUTSCH	ENGLISCH	ITALIENISCH	SPANISCH
A				
accident	Unfall	accident	incidente	accidente
accident de compression	Taucherkrankheit	diver's paralysis		paràlisis de los buzos
air comprimé	Druckluft	compressed air	aira compressa	aire comprimido
air comprimé ajustable	Druckluft regulierbar	compressed air adjustable	aria compressa regolabile	aire comprimido
alvéole	Alveolen	alveolus (air cell)		alvéolos
ambulance	Rettungswagen	ambulance	salvezza	ambulancia
ancor	Anker	anchor	ancora	ancla
atelier de réparation	Reparaturwerkstätte	repair shop	autoffincina	taller de reperacion
au revoir	auf Wiedersehen	good by	arrivederci	adios
au securs	Hilfe	help	aiuto	socorro
azote	Stickstoff	nitrogen (N)	azoto	nitrògenio
B				
baleine	Wal	whale	balena	balena
barotraumatisme	Barotrauma	squeeze		
basse pression	Niederdruck	low pressure	basso pressioine	baja pressiòn

710

Tauchdolmetscher

FRANZÖSISCH	DEUTSCH	ENGLISCH	ITALIENISCH	SPANISCH
bateau	Boot	boat	barco	bote
bathymètre	Tiefenmesser	depth gauge	profundimetro	batimetro
bière	Bier	beer	birra	cerveza
bonjour	Guten Morgen	good morning	buon giorno	holà
bonjour	Guten Tag	hello	buon giorno	holà
bonnet	Haube	hood	capuccia	capucha
bonsoir	Guten Abend	good evening	buona sera	buenas noches
boucle	Schnalle	buckle		hebilla
bouée	Boje	buoy	boje	boya
bouéeaccident de compression	Tariervested	buoyancy compensator (BC) Jacket		chaleco de comensación
bounée, veste	Jacket	BCD (Buoyancy Control Device)	salvagente	guindalo
boussole	Kompass	compass	bussola	brújula
bouteile	Flasche (Gerät)	tank	bombola	botella
bouteille d'air comprimé	Pressluftflasche	compressed air cylinder		tanque de aire comprimado
brevet	Tauchlizenz	dive certification (Brevet)	licenza	certificado de buceo
bulles d'air	Luftblasen	air bubbles	bolla	burujas

C

cabinets	WC	toilet, restroom	gabinetti	servicos

Tauchdolmetscher

FRANZÖSISCH	DEUTSCH	ENGLISCH	ITALIENISCH	SPANISCH
café	Kaffee	coffee	cafe	café
canot	Schlauchboot	zudiak	canotto	zodiac
carte de brevet	Brevetkarte	certification card	brevetto	carnet de buceo
cas d'urgente	Notfall	emergency	emergenza	cas d'urgence
cassé	kaputt	broken	rotto	roto
caverne	Höhle	cave	caverna	cueva
cent	100 hundert	one hundred	cento	cien
centure de plomb	Bleigurt	weight belt	cinatura di zavorramento	cinturo de lastre
chambre de caisson	Dekokammer	recompression chamber	camera di recompres.	camera di recompression
chambre de recomression	Druckkammer	compressed air chamber	camera iperbarica	camera de recompresiòn
chaud	warm	warm	caldo	caliente
chaussons	Füsslinge	booties	calzari	escapines (bota)
cinq	5 fünf	five	cinque	cinco
cinquante	50 fünfzig	fifty	cinquanta	cincuenta
cle à ecrous	Schraubenschlüssel	wrench	chiave	llave de tuercas
club de plongée	Tauchclub	dive club	associazione scubaoqeo	club de buceo
combination	Tauchanzug	diving suit	muta	traja
combination humide	Nassanzug	wet suit	muta umida	traje hùmedo
combination sèche	Trockentauchanzug	dry suit	muta stagna	traje seco
compensation de pression	Druckausgleich	equalize	compensare	equilibrar
compresseur	Kompressor	compressor	compressore	compressor
corde	Leine	line	guinzaglio	
corde	Seil	rope	corda	cuerda

712

Tauchdolmetscher

FRANZÖSISCH	DEUTSCH	ENGLISCH	ITALIENISCH	SPANISCH
côte	Küste	coast		
compressed air	Druckluft	air comprimé	aira compressa	aire comprimido
courant	Strömung	current	corrente	recorrido
couteau	Messer	knife	coltello	cuchillo
crape	Krebs	crab	gambero	cangejo

D

FRANZÖSISCH	DEUTSCH	ENGLISCH	ITALIENISCH	SPANISCH
danger	Gefahr	danger	pericolo	peligro
dauphin	Delphin	dolphin	delfino	delfin
décharge d'urgence	Schnellablass	emercency release	fibbia a sanico rapido	evacuiciòn de emergencia
décompression	Dekompression	decompression	decompressione	decompression
desceindre	abtauchen	descent	discendere	bajar
détendeur	Lungenautomat	regulator	erogatore	regulator
deux	2 zwei	two	due	dos
deux cent	200 zweihundert	two hundred	ducento	doscientos
deuxième étage	Zweite Stufe	second stage (regulator)	secondo stado	segunda etapa
difficulté de respiration	Atembeschwerde	difficulty in breathing		
dix	10 zehn	ten	dieci	diez
drappeau	Flagge	flag	bandiera	bandera

E

FRANZÖSISCH	DEUTSCH	ENGLISCH	ITALIENISCH	SPANISCH
eau	Wasser	water	acqua	agua

Tauchdolmetscher

FRANZÖSISCH	DEUTSCH	ENGLISCH	ITALIENISCH	SPANISCH
échelle	Leiter	ladder	scala	escalera
embolie	Embolie	embolism	embolia	embolia
embouchure	Mundstück	mouthpiece	bocchetta	borquilla
emprunter	leihen	rent	presto	alqular
épave	Wrack	wreck	relitto	barco hundido
éponge	Schwamm	sponge	spunga	esponja
équipement	Ausrüstung	equipment	equipaggiamento	equipo
essoufflement	Atemnot	short of breath	affano	ahogo
est	Osten	east	est	este
évanouissement	Bewusstlosigkeit	blackout (insensibility)		desmayo
expirer	ausatmen	breath out	espirare	exhale

F

FRANZÖSISCH	DEUTSCH	ENGLISCH	ITALIENISCH	SPANISCH
fair du schnorchel	schnorcheln	snorkeling	snorkeling	practicar snorkel
flash	Blitz	flash	flash	flash
fond	Grund / Boden	botton / ground	fondo	fonda
fond de sable	Sandboden	sand bottom	fondale sabbioso	fobdo arenoso
froid	kalt	cold	freddo	frio

714

Tauchdolmetscher

FRANZÖSISCH	DEUTSCH	ENGLISCH	ITALIENISCH	SPANISCH
G				
gants	Handschuhe	gloves	guanti	guantes capucha
gaz carbonique	Kohlendioxyd	carbon dioxyd	anidride carbonica	anhidria carbónico
gilet de securité	Rettungsveste	life jacket		chaleco sssalavidas
graisse	Fett (Silikonfett)	grease (silicone grease)	grasso	grasa
graisse au silicone	Silikonfett	silicon grease	grasso ai silicone	silicona
grotte	Grotte	cavern	grotta	caverna
groupe des plongeurs	Tauchgruppe	group	gruppo	grupo
H				
harpon	Harpune	harpoon (speargun)	arpione	
haute pression	Hochdruck	high pressure (HP)	ad alta pressione	
huit	8 acht	eight	otto	ocho
I / J				
imperméable	wasserdicht	watertight, waterproof	stagno	estanco
inconscient	bewusstlos	unconscious	inconscienza	inconsciente
indicateur de pression	Finimeter	pressure gauge	manometro	manometro
instructeur	Tauchlehrer	dive instructor	istruttore	instructor

Tauchdolmetscher

FRANZÖSISCH	DEUTSCH	ENGLISCH	ITALIENISCH	SPANISCH
intervalle à la surface	Oberflächenzeit	surface time		
joint	Dichtung	„O"-ring	guarnizione	junta
joint thorique	O-Ring	o'ring		
journal de plongée	Taucher-Logbuch	diver's log	giornale di bordo	cuaderno de buceo

L

FRANZÖSISCH	DEUTSCH	ENGLISCH	ITALIENISCH	SPANISCH
l'Allemande	Deutschland	Germany	germania	alemania
l'Autriche	Österreich	austria	austria	austria
la Suisse	Schweiz	Switzerland	svizzera	suiza
lagune	Lagune	lagon	laguna	
lampe	Lampe	torch	lampada	lampara
langouste	Languste	spiny lobster	aragosta	
limace	Schnecke	snail	chiocciola	caracol
limite de nondécompression	Nullzeit	no decompression limit	curva di sicurenzza	limite de descompresiòn

M

FRANZÖSISCH	DEUTSCH	ENGLISCH	ITALIENISCH	SPANISCH
mal de mer	Seekrankheit	seasickness	mal di mare	mareo
maladie d. décompression	Deko-Krankheit	decompression sickness	malattia d. decompres.	enfemedad descompres d.
maladie des caissons	Caisson-Krankheit	caisson disease		
manometer	Manometer	manometer	manometzro	manòmetro

716

Tauchdolmetscher

FRANZÖSISCH	DEUTSCH	ENGLISCH	ITALIENISCH	SPANISCH
manomètre de plongée	Druckluftmesser	air pressure manometer	coltello ad aria compressa	manómetro
masque	Maske	mask	maschera	lentes
médecin / docteur	Arzt	physician	medico	médico
médicament	Medikament	drug (medicine)	medicamento	medicamento
méduse	Qualle	jellyfish	medusa	medusa
membrane	Membran	membrane	diaframma	membrana
mer	Meer	sea	mare	mar
merci	Danke	thank you	grazie	gracias
mètre	Meter	meter	metro	metro
minute	Minute	minutes	minuto	minuto
montre	Uhr	watch	orologio	reloj
moule	Muschel	mussel	conchiglia	concha
mur	Wand	wall	parete	muro

N

FRANZÖSISCH	DEUTSCH	ENGLISCH	ITALIENISCH	SPANISCH
nager	schwimmen	swim	nuotare	nadar
narcose à l'azote	Tiefenrausch	nitogen narcosis	narcosi da azoto	narcosis
néoprène	Neopren	neoprene	in neoprene	neopreno
neuf	9 neun	nine	nove	nueve
noeud	Knoten	knot	nodo	nudo
non	Nein	no	no	no
nord	Norden	north	nord	norte

Tauchdolmetscher

FRANZÖSISCH	DEUTSCH	ENGLISCH	ITALIENISCH	SPANISCH
O				
ordinateur	Computer	computer	calcolatore	computadora
ordinateur de plongée	Tauchcomputer	dive computer	computer	computer
ouest	Westen	west	ovest	oeste
oui	Ja	yes	si	si
outil	Werkzeug	tools	utensile	herramienta
oxide de carbone	Kohlenmonoxyd	carbon monoxide		
oxygène	Sauerstoff	oxygen	ossigeno	oxygeno
P				
palier (PAL 1 .. PAL3)	Deko-Stufen	deco Stopps	tappa di decomprssione	parada de decompression
palier de décompression	Deko-Stop	decompression Stopp	pinne	aletas
palmes	Flossen	fins	panico	pánico
panique	Panik	panic	scusi	perdón
pardon	Entschuldigung	sorry		
parlier de sécurité	Sicherheitsstop	safety stop	sosta di sicurezza	parada de seguridad
partenaire	Tauchpartner	buddy	compagno	amigo
pieuvre	Polyp	octopus		pulpo
piston	Kolben	piston	pistone	
plombe	Bleigewicht	weight	piombo	plomo

718

Tauchdolmetscher

FRANZÖSISCH	DEUTSCH	ENGLISCH	ITALIENISCH	SPANISCH
plongée	Tauchen	diving, dive	immersione	buzo
plongée / submergée / immergée	Unterwasser--	underwater--	sottomarino	submarino
plongée dérivante	Strömungstauchgang	drift dive	immersione in movimento	recorrido de la inmersiòn
plongée sur épave	Wracktauchgang	wreck dive	immensione sui relitto	inmensiòn en pecios
plongée sur tombant	Steilwandtauchgang	wall dive	immersione in parete	inmersion en paredes
plongeur	Taucher	(scuba) diver	sommozzatore	buceador
plongeur autonome	Gerätetaucher	scuba diver	subacquei	escafandrista
plongeur de sauvetage	Rettungstaucher	rescue diver		buceador de socorro
poids de plomb	Bleigewicht	weight	plombo	peso
point d'entrée	Einstiegpunkt	entry point	punta di ingessa	punto de entrada
point de sortie	Ausstiegspunkt	exit point	punto d'uscita	punto de salida
poisson	Fisch	fish	pesce	pez
port	Hafen	harbour, marina	port	puerto
portée de vue	Sichtweite	visibility	visibildà	visibilidad
poumon	Lunge	lung	polmone	pulmònes
poussée verticale	Auftrieb	buoyancy	spinta	empuje hidrostàtico
pratique	Übung	exercise	esercizio	ejercicio
premier étage	Erste Stufe	first stage	primo stado	primera etapa
premier secours	Erste Hilfe	first aid	primo soccorso	primero auxilios
pression	Druck	pressure	pressione	presion
pression atmosphérique	Luftdruck	air pressure	pressione dell'aria	pressiòn de aire
profondeur	Tiefe	depth	profundita	profundidad

Tauchdolmetscher

FRANZÖSISCH	DEUTSCH	ENGLISCH	ITALIENISCH	SPANISCH
Q				
quarante	40 vierzig	forty	quaranta	cuarenta
quatre	4 vier	four	quattro	cuatro
R				
raccordement	Anschluss	connection		
réanimation	Wiederbelebung	resuscitation	rianimazione	reanimacion
recharger	aufladen (Akku)	recharge	ricaricare	recarger
récif	Riff	reef	barriera corallina	banco (de coral)
récif de coral	Korallenriff	coral reef	barriera coralina	arrecife de coral
régulateur de pression	Druckminderer (1.Stufe)	pressure reducing valve (1 st stage)		regulator de la una etapa..
remontée d'urgence	Notaufstieg	emercency ascent	risalita di emergenza	subida de emergencia
remonter	auftauchen	rise	spuntando	subir
remonter à la surface	Aufstieg	ascent	risaline	ascension
remplir	füllen	fill	riempimento	relleno
remplissage d'air	Luftfüllung	air fill	aria di riempimento	releno de aire
requin	Hai	shark	squalo	tiburòn
réserve	Reserve	reserve	riserva	
respiration	Atmung	breathing	respirazione	respiràcion
ressort	Feder	spring	primavera	resorte

720

Tauchdolmetscher

FRANZÖSISCH	DEUTSCH	ENGLISCH	ITALIENISCH	SPANISCH
S				
s'il vous plait	Bitte	please	per favore	por favor
sac de plongée	Tauchtasche	dive bag	borsa	bolso de buceo
sangle	Gurt	strap	cintura	cincha
sangle de palme	FreiwasserFlossenband	fin strap	cinghiolo	correa de las altas
saut	Sprung	jump	salto	salto
scaphandre autonome	Tauchgerät	scuba	autorespiratore	escafandra pulmon acuatico
schnorchel	Schnorchel	snorkel	respiratore	snorkel
sécurité	Sicherheit	safety	sicurezza	sguridad
sept	7 sieben	seven	sette	siete
six	6 sechs	six	sei	seis
stress	Stress	stress	stress	estress
sud, midi	Süden	south	sud	sur
surface	Oberfläche	surface	superficie	superficie
surfusion	Unterkühlung	hypothermia	ipotermia	hipotermia
T				
tables de plongée	Tabelle	tables	tabelle	tabillas
taxi	Taxi	taxi	taxi	taxi
thé	Tee	tea	té	té

Tauchdolmetscher

FRANZÖSISCH	DEUTSCH	ENGLISCH	ITALIENISCH	SPANISCH
tortue de meer	Meeresschildkröte	sea turtle	testuggine	tortuga de mar
trachée-artère	Luftröhre	brobchial tube	trachea	tráquea
trente	30 dreissig	thirty	trenta	treinta
trois	3 drei	three	tre	tres
tuyau	Schlauch	tube, hose	tubo	tubo
tuyau basse pression	ND-Schlauch	low presure hose	frusta bassa pressione	cámera de baja
tuyau d'air comprimé	Druckluftschlauch	compressed air hose	tubo dell'aria compressa	tubo de air
tuyau haute pression	HD-Schlauch	high pression hose	frusta alta pressione	cámera de alta
U / V				
un	1 eins	one	uno	un
valve	Ventil	valve	valvola	válvulvo
veine	Vene	vein	vena	vena
venimeux	giftig	poisonous	tossico	venenoso
vingt	20 zwanzig	twendy	venti	veinte
vis	Schraube	screw		tornillo
Z				
zéro	0 null	zero	zero	cero
zostère	Seegras	sea grass	erba di mare	hierba de mar

722

Tauchdolmetscher

Tauchrelevante Begriffe (Übersetzungen) und Fachausdrücke

Ergänzungen:

FRANZÖSISCH	DEUTSCH	ENGLISCH	ITALIENISCH	SPANISCH

Tauchdolmetscher

SORTIERUNG SPRACHE:

ITALIENISCH	DEUTSCH	ENGLISCH	FRANZÖSISCH	SPANISCH
A				
acqua	Wasser	water	eau	agua
ad alta pressione	Hochdruck	high pressure (HP)	haute pression	
affano	Atemnot	short of breath	essoufflement	ahogo
aira compressa	Druckluft	compressed air	air comprimé	aire comprimido
aiuto	Hilfe	help	au securs	socorro
ancora	Anker	anchor	ancor	ancla
anidride carbonica	Kohlendioxyd	carbon dioxyd	gaz carbonique	anhidria carbónico
aragosta	Languste	spiny lobster	langouste	
aria compressa	Druckluft	compressed air	air comprimé	aire comprimido
aria di riempimento	Luftfüllung	air fill	remplissage d'air	releno de aire
arpione	Harpune	harpoon (speargun)	harpon	
arrivederci	auf Wiedersehen	good by	au revoir	adios
associazione scubaoqeo	Tauchclub	dive club	club de plongée	club de buceo
austria	Österreich	austria	l'Autriche	austria
autoffincina	Reparaturwerkstätte	repair shop	atelier de réparation	taller de reperacion
autorespiratore	Tauchgerät	scuba	scaphancre autonome	escafandra pulmon acuatico
azoto	Stickstoff	nitrogen (N)	azote	nitrógenio

Tauchdolmetscher

ITALIENISCH	DEUTSCH	ENGLISCH	FRANZÖSISCH	SPANISCH
B				
balena	Wal	whale	baleine	balena
bandiera	Flagge	flag	drappeau	bandera
barco	Boot	boat	bateau	bote
barriera coralina	Korallenriff	coral reef	récif de coral	arrecife de coral
barriera corallina	Riff	reef	récif	banco (de coral)
basso pressioine	Niederdruck	low pressure	basse pression	baja pressión
birra	Bier	beer	bière	cerveza
bocchetta	Mundstück	mouthpiece	embouchure	borquilla
boje	Boje	buoy	bouée	boya
bolla	Luftblasen	air bubbles	bulles d'air	burujas
bombola	Flasche (Gerät)	tank	bouteile	botella
borsa	Tauchtasche	dive bag	sac de plongée	bolso de buceo
brevetto	Brevetkarte	certification card	carte de brevet	carnet de buceo
buon giorno	Guten Morgen	good morning	bonjour	holà
buon giorno	Guten Tag	hello	bonjour	holà
buona sera	Guten Abend	good evening	bonsoir	buenas noches
bussola	Kompass	compass	boussole	brújula

Tauchdolmetscher

ITALIENISCH	DEUTSCH	ENGLISCH	FRANZÖSISCH	SPANISCH

C

ITALIENISCH	DEUTSCH	ENGLISCH	FRANZÖSISCH	SPANISCH
cafe	Kaffee	coffee	café	café
calcolatore	Computer	computer	ordinateur	computadora
caldo	warm	warm	chaud	caliente
calzari	Füsslinge	booties	chaussons	escapines (bota)
camera di recompres.	Dekokammer	recompression chamber	chambre de caisson	camera di recompression
camera iperbarica	Druckkammer	compressed air chamber	chambre de recompression	camera de recompresión
canotto	Schlauchboot	zudiak	canot	zodiac
capuccia	Haube	hood	bonnet	capucha
caverna	Höhle	cave	caverne	cueva
cento	100 hundert	one hundred	cent	cien
chiave	Schraubenschlüssel	wrench	clé à écrous	llave de tuercas
chiocciola	Schnecke	snail	limace	caracol
cinatura di zavorramento	Bleigurt	weight belt	centure de plomb	cinturo de lastre
cinghiolo	FreiwasserFlossenband	fin strap	sangle de palme	correa de las altas
cinquanta	50 fünfzig	fifty	cinquante	cincuenta
cinque	5 fünf	five	cinq	cinco
cintura	Gurt	strap	sangle	cincha
coltello	Messer	knife	couteau	cuchillo
coltello ad aria compressa	Druckluftmesser	air pressure manometer	manometer de plongée	manómetro

Tauchdolmetscher

ITALIENISCH	DEUTSCH	ENGLISCH	FRANZÖSISCH	SPANISCH
compensare	Druckausgleich	equalize	compensation de pression	equilibrar
compressore	Kompressor	compressor	compresseur	compressor
computer	Tauchcomputer	dive computer	ordinateur de plongée	computer
conchiglia	Muschel	mussel	moule	concha
corda	Seil	rope	corde	cuerda
corrente	Strömung	current	courant	recorrido
curva di sicurenzza	Nullzeit	no decompression limit	limite de nondécompression	limite de descompresión

D

ITALIENISCH	DEUTSCH	ENGLISCH	FRANZÖSISCH	SPANISCH
decompressione	Dekompression	decompression	décompression	decompression
delfino	Delphin	dolphin	dauphin	delfin
diaframma	Membran	membrane	membrane	membrana
dieci	10 zehn	ten	dix	diez
discendere	abtauchen	descent	desceindre	bajar
ducento	200 zweihundert	two hundred	deux cent	doscientos
due	2 zwei	two	deux	dos

727

Tauchdolmetscher

ITALIENISCH	DEUTSCH	ENGLISCH	FRANZÖSISCH	SPANISCH
E				
embolia	Embolie	embolism	embolie	embolia
emergenza	Notfall	emergency	cas d'urgence	cas d'urgence
equipaggiamento	Ausrüstung	equipment	équipement	equipo
erba di mare	Seegras	sea grass	zostère	hierba de mar
erogatore	Lungenautomat	regulator	détendeur	regulator
esercizio	Übung	exercise	pratique	ejercicio
espirare	ausatmen	breath out	expirer	exhale
est	Osten	east	est	este
F				
fibbia a sanico rapido	Schnellablass	emercency release	décharge d'urgence	evacuiciòn de emergencia
flash	Blitz	flash	flash	flash
fondale sabbioso	Sandboden	sand bottom	fond de sable	fobdo arenoso
fondo	Grund / Boden	botton / ground	fond	fonda
freddo	kalt	cold	froid	frio
frusta alta pressione	HD-Schlauch	high pression hose	tuyau haute pression	càmera de alta
frusta bassa pressione	ND-Schlauch	low presure hose	tuyau basse pression	càmera de baja

Tauchdolmetscher

ITALIENISCH	DEUTSCH	ENGLISCH	FRANZÖSISCH	SPANISCH
G				
gabinetti	WC	toilet, restroom	cabinets	servicos
gambero	Krebs	crab	crape	cangejo
germania	Deutschland	Germany	l'Allemande	alemania
giornale di bordo	Taucher-Logbuch	diver's log	journal de plongée	cuaderno de buceo
grasso	Fett (Silikonfett)	grease (silicone grease)	graisse	grasa
grasso ai silicone	Silikonfett	silicon grease	graisse au silicone	silicona
grazie	Danke	thank you	merci	gracias
grotta	Grotte	cavern	grotte	caverna
gruppo	Tauchgruppe	group	groupe des plongeurs	grupo
guanti	Handschuhe	gloves	gants	guantes capucha
guarnizione	Dichtung	„O"-ring	joint	junta
guinzaglio	Leine	line	corde	
I				
immersione sui relitto	Wracktauchgang	wreck dive	plongée sur épave	inmensiòn en pecios
immersione	Tauchen	diving, dive	plongée	buzo
immersione in movimento	Strömungstauchgang	drift dive	plongée dérivante	recorrido de la inmersiòn
immersione in parete	Steilwandtauchgang	wall dive	plongée sur tombant	inmersion en paredes
in neoprene	Neopren	neoprene	néoprène	neopreno

Tauchdolmetscher

ITALIENISCH	DEUTSCH	ENGLISCH	FRANZÖSISCH	SPANISCH
incidente	Unfall	accident	accident	accidente
inconscienza	bewusstlos	unconscious	inconscient	inconsciente
ipotermia	Unterkühlung	hypothermia	surfusion	hipotermia
istruttore	Tauchlehrer	dive instructor	instructeur	instructor

L

laguna	Lagune	lagon	lagune	lampara
lampada	Lampe	torch	lampe	certificado de buceo
licenza	Tauchlizenz	dive certification (Brevet)	brevet	

M

mal di mare	Seekrankheit	seasickness	mal de mer	mareo
malattia d. decompres.	Deko-Krankheit	decompression sickness	maladie d. décompression	enfemedad descompres d.
manometro	Finimeter	pressure gauge	indicateur de pression	manometro
manometzro	Manometer	manometer	manometer	manòmetro
mare	Meer	sea	mer	mar
maschera	Maske	mask	masque	lentes
medicamento	Medikament	drug (medicine)	médicament	medicamento

Tauchdolmetscher

ITALIENISCH	DEUTSCH	ENGLISCH	FRANZÖSISCH	SPANISCH
medico	Arzt	physician	médecin / docteur	médico
medusa	Qualle	jellyfish	méduse	medusa
metro	Meter	meter	mètre	metro
minuto	Minute	minutes	minute	minuto
muta	Tauchanzug	diving suit	combination	traja
muta stagna	Trockentauchanzug	dry suit	combination sèche	traje seco
muta umida	Nassanzug	wet suit	combination humide	traje húmedo
narcosi da azoto	Tiefenrausch	nitogen narcosis	narcose à l'azote	narcosis

N

ITALIENISCH	DEUTSCH	ENGLISCH	FRANZÖSISCH	SPANISCH
no	Nein	no	non	no
nodo	Knoten	knot	noeud	nudo
nord	Norden	north	nord	norte
nove	9 neun	nine	neuf	nueve
nuolare	schwimmen	swim	nager	nadar

O

ITALIENISCH	DEUTSCH	ENGLISCH	FRANZÖSISCH	SPANISCH
orologio	Uhr	watch	montre	reloj
ossigeno	Sauerstoff	oxygen	oxygène	oxygeno
otto	8 acht	eight	huit	ocho

Tauchdolmetscher

ITALIENISCH	DEUTSCH	ENGLISCH	FRANZÖSISCH	SPANISCH
ovest	Westen	west	ouest	oeste
P				
panico	Panik	panic	panique	pànico
parete	Wand	wall	mur	muro
per favore	Bitte	please	s'il vous plait	por favor
pericolo	Gefahr	danger	danger	peligro
pesce	Fisch	fish	poisson	pez
pinne	Flossen	fins	palmes	aletas
piombo	Bleigewicht	weight	plombe	plomo
pistone	Kolben	piston	piston	
plombo	Bleigewicht	weight	poids de plomb	peso
polmone	Lunge	lung	poumon	pulmònes
port	Hafen	harbour, marina	port	puerto
pressione	Druck	pressure	pression	presion
pressione dell'aria	Luftdruck	air pressure	pression atmosphérique	pressiòn de aire
presto	leihen	rent	emprunter	alqular
primavera	Feder	spring	ressort	resorte
primo soccorso	Erste Hilfe	first aid	premier secours	primero auxilios
primo stado	Erste Stufe	first stage	premier étage	primera etapa

Tauchdolmetscher

ITALIENISCH	DEUTSCH	ENGLISCH	FRANZÖSISCH	SPANISCH
profundimetro	Tiefenmesser	depth gauge	bathymètre	batimetro
profundita	Tiefe	depth	profondeur	profundidad
punta di ingessa	Einstiegpunkt	entry point	point d'entrée	punto de entrada
punto d'uscita	Ausstiegspunkt	exit point	point de sortiie	punto de salida

Q

quaranta	40 vierzig	forty	quarante	cuarenta
quattro	4 vier	four	quatre	cuatro

R

regolabile	regulierbar	adjustable	ajustable	
relitto	Wrack	wreck	épave	barco hundido
respiratore	Schnorchel	snorkel	schnorchel	snorkel
respirazione	Atmung	breathing	respiration	respiràcion
rianimazione	Wiederbelebung	resuscitation	réanimation	reanimacion
ricaricare	aufladen (Akku)	recharge	recharger	recarger
riempimento	füllen	fill	remplir	relleno
risaline	Aufstieg	ascent	remonter à la surface	ascension
risalita di emergeenza	Notaufstieg	emercency ascent	remontée d'urgence	subida de emergencia
riserva	Reserve	reserve	réserve	

Tauchdolmetscher

ITALIENISCH	DEUTSCH	ENGLISCH	FRANZÖSISCH	SPANISCH
rotto	kaputt	broken	cassé	roto
S				
salto	Sprung	jump	saut	salto
salvagente	Jacket	BCD (Buoyancy Control Device)	bouneé, veste	guindalo
salvezza	Rettungswagen	ambulance	ambulance	ambulancia
scala	Leiter	ladder	échelle	escalera
scusi	Entschuldigung	sorry	pardon	perdòn
secondo stado	Zweite Stufe	second stage (regulator)	deuxième étage	segunda etapa
sei	6 sechs	six	six	seis
sette	7 sieben	seven	sept	siete
si	Ja	yes	oui	si
sicurezza	Sicherheit	safety	sécurité	sguridad
snorkeling	schnorcheln	snorkeling	fair du schnorchel	practicar snorkel
sommozatore	Taucher	(scuba) diver	plongeur	buceador
sosta di sicurezza	Sicherheitsstop	safety stop	parlier de sécurité	parada de seguridad
sottomarino	Unterwasser--	underwater--	plongée / submergée / immergée	submarino
spinta	Auftrieb	buoyancy	poussée verticale	empuje hidrostàtico

734

Tauchdolmetscher

ITALIENISCH	DEUTSCH	ENGLISCH	FRANZÖSISCH	SPANISCH
spunga	Schwamm	sponge	éponge	esponja
spuntando	auftauchen	rise	remonter	subir
squalo	Hai	shark	requin	tiburón
stagno	wasserdicht	watertight, waterproof	imperméable	estanco
stress	Stress	stress	stress	estress
subacquei	Gerätetaucher	scuba diver	plongeur autonome	escafandrista
sud	Süden	south	sud, midi	sur
superficie	Oberfläche	surface	surface	superficie
svizzera	Schweiz	Switzerland	la Suisse	suiza

T

ITALIENISCH	DEUTSCH	ENGLISCH	FRANZÖSISCH	SPANISCH
tabelle	Tabelle	tables	tables de plongée	tabillas
tappa di decomprssione	Deko-Stop	decompression Stopp	palier de décompression	parada de decompression
taxi	Taxi	taxi	taxi	taxi
té	Tee	tea	thé	té
testuggine	Meeresschildkröte	sea turtle	tortue de meer	tortuga de mar
tossico	giftig	poisonous	venimeux	venenoso
trachea	Luftröhre	brobchial tube	trachée-artère	tràquea
tre	3 drei	three	trois	tres
trenta	30 dreissig	thirty	trente	treinta
tubo	Schlauch	tube, hose	tuyau	tubo

Tauchdolmetscher

ITALIENISCH	DEUTSCH	ENGLISCH	FRANZÖSISCH	SPANISCH
tubo dell'aria compressa	Druckluftschlauch	compressed air hose	tuyau d'air comprimé	tubo de air
U				
uno	1 eins	one	un	un
utensile	Werkzeug	tools	outil	herramienta
V				
valvola	Ventil	valve	valve	vàlvulvo
vena	Vene	vein	veine	vena
venti	20 zwanzig	twendy	vingt	veinte
visibiltà	Sichtweite	visibilty	portée de vue	visibildad
Z				
zero	0 null	zero	zéro	cero

Tauchdolmetscher

Tauchrelevante Begriffe (Übersetzungen) und Fachausdrücke

Ergänzungen:

ITALIENISCH	DEUTSCH	ENGLISCH	FRANZÖSISCH	SPANISCH

Tauchdolmetscher

SORTIERUNG SPRACHE SPANISCH	DEUTSCH	ENGLISCH	FRANZÖSISCH	ITALIENISCH
A				
ahogo	Atemnot	short of breath	essoufflement	affano
aire comprimido	Druckluft	compressed air	air comprimé	aira compressa
aire comprimido	Druckluft	compressed air	air comprimé	aria compressa
alemania	Deutschland	Germany	l'Allemande	germania
aletas	Flossen	fins	palmes	pinne
alquilar	leihen	rent	emprunter	presto
alvéolos	Alveolen	alveolus (air cell)	alvéole	
ambulancia	Rettungswagen	ambulance	ambulance	salvezza
amigo	Tauchpartner	buddy	partenaire	compagno
ancla	Anker	anchor	ancor	ancora
anhidria carbónico	Kohlendioxyd	carbon dioxyd	gaz carbonique	anidride carbonica
arrecife de coral	Korallenriff	coral reef	récif de coral	barriera coralina
ascension	Aufstieg	ascent	remonter à la surface	risaline
austria	Österreich	austria	l'Autriche	austria
B				
baja pressión	Niederdruck	low pressure	basse pression	basso pressioine
bajar	abtauchen	descent	desceindre	discendere

738

Tauchdolmetscher

SPANISCH	DEUTSCH	ENGLISCH	FRANZÖSISCH	ITALIENISCH
bandera	Flagge	flag	drappeau	bandiera
barco hundido	Wrack	wreck	épave	relitto
batimetro	Tiefenmesser	depth gauge	bathymètre	profundimetro
bolso de buceo	Tauchtasche	dive bag	sac de plongée	borsa
borquilla	Mundstück	mouthpiece	embouchure	bocchetta
bote	Boot	boat	bateau	barco
botella	Flasche (Gerät)	tank	bouteille	bombola
boya	Boje	buoy	bouée	boje
brújula	Kompass	compass	boussole	bussola
buceador	Taucher	(scuba) diver	plongeur	sommozatore
buceador de socorro	Rettungstaucher	rescue diver	plongeur de sauvetage	
buenas noches	Guten Abend	good evening	bonsoir	buona sera
burujas	Luftblasen	air bubbles	bulles d'air	bolla
buzo	Tauchen	diving, dive	plongée	immersione

C

SPANISCH	DEUTSCH	ENGLISCH	FRANZÖSISCH	ITALIENISCH
café	Kaffee	coffee	café	cafe
caliente	warm	warm	chaud	caldo
càmera de alta	HD-Schlauch	high pression hose	tuyau haute pression	frusta alta pressione
càmera de baja	ND-Schlauch	low presure hose	tuyau basse pression	frusta bassa pressione
camera de recompresión	Druckkammer	compressed air chamber	chambre de recomression	camera iperbarica
camera di recompression	Dekokammer	recompression chamber	chambre de caisson	camera di recompres.

Tauchdolmetscher

SPANISCH	DEUTSCH	ENGLISCH	FRANZÖSISCH	ITALIENISCH
cangejo	Krebs	crab	crape	gambero
capucha	Haube	hood	bonnet	capuccia
caracol	Schnecke	snail	limace	chiocciola
carnet de buceo	Brevetkarte	certification card	carte de brevet	brevetto
cas d'urgence	Notfall	emergency	cas d'urgente	emergenza
caverna	Grotte	cavern	grotte	grotta
cero	0 null	zero	zéro	zero
certificado de buceo	Tauchlizenz	dive certification (Brevet)	brevet	licenza
cerveza	Bier	beer	bière	birra
chaleco de comensación	Tarierveste	buoyancy compensator (BC) Jacket	bouée accident de compression	
chaleco sssalavidas	Rettungsveste	life jacket	gilet de securité	
cien	100 hundert	one hundred	cent	cento
cincha	Gurt	strap	sangle	cintura
cinco	5 fünf	five	cinq	cinque
cincuenta	50 fünfzig	fifty	cinquante	cinquanta
cinturo de lastre	Bleigurt	weight belt	centure de plomb	cinatura di zavorramento
club de buceo	Tauchclub	dive club	club de plongée	associazione scubaoqeo
compressor	Kompressor	compressor	compresseur	compressore
computadora	Computer	computer	ordinateur	calcolatore
computer	Tauchcomputer	dive computer	ordinateur de plongée	computer
concha	Muschel	mussel	moule	conchiglia
correa de las altas	FreiwasserFlossenband	fin strap	sangle de palme	cinghiolo
cuaderno de buceo	Taucher-Logbuch	diver's log	journal de plongée	giornale di bordo
cuarenta	40 vierzig	forty	quarante	quaranta

Tauchdolmetscher

SPANISCH	DEUTSCH	ENGLISCH	FRANZÖSISCH	ITALIENISCH
cuatro	4 vier	four	quatre	quattro
cuchillo	Messer	knife	couteau	coltello
cuerda	Seil	rope	corde	corda
cueva	Höhle	cave	caverne	caverna

D

decompresion	Dekompression	decompression	décompression	decompressione
delfin	Delphin	dolphin	dauphin	delfino
desmayo	Bewusstlosigkeit	blackout (insensibility)	évanouissement	
diez	10 zehn	ten	dix	dieci
dos	2 zwei	two	deux	due
doscientos	200 zweihundert	two hundred	deux cent	ducento

E

ejercicio	Übung	exercise	pratique	esercizio
embolia	Embolie	embolism	embolia	embolia
empuje hidrostático	Auftrieb	buoyancy	poussée verticale	spinta
enfemedad descompres d.	Deko-Krankheit	decompression sickness	maladie d. décompression	malattia d. decompres.
equilibrar	Druckausgleich	equalize	compensation de pression	compensare
equipo	Ausrüstung	equipment	équipement	equipaggiamento

Tauchdolmetscher

SPANISCH	DEUTSCH	ENGLISCH	FRANZÖSISCH	ITALIENISCH
escafandra pulmon acuatico	Tauchgerät	scuba	scaphandre autonome	autorespiratore
escafandrista	Gerätetaucher	scuba diver	plongeur autonome	subacquei
escalera	Leiter	ladder	échelle	scala
escapines (bota)	Füsslinge	booties	chaussons	calzari
esponja	Schwamm	sponge	éponge	spunga
estanco	wasserdicht	watertight, waterproof	imperméable	stagno
este	Osten	east	est	est
estress	Stress	stress	stress	stress
evacuiciòn de emergencia	Schnellablass	emercency release	décharge d'urgence	fibbia a sanico rapido
exhale	ausatmen	breath out	expirer	espirare

F

SPANISCH	DEUTSCH	ENGLISCH	FRANZÖSISCH	ITALIENISCH
flash	Blitz	flash	flash	flash
fobdo arenoso	Sandboden	sand bottom	fond de sable	fondale sabbioso
fonda	Grund / Boden	botton / ground	fond	fondo
frio	kalt	cold	froid	freddo

G

SPANISCH	DEUTSCH	ENGLISCH	FRANZÖSISCH	ITALIENISCH
gracias	Danke	thank you	merci	grazie

742

Tauchdolmetscher

SPANISCH	DEUTSCH	ENGLISCH	FRANZÖSISCH	ITALIENISCH
grasa	Fett (Silikonfett)	grease (silicone grease)	graisse	grasso
grupo	Tauchgruppe	group	groupe des plongeurs	gruppo
guantes capucha	Handschuhe	gloves	gants	guanti
guindalo	Jacket	BCD (Buoyancy Control Device)	bounée, veste	salvagente

H

hebilla	Schnalle	buckle	boucle	
herramienta	Werkzeug	tools	outil	utensile
hierba de mar	Seegras	sea grass	zostère	erba di mare
hipotermia	Unterkühlung	hypothermia	surfusion	ipotermia
holà	Guten Morgen	good morning	bonjour	buon giorno
holà	Guten Tag	hello	bonjour	buon giorno

I / J

inconsciente	bewusstlos	unconscious	inconscient	inconscienza
immensiòn en pecios	Wracktauchgang	wreck dive	plongée sur épave	immersione sui relitto
immersion en paredes	Steilwandtauchgang	wall dive	plongée sur tombant	immersione in parete
instructor	Tauchlehrer	dive instructor	instructeur	istruttore
junta	Dichtung	„O"-ring	joint	guarnizione

Tauchdolmetscher

SPANISCH	DEUTSCH	ENGLISCH	FRANZÖSISCH	ITALIENISCH
L				
lampara	Lampe	torch	lampe	lampada
lentes	Maske	mask	masque	maschera
limite de descompresión	Nullzeit	no decompression limit	limite de nondécompression	curva di sicurenzza
llave de tuercas	Schraubenschlüssel	wrench	cle à ecrous	chiave
M				
manometro	Finimeter	pressure gauge	indicateur de pression	manometro
manòmetro	Druckluftmesser	air pressure manometer	manometer de plongée	coltello ad aria compressa
manòmetro	Manometer	manometer	manometer	manometzro
mar	Meer	sea	mer	mare
mareo	Seekrankheit	seasickness	mal de mer	mal di mare
medicamento	Medikament	drug (medicine)	médicament	medicamento
médico	Arzt	physician	médecin / docteur	medico
medusa	Qualle	jellyfish	méduse	medusa
membrana	Membran	membrane	membrane	diaframma
metro	Meter	meter	mètre	metro
minuto	Minute	minutes	minute	minuto
muro	Wand	wall	mur	parete

744

Tauchdolmetscher

SPANISCH	DEUTSCH	ENGLISCH	FRANZÖSISCH	ITALIENISCH
N				
nadar	schwimmen	swim	nager	nuolare
narcosis	Tiefenrausch	nitogen narcosis	narcose à l'azote	narcosi da azoto
neopreno	Neopren	neoprene	néoprène	in neoprene
nitrògenio	Stickstoff	nitrogen (N)	azote	azoto
no	Nein	no	non	no
norte	Norden	north	nord	nord
nudo	Knoten	knot	noeud	nodo
nueve	9 neun	nine	neuf	nove
O				
ocho	8 acht	eight	huit	otto
oeste	Westen	west	ouest	ovest
oxygeno	Sauerstoff	oxygen	oxygène	ossigeno
P				
pànico	Panik	panic	panique	panico
parada de decompression	Deko-Stop	decompression Stopp	palier de décompression	tappa di decomprssione
parada de seguridad	Sicherheitsstop	safety stop	parlier de sécurité	sosta di sicurezza

Tauchdolmetscher

SPANISCH	DEUTSCH	ENGLISCH	FRANZÖSISCH	ITALIENISCH
parálisis de los buzos	Taucherkrankheit	diver's paralysis	accident de compression	pericolo
peligro	Gefahr	danger	danger	scusi
perdón	Entschuldigung	sorry	pardon	plombo
peso	Bleigewicht	weight	poids de plomb	pesce
pez	Fisch	fish	poisson	
plomo	Bleigewicht	weight	plombe	piombo
por favor	Bitte	please	s'il vous plait	per favore
practicar snorkel	schnorcheln	snorkeling	fair du schnorchel	snorkeling
presion	Druck	pressure	pression	pressione
pressión de aire	Luftdruck	air pressure	pression atmosphérique	pressione dell'aria
primera etapa	Erste Stufe	first stage	premier étage	primo stado
primero auxilios	Erste Hilfe	first aid	premier secours	primo soccorso
profundidad	Tiefe	depth	profondeur	profundita
puerto	Hafen	harbour, marina	port	port
pulmònes	Lunge	lung	poumon	polmone
pulpo	Polyp	octopus	pieuvre	
punto de entrada	Einstiegpunkt	entry point	point d'entrée	punta di ingessa
punto de salida	Ausstiegspunkt	exit point	point de sortiie	punto d'uscita

R

reanimacion	Wiederbelebung	resuscitation	réanimation	rianimazione
recarger	aufladen (Akku)	recharge	recharger	ricaricare

Tauchdolmetscher

SPANISCH	DEUTSCH	ENGLISCH	FRANZÖSISCH	ITALIENISCH
recorrido	Strömung	current	courant	corrente
recorrido de la inmersiòn	Strömungstauchgang	drift dive	plongée dérivante	immersione in movimento
regulator	Lungenautomat	regulator	détendeur	erogatore
regulator de la una etapa..	Druckminderer (1.Stufe)	pressure reducing valve (1 st stage)	régulateur de pression	
releno de aire	Luftfüllung	air fill	remplissage d'air	aria di riempimento
relleno	füllen	fill	remplir	riempimento
reloj	Uhr	watch	montre	orologio
resorte	Feder	spring	ressort	primavera
respiracion	Atmung	breathing	respiration	respirazione
roto	kaputt	broken	cassé	rotto

S

SPANISCH	DEUTSCH	ENGLISCH	FRANZÖSISCH	ITALIENISCH
salto	Sprung	jump	saut	salto
segunda etapa	Zweite Stufe	second stage (regulator)	deuxième étage	secondo stado
seis	6 sechs	six	six	sei
servicos	WC	toilet, restroom	cabinets	gabinetti
sguridad	Sicherheit	safety	sécurité	sicurezza
si	Ja	yes	oui	si
siete	7 sieben	seven	sept	sette
silicona	Silikonfett	silicon grease	graisse au silicone	grasso ai silicone
snorkel	Schnorchel	snorkel	schnorchel	respiratore

Tauchdolmetscher

SPANISCH	DEUTSCH	ENGLISCH	FRANZÖSISCH	ITALIENISCH
socorro	Hilfe	help	au securs	aiuto
subida de emergencia	Notaufstieg	emercency ascent	remontée d'urgence	risalita di emergeenza
subir	auftauchen	rise	remonter	spuntando
submarino	Unterwasser--	underwater--	plongée / submergée / immergée	sottomarino
suiza	Schweiz	Switzerland	la Suisse	svizzera
superficie	Oberfläche	surface	surface	superficie
sur	Süden	south	sud, midi	sud

T

SPANISCH	DEUTSCH	ENGLISCH	FRANZÖSISCH	ITALIENISCH
tabillas	Tabelle	tables	tables de plongée	tabelle
taller de reperacion	Reparaturwerkstätte	repair shop	atelier de réparation	autoffincina
tanque de aire comprimado	Pressluftflasche	compressed air cylinder	bouteille d'air comprimé	
taxi	Taxi	taxi	taxi	taxi
té	Tee	tea	thé	té
tiburòn	Hai	shark	requin	squalo
tornillo	Schraube	screw	vis	
tortuga de mar	Meeresschildkröte	sea turtle	tortue de meer	testuggine
traja	Tauchanzug	diving suit	combination	muta
traje hùmedo	Nassanzug	wet suit	combination humide	muta umida
traje seco	Trockentauchanzug	dry suit	combination sèche	muta stagna

Tauchdolmetscher

SPANISCH	DEUTSCH	ENGLISCH	FRANZÖSISCH	ITALIENISCH
tràquea	Luftröhre	brobchial tube	trachée-artère	trachea
treinta	30 dreissig	thirty	trente	trenta
tres	3 drei	three	trois	tre
tubo	Schlauch	tube, hose	tuyau	tubo
tubo de air	Druckluftschlauch	compressed air hose	tuyau d'air comprimé	tubo dell'aria compressa

U / V

un	1 eins	one	un	uno
vàlvulvo	Ventil	valve	valve	valvola
veinte	20 zwanzig	twendy	vingt	venti
vena	Vene	vein	veine	vena
venenoso	giftig	poisonous	venimeux	tossico
visibildad	Sichtweite	visibility	portée de vue	visibilità

Z

zodiac	Schlauchboot	zudiak	canot	canotto

Tauchdolmetscher

Tauchrelevante Begriffe (Übersetzungen) und Fachausdrücke

Ergänzungen:

SPANISCH	DEUTSCH	ENGLISCH	FRANZÖSISCH	ITALIENISCH

19 Fischinventarium

Nomen est Omen

„Der Name ist ein Zeichen"

Fischlexikon

Fischinventarium (mit Übersetzungen)

(Deutsch, Englisch, Französisch, Italienisch, Latein)

Sortierung nach Deutsch   Seite   753

Sortierung nach Englisch   Seite   788

Sortierung nach Französisch   Seite   824

Sortierung nach Italienisch   Seite   856

Sortierung nach Latein   Seite   890

Fischlexikon

19 Fischinventarium (mit Übersetzungen)
(Quelle: www.instructor-training.com)

SORTIERUNG SPRACHE DEUTSCH	ENGLISCH	FRANZÖSISCH	ITALIENISCH	LATEIN
A				
Aalbüschelwels	North african catfish	Poisson-chat nortd-africain	Pesce gatto del norte de Africa	Clarius gariepinus
Aalmutter	Viviparous blenny	Loquette d'Europe	Blennide	Zoarces viviparus
Adlerfisch	Bahamas sawshark	Requin scie d'Amerique	Squalo delle bahamas	Pristiophorus schroederi
Adlerroche	Eagle ray	Aigle de mer	Aquila di mare	Myliobatis aquila
Aldabra-Zwergbarsch	Aldabra rock basset	Pseudochromis d' Aldabra	Pseudodocromide	Pseudochromis aldabraen
Alrope	Burbot	Moutelle	Lota	Lota lota
Amerikanischer Aal	American eel	Anguille d'amerique	Anguilla americana	Anguilla rostrata
Amerikanischer Aal	American eel	Anguilla d'amerique	Anguilla americana	Anguilla rostrata
Amerikanischer Hundsfisch	Eastern mudminnow	Petit poisson chien	Ombrina	Umbra pygmaea
Anchovis	European sprat	Amalette	Spratto o papalina	Sprattus sprattus linnaeus
Anemonen Grondel	Striped goby	Globe ravé	Gobide dell'anemone	Gobius buccichii
Ansauger	Gowan's clingfish	Lépadogaster de Gouan	Succiascoglio	Lepadogaster lepadogaster
Antennen Rotfeuerfisch	Spotfin lionfish	poisson-diable	Diavolo	Pterois antennata
Arab. Scheinschnapper	Dotted spinecheck	Brême de mer arabe	Abramido arabo	Scollopsts ghanam

Fischlexikon

DEUTSCH	ENGLISCH	FRANZÖSISCH	ITALIENISCH	LATEIN
Arabische Picassodrücker	Arabian picassofish	Baliste picasso arabe	Balestra picasso	Rhinecanthus assasi
Arabischer Doktorfisch	Arabian tang	Cirurgien zébré	Pesce chirurgo sohol	Acanthurus sohal
Arabischer Kaiserfisch	Arabian angelfish	Poisson –ange à croissant	Pesce angelo maculato	Pomacanthus maculosus
Arabischer Kofferfisch	Arabian boxfish	Poisson-coffre point bleu	Pesce scatola arabico	Ostricon cyanurus
Arabischer Scheinschnapper	Dotted spinecheck	Brême dearabe	Aramide arabo	Scolopsis ghanam
Arabischer Steinfisch	Arabian stonefish	Poisson-pierre arabe	Pesce pietra nano	Synancela nana
Äsche	Grayling	Ombre	Temolo	Thymallus arcticus
Aschfarbener Siebebspalthai	Sharpnose seven-gill shark	Requin-griset	Notidano cinereo	Heptranchias perlo
Atlantik Gittarenroche	Guitarfish	Poisson-guitarre tacheté	Pesce chitarra	Rhinobatus lentignosus
Atlantik-Tarpun	Atlantic tarpon	Tarpon	Tarpone	Megalops atlanticus
Atlerfisch	Atlantic croaker	Tambour brésillien	Pesce rana atlantico	Micropogonias undulatus
Augenfleckiger Steinbutt	Wide-eyed flouder	Platophrys	Rombo ocellato	Bothus podas
Augenlippfisch	Ocellated wrasse	Crénilabre ocelle	Donzella ocellata	Symphodus ocellazus
Augenzitterrochen / Gefleckter Zitterrochen	Eyed electric ray	Tropille tachetée	Torpedine comune ochc.	Torpedo torpedo
Australischer Glatthai	Gunny shark	Emissole gommée	Palombo	Mustelus antarcticus

B

Bachforelle	Brown trout	Truite commune	Trota	Salmo trutta fario
Bachneunauge	European brook lampry	Lamproie de planer	Lampreda europea	Lamprea europea

Fischlexikon

DEUTSCH	ENGLISCH	FRANZÖSISCH	ITALIENISCH	LATEIN
Ballon – Igelfisch	Balloonfish	Porc-épine ballon	Pesce palla	Didon holocanthus
Bandschild	Cornish sucker	Porte-écuelles	Succiascoglio	Leopadogaster
Barbe	Barbel	Barbel / Barbet	Barbo	Barbus barbus
Bartdorsch	Pouting	Poule de mer		Trisopterus luscus
Bartgrundel	Stone loach	Loche franche	Lasca	Barbatula barbatula
Baskenmütze Zackenbarsch	Blacktip grouper	Mérou oriflamme	Cernia	Epinephelus fasciatus
Bastardmakrele	Horse mackerel	Cheuchard	Sugarello o suro	Trachurus trachurus
Bauchstreifiger Bonito	Skipjack tuna	Bonitou	Tonno	Katsuwonus pelamis
Bauernkarpfen	Crucian carp	Carache	Carpa	Carassius carassius
Beilbauchfische	Swepper		Pesci del vetro	Pempheridae
Besenschwanz-Prachtlippfisch	Broomtail wrasse	Labre à franges	Tordo festonato	Cheilinus lunulatus
Bindenbrasse	White bream	Sar	Sarago	Diplodus sargus
Bitterling	Bitterling	Bouvère		Rhodeus sericeus
Blasser Drückerfisch	Scythe triggerfish	Baliste carène	Balestra	Sufflamen bursa
Blaubarsch	Blackspot seabream	Pageot rose	Pagello	Pagellus bogaraveo
Blaubinden Papageifisch	Bluebarred parrotfish	Perroquet-souris	Pesce pappagallo	Scarus ghobban
Blauer Chromis	Blue chromis		Catagnola blu	Chromis cyanea
Blauer Chromis	Blue chromis		Castagnola blu	Chromis cyanea
Blauer Hai	Blue shark	Requin bleu	Verdesca	Prionace glauca

755

Fischlexikon

DEUTSCH	ENGLISCH	FRANZÖSISCH	ITALIENISCH	LATEIN
Blauer Marlin	Blue marlin	Makaire bleu	Marlin blu	Makaira nigricans
Bauer Wittling	Blue whiting	Merlan bleu	Postassolo	Micromesistius poutassou
Blaufelchen	Commonb whitefish	Corégone marene	Lavarello bianco comune	Coregonus lavaretus
Blauflecken Flötenfisch	Bluespotted cornetfish	Poisson-trompette	Pesce scatola cornuto maculato	Fistularia tabacaria
Blauhai / Düstere Hai	Dusky shark	requin de sable	Squalo grigio	Carcharhinus obscurus
Blaumasken-Kaiserfisch	Blueface angelfish	Poisson-ange à tête bleu	Pesce angelo	Pomacanthus xanthometopon
Blaupunkt-Stechrochen	Blue-spotted ray	Pastenague queue à ruban	Trigore dalla maccie blu	Taeniura lymna
Blaustreifen-Säbelzahnschleimfisch	Bluestriped fangblenny	Blennie à rayure bleue	Blennide a strisce azzure	Plagiotremus rhinorhynchus
Blaustreiffen-Schnapper	Bluelined snapper	Lutjan à lignes bleu	Azzannatore striato	Lutjanus kasmira
Blaustreiffenschnapper	Bluelined snapper	Lutjan à lignes bleues	Azzannatore striato	Lutjanus kasmira
Blauwal	Blue whale	Balénoptère commun	Balenottera comune	Balenoptera musculus
Blicke	White bream	Brême bordelière	Pagello bianco	Blicca bjoerkna
Blöker	Bogue	Bogue	Boga	Boops boops
Blonde	Blonde ray	Raie blanche	Razza coda corta	Raja brachyura
Blutgrundel	Redmouthed goby	Gobie sanglant	Gobide della bocca rossa	Gobius cruentatus
Bogendmund Gitarrenroche	Shark ray	Angelot	Squalo chitarra	Rhina ancylostoma
Bogenstirn Hammerhai	Scalloped hammerhead	Requin-marteau halicorne	Squalo martello	Sphyrna lewini
Brachsenmakrele	Pomfret	Grande castagnole	Castagnola	Brama brama
Brandbrasse	Saddled bream	Oblade	Oblada	Oblada melanura
Brauner Drachenkopf	Brown sccorpionfish	Rascasse brune	Scorfano bruno	Scorpaena porcus

Fischlexikon

DEUTSCH	ENGLISCH	FRANZÖSISCH	ITALIENISCH	LATEIN
Brauner Kaninchenfisch	Squarettail rabbitfish	Sigan sombre	Pesce coniglio	Siganus luridus
Brauner Lippfisch	Brown wrasse	Merle	Tordo di mare o leppo	Labrus merula
Brauner Zackenbarsch	Grouper	Mérou noir	Cernia gigante	Epinephelus guaza
Brosme	Tusk		Lom	Brosme brosme
Buckel Fledermausfisch	Batavian batfish	Assiette	Bataviano	Platax batavianus
Buckel-Drachenkopf	False stonefish	Faux poisson-pierre	Falso pesce pietra	Scorpaenopsis diabolus
Buckelkopf Fledermausfisch	Batavian batfish		Pesce pipistrello bataviano	Platax batavianus
Buckelkopflachs	Pink salmon	Saumon rose	Salmone rosa	Oncorhynchus gorbuscha
Bunter Lippfisch	Striped wrasse	Labre mêlé	Colombina fischietto	Labrus bimaculatus
Butterfisch	Rock gunnel		Folide gonnella	Pholis gunnellus
Butterhamletbarsch	Butter hamlet		Donzella	Hypoplctrus unicolor

C

DEUTSCH	ENGLISCH	FRANZÖSISCH	ITALIENISCH	LATEIN
Chagrinroche	Shargreen ray	Raie chardon	Razza	Leucoraja fullonica
Chilenische Sardine	South american pilchard	Sardine du Pacifique	Sardina americana	Sardinops sagax
Chilenischer Seehecht	South pacific hake	Merlu du Pacifique	Merluzzo del pacifique del sud	Merluccius gayi gayi
Clarks Anemonenfisch	Clark's anemonefish	Clark	Pesce pagliaccio di clark	Amphipirion clarkii

Fischlexikon

DEUTSCH	ENGLISCH	FRANZÖSISCH	ITALIENISCH	LATEIN
D				
Diadem Kaiserfisch	Queen angelfish	Demoisell royal	Pesce angelo regina	Holacanthus cliaris
Dicklippige Meerasche	Thicklip grey mullet	Bâtarde	Triglia grigia	helon labrosus
Dicklippige Meerasche	Thicklip grey mullet	Bâtarde	Triglia grigia	Chelon labrosus
Döbel	Chub	Chevaine	Ghiozzo	Leucisus cephalus
Doggerscharbe	American plaice	Balai de l'Atlantique	Platessa	Platessoides
Doppelband Meerbarbe	Doublebar goatfish	Rouget-barbet à deux taches	Trilia a due macchie	Parupeneus bifasciatus
Dorado	Dolphinfish	Coryphhène commune	Lampuga imperiale	Squalus acanthias
Dornenkrone	Crown of thorns		Stella corona di spine	Acanthasar planci
Dornenkrone	Crown of thorns		Stella corona di spine	Acanthasar planci
Dorngrundel	Spined loach	Loche de rivière		Copitis taenia taenia
Dornhai	Little gulper	Petit squale-changrin	Centroforo boccanera	Centrophorus uyato
Dornhai	Spurdog	Aiquillat tacheté	Spinarolr	Centrophorus uyato
Drachenkopf	California scorpionfish		Scorfano californiano	Scorpaena guttata
Drahtkorallen-Zwerggrundel	Whip coral dwarfgoby	Gobie naine des antipathaires	Gobide nano die coralli	Bryaninops youngei
Dreibärtige Seequappe	Threebeard rocking	Motelle à trois barbillons	Motella maculata	Gaidropsarus vulgaris
Dreibinden Preussenfisch	Threebar dascyllus	Demoiselle à queue blanche, bonbon	Donzella humbug o trifasciata	Dascyllus aruanus
Dreifleck Gregory	Threespot damselfish		Donzella	Stegastes planiifrons
Dreifleck-Preussenfisch	Three-spot dascyllus	Dascyllus à trois points	Donzella trimaculata	Dascyllus trimaculatus

Fischlexikon

DEUTSCH	ENGLISCH	FRANZÖSISCH	ITALIENISCH	LATEIN
Dreipunkt Kaiserfisch	Treespot angelfish	Poisson-ange à trois taches	Pesce angelo trimaculato	Apolemichtys trimaculatus
Drückerfisch (I)	Orange filefish	Bourse orange	Pesce lima arancione	Aluterus schoepfi
Drückerfisch (II)	Trigger-fish	Baliste	Balistidi	Balistes carolinensis
Dünnlippige Meeräsche	Thinlip mullet	Mulet blanc	Muggine	Liza ramada

E

DEUTSCH	ENGLISCH	FRANZÖSISCH	ITALIENISCH	LATEIN
Eberfisch	Boarfish	Sanglier / Sarsotin	Pesce cinghiale	Capros aper
Echter Mirakelbarsch	Comet longfin			Calloplesiops altivelis
Eichhörnchenfisch	Soldierfish	Poisson-écureuil	Pesce soldato	Holocentrus ruber
Eishai	Greenland shark	Laimargue du Groenla.	Squalo glaciale	Somniosus microcephalus
Elritze	Eurasian minnow	Arlequin	Carpa asiatica	Phoxinus phoxinus
Engelhai	Angel shark	Ange de mer commun	Squadro angelo o squadro pellenera	Squatina squatina

F

DEUTSCH	ENGLISCH	FRANZÖSISCH	ITALIENISCH	LATEIN
Fähnchen-Falterfisch	Threadfin butterflyfish	Poisson-papillon cocher	Pesce farfalla auriga	Chayetodon auriga
Falsche Bonito	Kawakawa	Thonine orientale	Tonnetto o alletterato	Euthynnus affinis
Falscher Riesenfalterfisch	Spot-nape butterflyfish	Poisson-papillon trompeur	Pesce farfalla maculato	Chaetodon oxycephalus
Falterfisch	Butterflyfish	Poisson-papillon	Chetodonidi	Chaetodon fam.
Fantom-Wimpelfisch I	Indian bannerfish		Pesce portaestandarte del Indico	Heniochus pleurotaenia

Fischlexikon

DEUTSCH	ENGLISCH	FRANZÖSISCH	ITALIENISCH	LATEIN
Fantom-Wimpelfisch II	Indian bannerfish		Pesce farfalla bandiera cornuto	Heniochus pleurotaenia
Felchen	Lake whitefish	Corécone lac	Coregone di lago	Coregonus clupeaformis
Felsenschönheit	Rock beauty	Demoiselle beauté	Pesce angelo tricolore	Holacanthus tricolor
Fetzen Drachenkopf	Tassled scorpionfish	Poisson-scorpion à houppes	Scorfano tessellato	Scorpaenopsis oxycephalus
Fischkuchen	Haddocks	Bourricot	Eglefino	Melanogrammus
Fleckengrundel	Painted goby		Gobide	Pomatoschistus pictus
Fliegender Fisch	Flying fish	Poisson volant	Pesce volante orientale	Exocoetus volitans
Flötenfisch (I)	Commerson's Cornetfish	Poisson-flûte	Pesce trombetta cornuto	Fistularia commersonii
Flötenfisch (II)	Cornetfish	Cornette	Fistularidi	Fistulariidae fam.
Flügelbutt	Megrim		Rombo	Lepidorhombus whiffiagonis
Flussaal	European eel	Anguille	Anguilla europea	Anguilla Anguilla
Flussbarsch	European perch	Perche Americaanse gele	Perchia europea	Perca fluviatilis
Flussmündungs Steinfisch	Estuarine stonefish	Poisson-pierre d'estuaire	Pesce pietra	Synanceia horrida
Flussneunauge	European river lamprey	Lamproie de rivière	Lampreda di fiume	Lampetra fluviatilis
Forellenbarsch	Largemouth bass	Perche d'Amérique à petite bouche	Pesce persico	Micropterus salmoides
Forsters Büschelbarsch	Freckled hawkfish	Poisson faucon à taches de rousseur	Folco di Forster	Paracirrhites forsteri
Fregattmakrele	Frigate tuna	Auxide	Tonno fregata	Auxis thazard thazard
Froschfisch	Frog fish	Baudroie	Rana pescatrice	Lophius piscatorius
Froschquappe	Tadpole fish	Grenouille de mer	Musdea o mustella	Raniceps raninus

Fischlexikon

DEUTSCH	ENGLISCH	FRANZÖSISCH	ITALIENISCH	LATEIN
Fuchshai	Fox shark	Requin renard	Squalo volpe	Alopias vulpinus
Fünfbärtelige Seequappe	Fivebeard rockling	Motelle à cinq	Motello del baltico	Ciliata mustela
Fünfbindenbrasse	Five-banded bream	Sar rubanné	Sargo a 5 bande	Diplodus cervinus
Fünfeckiger Lippfisch	Five-spotted wrasse	Crénilabre à cinq tasches	Donzella	Symphodus roissali
Fünflinien-Kardinalbarsch	Fiveline cardinalfish	Apogon à cinq lignes	Pesce cardinale a 5 strie	Cheilodipterus quinquelineatus

G

DEUTSCH	ENGLISCH	FRANZÖSISCH	ITALIENISCH	LATEIN
Gefleckter Adlerrochen	Spotted eagle ray	Raie-léopard	Aquila di mare	Aetobatus narinari
Gefleckter Eidechselfisch	Variegated lizardfish	Poisson-lézard tacheté	Pesce lucertola variegato	Synodus variegatus
Gefleckter Lippfisch	Ballan wrasse	Vieille	Cernia	Labrus bergylta
Gefleckter Rochen	Spotted ray	Raie étoilée	Razza maculata	Raja montagui
Gefleckter Schleimfisch	Spotted blenny	Blennie tachetée	Blavosa bruna o capone	Blennius trigloides
Gefleckter Seewolf	Spotted wolffish	Loup tacheté	Pesce lupo minore	Anarhichas minor
Gefleckter Silberkarpfen	Bighead carp	Carpe marbrée	Carpa	Aristichthys nobilis
Gefleckter Zackenbarsch	Greasy grouper	Mérou loutre	Cerna manculata	Epinephelus tauvina
Gelbbrauner Kofferfisch	Yelow boxfish	Poisson-coffre jaune	Pesce scatola giovane	Ostrcion cubicus
Gelber dreiflossen Schleimfisch	Yellow blackfaced blenny	Triptérygion à bec jaune	Clinde dal muso giallo	Tripterygion xanthosoma
Gelber Feger	Slender sweeper		Pesce del vetro nano	Parapriacanthus ransonneti

Fischlexikon

DEUTSCH	ENGLISCH	FRANZÖSISCH	ITALIENISCH	LATEIN
Gelbflossen Strassenkehrer	Orange-spotted emperor	Bec-de-cane à nageoires jaunes	Letrinidi Imperatore arancione	Lethrinus erythracanthus
Gelbflossenthun	Yellowfin tuna	Albacore	Tonno pinna gialla	Thunnus albacares
Gelbklingen-Nasendoktor	Yellowkeel unicornfish	Nason bariolé	Pesce unicorno	Naso lituratus
Gelbmaulmuräne	Yellowmouth moray	Murène a guele jaune	Murena dalla bocca gialla	Gymnothorax nudivomer
Gelbsattel-Meerbarbe	Yellowsaddle goatfish	Rouget-bar-bet doré	Triglia gialla	Parupeneus cyclostomus
Gelbschwanz Hamletbarsch	Yellowtail hamlet		Donzella dalla coda gialla	Hypoplectrus chorurus
Gelbschwanz-Drückerfisch	Yellowtail triggerfish	Baliste strié	Balestra striato	Balistapus undulatus
Gelbschwanz-Snapper	Yellowtail snapper	Vivaneau queue jaune	Azzannatore dalla coda gialla	Ocyurus chrysurus
Gemeine Sackbrasse	Common sea bream	Pagre commun	Pagaro	Pagrus pagrus
Gemeine Sepia	Common cuttlefish	Sèche	Seppia comune	Sepia officinalis
Gemeiner Putzerfisch	Bluestreak cleaner wrasse	Labre nettoyeur	Labride pulitore	Labroides dimidiatus
Gemeiner Stechrochen	Common stingray	Pastenague commune	Trigone comune	Dasyatis pastinaca
Gemeiner Tintenfisch	Common cuttlefish	Seiche commune	Seppia comune	Sepia officinalis
Gemeiner Wimpelfisch	Bannerfish	Poisson-cocher commun	Pesce farfalla bandiera	Heniochus acuminatus
Geringelte Seenadel	Multibar pipefish	Syngnathe annelé	Pesce ago fantasma anellato	Doryrhamphus multiannulatus
Gestreifte Meeräsche	Stripet mullet	Muge cabot	Cefalo o volpina	Mugli cephalus
Gestreifte Meerbarbe	Stripet mullet	Surmulet	Triglia di scoglio	Mullus surmuletus
Gestreifter Knurrhahn	Streaked gurnars	Grondin camard	Gallinella camusa	Chelidonichthys lastoviza

Fischlexikon

DEUTSCH	ENGLISCH	FRANZÖSISCH	ITALIENISCH	LATEIN
Gestreifter Korallenwels	Striped eel catfish	Poisson-chat rayé	Pesce gatto striato	Plotosus lineatus
Gestreifter Marlin	Stripet marlin	Marlin rayé	Marlin	Tetrapturus audax
Gestreifter Schleimfisch	Tompot blenny	Cabot	Blennide ruggine	Parablennius gattorugine
Gestreifter Schnepfenmesserfisch	Razorfish	Poisson-couteau strié	Pesce rasoio	Aeoliscus strigatus
Gestreifter Seehahn	Rock gunard	Grondin imbriago	Cappone dalmata	Trigloporus lastoviza
Gestreifter Seewolf	Wolffish	Loup de mer	Pesce lupo	Anarhichas lupus
Gestreifter Sergeant	Sergeant major	Sergeant-major	Sergente maggiore	Abudefduf saxatilis
Gestreifter Zackenbarsch	Stripet grouper	Badèche	Cernia a strisce	Epinephelus alexandrinus
Gestreifter-Dreiflosser	Striped triplefin	Triptérygion strié	Triplefin	Helcogramma striata
Gewöhnlicher Ammenhai	Common nurse shark	Requin dormeur	Squalo nutrice	Nebrius ferrugineus
Gewöhnlicher Grossaugenbarsch	Cresent-tail bigeye	Gros-yeux commun	Occhi grossi	Priacanthus hamrur
Gewöhnlicher Grossaugenbarsch	Cresent-tail bigeye	Gros-yeux commun	Occhi grossi	Priacanthus hamrur
Gewöhnlicher Igelfisch	Long-spine porcupinefish	Porc.épic ballon	Pesce istrice a spine lunghe	Diodon hystix
Gewöhnliches Petermännchen	Greater weever	Grand vive	Tracina dragone	Trachinus draco
Giebel	Prussian carp		Carpa gibelio	Carassius gibelio
Glasauge	Argentine	Poisson d'argent	Argentina o pesce d'argento	Argentina sphyraena
Glasgrundel	Transparent goby	Nonnat	Gobide rossrtto	Aphia minuta
Glattbutt	Brill	Barbue	Rombo liscio	Scophthalmus rhombus

Fischlexikon

DEUTSCH	ENGLISCH	FRANZÖSISCH	ITALIENISCH	LATEIN
Glatte Hammerhai	Smooth hammerhai	Requin-marteau commun	Pesce martello o squalo martellom comune	Sphyrna zygaena
Glatthai (I)	Smoothhound	Chien der mer	Palombo liscio	Mustelus mustelus
Glatthai (II)	Smoothoundd	Missole	Palombo stellato	Mustelus asterias
Gold-Meergrundel	Golden Goby	Gobie doré	Gobide dorado	Gobius auratus
Gold-Meergrundel	Golden goby	Gobie doré	Gobide dorato	Gobius auratus
Goldbrasse	Gilthead seabream	Dorade royale	Orata	Sparus auratus
Goldfisch	Goldfish	Carassin dorée	Carassio dorato	Carassius auratus auratus
Goldfleck Strassenkehrer	Glowfish	Empreur strié		Gnathoddentex aurolineatus
Goldkörper-Makrele	Goldbody trevally	Carangue à points orange	Carangide giallo (trevally)	Carangoides bajed
Goldmakrele	Common dolphinfish	Coryphène commune	Lampuga	Coryphaena hippurus
Goldmeeräsche	Golden grey mullet	Mulet doré	Muggine dorato	Liza aurata
Goldstrieme	Salema	Saupe	Salpa	Sarpa salpa
Golf - Butt	Gulf flounder	Cardeau trois yeux	Rombo	Paraalichthys albigutta
Gorgonien Zwerggrundel	Gorgonian dwarfgoby	Gobie naine des gorgones	Gobide nano delle gorgonie	Bryaninops amplus
Gottesslachs	Moonfish		Salmone	Lampris guttatus
Graskarpfen	Grass carp	Carp amour	Carpa	Ctenopharyngodon idellus
Graue Muräne	Peppered moray	Murêne tatouée	Murena grigia	Siderea grisea
Grauer Knurrhaahn	Grey gurnard	Grondin gris	Gallinella grigia	Chelidonichthys gurnardus
Grauer Lippfisch	Grey wrasse	Crénilabre cendré	Donzella cinerea	Symphodus cinereus

764

Fischlexikon

DEUTSCH	ENGLISCH	FRANZÖSISCH	ITALIENISCH	LATEIN
Grauer Riffhai	Grey reef shark	Requin gris	Squalo grigio (di barriera)	Carcharhinus amblyrhynchos
Grauer-Schnapper	Gray snapper	Lutjan gris	Azzannatore grigio	Lutjanus griseus
Grönland-Dorsch	Greenland cod	Morue de roche	Merluzzo della groenlandia	Gadus ogat
Groppe	European bullhead	Chabot	Pesce toro europeo	Cottus gobio
Grossaugen Strassenkehrer	Bigeye emperor	Empereur bossu	Pesce imperatore occhio grosso	Monotaxis grandoculus
Grossaugenthun	Bigeye tuna	Thon aux grands yeux	Tonno	Thunnus obesus
Grosschulenbarbe	Yelowfin goatfish	Rouget à nageoires jaunes	Triglia pinna gialla	Mulloidichthys vanicolensis
Grosse Muräne	Houting	Lavoret	Lavar. Bianco comune	Coregonus oxyrinchus
Grosse Netzmuräne	Honeycomb moray	Murène-leopard	Murena tessellata o favo	Gymnothorax favagineus
Grosse Sardine	Gold-striped sardine	Allache	Alaccia	Sardinella aurita
Grosse Schlangennadel	Snake pipefish	Entélure	Pesce ago	Entelurus aequoreus
Grosse Seenadel	Pipe fish	Aiguilette de mer	Pesce flauto	Syngnathus acus
Grosser Ährenfisch	Silverside	Sauclet	Guelde	Atherina hepsetus
Grosser Barakuda	Great barracuda	Grand Barracuda	Grande barracuda	Sphyraena barracuda
Grosser Drachenkopf	Bigscale scorpionfish	Rascasse rouge	Scorfano rosso	Scorpaena scrofa
Grosser Hammerhai	Great hammerhead	Grand requin-marteau	Squalo martello maggiore	Sphyrna mokkaran
Grosser Rotbarsch	Golden redfish	Grand sébaste	Pesce scorpione marino	Sebastes marinus
Grosser Sandaal	Great sandeel	Lacon commun	Grande murena di sabbia	Hyperoplus lanceolatus
Grosser Scheibenbauch	Snailfish	Limande barrée	Pesce lumaca	Liparis liparis

Fischlexikon

DEUTSCH	ENGLISCH	FRANZÖSISCH	ITALIENISCH	LATEIN
Grosser Thunfisch	Bluefin tuna	Thon rouge	Tonno	Thunnus thynnus
Grosser Tümmler	Bottenose dolphin	Grand dauphin	Tursiope	Tursiops truncatus
Grosser weisser Hai	Great white shark	Grandrequin blanc	Squalo bianco	Carcharodon carcharius
Grossmäuliger Schwarzbarsch	Largemouth bass	Perche truite	Pesce Persico	Micropterus salmoides
Grossrücken-Flossenhai	Sandbar shark	Requin gris	Pescecane	Carcharhinus plumbeus
Grossrücken-Flossenhai Grundel	Sandbar shark Gold specked prawn-goby	Requin gris	Pescecane Gobide commensale dorato	Carcharhinus plumbeus Ctenogobiops pomasticus
Gründling	Gudgeon	Grougnon	Ghiozzo	Gobio gobio
Grüne Höhlengrundel	Brown-barred goby	Gobie à taches blanches	Gobide bimaculato	Amblygobius albimaciulatus
Grüner Schwalbenschwanz	Blue-green-damselfish		Castagnola azzurra	Chromis viridis
Grüner Schwalbenschwanz	Blue-green damselfish		Castagnola azzurra	Chromis viridis
Gurami	Giant gourami	Gourami	Gurami giganti	Osphronemus goramy
Gürtel-Kardinalbarsch	Beled cardinalfish		Pesce cardinale dal collare	Apogon townsendi

Fischlexikon

DEUTSCH	ENGLISCH	FRANZÖSISCH	ITALIENISCH	LATEIN
H				
Halfterfisch	Moorish idol	Idole maure	Idolo moresco	Zanclus cornutus
Halsband Wipperschwimmer	Maldive blenny	Blennie des Maldives	Bavosa delle maldive	Ecsenius minutus
Halsband-Falterfisch	Headband butterfly	Papillon à collier blanc	Pesce farfalla dal collare	Chaetodon collare
Halsband-Wippschwimmer	Maldive blenny	Biennie des Maldives	Bavosa delle maldive	Ecsenius minutus
Hasel	Common dace	Coucie	Lasca comune	Leuciscus leuciscus
Hecht	Northern pike	Brouchet	Luccio del nord	Esox lucius
Hechtdorsch	European hake	Merlu européen	Merluzzo	Merluccius merluccius
Heilbutt	Halibut	Flétan de l'Atlantique	Halibut	Hippoglossus hippoglossus
Hering	Herring	Hareng de l'Atlantique	Aringa	Clupea harengus
Heringshai	Probeagle	Requin-taupe commun	Smeriglio	Lamna nasus
Heringskönig	John dory	Dorée	Pesces san pietro	Zeus faber
Hornhecht	Garfish	Aiguille	Aguglia	Belone belone
Hundshai (I)	Tope shark	Chien de mer	Cagnesca	Galeorhinus galeus
Hundshai (II)	Nursehound	Grande rousette	Gattuccio maggiore o gattopardo	Scyliorhinus stellaris
Hundszunge	Witch	Plie cynoglosse	Passera	Glyptocephalus cynoglossus

Fischlexikon

DEUTSCH	ENGLISCH	FRANZÖSISCH	ITALIENISCH	LATEIN
I				
Igelfisch	Porcupine fishes	Porc-épic ballon	Pesce istrice	Diodontidae fam.
Imperator-Kaiserfisch	Emperor angelfish	Poisson-empereur	Pesce angelo imperatore	Pomacanthus imperator
Indigo-Hamletbarsch	Indigo hamlet		Donzella	Hypoplectrus indigo
Indigo-Hamletbarsch	Indigo hamlet		Donzella	Hypoplectrus indigo
Indische Makrele	Indian mackerel	Maquereau trapu	Mako indiano	Rastrelliger brachysoma
Indischer Buckelkopf	Indian Ocean steepheaded parrotfish	Parroquet grand bleu	Pesce pappagallo indiano	Scarus strongycephalus
Indischer Rotfeuerfisch	Lionfish	Poisson-lion	Pesce scorpione	Pterois miles
Indischer Segelflossendoktor	Indian sailfin tang	Chirurgien voilier	Pesce chirurgo dalla vela	Zebrasom desjardinii
J				
Japanische Sardine	Japanese pilchard	Pilchard du Japon	Sardina giapponese	Saldinops melanostictus
Japanischer Aal	Japanese eel	Anguille de japon	Anuilla giapponese	Anguilla japonica
Johns Schnapper	John's snapper	Lutjan de John	Azzannatore di john	Lutjanus johnii
Jungfrau-Schläfengrundel	Maiden goby	Gobie tachetée d'orarge	Giozzo donzella	Valenciennea puellaris
Juwelen Zackenbarsch	Jewel grouper	Mérou rouge	Cernia die coralli	Cephalopholis miniata
Juwelen-Fahnenbarsch	Jewel fairy basslet	Anthias barbier	Anthias o castagnola rossa	Pseudanthias squamipinnis

768

Fischlexikon

DEUTSCH	ENGLISCH	FRANZÖSISCH	ITALIENISCH	LATEIN
K				
Kabeljau	Atlandic cod	Morue commune	Merluzzo	Gandus morhua
Kaiserfische	Angelfish	Demoiselle	Acanturidi	Holacanthus fam.
Kaiserfische II	Angelfish	Poisson-ange	Pomacantidi	Pomacanthus fam.
Kakadu-Schaukelfisch	Cockatoo waspfish	Poisson-feuille cacatoès	Pesce vespa	Ablabys taeniantonus
Kanadischer Zander	Sauger	Doré noir		Stizostense canadense
Kaninchenfische	Rabbitfish	Sigan	Siganidi	Siganidae fam.
Kaphecht	Shallow water cape hake	Merlu du Cap	Merluzzo di basso fondale	Merluccius capensis
Karpfen	Common carp	Carpe commun	Carpa comune	Cyprinus carpio carpio
Katzenhai	Blackmouth catshark	Bardoulin	Gattuccio boccanera	Galeus melastomus
Kaukasischer Döbel	Chub	Mulet	Ghiozzo	Leuciscus cephalus
Kaulbarsch	Ruffe	Grémille	Pesce persico	Gymnocephalus cernuus
Keulenroche	Roker	Raie bouclée	Razza de chiodata	Raja clavata
Kleinäugiger Rochen	Small-eyed ray	Raie mêlée	Razza occhiuta	Raja microocellata
Kleine Maräne	Vendace	Corégone blanc	Coregone bianco	Coregonus albula
Kleine Seenadel	Nilson's pipefish	Petite aiguille de mer	Pesce flauto rostrato	Syngnathhus rostellatus
Kleiner Scheibenbausch	Montagus seasnail		Pesce lumaca di montagu	Liparis montagui
Kleiner Teufelsrochen	Devil ray	Mante	Diavolo di mare o mobulua	Mobula mobular
Kleingefleckter Katzenhai	Lesser spotted dogfish	Petite roussette	Gattuccio minore	Scyliorhinus caniculla

Fischlexikon

DEUTSCH	ENGLISCH	FRANZÖSISCH	ITALIENISCH	LATEIN
Kleinkopf – Ansauger	Small-headed clingfish	Léopadogaster à petite tête	Luccio succia scoglio	Apletodon dentatus
Klippenbarsch	Goldsinny –wrasse	Rouquié	Labride rosso	Ctenolabrus rupestris
Knurrhahn (I)	Red gurnard	Grondin rouge	Gallinella rossa o cappone imperiale	Aspitrigla cuculus
Knurrhahn (II)	Gurnards	Grondin	Triglidi	Triglidae family
Königslachs	Chinook salmon	Saumon chinook	Salmone reale	Oncorhynchus tshawytscha
Kuckucksrochen	Cuckoo ray	Raie fleurie	Razza	Leucoraja naevus
Kupfer-Beilbauchfisch	Glassy sweeper		Pesco vetro	Pempheris schomburgki
Kurznasendoktor	Shortnose unicornfish	Nason brun	Pesce unicorno bruno	Naso unicornis

L

DEUTSCH	ENGLISCH	FRANZÖSISCH	ITALIENISCH	LATEIN
Lachs	Atlantic salmon	Saumon atlantique	Salmone atlantico	Salmon salar
Lammzunge	Scaldfish	Arnoglosse	Suacia o cianchetta	Arnoglossus laterna
Langflossen-Fledermausfisch	Longfin batfish		Pesce pipistrello pianna lunga	Platax teira
Langmaul-Pinzettfisch	Long-nosed butterflyfish	Poisson-pincette jaune	Pesce farfalla naso lungo	Forcipiger flavissimus
Langnasenhai	Spinner shark	Requiem tisserand	Squalo pinna corta	Carcharhinus brevipinna
Längsband Schleimfisch	Longstriped blenny	Blennie de roux	Blennide rosso	Parabennius rouxi
Langschnautzen-Büschelbarsch	Longnose hawkfish	Poisson faucon à long nez	Pesce falco	Oxycirrhites typus

Fischlexikon

DEUTSCH	ENGLISCH	FRANZÖSISCH	ITALIENISCH	LATEIN
Langschnautziges-Seepferdchen	Long-snouted seahorse	Hippocampe moucheté	Cavalluccio marino ramuloso	Hippocampus ramulosus
Langstachel Igelfisch	Freckled-porcupinefish	Poisson-porc-épic à taches	Pesce istrice striato	Diodon holacanthus
Laxierfisch	Big picarel	Mendole commun	Menola comune	Spicare maena
Leng	Ling	Linque	Molva	Molva molva
Leopardendrückerfisch	Clown triggerfish	Baliste-clown	Balestra pacliaccio	Balistoides conspicillum
Leopardengrundel	Leopard goby	Gobie léopard	Ghiozzo leopardato	Thorogobius ephippiatus
Lodde	Capelin	Capelan		Mallotus villosus
Löffelstör	Mississippi paddlefish		Storione del Missisipi	Polyodon spathula

M

DEUTSCH	ENGLISCH	FRANZÖSISCH	ITALIENISCH	LATEIN
Mahagoni-Schnapper	Mahagony Snapper	Vivaneau voyeur	Azzannatore	Lutjanus mahagoni
Maifisch (I)	Allis shad	Coulaca	Alosa sp.	Alosa alosa
Maifisch (II)	Alewife	Gaspereau	Alosa o cheppia	Alosa pseudoharengus
Makohai	Shortfin mako shark	Mako	Mako	Isurus oxyrinchus
Makrele	Mackerel	Maquereau commun	Sgombro	Scomber scombrus
Makrelenhecht	Skipper	Saurel	Gastodella	Scomberesox saurus saurus
Malediven Anemonenfisch	Maldives anemonefish	Poisson-clown des Maldives	Pesce pagliaccio delle maldive	Amphiprion nigripes
Manta	Manta ray	Manta géante	Manta gigante	Manta birostris
Marlin	Atlantic white marlin	Makaire blanc de l'Atlantique	Marlin	Tetrapturus albidus

Fischlexikon

DEUTSCH	ENGLISCH	FRANZÖSISCH	ITALIENISCH	LATEIN
Marmormuräne	Undulated moray	Murène ondulante	Murena marezzata	Gymnothhorax undulatus
Marmorrochen	Undulate ray	Raie brunette	Razza ondulata	Raja undulata
Marmorzitterrochen	Marbled electric ray	Torpilla marbrée	Torpedine marezzata	Torpedo marmorata
Masken Falterfisch (II)	Raccoon butterflyfish	Pavillon	Pesce farfalla mezza luna	Chaetodon lunula
Masken Papageifisch	Bicolor parrotfish	Perroquet bicolore	Pesce pappagallo bicolore	Cetoscarus bicolor
Masken Wimperfisch	Masked bannerfish		Pesce farfalla	Heniochus monoceros
Masken-Falterfisch (I)	Lemon-butterflyfish	Poisson-papillon jaune	Pesce farfalla dal muso	Chaetodon semilarvatus
Maskenkugelfisch	Masked pufferfish	Poisson-globe masqué	Pesce palla mascherato	Arothron diadematus
Masu-Lachs	Cherry salmon	Saumon japonais	Salmone giapponese	Oncorhynchus masou masou
Meeraal	Concer-eel	Congre	Grongo	Conger conger
Meeradler	Eagle-ray	Raie-aigle	Aquilla di mare	Myliobatis aquilla
Meerâsche	Thinlip mullet	Mulet porc	Muggine	Liza ramada
Meerbarbenkönig	Cardinalfish	Roi des rougets	Pesce Cardinale	Apogon imberbis
Meerbrasse (I)	Axillary seabream	Pageot blanc	Pagello spagnolo	Pagellus acarne
Meerbrasse (II)	Spanish bream	Pageot acarne	Pagello	Pagellus acarne
Meerdrossel	Green wrasse	Labre vert	Labride verde	Labrust turdus
Meerforelle	Sea trout	Truite de mer	Trota di mare	Salmo trutta trutta
Meerjunker	Rainbow wrasse	Girelle royale	Donzella zingarella o pesce del re	Coris julis
Meerneunauge	Sea lamprey	Lampré	Lampreda di mare	Petromyzon marinus
Meerpfau	Ornate wrasse	Girelle paon	Donzella pavonina	Thalassoma pavo

Fischlexikon

DEUTSCH	ENGLISCH	FRANZÖSISCH	ITALIENISCH	LATEIN
Meerrabe	Brown meagre	Corb noir	Pesce corvo o corvina	Sciaena umbra
Meersau	Angular rough shark	Centrine commune	Pesce porco	Oxynotus centrina
Meyers Faltenfisch	Meyer's butterflyfish	Poisson pappilon de Meyer	Pesce farfalla di meyer	Chaetodon meyeri
Milchfisch	Milkfish	Chanos		Chanos chanos
Mintai	Wall-eye pollock	Morue du pacifique occidental		Theragra chalcogramma
Mittelmeer Muräne	Mediteranean moray	Murène	Murena mediterranea	Muraena helena
Mittelmeer Sternrochen	Spotted ray	Raaie douce	Razza maculata	Raja montagui
Mittelmeerleng	Spanish ling	Lingue	Molva spagnola	Molva macrophthalma
Mittelmeerlippfisch	Axillary wrasse	Crénilabre méditerranéen	Donzella mediterranea	Symphodus mediterraneus
Moderlieschen	Belica	Lampris		Leucaspius delineatus
Molly	Guppy		Pecilia	Poecilia reticulata
Mönchfisch	Blue damselfish	Petite castagnole	Castagnola	Chromis chromis
Mondfisch	Ocean sunfish	Mole	Pesce luna	Mola mola
Mondsichel Juvelenbarsch	Lunartail trout	Mérou croissant de lune	Cernia falcata	Variola louti
Monokel Büschelbarsch	Arc-eye hawkfish	Epervier strié	Pesce falco monocolo	Paracirrhites arcatus
Muräne	St. Helena moray	Murène	Murena mediterranea	Muraena helena

N

Napoleon	Humphead wrasse	Napoléon	Pesce napoleone	Cheilinus undulatus
Nase	Sneep	Mullet	Cefalo o muggine	Chondrostoma nasus

Fischlexikon

DEUTSCH	ENGLISCH	FRANZÖSISCH	ITALIENISCH	LATEIN
Nasenhöcker Papageifisch	Ember parrotfish	Perroquet-prairie	Pesce pappagallo ambrato	Scarus rubroviolaceus
Nautilus	Nautilus	Nautilus	Nautilus	Nautilus pompilllus
Nautilus	Nautilus	Nautilus	Nautilus	Nautilus pompilius
Neonaugen-Wippschwimmer	Midas blenny	Blennie de Midas	Bavosa di Midas	Ecsenius midas
Netz-Igelfisch	Web burrfish		Pesce istrice	Chilomycterus antillarum
Netzseenadel	Network pipefish	Syngnathe à résaux	Pesce ago fantasma reticolato	Corythoichtys flavofasciatus

O

DEUTSCH	ENGLISCH	FRANZÖSISCH	ITALIENISCH	LATEIN
Ohrfleck-Röhrenaal	Spotted garden eel	Anguille de jardin	Murene di sabbia	Heteroconger hassi
Orfe	Ide	Ide mélanote		Leuciscus idus
Orientsüsslippe	Oriental sweetlips	Gaterin rayé	Gaterino orientale	Plectorinchus orientalis
Orka	Orca		Orca	Orcinus orca

P

DEUTSCH	ENGLISCH	FRANZÖSISCH	ITALIENISCH	LATEIN
Paletten Doktorfisch	Palette surgeonfish	Chirurgien palette	Pesce chirurgo tavolozza	Paracanthurus hepatus
Panzerhahn	African armoured	Malarmat	Posce forca	Peristedion cataphractum
Papageifisch	Parrot fish	Poisson perroquet	Pesce pappagallo	Euscarus cretensis

Fischlexikon

DEUTSCH	ENGLISCH	FRANZÖSISCH	ITALIENISCH	LATEIN
Partnergrundel (I)	Prawn goby	Gobie commensale	Gobide commensale	Cryptocentrus
Partnergrundel (II)	Prawn goby	Gobie commensale	Gobide commensale	Stonogobiops
Partnergrundel (III)	Prawn goby	Gobie commensale	Gobide commensale	Amblyeletotris
Partnergrundel (IIII)	Prawn goby	Gobie commensale	Gobide commensale	Ctenogobiops spp.
Pazifische Sardine	South american pilchard	Pilchard sudamèricain	Sardina americana	Sardinops sagax
Pazifischer Heilbutt	Pacific halibut	Flétan du Pacifique	Halibut pacifico	Hippoglossus stenolepis
Pazifischer Hering	Pacific herring	Hareng du pacifique	Aringa del pacifico	Clupea pallasil
Peitschenrochen	Southern-stingray	Pastenague américaine	Pastinaca americana	Dasyatis americana
Pelamide, Bonito	Atlantic bonito	Bonite à dos rayé	Sarda sarda	Sarda sarda
Petersfisch	John dory	St. Pierre	Pesce san pietro	Zeus faber
Pfauenkaiserfisch	Royal angelfish	Poisson-ange royal	Pesce angelo reale	Pygoplites diacanthus
Pfauenlippfisch	Peacock wrasse	Crénilabre paon	Donzella	Symphodus tinca
Pfeilhecht	Barracuda	Brochet de mer	Luccio di mare o sfirena comune	Sphyraena sphyraena
Pfeilschwanzkrebse	Horseshoe crabs		Limulo	Limulus polyphemus
Phanter-Butt	Leopard flouder	Turbot-léopard	Rombo di rena	Bothus pantherinus
Phanther-Butt	Leopard flounder	Turbot-léopard	Rombo di rena	Bothus pantherinus
Pilotfisch	Pilotfish	Poisson pilote	Pesce pilota	Naucrates ductor
Polardorsch	Polar cod	Cabillaud	Merluzzo	Boreogadus saida
Pollak	Golden pollock	Merluche blanche	Pollock	Pollachius pollachius
Pontischer Schleimfisch	Pontic blenny	Blennie pontique	Bavosa cervina	Blennius incognitus
Pottwal	Sperm whale	Cachelot	Balena	Physetar cataddon
Pracht-Schwertgrundel	Fire dartfish	Poisson de feu	Pesce di fuoco	Nemateleotris magnifica

Fischlexikon

DEUTSCH	ENGLISCH	FRANZÖSISCH	ITALIENISCH	LATEIN
Pusteliger Drachenkopf	Pustulous scorpionfish	Rascasse pustuleuse	Scorfano	Scorpaena notata |//
Q				
Querband-Barrakuda	Blackfin barracuda	Barracuda à negeoires noires	Barracuda pinna nera	Sphyraena qenie
R				
Regenbogenforelle	Rainbow trout	Truite arc-en-ciel	Trota salmonata	Oncorhynchus mykiss
Riesendrückerfisch	Giant triggerfish	Baliste à moustache	Balestra titano	Balistoides viridescens
Riesenhai	Basking shark	Pelerin	Centorino	Cetorhinus maximus
Riesenhusar	Giant squirrelfish	Soldat armé	Pesce scoiattolo coda rossa	Sargocentron spiniferum
Riesenjudenfisch	Giant sea bass	Barréan géant	Perchia gigante californiana	Stereolepis gigas
Riesenkugelfisch	Giant pufferfish	poisson-ballon géant	Pesce palla stellato	Arothon stellatus
Riesenmaulhaie	Megamouth shark		Squalo elefante	Megachasma pelagios
Riesenmuräne	Giant moray	Murène géante	Murena gigante	Gymnothorax javanicus
Ring-Kaiserfisch	Blue ringed angelfish	Poisson-ange annelé	Pesce angelo a righe blu	Pomacanthus annulartis
Ringenschlangenaal	Banded snake eel	Anguille-serpent annelée	Anguilla colubrina	Myrichthys colubrinus

Fischlexikon

DEUTSCH	ENGLISCH	FRANZÖSISCH	ITALIENISCH	LATEIN
Rippen-Falterfisch	Redfin butterflyfish	Chétodon à trois bandes	Pesce farfalla pinna rossa	Chaetodon trifasciatus
Rostkopf-Papageifisch	Rusty parrotfish	Perroquet rouille	Pesce pappagallo rugginoso	Scarus ferrineus
Rotauge	Roach	Gardon		Rutilus rutilus
Rotbauch-Fledermausfisch	Shortnose batfish		Pesce pipistrello dal naso corto	Ogcocephalus nasutus
Rotbrassen	Common pandora	Pageot commun	Pagello	Pagellus erythrinus
Rote Meerbarbe	Red goatfish	Rouget-barbet doré	Triglia rossa	Mullus auratus
Roter Dreiflossenschleimfisch	Red blackfaced blenny	Triptérygion à bec rouge	Clinide dalle tre pinne	Tripterygion tripteronotus
Roter Fahnenbarsch	Barbier	Barbier plat	Anthias	Anthias anthias
Roter Knurrhahn	Tub gurnard	Grondin perlon	Gallinella	Chelidonichthys lucerna
Rotfeder	Rudd	Platelle	Scardola	Scardinius erythrophalmus
Rotfleck-Faltenfisch	Crown butterflyfish	Poisson-papillun citron	Pesce farfalla coronato	Chaetodon paucifasciatus
Rotlachs	Sockeye salmon	Saumon rouge	Salmone azzurro	Oncorhynchus nerka
Rötling	Red damselfish	Anthias	Donzella rossa	Anthias anthias
Rotmeer-Anemonenfisch	Red sea anemonefish	Poisson-clown à deux bandes	Pesce pagaliaccio bifasciato	Amphiprion binictus
Rotmeer-Fahnenbarsch	Striped anthias	Anthias de mer rouge	Anthias a strie	Pseudanthias taeniatus
Rotmeer-Fahnenbarsch	Striped anthias	Anthias de mer rouge	Anthias a strie	Pseudanthias taeniatus
Rotmeer-Forellenbarsch	Roving coralgrouper	Mérou de mer rouge	Cernia dei coralli del mar rosse	Plectropomus pessuliferus
Rotmeer-Zackenbarsch	Red sea grouper	Mérou de mer rouge	Cernia del mar rosso	Cephalopholis hemistikos

Fischlexikon

DEUTSCH	ENGLISCH	FRANZÖSISCH	ITALIENISCH	LATEIN
Rotmeerbarbe	Red sea goatfish	Rouget de mer Rouge	Triglia del maro rosso	Parupeneus forsskali
Rotmeerjunker	Klunzinger's wrasse	Girelle paon de Klunzinger	Tordo di klunzingeri	Thalassoma klunzingeri
Rotstreifen-Meerbarbe	Redstriped goatfish	Rouget à ligne Rouge	Triglia a strie rosso	Perupeneus rubescens
Rotzahn-Drückerfisch	Redtooth triggerfish	Baliste à dents rouges	Balestra blu	Ordonus niger
Rotzunge (I)	Lemon sole	Limande-sole commune	Limanda	Microstomus kitt
Rotzunge (II)	Witch	Plie cynoglosse	Passera	Glyptocephalus cynoglossus
Rundkopf-Fledermausfisch	Circular batfish	Platax, poule-d'eau	Pesce pipistrello a disco	Platax orbicularis
Russnase	Baltic vimba	Vimbe	Vimbe	Vimba vimba

S

DEUTSCH	ENGLISCH	FRANZÖSISCH	ITALIENISCH	LATEIN
Sägebarsch	Comber	Serran chevrette	Perchia o sciarrano	Serranus cabrilla
Sägefische		Beauclaire	Zaagroggen	Pristiduae fam.
Sägefische		Beauclaire	Pristiformi	Pristiduae fam.
Saibling	Charr	Omble chevalier	Trota di lago	Salvelinus alpinus
Sand-Torpedobarsch	Sand tilefish	Matajuel blanc		Malacanthus plumieri
Sandaal	Lesser sand-eel		Murene di sabbia minori	Ammodytes marinus
Sandfarbener Krokodilsfisch	Sand flathead			Thysanophrys arenicola
Sandspierling	Great sandeel	Laçon commun	Grande murena di sabbia	Hyperoplus lanceolatus
Sardelle	Anchovy	Anchois	Acciuga	Engraulis encrasicholus

Fischlexikon

DEUTSCH	ENGLISCH	FRANZÖSISCH	ITALIENISCH	LATEIN
Sardine (I)	Sardine	Sardine	Sardina	Sardina pilchardus
Sardine (II)	Pilchard	Pilchard	Sardina	Sardina pilchardus
Sattel-Krugfisch	Black-saddled toby	Canthigaster à selles	Pesce palla fasciato	Canthigaster valentini
Schachbrettjunker	Checkerboard wrasse	Labre échiquier	Foca grigia	Halichoeres hortulanus
Scharbe	Dab	Limande	Limanda	Limanda limanda
Schärpen-Scheinschnapper	Twoline threadfin bream	Brême de mer à écharpe	Abramide	Scolopsis bilineatus
Schaukelfisch	Saifin leaffish	Poisson-scorpion feuille	Pesce foglia	Taenianotous triacanthus
Scheibenbauch	Bearded brotula	Brotule barbée	Brotola	Brotula barbata
Schellfisch	Cods	Habillot	Egelfino	Melanogrammus aeglefinus
Schildzahnhai	Smalltooth sand tiger	Squale féroce	Cagnaccio	Odontaspis ferox
Schlammbeisser	Weather fish	Loche d'étang		Misgurnus fossilis
Schlanker Feilenfisch	Slender filefish		Pesce lima sottile	Monacanthus tuckeri
Schleie	Tench	Aiguillons	Tinca	Tinca tinca
Schleimfisch	Blenny	Blennie	Blennidi	Blennius
Schleimlerche	Blenny		Blennide	Lipophrys pholis
Schnapper	Snappers	Lutjan	Lutianidi-azzannatori	Lutjanidae fam.
Schnauzenlippfisch	Long-snouted wrasse	Siblaire	Donzella rostrata	Symphodus rostratus
Scholle	Plaice	Plie	Platessa	Pleuronectes platessus
Schrift-Feilenfisch	Scribbled filefish	Poisson-lime gribouillé	Pesce lima cirrato	Aluterus sciptus
Schriftbarsch	Painted comber	Serran écriture	Cernia maculata	Serranus scriba
Schulmeister Schnapper	Schoolmaster	Vivaneau dent-chien	Azzannatore pinna gialla	Lutjanus apodus

Fischlexikon

DEUTSCH	ENGLISCH	FRANZÖSISCH	ITALIENISCH	LATEIN
Schwanzfleck-Sandbarsch	Speckled sandperch	Perche de sable	Perchia di sabbia maculata	Parapercis hexophthalma
Schwarm-Wimpelfisch	False moorish idol		Pesce farfalla bandiera	Heniochus diphreutes
Schwarzaugiger Lippfisch	Corkwing wrasse	Crénilabre mélops	Donzella	Symphodus melops
Schwarzband-Kardinalfisch	Blackstripe cardinalfish	Apogon à rayures noires	Pesce cardinale a strie nere	Apogon nigrofasciatus
Schwarzbarsch	Smallmouth bass	Perche noire	Spigola	Micropterus dolomieui
Schwarzdorn-Doktorfisch	Elongate surgeonfish	chirurgien à queue blanche	Pesce chirurgo occhio giallo	Acanthurus mata
Schwarzer Katzenwels	Black bullhead	Poisson chat	Pesce :oro nero	Amerius melas
Schwarzer Marlin	Black marlin	Makaire noir	Marlin nero	Makaira indica
Schwarzfleckenhusar	Redcoat squirrelfish	Poisson-écureuil à taches noires	Pesce scoiattolo a coda rossa	Sargocentron rubrum
Schwarzgoldene Pilotmakrele	Golden trevally	Carangue royale jaune, carangue dorée	Carnice reale	Gnathanodon speciosus
Schwarzgrundel	Black goby	Gobye noire	Gobide nero	Gobius niger
Schwarzmundiger Hundshai	Blackmouth catshark	Chien espagnol	Gattuccio boccanera	Galeus melastomus
Schwarzsattel-Feilenfisch	Mimic filefish	Monacanthe à selles noires	Pesce flauto nero	Paraluteres prionorus
Schwarzspitzenhai	Blacktip reef shark	Reaquin pointes noires	Squalo pinna nera oceanico	Charcharhinus melanopteras
Schwarztupfen-Süsslippe	Black spotted sweetlips	Gaterin tacheté	Gaterino o grugnitore maculato	Plectorinchus gaterinus

Fischlexikon

DEUTSCH	ENGLISCH	FRANZÖSISCH	ITALIENISCH	LATEIN
Schwertfisch	Swordfish	Espadon	Pesce spada	Xiphias gladius
Sechstreifen-Seifenbarsch	Sixstripe soapfish	Poisson-savon à six lignes	Pesce sapone striato	Grammistes sexlineatus
Seebull	Longspined bullhead	Chabot de mer	Pesce toro	Taurulus bubalis
Seehase	Lumpsucker	Lompe	Lompo	Cyclopterus lumpus
Seehecht (I)	North pacific hake	Merlu du Pacifique nord	Merluzzo	Merluccius productus
Seehecht (II)	European hake	Ânon	Merluzzo	Merluccius merluccius
Seehecht (III)	Hake	Merlu	Merluzzo	Merluccius
Seekarpfe	Black seabream	Dorade gris	Cantarella o tanuta	Spondyliosoma cantharus
Seelachs	Saithe	Merluche	Merluzzo carbonaro	Pollachius virens
Seepferdchen	European seahorse	Cheval marin	Cavallucio marino	Hippocampus hippocampus
Seeratte	Ratfish	Rat de mer	Chimera mediterranea	Chimaera monstrosa
Seeskorpion	Short-finned sculpin		Scorpena	Myoxocephalus scorpius
Seestichling	Fifteen-spine stickleback	Epinoche de mer	perchia quindici spine	Spinachia spinachia
Seeteufel	Angler fish	Crapaud	Rana pescatrice	Lophius piscatorius
Seewolf	Wolffish	Loup de mer	Pesce lupo	Anarhichadidae fam.
Seezunge	Bastard sole	Sole-perdix juive	Sogliola teofila	Microchirus theophila
Segelfisch	Sailfish	Voilier de l'Atlantique	Pesce vela	Istiophorus albicans
Seidenhai	Silky shark	Requin soyeux	Squalo sericeo	Carcharhinus falciformis
Seifenbarsche	Soapfishes	Poisson-savon	Serranidi	Grammistinae (fam. Serranidae)
Seriolafisch	Amberjack	Sériole	Ricciola	Seriola dumerili

Fischlexikon

DEUTSCH	ENGLISCH	FRANZÖSISCH	ITALIENISCH	LATEIN
Silberkarpfen	Silver carp	Carpe argentée	Carpa argentea	Hypophthalmichthys molitrix
Silberspitzenhai	Silvertip shark	Requin à pointes blanches	Squalo grigio (di barriera)	Carcharhinus albimarginatus
Sonnenbarsch	Pumpkinseed		Pesce persico del nord america	Lepomis gibbosus
Sonnenkardinalbarsch	Golden cardinalfish	Apogon doré	Pesce catdinale dorado	Apogon aureus
Spanische Makrele	Chub mackerek	Hareng du Makreel	Lanzardo	Scomber japonicus
Spiegelfleck-Lippfisch	Clown coris	Labre-clown	Donzella	Coris aygula
Spitzenschnauzenrochen	Longnosed skatae	Alène	Occhiata dal muso lungo	Dipturus oxyrinchus
Spitzkopf-Zackenbarsch	Slender grouper	Mérou élégant	Cernia	Anyperodon leucogrammicus
Spitzmaul-Fledermausfisch	Pinnate batfish		Pesce pipistrello ombreggiato	Platax pinnatus
Stachelhai	Bramble shark	Squale bouclé	Squalo spinoso od echinorino	Echinorhinus brucus
Steierhai (II)	Bullshark	Requin bouledouge	Squalo leuca (toro)	Charcharhinus leucas
Steinbutt	Turbot	Turbot	Rombo massimo	Scophthalmus maximus
Steinfisch	Stonefish	Poisson pierre commun	Pesce pietra	Synanceia verrucosa
Steinpicker	Hooknose	Souris de mer	Agonide	Agonus cataphractus
Sternrochen	Thorny skate	Raie radiée	Razza raggiata	Amblyraja radiata
Stichling	Three-spined strickleback	Epinoche	Spinarello	Gasterosteus aculeatus aculeatus
Stierhai (I)	Bluntnose six-gill shark	Mounge gris	Notidano grigio	Hexanchus griseus

782

Fischlexikon

DEUTSCH	ENGLISCH	FRANZÖSISCH	ITALIENISCH	LATEIN
Stint	European smelt	Eperlan	Eperlano europeo	Osmerus eperlanus
Stör	Sturgeon	Esturgeon	Storione	Acipenser sturio
Strandgrundel	Leonard's common goby	Gobie tacheté	Gobide comune	Pomatoschistus microps
Strassenkehrer	Emperors	Bec-de-cane	Letrinidi	Lethrinidae fam.
Streifendelphin	Striped dolphin	Dauphin de Théthys	Stenella	Stenella coeruleoalba
Südlicher Kaiserbarsch	Alfonsino	Bérix long		Berix splendens
Südlicher Kaiserbarsch	Alfonsino	Béryx long		Beryx splendens

T

DEUTSCH	ENGLISCH	FRANZÖSISCH	ITALIENISCH	LATEIN
Tabak-Falterfisch	Red sea racon butterflyfish	Poisseon-pavillon tabac	Pesce farfalla fasciato	Chaetodon fasciatus
Teppich Krokodilsfisch	Common crocodilefish	Poisson crocodile, Tête plate	Pesce coccodrillo	Papilloculieps longiceps
Tigerhai	Tiger shark	Requin tigre	Squalo tigre	Galeocerda cuvieri
Tigerkardinalbarsch	Largetoothed cardinalfish	Apogon à grandes dents	Pesce cardinale	Cheilodipterus macrodon
Trauerauge-Kaninchenfisch	Blackeye rabbitfish		Pesce coniglio mascherato	Siganus puelloides
Trauerauge-Kaninchenfisch	Blackeye rabbitfish		Pesce coniglio mascherato	Siganus puelloides
Trommler (I)	Drums		Scianide	Scianidae fam.
Trommler (II)	Drums	Corb	Ombrinidi	Equetus (fam. Omber)
Trompetenfisch	Trumpetfish	Poisson-trompette	Pesce Trombetta	Aulostomus chinensis

Fischlexikon

DEUTSCH	ENGLISCH	FRANZÖSISCH	ITALIENISCH	LATEIN
Tüpfel-Kaninchenfisch	Stellate rabbitfish	Sigan marguerite	Pesce coniglio stellato	Siganus stellatus
Tüpfel-Ritterfisch	Spotted drum	Tambour tacheté	Ombrina ocellata	Equetus punctatus

U

DEUTSCH	ENGLISCH	FRANZÖSISCH	ITALIENISCH	LATEIN
Ukelei	Bleak	Ablette	Leucisco	Alurnus alburnus
Umberfisch	Meagre	Courbine	Corvina	Argyrosmus regius
Unechte Karette	Loggerhead turtle	Caouanne	Tartaruga comune	Caretta caretta
Ungestreifter Pelamide	Plain bonito	Palomette	Palamita bianca	Orcynopsis unicolor

V

DEUTSCH	ENGLISCH	FRANZÖSISCH	ITALIENISCH	LATEIN
Vierbärtelige Seequappe	Fourbeard rocklimg	Motelle à quatre barbillons		Enchelyopus cimbrius
Viperqueise	Stingfish	Petite vibe	Tracina dragone	Trachinus vipera
Vlamings-Nasendoktor	Bignose unicornfish	Nason zébré	Pesce unicorno maggiore	Naso vlamingi

W

DEUTSCH	ENGLISCH	FRANZÖSISCH	ITALIENISCH	LATEIN
Walhai	Whale shark	Requin-baleine	Squalo balena	Rhincodon typus
Wangenstreifen Prachtlippfisch	Bandcheek wrasse	Vieille à lignes violettes	Labride violaceo	Oxycheilinus digrammus

Fischlexikon

DEUTSCH	ENGLISCH	FRANZÖSISCH	ITALIENISCH	LATEIN
Weiss-Spitzenhai	Oceanic whitetip shark	Requin blanc	Squalo pinna bianca oceanico	Carcharhinus longimanus
Weissbauch Riffbarsch	White-belly damsel	Demoiselle à ventre jaune	Donzella dal ventre bianco	Amblyglyphidodon leucogaster
Weisser Thun	Albacore	Germon	Tonno bianco	Thunnus alalunga
Weissfleck-Kugelfisch	Whitespotted pufferfish	Poisson-globe à taches blanches	Persce palla a macchie bianche	Arothron hispidus
Weisskehldoktor	Powderblue surgeonfish	Chirurgien à poitrine blanche	Pesce chirurgo a strie blu	Acanthurus leucosternon
Weissmaulmuräne	Guineafowl moray	Muréne voie lactée	Murena dal collare	Gymnothorax meleagris
Weisssaum-Soldatenfisch	Bigeye squirrelfish	Poisson-soldat à grand yeux	Pesce soldado dagli occhi grossi	Myripristis murdjan
Weissschwanz-Flossendrücker	Whitetail triggerfish	Baliste à gorge bleu et queue blanche	Balestra	Sufflamen albicaudatus
Weissspitzen Riffhai	Whitetip reef shark	Aileron blanc du largon	Squalo pinna bianca di barriera	Triaenodon obesus
Weissspitzen-Soldatenfisch	White-tipped soldierfish	Poisson-soldat bordé de blanc	Pesce soldado	Myripristis vittata
Wels	Wels catfish	Silure glane	Siluro	Silurus glanis
Wimpelfisch	Bannerfish		Chetodonidi	Heniochus (fam.chaetod.)
Wimpelrittfisch	Jackknife fish	Poisson couteau	Ombrina lanceolata	Equetus lanceolatus
Winterflunder	Winter flounder	Limande plie rouge	Sogliola americana	Pseudopleuronectus americanus

Fischlexikon

DEUTSCH	ENGLISCH	FRANZÖSISCH	ITALIENISCH	LATEIN
Wittling	Whiting	Merlan	Merlano	Merlangius merlangus
Wolfsbarsch	Common european bass	Loup de mer	Spigola o branzino	Dicentrachus labrax
Wolfskardinalbarsch	Wolf cardinalfish	Apogon strié	Pesce cardinale striato	Cheilodipterus artus
Wrackbarsch	Stone bass	Cernier	Cernia o dotto	Polyprion americanus

Z

DEUTSCH	ENGLISCH	FRANZÖSISCH	ITALIENISCH	LATEIN
Zackenbarsch	Grouper	Mérou	Cernia	Serranus gigas
Zander	Zander	Sandre	Perchia di sabbia	Sander lucioperca
Zebra-Zwergfeuerfisch	Zebra dwarflionfish	Poisson-zébre	Pesce scorpione zebrato	Dendrochirus zebra
Zitterrochen	Panther torpedo ray	Raie-torpille de mer rouge	Torpedine maculata	Torpedo panthera
Zweibindenbrasse	Two-banded bream	Sar commun	Sargo a due bande	Diplodus vulgaris
Zweifarben-Schweinslippfisch	Lyretail hogfish	Chaudène	Labride dalla coda a lira	Bodianus anthiodes
Zweifarben-Wippschwimmer	Bicolor blenny	Blennie bicolore	Bavosa bicolore	Ecsenius bicolor
Zweifarben-Wippschwimmer	Bicolor blenny	Blennie bicolore	Bavosa bicolore	Ecsenius bicolor
Zwergbutt	Norwegian topknot	Targie naine	Rombo norvegese	Phrynorhombus norvegicus
Zwergdorsch	Poor cod	Capelan de Mediterranée		Trisopterus minutus
Zwergstichling	Ninespine stickleback	Epinoche à neuf épines	Perchia a nove spine	Pungitius pungitius
Zwergzunge	Solenette	Petite sol jaune	Sogliola gialla	Buglossidium luteum

Fischlexikon

Ergänzungen

Fischinventarium (mit Übersetzungen)

DEUTSCH	ENGLISCH	FRANZÖSISCH	ITALIENISCH	LATEIN

Fischlexikon

SORTIERUNG SPRACHE ENGLISCH	DEUTSCH	FRANZÖSISCH	ITALIENISCH	LATEIN
A				
African armoured	Panzerhahn	Malarmat	Posce forca	Peristedion cataphractum
Albacore	Weisser Thun	Germon	Tonno bianco	Thunnus alalunga
Aldabra rock basset	Aldabra-Zwergbarsch	Pseudochromis d' Aldabra	Pseudodocromide	Pseudochromis aldabraen
Alewife	Maifisch (II)	Gaspereau	Alosa o cheppia	Alosa pseudoharengus
Alfonsino	Südlicher Kaiserbarsch	Bérix long		Berix splendens
Alfonsino	Südlicher Kaiserbarsch	Béryx long		Beryx splendens
Allis shad	Maifisch (I)	Coulaca	Alosa sp.	Alosa alosa
Amberjack	Seriolafisch	Sériole	Ricciola	Seriola dumerili
American eel	Amerikanischer Aal	Anguille d'amerique	Anguilla americana	Anguilla rostrata
American eel	Amerikanischer Aal	Anguilla d'amerique	Anguilla americana	Anguilla rostrata
American plaice	Doggerscharbe	Balai de l'Atlantique	Platessa	Platessoides
Anchovy	Sardelle	Anchois	Acciuga	Engraulis encrasicholus
Angel shark	Engelhai	Ange de mer commun	Squadro angelo o squadro pellenera	Squatina squatina
Angelfish	Kaiserfische	Demoiselle	Acanturidi	Holacanthus fam.
Angelfish	Kaiserfische II	Poisson-ange	Pomacantidi	Pomacanthus fam.
Angler fish	Seeteufel	Crapaud	Rana pescatrice	Lophius piscatorius
Angular rough shark	Meersau	Centrine commune	Pesce porco	Oxynotus centrina
Arabian angelfish	Arabischer Kaiserfisch	Poisson –ange à croissant	Pesce angelo maculato	Pomacanthus maculosus
Arabian boxfish	Arabischer Kofferfisch	Poisson-coffre point bleu	Pesce scatola arabico	Ostricon cyanurus

Fischlexikon

ENGLISCH	DEUTSCH	FRANZÖSISCH	ITALIENISCH	LATEIN
Arabian picassofish	Arabische Picassodrücker	Baliste picasso arabe	Balestra picasso	Rhinecanthus assasi
Arabian stonefish	Arabischer Steinfisch	Poisson-pierre arabe	Pesce pietra nano	Synancela nana
Arabian tang	Arabischer Doktorfisch	Cirurgien zébré	Pesce chirurgo sohol	Acanthurus sohal
Arc-eye hawkfish	Monokel Büschelbarsch	Epervier strié	Pesce falco monocolo	Paracirrhites arcatus
Argentine	Glasauge	Poisson d'argent	Argentina o pesce d'argento	Argentina sphyraena
Atlandic cod	Kabeljau	Morue commune	Merluzzo	Gandus morhua
Atlantic bonito	Pelamide, Bonito	Bonite à dos rayé	Tonnetto o palamita	Sarda sarda
Atlantic croaker	Atlerfisch	Tambour brésillien	Pesce rana atlantico	Micropogonias undulatus
Atlantic salmon	Lachs	Saumon atlantique	Salmone atlantico	Salmon salar
Atlantic tarpon	Atlantik-Tarpun	Tarpon	Tarpone	Megalops atlanticus
Atlantic white marlin	Marlin	Makaire blanc de l'Atlantique	Marlin	Tetrapturus albidus
Axillary seabream	Meerbrasse (I)	Pageot blanc	Pagello spagnolo	Pagellus acarne
Axillary wrasse	Mittelmeerlippfisch	Crénilabre méditerranéen	Donzella mediterranea	Symphodus mediterraneus

B

Bahamas sawshark	Adlerfisch	Requin scie d'Amerique	Squalo delle bahamas	Pristiophorus schroederi
Ballan wrasse	Gefleckter Lippfisch	Vieille	Cernia	Labrus bergylta
Balloonfish	Ballon – Igelfisch	Porc-épine ballon	Pesce palla	Didon holocanthus
Baltic vimba	Russnase	Vimbe		Vimba vimba

789

Fischlexikon

ENGLISCH	DEUTSCH	FRANZÖSISCH	ITALIENISCH	LATEIN
Bandcheek wrasse	Wangenstreifen Prachtlippfisch	Vieille à lignes violettes	Labride violaceo	Oxycheilinus digrammus
Banded snake eel	Ringenschlangenaal	Anguille-serpent annelée	Anguilla colubrina	Myrichthys colubrinus
Bannerfish	Gemeiner Wimpelfisch	Poisson-cocher commun	Pesce farfalla bandiera	Heniochus acuminatus
Bannerfish	Wimpelfisch		Chetodonidi	Heniochus (fam.chaetod.)
Barbel	Barbe	Barbel / Barbet	Barbo	Barbus barbus
Barbier	Roter Fahnenbarsch	Barbier plat	Anthias	Anthias anthias
Barracuda	Pfeilhecht	Brochet de mer	Luccio di mare o sfirena comune	Sphyraena sphyraena
Basking shark	Riesenhai	Pelerin	Centorino	Cetorhinus maximus
Bastard sole	Seezunge	Sole-perdix juive	Sogliola teofila	Microchirus theophila
Batavian batfish	Buckel Fledermausfisch		Bataviano	Platax batavianus
Batavian batfish	Buckelkopf Fledermausfisch		Pesce pipistrello bataviano	Platax batavianus
Bearded brotula	Scheibenbauch	Brotule barbée	Brotola	Brotula barbata
Beled cardinalfish	Gürtel-Kardinalbarsch		Pesce cardinale dal collare	Apogon townsendi
Belica	Moderlieschen	Lampris		Leucaspius delineatus
Bicolor blenny	Zweifarben-Wippschwimmer	Blennie bicolore	Bavosa bicolore	Ecsenius bicolor
Bicolor blenny	Zweifarben-Wippschwimmer	Blennie bicolore	Bavosa bicolore	Ecsenius bicolor
Bicolor parrotfish	Masken Papageifisch	Perroquet bicolore	Pesce pappagallo bicolore	Cetoscarus bicolor
Big picarel	Laxierfisch	Mendole commun	Menola comune	Spicare maena

790

Fischlexikon

ENGLISCH	DEUTSCH	FRANZÖSISCH	ITALIENISCH	LATEIN
Bigeye emperor	Grossaugen Strassenkehrer	Empereur bossu	Pesce imperatore occhio grosso	Monotaxis grandoculus
Bigeye squirrelfish	Weisssaum-Soldatenfisch	Poisson-soldat à grand yeux	Pesce soldado dagli occhi grossi	Myripristis murdjan
Bigeye tuna	Grossaugenthun	Thon aux grands yeux	Tonno	Thunnus obesus
Bighead carp	Gefleckter Silberkarpfen	Carpe marbrée	Carpa	Aristichthys nobilis
Bignose unicornfish	Vlamings-Nasendoktor	Nason zébré	Pesce unicorno maggiore	Naso vlamingi
Bigscale scorpionfish	Grosser Drachenkopf	Rascasse rouge	Scorfano rosso	Scorpaena scrofa
Bitterling	Bitterling	Bouvère		Rhodeus sericeus
Black bullhead	Schwarzer Katzenwels	Poisson chat	Pesce toro nero	Amerius melas
Black goby	Schwarzgrundel	Gobye noire	Gobide nero	Gobius niger
Black marlin	Schwarzer Marlin	Makaire noir	Marlin nero	Makaira indica
Black seabream	Seekarpfe	Dorade gris	Cantarella o tanuta	Sponddyliosoma cantharus
Black spotted sweetlips	Schwarztupfen-Süsslippe	Gaterin tacheté	Gaterino o grugnitore maculato	Plectorinchus gaterinus
Black-saddled toby	Sattel-Krugfisch	Canthigaster à selles	Pesce palla fasciato	Canthigaster valentini
Blackeye rabbitfish	Trauerauge-Kaninchenfisch		Pesce coniglio mascherato	Siganus puelloides
Blackeye rabbitfish	Traueraugen-Kaninchenfisch		Pesce coniglio mascherato	Siganus puelloides
Blackfin barracuda	Querband-Barrakuda	Barracuda à negeoires noires	Barracuda pinna nera	Sphyraena qenie
Blackmounth catshark	Katzenhai	Bardoulin	Gattuccio boccanera	Galeus melastomus

791

Fischlexikon

ENGLISCH	DEUTSCH	FRANZÖSISCH	ITALIENISCH	LATEIN
Blackmouth catshark	Schwarzmundiger Hundshai	Chien espagnol	Gattuccio boccanera	Galeus melastomus
Blackspot seabream	Blaubarsch	Pageot rose	Pagello	Pagellus bogaraveo
Blackstripe cardinalfish	Schwarzband-Kardinalfisch	Apogon à rayures noires	Pesce cardinale a strie nere	Apogon nigrofasciatus
Blacktip grouper	Baskenmütze Zackenbarsch	Mérou oriflamme	Cernia	Epinephelus fasciatus
Blacktip reef shark	Schwarzspitzenhai	Reaquin pointes noires	Squalo pinna nera oceanico	Charcharhinus melanopteras
Bleak	Ukelei	Ablette	Leucisco	Alurnus alburnus
Blenny	Schleimfisch	Blennie	Blennidi	Blennius
Blenny	Schleimlerche		Blennide	Lipophrys pholis
Blonde ray	Blonde	Raie blanche	Razza coda corta	Raja brachyura
Blue chromis	Blauer Chromis		Catagnola blu	Chronis cyanea
Blue chromis	Blauer Chromis	Petite castagnole	Castagnola blu	Chromis cyanea
Blue damselfish	Mönchfisch		Castagnola	Chromis chromis
Blue marlin	Blauer Marlin	Makaire bleu	Marlin blu	Makaira nigricans
Blue ringed angelfish	Ring-Kaiserfisch	Poisson-ange annelé	Pesce angelo a righe blu	Pomacanthus annulartis
Blue shark	Blauer Hai	Requin bleu	Verdesca	Prionace glauca
Blue whale	Blauwal	Balénoptère commun	Balenottera comune	Balenoptera musculus
Blue whiting	Blauer Wittling	Merlan bleu	Postassolo	Micromesistius poutassou
Blue-green damselfish	Grüner Schwalbenschwanz		Castagnola azzurra	Chromis viridis

792

Fischlexikon

ENGLISCH	DEUTSCH	FRANZÖSISCH	ITALIENISCH	LATEIN
Blue-green-damselfish	Grüner Schwalbenschwanz		Castagnola azzurra	Chromis viridis
Blue-spotted ray	Blaupunkt-Stechrochen	Pastenague queue à ruban	Trigone dalla maccie blu	Taeniura lymna
Bluebarred parrotfish	Blaubinden Papageifisch	Perroquet-souris	Pesce pappagallo	Scarus ghobban
Blueface angelfish	Blaumasken-Kaiserfisch	Poisson-ange à tête bleu	Pesce angelo	Pomacanthus xanthometopon
Bluefin tuna	Grosser Thunfisch	Thon rouge	Tonno	Thunnus thynnus
Bluelined snapper	Blaustreiffen-Schnapper	Lutjan à lignes bleu	AzzannatOre striato	Lutjanus kasmira
Bluelined snapper	Blaustreiffenschnapper	Lutjan à lignes bleues	Azzannatore striato	Lutjanus kasmira
Bluespotted cornetfish	Blauflecken Flötenfisch	Poisson-trompette	Pesce scatola cornuto maculato	Fistularia tabacaria
Bluestreak cleaner wrasse	Gemeiner Putzerfisch	Labre nettoyeur	Labride pulitore	Labroides dimidiatus
Bluestriped fangblenny	Blaustreifen-Säbelzahnschleimfisch	Blennie à rayure bleue	Blennide a strisce azzure	Plagiotremus rhinorhynchus
Bluntnose six-gill shark	Stierhai (I)	Mounge gris	Notidano grigio	Hexanchus griseus
Boarfish	Eberfisch	Sanglier / Sarsotin	Pesce cinghiale	Capros aper
Bogue	Blöker	Bogue	Boga	Boops boops
Bottenose dolphin	Grosser Tümmler	Grand dauphin	Tursiope	Tursiops truncatus
Bramble shark	Stachelhai	Squale bouclé	Squalo spinoso od echinorino	Echinorhinus brucus
Brill	Glattbutt	Barbue	Rombo liscio	Scophthalmus rhombus
Broomtail wrasse	Besenschwanz-Prachtlippfisch	Labre à franges	Tordo festonato	Cheilinus lunulatus
Brown meagre	Meerrabe	Corb noir	Pesce corvo o corvina	Sciaena umbra

Fischlexikon

ENGLISCH	DEUTSCH	FRANZÖSISCH	ITALIENISCH	LATEIN
Brown sccorpionfish	Brauner Drachenkopf	Rascasse brune	Scorfano bruno	Scorpaena porcus
Brown trout	Bachforelle	Truite commune	Trota	Salmo trutta fario
Brown wrasse	Brauner Lippfisch	Merle	Tordo di mare o leppo	Labrus merula
Brown-barred goby	Grüne Höhlengrundel	Gobie à taches blanches	Gobide bimaculato	Amblygobius albimaciulatus
Bullshark	Steierhai (II)	Requin bouledouge	Squalo leuca (toro)	Charcharhinus leucas
Burbot	Alrope	Moutelle	Lota	Lota lota
Butter hamlet	Butterhamletbarsch		Donzel:a	Hypoplctrus unicolor
Butterflyfish	Falterfisch	Poisson-papillon	Chetodonidi	Chaetodon fam.

C

ENGLISCH	DEUTSCH	FRANZÖSISCH	ITALIENISCH	LATEIN
California scorpionfish	Drachenkopf		Scorfano californiano	Scorpaena guttata
Capelin	Lodde	Capelan		Mallotus villosus
Cardinalfish	Meerbarbenkönig	Roi des rougets	Pesce Cardinale	Apogon imberbis
Charr	Saibling	Omble chevalier	Trota di lago	Salvelinus alpinus
Checkerboard wrasse	Schachbrettjunker	Labre échiquier	Foca grigia	Halichoeres hortulanus
Cherry salmon	Masu-Lachs	Saumon japonais	Salmone giapponese	Oncorhynchus masou masou
Chinook salmon	Königslachs	Saumon chinook	Salmone reale	Oncorhynchus tshawytscha
Chub	Döbel	Chevaine	Ghiozzo	Leucisus cephalus
Chub	Kaukasischer Döbel	Mulet	Ghiozzo	Leuciscus cephalus

794

Fischlexikon

ENGLISCH	DEUTSCH	FRANZÖSISCH	ITALIENISCH	LATEIN
Chub mackerek	Spanische Makrele	Hareng du Makreel	Lanzardo	Scomber japonicus
Circular batfish	Rundkopf-Fledermausfisch	Platax, poule-d'eau	Pesce pipistrello a disco	Platax orbicularis
Clark's anemonefish	Clarks Anemonenfisch	Clark	Pesce pagliaccio di clark	Amphipirion clarkii
Clown coris	Spiegelfleck-Lippfisch	Labre-clown	Donzella	Coris aygula
Clown triggerfish	Leopardendrückerfisch	Baliste-clown	Balestra pacliaccio	Balistoldes conspicillum
Cockatoo waspfish	Kakadu-Schaukelfisch	Poisson-feulle cacatoès	Pesce vespa	Ablabys taeniantonus
Cods	Schellfisch	Habillot	Egelfino	Melanogrammus aeglefinus
Comber	Sägebarsch	Serran chevrette	Perchia o sciarrano	Serranus cabrilla
Comet longfin	Echter Mirakelbarsch			Calloplesiops altivelis
Commerson's Cornetfish	Flötenfisch (I)	Poisson-flûte	Pesce trombetta cornuto	Fistularia commersonii
Common carp	Karpfen	Carpe commun	Carpa comune	Cyprinus carpio carpio
Common crocodilefish	Teppich Krokodilsfisch	Poisson crocodile, Tête plate	Pesce coccodrillo	Papilloculieps longiceps
Common cuttlefish	Gemeine Sepia	Sèche	Seppia comune	Sepia officinalis
Common cuttlefish	Gemeiner Tintenfisch	Seiche commune	Seppia comune	Sepia officinalis
Common dace	Hasel	Coucie	Lasca comune	Leuciscus leuciscus
Common dolphinfish	Goldmakrele	Coryphène commune	Lampuga	Coryphaena hippurus
Common european bass	Wolfsbarsch	Loup de mer	Spigola o branzino	Dicentrachus labrax
Common nurse shark	Gewöhnlicher Ammenhai	Requin dormeur	Squalo nutrice	Nebrius ferrugineus
Common pandora	Rotbrassen	Pageot commun	Pagello	Pagellus erythrinus
Common sea bream	Gemeine Sackbrasse	Pagre commun	Pagaro	Pagrus pagrus

Fischlexikon

ENGLISCH	DEUTSCH	FRANZÖSISCH	ITALIENISCH	LATEIN
Common stingray	Gemeiner Stechrochen	Pastenague commune	Trigone comune	Dasyatis pastinaca
Commonb whitefish	Blaufelchen	Corégone marene	Lavarello bianco comune	Coregonus lavaretus
Concer-eel	Meeraal	Congre	Grongo	Conger conger
Corkwing wrasse	Schwarzaugiger Lippfisch	Crénilabre mélops	Donzella	Symphodus melops
Cornetfish	Flötenfisch (II)	Cornette	Fistularidi	Fistulariidae fam.
Cornish sucker	Bandschild	Porte-écuelles	Succiascoglio	Leopadogaster
Cresent-tail bigeye	Gewöhnlicher Grossaugenbarsch	Gros-yeux commun	Occhi grossi	Priacanthus hamrur
Cresent-tall bigeye	Gewöhnlicher Grossaugenbarsch	Gros-yeux commun	Occhi grossi	Priacanthus hamrur
Crown butterflyfish	Rotfleck-Faltenfisch	Poisson-papillun citron	Pesce farfalla coronato	Chaetodon paucifasciatus
Crown of thorns	Dornenkrone		Stella corona di spine	Acanthasar planci
Crown of thorns	Dornenkrone		Stella corona di spine	Acanthasar planci
Crucian carp	Bauernkarpfen	Carache	Carpa	Carassius carassius
Cuckoo ray	Kuckucksrochen	Raie fleurie	Razza	Leucoraja naevus

D

ENGLISCH	DEUTSCH	FRANZÖSISCH	ITALIENISCH	LATEIN
Dab	Scharbe	Limande	Limanda	Limanda limanda
Devil ray	Kleiner Teufelsrochen	Mante	Diavolo di mare o mobulua	Mobula mobular
Dolphinfish	Dorado	Coryphhène commune	Lampuga imperiale	Squalus acanthias

Fischlexikon

ENGLISCH	DEUTSCH	FRANZÖSISCH	ITALIENISCH	LATEIN
Dotted spinecheck	Arab. Scheinschnapper	Brême de mer arabe	Abramido arabo	Scollopsts ghanam
Dotted spinecheck	Arabischer Scheinschnapper	Brême dearabe	Aramide arabo	Scolopsis ghanam
Doublebar goatfish	Doppelband Meerbarbe	Rouget-barbet à deux taches	Trilia a due macchie	Parupeneus bifasciatus
Drums	Trommler (I)	Corb	Scienide	Sciaenidae fam.
Drums	Trommler (II)		Ombrinidi	Equetus (fam. Omber)
Dusky shark	Blauhai / Düstere Hai	requin de sable	Squalo grigio	Carcharhinus obscurus

E

ENGLISCH	DEUTSCH	FRANZÖSISCH	ITALIENISCH	LATEIN
Eagle ray	Adlerroche	Aigle de mer	Aquilla di mare	Myliobatis aquila
Eagle-ray	Meeradler	Raie-aigle	Aquilla di mare	Myliobatis aquila
Eastern mudminnow	Amerikanischer Hundsfisch	Petit poisson chien	Ombrina	Umbra pygmaea
Elongate surgeonfish	Schwarzdorn-Doktorfisch	chirurgien à queue blanche	Pesce chirurgo occhio giallo	Acanthurus mata
Ember parrotfish	Nasenhöcker Papageifisch	Perroquet-prairie	Pesce pappagallo ambrato	Scarus rubroviolaceus
Emperor angelfish	Imperator-Kaiserfisch	Poisson-empereur	Pesce angelo imperatore	Pomacanthus imperator
Emperors	Strassenkehrer	Bec-de-cane	Letrinidi	Lethrinidae fam.
Estuarine stonefish	Flussmündungs Steinfisch	Poisson-pierre d'estuaire	Pescce pietra	Synanceia horrida
Eurasian minnow	Elritze	Arlequin	Carpa asiatica	Phoxinus phoxinus
European brook lampry	Bachneunauge	Lamproie de planer	Lampreda europea	Lamprea europea

Fischlexikon

ENGLISCH	DEUTSCH	FRANZÖSISCH	ITALIENISCH	LATEIN
European bullhead	Groppe	Chabot	Pesce toro europeo	Cottus gobio
European eel	Flussaal	Anguille	Anguilla europea	Anguilla Anguilla
European hake	Hechtdorsch	Merlu européen	Merluzzo	Merluccius merluccius
European hake	Seehecht (II)	Ânon	Merluzzo	Merluccius merluccius
European perch	Flussbarsch	Perche Americaanse gele	Perchia europea	Perca fluviatilis
European river lamprey	Flussneunauge	Lamproie de rivière	Lampreda di fiume	Lampetra fluviatilis
European seahorse	Seepferdchen	Cheval marin	Cavallucio marino	Hippocampus hippocampus
European smelt	Stint	Eperlan	Eperlano europeo	Osmerus eperlanus
European sprat	Anchovis	Amalette	Sprattc o papalina	Sprattus sprattus linnaeus
Eyed electric ray	Augenzitterrochen / Gefleckter Zitterrochen	Tropille tachetée	Torpedine comune ochc.	Torpedo torpedo

F

ENGLISCH	DEUTSCH	FRANZÖSISCH	ITALIENISCH	LATEIN
False moorish idol	Schwarm-Wimpelfisch		Pesce farfalla bandiera	Heniochus diphreutes
False stonefish	Buckel-Drachenkopf	Faux poisson-pierre	Falso pesce pietra	Scorpaenopsis diabolus
Fifteen-spine stickleback	Seestichling	Epinoche de mer	perchia quindici spine	Spinachia spinachia
Fire dartfish	Pracht-Schwertgrundel	Poisson de feu	Pesce di fuoco	Nemateleotris magnifica
Five-banded bream	Fünfbindenbrasse	Sar rubanné	Sargo a 5 bande	Diplodus cervinus
Five-spotted wrasse	Fünfeckiger Lippfisch	Crénilabre à cinq tasches	Donzella	Symphodus roissali
Fivebeard rockling	Fünfbärtelige Seequappe	Motelle à cinq	Motello del baltico	Ciliata mustela

798

Fischlexikon

ENGLISCH	DEUTSCH	FRANZÖSISCH	ITALIENISCH	LATEIN
Fiveline cardinalfish	Fünflinien-Kardinalbarsch	Apogon à cinq lignes	Pesce cardinale a 5 strie	Cheilodipterus quinquelineatus
Flying fish	Fliegender Fisch	Poisson volant	Pesce volante orientale	Exocoetus volitans
Fourbeard rocklimg	Vierbärtelige Seequappe	Motelle à quatre barbillons		Enchelyopus cimbrius
Fox shark	Fuchshai	Requin renard	Squalo volpe	Alopias vulpinus
Freckled hawkfish	Forsters Büschelbarsch	Poisson faucon à taches de rousseur	Folco di Forster	Paracirrhites forsteri
Freckled-porcupinefish	Langstachel Igelfisch	Poisson-porc-épic à taches	Pesce istrice striato	Diodon holacanthus
Frigate tuna	Fregattmakrele	Auxide	Tonno fregata	Auxis thazard thazard
Frog fish	Froschfisch	Baudroie	Rana pescatrice	Lophius piscatorius

G

ENGLISCH	DEUTSCH	FRANZÖSISCH	ITALIENISCH	LATEIN
Garfish	Hornhecht	Aiguille	Aguglia	Belone belone
Giant moray	Riesenmuräne	Murène géante	Murena gigante	Gymnothorax javanicus
Giant pufferfish	Riesenkugelfisch	poisson-ballon géant	Pesce palla stellato	Arothon stellatus
Giant sea bass	Riesenjudenfisch	Barréan géant	Perchia gigante californiana	Stereolepis gigas
Giant squirrelfish	Riesenhusar	Soldat armé	Pesce scoiattolo coda rossa	Sargocentron spiniferum
Giant triggerfish	Riesendrückerfisch	Baliste à moustache	Balestra titano	Balistoides viridescens

Fischlexikon

ENGLISCH	DEUTSCH	FRANZÖSISCH	ITALIENISCH	LATEIN
Gilthead seabream	Goldbrasse	Dorade royale	Orata	Sparus auratus
Giant gourami	Gurami	Gourami	Gurami giganti	Osphronemus goramy
Glassy sweeper	Kupfer-Beilbauchfisch		Pesco vetro	Pempheris schomburgki
Glowfish	Goldfleck Strassenkehrer	Empreur strié		Gnathoddentex aurolineatus
Gold specked prawn-goby	Grundel		Gobide commensale dorato	Ctenogobiops pomasticus
Gold-striped sardine	Grosse Sardine	Allache	Alaccia	Sardinella aurita
Goldbody trevally	Goldkörper-Makrele	Carangue à points orange	Carangide giallo (trevally)	Carangoides bajed
Golden cardinalfish	Sonnenkardinalbarsch	Apogon doré	Pesce catdinale dorado	Apogon aureus
Golden Goby	Gold-Meergrundel	Gobie doré	Gobide dorado	Gobius auratus
Golden goby	Gold-Meergrundel	Gobie doré	Gobide dorato	Gobius auratus
Golden grey mullet	Goldmeeräsche	Mulet doré	Muggine dorato	Liza aurata
Golden pollock	Pollak	Merluche blanche	Pollock	Pollachius pollachius
Golden redfish	Grosser Rotbarsch	Grand sébaste	Pesce scorpione marino	Sebastes marinus
Golden trevally	Schwarzgoldene Pilotmakrele	Carangue royale jaune, carangue dorée	Carnide reale	Gnathanodon speciosus
Goldfish	Goldfisch	Carassin dorée	Carassio dorato	Carassius auratus auratus
Goldsinny –wrasse	Klippenbarsch	Rouquié	Labride rosso	Ctenolabrus rupestris
Gorgonian dwarfgoby	Gorgonien Zwerggrundel	Gobie naine des gorgones	Gobide nano delle gorgonie	Bryaninops amplus
Gowan's clingfish	Ansauger	Lépadogaster de Gouan	Succiascoglio	Lepadogaster lepadogaster

Fischlexikon

ENGLISCH	DEUTSCH	FRANZÖSISCH	ITALIENISCH	LATEIN
Grass carp	Graskarpfen	Carp amour	Carpa	Ctenopharyngodon idellus
Gray snapper	Grauer-Schnapper	Lutjan gris	Azzannatore grigio	Lutjanus griseus
Grayling	Äsche	Ombre	Temolo	Thymallus arcticus
Greasy grouper	Gefleckter Zackenbarsch	Mérou loutre	Cerna manculata	Epinephelus tauvina
Great barracuda	Grosser Barakuda	Grand Barracuda	Grande barracuda	Sphyraena barracuda
Great hammerhead	Grosser Hammerhai	Grand requin-marteau	Squalo martello maggiore	Sphyrna mokkaran
Great sandeel	Grosser Sandaal	Lacon commun	Grande murena di sabbia	Hyperoplus lanceolatus
Great sandeel	Sandspierling	Laçon commun	Grande murena di sabbia	Hyperoplus lanceolatus
Great white shark	Grosser weisser Hai	Grandrequin blanc	Squalo bianco	Carcharodon carcharius
Greater weever	Gewöhnliches Petermännchen	Grand vive	Tracina dragone	Trachinus draco
Green wrasse	Meerdrossel	Labre vert	Labride verde	Labrust turdus
Greenland cod	Grönland-Dorsch	Morue de roche	Merluzzo della groenlandia	Gadus ogat
Greenland shark	Eishai	Laimargue du Groenla.	Squalo glaciale	Somniosus microcephalus
Grey gurnard	Grauer Knurrhaahn	Grondin gris	Gallinella grigia	Chelidonichthys gurnardus
Grey reef shark	Grauer Riffhai	Requin gris	Squalo grigio (di barriera)	Carcharhinus amblyrhynchos
Grey wrasse	Grauer Lippfisch	Crénilabre cendré	Donzella cinerea	Symphodus cinereus
Grouper	Brauner Zackenbarsch	Mérou noir	Cernia gigante	Epinephelus guaza
Grouper	Zackenbarsch	Mérou	Cernia	Serranus gigas
Gudgeon	Gründling	Grougnon	Ghiozzo	Gobio gobio

Fischlexikon

ENGLISCH	DEUTSCH	FRANZÖSISCH	ITALIENISCH	LATEIN
Guineafowl moray	Weissmaulmuräne	Muréne voie lactée	Murena dal collare	Gymnothorax meleagris
Guitarfish	Atlantik Gittarenroche	Poisson–guitarre tacheté	Pesce chitarra	Rhinobatus lentignosus
Gulf flounder	Golf - Butt	Cardeau trois yeux	Rombo	Paraalichthys albigutta
Gunny shark	Australischer Glatthai	Emissole gommée	Palombo	Mustelus antarcticus
Guppy	Molly		Pecilia	Poecilia reticulata
Gurnards	Knurrhahn (II)	Grondin	Triglidi	Triglidae family
H				
Haddocks	Fischkuchen	Bourricot	Eglefino	Melanogrammus
Hake	Seehecht (III)	Merlu	Merluzzo	Merluccius
Halibut	Heilbutt	Flétan de l'Atlantique	Halibut	Hippoglossus hippoglossus
Headband butterfly	Halsband-Falterfisch	Papillon à collier blanc	Pesce farfalla dal collare	Chaetodon collare
Herring	Hering	Hareng de l'Atlantique	Aringa	Clupea harengus
Honeycomb moray	Grosse Netzmuräne	Muréne-leopard	Murena tessellata o favo	Gymnothorax favagineus
Hooknose	Steinpicker	Souris de mer	Agonide	Agonus cataphractus
Horse mackerel	Bastardmakrele	Cheuchard	Sugarello o suro	Trachurus trachurus
Horseshoe crabs	Pfeilschwanzkrebse		Limulo	Limulus polyphemus
Houting	Grosse Muräne	Lavoret	Lavar. Bianco comune	Coregonus oxyrinchus
Humphead wrasse	Napoleon	Napoléon	Pesce napoleone	Cheilinus undulatus

802

Fischlexikon

ENGLISCH	DEUTSCH	FRANZÖSISCH	ITALIENISCH	LATEIN
I				
Ide	Orfe	Ide mélanote		Leuciscus idus
Indian bannerfish	Fantom-Wimpelfisch		Pesce portaestandarte del Indico	Heniochus pleurotaenia
Indian bannerfish	Fantom-Wimpelfisch		Pesce farfalla bandiera cornuto	Heniochus pleurotaenia
Indian mackerel	Indische Makrele	Maquereau trapu	Mako indiano	Rastrelliger brachysoma
Indian Ocean steepheaded parrotfish	Indischer Buckelkopf	Parroquet grand bleu	Pesce pappagallo indiano	Scarus strongycephalus
Indian sailfin tang	Indischer Segelflossendoktor	Chirurgien voilier	Pesce chirurgo dalla vela	Zebrasom desjardinii
Indigo hamlet	Indigo-Hamletbarsch		Donzella	Hypoplectrus indigo
Indigo hamlet	Indigo-Hamletbarsch		Donzella	Hypoplectrus indigo
J				
Jackknife fish	Wimpelrittfisch	Poisson couteau	Ombrina lanceolata	Equetus lanceolatus
Japanese eel	Japanischer Aal	Anguille de japon	Anuilla giapponese	Anguilla japonica
Japanese pilchard	Japanische Sardine	Pilchard du Japon	Sardina giapponese	Saldinops melanostictus
Jewel fairy basslet	Juwelen-Fahnenbarsch	Anthias barbier	Anthias o castagnola rossa	Pseudanthias squamipinnis
Jewel grouper	Juwelen Zackenbarsch	Mérou rouge	Cernia die coralli	Cephalopholis miniata

Fischlexikon

ENGLISCH	DEUTSCH	FRANZÖSISCH	ITALIENISCH	LATEIN
John dory	Heringskönig	Dorée	Pesces san pietro	Zeus faber
John dory	Petersfisch	St. Pierre	Pesce san pietro	Zeus faber
John's snapper	Johns Schnapper	Lutjan de John	Azzannatore di john	Lutjanus johnii

K

Kawakawa	Falsche Bonito	Thonine orientale	Tonnetto o alletterato	Euthynnus affinis
Klunzinger's wrasse	Rotmeerjunker	Girelle paon de Klunzinger	Tordo di klunzingeri	Thalassoma klunzingeri

L

Lake whitefish	Felchen	Corécone lac	Coregone di lago	Coregonus clupeaformis
Largemouth bass	Forellenbarsch	Perche d'Amérique à petite bouche	Pesce persico	Micropterus salmoides
Largemouth bass	Grossmäuliger Schwarzbarsch	Perche truite	Pesce Persico	Micropterus salmoides
Largetoohed cardinalfish	Tigerkardinalbarsch	Apogon à grandes dents	Pesce cardinale	Cheilodipterus macrodon
Lemon sole	Rotzunge (I)	Limande-sole commune	Limanda	Microstomus kitt
Lemon-butterflyfish	Masken-Falterfisch (I)	Poisson-papillon jaune	Pesce farfalla dal muso	Chaetodon semilarvatus
Leonard's common goby	Strandgrundel	Gobie tacheté	Gobide comune	Pomatoschistus microps
Leopard flouder	Phanter-Butt	Turbot-léopard	Rombo di rena	Bothus pantherinus

Fischlexikon

ENGLISCH	DEUTSCH	FRANZÖSISCH	ITALIENISCH	LATEIN
Leopard flounder	Phanther-Butt	Turbot-léopard	Rombo di rena	Bothus pantherinus
Leopard goby	Leopardengrundel	Gobie léopard	Ghiozzo leopardato	Thorogobius ephippiatus
Lesser sand-eel	Sandaal		Murene di sabbia minori	Ammodytes marinus
Lesser spotted dogfish	Kleingefleckter Katzenhai	Petite roussette	Gattuccio minore	Scyliorhinus canicula
Ling	Leng	Linque	Molva	Molva molva
Lionfish	Indischer Rotfeuerfisch	Poisson-lion	Pesce scorpione	Pterois miles
Little gulper	Dornhai	Petit squale-changrin	Centroforo boccanera	Centrophorus uyato
Loggerhead turtle	Unechte Karette	Caouanne	Tartaruga comune	Caretta caretta
Long-nosed butterflyfish	Langmaul-Pinzettfisch	Poisson-pincette jaune	Pesce farfalla naso lungo	Forcipiger flavissimus
Long-snouted seahorse	Langschnautziges-Seepferdchen	Hippocampe moucheté	Cavalluccio marino ramuloso	Hippocampus ramulosus
Long-snouted wrasse	Schnauzenlippfisch	Siblaire	Donzella rostrata	Symphodus rostratus
Long-spine porcupinefish	Gewöhnlicher Igelfisch	Porc.épic ballon	Pesce istrice a spine lunghe	Diodon hystix
Longfin batfish	Langflossen-Fledermausfisch		Pesce pipistrello pianna lunga	Platax teira
Longnose hawkfish	Langschnautzen-Büschelbarsch	Poisson faucon à long nez	Pesce falco	Oxycirrhites typus
Longnosed skatae	Spitzenschnauzenrochen	Alène	Occhiata dal muso lungo	Dipturus oxyrinchus
Longspined bullhead	Seebull	Chabot de mer	Pesce toro	Taurulus bubalis
Longstriped blenny	Längsband Schleimfisch	Blennie de roux	Blennide rosso	Parabennius rouxi
Lumpsucker	Seehase	Lompe	Lompo	Cyclopterus lumpus
Lunartail trout	Mondsichel Juvelenbarsch	Mérou croissant de lune	Cernia falcata	Variola louti

Fischlexikon

ENGLISCH	DEUTSCH	FRANZÖSISCH	ITALIENISCH	LATEIN
Lyretail hogfish	Zweifarben-Schweinslippfisch	Chaudène	Labride dalla coda a lira	Bodianus anthiodes
M				
Mackerel	Makrele	Maquereau commun	Sgombro	Scomber scombrus
Mahagony Snapper	Mahagoni-Schnapper	Vivaneau voyeur	Azzannatore	Lutjanus mahagoni
Maiden goby	Jungfrau-Schläfengrundel	Gobie tachetée d'orange	Giozzo donzella	Valenciennea puellaris
Maldive blenny	Halsband Wipperschwimmer	Blennie des Maldives	Bavosa delle maldive	Ecsenius minutus
Maldive blenny	Halsband-Wippschwimmer	Biennie des Maldives	Bavosa delle maldive	Ecsenius minutus
Maldives anemonefish	Malediven Anemonenfisch	Poisson-clown des Maldives	Pesce pagliaccio delle maldive	Amphiprion nigripes
Manta ray	Manta	Manta géante	Manta gigante	Manta birostris
Marbled electric ray	Marmorzitterrochen	Torpilla marbrée	Torpedine marezzata	Torpedo marmorata
Masked bannerfish	Masken Wimperfisch		Pesce farfalla	Heniochus monoceros
Masked pufferfish	Maskenkugelfisch	Poisson-globe masqué	Pesce palla mascherato	Arothron diadematus
Meagre	Umberfisch	Courbine	Corvina	Argyrosmus regius
Mediteranean moray	Mittelmeer Muräne	Murène	Murena mediterranea	Muraena helena
Megamouth shark	Riesenmaulhaie		Squalo elefante	Megachasma pelagios
Megrim	Flügelbutt		Rombo	Lepidorhombus whiffiagonis

Fischlexikon

ENGLISCH	DEUTSCH	FRANZÖSISCH	ITALIENISCH	LATEIN
Meyer's butterflyfish	Meyers Faltenfisch	Poisson pappilon de Meyer	Pesce farfalla di meyer	Chaetodon meyeri
Midas blenny	Neonaugen-Wippschwimmer	Blennie de Midas	Bavosa di Midas	Ecsenius midas
Milkfish	Milchfisch	Chanos		Chanos chanos
Mimic filefish	Schwarzsattel-Feilenfisch	Monacanthe à selles noires	Pesce flauto nero	Paraluteres prionorus
Mississippi paddlefish	Löffelstör		Storione del Missisipi	Polyodon spathula
Montagus seasnail	Kleiner Scheibenbausch		Pesce lumaca di montagu	Liparis montagui
Moonfish	Gotteslachs		Salmone	Lampris guttatus
Moorish idol	Halfterfisch	Idole maure	Idolo moresco	Zanclus cornutus
Multibar pipefish	Geringelte Seenadel	Syngnathe annelé	Pesce ago fantasma anellato	Doryrhamphus multiannulatus

N

ENGLISCH	DEUTSCH	FRANZÖSISCH	ITALIENISCH	LATEIN
Nautilus	Nautilus	Nautilus	Nautilus	Nautilus pompillus
Nautilus	Nautilus	Nautilus	Nautilus	Nautilus pompilius
Network pipefish	Netzseenadel	Syngnathe à résaux	Pesce ago fantasma reticolato	Corythoichtys flavofasciatus
Nilson's pipefish	Kleine Seenadel	Petite aiguille de mer	Pesce flauto rostrato	Syngnathhus rostellatus
Ninespine stickleback	Zwergstichling	Epinoche à neuf épines	Perchia a nove spine	Pungitius pungitius

Fischlexikon

ENGLISCH	DEUTSCH	FRANZÖSISCH	ITALIENISCH	LATEIN
North african catfish	Aalbüschelwels	Poisson-chat nortd-africain	Pesce gatto del norte de Africa	Clarius gariepinus
North pacific hake	Seehecht (I)	Merlu du Pacifique nord	Merluzzo	Merluccius productus
Northern pike	Hecht	Brouchet	Luccio del nord	Esox lucius
Norwegian topknot	Zwergbutt	Targie naine	Rombo norvegese	Phrynorhombus norvegicus
Nursehound	Hundshai (II)	Grande rousette	Gattuccio maggiore o gattopardo	Scyliorhinus stellaris

O

ENGLISCH	DEUTSCH	FRANZÖSISCH	ITALIENISCH	LATEIN
Ocean sunfish	Mondfisch	Mole	Pesce luna	Mola mola
Oceanic whitetip shark	Weiss-Spitzenhai	Requin blanc	Squalo pinna bianca oceanico	Carcharhinus longimanus
Ocellated wrasse	Augenlippfisch	Crénilabre ocelle	Donzella ocellata	Symphodus ocellazus
Orange filefish	Drückerfisch (I)	Bourse orange	Pesce lima arancione	Aluterus schoepfi
Orange-spotted emperor	Gelbflossen Strassenkehrer	Bec-de-cane à nageoires jaunes	Letrinidi Imperatore arancione	Lethrinus erythracanthus
Orca	Orka		Orca	Orcinus orca
Oriental sweetlips	Orientsüsslippe	Gaterin rayé	Gaterino orientale	Plectorinchus orientalis
Ornate wrasse	Meerpfau	Girelle paon	Donzella pavonina	Thalassoma pavo

808

Fischlexikon

ENGLISCH	DEUTSCH	FRANZÖSISCH	ITALIENISCH	LATEIN
P				
Pacific halibut	Pazifischer Heilbutt	Flétan du Pacifique	Halibut pacifico	Hippoglossus stenolepis
Pacific herring	Pazifischer Hering	Hareng du pacifique	Aringa del pacifico	Clupea pallasil
Painted comber	Schriftbarsch	Serran écriture	Cernia maculata	Serranus scriba
Painted goby	Fleckengrundel		Gobide	Pomatoschistus pictus
Palette surgeonfish	Paletten Doktorfisch	Chirurgien palette	Pesce chirurgo tavolozza	Paracanthurus hepatus
Panther torpedo ray	Zitterrochen	Raie-torpille de mer rouge	Torpedine maculata	Torpedo panthera
Parrot fish	Papageifisch	Poisson perroquet	Pesce pappagallo	Euscarus cretensis
Peacock wrasse	Pfauenlippfisch	Crénilabre paon	Donzella	Symphodus tinca
Peppered moray	Graue Muräne	Murène tatouée	Murena grigia	Siderea grisea
Pilchard	Sardine (II)	Pilchard	Sardina	Sardina pilchardus
Pilotfish	Pilotfisch	Poisson pilote	Pesce pilota	Naucrates ductor
Pink salmon	Buckelkopflachs	Saumon rose	Salmone rosa	Oncorhynchus gorbuscha
Pinnate batfish	Spitzmaul-Fledermausfisch		Pesce pipistrello ombreggiato	Platax pinnatus
Pipe fish	Grosse Seenadel	Aiguilette de mer	Pesce flauto	Syngnathus acus
Plaice	Scholle	Plie	Platessa	Pleuronectes platessus
Plain bonito	Ungestreifter Pelamide	Palomette	Palamita bianca	Orcynopsis unicolor
Polar cod	Polardorsch	Cabillaud	Merluzzo	Boreogadus saida
Pomfret	Brachsenmakrele	Grande castagnole	Castagnola	Brama brama
Pontic blenny	Pontischer Schleimfisch	Blennie pontique	Bavosa cervina	Blennius incognitus

809

Fischlexikon

ENGLISCH	DEUTSCH	FRANZÖSISCH	ITALIENISCH	LATEIN
Poor cod	Zwergdorsch	Capelan de Méditerranée	Pesce istrice	Trisopterus minutus
Porcupine fishes	Igelfisch	Porc-épic ballon		Diodontidae fam.
Pouting	Bartdorsch	Poule de mer		Trisopterus luscus
Powderblue surgeonfish	Weisskehldoktor	Chirurgien à poitrine blanche	Pesce chirurgo a strie blu	Acanthurus leucosternon
Prawn goby	Partnergrundel (I)	Gobie commensale	Gobide commensale	Cryptocentrus
Prawn goby	Partnergrundel (II)	Gobie commensale	Gobide commensale	Stonogobiops
Prawn goby	Partnergrundel (III)	Gobie commensale	Gobide commensale	Amblyeletotris
Prawn goby	Partnergrundel (IIII)	Gobie commensale	Gobide commensale	Ctenogobiops spp.
Probeagle	Heringshai	Requin-taupe commun	Smeriglio	Lamna nasus
Prussian carp	Giebel		Carpa gibelio	Carassius gibelio
Pumpkinseed	Sonnenbarsch		Pesce persico del nord america	Lepomis gibbosus
Pustulous scorpionfish	Pusteliger Drachenkopf	Rascasse pustuleuse	Scorfano	Scorpaena notata

Q / R

Queen angelfish	Diadem Kaiserfisch	Demoisell royal	Pesce angelo regina	Holacanthus ciliaris
Rabbitfish	Kaninchenfische	Sigan	Siganidi	Siganidae fam.
Raccoon butterflyfish	Masken Falterfisch (II)	Pavillon	Pesce farfalla mezza luna	Chaetodon lunula
Rainbow trout	Regenbogenforelle	Truite arc-en-ciel	Trota salmonata	Oncorhynchus mykiss
Rainbow wrasse	Meerjunker	Girelle royale	Donzella zingarella o pesce del re	Coris julis

Fischlexikon

ENGLISCH	DEUTSCH	FRANZÖSISCH	ITALIENISCH	LATEIN
Ratfish	Seeratte	Rat de mer	Chimera mediterranea	Chimaera monstrosa
Razorfish	Gestreifter Schnepfenmesserfisch	Poisson-couteau strié	Pesce rasoio	Aeoliscus strigatus
Red blackfaced blenny	Roter Dreiflossenschleimfisch	Tripérygion à bec rouge	Clinide dalle tre pinne	Tripterygion tripteronotus
Red damselfish	Rötling	Anthias	Donzella rossa	Anthias anthias
Red goatfish	Rote Meerbarbe	Rouget-barbet doré	Triglia rossa	Mullus auratus
Red gurnard	Knurrhahn (I)	Grondin rouge	Gallinella rossa o cappone imperiale	Aspitrigla cuculus
Red sea anemonefish	Rotmeer-Anemonenfisch	Poisson-clown à deux bandes	Pesce pagliaccio bifasciato	Amphiprion binictus
Red sea goatfish	Rotmeerbarbe	Rouget de mer Rouge	Triglia del maro rosso	Parupeneus forsskali
Red sea grouper	Rotmeer-Zackenbarsch	Mérou de mer rouge	Cernia del mar rosso	Cephalopholis hemistikos
Red sea racon butterflyfish	Tabak-Falterfisch	Poisseon-pavillon tabac	Pesce farfalla fasciato	Chaetodon fasciatus
Redcoat squirrelfish	Schwarzfleckenhusar	Poisson-écureuil à taches noires	Pesce scoiattolo a coda rossa	Sargocentron rubrum
Redfin butterflyfish	Rippen-Falterfisch	Chétodon à trois bandes	Pesce farfalla pinna rossa	Chaetodon trifasciatus
Redmouthed goby	Blutgrundel	Gobie sanglant	Gobide della bocca rossa	Gobius cruentatus
Redstriped goatfish	Rotstreifen-Meerbarbe	Rouget à ligne Rouge	Triglia a strie rosso	Perupeneus rubescens
Redtooth triggerfish	Rotzahn-Drückerfisch	Baliste à dents rouges	Balestra blu	Ordonus niger
Roach	Rotauge	Gardon		Rutilus rutilus
Rock beauty	Felsenschönheit	Demoiselle beauté	Pesce angelo tricolore	Holacanthus tricolor
Rock gunard	Gestreifter Seehahn	Grondin imbriago	Cappone dalmata	Trigloporus lastoviza

811

Fischlexikon

ENGLISCH	DEUTSCH	FRANZÖSISCH	ITALIENISCH	LATEIN
Rock gunnel	Butterfisch		Folide gonnella	Pholis gunnellus
Roker	Keulenroche	Raie bouclée	Razza de chiodata	Raja clavata
Roving coralgrouper	Rotmeer-Forellenbarsch	Mérou de mer rouge	Cernia dei coralli del mar rosse	Plectropomus pessuliferus
Royal angelfish	Pfauenkaiserfisch	Poisson-ange royal	Pesce angelo reale	Pygoplites diacanthus
Rudd	Rotfeder	Platelle	Scardola	Scardinius erythrophalmus
Ruffe	Kaulbarsch	Grémille	Pesce persico	Gymnocephalus cernuus
Rusty parrotfish	Rostkopf-Papageifisch	Perroquet rouille	Pesce pappagallo rugginoso	Scarus ferrineus

S

ENGLISCH	DEUTSCH	FRANZÖSISCH	ITALIENISCH	LATEIN
Saddled bream	Brandbrasse	Oblade	Oblada	Oblada melanura
Saifin leaffish	Schaukelfisch	Poisson-scorpion feuille	Pesce foglia	Taenianotous triacanthus
Sailfish	Segelfisch	Voilier de l'Atlantique	Pesce vela	Istiophorus albicans
Saithe	Seelachs	Merluche	Merluzzo carbonaro	Pollachius virens
Salema	Goldstrieme	Saupe	Salpa	Sarpa salpa
Sand flathead	Sandfarbener Krokodilsfisch			Thysanophrys arenicola
Sand tilefish	Sand-Torpedobarsch	Matajuel blanc		Malacanthus plumieri
Sandbar shark	Grossrücken-Flossenhai	Requin gris	Pescecane	Carcharhinus plumbeus
Sandbar shark	Grossrücken-Flossenhai	Requin gris	Pescecane	Carcharhinus plumbeus

Fischlexikon

ENGLISCH	DEUTSCH	FRANZÖSISCH	ITALIENISCH	LATEIN
Sardine	Sardine (I)	Sardine	Sardina	Sardina pilchardus
Sauger	Kanadischer Zander	Doré noir		Stizostense canadense
Scaldfish	Lammzunge	Arnoglosse	Suacia o cianchetta	Arnoglossus laterna
Scalloped hammerhead	Bogenstirn Hammerhai	Requin-marteau halicorne	Squalo martello	Sphyrna lewini
Schoolmaster	Schulmeister Schnapper	Vivaneau dent-chien	Azzannatore pinna gialla	Lutjanus apodus
Scribbled filefish	Schrift-Feilenfisch	Poisson-lime gribouillé	Pesce lima cirrato	Aluterus sciptus
Scythe triggerfish	Blasser Drückerfisch	Baliste carène	Balestra	Sufflamen bursa
Sea lamprey	Meerneunauge	Lampré	Lampreda di mare	Petromyzon marinus
Sea trout	Meerforelle	Truite de mer	Trota di mare	Salmo trutta trutta
Sergeant major	Gestreifter Sergeant	Sergeant-major	Sergente maggiore	Abudefduf saxatilis
Shallow water cape hake	Kaphecht	Merlu du Cap	Merluzzo di basso fondale	Merluccius capensis
Shargreen ray	Chagrinroche	Raie chardon	Razza	Leucoraja fullonica
Shark ray	Bogendmund Gitarrenroche	Angelot	Squalo chitarra	Rhina ancylostoma
Sharpnose seven-gill shark	Aschfarbener Siebebspalthai	Requin-griset	Notidano cinereo	Heptranchias perlo
Short-finned sculpin	Seeskorpion		Scorpena	Myoxocephalus scorpius
Shortfin mako shark	Makohai	Mako	Mako	Isurus oxyrinchus
Shortnose batfish	Rotbauch-Fledermausfisch		Pesce pipistrello dal naso corto	Ogcocephalus nasutus
Shortnose unicornfish	Kurznasendoktor	Nason brun	Pesce unicorno bruno	Naso unicornis
Silky shark	Seidenhai	Requin soyeux	Squalo sericeo	Carcharhinus falciformis
Silver carp	Silberkarpfen	Carpe argentée	Carpa argentea	Hypophthalmichthys molitrix

Fischlexikon

ENGLISCH	DEUTSCH	FRANZÖSISCH	ITALIENISCH	LATEIN
Silverside	Grosser Ährenfisch	Sauclet	Guelde	Atherina hepsetus
Silvertip shark	Silberspitzenhai	Requin à pointes blanches	Squalo grigio (di barriera)	Carcharhinus albimarginatus
Sixstripe soapfish	Sechstreifen-Seifenbarsch	Poisson-savon à six lignes	Pesce sapone striato	Grammistes sexlineatus
Skipjack tuna	Bauchstreifiger Bonito	Bonitou	Tonno	Katsuwonus pelamis
Skipper	Makrelenhecht	Saurel	Gastodella	Scomberesox saurus saurus
Slender filefish	Schlanker Feilenfisch		Pesce lima sottile	Monacanthus tuckeri
Slender grouper	Spitzkopf-Zackenbarsch	Mérou élégant	Cernia	Anyperodon leucogrammicus
Slender sweeper	Gelber Feger		Pesce del vetro nano	Parapriacanthus ransonneti
Slender swepper	Gelber Feger		Pesce del vetro nano	Parapriacanthus ransonneti
Small-eyed ray	Kleinäugiger Rochen	Raie mêlée	Razza occhiuta	Raja microocellata
Small-headed clingfish	Kleinkopf – Ansauger	Léopadogaster à petite tête	Luccio succia scoglio	Apletodon dentatus
Smallmouth bass	Schwarzbarsch	Perche noire	Spigola	Micropterus dolomieui
Smalltooth sand tiger	Schildzahnhai	Squale féroce	Cagnaccio	Odontaspis ferox
Smooth hammerhai	Glatte Hammerhai	Requin-marteau commun	Pesce martello o squalo martel.om comune	Sphyrna zygaena
Smoothhound	Glatthai (I)	Chien der mer	Palombo liscio	Mustelus mustelus
Smoothoundd	Glatthai (II)	Missole	Palombo stellato	Mustelus asterias

814

Fischlexikon

ENGLISCH	DEUTSCH	FRANZÖSISCH	ITALIENISCH	LATEIN
Snailfish	Grosser Scheibenbauch	Limance barrée	Pesce lumaca	Liparis liparis
Snake pipefish	Grosse Schlangennadel	Entélure	Pesce ago	Entelurus aequoreus
Snappers	Schnapper	Lutjan	Lutianidi-azzannatori	Lutjanidae fam.
Sneep	Nase	Mullet	Cefalo o muggine	Chondrostoma nasus
Soapfishes	Seifenbarsche	Poisson-savon	Serranidi	Grammistinae (fam. Serranidae)
Sockeye salmon	Rotlachs	Saumon rouge	Salmone azzurro	Oncorhynchus nerka
Soldierfish	Eichhörnchenfisch	Poisson-écureuil	Pesce soldato	Holocentrus ruber
Solenette	Zwergzunge	Petite sol jaune	Sogliola gialla	Buglossidium luteum
South american pilchard (I)	Chilenische Sardine	Sardine du Pacifique	Sardina americana	Sardinops sagax
South american pilchard (II)	Pazifische Sardine	Pilchard sudaméricain	Sardina americana	Sardinops sagax
South pacific hake	Chilenischer Seehecht	Merlu du Pacifique	Merluzzo del pacifique del sud	Merluccius gayi gayi
Southern-stingray	Peitschenrochen	Pastenague américaine	Pastinaca americana	Dasyatis americana
Spanish bream	Meerbrasse (II)	Pageot acarne	Pagello	Pagellus acarne
Spanish ling	Mittelmeerleng	Lingue	Molva spagnola	Molva macrophthalma
Speckled sandperch	Schwanzfleck-Sandbarsch	Perche de sable	Perchia di sabbia maculata	Parapercis hexophthalma
Sperm whale	Pottwal	Cachelot	Balena	Physetar cataddon
Spined loach	Dorngrundel	Loche de rivière	Copitis taenia taenia	Copitis taenia taenia
Spinner shark	Langnasenhai	Requiem tisserand	Squalo pinna corta	Carcharhinus brevipinna

Fischlexikon

ENGLISCH	DEUTSCH	FRANZÖSISCH	ITALIENISCH	LATEIN
Spot-nape butterflyfish	Falscher Riesenfalterfisch	Poisson-papillon trompeur	Pesce farfalla maculato	Chaetodon oxycephalus
Spotfin lionfish	Antennen Rotfeuerfisch	Poisson-diable	Diavolo	Pterois antennata
Spotted blenny	Gefleckter Schleimfisch	Blennie tachetée	Blavosa bruna o capone	Blennius trigloides
Spotted drum	Tüpfel-Ritterfisch	Tambour tacheté	Ombrina ocellata	Equetus punctatus
Spotted eagle ray	Gefleckter Adlerrochen	Raie-léopard	Aquila di mare	Aetobatus narinari
Spotted garden eel	Ohrfleck-Röhrenaal	Anguille de jardin	Murene di sabbia	Heteroconger hassi
Spotted ray (I)	Gefleckter Rochen	Raie étoilée	Razza maculata	Raja montagui
Spotted ray (II)	Mittelmeer Sternrochen	Raaie douce	Razza maculata	Raja montagui
Spotted wolffish	Gefleckter Seewolf	Loup tacheté	Pesce lupo minore	Anarhichas minor
Spurdog	Dornhai	Aiquillat tacheté	Spinarolr	Centrophorus uyato
Squarettail rabbitfish	Brauner Kaninchenfisch	Sigan sombre	Pesce coniglio	Siganus luridus
St. Helena moray	Muräne	Murène	Murena mediterranea	Muraena helena
Stellate rabbitfish	Tüpfel-Kaninchenfisch	Sigan marguerite	Pesce coniglio stellato	Siganus stellatus
Stingfish	Viperqueise	Petite vibe	Tracina dragone	Trachinus vipera
Stone bass	Wrackbarsch	Cernier	Cernia o dotto	Polyprion americanus
Stone loach	Bartgrundel	Loche franche	Lasca	Barbatula barbatula
Stonefish	Steinfisch	Poisson pierre commun	Pesce pietra	Synanceia verrucosa
Streaked gurnars	Gestreifter Knurrhahn	Grondin camard	Gallinella camusa	Chelidonichthys lastoviza
Striped anthias	Rotmeer-Fahnenbarsch	Anthias de mer rouge	Anthias a strie	Pseudanthias taeniatus
Striped anthias	Rotmeer-Fahnenbarsch	Anthias de mer rouge	Anthias a strie	Pseudanthias taeniatus
Striped dolphin	Streifendelphin	Dauphin de Thétys	Stenella	Stenella coeruleoalba

816

Fischlexikon

ENGLISCH	DEUTSCH	FRANZÖSISCH	ITALIENISCH	LATEIN
Striped eel catfish	Gestreifter Korallenwels	Poisson-chat rayé	Pesce gatto striato	Plotosus lineatus
Striped goby	Anemonen Grondel	Globe ravé	Gobide dell'anemone	Gobius buccichii
Striped triplefin	Gestreifter-Dreiflosser	Triptérygion strié	Triplefin	Helcogramma striata
Striped wrasse	Bunter Lippfisch	Labre mêlé	Colombina fischietto	Labrus bimaculatus
Stripet grouper	Gestreifter Zackenbarsch	Badèche	Cernia a strisce	Epinephelus alexandrinus
Stripet marlin	Gestreifter Marlin	Marlin rayé	Marlin	Tetrapturus audax
Stripet mullet	Gestreifte Meerásche	Muge cabot	Cefalo o volpina	Mugli cephalus
Stripet mullet	Gestreifte Meerbarbe	Surmulet	Triglia di scoglio	Multus surmuletus
Sturgeon	Stör	Esturgeon	Storione	Acipenser sturio
Swepper	Beilbauchfische		Pesci del vetro	Pempheridae
Swordfish	Schwertfisch	Espadon	Pesce spada	Xiphias gladius

T

ENGLISCH	DEUTSCH	FRANZÖSISCH	ITALIENISCH	LATEIN
Tadpole fish	Froschquappe	Grenouille de mer	Musdea o mustella	Raniceps raninus
Tassled scorpionfish	Fetzen Drachenkopf	Poisson-scorpion à houppes	Scorfano tessellato	Scorpaenopsis oxycephalus
Tench	Schleie	Aiguillons	Tinca	Tinca tinca
Thicklip grey mullet	Dicklippige Meerásche	Bâtarde	Triglia grigia	helon labrosus
Thicklip grey mullet	Dicklippige Meerásche	Bâtarde	Triglia grigia	Chelon labrosus
Thinlip mullet	Dünnlippige Meerásche	Mulet blanc	Muggine	Liza ramada
Thinlip mullet	Meerásche	Mulet porc	Muggine	Liza ramada

Fischlexikon

ENGLISCH	DEUTSCH	FRANZÖSISCH	ITALIENISCH	LATEIN
Thorny skate	Sternrochen	Raie radiée	Razza raggiata	Amblyraja radiata
Threadfin butterflyfish	Fähnchen-Falterfisch	Poisson-papillon cocher	Pesce fa-falla auriga	Chayetodon auriga
Three-spined strickleback	Stichling	Epinoche	Spinarello	Gasterosteus aculeatus aculeatus
Three-spot dascyllus	Dreifleck-Preussenfisch	Dascyllus à trois points	Donzella trimaculata	Dascyllus trimaculatus
Threebar dascyllus	Dreibinden Preussenfisch	Demoiselle à queue blanche, bonbon	Donzella humbug o trifasciata	Dascyllus aruanus
Threebeard rocking	Dreibärtige Seequappe	Motelle à trois barbillons	Motella maculata	Gaidropsarus vulgaris
Threespot damselfish	Dreifleck Gregory		Donzella	Stegastes planifrons
Tiger shark	Tigerhai	Requin tigre	Squalo tigre	Galeocerda cuvieri
Tompot blenny	Gestreifter Schleimfisch	Cabot	Blennide ruggine	Parablennius gattorugine
Tope shark	Hundshai (I)	Chien de mer	Cagnesca	Galeorhinus galeus
Transparent goby	Glasgrundel	Nonnat	Gobide rossrto	Aphia minuta
Treespot angelfish	Dreipunkt Kaiserfisch	Poisson-ange à trois taches	Pesce angelo trimaculato	Apolemichtys trimaculatus
Trigger-fish	Drückerfisch (II)	Baliste	Balistidi	Balistes carolinensis
Trumpetfish	Trompetenfisch	Poisson-trompette	Pesce Trombetta	Aulostomus chinensis
Tub gurnard	Roter Knurrhahn	Grondin perlon	Gallinella	Chelidonichthys lucerna
Turbot	Steinbutt	Turbot	Rombo massimo	Scophthalmus maximus
Tusk	Brosme	Assiette	Lom	Brosme brosme
Two-banded bream	Zweibindenbrasse	Sar commun	Sargo a due bande	Diplodus vulgaris
Twoline threadfin bream	Schärpen-Scheinschnapper	Brème de mer à écharpe	Abramide	Scolopsis bilineatus

Fischlexikon

ENGLISCH	DEUTSCH	FRANZÖSISCH	ITALIENISCH	LATEIN
U				
Undulate ray	Marmorrochen	Raie brunette	Razza ondulata	Raja undulata
Undulated moray	Marmormuräne	Murène ondulante	Murena marezzata	Gymnothorax undulatus
V				
Variegated lizardfish	Gefleckter Eidechselfisch	Poisson-lézard tacheté	Pesce lucertola variegato	Synodus variegatus
Vendace	Kleine Maräne	Corégone blanc	Coregone bianco	Coregonus albula
Viviparous blenny	Aalmutter	Loquette d'Europe	Blennide	Zoarces viviparus
W				
Wall-eye pollock	Mintai	Morue du pacifique occidental		Theragra chalcogramma
Weather fish	Schlammbeisser	Loche d'étang		Misgurnus fossilis
Web burrfish	Netz-Igelfisch		Pesce istrice	Chilomycterus antillarum
Wels catfish	Wels	Silure glane	Siluro	Silurus glanis
Whale shark	Walhai	Requin-baleine	Squalo balena	Rhincodon typus
Whip coral dwarfgoby	Drahtkorallen-Zwerggrundel	Gobie naine des antipathaires	Gobide nano die coralli	Bryaninops youngei

Fischlexikon

ENGLISCH	DEUTSCH	FRANZÖSISCH	ITALIENISCH	LATEIN
White bream	Bindenbrasse	Sar	Sarago	Diplodus sargus
White bream	Blicke	Brème bordelière	Pagello bianco	Blicca bjoerkna
White-belly damsel	Weissbauch Riffbarsch	Demoiselle à ventre jaune	Donzella dal ventre bianco	Amblyglyphidodon leucogaster
White-tipped soldierfish	Weissspitzen-Soldatenfisch	Poisson-soldat bordé de blanc	Pesce scldado	Myripristis vittata
Whitespotted pufferfish	Weissfleck-Kugelfisch	Poisson-globe à taches blanches	Persce palla a macchie bianche	Arothron hispidus
Whitetail triggerfish	Weissschwanz-Flossendrücker	Baliste à gorge bleu et queue blanche	Balestra	Sufflamen albicaudatus
Whitetip reef shark	Weissspitzen Riffhai	Aileron blanc du largon	Squalo pinna bianca di barriera	Triaenodon obesus
Whiting	Wittling	Merlan	Merlano	Merlangius merlangus
Wide-eyed flounder	Augenfleckiger Steinbutt	Platophrys	Rombo ocellato	Bothus podas
Winter flounder	Winterflunder	Limande plie rouge	Sogliola americana	Pseudopleuronectus americanus
Witch	Hundszunge	Plie cynoglosse	Passera	Glyptocephalus cynoglossus
Witch	Rotzunge (II)	Plie cynoglosse	Passera	Glyptocephalus cynoglossus
Wolf cardinalfish	Wolfskardinalbarsch	Apogon strié	Pesce cardinale striato	Cheilodipterus artus
Wolffish (I)	Gestreifter Seewolf	Loup de mer	Pesce lupo	Anarhichas lupus
Wolffish (II)	Seewolf	Loup de mer	Pesce lupo	Anarhichadidae fam.

Fischlexikon

ENGLISCH	DEUTSCH	FRANZÖSISCH	ITALIENISCH	LATEIN
Y				
Yellow blackfaced blenny	Gelber dreiflossen Schleimfisch	Triptérygion à bec jaune	Clinde dal muso giallo	Tripterygion xanthosoma
Yellowfin tuna	Gelbflossenthun	Albacore	Tonno pinna gialla	Thunnus albacares
Yellowkeel unicornfish	Gelbklingen-Nasendoktor	Nason bariolé	Pesce unicorno	Naso lituratus
Yellowmouth moray	Gelbmaulmuräne	Murène a guele jaune	Murena dalla bocca gialla	Gymnothorax nudivomer
Yellowsaddle goatfish	Gelbsattel-Meerbarbe	Rouget-bar-bet doré	Triglia gialla	Parupeneus cyclostomus
Yellowtail hamlet	Gelbschwanz Hamletbarsch		Donzella dalla coda gialla	Hypoplectrus chorurus
Yellowtail snapper	Gelbschwanz-Snapper	Vivaneau queue jaune	Azzannatore dalla coda gialla	Ocyurus chrysurus
Yellowtail triggerfish	Gelbschwanz-Drückerfisch	Baliste strié	Balestra striato	Balistapus undulatus
Yelow boxfish	Gelbbrauner Kofferfisch	Poisson-coffre jaune	Pesce scatola giovane	Ostrcion cubicus
Yelowfin goatfish	Grosschulenbarbe	Rouget à nageoires jaunes	Triglia pinna gialla	Mulloidichthys vanicolensis

Fischlexikon

ENGLISCH	DEUTSCH	FRANZÖSISCH	ITALIENISCH	LATEIN
Zander	Zander	Sandre	Perchia di sabbia	Sander lucioperca
Zebra dwarflionfish	Zebra-Zwergfeuerfisch	Poisson-zébre	Pesce scorpione zebrato	Dendrochirus zebra
Short-finned sculpin	Seeskorpion		Scorpena	Myoxocephalus scorpius
Shortfin mako shark	Makohai	Mako	Mako	Isurus oxyrinchus

Fischlexikon

Fischinventarium (mit Übersetzungen)

ENGLISCH	DEUTSCH	FRANZÖSISCH	ITALIENISCH	LATEIN

Ergänzungen

Fischlexikon

SORTIERUNG SPRACHE FRANZÖSISCH	DEUTSCH	ENGLISCH	ITALIENISCH	LATEIN
A				
Ablette	Ukelei	Bleak	Leucisco	Alburnus alburnus
Aigle de mer	Adlerroche	Eagle ray	Aquila di mare	Myliobatis aquila
Aiguilette de mer	Grosse Seenadel	Pipe fish	Pesce flauto	Syngnathus acus
Aiguille	Hornhecht	Garfish	Aguglia	Belone belone
Aiguillons	Schleie	Tench	Tinca	Tinca tinca
Aileron blanc du largon	Weissspitzen Riffhai	Whitetip reef shark	Squalo pinna bianca di barriera	Triaenodon obesus
Aiquillat tacheté	Dornhai	Spurdog	Spinarolr	Centrophorus uyato
Albacore	Gelbflossenthun	Yellowfin tuna	Tonno pinna gialla	Thunnus albacares
Alène	Spitzenschnauzenrochen	Longnosed skatae	Occhiata dal muso lungo	Dipturus oxyrinchus
Allache	Grosse Sardine	Gold-striped sardine	Alaccia	Sardinella aurita
Amalette	Anchovis	European sprat	Spratto o papalina	Sprattus sprattus linnaeus
Anchois	Sardelle	Anchovy	Acciuga	Engraulis encrasicholus
Ange de mer commun	Engelhai	Angel shark	Squadro angelo o squadro pellenera	Squatina squatina
Angelot	Bogendmund Gitarrenroche	Shark ray	Squalo chitarra	Rhina ancylostoma
Anguilla d'amerique	Amerikanischer Aal	American eel	Anguilla americana	Anguilla rostrata

Fischlexikon

FRANZÖSISCH	DEUTSCH	ENGLISCH	ITALIENISCH	LATEIN
Anguille	Flussaal	European eel	Anguilla europea	Anguilla Anguilla
Anguille d'amerique	Amerikanischer Aal	American eel	Anguilla americana	Anguilla rostrata
Anguille de japon	Japanischer Aal	Japanese eel	Anuilla giapponese	Anguilla japonica
Anguille de jardin	Ohrfleck-Röhrenaal	Spotted garden eel	Murene di sabbia	Heteroconger hassi
Anguille-serpent annelée	Ringenschlangenaal	Banded snake eel	Anguilla colubrina	Myrichthys colubrinus
Ânon	Seehecht (II)	European hake	Merluzzo	Merluccius merluccius
Anthias	Rötling	Red damselfish	Donzella rossa	Anthias anthias
Anthias barbier	Juwelen-Fahnenbarsch	Jewel fairy basslet	Anthias o castagnola rossa	Pseudanthias squamipinnis
Anthias de mer rouge	Rotmeer-Fahnenbarsch	Striped anthias	Anthias a strie	Pseudanthias taeniatus
Anthias de mer rouge	Rotmeer-Fahnenbarsch	Striped anthias	Anthias a strie	Pseudanthias taeniatus
Apogon à cinq lignes	Fünflinien-Kardinalbarsch	Fiveline cardinalfish	Pesce cardinale a 5 strie	Cheilodipterus quinquelineatus
Apogon à grandes dents	Tigerkardinalbarsch	Largetoohed cardinalfish	Pesce cardinale	Cheilodipterus macrodon
Apogon à rayures noires	Schwarzband-Kardinalfisch	Blackstripe cardinalfish	Pesce cardinale a strie nere	Apogon nigrofasciatus
Apogon doré	Sonnenkardinalbarsch	Golden cardinalfish	Pesce catdinale dorado	Apogon aureus
Apogon strié	Wolfskardinalbarsch	Wolf cardinalfish	Pesce cardinale striato	Cheilodipterus artus
Arlequin	Elritze	Eurasian minnow	Carpa asiatica	Phoxinus phoxinus
Arnoglosse	Lammzunge	Scaldfish	Suacia o cianchetta	Arnoglossus laterna
Assiette	Brosme	Tusk	Lom	Brosme brosme
Auxide	Fregattmakrele	Frigate tuna	Tonno fregata	Auxis thazard thazard

Fischlexikon

FRANZÖSISCH	DEUTSCH	ENGLISCH	ITALIENISCH	LATEIN
B				
Badèche	Gestreifter Zackenbarsch	Stripet grouper	Cernia a strisce	Epinephelus alexandrinus
Balai de l'Atlantique	Doggerscharbe	American plaice	Platessa	Platessoides
Balénoptère commun	Blauwal	Blue whale	Balenottera comune	Balenoptera musculus
Baliste	Drückerfisch (II)	Trigger-fish	Balistidi	Balistes carolinensis
Baliste à dents rouges	Rotzahn-Drückerfisch	Redtooth triggerfish	Balestra blu	Ordonus niger
Baliste à gorge bleu et queue blanche	Weissschwanz-Flossendrücker	Whitetail triggerfish	Balestra	Sufflamen albicaudatus
Baliste à moustache	Riesendrückerfisch	Giant triggerfish	Balestra titano	Balistoides viridescens
Baliste carène	Blasser Drückerfisch	Scythe triggerfish	Balestra	Sufflamen bursa
Baliste picasso arabe	Arabische Picassodrücker	Arabian picassofish	Balestra picasso	Rhinecanthus assasi
Baliste strié	Gelbschwanz-Drückerfisch	Yellowtail triggerfish	Balestra striato	Balistapus undulatus
Baliste-clown	Leopardendrückerfisch	Clown triggerfish	Balestra pacliaccio	Balistoldes conspicillum
Barbel / Barbet	Barbe	Barbel	Barbo	Barbus barbus
Barbier plat	Roter Fahnenbarsch	Barbier	Anthias	Anthias anthias
Barbue	Glattbutt	Brill	Rombo liscio	Scophthalmus rhombus
Bardoulin	Katzenhai	Blackmounth catshark	Gattuccio boccanera	Galeus melastomus
Barracuda à negeoires noires	Querband-Barrakuda	Blackfin barracuda	Barracuca pinna nera	Sphyraena qenie

Fischlexikon

FRANZÖSISCH	DEUTSCH	ENGLISCH	ITALIENISCH	LATEIN
Barréan géant	Riesenjudenfisch	Giant sea bass	Perchia gigante californiana	Stereolepis gigas
Bâtarde	Dicklippige Meeräsche	Thicklip grey mullet	Triglia grigia	Chelon labrosus
Baudroie	Froschfisch	Frog fish	Rana pescatrice	Lophius piscatorius
Bec-de-cane	Strassenkehrer	Emperors	Letrinidi	Lethrinidae fam.
Bec-de-cane à nageoires jaunes	Gelbflossen Strassenkehrer	Orange-spotted emperor	Letrinidi Imperatore arancione	Lethrinus erythracanthus
Béryx long	Südlicher Kaiserbarsch	Alfonsino		Beryx splendens
Biennie des Maldives	Halsband-Wippschwimmer	Maldive blenny	Bavosa delle maldive	Ecsenius minutus
Blennie	Schleimfisch	Blenny	Blennidi	Blennius
Blennie des Maldives	Halsband Wipperschwimmer	Maldive blenny	Bavosa delle maldive	Ecsenius minutus
Blennie à rayure bleue	Blaustreifen-Säbelzahnschleimfisch	Bluestriped fangblenny	Blennide a strisce azzure	Plagiotremus rhinorhynchus
Blennie bicolore	Zweifarben-Wippschwimmer	Bicolor blenny	Bavosa bicolore	Ecsenius bicolor
Blennie de Midas	Neonaugen-Wippschwimmer	Midas blenny	Bavosa di Midas	Ecsenius midas
Blennie de roux	Längsband Schleimfisch	Longstriped blenny	Blennide rosso	Parabennius rouxi
Blennie pontique	Pontischer Schleimfisch	Pontic blenny	Bavosa cervina	Blennius incognitus
Blennie tachetée	Gefleckter Schleimfisch	Spotted blenny	Blavosa bruna o capone	Blennius trigloides
Bogue	Blöker	Bogue	Boga	Boops boops
Bonite à dos rayé	Pelamide, Bonito	Atlantic bonito	Tonnetto o palamita	Sarda sarda

Fischlexikon

FRANZÖSISCH	DEUTSCH	ENGLISCH	ITALIENISCH	LATEIN
Bonitou	Bauchstreifiger Bonito	Skipjack tuna	Tonno	Katsuwonus pelamis
Bourricot	Fischkuchen	Haddocks	Eglefino	Melanogrammus
Bourse orange	Drückerfisch (I)	Orange filefish	Pesce lima arancione	Aluterus schoepfi
Bouvère	Bitterling	Bitterling		Rhodeus sericeus
Brême bordelière	Blicke	White bream	Pagello bianco	Blicca bjoerkna
Brême de mer à écharpe	Schärpen-Scheinschnapper	Twoline threadfin bream	Abramide	Scolopsis bilineatus
Brême de mer arabe	Arab. Scheinschnapper	Dotted spinecheck	Abramido arabo	Scollopsts ghanam
Brême dearabe	Arabischer Scheinschnapper	Dotted spinecheck	Aramide arabo	Scolopsis ghanam
Brochet de mer	Pfeilhecht	Barracuda	Luccio di mare o sfirena comune	Sphyraena sphyraena
Brotule barbée	Scheibenbauch	Bearded brotula	Brotola	Brotula barbata
Brouchet	Hecht	Northern pike	Luccio del nord	Esox lucius

C

Cabillaud	Polardorsch	Polar cod	Merluzzo	Boreogadus saida
Cabot	Gestreifter Schleimfisch	Tompot blenny	Blennide ruggine	Parablennius gattorugine
Cachelot	Pottwal	Sperm whale	Balena	Physetar cataddon
Canthigaster à selles	Sattel-Krugfisch	Black-saddled toby	Pesce palla fasciato	Canthigaster valentini
Caouanne	Unechte Karette	Loggerhead turtle	Tartaruga comune	Caretta caretta

Fischlexikon

FRANZÖSISCH	DEUTSCH	ENGLISCH	ITALIENISCH	LATEIN
Capelan	Lodde	Capelin		Mallotus villosus
Capelan de Méditerranée	Zwergdorsch	Poor cod		Trisopterus minutus
Carache	Bauernkarpfen	Crucian carp	Carpa	Carassius carassius
Carangue à points orange	Goldkörper-Makrele	Goldbody trevally	Carangide giallo (trevally)	Carangoides bajad
Carangue royale jaune, carangue dorée	Schwarzgoldene Pilotmakrele	Golden trevally	Carnide reale	Gnathanodon speciosus
Carassin dorée	Goldfisch	Goldfish	Carassio dorato	Carassius auratus auratus
Cardeau trois yeux	Golf - Butt	Gulf flounder	Rombo	Paraalichthys albigutta
Carp amour	Graskarpfen	Grass carp	Carpa	Ctenopharyngodon idellus
Carpe argentée	Silberkarpfen	Silver carp	Carpa argentea	Hypophthalmichthys molitrix
Carpe commun	Karpfen	Common carp	Carpa comune	Cyprinus carpio carpio
Carpe marbrée	Gefleckter Silberkarpfen	Bighead carp	Carpa	Aristichthys nobilis
Centrine commune	Meersau	Angular rough shark	Pesce porco	Oxynotus centrina
Cernier	Wrackbarsch	Stone bass	Cernia o dotto	Polyprion americanus
Chabot	Groppe	European bullhead	Pesce toro europeo	Cottus gobio
Chabot de mer	Seebull	Longspined bullhead	Pesce toro	Taurulus bubalis
Chanos	Milchfisch	Milkfish		Chanos chanos
Chaudêne	Zweifarben-Schweinslippfisch	Lyretail hogfish	Labride dalla coda a lira	Bodianus anthioides
Chétodon à trois bandes	Rippen-Falterfisch	Redfin butterflyfish	Pesce farfalla pinna rossa	Chaetodon trifasciatus

829

Fischlexikon

FRANZÖSISCH	DEUTSCH	ENGLISCH	ITALIENISCH	LATEIN
Cheuchard	Bastardmakrele	Horse mackerel	Sugarello o suro	Trachurus trachurus
Chevaine	Döbel	Chub	Ghiozzo	Leucisus cephalus
Cheval marin	Seepferdchen	European seahorse	Cavallucio marino	Hippocampus hippocampus
Chien de mer	Hundshai (I)	Tope shark	Cagnesca	Galeorhinus galeus
Chien der mer	Glatthai (I)	Smoothhound	Palombo liscio	Mustelus mustelus
Chien espagnol	Schwarzmundiger Hundshai	Blackmouth catshark	Gattuccio boccanera	Galeus melastomus
Chirurgien à poitrine blanche	Weisskehldoktor	Powderblue surgeonfish	Pesce chirurgo a strie blu	Acanthurus leucosternon
chirurgien à queue blanche	Schwarzdorn-Doktorfisch	Elongate surgeonfish	Pesce chirurgo occhio giallo	Acanthurus mata
Chirurgien palette	Paletten Doktorfisch	Palette surgeonfish	Pesce chirurgo tavolozza	Paracanthurus hepatus
Chirurgien voilier	Indischer Segelflossendoktor	Indian sailfin tang	Pesce chirurgo dalla vela	Zebrasom desjardinii
Cirurgien zébré	Arabischer Doktorfisch	Arabian tang	Pesce chirurgo sohol	Acanthurus sohal
Clark	Clarks Anemonenfisch	Clark's anemonefish	Pesce pagliaccio di clark	Amphipirion clarkii
Congre	Meeraal	Concer-eel	Grongo	Conger conger
Corb	Trommler (I)	Drums	Scienide	Sciaenidae fam.
Corb noir	Meerrabe	Brown meagre	Pesce cervo o corvina	Sciaena umbra
Corécone lac	Felchen	Lake whitefish	Coregore di lago	Coregonus clupeaformis
Corégone blanc	Kleine Maräne	Vendace	Coregore bianco	Coregonus albula
Corégone marene	Blaufelchen	Commonb whitefish	Lavarello bianco comune	Coregonus lavaretus
Cornette	Flötenfisch (II)	Cornetfish	Fistularidi	Fistulariidae fam.

Fischlexikon

FRANZÖSISCH	DEUTSCH	ENGLISCH	ITALIENISCH	LATEIN
Coryphène commune	Goldmakrele	Common dolphinfish	Lampuga	Coryphaena hippurus
Coryphène commune	Dorado	Dolphinfish	Lampuga imperiale	Squalus acanthias
Coucie	Hasel	Common dace	Lasca comune	Leuciscus leuciscus
Coulaca	Maifisch (I)	Allis shad	Alosa sp.	Alosa alosa
Courbine	Umberfisch	Meagre	Corvina	Argyrosmus regius
Crapaud	Seeteufel	Angler fish	Rana pescatrice	Lophius piscatorius
Crénilabre à cinq tasches	Fünfeckiger Lippfisch	Five-spotted wrasse	Donzella	Symphodus roissali
Crénilabre cendré	Grauer Lippfisch	Grey wrasse	Donzella cinerea	Symphodus cinereus
Crénilabre méditerranéen	Mittelmeerlippfisch	Axillary wrasse	Donzella mediterranea	Symphodus mediterraneus
Crénilabre mélops	Schwarzäugiger Lippfisch	Corkwing wrasse	Donzella	Symphodus melops
Crénilabre ocelle	Augenlippfisch	Ocellated wrasse	Donzella ocellata	Symphodus ocellazus
Crénilabre paon	Pfauenlippfisch	Peacock wrasse	Donzella	Symphodus tinca

D

FRANZÖSISCH	DEUTSCH	ENGLISCH	ITALIENISCH	LATEIN
Dascyllus à trois points	Dreifleck-Preussenfisch	Three-spot dascyllus	Donzella trimaculata	Dascyllus trimaculatus
Dauphin de Thétys	Streifendelphin	Striped dolphin	Stenella	Stenella coeruleoalba
Demoisell royal	Diadem Kaiserfisch	Queen angelfish	Pesce angelo regina	Holacanthus cliaris
Demoiselle	Kaiserfische	Angelfish	Acanturidi	Holacanthus fam.
Demoiselle à queue blanche, bonbon	Dreibinden Preussenfisch	Threebar dascyllus	Donzella humbug o trifasciata	Dascyllus aruanus

Fischlexikon

FRANZÖSISCH	DEUTSCH	ENGLISCH	ITALIENISCH	LATEIN
Demoiselle à ventre jaune	Weissbauch Riffbarsch	White-belly damsel	Donzella dal ventre bianco	Amblyglyphidodon leucogaster
Demoiselle beauté	Felsenschönheit	Rock beauty	Pesce angelo tricolore	Holacanthus tricolor
Dorade gris	Seekarpfe	Black seabream	Cantarella o tanuta	Spondyliosoma cantharus
Dorade royale	Goldbrasse	Gilthead seabream	Orata	Sparus auratus
Doré noir	Kanadischer Zander	Sauger		Stizostense canadense
Dorée	Heringskönig	John dory	Pesces san pietro	Zeus faber

E

FRANZÖSISCH	DEUTSCH	ENGLISCH	ITALIENISCH	LATEIN
Emissole gommée	Australischer Glatthai	Gunny shark	Palombo	Mustelus antarcticus
Empereur bossu	Grossaugen Strassenkehrer	Bigeye emperor	Pesce imperatore occhio grosso	Monotaxis grandoculus
Empreur strié	Goldfleck Strassenkehrer	Glowfish		Gnathoddentex aurolineatus
Entélure	Grosse Schlangennadel	Snake pipefish	Pesce ago	Entelurus aequoreus
Eperlan	Stint	European smelt	Eperlano europeo	Osmerus eperlanus
Epervier strié	Monokel Büschelbarsch	Arc-eye hawkfish	Pesce falco monocolo	Paracirrhites arcatus
Epinoche	Stichling	Three-spined strickleback	Spinarello	Gasterosteus aculeatus aculeatus
Epinoche à neuf épines	Zwergstichling	Ninespine stickleback	Perchia a nove spine	Pungitius pungitius
Epinoche de mer	Seestichling	Fifteen-spine stickleback	perchia quindici spine	Spinachia spinachia

Fischlexikon

FRANZÖSISCH	DEUTSCH	ENGLISCH	ITALIENISCH	LATEIN
Espadon	Schwertfisch	Swordfish	Pesce spada	Xiphias gladius
Esturgeon	Stör	Sturgeon	Storione	Acipenser sturio

F

Faux poisson-pierre	Buckel-Drachenkopf	False stonefish	Falso pesce pietra	Scorpaenopsis diabolus
Flétan de l'Atantique	Heilbutt	Halibut	Halibut	Hippoglossus hippoglossus
Flétan du Pacifique	Pazifischer Heilbutt	Pacific halibot	Halibut pacifico	Hippoglossus stenolepis

G

Gardon	Rotauge	Roach		Rutilus rutilus
Gaspereau	Maifisch (II)	Alewife	Alosa o cheppia	Alosa pseudoharengus
Gaterin rayé	Orientsüsslippe	Oriental sweetlips	Gaterino orientale	Plectorinchus orientalis
Gaterin tacheté	Schwarztupfen-Süsslippe	Black spotted sweetlips	Gaterino o grugnitore maculato	Plectorinchus gaterinus
Germon	Weisser Thun	Albacore	Tonno bianco	Thunnus alalunga
Girelle paon	Meerpfau	Ornate wrasse	Donzella pavonina	Thalassoma pavo
Girelle paon de Klunzinger	Rotmeerjunker	Klunzinger's wrasse	Tordo di klunzingeri	Thalassoma klunzingeri
Girelle royale	Meerjunker	Rainbow wrasse	Donzella zingarella o pesce del re	Coris julis

Fischlexikon

FRANZÖSISCH	DEUTSCH	ENGLISCH	ITALIENISCH	LATEIN
Globe ravé	Anemonen Grondel	Striped goby	Gobide dell'anemone	Gobius buccichii
Gobie à taches blanches	Grüne Höhlengrundel	Brown-barred goby	Gobide bimaculato	Amblygobius albimaculatus
Gobie commensale	Partnergrundel (I)	Prawn goby	Gobide commensale	Cryptocentrus
Gobie commensale	Partnergrundel (II)	Prawn goby	Gobide commensale	Stonogobiops
Gobie commensale	Partnergrundel (III)	Prawn goby	Gobide commensale	Amblyeletotris
Gobie commensale	Partnergrundel (IIII)	Prawn goby	Gobide commensale	Ctenogobiops spp.
Gobie doré	Gold-Meergrundel	Golden Goby	Gobide dorado	Gobius auratus
Gobie doré	Gold-Meergrundel	Golden goby	Gobide dorato	Gobius auratus
Gobie léopard	Leopardengrundel	Leopard goby	Ghiozzo leopardato	Thorogobius ephippiatus
Gobie naine des antipathaires	Drahtkorallen-Zwerggrundel	Whip coral dwarfgoby	Gobide nano die coralli	Bryaninops youngei
Gobie naine des gorgones	Gorgonien Zwerggrundel	Gorgonian dwarfgoby	Gobide nano delle gorgonie	Bryaninops amplus
Gobie sanglant	Blutgrundel	Redmouthed goby	Gobide della bocca rossa	Gobius cruentatus
Gobie tacheté	Strandgrundel	Leonard's common goby	Gobide comune	Pomatoschistus microps
Gobie tachetée d'orange	Jungfrau-Schläfengrundel	Maiden goby	Giozzo donzella	Valenciennea puellaris
Gobye noire	Schwarzgrundel	Black goby	Gobide nero	Gobius niger
Gourami	Gurami	Giant gourami	Gurami giganti	Osphronemus goramy
Grand Barracuda	Grosser Barakuda	Great barracuda	Grande barracuda	Sphyraena barracuda
Grand dauphin	Grosser Tümmler	Bottenose dolphin	Tursiope	Tursiops truncatus
Grand requin-marteau	Grosser Hammerhai	Great hammerhead	Squalo martello maggiore	Sphyrna mokkaran

Fischlexikon

FRANZÖSISCH	DEUTSCH	ENGLISCH	ITALIENISCH	LATEIN
Grand sébaste	Grosser Rotbarsch	Golden redfish	Pesce scorpione marino	Sebastes marinus
Grand vive	Gewöhnliches Petermännchen	Greater weever	Tracina dragone	Trachinus draco
Grande castagnole	Brachsenmakrele	Pomfret	Castagnola	Brama brama
Grande rousette	Hundshai (II)	Nursehound	Gattuccio maggiore o gattopardo	Scyliorhinus stellaris
Grandrequin blanc	Grosser weisser Hai	Great white shark	Squalo bianco	Carcharodon carcharius
Grémille	Kaulbarsch	Ruffe	Pesce persico	Gymnocephalus cernuus
Grenouille de mer	Froschquappe	Tadpole fish	Musdea o mustella	Raniceps raninus
Grondin	Knurrhahn (II)	Gurnards	Triglidi	Triglidae family
Grondin camard	Gestreifter Knurrhahn	Streaked gurnars	Gallinella camusa	Chelidonichthys lastoviza
Grondin gris	Grauer Knurrhaahn	Grey gurnard	Gallinella grigia	Chelidonichthys gurnardus
Grondin imbriago	Gestreifter Seehahn	Rock gunard	Cappone dalmata	Trigloporus lastoviza
Grondin perlon	Roter Knurrhahn	Tub gurnard	Gallinella	Chelidonichthys lucerna
Grondin rouge	Knurrhahn (I)	Red gurnard	Gallinella rossa o cappone imperiale	Aspitrigla cuculus
Gros-yeux commun	Gewöhnlicher Grossaugenbarsch	Cresent-tail bigeye	Occhi grossi	Priacanthus hamrur
Gros-yeux commun	Gewöhnlicher Grossaugenbarsch	Cresent-tail bigeye	Occhi grossi	Priacanthus hamrur
Grougnon	Gründling	Gudgeon	Ghiozzo	Gobio gobio

Fischlexikon

FRANZÖSISCH	DEUTSCH	ENGLISCH	ITALIENISCH	LATEIN
H				
Habillot	Schellfisch	Cods	Egelfino	Melanogrammus aeglefinus
Hareng de l'Atlantique	Hering	Herring	Aringa	Clupea harengus
Hareng du Makreel	Spanische Makrele	Chub mackerek	Lanzardo	Scomber japonicus
Hareng du pacifique	Pazifischer Hering	Pacific herring	Aringa del pacifico	Clupea pallasil
Hippocampe moucheté	Langschnautziges-Seepferdchen	Long-snouted seahorse	Cavalluccio marino ramuloso	Hippocampus ramulosus
I				
Ide mélanote	Orfe	Ide		Leuciscus idus
Idole maure	Halfterfisch	Moorish idol	Idolo moresco	Zanclus cornutus
L				
Labre à franges	Besenschwanz-Prachtlippfisch	Broomtail wrasse	Tordo festonato	Cheilinus lunulatus
Labre échiquier	Schachbretjunker	Checkerboard wrasse	Foca grigia	Halichoeres hortulanus
Labre mêlé	Bunter Lippfisch	Striped wrasse	Colombina fischietto	Labrus bimaculatus

Fischlexikon

FRANZÖSISCH	DEUTSCH	ENGLISCH	ITALIENISCH	LATEIN
Labre nettoyeur	Gemeiner Putzerfisch	Bluestreak cleaner wrasse	Labride pulitore	Labroides dimidiatus
Labre vert	Meerdrossel	Green wrasse	Labride verde	Labrust turdus
Labre-clown	Spiegelfleck-Lippfisch	Clown coris	Donzella	Coris aygula
Lacon commun	Grosser Sandaal	Great sandeel	Grande murena di sabbia	Hyperoplus lanceolatus
Laçon commun	Sandspierling	Great sandeel	Grande murena di sabbia	Hyperoplus lanceolatus
Laimargue du Groenla.	Eishai	Greenland shark	Squalo glaciale	Somniosus microcephalus
Lampré	Meerneunauge	Sea lamprey	Lampreda di mare	Petromyzon marinus
Lampris	Moderlieschen	Belica		Leucaspius delineatus
Lamproie de planer	Bachneunauge	European brook lampry	Lampreda europea	Lamprea europea
Lamproie de rivière	Flussneunauge	European river lamprey	Lampreda di fiume	Lampetra fluviatilis
Lavoret	Grosse Muräne	Houting	Lavar. Bianco comune	Coregonus oxyrinchus
Léopadogaster à petite tête	Kleinkopf – Ansauger	Small-headed clingfish	Luccio succia scoglio	Apletodon dentatus
Lépadogaster de Gouan	Ansauger	Gowan's clingfish	Succiascoglio	Lepadogaster lepadogaster
Limance barrée	Grosser Scheibenbauch	Snailfish	Pesce lumaca	Liparis liparis
Limande	Scharbe	Dab	Limanda	Limanda limanda
Limande plie rouge	Winterflunder	Winter flounder	Sogliola americana	Pseudopleuronectus americanus
Limande-sole commune	Rotzunge (l)	Lemon sole	Limanda	Microstomus kitt
Lingue	Mittelmeerleng	Spanish ling	Molva spagnola	Molva macrophthalma

Fischlexikon

838

FRANZÖSISCH	DEUTSCH	ENGLISCH	ITALIENISCH	LATEIN
Linque	Leng	Ling	Molva	Molva molva
Loche d'étang	Schlammbeisser	Weather fish		Misgurnus fossilis
Loche de rivière	Dorngrundel	Spined loach		Copitis taenia taenia
Loche franche	Bartgrundel	Stone loach	Lasca	Barbatula barbatula
Lompe	Seehase	Lumpsucker	Lompo	Cyclopterus lumpus
Loquette d'Europe	Aalmutter	Viviparous blenny	Blennide	Zoarces viviparus
Loup de mer	Wolfsbarsch	Common european bass	Spigola o branzino	Dicentrachus labrax
Loup de mer	Gestreifter Seewolf	Wolffish	Pesce lupo	Anarhichas lupus
Loup de mer	Seewolf	Wolffish	Pesce lupo	Anarhichadidae fam.
Loup tacheté	Gefleckter Seewolf	Spotted wolffish	Pesce lupo minore	Anarhichas minor
Lutjan	Schnapper	Snappers	Lutianidi-azzannatori	Lutjanidae fam.
Lutjan à lignes	Streiffen-Schnapper	Bluelined snapper	Azzannatore striato	Lutjanus kasmira
Lutjan à lignes bleues	Blaustreiffenschnapper	Bluelined snapper	Azzannatore striato	Lutjanus kasmira
Lutjan de John	Johns Schnapper	John's snapper	Azzannatore di john	Lutjanus johnii
Lutjan gris	Grauer-Schnapper	Gray snapper	Azzannatore grigio	Lutjanus griseus

M

FRANZÖSISCH	DEUTSCH	ENGLISCH	ITALIENISCH	LATEIN
Makaire blanc de l'Atlantique	Marlin	Atlantic white marlin	Marlin	Tetrapturus albidus
Makaire bleu	Blauer Marlin	Blue marlin	Marlin blu	Makaira nigricans
Makaire noir	Schwarzer Marlin	Black marlin	Marlin nero	Makaira indica
Mako	Makohai	Shortfin mako shark	Mako	Isurus oxyrinchus

Fischlexikon

FRANZÖSISCH	DEUTSCH	ENGLISCH	ITALIENISCH	LATEIN
Malarmat	Panzerhahn	African armoured	Posce forca	Peristedion cataphractum
Manta géante	Manta	Manta ray	Manta gigante	Manta birostris
Mante	Kleiner Teufelsrochen	Devil ray	Diavolo di mare o mobulua	Mobula mobular
Maquereau commun	Makrele	Mackerel	Sgombro	Scomber scombrus
Maquereau trapu	Indische Makrele	Indian mackerel	Mako indiano	Rastrelliger brachysoma
Marlin rayé	Gestreifter Marlin	Stripet marlin	Marlin	Tetrapturus audax
Matajuel blanc	Sand-Torpedobarsch	Sand tilefish		Malacanthus plumieri
Mendole commun	Laxierfisch	Big picarel	Menola comune	Spicare maena
Merlan	Wittling	Whiting	Merlano	Merlangius merlangus
Merlan bleu	Blauer Wittling	Blue whiting	Postassolo	Micromesistius poutassou
Merle	Brauner Lippfisch	Brown wrasse	Tordo di mare o leppo	Labrus merula
Merlu	Seehecht (III)	Hake	Merluzzo	Merluccius
Merlu du Cap	Kaphecht	Shallow water cape hake	Merluzzo di basso fondale	Merluccius capensis
Merlu du Pacifique	Chilenischer Seehecht	South pacific hake	Merluzzo del pacifique del sud	Merluccius gayi gayi
Merlu du Pacifique nord	Seehecht (I)	North pacific hake	Merluzzo	Merluccius productus
Merlu européen	Hechtdorsch	European hake	Merluzzo	Merluccius merluccius
Merluche	Seelachs	Saithe	Merluzzo carbonaro	Pollachius virens
Merluche blanche	Pollak	Golden pollock	Pollock	Pollachius pollachius
Mérou	Zackenbarsch	Grouper	Cernia	Serranus gigas

Fischlexikon

FRANZÖSISCH	DEUTSCH	ENGLISCH	ITALIENISCH	LATEIN
Mérou croissant de lune	Mondsichel Juvelenbarsch	Lunartail trout	Cernia falcata	Variola louti
Mérou de mer rouge	Rotmeer-Zackenbarsch	Red sea grouper	Cernia del mar rosso	Cephalopholis hemistiktos
Mérou de mer rouge	Rotmeer-Forellenbarsch	Roving coralgrouper	Cernia dei coralli del mar rosse	Plectropomus pessuliferus
Mérou élégant	Spitzkopf-Zackenbarsch	Slender grouper	Cernia	Anyperodon leucogrammicus
Mérou loutre	Gefleckter Zackenbarsch	Greasy grouper	Cerna manculata	Epinephelus tauvina
Mérou noir	Brauner Zackenbarsch	Grouper	Cernia gigante	Epinephelus guaza
Mérou oriflamme	Baskenmütze Zackenbarsch	Blacktip grouper	Cernia	Epinephelus fasciatus
Mérou rouge	Juwelen Zackenbarsch	Jewel grouper	Cernia die coralli	Cephalopholis miniata
Missole	Glatthai (II)	Smoothoundd	Palombo stellato	Mustelus asterias
Mole	Mondfisch	Ocean sunfish	Pesce luna	Mola mola
Monacanthe à selles noires	Schwarzsattel-Feilenfisch	Mimic filefish	Pesce flauto nero	Paraluteres prionorus
Morue commune	Kabeljau	Atlandic cod	Merluzzo	Gandus morhua
Morue de roche	Grönland-Dorsch	Greenland cod	Merluzzo della groenlandia	Gadus ogat
Morue du pacifique occidental	Mintai	Wall-eye pollock		Theragra chalcogramma
Motelle à cinq	Fünfbärtelige Seequappe	Fivebeard rockling	Motello del baltico	Ciliata mustela

Fischlexikon

FRANZÖSISCH	DEUTSCH	ENGLISCH	ITALIENISCH	LATEIN
Motelle à quatre barbillons	Vierbärtelige Seequappe	Fourbeard rockling		Enchelyopus cimbrius
Motelle à trois barbillons	Dreibärtige Seequappe	Threebeard rocking	Motella maculata	Gaidropsarus vulgaris
Mounge gris	Stierhai (I)	Bluntnose six-gill shark	Notidano grigio	Hexanchus griseus
Moutelle	Alrope	Burbot	Lota	Lota lota
Muge cabot	Gestreifte Meeräsche	Stripet mullet	Cefalo o volpina	Mugli cephalus
Mulet	Kaukasischer Döbel	Chub	Ghiozzo	Leuciscus cephalus
Mulet blanc	Dünnlippige Meerásche	Thinlip mullet	Muggine	Liza ramada
Mulet doré	Goldmeeräsche	Golden grey mullet	Muggine dorato	Liza aurata
Mulet porc	Meeräsche	Thinlip mullet	Muggine	Liza ramada
Mullet	Nase	Sneep	Cefalo o muggine	Chondrostoma nasus
Murène	Mittelmeer Muräne	Mediteranean moray	Murena mediterranea	Muraena helena
Murène	Muräne	St. Helena moray	Murena mediterranea	Muraena helena
Murène a guele jaune	Gelbmaulmuräne	Yellowmouth moray	Murena dalla bocca gialla	Gymnothorax nudivomer
Murène géante	Riesenmuräne	Giant moray	Murena gigante	Gymnothorax javanicus
Murène ondulante	Marmormuräne	Undulated moray	Murena marezzata	Gymnothorax undulatus
Murène tatouée	Graue Muräne	Peppered moray	Murena grigia	Siderea grisea
Muréne voie lactée	Weissmaulmuräne	Guineafowl moray	Murena dal collare	Gymnothorax meleagris
Murène-leopard	Grosse Netzmuräne	Honeycomb moray	Murena tessellata o favo	Gymnothorax favagineus

Fischlexikon

FRANZÖSISCH	DEUTSCH	ENGLISCH	ITALIENISCH	LATEIN
N				
Napoléon	Napoleon	Humphead wrasse	Pesce napoleone	Cheilinus undulatus
Nason bariolé	Gelbklingen-Nasendoktor	Yellowkeel unicornfish	Pesce unicorno	Naso lituratus
Nason brun	Kurznasendoktor	Shortnose unicornfish	Pesce unicorno bruno	Naso unicornis
Nason zébré	Vlamings-Nasendoktor	Bignose unicornfish	Pesce unicorno maggiore	Naso vlamingi
Nautilus	Nautilus	Nautilus	Nautilus	Nautilus pompilllus
Nautilus	Nautilus	Nautilus	Nautilus	Nautilus pompilius
Nonnat	Glasgrundel	Transparent goby	Gobide rossrtto	Aphia minuta
O				
Oblade	Brandbrasse	Saddled bream	Oblada	Oblada melanura
Omble chevalier	Saibling	Charr	Trota di lago	Salvelinus alpinus
Ombre	Äsche	Grayling	Temolo	Thymallus arcticus
P				
Pageot acarne	Meerbrasse (II)	Spanish bream	Pagello	Pagellus acarne
Pageot blanc	Meerbrasse (I)	Axillary seabream	Pagello spagnolo	Pagellus acarne

842

Fischlexikon

FRANZÖSISCH	DEUTSCH	ENGLISCH	ITALIENISCH	LATEIN
Pageot commun	Rotbrassen	Common pandora	Pagello	Pagellus erythrinus
Pageot rose	Blaubarsch	Blackspot seabream	Pagello	Pagellus bogaraveo
Pagre commun	Gemeine Sackbrasse	Common sea bream	Pagaro	Pagrus pagrus
Palomette	Ungestreifter Pelamide	Plain bonito	Palamita bianca	Orcynopsis unicolor
Papillon à collier blanc	Halsband-Falterfisch	Headband butterfly	Pesce farfalla dal collare	Chaetodon collare
Parroquet grand bleu	Indischer Buckelkopf	Indian Ocean steepheaded parrotfish	Pesce pappagallo indiano	Scarus strongycephalus
Pastenague américaine	Peitschenrochen	Southern-stingray	Pastinaca americana	Dasyatis americana
Pastenague commune	Gemeiner Stechrochen	Common stingray	Trigone comune	Dasyatis pastinaca
Pastenague queue à ruban	Blaupunkt-Stechrochen	Blue-spotted ray	Trigone dalla maccie blu	Taeniura lymma
Pavillon	Masken Falterfisch (II)	Raccoon butterflyfish	Pesce farfalla mezza luna	Chaetodon lunula
Pelerin	Riesenhai	Basking shark	Centorino	Cetorhinus maximus
Perche Americaanse gele	Flussbarsch	European perch	Perchia europea	Perca fluviatilis
Perche d'Amérique à petite bouche	Forellenbarsch	Largemouth bass	Pesce persico	Micropterus salmoides
Perche de sable	Schwanzfleck-Sandbarsch	Speckled sandperch	Perchia di sabbia maculata	Parapercis hexophthalma
Perche noire	Schwarzbarsch	Smallmouth bass	Spigola	Micropterus dolomieui
Perche truite	Grossmäuliger Schwarzbarsch	Largemouth bass	Pesce Persico	Micropterus salmoides
Perroquet bicolore	Masken Papageifisch	Bicolor parrotfish	Pesce pappagallo bicolore	Cetoscarus bicolor
Perroquet rouille	Rostkopf-Papageifisch	Rusty parrotfish	Pesce pappagallo rugginoso	Scarus ferrineus

Fischlexikon

FRANZÖSISCH	DEUTSCH	ENGLISCH	ITALIENISCH	LATEIN
Perroquet-prairie	Nasenhöcker Papageifisch	Ember parrotfish	Pesce pappagallo ambrato	Scarus rubroviolaceus
Perroquet-souris	Blaubinden Papageifisch	Bluebarred parrotfish	Pesce pappagallo	Scarus ghobban
Petit poisson chien	Amerikanischer Hundsfisch	Eastern mudminnow	Ombrina	Umbra pygmaea
Petit squale-changrin	Dornhai	Little gulper	Centroforo boccanera	Centrophorus uyato
Petite aiguille de mer	Kleine Seenadel	Nilson's pipefish	Pesce flauto rostrato	Syngnathus rostellatus
Petite castagnole	Mönchfisch	Blue damselfish	Castagnola	Chromis chromis
Petite roussette	Kleingefleckter Katzenhai	Lesser spotted dogfish	Gattuccio minore	Scyliorhinus caniculla
Petite sol jaune	Zwergzunge	Solenette	Sogliola gialla	Buglossidium luteum
Petite vibe	Viperqueise	Stingfish	Tracina dragone	Trachinus vipera
Pilchard	Sardine (II)	Pilchard	Sardina	Sardina pilchardus
Pilchard du Japon	Japanische Sardine	Japanese pilchard	Sardina giapponese	Saldinops melanostictus
Pilchard sudamèricain	Pazifische Sardine	South american pilchard	Sardina americana	Sardinops sagax
Platax, poule-d'eau	Rundkopf-Fledermausfisch	Circular batfish	Pesce pipistrello a disco	Platax orbicularis
Platelle	Rotfeder	Rudd	Scardola	Scardinius erythrophalmus
Platophrys	Augenfleckiger Steinbutt	Wide-eyed flouder	Rombo ocellato	Bothus podas
Plie	Scholle	Plaice	Platessa	Pleuronectes platessus
Plie cynoglosse	Hundszunge	Witch	Passera	Glyptocephalus cynoglossus

844

Fischlexikon

FRANZÖSISCH	DEUTSCH	ENGLISCH	ITALIENISCH	LATEIN
Plie cynoglosse	Rotzunge (II)	Witch	Passera	Glyptocephalus cynoglossus
Poisseon-pavillon tabac	Tabak-Falterfisch	Red sea racon butterflyfish	Pesce farfalla fasciato	Chaetodon fasciatus
Poisson –ange à croissant	Arabischer Kaiserfisch	Arabian angelfish	Pesce angelo maculato	Pomacanthus maculosus
Poisson chat	Schwarzer Katzenwels	Black bullhead	Pesce toro nero	Amerius melas
Poisson couteau	Wimpelrittfisch	Jackknife fish	Ombrina lanceolata	Equetus lanceolatus
Poisson crocodile,Tête plate	Teppich Krokodilsfisch	Common crocodilefish	Pesce coccodrillo	Papilloculieps longiceps
Poisson d'argent	Glasauge	Argentine	Argentina o pesce d'argento	Argentina sphyraena
Poisson de feu	Pracht-Schwertgrundel	Fire dartfish	Pesce di fuoco	Nemateleotris magnifica
Poisson faucon à long nez	Langschnautzen-Büschelbarsch	Longnose hawkfish	Pesce falco	Oxycirrhites typus
Poisson faucon à taches de rousseur	Forsters Büschelbarsch	Freckled hawkfish	Folco di Forster	Paracirrhites forsteri
Poisson pappilon de Meyer	Meyers Faltenfisch	Meyer's butterflyfish	Pesce farfalla di meyer	Chaetodon meyeri
Poisson perroquet	Papageifisch	Parrot fish	Pesce pappagallo	Euscarus cretensis
Poisson pierre commun	Steinfisch	Stonefish	Pesce pietra	Synanceia verrucosa
Poisson pilote	Pilotfisch	Pilotfish	Pesce pilota	Naucrates ductor
Poisson volant	Fliegender Fisch	Flying fish	Pesce volante orientale	Exocoetus volitans
Poisson-ange	Kaiserfische II	Angelfish	Pomacantidi	Pomacanthus fam.

845

Fischlexikon

FRANZÖSISCH	DEUTSCH	ENGLISCH	ITALIENISCH	LATEIN
Poisson-ange à tête bleu	Blaumasken-Kaiserfisch	Blueface angelfish	Pesce angelo	Pomacanthus xanthometopon
Poisson-ange à trois taches	Dreipunkt Kaiserfisch	Treespot angelfish	Pesce angelo trimaculato	Apolemichtys trimaculatus
Poisson-ange annelé	Ring-Kaiserfisch	Blue ringed angelfish	Pesce angelo a righe blu	Pomacanthus annularis
Poisson-ange royal	Pfauenkaiserfisch	Royal angelfish	Pesce angelo reale	Pygoplites diacanthus
poisson-ballon géant	Riesenkugelfisch	Giant pufferfish	Pesce palla stellato	Arothon stellatus
Poisson-chat nortd-africain	Aalbüschelwels	North african catfish	Pesce gatto del norte de Africa	Clarius gariepinus
Poisson-chat rayé	Gestreifter Korallenwels	Striped eel catfish	Pesce gatto striato	Plotosus lineatus
Poisson-clown à deux bandes	Rotmeer-Anemonenfisch	Red sea anemonefish	Pesce pagaliaccio bifasciato	Amphiprion binictus
Poisson-clown des Maldives	Malediven Anemonenfisch	Maldives anemonefish	Pesce pagliaccio delle maldive	Amphiprion nigripes
Poisson-cocher commun	Gemeiner Wimpelfisch	Bannerfish	Pesce farfalla bandiera	Heniochus acuminatus
Poisson-coffre jaune	Gelbbrauner Kofferfisch	Yelow boxfish	Pesce scatola giovane	Ostrcion cubicus
Poisson-coffre point bleu	Arabischer Kofferfisch	Arabian boxfish	Pesce scatola arabico	Ostricon cyanurus
Poisson-couteau strié	Gestreifter Schnepfenmesserfisch	Razorfish	Pesce rasoio	Aeoliscus strigatus
poisson-diable	Antennen Rotfeuerfisch	Spotfin lionfish	Diavolo	Pterois antennata
Poisson-écureuil	Eichhörnchenfisch	Soldierfish	Pesce scldato	Holocentrus ruber
Poisson-écureuil à taches noires	Schwarzfleckenhusar	Redcoat squirrelfish	Pesce scoiattolo a coda rossa	Sargocentron rubrum

Fischlexikon

FRANZÖSISCH	DEUTSCH	ENGLISCH	ITALIENISCH	LATEIN
Poisson-empereur	Imperator-Kaiserfisch	Emperor angelfish	Pesce angelo imperatore	Pomacanthus imperator
Poisson-feuille cacatoès	Kakadu-Schaukelfisch	Cockatoo waspfish	Pesce vespa	Ablabys taeniantonus
Poisson-flûte	Flötenfisch (I)	Commerson's Cornetfish	Pesce trombetta cornuto	Fistularia commersonii
Poisson-globe à taches blanches	Weissfleck-Kugelfisch	Whitespotted pufferfish	Persce palla a macchie bianche	Arothron hispidus
Poisson-globe masqué	Maskenkugelfisch	Masked pufferfish	Pesce palla mascherato	Arothron diadematus
Poisson-lézard tacheté	Gefleckter Eidechselfisch	Variegated lizardfish	Pesce lucertola variegato	Synodus variegatus
Poisson-lime gribouillé	Schrift-Feilenfisch	Scribbled filefish	Pesce lima cirrato	Aluterus sciptus
Poisson-lion	Indischer Rotfeuerfisch	Lionfish	Pesce scorpione	Pterois miles
Poisson-papillon	Falterfisch	Butterflyfish	Chetodonidi	Chaetodon fam.
Poisson-papillon cocher	Fähnchen-Falterfisch	Threadfin butterflyfish	Pesce farfalla auriga	Chayetodon auriga
Poisson-papillon jaune	Masken-Falterfisch (I)	Lemon-butterflyfish	Pesce farfalla dal muso	Chaetodon semilarvatus
Poisson-papillon trompeur	Falscher Riesenfalterfisch	Spot-nape butterflyfish	Pesce farfalla maculato	Chaetodon oxycephalus
Poisson-papillum citron	Rotfleck-Faltenfisch	Crown butterflyfish	Pesce farfalla coronato	Chaetodon paucifasciatus
Poisson-pierre arabe	Arabischer Steinfisch	Arabian stonefish	Pesce pietra nano	Synancela nana
Poisson-pierre d'estuaire	Flussmündungs Steinfisch	Estuarine stonefish	Pescce pietra	Synanceia horrida
Poisson-pincette jaune	Langmaul-Pinzettfisch	Long-nosed butterflyfish	Pesce farfalla naso lungo	Forcipiger flavissimus
Poisson-porc-épic à taches	Langstachel Igelfisch	Freckled-porcupinefish	Pesce istrice striato	Diodon holacanthus
Poisson-savon	Seifenbarsche	Soapfishes	Serranidi	Grammistinae (fam. Serranidae)
Poisson-savon à six lignes	Sechstreifen-Seifenbarsch	Sixstripe soapfish	Pesce sapone striato	Grammistes sexlineatus

847

Fischlexikon

FRANZÖSISCH	DEUTSCH	ENGLISCH	ITALIENISCH	LATEIN
Poisson-scorpion à houppes	Fetzen Drachenkopf	Tassled scorpionfish	Scorfano tessellato	Scorpaenopsis oxycephalus
Poisson-scorpion feuille	Schaukelfisch	Saifin leaffish	Pesce foglia	Taenianotous triacanthus
Poisson-soldat à grand yeux	Weisssaum-Soldatenfisch	Bigeye squirrelfish	Pesce soldado dagli occhi grossi	Myripristis murdjan
Poisson-soldat bordé de blanc	Weissspitzen-Soldatenfisch	White-tipped soldierfish	Pesce soldado	Myripristis vittata
Poisson-trompette	Blauflecken Flötenfisch	Bluespotted cornetfish	Pesce scatola cornuto maculato	Fistularia tabacaria
Poisson-trompette	Trompetenfisch	Trumpetfish	Pesce Trombetta	Aulostomus chinensis
Poisson-zèbre	Zebra-Zwergfeuerfisch	Zebra dwarflionfish	Pesce scorpione zebrato	Dendrochirus zebra
Poisson–guitarre tacheté	Atlantik Gittarenroche	Guitarfish	Pesce chitarra	Rhinobatus lentignosus
Porc-épic ballon	Igelfisch	Porcupine fishes	Pesce istrice	Diodontidae fam.
Porc-épine ballon	Ballon – Igelfisch	Balloonfish	Pesce palla	Didon holocanthus
Porc.épic ballon	Gewöhnlicher Igelfisch	Long-spine porcupinefish	Pesce istrice a spine lunghe	Diodon hystix
Porte-écuelles	Bandschild	Cornish sucker	Succiascoglio	Leopadogaster
Poule de mer	Bartdorsch	Pouting		Trisopterus luscus
Pseudochromis d' Aldabra	Aldabra-Zwergbarsch	Aldabra rock basset	Pseudocòcromide	Pseudochromis aldabraen

Fischlexikon

FRANZÖSISCH	DEUTSCH	ENGLISCH	ITALIENISCH	LATEIN
R				
Raaie douce	Mittelmeer Sternrochen	Spotted ray	Razza maculata	Raja montagui
Raie blanche	Blonde	Blonde ray	Razza coda corta	Raja brachyura
Raie bouclée	Keulenroche	Roker	Razza de chiodata	Raja clavata
Raie brunette	Marmorrochen	Undulate ray	Razza ondulata	Raja undulata
Raie chardon	Chagrinroche	Shargreen ray	Razza	Leucoraja fullonica
Raie étoilée	Gefleckter Rochen	Spotted ray	Razza maculata	Raja montagui
Raie fleurie	Kuckucksrochen	Cuckoo ray	Razza	Leucoraja naevus
Raie mêlée	Kleinäugiger Rochen	Small-eyed ray	Razza occhiuta	Raja microocellata
Raie radiée	Sternrochen	Thorny skate	Razza raggiata	Amblyraja radiata
Raie-aigle	Meeradler	Eagle-ray	Aquilla di mare	Myliobatis aquila
Raie-léopard	Gefleckter Adlerrochen	Spotted eagle ray	Aquila di mare	Aetobatus narinari
Raie-torpille de mer rouge	Zitterrochen	Panther torpedo ray	Torpedine maculata	Torpedo panthera
Rascasse brune	Brauner Drachenkopf	Brown sccorpionfish	Scorfano bruno	Scorpaena porcus
Rascasse pustuleuse	Pusteliger Drachenkopf	Pustulous scorpionfish	Scorfano	Scorpaena notata
Rascasse rouge	Grosser Drachenkopf	Bigscale scorpionfish	Scorfano rosso	Scorpaena scrofa
Rat de mer	Seeratte	Ratfish	Chimera mediterranea	Chimaera monstrosa
Reaquin pointes noires	Schwarzspitzenhai	Blacktip reef shark	Squalo pinna nera oceanico	Charcharhinus melanopteras
Requiem tisserand	Langnasenhai	Spinner shark	Squalo pinna corta	Carcharhinus brevipinna
Requin à pointes blanches	Silberspitzenhai	Silvertip shark	Squalo grigio (di barriera)	Carcharhinus albimarginatus

Fischlexikon

FRANZÖSISCH	DEUTSCH	ENGLISCH	ITALIENISCH	LATEIN
Requin blanc	Weiss-Spitzenhai	Oceanic whitetip shark	Squalo pinna bianca oceanico	Carcharhinus longimanus
Requin bleu	Blauer Hai	Blue shark	Verdesca	Prionace glauca
Requin bouledouge	Steierhai (II)	Bullshark	Squalo leuca (toro)	Charcharhinus leucas
requin de sable	Blauhai / Düstere Hai	Dusky shark	Squalo grigio	Carcharhinus obscurus
Requin dormeur	Gewöhnlicher Ammenhai	Common nurse shark	Squalo nutrice	Nebrius ferrugineus
Requin gris	Grauer Riffhai	Grey reef shark	Squalo grigio (di barriera)	Carcharhinus amblyrhynchos
Requin gris	Grossrücken-Flossenhai	Sandbar shark	Pescecane	Carcharhinus plumbeus
Requin gris	Grossrücken-Flossenhai	Sandbar shark	Pescecane	Carcharhinus plumbeus
Requin renard	Fuchshai	Fox shark	Squalo volpe	Alopias vulpinus
Requin scie d'Amerique	Adlerfisch	Bahamas sawshark	Squalo delle bahamas	Pristiophorus schroederi
Requin soyeux	Seidenhai	Silky shark	Squalo sericeo	Carcharhinus falciformis
Requin tigre	Tigerhai	Tiger shark	Squalo tigre	Galeocerda cuvieri
Requin-baleine	Walhai	Whale shark	Squalo balena	Rhincodon typus
Requin-griset	Aschfarbener Siebebspalthai	Sharpnose seven-gill shark	Notidano cinereo	Heptranchias perlo
Requin-marteau commun	Glatte Hammerhai	Smooth hammerhai	Pesce martello o squalo martellom comune	Sphyrna zygaena
Requin-marteau halicorne	Bogenstirn Hammerhai	Scalloped hammerhead	Squalo martello	Sphyrna lewini
Requin-taupe commun	Heringshai	Probeagle	Smeriglio	Lamna nasus
Roi des rougets	Meerbarbenkönig	Cardinalfish	Pesce Cardinale	Apogon imberbis
Rouget à ligne Rouge	Rotstreifen-Meerbarbe	Redstriped goatfish	Triglia a strie rosso	Perupeneus rubescens

Fischlexikon

FRANZÖSISCH	DEUTSCH	ENGLISCH	ITALIENISCH	LATEIN
Rouget à nageoires jaunes	Grosschulenbarbe	Yelowfin goatfish	Triglia pinna gialla	Mulloidichthys vanicolensis
Rouget de mer Rouge	Rotmeerbarbe	Red sea goatfish	Triglia del maro rosso	Parupeneus forsskali
Rouget-bar-bet doré	Gelbsattel-Meerbarbe	Yellowsaddle goatfish	Triglia gialla	Parupeneus cyclostomus
Rouget-barbet à deux taches	Doppelband Meerbarbe	Doublebar goatfish	Trilia a due macchie	Parupeneus bifasciatus
Rouget-barbet doré	Rote Meerbarbe	Red goatfish	Triglia rossa	Mullus auratus
Rouquié	Klippenbarsch	Goldsinny –wrasse	Labride rosso	Ctenolabrus rupestris

S

FRANZÖSISCH	DEUTSCH	ENGLISCH	ITALIENISCH	LATEIN
Sandre	Zander	Zander	Perchia di sabbia	Sander lucioperca
Sanglier / Sarsotin	Eberfisch	Boarfish	Pesce cinghiale	Capros aper
Sar	Bindenbrasse	White bream	Sarago	Diplodus sargus
Sar commun	Zweibindenbrasse	Two-banded bream	Sargo a due bande	Diplodus vulgaris
Sar rubanné	Fünfbindenbrasse	Five-banded bream	Sargo a 5 bande	Diplodus cervinus
Sardine	Sardine (I)	Sardine	Sardina	Sardina pilchardus
Sardine du Pacifique	Chilenische Sardine	South american pilchard	Sardina americana	Sardinops sagax
Sauclet	Grosser Ährenfisch	Silverside	Guelde	Atherina hepsetus
Saumon atlantique	Lachs	Atlantic salmon	Salmone atlantico	Salmon salar
Saumon chinook	Königslachs	Chinook salmon	Salmone reale	Oncorhynchus tshawytscha

851

Fischlexikon

FRANZÖSISCH	DEUTSCH	ENGLISCH	ITALIENISCH	LATEIN
Saumon japonais	Masu-Lachs	Cherry salmon	Salmone giapponese	Oncorhynchus masou masou
Saumon rose	Buckelkopflachs	Pink salmon	Salmone rosa	Oncorhynchus gorbuscha
Saumon rouge	Rotlachs	Sockeye salmon	Salmone azzurro	Oncorhynchus nerka
Saupe	Goldstrieme	Salema	Salpa	Sarpa salpa
Saurel	Makrelenhecht	Skipper	Gastodella	Scomberesox saurus saurus
Sèche	Gemeine Sepia	Common cuttlefish	Seppia comune	Sepia officinalis
Seiche commune	Gemeiner Tintenfisch	Common cuttlefish	Seppia comune	Sepia officinalis
Sergeant-major	Gestreifter Sergeant	Sergeant major	Sergente maggiore	Abudefduf saxatilis
Sériole	Seriolafisch	Amberjack	Ricciola	Seriola dumerili
Serran chevrette	Sägebarsch	Comber	Perchia o sciarrano	Serranus cabrilla
Serran écriture	Schriftbarsch	Painted comber	Cernia maculata	Serranus scriba
Siblaire	Schnauzenlippfisch	Long-snouted wrasse	Donzella rostrata	Symphodus rostratus
Sigan	Kaninchenfische	Rabbitfish	Siganidi	Siganidae fam.
Sigan marguerite	Tüpfel-Kaninchenfisch	Stellate rabbitfish	Pesce coniglio stellato	Siganus stellatus
Sigan sombre	Brauner Kaninchenfisch	Squarettail rabbitfish	Pesce coniglio	Siganus luridus
Silure glane	Wels	Wels catfish	Siluro	Silurus glanis
Soldat armé	Riesenhusar	Giant squirrelfish	Pesce scoiattolo coda rossa	Sargocentron spiniferum
Sole-perdix juive	Seezunge	Bastard sole	Sogliola teofila	Microchirus theophila
Souris de mer	Steinpicker	Hooknose	Agonide	Agonus cataphractus
Squale bouclé	Stachelhai	Bramble shark	Squalo spinoso od echinorino	Echinorhinus brucus

Fischlexikon

FRANZÖSISCH	DEUTSCH	ENGLISCH	ITALIENISCH	LATEIN
Squale féroce	Schildzahnhai	Smalltooth sand tiger	Cagnaccio	Odontaspis ferox
St. Pierre	Petersfisch	John dory	Pesce san pietro	Zeus faber
Surmulet	Gestreifte Meerbarbe	Stripet mullet	Triglia di scoglio	Mullus surmuletus
Syngnathe à résaux	Netzseenadel	Network pipefish	Pesce ago fantasma reticolato	Corythoichtys flavofasciatus
Syngnathe annelé	Geringelte Seenadel	Multibar pipefish	Pesce ago fantasma anellato	Doryrhamphus multiannulatus

T

FRANZÖSISCH	DEUTSCH	ENGLISCH	ITALIENISCH	LATEIN
Tambour brésillien	Atlerfisch	Atlantic croaker	Pesce rana atlantico	Micropogonias undulatus
Tambour tacheté	Tüpfel-Ritterfisch	Spotted drum	Ombrina ocellata	Equetus punctatus
Targie naine	Zwergbutt	Norwegian topknot	Rombo norvegese	Phrynorhombus norvegicus
Tarpon	Atlantik-Tarpun	Atlantic tarpon	Tarpone	Megalops atlanticus
Thon aux grands yeux	Grossaugenthun	Bigeye tuna	Tonno	Thunnus obesus
Thon rouge	Grosser Thunfisch	Bluefin tuna	Tonno	Thunnus thynnus
Thonine orientale	Falsche Bonito	Kawakawa	Tonnetto o alletterato	Euthynnus affinis
Torpilla marbrée	Marmorzitterrochen	Marbled electric ray	Torpedine marezzata	Torpedo marmorata
Tripérygion à bec rouge	Roter Dreiflossenschleim-fisch	Red blackfaced blenny	Clinide dalle tre pinne	Tripterygion tripteronotus
Triptérygion à bec jaune	Gelber dreiflossen Schleimfisch	Yellow blackfaced blenny	Clinde dal muso giallo	Tripterygion xanthosoma

853

Fischlexikon

FRANZÖSISCH	DEUTSCH	ENGLISCH	ITALIENISCH	LATEIN
Triptérygion strié	Gestreifter-Dreiflosser	Striped triplefin	Triplefin	Helcogramma striata
Tropille tachetée	Augenzitterrochen / Gefleckter Zitterrochen	Eyed electric ray	Torpedine comune ochc.	Torpedo torpedo
Truite arc-en-ciel	Regenbogenforelle	Rainbow trout	Trota salmonata	Oncorhynchus mykiss
Truite commune	Bachforelle	Brown trout	Trota	Salmo trutta fario
Truite de mer	Meerforelle	Sea trout	Trota di mare	Salmo trutta trutta
Turbot	Steinbutt	Turbot	Rombo massimo	Scophthalmus maximus
Turbot-léopard	Phanter-Butt	Leopard flouder	Rombo di rena	Bothus pantherinus
Turbot-léopard	Phanther-Butt	Leopard flounder	Rombo di rena	Bothus pantherinus

V

FRANZÖSISCH	DEUTSCH	ENGLISCH	ITALIENISCH	LATEIN
Vieille	Geflecker Lippfisch	Ballan wrasse	Cernia	Labrus bergylta
Vieille à lignes violettes	Wangenstreifen Prachtlippfisch	Bandcheek wrasse	Labride violaceo	Oxycheilinus digrammus
Vimbe	Russnase	Baltic vimba		Vimba vimba
Vivaneau dent-chien	Schulmeister Schnapper	Schoolmaster	Azzannatore pinna gialla	Lutjanus apodus
Vivaneau queue jaune	Gelbschwanz-Schnapper	Yellowtail snapper	Azzannatore dalla coda gialla	Ocyurus chrysurus
Vivaneau voyeur	Mahagoni-Schnapper	Mahagony Snapper	Azzannatore	Lutjanus mahagoni
Voilier de l'Atlantique	Segelfisch	Sailfish	Pesce vela	Istiophorus albicans

854

Fischlexikon

Fischinventarium (mit Übersetzungen)

Ergänzungen

FRANZÖSISCH	DEUTSCH	ENGLISCH	ITALIENISCH	LATEIN

Fischlexikon

SORTIERUNG SPRACHE ITALIENISCH	DEUTSCH	ENGLISCH	FRANZÖSISCH	LATEIN
A				
Abramide	Schärpen-Scheinschnapper	Twoline threadfin bream	Brême de mer à écharpe	Scolopsis bilineatus
Abramido arabo	Arab. Scheinschnapper	Dotted spinecheck	Brême de mer arabe	Scollopsts ghanam
Acanturidi	Kaiserfische	Angelfish	Demoiselle	Holacanthus fam.
Acciuga	Sardelle	Anchovy	Anchois	Engraulis encrasicholus
Agonide	Steinpicker	Hooknose	Souris de mer	Agonus cataphractus
Aguglia	Hornhecht	Garfish	Aiguille	Belone belone
Alaccia	Grosse Sardine	Gold-striped sardine	Allache	Sardinella aurita
Alosa o cheppia	Maifisch (II)	Alewife	Gaspereau	Alosa pseudoharengus
Alosa sp.	Maifisch (I)	Allis shad	Coulaca	Alosa alosa
Anguilla americana	Amerikanischer Aal	American eel	Anguilla d'amerique	Anguilla rostrata
Anguilla colubrina	Ringenschlangenaal	Banded snake eel	Anguille-serpent annelée	Myrichthys colubrinus
Anguilla europea	Flussaal	European eel	Anguille	Anguilla Anguilla
Anthias	Roter Fahnenbarsch	Barbier	Barbier plat	Anthias anthias
Anthias a strie	Rotmeer-Fahnenbarsch	Striped anthias	Anthias de mer rouge	Pseudanthias taeniatus
Anthias o castagnola rossa	Juwelen-Fahnenbarsch	Jewel fairy basslet	Anthias barbier	Pseudanthias squamipinnis
Anuilla giapponese	Japanischer Aal	Japanese eel	Anguille de japon	Anguilla japonica
Aquila di mare (I)	Gefleckter Adlerrochen	Spotted eagle ray	Raie-lécpard	Aetobatus narinari

Fischlexikon

ITALIENISCH	DEUTSCH	ENGLISCH	FRANZÖSISCH	LATEIN
Aquila di mare (II)	Adlerroche	Eagle ray	Aigle de mer	Myliobatis aquila
Aquila di mare (III)	Meeradler	Eagle-ray	Raie-aigle	Myliobatis aquila
Aramide arabo	Arabischer Scheinschnapper	Dotted spinecheck	Brême dearabe	Scolopsis ghanam
Argentina o pesce d'argento	Glasauge	Argentine	Poisson d'argent	Argentina sphyraena
Aringa	Hering	Herring	Hareng de l'Atlantique	Clupea harengus
Aringa del pacifico	Pazifischer Hering	Pacific herring	Hareng du pacifique	Clupea pallasil
Azzannatore striato	Blaustreiffen-Schnapper	Bluelined snapper	Lutjan à lignes bleu	Lutjanus kasmira
Azzannatore	Mahagoni-Schnapper	Mahagoni Snapper	Vivaneau voyeur	Lutjanus mahagoni
Azzannatore dalla coda gialla	Gelbschwanz-Snapper	Yellowtail snapper	Vivaneau queue jaune	Ocyurus chrysurus
Azzannatore di john	Johns Schnapper	John's snapper	Lutjan de John	Lutjanus johnii
Azzannatore grigio	Grauer-Schnapper	Gray snapper	Lutjan gris	Lutjanus griseus
Azzannatore pinna gialla	Schulmeister Schnapper	Schoolmaster	Vivaneau dent-chien	Lutjanus apodus
Azzannatore striato	Blaustreiffenschnapper	Bluelined snapper	Lutjan à lignes bleues	Lutjanus kasmira

B

ITALIENISCH	DEUTSCH	ENGLISCH	FRANZÖSISCH	LATEIN
Balena	Pottwal	Sperm whale	Cachelot	Physetar cataddon
Balenottera comune	Blauwal	Blue whale	Balénoptère commun	Balenoptera musculus
Balestra	Blasser Drückerfisch	Scythe triggerfish	Baliste carène	Sufflamen bursa

Fischlexikon

858

ITALIENISCH	DEUTSCH	ENGLISCH	FRANZÖSISCH	LATEIN
Balestra	Weissschwanz-Flossendrücker	Whitetail triggerfish	Baliste à gorge bleu et queue blanche	Sufflamen albicaudatus
Balestra blu	Rotzahn-Drückerfisch	Redtooth triggerfish	Baliste à dents rouges	Ordonus niger
Balestra pacliaccio	Leopardendrückerfisch	Clown triggerfish	Baliste-clown	Balistoides conspicillum
Balestra picasso	Arabische Picassodrücker	Arabian picassofish	Baliste picasso arabe	Rhinecanthus assasi
Balestra striato	Gelbschwanz-Drückerfisch	Yellowtail triggerfish	Baliste strié	Balistapus undulatus
Balestra titano	Riesendrückerfisch	Giant triggerfish	Baliste à moustache	Balistoides viridescens
Balistidi	Drückerfisch (II)	Trigger-fish	Baliste	Balistes carolinensis
Barbo	Barbe	Barbel	Barbel / Barbet	Barbus barbus
Barracuda pinna nera	Querband-Barrakuda	Blackfin barracuda	Barracuda à negeoires noires	Sphyraena qenie
Bataviano	Buckel Fledermausfisch	Batavian batfish		Platax batavianus
Bavosa bicolore	Zweifarben-Wippschwimmer	Bicolor blenny	Blennie bicolore	Ecsenius bicolor
Bavosa cervina	Pontischer Schleimfisch	Pontic blenny	Blennie pontique	Blennius incognitus
Bavosa delle maldive	Halsband Wipperschwimmer	Maldive blenny	Blennie des Maldives	Ecsenius minutus
Bavosa delle maldive	Halsband-Wippschwimmer	Maldive blenny	Biennie des Maldives	Ecsenius minutus
Bavosa di Midas	Neonaugen-Wippschwimmer	Midas blenny	Blennie de Midas	Ecsenius midas
Blavosa bruna o capone	Gefleckter Schleimfisch	Spotted blenny	Blennie tachetée	Blennius trigloides

Fischlexikon

ITALIENISCH	DEUTSCH	ENGLISCH	FRANZÖSISCH	LATEIN
Blennide	Schleimlerche	Blenny		Lipophrys pholis
Blennide	Aalmutter	Viviparous blenny	Loquette d'Europe	Zoarces viviparus
Blennide a strisce azzure	Blaustreifen-Säbelzahnschleimfisch	Bluestriped fangblenny	Blennie à rayure bleue	Plagiotremus rhinorhynchus
Blennide rosso	Längsband Schleimfisch	Longstriped blenny	Blennie de roux	Parabennius rouxi
Blennide ruggine	Gestreifter Schleimfisch	Tompot blenny	Cabot	Parablennius gattorugine
Blennidi	Schleimfisch	Blenny	Blennie	Blennius
Boga	Blöker	Bogue	Bogue	Boops boops
Brotola	Scheibenbauch	Bearded brotula	Brotule barbée	Brotula barbata

C

ITALIENISCH	DEUTSCH	ENGLISCH	FRANZÖSISCH	LATEIN
Cagnaccio	Schildzahnhai	Smalltooth sand tiger	Squale féroce	Odontaspis ferox
Cagnesca	Hundshai (I)	Tope shark	Chien de mer	Galeorhinus galeus
Cantarella o tanuta	Seekarpfe	Black seabream	Dorade gris	Spondyliosoma cantharus
Cappone dalmata	Gestreifter Seehahn	Rock gunard	Grondin imbriago	Trigloporus lastoviza
Carangide giallo (trevally)	Goldkörper-Makrele	Goldbody trevally	Carangue à points orange	Carangoides bajed
Carassio dorato	Goldfisch	Goldfish	Carassin dorée	Carassius auratus auratus
Carnide reale	Schwarzgoldene Pilotmakrele	Golden trevally	Carangue royale jaune, carangue dorée	Gnathanodon speciosus
Carpa	Gefleckter Silberkarpfen	Bighead carp	Carpe marbrée	Aristichthys nobilis

Fischlexikon

ITALIENISCH	DEUTSCH	ENGLISCH	FRANZÖSISCH	LATEIN
Carpa	Bauernkarpfen	Crucian carp	Carache	Carassius carassius
Carpa	Graskarpfen	Grass carp	Carp amour	Ctenopharyngodon idellus
Carpa argentea	Silberkarpfen	Silver carp	Carpe argentée	Hypophthalmichthys molitrix
Carpa asiatica	Elritze	Eurasian minnow	Arlequin	Phoxinus phoxinus
Carpa comune	Karpfen	Common carp	Carpe commun	Cyprinus carpio carpio
Carpa gibelio	Giebel	Prussian carp		Carassius gibelio
Castagnola	Mönchfisch	Blue damselfish		Chromis chromis
Castagnola	Brachsenmakrele	Pomfret		Brama brama
Castagnola azzurra	Grüner Schwalbenschwanz	Blue-green damselfish	Petite castagnole	Chromis viridis
Castagnola azzurra	Grüner Schwalbenschwanz	Blue-green-damselfish	Grande castagnole	Chromis viridis
Catagnola blu	Blauer Chromis	Blue chromis		Chronis cyanea
Cavalluccio marino ramuloso	Langschnautziges-Seepferdchen	Long-snouted seahorse	Hippocampe moucheté	Hippocampus ramulosus
Cavallucio marino	Seepferdchen	European seahorse	Cheval marin	Hippocampus hippocampus
Cefalo o muggine	Nase	Sneep	Mullet	Chondrostoma nasus
Cefalo o volpina	Gestreifte Meeräsche	Stripet mullet	Muge cabot	Mugli cephalus
Centorino	Riesenhai	Basking shark	Pelerin	Cetorhinus maximus
Centoforo boccanera	Dornhai	Little gulper	Petit squale-changrin	Centrophorus uyato
Cerna manculata	Gefleckter Zackenbarsch	Greasy grouper	Mérou loutre	Epinephelus tauvina

860

Fischlexikon

ITALIENISCH	DEUTSCH	ENGLISCH	FRANZÖSISCH	LATEIN
Cernia	Gefleckter Lippfisch	Ballan wrasse	Vieille	Labrus bergylta
Cernia	Baskenmütze Zackenbarsch	Blacktip grouper	Mérou oriflamme	Epinephelus fasciatus
Cernia	Zackenbarsch	Grouper	Mérou	Serranus gigas
Cernia	Spitzkopf-Zackenbarsch	Slender grouper	Mérou élégant	Anyperodon leucogrammicus
Cernia a strisce	Gestreifter Zackenbarsch	Stripet grouper	Badèche	Epinephelus alexandrinus
Cernia dei coralli del mar rosse	Rotmeer-Forellenbarsch	Roving coralgrouper	Mérou de mer rouge	Plectropomus pessuliferus
Cernia dei coralli die mar rosso	Rotmeer-Forellenbarsch	Roving coralgrouper	Mérou de meere rouge	Plectropomus pessuliferus
Cernia del mar rosso	Rotmeer-Zackenbarsch	Red sea grouper	Mérou de mer rouge	Cephalopholis hemistikos
Cernia die coralli	Juwelen Zackenbarsch	Jewel grouper	Mérou rouge	Cephalopholis miniata
Cernia falcata	Mondsichel Juvelenbarsch	Lunartail trout	Mérou croissant de lune	Variola louti
Cernia gigante	Brauner Zackenbarsch	Grouper	Mérou noir	Epinephelus guaza
Cernia maculata	Schriftbarsch	Painted comber	Serran écriture	Serranus scriba
Cernia o dotto	Wrackbarsch	Stone bass	Cernier	Polyprion americanus
Chetodonidi	Wimpelfisch	Bannerfish		Heniochus (fam.chaetod.)
Chetodonidi	Falterfisch	Butterflyfish	Poisson-papillon	Chaetodon fam.

861

Fischlexikon

ITALIENISCH	DEUTSCH	ENGLISCH	FRANZÖSISCH	LATEIN
Chimera mediterranea	Seeratte	Ratfish	Rat de mer	Chimaera monstrosa
Clinde dal muso giallo	Gelber dreiflossen Schleimfisch	Yellow blackfaced blenny	Triptérygion à bec jaune	Tripterygion xanthosoma
Clinide dalle tre pinne	Roter Dreiflossenschleim-fisch	Red blackfaced blenny	Triptérygion à bec rouge	Tripterygion tripteronotus
Colombina fischietto	Bunter Lippfisch	Striped wrasse	Labre mêlé	Labrus bimaculatus
Coregone bianco	Kleine Maräne	Vendace	Corégone blanc	Coregonus albula
Coregone di lago	Felchen	Lake whitefish	Corécone lac	Coregonus clupeaformis
Corvina	Umberfisch	Meagre	Courbine	Argyrosmus regius

D

Diavolo	Antennen Rotfeuerfisch	Spotfin lionfish	poisson-diable	Pterois antennata
Diavolo di mare o mobulua	Kleiner Teufelsrochen	Devil ray	Mante	Mobula mobular
Donzella	Butterhamletbarsch	Butter hamlet		Hypoplctrus unicolor
Donzella	Spiegelfleck-Lippfisch	Clown coris	Labre-clown	Coris aygula
Donzella	Schwarzäugiger Lippfisch	Corkwing wrasse	Crénilabre mélops	Symphodus melops
Donzella	Fünfeckiger Lippfisch	Five-spotted wrasse	Crénilabre à cinq tasches	Symphodus roissali
Donzella	Indigo-Hamletbarsch	Indigo hamlet		Hypoplectrus indigo
Donzella	Indigo-Hamletbarsch	Indigo hamlet		Hypoplectrus indigo
Donzella	Pfauenlippfisch	Peacock wrasse	Crénilabre paon	Symphodus tinca

Fischlexikon

ITALIENISCH	DEUTSCH	ENGLISCH	FRANZÖSISCH	LATEIN
Donzella	Dreifleck Gregory	Threespot damselfish		Stegastes planifrons
Donzella cinerea	Grauer Lippfisch	Grey wrasse	Crénilabre cendré	Symphodus cinereus
Donzella dal ventre bianco	Weissbauch Riffbarsch	White-belly damsel	Demoiselle à ventre jaune	Amblyglyphidodon leucogaster
Donzella dalla coda gialla	Gelbschwanz Hamletbarsch	Yellowtail hamlet		Hypoplectrus chlororus
Donzella humbug o trifasciata	Dreibinden Preussenfisch	Threebar dascyllus	Demoiselle à queue blanche, bonbon	Dascyllus aruanus
Donzella mediterranea	Mittelmeerlippfisch	Axillary wrasse	Crénilabre méditerranéen	Symphodus mediterraneus
Donzella ocellata	Augenlippfisch	Ocellated wrasse	Crénilabre ocelle	Symphodus ocellazus
Donzella pavonina	Meerpfau	Ornate wrasse	Girelle paon	Thalassoma pavo
Donzella rossa	Rötling	Red damselfish	Anthias	Anthias anthias
Donzella rostrata	Schnauzenlippfisch	Long-snouted wrasse	Siblaire	Symphodus rostratus
Donzella trimaculata	Dreifleck-Preussenfisch	Three-spot dascyllus	Dascyllus à trois points	Dascyllus trimaculatus
Donzella zingarella o pesce del re	Meerjunker	Rainbow wrasse	Girelle royale	Coris julis

E

ITALIENISCH	DEUTSCH	ENGLISCH	FRANZÖSISCH	LATEIN
Egelfino	Schellfisch	Cods	Habillot	Melanogrammus aeglefinus
Eglefino	Fischkuchen	Haddocks	Bourricot	Melanogrammus

863

Fischlexikon

ITALIENISCH	DEUTSCH	ENGLISCH	FRANZÖSISCH	LATEIN
Eperlano europeo	Stint	European smelt	Eperlan	Osmerus eperlanus
F				
Falso pesce pietra	Buckel-Drachenkopf	False stonefish	Faux poisson-pierre	Scorpaenopsis diabolus
Fistularidi	Flötenfisch (II)	Cornetfish	Cornette	Fistulariidae fam.
Foca grigia	Schachbrettjunker	Checkerboard wrasse	Labre échiquier	Halichoeres hortulanus
Folco di Forster	Forsters Büschelbarsch	Freckled hawkfish	Poisson faucon à taches de rousseur	Paracirrhites forsteri
Folide gonnella	Butterfisch	Rock gunnel		Pholis gunnellus
G				
Gallinella	Roter Knurrhahn	Tub gurnard	Grondin perlon	Chelidonichthys lucerna
Gallinella camusa	Gestreifter Knurrhahn	Streaked gurnars	Grondin camard	Chelidonichthys lastoviza
Gallinella grigia	Grauer Knurrhaahn	Grey gurnard	Grondin gris	Chelidonichthys gurnardus
Gastodella	Makrelenhecht	Skipper	Saurel	Scomberesox saurus saurus
Gaterino o grugnitore maculato	Schwarztupfen-Süsslippe	Black spotted sweetlips	Gaterin tacheté	Plectorinchus gaterinus
Gaterino orientale	Orientsüsslippe	Oriental sweetlips	Gaterin rayé	Plectorinchus orientalis
Gattuccio boccanera	Katzenhai	Blackmounth catshark	Bardoulin	Galeus melastomus

864

Fischlexikon

ITALIENISCH	DEUTSCH	ENGLISCH	FRANZÖSISCH	LATEIN
Gattuccio boccanera	Schwarzmundiger Hundshai	Blackmouth catshark	Chien espagnol	Galeus melastomus
Gattuccio maggiore o gattopardo	Hundshai (II)	Nursehound	Grande rousette	Scyliorhinus stellaris
Gattuccio minore	Kleingefleckter Katzenhai	Lesser spotted dogfish	Petite roussette	Scyliorhinus caniculla
Ghiozzo	Döbel	Chub	Chevaine	Leucisus cephalus
Ghiozzo	Kaukasischer Döbel	Chub	Mulet	Leuciscus cephalus
Ghiozzo	Gründling	Gudgeon	Grougnon	Gobio gobio
Ghiozzo leopardato	Leopardengrundel	Leopard goby	Gobie léopard	Thorogobius ephippiatus
Giozzo donzella	Jungfrau-Schläfengrundel	Maiden goby	Gobie tachetée d'orange	Valenciennea puellaris
Gobide	Fleckengrundel	Painted goby		Pomatoschistus pictus
Gobide bimaculato	Grüne Höhlengrundel	Brown-barred goby	Gobie à taches blanches	Amblygobius albimaciulatus
Gobide commensale	Partnergrundel (I)	Prawn goby	Gobie commensale	Cryptocentrus
Gobide commensale	Partnergrundel (III)	Prawn goby	Gobie commensale	Amblyeletotris
Gobide commensale	Partnergrundel (III)	Prawn goby	Gobie commensale	Ctenogobiops spp.
Gobide commensale dorato	Grundel	Gold specked prawn-goby		Ctenogobiops pomasticus
Gobide comune	Strandgrundel	Leonard's common goby	Gobie tacheté	Pomatoschistus microps
Gobide dell'anemone	Anemonen Grondel	Striped goby	Globe ravé	Gobius buccichii
Gobide della bocca rossa	Blutgrundel	Redmouthed goby	Gobie sanglant	Gobius cruentatus
Gobide dorado	Gold-Meergrundel	Golden Goby	Gobie doré	Gobius auratus

Fischlexikon

ITALIENISCH	DEUTSCH	ENGLISCH	FRANZÖSISCH	LATEIN
Gobide dorato	Gold-Meergrundel	Golden goby	Gobie doré	Gobius auratus
Gobide nano delle gorgonie	Gorgonien Zwerggrundel	Gorgonian dwarfgoby	Gobie naine des gorgones	Bryaninops amplus
Gobide nano die coralli	Drahtkorallen-Zwerggrundel	Whip coral dwarfgoby	Gobie naine des antipathaires	Bryaninops youngei
Gobide nero	Schwarzgrundel	Black goby	Gobye noire	Gobius niger
Gobide rossrtto	Glasgrundel	Transparent goby	Nonnat	Aphia minuta
Gobie commensale	Partnergrundel (II)	Prawn goby	Gobie commensale	Stonogobiops
Grande barracuda	Grosser Barakuda	Great barracuda	Grand Barracuda	Sphyraena barracuda
Grande murena di sabbia	Grosser Sandaal	Great sandeel	Laçon commun	Hyperoplus lanceolatus
Grande murena di sabbia	Sandspierling	Great sandeel	Laçon commun	Hyperoplus lanceolatus
Grongo	Meeraal	Concer-eel	Congre	Conger conger
Guelde	Grosser Ährenfisch	Silverside	Sauclet	Atherina hepsetus
Gurami giganti	Gurami	Giant gourami	Gourami	Osphronemus goramy

H

Halibut	Heilbutt	Halibut	Flétan de l'Atlantique	Hippoglossus hippoglossus
Halibut pacifico	Pazifischer Heilbutt	Pacific halibot	Flétan du Pacifique	Hippoglossus stenolepis

Fischlexikon

ITALIENISCH	DEUTSCH	ENGLISCH	FRANZÖSISCH	LATEIN
I				
Idolo moresco	Halfterfisch	Moorish idol	Idole maure	Zanclus cornutus
L				
Labride dalla coda a lira	Zweifarben-Schweinslippfisch	Lyretail hogfish	Chaudène	Bodianus anthiodes
Labride pulitore	Gemeiner Putzerfisch	Bluestreak cleaner wrasse	Labre nettoyeur	Labroides dimidiatus
Labride rosso	Klippenbarsch	Goldsinny –wrasse	Rouquié	Ctenolabrus rupestris
Labride verde	Meerdrossel	Green wrasse	Labre vert	Labrust turdus
Labride violaceo	Wangenstreifen Prachtlippfisch	Bandcheek wrasse	Vieille à lignes violettes	Oxycheilinus digrammus
Lampreda di fiume	Flussneunauge	European river lamprey	Lamproie de rivière	Lampetra fluviatilis
Lampreda di mare	Meerneunauge	Sea lamprey	Lampré	Petromyzon marinus
Lampreda europea	Bachneunauge	European brook lampry	Lamproie de planer	Lamprea europea
Lampuga	Goldmakrele	Common dolphinfish	Coryphène commune	Coryphaena hippurus
Lampuga imperiale	Dorado	Dolphinfish	Coryphène commune	Squalus acanthias
Lanzardo	Spanische Makrele	Chub mackerek	Hareng du Makreel	Scomber japonicus
Lasca	Bartgrundel	Stone loach	Loche franche	Barbatula barbatula
Lasca comune	Hasel	Common dace	Coucie	Leuciscus leuciscus

Fischlexikon

ITALIENISCH	DEUTSCH	ENGLISCH	FRANZÖSISCH	LATEIN
Lavar. Bianco comune	Grosse Muräne	Houting	Lavoret	Coregonus oxyrinchus
Lavarello bianco comune	Blaufelchen	Commonb whitefish	Corégone marene	Coregonus lavaretus
Letrinidi	Strassenkehrer	Emperors	Bec-de-cane	Lethrinidae fam.
Letrinidi Imperatore arancione	Gelbflossen	Orange-spotted emperor	Bec-de-cane à nageoires jaunes	Lethrinus erythracanthus
Leucisco	Strassenkehrer Ukelei	Bleak	Ablette	Alurnus alburnus
Limanda	Scharbe	Dab	Limande	Limanda limanda
Limanda	Rotzunge (I)	Lemon sole	Limande-sole commune	Microstomus kitt
Limulo	Pfeilschwanzkrebse	Horseshoe crabs		Limulus polyphemus
Lom	Brosme	Tusk	Assiette	Brosme brosme
Lompo	Seehase	Lumpsucker	Lompe	Cyclopterus lumpus
Lota	Alrope	Burbot	Moutelle	Lota lota
Luccio del nord	Hecht	Northern pike	Brouche-	Esox lucius
Luccio di mare o sfirena comune	Pfeilhecht	Barracuda	Brochet de mer	Sphyraena sphyraena
Luccio succia scoglio	Kleinkopf – Ansauger	Small-headed clingfish	Léopadogaster à petite tête	Apletodon dentatus
Lutianidi-azzannatori	Schnapper	Snappers	Lutjan	Lutjanidae fam.

M

Mako	Makohai	Shortfin mako shark	Mako	Isurus oxyrinchus
Mako indiano	Indische Makrele	Indian mackerel	Maquereau trapu	Rastrelliger brachysoma

Fischlexikon

ITALIENISCH	DEUTSCH	ENGLISCH	FRANZÖSISCH	LATEIN
Manta gigante	Manta	Manta ray	Manta géante	Manta birostris
Marlin	Marlin	Atlantic white marlin	Makaire blanc de l'Atlantique	Tetrapturus albidus
Marlin	Gestreifter Marlin	Stripet marlin	Marlin rayé	Tetrapturus audax
Marlin blu	Blauer Marlin	Blue marlin	Makaire bleu	Makaira nigricans
Marlin nero	Schwarzer Marlin	Black marlin	Makaire noir	Makaira indica
Menola comune	Laxierfisch	Big picarel	Mendole commun	Spicare maena
Merlano	Wittling	Whiting	Merlan	Merlangius merlangus
Merluzzo	Kabeljau	Atlandic cod	Morue commune	Gandus morhua
Merluzzo	Hechtdorsch	European hake	Merlu européen	Merluccius merluccius
Merluzzo	Seehecht (II)	European hake	ânon	Merluccius merluccius
Merluzzo	Seehecht (III)	Hake	Merlu	Merluccius
Merluzzo	Seehecht (I)	North pacific hake	Merlu du Pacifique nord	Merluccius productus
Merluzzo	Polardorsch	Polar cod	Cabillaud	Boreogadus saida
Merluzzo carbonaro	Seelachs	Saithe	Merluche	Pollachius virens
Merluzzo del pacifique del sud	Chilemischer Seehecht	South pacific hake	Merlu du Pacifique	Merluccius gayi gayi
Merluzzo della groenlandia	Grönland-Dorsch	Greenland cod	Morue de roche	Gadus ogat
Merluzzo di basso fondale	Kaphecht	Shallow water cape hake	Merlu du Cap	Merluccius capensis
Molva	Leng	Ling	Linque	Molva molva
Molva spagnola	Mittelmeerleng	Spanish ling	Lingue	Molva macrophthalma
Motella maculata	Dreibärtige Seequappe	Threebeard rocking	Motelle à trois barbillons	Gaidropsarus vulgaris

Fischlexikon

ITALIENISCH	DEUTSCH	ENGLISCH	FRANZÖSISCH	LATEIN
Motello del baltico	Fünfbärtelige Seequappe	Fivebeard rockling	Motelle à cinq	Ciliata mustela
Muggine	Dünnlippige Meeräsche	Thinlip mullet	Mulet blanc	Liza ramada
Muggine	Meeräsche	Thinlip mullet	Mulet porc	Liza ramada
Muggine dorato	Goldmeeräsche	Golden grey mullet	Mulet doré	Liza aurata
Murena dal collare	Weissmaulmuräne	Guineafowl moray	Murène voie lactée	Gymnothorax meleagris
Murena dalla bocca gialla	Gelbmaulmuräne	Yellowmouth moray	Murène a guele jaune	Gymnothorax nudivomer
Murena gigante	Riesenmuräne	Giant moray	Murène géante	Gymnothorax javanicus
Murena grigia	Graue Muräne	Peppered moray	Murène tatouée	Siderea grisea
Murena marezzata	Marmormuräne	Undulated moray	Murène ondulante	Gymnothorax undulatus
Murena mediterranea	Mittelmeer Muräne	Mediteranean moray	Murène	Muraena helena
Murena mediterranea	Muräne	St. Helena moray	Murène	Muraena helena
Murena tessellata o favo	Grosse Netzmuräne	Honeycomb moray	Murène-eopard	Gymnothorax favagineus
Murene di sabbia	Ohrfleck-Röhrenaal	Spotted garden eel	Anguille de jardin	Heteroconger hassi
Murene di sabbia minori	Sandaal	Lesser sand-eel		Ammodytes marinus
Musdea o mustella	Froschquappe	Tadpole fish	Grenouille de mer	Raniceps raninus

N

Nautilus	Nautilus	Nautilus	Nautilus	Nautilus pompillus
Nautilus	Nautilus	Nautilus	Nautilus	Nautilus pompilius
Notidano cinereo	Aschfarbener Siebebspalthai Stierhai (I)	Sharpnose seven-gill shark	Requin-griset	Heptranchias perlo
Notidano grigio		Bluntnose six-gill shark	Mounge gris	Hexanchus griseus

Fischlexikon

ITALIENISCH	DEUTSCH	ENGLISCH	FRANZÖSISCH	LATEIN
O				
Oblada	Brandbrasse	Saddled bream	Oblade	Oblada melanura
Occhi grossi	Gewöhnlicher Grossaugenbarsch	Cresent-tail bigeye	Gros-yeux commun	Priacanthus hamrur
Occhi grossi	Gewöhnlicher Grossaugenbarsch	Cresent-tall bigeye	Gros-yeux commun	Priacanthus hamrur
Occhiata dal muso lungo	Spitzenschnauzenrochen	Longnosed skatae	Alène	Dipturus oxyrinchus
Ombrina	Amerikanischer Hundsfisch	Eastern mudminnow	Petit poisson chien	Umbra pygmaea
Ombrina lanceolata	Wimpelrittfisch	Jackknife fish	Poisson couteau	Equetus lanceolatus
Ombrina ocellata	Tüpfel-Ritterfisch	Spotted drum	Tambour tacheté	Equetus punctatus
Ombrinidi	Trommler (II)	Drums		Equetus (fam. Omber)
Orata	Goldbrasse	Gilthead seabream	Dorade royale	Sparus auratus
Orca	Orka	Orca		Orcinus orca
P				
Pagaro	Gemeine Sackbrasse	Common sea bream	Pagre commun	Pagrus pagrus
Pagello	Blaubarsch	Blackspot seabream	Pageot rose	Pagellus bogaraveo
Pagello	Rotbrassen	Common pandora	Pageot commun	Pagellus erythrinus
Pagello	Meerbrasse (II)	Spanish bream	Pageot acarne	Pagellus acarne
Pagello bianco	Blicke	White bream	Brême bordelière	Blicca bjoerkna

Fischlexikon

ITALIENISCH	DEUTSCH	ENGLISCH	FRANZÖSISCH	LATEIN
Pagello spagnolo	Meerbrasse (I)	Axillary seabream	Pageot blanc	Pagellus acarne
Palamita bianca	Ungestreifter Pelamide	Plain bonito	Palomette	Orcynopsis unicolor
Palombo	Australischer Glatthai	Gunny shark	Emissole gommée	Mustelus antarcticus
Palombo liscio	Glatthai (I)	Smoothhound	Chien der mer	Mustelus mustelus
Palombo stellato	Glatthai (II)	Smoothoundd	Missole	Mustelus asterias
Passera	Hundszunge	Witch	Plie cynoglosse	Glyptocephalus cynoglossus
Passera	Rotzunge (II)	Witch	Plie cynoglosse	Glyptocephalus cynoglossus
Pastinaca americana	Peitschenrochen	Southern-stingray	Pastenague américaine	Dasyatis americana
Pecilia	Molly	Guppy		Poecilia reticulata
Perchia a nove spine	Zwergstichling	Ninespine stickleback	Epinoche à neuf épines	Pungitius pungitius
Perchia di sabbia	Zander	Zander	Sandre	Sander lucioperca
Perchia di sabbia maculata	Schwanzfleck-Sandbarsch	Speckled sandperch	Perche de sable	Parapercis hexophthalma
Perchia europea	Flussbarsch	European perch	Perche Americaanse gele	Perca fluviatilis
Perchia gigante californiana	Riesenjudenfisch	Giant sea bass	Barréan géant	Stereolepis gigas
Perchia o sciarrano	Sägebarsch	Comber	Serran chevrette	Serranus cabrilla
perchia quindici spine	Seestichling	Fifteen-spine stickleback	Epinoche de mer	Spinachia spinachia
Persce palla a macchie bianche	Weissfleck-Kugelfisch	Whitespotted pufferfish	Poisson-globe à taches blanches	Arothron hispidus
Pesce pietra	Flussmündungs Steinfisch	Estuarine stonefish	Poisson-pierre d'estuaire	Synanceia horrida

Fischlexikon

ITALIENISCH	DEUTSCH	ENGLISCH	FRANZÖSISCH	LATEIN
Pesce ago	Grosse Schlangennadel	Snake pipefish	Entélure	Entelurus aequoreus
Pesce ago fantasma anellato	Geringelte Seenadel	Multibar pipefish	Syngnathe annelé	Doryrhamphus multiannulatus
Pesce ago fantasma reticolato	Netzseenadel	Network pipefish	Syngnathe à résaux	Corythoichtys flavofasciatus
Pesce angelo	Blaumasken-Kaiserfisch	Blueface angelfish	Poisson-ange à tête bleu	Pomacanthus xanthometopon
Pesce angelo a righe blu	Ring-Kaiserfisch	Blue ringed angelfish	Poisson-ange annelé	Pomacanthus annularis
Pesce angelo imperatore	Imperator-Kaiserfisch	Emperor angelfish	Poisson-empereur	Pomacanthus imperator
Pesce angelo maculato	Arabischer Kaiserfisch	Arabian angelfish	Poisson –ange à croissant	Pomacanthus maculosus
Pesce angelo reale	Pfauenkaiserfisch	Royal angelfish	Poisson-ange royal	Pygoplites diacanthus
Pesce angelo regina	Diadem Kaiserfisch	Queen angelfish	Demoisell royal	Holacanthus ciliaris
Pesce angelo tricolore	Felsenschönheit	Rock beauty	Demoiselle beauté	Holacanthus tricolor
Pesce angelo trimaculato	Dreipunkt Kaiserfisch	Treespot angelfish	Poisson-ange à trois taches	Apolemichtys trimaculatus
Pesce Cardinale	Meerbarbenkönig	Cardinalfish	Roi des rougets	Apogon imberbis
Pesce cardinale	Tigerkardinalbarsch	Largetoohed cardinalfish	Apogon à grandes dents	Cheilodipterus macrodon
Pesce cardinale a 5 strie	Fünflinien-Kardinalbarsch	Fiveline cardinalfish	Apogon à cinq lignes	Cheilodipterus quinquelineatus
Pesce cardinale a strie nere	Schwarzband-Kardinalfisch	Blackstripe cardinalfish	Apogon à rayures noires	Apogon nigrofasciatus
Pesce cardinale dal collare	Gürtel-Kardinalbarsch	Beled cardinalfish		Apogon townsendi
Pesce cardinale striato	Wolfskardinalbarsch	Wolf cardinalfish	Apogon strié	Cheilodipterus artus

Fischlexikon

ITALIENISCH	DEUTSCH	ENGLISCH	FRANZÖSISCH	LATEIN
Pesce catdinale dorado	Sonnenkardinalbarsch	Golden cardinalfish	Apogon doré	Apogon aureus
Pesce chirurgo a strie blu	Weisskehldoktor	Powderblue surgeonfish	Chirurgien à poitrine blanche	Acanthurus leucosternon
Pesce chirurgo dalla vela	Indischer Segelflossendoktor	Indian sailfin tang	Chirurgien voilier	Zebrasom desjardinii
Pesce chirurgo occhio giallo	Schwarzdorn-Doktorfischhio	Elongate surgeonfish	chirurgien à queue blanche	Acanthurus mata
Pesce chirurgo sohol	Arabischer Doktorfisch	Arabian tang	Cirurgien zébré	Acanthurus sohal
Pesce chirurgo tavolozza	Paletten Doktorfisch	Palette surgeonfish	Chirurgien palette	Paracanthurus hepatus
Pesce chitarra	Atlantik Gittarenroche	Guitarfish	Poisson-guitarre tacheté	Rhinobatus lentignosus
Pesce cinghiale	Eberfisch	Boarfish	Sanglier / Sarsotin	Capros aper
Pesce coccodrillo	Teppich Krokodilsfisch	Common crocodilefish	Poisson crocodile, Tête plate	Papilloculieps longiceps
Pesce coniglio	Brauner Kaninchenfisch	Squarettail rabbitfish	Sigan sombre	Siganus luridus
Pesce coniglio mascherato	Trauerauge-Kaninchenfisch	Blackeye rabbitfish		Siganus puelloides
Pesce coniglio stellato	Tüpfel-Kaninchenfisch	Stellate rabbitfish	Sigan marguerite	Siganus stellatus
Pesce corvo o corvina	Meerrabe	Brown meagre	Corb noir	Sciaena umbra
Pesce del vetro nano	Gelber Feger	Slender sweeper		Parapriacanthus ransonneti
Pesce di fuoco	Pracht-Schwertgrundel	Fire dartfish	Poisson de feu	Nemateleotris magnifica
Pesce falco	Langschnautzen-Büschelbarsch	Longnose hawkfish	Poisson faucon à long nez	Oxycirrhites typus
Pesce falco monocolo	Monokel Büschelbarsch	Arc-eye hawkfish	Epervier strié	Paracirrhites arcatus

Fischlexikon

ITALIENISCH	DEUTSCH	ENGLISCH	FRANZÖSISCH	LATEIN
Pesce farfalla	Masken Wimperfisch	Masked bannerfish		Heniochus monoceros
Pesce farfalla naso lungo	Langmaul-Pinzettfisch	Long-nosed butterflyfish	Poisson-pincette jaune	Forcipiger flavissimus
Pesce farfalla auriga	Fähnchen-Falterfisch	Threadfin butterflyfish	Poisson-papillon cocher	Chayetodon auriga
Pesce farfalla bandiera	Gemeiner Wimpelfisch	Bannerfish	Poisson-cocher commun	Heniochus acuminatus
Pesce farfalla bandiera	Schwarm-Wimpelfisch	False moorish idol		Heniochus diphreutes
Pesce farfalla bandiera cornuto	Fantom-Wimpelfisch	Indian bannerfish		Heniochus pleurotaenia
Pesce farfalla coronato	Rotfleck-Faltenfisch	Crown butterflyfish	Poisson-papillun citron	Chaetodon paucifasciatus
Pesce farfalla dal collare	Halsband-Falterfisch	Headband butterfly	Papillon à collier blanc	Chaetodon collare
Pesce farfalla dal muso	Masken-Falterfisch (I)	Lemon-butterflyfish	Poisson-papillon jaune	Chaetodon semilarvatus
Pesce farfalla di meyer	Meyers Faltenfisch	Meyer's butterflyfish	Poisson pappilon de Meyer	Chaetodon meyeri
Pesce farfalla fasciato	Tabak-Falterfisch	Red sea racon butterflyfish	Poisseon-pavillon tabac	Chaetodon fasciatus
Pesce farfalla maculato	Falscher Riesenfalterfisch	Spot-nape butterflyfish	Poisson-papillon trompeur Pavillon	Chaetodon oxycephalus
Pesce farfalla mezza luna	Masken Falterfisch (II)	Raccoon butterflyfish	Chétodon à trois bandes	Chaetodon lunula
Pesce farfalla pinna rossa	Rippen-Falterfisch	Redfin butterflyfish		Chaetodon trifasciatus
Pesce flauto	Grosse Seenadel	Pipe fish	Aiguilette de mer	Syngnathus acus
Pesce flauto nero	Schwarzsattel-Feilenfisch	Mimic filefish	Monacanthe à selles noires	Paraluteres prionorus
Pesce flauto rostrato	Kleine Seenadel	Nilson's pipefish	Petite aiguille de mer	Syngnathus rostellatus
Pesce foglia	Schaukelfisch	Saifin leaffish	Poisson-scorpion feuille	Taenianotous triacanthus

Fischlexikon

ITALIENISCH	DEUTSCH	ENGLISCH	FRANZÖSISCH	LATEIN
Pesce gatto del norte de Africa	Aalbüschelwels	North african catfish	Poisson-chat nortd-africain	Clarius gariepinus
Pesce gatto striato	Gestreifter Korallenwels	Striped eel catfish	Poisson-chat rayé	Plotosus lineatus
Pesce imperatore occhio grosso	Grossaugen Strassenkehrer	Bigeye emperor	Empereur bossu	Monotaxis grandoculus
Pesce istrice	Igelfisch	Porcupine fishes	Porc-épic ballon	Diodontidae fam.
Pesce istrice	Netz-Igelfisch	Web burrfish		Chilomycterus antillarum
Pesce istrice a spine lunghe	Gewöhnlicher Igelfisch	Long-spine porcupinefish	Porc.épic ballon	Diodon hystix
Pesce istrice striato	Langstachel Igelfisch	Freckled-porcupinefish	Poisson-porc-épic à taches	Diodon holacanthus
Pesce lima arancione	Drückerfisch (I)	Orange filefish	Bourse orange	Aluterus schoepfi
Pesce lima cirrato	Schrift-Feilenfisch	Scribbled filefish	Poisson-lime gribouillé	Aluterus sciptus
Pesce lima sottile	Schlanker Feilenfisch	Slender filefish		Monacanthus tuckeri
Pesce lucertola variegato	Gefleckter Eidechselfisch	Variegated lizardfish	Poisson-lézard tacheté	Synodus variegatus
Pesce lumaca	Grosser Scheibenbauch	Snailfish	Limance barrée	Liparis liparis
Pesce lumaca di montagu	Kleiner Scheibenbausch	Montagus seasnail		Liparis montagui
Pesce luna	Mondfisch	Ocean sunfish	Mole	Mola mola
Pesce lupo	Gestreifter Seewolf	Wolffish	Loup de mer	Anarhichas lupus
Pesce lupo	Seewolf	Wolffish	Loup de mer	Anarhichadidae fam.
Pesce lupo minore	Gefleckter Seewolf	Spotted wolffish	Loup tacheté	Anarhichas minor
Pesce martello o squalo martellom comune	Glatte Hammerhai	Smooth hammerhai	Requin-marteau commun	Sphyrna zygaena
Pesce napoleone	Napoleon	Humphead wrasse	Napoléon	Cheilinus undulatus

Fischlexikon

ITALIENISCH	DEUTSCH	ENGLISCH	FRANZÖSISCH	LATEIN
Pesce pagaliaccio bifasciato	Rotmeer-Anemonenfisch	Red sea anemonefish	Poisson-clown à deux bandes	Amphiprion binictus
Pesce pagliaccio delle maldive	Malediven Anemonenfisch	Maldives anemonefish	Poisson-clown des Maldives	Amphiprion nigripes
Pesce pagliaccio di clark	Clarks Anemonenfisch	Clark's anemonefish	Clark	Amphipirion clarkii
Pesce palla	Ballon – Igelfisch	Balloonfish	Porc-épine ballon	Didon holocanthus
Pesce palla fasciato	Sattel-Krugfisch	Black-saddled toby	Canthigaster à selles	Canthigaster valentini
Pesce palla mascherato	Maskenkugelfisch	Masked pufferfish	Poisson-globe masqué	Arothron diadematus
Pesce palla stellato	Riesenkugelfisch	Giant pufferfish	poisson-ballon géant	Arothon stellatus
Pesce pappagallo	Blaubinden Papageifisch	Bluebarred parrotfish	Perroquet-souris	Scarus ghobban
Pesce pappagallo	Papageifisch	Parrot fish	Poisson perroquet	Euscarus cretensis
Pesce pappagallo ambrato	Nasenhöcker Papageifisch	Ember parrotfish	Perroquet-prairie	Scarus rubroviolaceus
Pesce pappagallo bicolore	Masken Papageifisch	Bicolor parrotfish	Perroquet bicolore	Cetoscarus bicolor
Pesce pappagallo indiano	Indischer Buckelkopf	Indian Ocean steepheaded parrotfish	Parroquet grand bleu	Scarus strongycephalus
Pesce pappagallo rugginoso	Rosttkopf-Papageifisch	Rusty parrotfish	Perroquet rouille	Scarus ferrineus
Pesce persico	Forellenbarsch	Largemouth bass	Perche d'Amérique à petite bouche	Micropterus salmoides
Pesce persico	Grossmäuliger Schwarzbarsch	Largemouth bass	Perche truite	Micropterus salmoides
Pesce persico	Kaulbarsch	Ruffe	Grémille	Gymnocephalus cernuus

Fischlexikon

ITALIENISCH	DEUTSCH	ENGLISCH	FRANZÖSISCH	LATEIN
Pesce persico del nord america	Sonnenbarsch	Pumpkinseed		Lepomis gibbosus
Pesce pietra	Steinfisch	Stonefish	Poisson pierre commun	Synanceia verrucosa
Pesce pietra nano	Arabischer Steinfisch	Arabian stonefish	Poisson-pierre arabe	Synancela nana
Pesce pilota	Pilotfisch	Pilotfish	Poisson pilote	Naucrates ductor
Pesce pipistrello a disco	Rundkopf-Fledermausfisch	Circular batfish	Platax, poule-d'eau	Platax orbicularis
Pesce pipistrello bataviano	Buckelkopf Fledermausfisch	Batavian batfish		Platax batavianus
Pesce pipistrello dal naso corto	Rotbauch-Fledermausfisch	Shortnose batfish		Ogcocephalus nasutus
Pesce pipistrello ombreggiato	Spitzmaul-Fledermausfisch	Pinnate batfish		Platax pinnatus
Pesce pipistrello pianna lunga	Langflossen-Fledermausfisch	Longfin batfish		Platax teira
Pesce porco	Meersau	Angular rough shark	Centrine commune	Oxynotus centrina
Pesce portaestandarte del Indico	Fantom-Wimpelfisch	Indian bannerfish		Heniochus pleurotaenia
Pesce rana atlantico	Atlerfisch	Atlantic croaker	Tambour brésillien	Micropogonias undulatus
Pesce rasoio	Gestreifter Schnepfenmesserfisch	Razorfish	Poisson-couteau strié	Aeoliscus strigatus
Pesce san pietro	Petersfisch	John dory	St. Pierre	Zeus faber
Pesce sapone striato	Sechstreifen-Seifenbarsch	Sixstripe soapfish	Poisson-savon à six lignes	Grammistes sexlineatus

878

Fischlexikon

ITALIENISCH	DEUTSCH	ENGLISCH	FRANZÖSISCH	LATEIN
Pesce scatola arabico	Arabischer Kofferfisch	Arabian boxfish	Poisson-coffre point bleu	Ostricon cyanurus
Pesce scatola cornuto maculato	Blauflecken Flötenfisch	Bluespotted cornetfish	Poisson-trompette	Fistularia tabacaria
Pesce scatola giovane	Gelbbrauner Kofferfisch	Yelow boxfish	Poisson-coffre jaune	Ostrcion cubicus
Pesce scoiattolo a coda rossa	Schwarzfleckenhusar	Redcoat squirrelfish	Poisson-écureuil à taches noires	Sargocentron rubrum
Pesce scoiattolo coda rossa	Riesenhusar	Giant squirrelfish	Soldat armé	Sargocentron spiniferum
Pesce scorpione	Indischer Rotfeuerfisch	Lionfish	Poisson-lion	Pterois miles
Pesce scorpione marino	Grosser Rotbarsch	Golden redfish	Grand sébaste	Sebastes marinus
Pesce scorpione zebrato	Zebra-Zwergfeuerfisch	Zebra dwarflionfish	Poisson-zèbre	Dendrochirus zebra
Pesce soldado	Weissspitzen-Soldatenfisch	White-tipped soldierfish	Poisson-soldat bordé de blanc	Myripristis vittata
Pesce soldado dagli occhi grossi	Weisssaum-Soldatenfisch	Bigeye squirrelfish	Poisson-soldat à grand yeux	Myripristis murdjan
Pesce soldato	Eichhörnchenfisch	Soldierfish	Poisson-écureuil	Holocentrus ruber
Pesce spada	Schwertfisch	Swordfish	Espadon	Xiphias gladius
Pesce toro	Seebull	Longspined bullhead	Chabot de mer	Taurulus bubalis
Pesce toro europeo	Groppe	European bullhead	Chabot	Cottus gobio
Pesce toro nero	Schwarzer Katzenwels	Black bullhead	Poisson chat	Amerius melas
Pesce Trombetta	Trompetenfisch	Trumpetfish	Poisson-trompette	Aulostomus chinensis
Pesce trombetta cornuto	Flötenfisch (I)	Commerson's Cornetfish	Poisson-flûte	Fistularia commersonii
Pesce unicorno	Gelbklingen-Nasendoktor	Yellowkeel unicornfish	Nason bariolé	Naso lituratus

Fischlexikon

ITALIENISCH	DEUTSCH	ENGLISCH	FRANZÖSISCH	LATEIN
Pesce unicorno bruno	Kurznasendoktor	Shortnose unicornfish	Nason brun	Naso unicornis
Pesce unicorno maggiore	Vlamings-Nasendoktor	Bignose unicornfish	Nason zébré	Naso vlamingi
Pesce vela	Segelfisch	Sailfish	Voilier de l'Atlantique	Istiophorus albicans
Pesce vespa	Kakadu-Schaukelfisch	Cockatoo waspfish	Poisson-feuille cacatoès	Ablabys taeniantonus
Pesce volante orientale	Fliegender Fisch	Flying fish	Poisson volant	Exocoetus volitans
Pescecane	Grossrücken-Flossenhai	Sandbar shark	Requin gris	Carcharhinus plumbeus
Pescecane	Grossrücken-Flossenhai	Sandbar shark	Requin gris	Carcharhinus plumbeus
Pesces san pietro	Heringskönig	John dory	Dorée	Zeus faber
Pesci del vetro	Beilbauchfische	Swepper		Pempheridae
Pesco vetro	Kupfer-Beilbauchfisch	Glassy sweeper		Pempheris schomburgki
Platessa	Doggerscharbe	American plaice	Balai de l'Atlantique	Platessoides
Platessa	Scholle	Plaice	Plie	Pleuronectes platessus
Pollock	Pollak	Golden pollock	Merluche blanche	Pollachius pollachius
Pomacantidi	Kaiserfische II	Angelfish	Poisson-ange	Pomacanthus fam.
Posce forca	Panzerhahn	African armoured	Malarmat	Peristedion cataphractum
Postassolo	Blauer Wittling	Blue whiting	Merlan bleu	Micromesistius poutassou
Pseudodocromide	Aldabra-Zwergbarsch	Aldabra rock basset	Pseudochromis d' Aldabra	Pseudochromis aldabraen

Fischlexikon

ITALIENISCH	DEUTSCH	ENGLISCH	FRANZÖSISCH	LATEIN
R				
Rana pescatrice	Seeteufel	Angler fish	Crapaud	Lophius piscatorius
Rana pescatrice	Froschfisch	Frog fish	Baudroie	Lophius piscatorius
Razza	Kuckucksrochen	Cuckoo ray	Raie fleurie	Leucoraja naevus
Razza	Chagrinroche	Shargreen ray	Raie chardon	Leucoraja fullonica
Razza coda corta	Blonde	Blonde ray	Raie blanche	Raja brachyura
Razza de chiodata	Keulenroche	Roker	Raie bouclée	Raja clavata
Razza maculata	Gefleckter Rochen	Spotted ray	Raie étoilée	Raja montagui
Razza maculata	Mittelmeer Sternrochen	Spotted ray	Raaie douce	Raja montagui
Razza occhiuta	Kleinäugiger Rochen	Small-eyed ray	Raie mêlée	Raja microocellata
Razza ondulata	Marmorrochen	Undulate ray	Raie brunette	Raja undulata
Razza raggiata	Sternrochen	Thorny skate	Raie radiée	Amblyraja radiata
Ricciola	Seriolafisch	Amberjack	Sériole	Seriola dumerili
Rombo	Golf - Butt	Gulf flounder	Cardeau trois yeux	Paraalichthys albigutta
Rombo	Flügelbutt	Megrim		Lepidorhombus whiffiagonis
Rombo di rena	Phanter-Butt	Leopard flouder	Turbot-léopard	Bothus pantherinus
Rombo liscio	Glattbutt	Brill	Barbue	Scophthalmus rhombus
Rombo massimo	Steinbutt	Turbot	Turbot	Scophthalmus maximus
Rombo norvegese	Zwergbutt	Norwegian topknot	Targie naine	Phrynorhombus norvegicus
Rombo ocellato	Augenfleckiger Steinbutt	Wide-eyed flouder	Platophrys	Bothus podas

Fischlexikon

ITALIENISCH	DEUTSCH	ENGLISCH	FRANZÖSISCH	LATEIN

S

ITALIENISCH	DEUTSCH	ENGLISCH	FRANZÖSISCH	LATEIN
Salmone	Gotteslachs	Moonfish		Lampris guttatus
Salmone atlantico	Lachs	Atlantic salmon	Saumon atlantique	Salmon salar
Salmone azzurro	Rotlachs	Sockeye salmon	Saumon rouge	Oncorhynchus nerka
Salmone giapponese	Masu-Lachs	Cherry salmon	Saumon japonais	Oncorhynchus masou masou
Salmone reale	Königslachs	Chinook salmon	Saumon chinook	Oncorhynchus tshawytscha
Salmone rosa	Buckelkopflachs	Pink salmon	Saumon rose	Oncorhynchus gorbuscha
Salpa	Goldstrieme	Salema	Saupe	Sarpa salpa
Sarago	Bindenbrasse	White bream	Sar	Diplodus sargus
Sardina	Sardine (II)	Pilchard	Pilchard	Sardina pilchardus
Sardina	Sardine (I)	Sardine	Sardine	Sardina pilchardus
Sardina americana	Chilenische Sardine	South american pilchard	Sardine du Pacifique	Sardinops sagax
Sardina americana	Pazifische Sardine	South american pilchard	Pilchard sudaméricain	Sardinops sagax
Sardina giapponese	Japanische Sardine	Japanese pilchard	Pilchard du Japon	Saldinops melanostictus
Sargo a 5 bande	Fünfbindenbrasse	Five-banded bream	Sar rubanné	Diplodus cervinus
Sargo a due bande	Zweibindenbrasse	Two-banded bream	Sar commun	Diplodus vulgaris
Scardola	Rotfeder	Rudd	Platelle	Scardinius erythrophalmus
Scienide	Trommler (I)	Drums	Corb	Scianidae fam.
Scorfano	Pusteliger Drachenkopf	Pustulous scorpionfish	Rascasse pustuleuse	Scorpaena notata

882

Fischlexikon

ITALIENISCH	DEUTSCH	ENGLISCH	FRANZÖSISCH	LATEIN
Scorfano bruno	Brauner Drachenkopf	Brown scorpionfish	Rascasse brune	Scorpaena porcus
Scorfano californiano	Drachenkopf	California scorpionfish		Scorpaena guttata
Scorfano rosso	Grosser Drachenkopf	Bigscale scorpionfish	Rascasse rouge	Scorpaena scrofa
Scorfano tessellato	Fetzen Drachenkopf	Tassled scorpionfish	Poisson-scorpion à houppes	Scorpaenopsis oxycephalus
Scorpena	Seeskorpion	Short-finned sculpin		Myoxocephalus scorpius
Seppia comune	Gemeine Sepia	Common cuttlefish	Sèche	Sepia officinalis
Seppia comune	Gemeiner Tintenfisch	Common cuttlefish	Seiche commune	Sepia officinalis
Sergente maggiore	Gestreifter Sergeant	Sergeant major	Sergeant-major	Abudefduf saxatilis
Serranidi	Seifenbarsche	Soapfishes	Poisson-savon	Grammistinae (fam. Serranidae)
Sgombro	Makrele	Mackerel	Maquereau commun	Scomber scombrus
Siganidi	Kaninchenfische	Rabbitfish	Sigan	Siganidae fam.
Siluro	Wels	Wels catfish	Silure glane	Silurus glanis
Smeriglio	Heringshai	Probeagle	Requin-taupe commun	Lamna nasus
Sogliola americana	Winterflunder	Winter flounder	Limande plie rouge	Pseudopleuronectus americanus
Sogliola gialla	Zwergzunge	Solenette	Petite sol jaune	Buglossidium luteum
Sogliola teofila	Seezunge	Bastard sole	Sole-perdix juive	Microchirus theophila
Spigola	Schwarzbarsch	Smallmouth bass	Perche noire	Micropterus dolomieui
Spigola o branzino	Wolfsbarsch	Common european bass	Loup de mer	Dicentrachus labrax
Spinarello	Stichling	Three-spined strickleback	Epinoche	Gasterosteus aculeatus aculeatus

Fischlexikon

ITALIENISCH	DEUTSCH	ENGLISCH	FRANZÖSISCH	LATEIN
Spinarolr	Dornhai	Spurdog	Aiquillat tacheté	Centrophorus uyato
Spratto o papalina	Anchovis	European sprat	Amalette	Sprattus sprattus linnaeus
Squadro angelo o squadro pellenera	Engelhai	Angel shark	Ange de mer commun	Squatina squatina
Squalo balena	Walhai	Whale shark	Requin-baleine	Rhincodon typus
Squalo bianco	Grosser weisser Hai	Great white shark	Grandrequin blanc	Carcharodon carcharius
Squalo chitarra	Bogendmund Gitarrenroche	Shark ray	Angelot	Rhina ancylostoma
Squalo delle bahamas	Adlerfisch	Bahamas sawshark	Requin scie d'Amerique	Pristiophorus schroederi
Squalo elefante	Riesenmaulhaie	Megamouth shark		Megachasma pelagios
Squalo glaciale	Eishai	Greenland shark	Laimargue du Groenla.	Somniosus microcephalus
Squalo grigio	Blauhai / Düstere Hai	Dusky shark	requin de sable	Carcharhinus obscurus
Squalo grigio (di barriera)	Grauer Riffhai	Grey reef shark	Requin gris	Carcharhinus amblyrhynchos
Squalo grigio (di barriera)	Silberspitzenhai	Silvertip shark	Requin à pointes blanches	Carcharhinus albimarginatus
Squalo leuca (toro)	Steierhai (II)	Bullshark	Requin bouledouge	Charcharhinus leuca
Squalo martello	Bogenstirn Hammerhai	Scalloped hammerhead	Requin-marteau halicorne	Sphyrna lewini
Squalo martello maggiore	Grosser Hammerhai	Great hammerhead	Grand requin-marteau	Sphyrna mokkaran
Squalo nutrice	Gewöhnlicher Ammenhai	Common nurse shark	Requin dormeur	Nebrius ferrugineus

Fischlexikon

ITALIENISCH	DEUTSCH	ENGLISCH	FRANZÖSISCH	LATEIN
Squalo pinna bianca di barriera	Weissspitzen Riffhai	Whitetip reef shark	Aileron blanc du largon	Triaenodon obesus
Squalo pinna bianca oceanico	Weiss-Spitzenhai	Oceanic whitetip shark	Requin blanc	Carcarhinus longimanus
Squalo pinna corta	Langnasenhai	Spinner shark	Requiem tisserand	Carcharhinus brevipinna
Squalo pinna nera oceanico	Schwarzspitzenhai	Blacktip reef shark	Reaquin pointes noires	Charcharhinus melanopteras
Squalo sericeo	Seidenhai	Silky shark	Requin soyeux	Carcharhinus falciformis
Squalo spinoso od echinorino	Stachelhai	Bramble shark	Squale bouclé	Echinorhinus brucus
Squalo tigre	Tigerhai	Tiger shark	Requin tigre	Galeocerda cuvieri
Squalo volpe	Fuchshai	Fox shark	Requin renard	Alopias vulpinus
Stella corona di spine	Dornenkrone	Crown of thorns		Acanthasar planci
Stenella	Streifendelphin	Striped dolphin	Dauphin de Thétys	Stenella coeruleoalba
Storione	Stör	Sturgeon	Esturgeon	Acipenser sturio
Storione del Missisipi	Löffelstör	Mississippi paddlefish		Polyodon spathula
Suacia o cianchetta	Lammzunge	Scaldfish	Arnoglosse	Arnoglossus laterna
Succiascoglio	Bandschild	Cornish sucker	Porte-écuelles	Leopadogaster
Succiascoglio	Ansauger	Gowan's clingfish	Lépadogaster de Gouan	Lepadogaster lepadogaster
Sugarello o suro	Bastardmakrele	Horse mackerel	Cheuchard	Trachurus trachurus

Fischlexikon

ITALIENISCH	DEUTSCH	ENGLISCH	FRANZÖSISCH	LATEIN
T				
Tarpone	Atlantik-Tarpun	Atlantic tarpon	Tarpon	Megalops atlanticus
Tartaruga comune	Unechte Karette	Loggerhead turtle	Caouanne	Caretta caretta
Temolo	Äsche	Grayling	Ombre	Thymallus arcticus
Tinca	Schleie	Tench	Aiguillons	Tinca tinca
Tonnetto o alletterato	Falsche Bonito	Kawakawa	Thonine orientale	Euthynnus affinis
Tonnetto o palamita	Pelamide, Bonito	Atlantic bonito	Bonite à dos rayé	Sarda sarda
Tonno	Grossaugenthun	Bigeye tuna	Thon aux grands yeux	Thunnus obesus
Tonno	Grosser Thunfisch	Bluefin tuna	Thon rouge	Thunnus thynnus
Tonno	Bauchstreifiger Bonito	Skipjack tuna	Bonitou	Katsuwonus pelamis
Tonno bianco	Weisser Thun	Albacore	Germon	Thunnus alalunga
Tonno fregata	Fregattmakrele	Frigate tuna	Auxide	Auxis thazard thazard
Tonno pinna gialla	Gelbflossenthun	Yellowfin tuna	Albacore	Thunnus albacares
Tordo di klunzingeri	Rotmeerjunker	Klunzinger's wrasse	Girelle paon de Klunzinger	Thalassoma klunzingeri
Tordo di mare o leppo	Brauner Lippfisch	Brown wrasse	Merle	Labrus merula
Tordo festonato	Besenschwanz-Prachtlippfisch	Broomtail wrasse	Labre à franges	Cheilinus lunulatus
Torpedine comune ochc.	Augenzitterrochen / Gefleckter Zitterrochen	Eyed electric ray	Tropille tachetée	Torpedo torpedo
Torpedine maculata	Zitterrochen	Panther torpedo ray	Raie-torpille de mer rouge	Torpedo panthera

Fischlexikon

ITALIENISCH	DEUTSCH	ENGLISCH	FRANZÖSISCH	LATEIN
Torpedine marezzata	Marmorzitterrochen	Marbled electric ray	Torpilla marbrée	Torpedo marmorata
Tracina dragone	Gewöhnliches Petermännchen	Greater weever	Grand vive	Trachinus draco
Tracina dragone	Viperqueise	Stingfish	Petite vibe	Trachinus vipera
Triglia rossa	Rote Meerbarbe	Red goatfish	Rouget-barbet doré	Mullus auratus
Triglia a strie rosso	Rotstreifen-Meerbarbe	Redstriped goatfish	Rouget à ligne Rouge	Perupeneus rubescens
Triglia del maro rosso	Rotmeerbarbe	Red sea goatfish	Rouget de mer Rouge	Parupeneus forsskali
Triglia di scoglio	Gestreifte Meerbarbe	Stripet mullet	Surmulet	Mullus surmuletus
Triglia gialla	Gelbsattel-Meerbarbe	Yellowsaddle goatfish	Rouget-bar-bet doré	Parupeneus cyclostomus
Triglia grigia	Dicklippige Meeräsche	Thicklip grey mullet	Bâtarde	helon labrosus
Triglia grigia	Dicklippige Meeräsche	Thicklip grey mullet	Bâtarde	Chelon labrosus
Triglia pinna gialla	Grosschulenbarbe	Yelowfin goatfish	Rouget à nageoires jaunes	Mulloidichthys vanicolensis
Triglidi	Knurrhahn (II)	Gurnards	Grondin	Triglidae family
Trigone comune	Gemeiner Stechrochen	Common stingray	Pastenague commune	Dasyatis pastinaca
Trigone dalla maccie blu	Blaupunkt-Stechrochen	Blue-spotted ray	Pastenague queue à ruban	Taeniura lymna
Trilia a due macchie	Doppelband Meerbarbe	Doublebar goatfish	Rouget-barbet à deux taches	Parupeneus bifasciatus
Triplefin	Gestreifter-Dreiflosser	Striped triplefin	Triptérygion strié	Helcogramma striata
Trota	Bachforelle	Brown trout	Truite commune	Salmo trutta fario
Trota di lago	Saibling	Charr	Omble chevalier	Salvelinus alpinus
Trota di mare	Meerforelle	Sea trout	Truite de mer	Salmo trutta trutta
Trota salmonata	Regenbogenforelle	Rainbow trout	Truite arc-en-ciel	Oncorhynchus mykiss

Fischlexikon

ITALIENISCH	DEUTSCH	ENGLISCH	FRANZÖSISCH	LATEIN
Tursiope	Grosser Tümmler	Bottenose dolphin	Grand dauphin	Tursiops truncatus
V				
Verdesca	Blauer Hai	Blue shark	Requin bleu	Prionace glauca

Fischlexikon

Fischinventarium (mit Übersetzungen)

Ergänzungen

ITALIENISCH	DEUTSCH	ENGLISCH	FRANZÖSISCH	LATEIN

Fischlexikon

SORTIERUNG SPRACHE LATEIN	DEUTSCH	ENGLISCH	FRANZÖSISCH	ITALIENISCH
A				
		A		
Ablabys taeniantonus	Kakadu-Schaukelfisch	Cockatoo waspfish	Poisson-feulle cacatoès	Pesce vespa
Abudefduf saxatilis	Gestreifter Sergeant	Sergeant major	Sergeant-major	Sergente maggiore
Acanthasar planci	Dornenkrone	Crown of thorns		Stella corona di spine
Acanthasar planci	Dornenkrone	Crown of thorns		Stella corona di spine
Acanthurus leucosternon	Weisskehldoktor	Powderblue surgeonfish	Chirurgien à poitrine blanche	Pesce chirurgo a strie blu
Acanthurus mata	Schwarzdorn-Doktorfischhio	Elongate surgeonfish	chirurgien à queue blanche	Pesce chirurgo occhio giallo
Acanthurus sohal	Arabischer Doktorfisch	Arabian tang	Cirurgien zébré	Pesce chirurgo sohol
Acipenser sturio	Stör	Sturgeon	Esturgeon	Storione
Aeoliscus strigatus	Gestreifter Schnepfenmesserfisch	Razorfish	Poisson-couteau strié	Pesce rasoio
Aetobatus narinari	Gefleckter Adlerrochen	Spotted eagle ray	Raie-léopard	Aquila di mare
Agonus cataphractus	Steinpicker	Hooknose	Souris de mer	Agonide
Alopias vulpinus	Fuchshai	Fox shark	Requin renard	Squalo volpe
Alosa alosa	Maifisch (I)	Allis shad	Coulaca	Alosa sp.
Alosa pseudoharengus	Maifisch (II)	Alewife	Gaspereau	Alosa o cheppia
Alurnus alburnus	Ukelei	Bleak	Ablette	Leucisco
Aluterus schoepfi	Drückerfisch (I)	Orange filefish	Bourse orange	Pesce lima arancione

Fischlexikon

LATEIN	DEUTSCH	ENGLISCH	FRANZÖSISCH	ITALIENISCH
Aluterus sciptus	Schrift-Feilenfisch	Scribbled filefish	Poisson-lime gribouillé	Pesce lima cirrato
Amblyeletotris	Partnergrundel (III)	Prawn goby	Gobie commensale	Gobide commensale
Amblyglyphidodon leucogaster	Weissbauch Riffbarsch	White-belly damsel	Demoiselle à ventre jaune	Donzella dal ventre bianco
Amblygobius albimaculatus	Grüne Höhlengrundel	Brown-barred goby	Gobie à taches blanches	Gobide bimaculato
Amblyraja radiata	Sternrochen	Thorny skate	Raie radiée	Razza raggiata
Amerius melas	Schwarzer Katzenwels	Black bullhead	Poisson chat	Pesce toro nero
Ammodytes marinus	Sandaal	Lesser sand-eel		Murene di sabbia minori
Amphiprion clarkii	Clarks Anemonenfisch	Clark's anemonefish	Clark	Pesce pagliaccio di clark
Amphiprion binictus	Rotmeer-Anemonenfisch	Red sea anemonefish	Poisson-clown à deux bandes	Pesce pagaliaccio bifasciato
Amphiprion nigripes	Malediven Anemonenfisch	Maldives anemonefish	Poisson-clown des Maldives	Pesce pagliaccio delle maldive
Anarhichadidae fam.	Seewolf	Wolffish	Loup de mer	Pesce lupo
Anarhichas lupus	Gestreifter Seewolf	Wolffish	Loup de mer	Pesce lupo
Anarhichas minor	Gefleckter Seewolf	Spotted wolffish	Loup tacheté	Pesce lupo minore
Anguilla Anguilla	Flussaal	European eel	Anguille	Anguilla europea
Anguilla japonica	Japanischer Aal	Japanese eel	Anguille de japon	Anuilla giapponese
Anguilla rostrata	Amerikanischer Aal	American eel	Anguille d'amerique	Anguilla americana
Anthias anthias	Roter Fahnenbarsch	Barbier	Barbier plat	Anthias
Anthias anthias	Rötling	Red damselfish	Anthias	Donzella rossa
Anyperodon leucogrammicus	Spitzkopf-Zackenbarsch	Slender grouper	Mérou élégant	Cernia

Fischlexikon

LATEIN	DEUTSCH	ENGLISCH	FRANZÖSISCH	ITALIENISCH
Aphia minuta	Glasgrundel	Transparent goby	Nonnat	Gobide rossrtto
Apletodon dentatus	Kleinkopf – Ansauger	Small-headed clingfish	Léopadogaster à petite tête	Luccio succia scoglio
Apogon aureus	Sonnenkardinalbarsch	Golden cardinalfish	Apogon doré	Pesce catdinale dorado
Apogon imberbis	Meerbarbenkönig	Cardinalfish	Roi des rougets	Pesce Cardinale
Apogon nigrofasciatus	Schwarzband-Kardinalfisch	Blackstripe cardinalfish	Apogon à rayures noires	Pesce cardinale a strie nere
Apogon townsendi	Gürtel-Kardinalbarsch	Beled cardinalfish		Pesce cardinale dal collare
Apolemichtys trimaculatus	Dreipunkt Kaiserfisch	Treespot angelfish	Poisson-ange à trois taches	Pesce angelo trimaculato
Argentina sphyraena	Glasauge	Argentine	Poisson d'argent	Argentina o pesce d'argento
Argyrosmus regius	Umberfisch	Meagre	Courbine	Corvina
Aristichthys nobilis	Gefleckter Silberkarpfen	Bighead carp	Carpe marbrée	Carpa
Arnoglossus laterna	Lammzunge	Scaldfish	Arnoglosse	Suacia o cianchetta
Arothon stellatus	Riesenkugelfisch	Giant pufferfish	poisson-ballon géant	Pesce palla stellato
Arothron diadematus	Maskenkugelfisch	Masked pufferfish	Poisson-globe masqué	Pesce palla mascherato
Arothron hispidus	Weissfleck-Kugelfisch	Whitespotted pufferfish	Poisson-globe à taches blanches	Persce palla a macchie bianche
Aspitrigla cuculus	Knurrhahn (I)	Red gurnard	Grondin rouge	Gallinella rossa o cappone imperiale
Atherina hepsetus	Grosser Ährenfisch	Silverside	Sauclet	Guelde
Aulostomus chinensis	Trompetenfisch	Trumpetfish	Poisson-trompette	Pesce Trombetta

Fischlexikon

LATEIN	DEUTSCH	ENGLISCH	FRANZÖSISCH	ITALIENISCH
Auxis thazard thazard	Fregattmakrele	Frigate tuna	Auxide	Tonno fregata
B				
Balenoptera musculus	Blauwal	Blue whale	Balénoptère commun	Balenottera comune
Balistapus undulatus	Gelbschwanz-Drückerfisch	Yellowtail triggerfish	Baliste strié	Balestra striato
Balistes carolinensis	Drückerfisch (II)	Trigger-fish	Baliste	Balistidi
Balistoides viridescens	Riesendrückerfisch	Giant triggerfish	Baliste à moustache	Balestra titano
Balistoides conspicillum	Leopardendrückerfisch	Clown triggerfish	Baliste-clown	Balestra pagliaccio
Barbatula barbatula	Bartgrundel	Stone loach	Loche franche	Lasca
Barbus barbus	Barbe	Barbel	Barbel / Barbet	Barbo
Belone belone	Hornhecht	Garfish	Aiguille	Aguglia
Berix splendens	Südlicher Kaiserbarsch	Alfonsino	Bérix long	
Blennius	Schleimfisch	Blenny	Blennie	Blennidi
Blennius incognitus	Pontischer Schleimfisch	Pontic blenny	Blennie pontique	Bavosa cervina
Blennius trigloides	Gefleckter Schleimfisch	Spotted blenny	Blennie tachetée	Blavosa bruna o capone
Blicca bjoerkna	Blicke	White bream	Brême bordelière	Pagello bianco
Bodianus anthiodes	Zweifarben-Schweinslippfisch	Lyretail hogfish	Chaudène	Labride dalla coda a lira
Boops boops	Blöker	Bogue	Bogue	Boga

893

Fischlexikon

LATEIN	DEUTSCH	ENGLISCH	FRANZÖSISCH	ITALIENISCH
Boregadus saida	Polardorsch	Polar cod	Cabillaud	Merluzzo
Bothus pantherinus	Phanther-Butt	Leopard flounder	Turbot-léopard	Rombo di rena
Bothus podas	Augenfleckiger Steinbutt	Wide-eyed flounder	Platophrys	Rombo ocellato
Brama brama	Brachsenmakrele	Pomfret	Grande castagnole	Castagnola
Brosme brosme	Brosme	Tusk	Assiette	Lom
Brotula barbata	Scheibenbauch	Bearded brotula	Brotule barbée	Brotola
Bryaninops amplus	Gorgonien Zwerggrundel	Gorgonian dwarfgoby	Gobie naine des gorgones	Gobide nano delle gorgonie
Bryaninops youngei	Drahtkorallen-Zwerggrundel	Whip coral dwarfgoby	Gobie naine des antipathaires	Gobide nano die coralli
Buglossidium luteum	Zwergzunge	Solenette	Petite sol jaune	Sogliola gialla

C

LATEIN	DEUTSCH	ENGLISCH	FRANZÖSISCH	ITALIENISCH
Calloplesiops altivelis	Echter Mirakelbarsch	Comet longfin		
Canthigaster valentini	Sattel-Krugfisch	Black-saddled toby	Canthigaster à selles	Pesce palla fasciato
Capros aper	Eberfisch	Boarfish	Sanglier / Sarsotin	Pesce cinghiale
Carangoides bajed	Goldkörper-Makrele	Goldbody trevally	Carangue à points orange	Carangide giallo (trevally)
Carassius auratus auratus	Goldfisch	Goldfish	Carassin dorée	Carassio dorato
Carassius carassius	Bauernkarpfen	Crucian carp	Carache	Carpa
Carassius gibelio	Giebel	Prussian carp		Carpa gibelio
Carcharhinus albimarginatus	Silberspitzenhai	Silvertip shark	Requin à pointes blanches	Squalo grigio (di barriera)

894

Fischlexikon

LATEIN	DEUTSCH	ENGLISCH	FRANZÖSISCH	ITALIENISCH
Carcharhinus amblyrhynchos	Grauer Riffhai	Grey reef shark	Requin gris	Squalo grigio (di barriera)
Carcharhinus brevipinna	Langnasenhai	Spinner shark	Requiem tisserand	Squalo pinna corta
Carcharhinus falciformis	Seidenhai	Silky shark	Requin soyeux	Squalo sericeo
Carcharhinus longimanus	Weiss-Spitzenhai	Oceanic whitetip shark	Requin blanc	Squalo pinna bianca oceanico
Carcharhinus obscurus	Blauhai / Düstere Hai	Dusky shark	requin de sable	Squalo grigio
Carcharhinus plumbeus	Grossrücken-Flossenhai	Sandbar shark	Requin gris	Pescecane
Carcharodon carcharius	Grosser weisser Hai	Great white shark	Grandrequin blanc	Squalo bianco
Caretta caretta	Unechte Karette	Loggerhead turtle	Caouanne	Tartaruga comune
Centrophorus uyato	Dornhai	Little gulper	Petit squale-changrin	Centroforo boccanera
Centrophorus uyato	Dornhai	Spurdog	Aiquillat tacheté	Spinarolr
Cephalopholis hemistikos	Rotmeer-Zackenbarsch	Red sea grouper	Mérou de mer rouge	Cernia del mar rosso
Cephalopholis miniata	Juwelen Zackenbarsch	Jewel grouper	Mérou rouge	Cernia die coralli
Cetorhinus maximus	Riesenhai	Basking shark	Pelerin	Centorino
Cetoscarus bicolor	Masken Papageifisch	Bicolor parrotfish	Perroquet bicolore	Pesce pappagallo bicolore
Chaetodon collare	Halsband-Falterfisch	Headband butterfly	Papillon à collier blanc	Pesce farfalla dal collare
Chaetodon fam.	Falterfisch	Butterflyfish	Poisson-papiillon	Chetodonidi
Chaetodon fasciatus	Tabak-Falterfisch	Red sea racon butterflyfish	Poisseon-pavillon tabac	Pesce farfalla fasciato
Chaetodon lunula	Masken Falterfisch (II)	Raccoon butterflyfish	Pavillon	Pesce farfalla mezza luna
Chaetodon meyeri	Meyers Faltenfisch	Meyer's butterflyfish	Poisson pappilon de Meyer	Pesce farfalla di meyer

Fischlexikon

LATEIN	DEUTSCH	ENGLISCH	FRANZÖSISCH	ITALIENISCH
Chaetodon oxycephalus	Falscher Riesenfalterfisch	Spot-nape butterflyfish	Poisson-papillon trompeur	Pesce farfalla maculato
Chaetodon paucifasciatus	Rotfleck-Falterfisch	Crown butterflyfish	Poisson-papillun citron	Pesce farfalla coronato
Chaetodon semilarvatus	Masken-Falterfisch (I)	Lemon-butterflyfish	Poisson-papillon jaune	Pesce farfalla dal muso
Chaetodon trifasciatus	Rippen-Falterfisch	Redfin butterflyfish	Chétodon à trois bandes	Pesce farfalla pinna rossa
Chanos chanos	Milchfisch	Milkfish	Chanos	
Charcharhinus leucas	Steierhai (II)	Bullshark	Requin bouledouge	Squalo leuca (toro)
Charcharhinus melanopteras	Schwarzspitzenhai	Blacktip reef shark	Reaquin pointes noires	Squalo pinna nera oceanico
Chayetodon auriga	Fähnchen-Falterfisch	Threadfin butterflyfish	Poisson-papillon cocher	Pesce farfalla auriga
Cheilinus lunulatus	Besenschwanz-Prachtlippfisch	Broomtail wrasse	Labre à franges	Tordo festonato
Cheilinus undulatus	Napoleon	Humphead wrasse	Napoléon	Pesce napoleone
Cheilodipterus artus	Wolfskardinalbarsch	Wolf cardinalfish	Apogon strié	Pesce cardinale striato
Cheilodipterus macrodon	Tigerkardinalbarsch	Largetoohed cardinalfish	Apogon à grandes dents	Pesce cardinale
Cheilodipterus quinquelineatus	Fünflinien-Kardinalbarsch	Fiveline cardinalfish	Apogon à cinq lignes	Pesce cardinale a 5 strie
Chelidonichthys gurnardus	Grauer Knurrhaahn	Grey gurnard	Grondin gris	Gallinella grigia
Chelidonichthys lastoviza	Gestreifter Knurrhahn	Streaked gurnars	Grondin camard	Gallinella camusa
Chelidonichthys lucerna	Roter Knurrhahn	Tub gurnard	Grondin perlon	Gallinella
Chelon labrosus	Dicklippige Meerässche	Thicklip grey mullet	Bâtarde	Triglia grigia
Chilomycterus antillarum	Netz-Igelfisch	Web burrfish		Pesce istrice
Chimaera monstrosa	Seeratte	Ratfish	Rat de mer	Chimera mediterranea

Fischlexikon

LATEIN	DEUTSCH	ENGLISCH	FRANZÖSISCH	ITALIENISCH
Chondrostoma nasus	Nase	Sneep	Mullet	Cefalo o muggine
Chromis chromis	Mönchfisch	Blue damselfish	Petite castagnole	Castagnola
Chromis cyanea	Blauer Chromis	Blue chromis		Castagnola blu
Chromis viridis	Grüner Schwalbenschwanz	Blue-green damselfish		Castagnola azzurra
Chromis viridis	Grüner Schwalbenschwanz	Blue-green-damselfish		Castagnola azzurra
Chronis cyanea	Blauer Chromis	Blue chromis		Catagnola blu
Ciliata mustela	Fünfbärtelige Seequappe	Fivebeard rockling	Motelle à cinq	Motello del baltico
Clarius gariepinus	Aalbüschelwels	North african catfish	Poisson-chat nortd-africain	Pesce gatto del norte de Africa
Clupea harengus	Hering	Herring	Hareng de l'Atlantique	Aringa
Clupea pallasil	Pazifischer Hering	Pacific herring	Hareng du pacifique	Aringa del pacifico
Conger conger	Meeraal	Concer-eel	Congre	Grongo
Copitis taenia taenia	Dorngrundel	Spined loach	Loche de rivière	
Coregonus albula	Kleine Maräne	Vendace	Corégone blanc	Coregone bianco
Coregonus clupeaformis	Felchen	Lake whitefish	Corécone lac	Coregone di lago
Coregonus lavaretus	Blaufelchen	Commonb whitefish	Corégone marene	Lavarello bianco comune
Coregonus oxyrinchus	Grosse Muräne	Houting	Lavoret	Lavar. Bianco comune
Coris aygula	Spiegelfleck-Lippfisch	Clown coris	Labre-clown	Donzella
Coris julis	Meerjunker	Rainbow wrasse	Girelle royale	Donzella zingarella o pesce del re
Coryphaena hippurus	Goldmakrele	Common dolphinfish	Coryphène commune	Lampuga

Fischlexikon

LATEIN	DEUTSCH	ENGLISCH	FRANZÖSISCH	ITALIENISCH
Corythoichtys flavofasciatus	Netzseenadel	Network pipefish	Syngnathe à réseaux	Pesce ago fantasma reticolato
Cottus gobio	Groppe	European bullhead	Chabot	Pesce toro europeo
Cryptocentrus	Partnergrundel (I)	Prawn goby	Gobie commensale	Gobide commensale
Ctenogobiops pomasticus	Grundel	Gold specked prawn-goby		Gobide commensale dorato
Ctenogobiops spp.	Partnergrundel (IIII)	Prawn goby	Gobie commensale	Gobide commensale
Ctenolabrus rupestris	Klippenbarsch	Goldsinny –wrasse	Rouquié	Labride rosso
Ctenopharyngodon idellus	Graskarpfen	Grass carp	Carp amour	Carpa
Cyclopterus lumpus	Seehase	Lumpsucker	Lompe	Lompo
Cyprinus carpio carpio	Karpfen	Common carp	Carpe commun	Carpa comune

D

LATEIN	DEUTSCH	ENGLISCH	FRANZÖSISCH	ITALIENISCH
Dascyllus aruanus	Dreibinden Preussenfisch	Threebar dascyllus	Demoiselle à queue blanche, bonbon	Donzella humbug o trifasciata
Dascyllus trimaculatus	Dreifleck-Preussenfisch	Three-spot dascyllus	Dascyllus à trois points	Donzella trimaculata
Dasyatis americana	Peitschenrochen	Southern-stingray	Pastenague américaine	Pastinaca americana
Dasyatis pastinaca	Gemeiner Stechrochen	Common stingray	Pastenague commune	Trigone comune
Dendrochirus zebra	Zebra-Zwergfeuerfisch	Zebra dwarflionfish	Poisson-zébre	Pesce scorpione zebrato
Dicentrachus labrax	Wolfsbarsch	Common european bass	Loup de mer	Spigola o branzino
Didon holocanthus	Ballon – Igelfisch	Balloonfish	Porc-épine ballon	Pesce palla

898

Fischlexikon

LATEIN	DEUTSCH	ENGLISCH	FRANZÖSISCH	ITALIENISCH
Diodon holacanthus	Langstachel Igelfisch	Freckled-porcupinefish	Poisson-porc-épic à taches	Pesce istrice striato
Diodon hystix	Gewöhnlicher Igelfisch	Long-spine porcupinefish	Porc.épic ballon	Pesce istrice a spine lunghe
Diodontidae fam.	Igelfisch	Porcupine fishes	Porc-épic ballon	Pesce istrice
Diplodus cervinus	Fünfbindenbrasse	Five-banded bream	Sar rubanné	Sargo a 5 bande
Diplodus sargus	Bindenbrasse	White bream	Sar	Sargo
Diplodus vulgaris	Zweibindenbrasse	Two-banded bream	Sar commun	Sargo a due bande
Dipturus oxyrinchus	Spitzenschnauzenrochen	Longnosed skatae	Alène	Occhiata dal muso lungo
Doryrhamphus multiannulatus	Geringelte Seenadel	Multibar pipefish	Syngnathe annelé	Pesce ago fantasma anellato

E

LATEIN	DEUTSCH	ENGLISCH	FRANZÖSISCH	ITALIENISCH
Echinorhinus brucus	Stachelhai	Bramble shark	Squale bouclé	Squalo spinoso od echinorino
Ecsenius bicolor	Zweifarben-Wippschwimmer	Bicolor blenny	Blennie bicolore	Bavosa bicolore
Ecsenius bicolor	Zweifarben-Wippschwimmer	Bicolor blenny	Blennie bicolore	Bavosa bicolore
Ecsenius midas	Neonaugen-Wippschwimmer	Midas blenny	Blennie de Midas	Bavosa di Midas
Ecsenius minutus	Halsband Wipperschwimmer	Maldive blenny	Blennie des Maldives	Bavosa delle maldive

Fischlexikon

LATEIN	DEUTSCH	ENGLISCH	FRANZÖSISCH	ITALIENISCH
Ecsenius minutus	Halsband-Wippschwimmer	Maldive blenny	Biennie des Maldives	Bavosa delle maldive
Enchelyopus cimbrius	Vierbärtelige Seequappe	Fourbeard rocklimg	Motelle à quatre barbillons	
Engraulis encrasicholus	Sardelle	Anchovy	Anchois	Acciuga
Entelurus aequoreus	Grosse Schlangennadel	Snake pipefish	Entélure	Pesce ago
Epinephelus alexandrinus	Gestreifter Zackenbarsch	Stripet grouper	Badèche	Cernia a strisce
Epinephelus fasciatus	Baskenmütze Zackenbarsch	Blacktip grouper	Mérou oriflamme	Cernia
Epinephelus guaza	Brauner Zackenbarsch	Grouper	Mérou noir	Cernia gigante
Epinephelus tauvina	Gefleckter Zackenbarsch	Greasy grouper	Mérou loutre	Cerna manculata
Equetus (fam. Omber)	Trommler (II)	Drums		Ombrinidi
Equetus lanceolatus	Wimpelrittfisch	Jackknife fish	Poisson couteau	Ombrina lanceolata
Equetus punctatus	Tüpfel-Ritterfisch	Spotted drum	Tambour tacheté	Ombrina ocellata
Esox lucius	Hecht	Northern pike	Brouchet	Luccio del nord
Euscarus cretensis	Papageifisch	Parrot fish	Poisson perroquet	Pesce pappagallo
Euthynnus affinis	Falsche Bonito	Kawakawa	Thonine orientale	Tonnetto o alletterato
Exocoetus volitans	Fliegender Fisch	Flying fish	Poisson volant	Pesce volante orientale

F

Fistularia commersonii	Flötenfisch (I)	Commerson's Cornetfish	Poisson-flûte	Pesce trombetta cornuto

Fischlexikon

LATEIN	DEUTSCH	ENGLISCH	FRANZÖSISCH	ITALIENISCH
Fistularia tabacaria	Blauflecken Flötenfisch	Bluespotted cornetfish	Poisson-trompette	Pesce scatola cornuto maculato
Fistulariidae fam.	Flötenfisch (II)	Cornetfish	Cornette	Fistularidi
Forcipiger flavissimus	Langmaul-Pinzettfisch	Long-nosed butterflyfish	Poisson-pincette jaune	Pesce farfalla naso lungo

G

LATEIN	DEUTSCH	ENGLISCH	FRANZÖSISCH	ITALIENISCH
Gadus ogat	Grönland-Dorsch	Greenland cod	Morue de roche	Merluzzo della groenlandia
Gaidropsarus vulgaris	Dreibärtige Seequappe	Threebeard rocking	Motelle à trois barbillons	Motella maculata
Galeocerda cuvieri	Tigerhai	Tiger shark	Requin tigre	Squalo tigre
Galeorhinus galeus	Hundshai (I)	Tope shark	Chien de mer	Cagnesca
Galeus melastomus	Katzenhai	Blackmounth catshark	Bardoulin	Gattuccio boccanera
Galeus melastomus	Schwarzmundiger Hundshai	Blackmouth catshark	Chien espagnol	Gattuccio boccanera
Gandus morhua	Kabeljau	Atlandic cod	Morue commune	Merluzzo
Gasterosteus aculeatus aculeatus	Stichling	Three-spined strickleback	Epinoche	Spinarello
Glyptocephalus cynoglossus	Rotzunge (II)	Witch	Plie cynoglosse	Passera
Glyptocephalus cynoglossus	Hundszunge	Witch	Plie cynoglosse	Passera

Fischlexikon

LATEIN	DEUTSCH	ENGLISCH	FRANZÖSISCH	ITALIENISCH
Gnathanodon speciosus	Schwarzgoldene Pilotmakrele	Golden trevally	Carangue royale jaune, carangue dorée	Carnide reale
Gnathoddentex aurolineatus	Goldfleck Strassenkehrer	Glowfish	Empreur strié	
Gobio gobio	Gründling	Gudgeon	Grougnor.	Ghiozzo
Gobius auratus	Gold-Meergrundel	Golden Goby	Gobie doré	Gobide dorado
Gobius auratus	Gold-Meergrundel	Golden goby	Gobie doré	Gobide dorato
Gobius buccichii	Anemonen Grondel	Striped goby	Globe ravé	Gobide dell'anemone
Gobius cruentatus	Blutgrundel	Redmouthed goby	Gobie sanglant	Gobide della bocca rossa
Gobius niger	Schwarzgrundel	Black goby	Gobye noire	Gobide nero
Grammistes sexlineatus	Sechstreifen-Seifenbarsch	Sixstripe soapfish	Poisson-savon à six lignes	Pesce sapone striato
Grammistinae (fam. Serranidae)	Seifenbarsche	Soapfishes	Poisson-savon	Serranidi
Gymnocephalus cernuus	Kaulbarsch	Ruffe	Grémille	Pesce persico
Gymnothorax undulatus	Marmormuräne	Undulated moray	Murène ondulante	Murena marezzata
Gymnothorax favagineus	Grosse Netzmuräne	Honeycomb moray	Murène-leopard	Murena tessellata o favo
Gymnothorax javanicus	Riesenmuräne	Giant moray	Murène géante	Murena gigante
Gymnothorax meleagris	Weissmaulmuräne	Guineafowl moray	Murène voie lactée	Murena dal collare
Gymnothorax nudivomer	Gelbmaulmuräne	Yellowmouth moray	Murène a guele jaune	Murena dalla bocca gialla

Fischlexikon

LATEIN	DEUTSCH	ENGLISCH	FRANZÖSISCH	ITALIENISCH
H				
Halichoeres hortulanus	Schachbrettjunker	Checkerboard wrasse	Labre échiquier	Foca grigia
Helcogramma striata	Gestreifter-Dreiflosser	Striped triplefin	Triptérygion strié	Triplefin
helon labrosus	Dicklippige Meeräsche	Thicklip grey mullet	Bâtarde	Triglia grigia
Heniochus (fam.chaetod.)	Wimpelfisch	Bannerfish		Chetodonidi
Heniochus acuminatus	Gemeiner Wimpelfisch	Bannerfish	Poisson-cocher commun	Pesce farfalla bandiera
Heniochus diphreutes	Schwarm-Wimpelfisch	False moorish idol		Pesce farfalla bandiera
Heniochus monoceros	Masken Wimperfisch	Masked bannerfish		Pesce farfalla
Heniochus pleurotaenia	Fantom-Wimpelfisch	Indian bannerfish		Pesce portaestandarte del Indico
Heniochus pleurotaenia	Fantom-Wimpelfisch	Indian bannerfish		Pesce farfalla bandiera cornuto
Heptranchias perlo	Aschfarbener Siebebspalthai	Sharpnose seven-gill shark	Requin-griset	Notidano cinereo
Heteroconger hassi	Ohrfleck-Röhrenaal	Spotted garden eel	Anguille de jardin	Murene di sabbia
Hexanchus griseus	Stierhai (I)	Bluntnose six-gill shark	Mounge gris	Notidano grigio
Hippocampus hippocampus	Seepferdchen	European seahorse	Cheval marin	Cavallucio marino
Hippocampus ramulosus	Langschnautziges-Seepferdchen	Long-snouted seahorse	Hippocampe moucheté	Cavalluccio marino ramuloso
Hippoglossus hippoglossus	Heilbutt	Halibut	Flétan de l'Atlantique	Halibut

903

Fischlexikon

LATEIN	DEUTSCH	ENGLISCH	FRANZÖSISCH	ITALIENISCH
Hippoglossus stenolepis	Pazifischer Heilbutt	Pacific halibut	Flétan du Pacifique	Halibut pacifico
Holacanthus ciliaris	Diadem Kaiserfisch	Queen angelfish	Demoiselle royal	Pesce angelo regina
Holacanthus fam.	Kaiserfische	Angelfish	Demoiselle	Acanturidi
Holacanthus tricolor	Felsenschönheit	Rock beauty	Demoiselle beauté	Pesce angelo tricolore
Holocentrus ruber	Eichhörnchenfisch	Soldierfish	Poisson-écureuil	Pesce soldato
Hyperoplus lanceolatus	Grosser Sandaal	Great sandeel	Lacon commun	Grande murena di sabbia
Hyperoplus lanceolatus	Sandspierling	Great sandeel	Laçon commun	Grande murena di sabbia
Hypophthalmichthys molitrix	Silberkarpfen	Silver carp	Carpe argentée	Carpa argentea
Hypoplctrus unicolor	Butterhamletbarsch	Butter hamlet		Donzella
Hypoplectrus chorurus	Gelbschwanz Hamletbarsch	Yellowtail hamlet		Donzella dalla coda gialla
Hypoplectrus indigo	Indigo-Hamletbarsch	Indigo hamlet		Donzella
Hypoplectrus indigo	Indigo-Hamletbarsch	Indigo hamlet		Donzella

I

LATEIN	DEUTSCH	ENGLISCH	FRANZÖSISCH	ITALIENISCH
Istiophorus albicans	Segelfisch	Sailfish	Voilier de l'Atlantique	Pesce vela
Isurus oxyrinchus	Makohai	Shortfin mako shark	Mako	Mako

Fischlexikon

LATEIN	DEUTSCH	ENGLISCH	FRANZÖSISCH	ITALIENISCH
K				
Katsuwonus pelamis	Bauchstreifiger Bonito	Skipjack tuna	Bonitou	Tonno
L				
Labroides dimidiatus	Gemeiner Putzerfisch	Bluestreak cleaner wrasse	Labre nettoyeur	Labride pulitore
Labrus bergylta	Gefleckter Lippfisch	Ballan wrasse	Vieille	Cernia
Labrus bimaculatus	Bunter Lippfisch	Striped wrasse	Labre mêlé	Colombina fischietto
Labrus merula	Brauner Lippfisch	Brown wrasse	Merle	Tordo di mare o leppo
Labrust turdus	Meerdrossel	Green wrasse	Labre vert	Labride verde
Lamna nasus	Heringshai	Probeagle	Requin-taupe commun	Smeriglio
Lampetra fluviatilis	Flussneunauge	European river lamprey	Lamproie de rivière	Lampreda di fiume
Lamprea europea	Bachneunauge	European brook lampry	Lamproie de planer	Lampreda europea
Lampris guttatus	Gotteslachs	Moonfish		Salmone
Leopadogaster	Bandschild	Cornish sucker	Porte-écuelles	Succiascoglio
Lepadogaster lepadogaster	Ansauger	Gowan's clingfish	Lépadogaster de Gouan	Succiascoglio
Lepidorhombus whiffiagonis	Flügelbutt	Megrim		Rombo

Fischlexikon

LATEIN	DEUTSCH	ENGLISCH	FRANZÖSISCH	ITALIENISCH
Lepomis gibbosus	Sonnenbarsch	Pumpkinseed		Pesce persico del nord america
Lethrinidae fam.	Strassenkehrer Gelbflossen	Emperors	Bec-de-cane	Letrinidi
Lethrinus erythracanthus	Strassenkehrer	Orange-spotted emperor	Bec-de-cane à nageoires jaunes	Letrinidi Imperatore arancione
Leucaspius delineatus	Moderlieschen	Belica	Lampris	
Leuciscus cephalus	Kaukasischer Döbel	Chub	Mulet	
Leuciscus idus	Orfe	Ide	Ide mélanote	Ghiozzo
Leuciscus leuciscus	Hasel	Common dace	Coucie	Lasca comune
Leucisus cephalus	Döbel	Chub	Chevaine	Ghiozzo
Leucoraja fullonica	Chagrinroche	Shargreen ray	Raie chardon	Razza
Leucoraja naevus	Kuckucksrochen	Cuckoo ray	Raie fleurie	Razza
Limanda limanda	Scharbe	Dab	Limande	Limanda
Limulus polyphemus	Pfeilschwanzkrebse	Horseshoe crabs		Limulo
Liparis liparis	Grosser Scheibenbauch	Snailfish		Pesce lumaca
Liparis montagui	Kleiner Scheibenbausch	Montagus seasnail	Limance barrée	Pesce lumaca di montagu
Lipophrys pholis	Schleimlerche	Blenny		Blennide
Liza aurata	Goldmeeräsche	Golden grey mullet	Mulet doré	Muggine dorato
Liza ramada	Dünnlippige Meeräsche	Thinlip mullet	Mulet blanc	Muggine
Liza ramada	Meeräsche	Thinlip mullet	Mulet porc	Muggine
Lophius piscatorius	Seeteufel	Angler fish	Crapaud	Rana pescatrice
Lophius piscatorius	Froschfisch	Frog fish	Baudroie	Rana pescatrice
Lota lota	Alrope	Burbot	Moutelle	Lota

Fischlexikon

LATEIN	DEUTSCH	ENGLISCH	FRANZÖSISCH	ITALIENISCH
Lutjanidae fam.	Schnapper	Snappers	Lutjan	Lutianidi-azzannatori
Lutjanus apodus	Schulmeister Schnapper	Schoolmaster	Vivaneau dent-chien	Azzannatore pinna gialla
Lutjanus griseus	Grauer-Schnapper	Gray snapper	Lutjan gris	Azzannatore grigio
Lutjanus johnii	Johns Schnapper	John's snapper	Lutjan de John	Azzannatore di john
Lutjanus kasmira	Blaustreiffen-Schnapper	Bluelined snapper	Lutjan à lignes bleu	Azzannat0re striato
Lutjanus kasmira	Blaustreiffenschnapper	Bluelined snapper	Lutjan à lignes bleues	Azzannatore striato
Lutjanus mahagoni	Mahagoni-Schnapper	Mahagony Snapper	Vivaneau voyeur	Azzannatore

M

LATEIN	DEUTSCH	ENGLISCH	FRANZÖSISCH	ITALIENISCH
Makaira indica	Schwarzer Marlin	Black marlin	Makaire noir	Marlin nero
Makaira nigricans	Blauer Marlin	Blue marlin	Makaire bleu	Marlin blu
Malacanthus plumieri	Sand-Torpedobarsch	Sand tilefish	Matajuel blanc	
Mallotus villosus	Lodde	Capelin	Capelan	
Manta birostris	Manta	Manta ray	Manta géante	Manta gigante
Megachasma pelagios	Riesenmaulhaie	Megamouth shark		
Megalops atlanticus	Atlantik-Tarpun	Atlantic tarpon	Tarpon	Squalo elefante
Melanogrammus	Fischkuchen	Haddocks	Bourricot	Tarpone
Melanogrammus aeglefinus	Schellfisch	Cods	Habillot	Eglefino
				Eglefino
Merlangius merlangus	Wittling	Whiting	Merlan	Merlano
Merluccius	Seehecht (III)	Hake	Merlu	Merluzzo

Fischlexikon

LATEIN	DEUTSCH	ENGLISCH	FRANZÖSISCH	ITALIENISCH
Merluccius capensis	Kaphecht	Shallow water cape hake	Merlu du Cap	Merluzzo di basso fondale
Merluccius gayi gayi	Chilenischer Seehecht	South pacific hake	Merlu du Pacifique	Merluzzo del pacifique del sud
Merluccius merluccius	Hechtdorsch	European hake	Merlu européen	Merluzzo
Merluccius merluccius	Seehecht (II)	European hake	ânon	Merluzzo
Merluccius productus	Seehecht (I)	North pacific hake	Merlu du Pacifique nord	Merluzzo
Microchirus theophila	Seezunge	Bastard sole	Sole-perdix juive	Sogliola teofila
Micromesistius poutassou	Blauer Wittling	Blue whiting	Merlan bleu	Postassolo
Micropogonias undulatus	Atlerfisch	Atlantic croaker	Tambour brésillien	Pesce rana atlantico
Micropterus dolomieui	Schwarzbarsch	Smallmouth bass	Perche noire	Spigola
Micropterus salmoides	Forellenbarsch	Largemouth bass	Perche d'Amérique à petite bouche	Pesce persico
Micropterus salmoides	Grossmäuliger Schwarzbarsch	Largemouth bass	Perche truite	Pesce Persico
Microstomus kitt	Rotzunge (I)	Lemon sole	Limande-sole commune	Limanda
Misgurnus fossilis	Schlammbeisser	Weather fish	Loche d'étang	
Mobula mobular	Kleiner Teufelsrochen	Devil ray	Mante	Diavolo di mare o mobulua
Mola mola	Mondfisch	Ocean sunfish	Mole	Pesce luna
Molva macrophthalma	Mittelmeerleng	Spanish ling	Lingue	Molva spagnola
Molva molva	Leng	Ling	Linque	Molva
Monacanthus tuckeri	Schlanker Feilenfisch	Slender filefish		Pesce lima sottile
Monotaxis grandoculus	Grossaugen Strassenkehrer	Bigeye emperor	Empereur bossu	Pesce imperatore occhio grosso

Fischlexikon

LATEIN	DEUTSCH	ENGLISCH	FRANZÖSISCH	ITALIENISCH
Mugli cephalus	Gestreifte Meeräsche	Stripet mullet	Muge cabot	Cefalo o volpina
Mulloidichthys vanicolensis	Grosschulenbarbe	Yelowfin goatfish	Rouget à nageoires jaunes	Triglia pinna gialla
Mullus auratus	Rote Meerbarbe	Red goatfish	Rouget-barbet doré	Triglia rossa
Mullus surmuletus	Gestreifte Meerbarbe	Stripet mullet	Surmulet	Triglia di scoglio
Muraena helena	Mittelmeer Muräne	Mediteranean moray	Murène	Murena mediterranea
Muraena helena	Muräne	St. Helena moray	Murène	Murena mediterranea
Mustelus antarcticus	Australischer Glatthai	Gunny shark	Emissole gommée	Palombo
Mustelus asterias	Glatthai (II)	Smoothoundd	Missole	Palombo stellato
Mustelus mustelus	Glatthai (I)	Smoothhound	Chien der mer	Palombo liscio
Myliobatis aquila	Adlerroche	Eagle ray	Aigle de mer	Aquilla di mare
Myliobatis aquilla	Meeradler	Eagle-ray	Raie-aigle	Aquila di mare
Myoxocephalus scorpius	Seeskorpion	Short-finned sculpin		Scorpena
Myrichthys colubrinus	Ringenschlangenaal	Banded snake eel	Anguille-serpent annelée	Anguilla colubrina
Myripristis murdjan	Weisssaum-Soldatenfisch	Bigeye squirrelfish	Poisson-soldat à grand yeux	Pesce soldado dagli occhi grossi
Myripristis vittata	Weissspitzen-Soldatenfisch	White-tipped soldierfish	Poisson-soldat bordé de blanc	Pesce soldado

N

Naso lituratus	Gelbklingen-Nasendoktor	Yellowkeel unicornfish	Nason bariolé	Pesce unicorno

Fischlexikon

LATEIN	DEUTSCH	ENGLISCH	FRANZÖSISCH	ITALIENISCH
Naso unicornis	Kurznasendoktor	Shortnose unicornfish	Nason brun	Pesce unicorno bruno
Naso vlamingi	Vlamings-Nasendoktor	Bignose unicornfish	Nason zébré	Pesce unicorno maggiore
Naucrates ductor	Pilotfisch	Pilotfish	Poisson pilote	Pesce pilota
Nautilus pompilius	Nautilus	Nautilus	Nautilus	Nautilus
Nautilus pompillus	Nautilus	Nautilus	Nautilus	Nautilus
Nebrius ferrugineus	Gewöhnlicher Ammenhai	Common nurse shark	Requin dormeur	Squalo nutrice
Nemateleotris magnifica	Pracht-Schwertgrundel	Fire dartfish	Poisson de feu	Pesce di fuoco

O

LATEIN	DEUTSCH	ENGLISCH	FRANZÖSISCH	ITALIENISCH
Oblada melanura	Brandbrasse	Saddled bream	Oblade	Oblada
Ocyurus chrysurus	Gelbschwanz-Snapper	Yellowtail snapper	Vivaneau queue jaune	Azzannatore dalla coda gialla
Odontaspis ferox	Schildzahnhai	Smalltooth sand tiger	Squale féroce	Cagnaccio
Ogcocephalus nasutus	Rotbauch-Fledermausfisch	Shortnose batfish		Pesce pipistrello dal naso corto
Oncorhynchus gorbuscha	Buckelkopflachs	Pink salmon	Saumon rose	Salmone rosa
Oncorhynchus masou	Masu-Lachs	Cherry salmon	Saumon japonais	Salmone giapponese
Oncorhynchus mykiss	Regenbogenforelle	Rainbow trout	Truite arc-en-ciel	Trota salmonata
Oncorhynchus nerka	Rotlachs	Sockeye salmon	Saumon rouge	Salmone azzurro
Oncorhynchus tshawytscha	Königslachs	Chinook salmon	Saumon chinook	Salmone reale

Fischlexikon

LATEIN	DEUTSCH	ENGLISCH	FRANZÖSISCH	ITALIENISCH
Orcinus orca	Orka	Orca		Orca
Orcynopsis unicolor	Ungestreifter Pelamide	Plain bonito	Palomette	Palamita bianca
Ordonus niger	Rotzahn-Drückerfisch	Redtooth triggerfish	Baliste à dents rouges	Balestra blu
Osmerus eperlanus	Stint	European smelt	Eperlan	Eperlano europeo
Osphronemus goramy	Gurami	Giant gourami	Gourami	Gurami giganti
Ostrcion cubicus	Gelbbrauner Kofferfisch	Yelow boxfish	Poisson-coffre jaune	Pesce scatola giovane
Ostricon cyanurus	Arabischer Kofferfisch	Arabian boxfish	Poisson-coffre point bleu	Pesce scatola arabico
Oxycheilinus digrammus	Wangenstreifen Prachtlippfisch	Bandcheek wrasse	Vieille à lignes violettes	Labride violaceo
Oxycirrhites typus	Langschnautzen-Büschelbarsch	Longnose hawkfish	Poisson faucon à long nez	Pesce falco
Oxynotus centrina	Meersau	Angular rough shark	Centrine commune	Pesce porco

P

LATEIN	DEUTSCH	ENGLISCH	FRANZÖSISCH	ITALIENISCH
Pagellus acarne	Meerbrasse (I)	Axillary seabream	Pageot blanc	Pagello spagnolo
Pagellus acarne	Meerbrasse (II)	Spanish bream	Pageot acarne	Pagello
Pagellus bogaraveo	Blaubarsch	Blackspot seabream	Pageot rose	Pagello
Pagellus erythrinus	Rotbrassen	Common pandora	Pageot commun	Pagello
Pagrus pagrus	Gemeine Sackbrasse	Common sea bream	Pagre commun	Pagaro
Papilloculieps longiceps	Teppich Krokodilsfisch	Common crocodilefish	Poisson crocodile, Tête plate	Pesce coccodrillo
Paraalichthys albigutta	Golf - Butt	Gulf flounder	Cardeau trois yeux	Rombo

911

Fischlexikon

LATEIN	DEUTSCH	ENGLISCH	FRANZÖSISCH	ITALIENISCH
Parabennius rouxi	Längsband Schleimfisch	Longstriped blenny	Blennie de roux	Blennide rosso
Parablennius gattorugine	Gestreifter Schleimfisch	Tompot blenny	Cabot	Blennide ruggine
Paracanthurus hepatus	Paletten Doktorfisch	Palette surgeonfish	Chirurgien palette	Pesce chirurgo tavolozza
Paracirrhites arcatus	Monokel Büschelbarsch	Arc-eye hawkfish	Epervier strié	Pesce falco monocolo
Paracirrhites forsteri	Forsters Büschelbarsch	Freckled hawkfish	Poisson faucon à taches de rousseur	Folco di Forster
Paraluteres prionorus	Schwarzsattel-Feilenfisch	Mimic filefish	Monacanthe à selles noires	Pesce flauto nero
Parapercis hexophthalma	Schwanzfleck-Sandbarsch	Speckled sandperch	Perche de sable	Perchia di sabbia maculata
Parapriacanthus ransonneti	Gelber Feger	Slender sweeper		Pesce del vetro nano
Parapriacanthus ransonneti	Gelber Feger	Slender swepper		Pesce del vetro nano
Parupeneus bifasciatus	Doppelband Meerbarbe	Doublebar goatfish	Rouget-barbet à deux taches	Trilia a due macchie
Parupeneus cyclostomus	Gelbsattel-Meerbarbe	Yellowsaddle goatfish	Rouget-bar-bet doré	Triglia gialla
Parupeneus forsskali	Rotmeerbarbe	Red sea goatfish	Rouget de mer Rouge	Triglia del maro rosso
Pempheridae	Beilbauchfische	Swepper		Pesci del vetro
Pempheris schomburgki	Kupfer-Beilbauchfisch	Glassy sweeper		Pesco vetro
Perca fluviatilis	Flussbarsch	European perch	Perche Americaanse gele	Perchia europea
Peristedion cataphractum	Panzerhahn	African armoured	Malarmat	Posce forca
Perupeneus rubescens	Rotstreifen-Meerbarbe	Redstriped goatfish	Rouget à ligne Rouge	Triglia a strie rosso
Petromyzon marinus	Meerneunauge	Sea lamprey	Lampré	Lampreda di mare

Fischlexikon

LATEIN	DEUTSCH	ENGLISCH	FRANZÖSISCH	ITALIENISCH
Pholis gunnellus	Butterfisch	Rock gunnel		Folide gonnella
Phoxinus phoxinus	Elritze	Eurasian minnow	Arlequin	Carpa asiatica
Phrynorhombus norvegicus	Zwergbutt	Norwegian topknot	Targie naine	Rombo norvegese
Physeter cataddon	Pottwal	Sperm whale	Cachelot	Balena
Plagiotremus rhinorhynchus	Blaustreifen-Säbelzahnschleimfisch	Bluestriped fangblenny	Blennie à rayure bleue	Blennide a strisce azzure
Platax batavianus	Buckel Fledermausfisch	Batavian batfish		Bataviano
Platax batavianus	Buckelkopf Fledermausfisch	Batavian batfish		Pesce pipistrello bataviano
Platax orbicularis	Rundkopf-Fledermausfisch	Circular batfish	Platax, poule-d'eau	Pesce pipistrello a disco
Platax pinnatus	Spitzmaul-Fledermausfisch	Pinnate batfish		Pesce pipistrello ombregiato
Platax teira	Langflossen-Fledermausfisch	Longfin batfish		Pesce pipistrello pianna lunga
Platessoides	Doggerscharbe	American plaice	Balai de l'Atlantique	Platessa
Plectorinchus gaterinus	Schwarztupfen-Süsslippe	Black spotted sweetlips	Gaterin tacheté	Gaterino o grugnitore maculato
Plectorinchus orientalis	Orientsüsslippe	Oriental sweetlips	Gaterin rayé	Gaterino orientale
Plectropomus pessuliferus	Rotmeer-Forellenbarsch	Roving coralgrouper	Mérou de meere rouge	Cernia dei coralli die mar rosso
Plectropomus pessuliferus	Rotmeer-Forellenbarsch	Roving coralgrouper	Mérou de mer rouge	Cernia dei coralli del mar rosse

Fischlexikon

LATEIN	DEUTSCH	ENGLISCH	FRANZÖSISCH	ITALIENISCH
Pleuronectes platessus	Scholle	Plaice	Plie	Platessa
Plotosus lineatus	Gestreifter Korallenwels	Striped eel catfish	Poisson-chat rayé	Pesce gatto striato
Poecilia reticulata	Molly	Guppy		Pecilia
Pollachius pollachius	Pollak	Golden pollock	Merluche blanche	Pollock
Pollachius virens	Seelachs	Saithe	Merluche	Merluzzo carbonaro
Polyodon spathula	Löffelstör	Mississippi paddlefish		Storione del Missisipi
Polyprion americanus	Wrackbarsch	Stone bass	Cernier	Cernia o dotto
Pomacanthus annularis	Ring-Kaiserfisch	Blue ringed angelfish	Poisson-ange annelé	Pesce angelo a righe blu
Pomacanthus fam.	Kaiserfische II	Angelfish	Poisson-ange	Pomacantidi
Pomacanthus imperator	Imperator-Kaiserfisch	Emperor angelfish	Poisson-empereur	Pesce angelo imperatore
Pomacanthus maculosus	Arabischer Kaiserfisch	Arabian angelfish	Poisson –ange à croissant	Pesce angelo maculato
Pomacanthus xanthometopon	Blaumasken-Kaiserfisch	Blueface angelfish	Poisson-ange à tête bleu	Pesce angelo
Pomatoschistus microps	Strandgrundel	Leonard's common goby	Gobie tacheté	Gobide comune
Pomatoschistus pictus	Fleckengrundel	Painted goby		Gobide
Priacanthus hamrur	Gewöhnlicher Grossaugenbarsch	Cresent-tail bigeye	Gros-yeux commun	Occhi grossi
Priacanthus hamrur	Gewöhnlicher Grossaugenbarsch	Cresent-tall bigeye	Gros-yeux commun	Occhi grossi
Prionace glauca	Blauer Hai	Blue shark	Requin bleu	Verdesca
Pristiophorus schroederi	Adlerfisch	Bahamas sawshark	Requin scie d'Amerique	Squalo delle bahamas
Pseudanthias squamipinnis	Juwelen-Fahnenbarsch	Jewel fairy basslet	Anthias barbier	Anthias o castagnola rossa
Pseudanthias taeniatus	Rotmeer-Fahnenbarsch	Striped anthias	Anthias de mer rouge	Anthias a strie

914

Fischlexikon

LATEIN	DEUTSCH	ENGLISCH	FRANZÖSISCH	ITALIENISCH
Pseudanthias taeniatus	Rotmeer-Fahnenbarsch	Striped anthias	Anthias de mer rouge	Anthias a strie
Pseudochromis aldabraen	Aldabra-Zwergbarsch	Aldabra rock basset	Pseudochromis d' Aldabra	Pseudodocromide
Pseudopleuronectes americanus	Winterflunder	Winter flounder	Limande plie rouge	Sogliola americana
Pterois antennata	Antennen Rotfeuerfisch	Spotfin lionfish	poisson-diable	Diavolo
Pterois miles	Indischer Rotfeuerfisch	Lionfish	Poisson-lion	Pesce scorpione
Pungitius pungitius	Zwergstichling	Ninespine stickleback	Epinoche à neuf épines	Perchia a nove spine
Pygoplites diacanthus	Pfauenkaiserfisch	Royal angelfish	Poisson-ange royal	Pesce angelo reale

R

LATEIN	DEUTSCH	ENGLISCH	FRANZÖSISCH	ITALIENISCH
Raja brachyura	Blonde	Blonde ray	Raie blanche	Razza coda corta
Raja clavata	Keulenroche	Roker	Raie bouclée	Razza de chiodata
Raja microocellata	Kleinäugiger Rochen	Small-eyed ray	Raie mêlée	Razza occhiuta
Raja montagui	Gefleckter Rochen	Spotted ray	Raie étoilée	Razza maculata
Raja montagui	Mittelmeer Sternrochen	Spotted ray	Raaie douce	Razza maculata
Raja undulata	Marmorrochen	Undulate ray	Raie brunette	Razza ondulata
Raniceps raninus	Froschquappe	Tadpole fish	Grenouille de mer	Musdea o mustella
Rastrelliger brachysoma	Indische Makrele	Indian mackerel	Maquereau trapu	Mako indiano
Rhina ancylostoma	Bogendmund Gitarrenroche	Shark ray	Angelot	Squalo chitarra
Rhincodon typus	Walhai	Whale shark	Requin-baleine	Squalo balena

Fischlexikon

LATEIN	DEUTSCH	ENGLISCH	FRANZÖSISCH	ITALIENISCH
Rhinecanthus assasi	Arabische Picassodrücker	Arabian picassofish	Baliste picasso arabe	Balestra picasso
Rhinobatus lentignosus	Atlantik Gittarenroche	Guitarfish	Poisson–guitarre tacheté	Pesce chitarra
Rhodeus sericeus	Bitterling	Bitterling	Bouvère	
Rutilus rutilus	Rotauge	Roach	Gardon	
Rutilus rutilus	Rotauge	Roach	Gardon	

S

LATEIN	DEUTSCH	ENGLISCH	FRANZÖSISCH	ITALIENISCH
Saldinops melanostictus	Japanische Sardine	Japanese pilchard	Pilchard du Japon	Sardina giapponese
Salmo trutta fario	Bachforelle	Brown trout	Truite commune	Trota
Salmo trutta trutta	Meerforelle	Sea trout	Truite de mer	Trota di mare
Salmon salar	Lachs	Atlantic salmon	Saumon atlantique	Salmone atlantico
Salvelinus alpinus	Saibling	Charr	Omble chevalier	Trota di lago
Sander lucioperca	Zander	Zander	Sandre	Perchia di sabbia
Sarda sarda	Pelamide, Bonito	Atlantic bonito	Bonite à dos rayé	Tonnetto o palamita
Sardina pilchardus	Sardine (II)	Pilchard	Pilchard	Sardina
Sardina pilchardus	Sardine (I)	Sardine	Sardine	Sardina
Sardinella aurita	Grosse Sardine	Gold-striped sardine	Allache	Alaccia
Sardinops sagax	Chilenische Sardine	South american pilchard	Sardine du Pacifique	Sardina americana
Sardinops sagax	Pazifische Sardine	South american pilchard	Pilchard sudaméricain	Sardina americana
Sargocentron rubrum	Schwarzfleckenhusar	Redcoat squirrelfish	Poisson–écureuil à taches noires	Pesce scoiattolo a coda rossa

Fischlexikon

LATEIN	DEUTSCH	ENGLISCH	FRANZÖSISCH	ITALIENISCH
Sargocentron spiniferum	Riesenhusar	Giant squirrelfish	Soldat armé	Pesce scoiattolo coda rossa
Sarpa salpa	Goldstrieme	Salema	Saupe	Salpa
Scardinius erythrophalmus	Rotfeder	Rudd	Platelle	Scardola
Scarus ferrineus	Rostkopf-Papageifisch	Rusty parrotfish	Perroquet rouille	Pesce pappagallo rugginoso
Scarus ghobban	Blaubinden Papageifisch	Bluebarred parrotfish	Perroquet-souris	Pesce pappagallo
Scarus rubroviolaceus	Nasenhöcker Papageifisch	Ember parrotfish	Perroquet-prairie	Pesce pappagallo ambrato
Scarus strongycephalus	Indischer Buckelkopf	Indian Ocean steepheaded parrotfish	Parroquet grand bleu	Pesce pappagallo indiano
Sciaena umbra	Meerrabe	Brown meagre	Corb noir	Pesce corvo o corvina
Scianidae fam.	Trommler (I)	Drums	Corb	Scienide
Scollopsts ghanam	Arab. Scheinschnapper	Dotted spinecheck	Brême de mer arabe	Abramido arabo
Scolopsis bilineatus	Schärpen-Scheinschnapper	Twoline threadfin bream	Brême de mer à écharpe	Abramide
Scolopsis ghanam	Arabischer Scheinschnapper	Dotted spinecheck	Brême dearabe	Aramide arabo
Scomber japonicus	Spanische Makrele	Chub mackerek	Hareng du Makreel	Lanzardo
Scomber scombrus	Makrele	Mackerel	Maquereau commun	Sgombro
Scomberesox saurus saurus	Makrelenhecht	Skipper	Saurel	Gastodella
Scophthalmus maximus	Steinbutt	Turbot	Turbot	Rombo massimo

Fischlexikon

LATEIN	DEUTSCH	ENGLISCH	FRANZÖSISCH	ITALIENISCH
Scophthalmus rhombus	Glattbutt	Brill	Barbue	Rombo liscio
Scorpaena guttata	Drachenkopf	California scorpionfish		Scorfano californiano
Scorpaena notata	Pusteliger Drachenkopf	Pustulous scorpionfish	Rascasse pustuleuse	Scorfano
Scorpaena porcus	Brauner Drachenkopf	Brown sccorpionfish	Rascasse brune	Scorfano bruno
Scorpaena scrofa	Grosser Drachenkopf	Bigscale scorpionfish	Rascasse rouge	Scorfano rosso
Scorpaenopsis diabolus	Buckel-Drachenkopf	False stonefish	Faux poisson-pierre	Falso pesce pietra
Scorpaenopsis oxycephalus	Fetzen Drachenkopf	Tassled scorpionfish	Poisson-scorpion à houppes	Scorfano tessellato
Scyliorhinus canicula	Kleingefleckter Katzenhai	Lesser spotted dogfish	Petite roussette	Gattuccio minore
Scyliorhinus stellaris	Hundshai (II)	Nursehound	Grande rousette	Gattuccio maggiore o gattopardo
Sebastes marinus	Grosser Rotbarsch	Golden redfish	Grand sébaste	Pesce scorpione marino
Sepia officinalis	Gemeine Sepia	Common cuttlefish	Sèche	Seppia comune
Sepia officinalis	Gemeiner Tintenfisch	Common cuttlefish	Seiche commune	Seppia comune
Seriola dumerili	Seriolafisch	Amberjack	Sériole	Ricciola
Serranus cabrilla	Sägebarsch	Comber	Serran chevrette	Perchia o sciarrano
Serranus gigas	Zackenbarsch	Grouper	Mérou	Cernia
Serranus scriba	Schriftbarsch	Painted comber	Serran écriture	Cernia maculata
Siderea grisea	Graue Muräne	Peppered moray	Murène tatouée	Murena grigia
Siganidae fam.	Kaninchenfische	Rabbitfish	Sigan	Siganidi
Siganus luridus	Brauner Kaninchenfisch	Squarettail rabbitfish	Sigan	Pesce coniglio
Siganus puelloides	Trauerauge-Kaninchenfisch	Blackeye rabbitfish	Sigan sombre	Pesce coniglio mascherato

Fischlexikon

LATEIN	DEUTSCH	ENGLISCH	FRANZÖSISCH	ITALIENISCH
Siganus puelloides	Traueraugen-Kaninchenfisch	Blackeye rabbitfish		Pesce coniglio mascherato
Siganus stellatus	Tüpfel-Kaninchenfisch	Stellate rabbitfish	Sigan marguerite	Pesce coniglio stellato
Silurus glanis	Wels	Wels catfish	Silure glane	Siluro
Somniosus microcephalus	Eishai	Greenland shark	Laimargue du Groenla.	Squalo glaciale
Sparus auratus	Goldbrasse	Gilthead seabream	Dorade royale	Orata
Sphyraena barracuda	Grosser Barakuda	Great barracuda	Grand Barracuda	Grande barracuda
Sphyraena qenie	Querband-Barrakuda	Blackfin barracuda	Barracuda à negeoires noires	Barracuda pinna nera
Sphyraena sphyraena	Pfeilhecht	Barracuda	Brochet de mer	Luccio di mare o sfirena comune
Sphyrna lewini	Bogenstirn Hammerhai	Scalloped hammerhead	Requin-marteau halicorne	Squalo martello
Sphyrna mokkaran	Grosser Hammerhai	Great hammerhead	Grand requin-marteau	Squalo martello maggiore
Sphyrna zygaena	Glatte Hammerhai	Smooth hammerhai	Requin-marteau commun	Pesce martello o squalo martellom comune
Spicare maena	Laxierfisch	Big picarel	Mendole commun	Menola comune
Spinachia spinachia	Seestichling	Fifteen-spine stickleback	Epinoche de mer	perchia quindici spine
Sponddyliosoma cantharus	Seekarpfe	Black seabream	Dorade gris	Cantarella o tanuta
Sprattus sprattus linnaeus	Anchovis	European sprat	Amalette	Spratto o papalina
Squalus acanthias	Dorado	Dolphinfish	Coryphhène commune	Lampuga imperiale
Squatina squatina	Engelhai	Angel shark	Ange de mer commun	Squadro angelo o squadro pellenera

Fischlexikon

LATEIN	DEUTSCH	ENGLISCH	FRANZÖSISCH	ITALIENISCH
Stegastes planiifrons	Dreifleck Gregory	Threespot damselfish		Donzella
Stenella coeruleoalba	Streifendelphin	Striped dolphin	Dauphin de Thétys	Stenella
Stereolepis gigas	Riesenjudenfisch	Giant sea bass	Barréan géant	Perchia gigante californiana
Stizostense canadense	Kanadischer Zander	Sauger	Doré noir	
Stonogobiops	Partnergrundel (II)	Prawn goby	Gobie commensale	Gobie commensale
Sufflamen albicaudatus	Weissschwanz-Flossendrücker	Whitetail triggerfish	Baliste à gorge bleu et queue blanche	Balestra
Sufflamen bursa	Blasser Drückerfisch	Scythe triggerfish	Baliste carène	Balestra
Symphodus cinereus	Grauer Lippfisch	Grey wrasse	Crénilabre cendré	Donzella cinerea
Symphodus mediterraneus	Mittelmeerlippfisch	Axillary wrasse	Crénilabre méditerranéen	Donzella mediterranea
Symphodus melops	Schwarzaugiger Lippfisch	Corkwing wrasse	Crénilabre mélops	Donzella
Symphodus ocellazus	Augenlippfisch	Ocellated wrasse	Crénilabre ocelle	Donzella ocellata
Symphodus roissali	Fünfeckiger Lippfisch	Five-spotted wrasse	Crénilabre à cinq tasches	Donzella
Symphodus rostratus	Schnauzenlippfisch	Long-snouted wrasse	Siblaire	Donzella rostrata
Symphodus tinca	Pfauenlippfisch	Peacock wrasse	Crénilabre paon	Donzella
Synanceia horrida	Flussmündungs Steinfisch	Estuarine stonefish	Poisson-pierre d'estuaire	Pescce pietra
Synanceia verrucosa	Steinfisch	Stonefish	Poisson pierre commun	Pesce pietra
Synancela nana	Arabischer Steinfisch	Arabian stonefish	Poisson-pierre arabe	Pesce pietra nano
Syngnathus rostellatus	Kleine Seenadel	Nilson's pipefish	Petite aiguille de mer	Pesce flauto rostrato
Syngnathus acus	Grosse Seenadel	Pipe fish	Aiguilette de mer	Pesce flauto

Fischlexikon

LATEIN	DEUTSCH	ENGLISCH	FRANZÖSISCH	ITALIENISCH
Synodus variegatus	Gefleckter Eidechselfisch	Variegated lizardfish	Poisson-lézard tacheté	Pesce lucertola variegato
T				
Taenianotous triacanthus	Schaukelfisch	Saifin leaffish	Poisson-scorpion feuille	Pesce foglia
Taeniura lymma	Blaupunkt-Stechrochen	Blue-spotted ray	Pastenague queue à ruban	Trigone dalla maccie blu
Taurulus bubalis	Seebull	Longspined bullhead	Chabot de mer	Pesce toro
Tetrapturus albidus	Marlin	Atlantic white marlin	Makaire blanc de l'Atlantique	Marlin
Tetrapturus audax	Gestreifter Marlin	Stripet marlin	Marlin rayé	Marlin
Thalassoma klunzingeri	Rotmeerjunker	Klunzinger's wrasse	Girelle paon de Klunzinger	Tordo di klunzingeri
Thalassoma pavo	Meerpfau	Ornate wrasse	Girelle paon	Donzella pavonina
Theragra chalcogramma	Mintai	Wall-eye pollock	Morue du pacifique occidental	
Thorogobius ephippiatus	Leopardengrundel	Leopard goby	Gobie léopard	Ghiozzo leopardato
Thunnus alalunga	Weisser Thun	Albacore	Germon	Tonno bianco
Thunnus albacares	Gelbflossenthun	Yellowfin tuna	Albacore	Tonno pinna gialla
Thunnus obesus	Grossaugenthun	Bigeye tuna	Thon aux grands yeux	Tonno
Thunnus thynnus	Grosser Thunfisch	Bluefin tuna	Thon rouge	Tonno
Thymallus arcticus	Äsche	Grayling	Ombre	Temolo

Fischlexikon

LATEIN	DEUTSCH	ENGLISCH	FRANZÖSISCH	ITALIENISCH
Thysanophrys arenicola	Sandfarbener Krokodilsfisch	Sand flathead		
Tinca tinca	Schleie	Tench	Aiguillons	Tinca
Torpedo marmorata	Marmorzitterrochen	Marbled electric ray	Torpilla marbrée	Torpedine marezzata
Torpedo panthera	Zitterrochen	Panther torpedo ray	Raie-torpille de mer rouge	Torpedine maculata
Torpedo torpedo	Augenzitterrochen / Gefleckter Zitterrochen	Eyed electric ray	Tropille tachetée	Torpedine comune ochc.
Trachinus draco	Gewöhnliches Petermännchen	Greater weever	Grand vive	Tracina dragone
Trachinus vipera	Viperqueise	Stingfish	Petite vibe	Tracina dragone
Trachurus trachurus	Bastardmakrele	Horse mackerel	Cheuchard	Sugarello o suro
Triaenodon obesus	Weissspitzen Riffhai	Whitetip reef shark	Aileron blanc du largon	Squalo pinna bianca di barriera
Triglidae family	Knurrhahn (II)	Gurnards	Grondin	Triglidi
Trigloporus lastoviza	Gestreifter Seehahn	Rock gunard	Grondin imbriago	Cappone dalmata
Tripterygion tripteronotus	Roter Dreiflossenschleim-fisch	Red blackfaced blenny	Tripérygion à bec rouge	Clinide dalle tre pinne
Tripterygion xanthosoma	Gelber dreiflossen Schleimfisch	Yellow blackfaced blenny	Triptérygion à bec jaune	Clinde dal muso giallo
Trisopterus luscus	Bartdorsch	Pouting	Poule de mer	
Trisopterus minutus	Zwergdorsch	Poor cod	Capelan de Mediterranée	
Tursiops truncatus	Grosser Tümmler	Bottenose dolphin	Grand dauphin	Tursiope

Fischlexikon

LATEIN	DEUTSCH	ENGLISCH	FRANZÖSISCH	ITALIENISCH
U				
Umbra pygmaea	Amerikanischer Hundsfisch	Eastern mudminnow	Petit poisson chien	Ombrina
V				
Valenciennea puellaris	Jungfrau-Schläfengrundel	Maiden goby	Gobie tachetée d'orange	Giozzo donzella
Variola louti	Mondsichel Juvelenbarsch	Lunartail trout	Mérou croissant de lune	Cernia falcata
Vimba vimba	Russnase	Baltic vimba	Vimbe	
Xiphias gladius	Schwertfisch	Swordfish	Espadon	Pesce spada
Z				
Zanclus cornutus	Halfterfisch	Moorish idol	Idole maure	Idolo moresco
Zebrasom desjardinii	Indischer Segelflossendoktor	Indian sailfin tang	Chirurgien voilier	Pesce chirurgo dalla vela
Zeus faber	Heringskönig	John dory	Dorée	Pesces san pietro
Zeus faber	Petersfisch	John dory	St. Pierre	Pesce san pietro
Zoarces viviparus	Aalmutter	Viviparous blenny	Loquette d'Europe	Blennide

Fischlexikon

Fischinventarium (mit Übersetzungen)

Ergänzungen

LATEIN	DEUTSCH	ENGLISCH	FRANZÖSISCH	ITALIENISCH

20 Kennzeichnung von Gasflaschen

"Die Luft ist ein Stoff, ohne welchen kein Geschöpf lange leben kann. Wenn sie gut ist, erhält sie die Gesundheit; ist sie aber widernatürlich beschaffen, so zerstört sie dieselbe."

Bergarzt K. A. Kortum um 1800

Kennzeichnung Geräte

20 Farbkennzeichnung von Gasflaschen
(Alle Tauchgeräte stehen unter der Euronorm für Gasflaschen)
(Quelle: carbagas.ch)

Gas Theorie
Gas ist eine Sammelbezeichnung für Stoffe und Stoffgemische, die sich im Gaszustand befinden, also in einem Aggregatzustand der Materie, in dem sich die einzelnen Moleküle frei im Raum bewegen können, keine feste Gestalt besitzen und den ihnen zur Verfügung stehenden Raum gleichmässig ausfüllen.
Der thermische Zustand eines Gases wird durch die Grössen: Volumen V, Druck p und Temperatur T beschrieben. Für eine beliebig abgeschlossene Gasmenge (ideales Gas) ist bei Zustandänderung der Quotient pV/T konstant.

Daraus die allgemeine Gasgleichung: $p \times V / T =$ konstant

Ist eine der drei Grössen konstant, so ergeben sich folgende Spezialfälle:
1. Isotherme Zustandsänderung (die Temperatur T bleibt konstant):
$p \times V =$ konstant: Gesetz von Boyle Mariotte

2. Isobare Zustandsänderung (der Druck p bleibt konstant):
$V / T =$ konstant: Gesetz von Gay-Lussac

3. Isochore Zustandsänderung (das Volumen V bleibt konstant):
$p / T =$ konstant: Gesetz von Amontonos

Kennfarben
Die Euronorm EN 1089-3 legt für Gasflaschen europäisch einheitliche Kennfarben fest. Die neue Farbsystematik weicht wesentlich von der bis 1998 gebräuchlichen Farbcodierung ab und gilt seit dem 1. Juli 2006.
Als einzig verbindlicher Hinweis auf den Inhalt von Gasflaschen gilt jedoch die Etikette. Die Farbkennzeichnung der Flaschenschulter dient als zusätzliche Information, bezogen auf die Eigenschaft der Gase (brennbar, oxidierend, giftig). Sie bleibt auch dann erkennbar, wenn die Etikette aus irgend einem Grund (Entfernung, Zerstörung) unlesbar ist.

Etikettierung
Die Etikette enthält die verbindlichen Inhaltsangaben der Gasflasche. Sie kann je nach Gaslieferant verschieden gestaltet sein, entspricht jedoch immer den gesetzlichen Vorschriften.
Die Norm gilt für industrielle und medizinische Gasflaschen, nicht aber für Flüssiggasflaschen wie Propan, Butan und für Feuerlöscher.
Die Farbkennzeichnung ist nur für die Flaschenschulter vorgeschrieben. Bei zweifarbigen Kennzeichnungen werden die Farben in Ringen auf der Flaschenschulter angebracht. Die Farbe des zylindrischen Flaschenkörpers ist in der Norm nicht festgelegt und kann frei gewählt werden, mit der Ausnahme: bei Gasen für medizinische Anwendungen und für Inhalationszwecke (Atemgase) wird der Flaschenkörper weiss gestrichen.

Kennzeichnung Geräte

Die Etikette enthält die verbindlichen Inhaltsangaben der Gasflasche:

1. Handelsname des Gasherstellers
2. Gasbezeichnung und evtl. Zusatzbezeichnung (die Druckangabe ist fakultativ)
3. Gefahren- und Sicherheitshinweise
4. Hinweise des Gasherstellers
5. Name, Anschrift und Telefonnummer des Herstellers
6. Gefahrenzettel nach ADR/GHS
7. EG-Nummer bei Einzelstoffen. Entfällt bei Gasgemischen
8. Signalwort
9. UN-Nummer

Gefahrenzettel (Aufzählung ist nicht abschliessend)

Nr. 2.2 — Nicht entzündbare, nicht giftige Gase
Nicht entzündbare Gase
Kann zu Erstickungen führen, falls der Sauerstoff in der Luft verdrängt wird. Gefahr im Falle der Unterschreitung von 18% Sauerstoff (O_2) in der Luft.

Nr. 5.1 — Entzündend (oxidierend) wirkende Stoffe
Brandfördernde Gase
Stark brandfördernd. Kann in Verbindung mit brennbaren Stoffen zu Feuer führen. Kleidung, die in hohen Konzentrationen des Gases in Berührung gekommen ist, kann sich leicht entzünden.

Nr. 2.1 — Entzündbare Gase
Brennbare Gase
Kann mit Luft zündfähige Gemische bilden.

GHS 04
Unter Druck stehende Gase
Komprimiertes, verflüssigtes oder gelöstes Gas. Vor Sonneneinstrahlung schützen und an einem gut gelüfteten Ort aufbewahren.

Kennzeichnung Geräte

Wird der Gefahrzettel 2.2 verwendet, ist die zusätzliche Kennzeichnung mit GHS 04 nicht notwendig.

Tauchgeräte

Diese Geräte müssen alle zweieinhalb Jahre einer Sichtprüfung und alle fünf Jahre einer vollständigen wiederkehrenden Prüfung unterzogen werden. Gasflaschen sind ebenfalls periodisch zu prüfen (i.d.R. alle 10 Jahre). (CH-Norm)

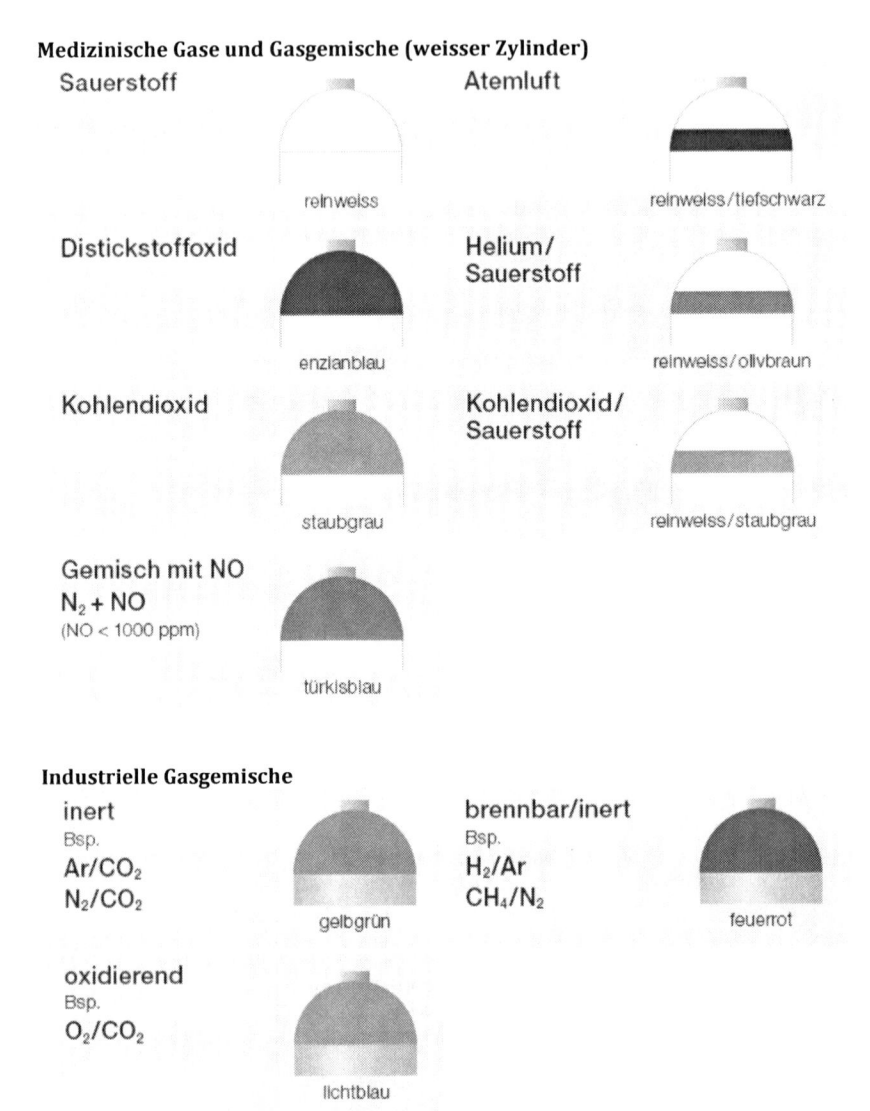

Medizinische Gase und Gasgemische (weisser Zylinder)

Sauerstoff — reinweiss

Atemluft — reinweiss/tiefschwarz

Distickstoffoxid — enzianblau

Helium/Sauerstoff — reinweiss/olivbraun

Kohlendioxid — staubgrau

Kohlendioxid/Sauerstoff — reinweiss/staubgrau

Gemisch mit NO
N_2 + NO
(NO < 1000 ppm) — türkisblau

Industrielle Gasgemische

inert
Bsp.
Ar/CO_2
N_2/CO_2 — gelbgrün

brennbar/inert
Bsp.
H_2/Ar
CH_4/N_2 — feuerrot

oxidierend
Bsp.
O_2/CO_2 — lichtblau

Kennzeichnung Geräte

Toxische Gase

giftig/ätzend
Ammoniak, Chlor

zinkgelb

Industrielle Gase

Acetylen	Sauerstoff	
	oxydrot	reinweiss
erstickend (inert) Krypton, Xenon, Neon, Druckluft	Argon	
	gelbgrün	smaragdgrün
Stickstoff	Kohlendioxid	
	tiefschwarz	staubgrau
Helium	Wasserstoff	
	olivbraun	feuerrot

Kennzeichnung NITROX Gerät

NITROX
Sauerstoffangereicherte Luft. Mischungsverhältnis beachten.

Alle weitergehenden Informationen über Gasprodukte sind unter www.carbagas.ch abrufbar. Ergänzend zu den Produktetiketten sind in den Sicherheitsdatenblätter pro Produkt weiterführende Informationen aufgeführt.

Kennzeichnung Geräte

Technische Kennzeichnung der Tauchgeräte durch eingeschlagene Daten an der Flaschenschulter

Kennzeichnung von Druckgeräten, hier Tauchgeräte, durch an der Flaschenschulter eingeschlagene Buchstaben und Zahlen.
Eine Seite betrifft die Herstellerangaben, die zweite Seite die Verbraucherangaben.

Herstellerangaben:
M 25 x 2 ISO
800 V 10,0 300 10,6
10 D 38 IWK 0486 S1

M25 x 2 ISO	Einschraubgewinde
800	Festigkeit in N/m
V	Materialbehandlung V - vergütet
	S - spannungsarm geglüht
	U – ungeglüht
10.0	l Mindestinhalt (zugelassen + 2,5%)
300	bar Prüfdruck
10,6	kg Leergewicht ohne Ventil, Lack, Verzinkung
10 D 38	Bauartzulassung
IWK	Hersteller
0486 S1	Herstellernummer (optional)

Verbraucherangaben:
Druckluft TG 200
AIRCON
09.97 ● 99

TG	Gasbezeichnung (auch Atemluft zulässig)
200	bar Fülldruck bei 15 °C
AIRCON	Besteller
09.97	Datum der 1. Prüfung
99	Jahr der nächsten Prüfung
●	Prüfzeichen des Prüfers Sachverständigen

Kennzeichen der EG-Bauartzulassung:
E 1 D 7945 D CTCO 123456
850 T 300 bar eD10 x ✱ 95/5
10,6 10,0

E 1 D 795	EG-Bauartzulassung
D	Herkunftsland
CTCO 123456	Herstellerzeichen Fabrikationsnummer
850	Festigkeit R in n/mm^2
T	Art der Wärmebehandlung N normalgeglüht
	T vergütet
300 bar	Prüfüberdruck
eD10 x ✱	EG-Zeichen
95/5	Datum der Erstprüfung
10,6	Leergewicht kg
10,0	garantiertes mindeste Innenvolumen in l

21 Dank

Von der ersten Idee bis zum fertigen Buch ist es ein langer Weg, der sich über viele Monate hinzieht.

Es ist nicht möglich, alle die zu nennen, die mir ihr Wissen und ihre Fachkenntnisse zuteil werden liessen. Einen ganz besonderen Dank aber gehört Werner Stucki. Seine wertvollen IT- Kenntnisse und seine unermüdliche Tätigkeit beim Redigieren und Korrigieren des umfangreichen oft chaotisch entstandenen Manuskripts gaben der Arbeit in vielen Teilen die heute vorliegende Form. Viel von seinem Wissen und seiner Erfahrung als Tauchinstruktor konnte ich übernehmen.
Herzlichen Dank.

Zum Schluss danke ich ebenso allen Mitarbeitenden des Verlags Edition à la Carte, Technopark, 8005 Zürich für das grosse Vertrauen und die gute Zusammenarbeit.

Franz Betschart

Kompendium für die Tauchausbildung

22 Epilog

Das vorliegende Buch wurde sorgfältig erarbeitet. Dennoch erfolgen alle Angaben ohne Gewähr. Der Autor kann für eventuelle Schäden oder Nachteile die aus dem Buch vorgestellten Übungen, Aufgaben und Informationen resultieren, keine Haftung übernehmen.

Für die Bearbeitung und Zusammenstellung der Übungsaufgaben Kapitel 1 Tauchphysik bis Kapitel 8 Handzeichen wurden u.a. Unterlagen verschiedener Tauchorganisationen konsultiert. Diese Aufgaben sind ausnahmslos überarbeitet, auf Richtigkeit überprüft, notfalls korrigiert und mit weiteren Aufgaben und zusätzlichen Informationen ergänzt.

Auszugsweise wurde der Inhalte folgender Kapitel mit Einverständnis der Herausgeber teilweise aus dem Internet und anderen Quellen übernommen und ergänzt. Diese sollen weitergehende Informationen für interessierte Taucher enthalten und die vorliegende Veröffentlichung vervollständigen.

Quellennachweis der weiteren Kapitel:

Titel	Quelle
15 Dekokammern weltweit	taucher.net
16 Tauchspezifische Abkürzungen	taucher.net
17 Tauchrelevante Begriffe	taucher.net
18 Fischinventarium	instructor-training.com
20 Farbkennzeichnung von Gasflaschen	carbagas.ch

Die vorliegenden Ausführungen (Quelle: taucher.net) dürfen nicht „on-line" und / oder auf elektronischem Weg veröffentlicht werden.

Kompendium für die Tauchausbildung

Kompendium für die Tauchausbildung

Das grösste literarische Werk
Ist im Grunde nichts anderes
Als ein Alphabet in Unordnung

Jean Cocteau

Franz Betschart
CH-Zürich, Februar 2013

Kompendium für die Tauchausbildung